中国政法大学
CHINA UNIVERSITY OF POLITICAL SCIENCE AND LAW

U0682963

法大法考

2022年国家法律职业资格考试

客观题

必考考点

法律职业资格考试培训中心（学院） ◎编著

中国政法大学出版社

2022·北京

图书在版编目（ＣＩＰ）数据

2022年国家法律职业资格考试客观题必考考点/法律职业资格考试培训中心（学院）编著.—北京：中国政法大学出版社，2022.7

ISBN 978-7-5764-0572-9

Ⅰ.①2… Ⅱ.①法… Ⅲ.①法律工作者－资格考试－中国－自学参考资料 Ⅳ.①D920.4

中国版本图书馆CIP数据核字(2022)第120559号

出 版 者　中国政法大学出版社

地　　址　北京市海淀区西土城路25号

邮寄地址　北京100088信箱8034分箱　邮编100088

网　　址　http://www.cuplpress.com (网络实名：中国政法大学出版社)

电　　话　010-58908285(总编室) 58908433（编辑部）58908334(邮购部)

承　　印　北京鑫海金澳胶印有限公司

开　　本　787mm×1092mm　1/16

印　　张　24.75

字　　数　590千字

版　　次　2022年7月第1版

印　　次　2022年7月第1次印刷

定　　价　89.00元

前言

自中国政法大学法律职业资格考试中心（原司法考试学院）成立以来，其紧紧围绕建立的宗旨和方针，一方面为我校学生的法考准备与学习提供全方位教学服务；另一方面为校外学员提供高品质的法考培训，使得学员通过率逐年提升。一直以来，我院按照每年的新大纲所涉考点编写相关理论教材、法条解读等资料，对学员的备考复习发挥了重要作用。但是在培训教学过程中，我们也发现学员面对大量的辅导用书，备考重心不明确，复习缺乏体系化和层次性，"眉毛胡子一把抓"，学习效率比较低。为帮助学员解决上述问题，我们总结了教学和个性化辅导中的经验，分析了市场上相关资料中出现的问题及改进经验，组织具有法考培训经验的年轻教师编写了这本《国家法律职业资格考试客观题必考考点》，以丰富的图表让学员能够略窥复习的门径。

为贴近实战，我们紧扣大纲，对每年考试必涉考点进行了系统的分析、提炼和整理。该资料将浩繁考试内容中的重要考点进行细致梳理，以科学、清晰的表格加以编列，配以必要的文字说明，力图达到"图文并茂，简单识记"的实用效果。

此外，为方便学员记忆，本书将部分内容以顺口溜、短小精悍的词组或短句等形式进行编写，既能强化记忆，又可增强学习的趣味性。

一般而言，读书大致要经过"读厚"和"读薄"两个阶段。其中的所谓"读薄"，就是将书的内容加以提炼、归纳、总结，最终达到"识记于心、为我所用"。为达到上述效果，我们谨对该资料的使用方法提供以下建议，供学员参考：

（1）在预习中的使用方法。首先浏览该资料的相关内容，做到重要考点"有印象"。在辅导教材的复习中强化理解"有印象"的内容。

（2）在上课过程中的使用方法。在课堂上，该资料还可以部分起到纲要的作用。学员对于书中的重要内容可在听课过程中予以重点注意并深度理解。遇到不易理解的问题可翻看相关理论教材部分进行比较分析。

需要指出的是，法考内容浩如烟海，"必考考点"并非"全部考点"。本资料所涉考点只是法考大纲所涉重要考点而已，我们建议考生在利用本资料时应该具备相应的理论基础。本资料虽可以帮助学员更好地减轻复习负担，但"教材"和"教师"的作用依然非常重要，无法取代。

本资料依据新大纲，对相关考点内容作了增、删、改，紧跟大纲要求，对于新增内容作了特别说明并做了明显标注，方便了考生对新增内容的深度理解和记忆。中国政法大学法律职业资格考试中心进行编写修订，囿于能力，瑕疵断不可免，如有需要改进之处尚请批评指正。

中国政法大学法律职业资格考试中心

2022 年 6 月

目录

第二编　程　序　法

第三编 实 体 法

第一编

综 合

第一章　习近平法治思想的形成发展及重大意义

<table>
<tr>
<td rowspan="4">形成发展</td>
<td rowspan="2">时代背景</td>
<td colspan="2">（1）在我国开启全面建设社会主义现代化国家新征程的重要时刻，明确习近平法治思想在全面依法治国工作中的指导地位，是全面贯彻习近平新时代中国特色社会主义思想，加快建设中国特色社会主义法治体系、建设社会主义法治国家的必然要求。
（2）习近平法治思想是顺应实现中华民族伟大复兴时代要求应运而生的重大理论创新成果，是马克思主义法治理论中国化的最新成果，是全面依法治国的根本遵循和行动指南。
（3）习近平法治思想是着眼中华民族伟大复兴战略全局和当今世界百年未有之大变局，顺应实现中华民族伟大复兴时代要求应运而生的重大战略思想。
（4）习近平法治思想从历史和现实相贯通、国际和国内相关联、理论和实际相结合上，深刻回答了新时代为什么要实行全面依法治国、怎样实行全面依法治国等一系列重大问题，为深入推进全面依法治国、加快建设社会主义法治国家、运用制度威力应对风险挑战、实现党和国家长治久安、全面建设社会主义现代化国家、实现中华民族伟大复兴的中国梦，提供了科学指南。</td>
</tr>
<tr></tr>
<tr>
<td rowspan="2">逻辑</td>
<td>历史逻辑</td>
<td>习近平法治思想凝聚着中国共产党人在法治建设长期探索中形成的经验积累和智慧结晶，标志着我们党对共产党执政规律、社会主义建设规律、人类社会发展规律的认识达到了新高度，开辟了中国特色社会主义法治理论和实践的新境界。</td>
</tr>
<tr>
<td>理论逻辑</td>
<td>习近平法治思想坚持马克思主义法治理论的基本原则，贯彻运用马克思主义法治理论的立场、观点和方法，继承我们党关于法治建设的重要理论，传承中华优秀传统法律文化，系统总结新时代中国特色社会主义法治实践经验，是马克思主义法治理论与新时代中国特色社会主义法治实践相结合的产物，是马克思主义法治理论中国化的新发展新飞跃，反映了创新马克思主义法治理论的内在逻辑要求。</td>
</tr>
</table>

		实践逻辑	习近平法治思想是从统筹中华民族伟大复兴战略全局和世界百年未有之大变局、实现党和国家长治久安的战略高度，在推进伟大斗争、伟大工程、伟大事业、伟大梦想的实践中完善形成的，并会随着实践的发展而进一步丰富。
	历史进程		（1）党的十八大以来，习近平总书记高度重视法治建设，亲自谋划、亲自部署、亲自推动全面依法治国 （2）党的十八届四中全会专门研究全面依法治国，出台了关于全面推进依法治国若干重大问题的决定 （3）党的十九大提到2035年基本建成法治国家、法治政府、法治社会 （4）十九届二中全会专题研究宪法修改，推动宪法与时俱进完善发展 （5）十九届三中全会决定成立中央全面依法治国委员会，加强党对全面依法治国的集中统一领导 （6）十九届四中全会从推进国家治理体系和治理能力现代化的角度，对坚持和完善中国特色社会主义法治体系，提高党依法治国、依法执政能力作出部署 （7）十九届五中全会对立足新发展阶段、贯彻新发展理念、构建新发展格局的法治建设工程提出新要求
	鲜明特色	原创性	习近平总书记以马克思主义政治家、思想家、战略家的深刻洞察力、敏锐判断力和战略定力，在理论上不断拓展新视野、提出新命题、做出新论断、形成新概括，为发展马克思主义法治理论做出了重大原创性贡献。
		系统性	习近平总书记强调全面依法治国是一个系统工程，注重用整体联系、统筹协调、辩证统一的科学方法谋划和推进法治中国建设，科学指出当前和今后一个时期推进全面依法治国十一个重要方面的要求，构成了系统完备、逻辑严密、内在统一的科学思想体系。
		时代性	习近平总书记立足中国特色社会主义进入新时代的历史方位，立时代之潮头，发思想之先声，科学回答了新时代我国法治建设往哪里走、走什么路、实现什么目标等根本性问题，在新时代治国理政实践中开启了法治中国新篇章。
		人民性	习近平总书记强调法治建设要为了人民、依靠人民、造福人民、保护人民，推动把体现人民利益、反映人民愿望、维护人民权益、增进人民福祉落实到全面依法治国各领域全过程，不断增强人民群众获得感、幸福感、安全感。
		实践性	习近平总书记明确提出全面依法治国并将其纳入"四个全面"战略布局，以破解法治实践难题为着力点，作出一系列重大决策部署，解决了许多长期想解决而没有解决的难题，办成了许多过去想办成而没有办成的大事，社会主义法治国家建设发生历史性变革、取得历史性成就。
重大意义			（1）是马克思主义法治理论同中国实际相结合的最新成果 （2）是对党领导法治建设丰富实践和宝贵经验的科学总结 （3）是在法治轨道上推进国家治理体系和治理能力现代化的根本遵循 （4）是引领法治中国建设实现高质量发展的思想旗帜

第二章　习近平法治思想的核心要义

坚持党对全面依法治国的领导	（1）党的领导是中国特色社会主义法治之魂 （2）全面依法治国是要加强和改善党的领导 （3）坚持党的领导、人民当家作主、依法治国有机统一 （4）坚持党领导立法、保证执法、支持司法、带头守法 （5）健全党领导全面依法治国的制度和工作机制

坚持以人民为中心	（1）以人民为中心是中国特色社会主义法治的根本立场 （2）坚持人民主体地位 （3）牢牢把握社会公平正义的价值追求 （4）推进全面依法治国的根本目的是依法保障人民权益	
坚持中国特色社会主义法治道路	中国特色社会主义法治道路是建设社会主义法治国家的唯一正确道路	道路决定成败，中国特色社会主义法治道路是最适合中国国情的法治道路。中国特色社会主义法治道路，根植于我国社会主义初级阶段的基本国情，是被实践证明了的符合我国基本国情、符合人民群众愿望、符合实践发展要求的法治道路，具有显著优越性。
	核心要义	（1）坚定不移走中国特色社会主义法治道路，最根本的是坚持中国共产党的领导 （2）中国特色社会主义制度是中国特色社会主义法治体系的根本制度基础，是全面推进依法治国的根本制度保障 （3）中国特色社会主义法治理论是中国特色社会主义法治体系的理论指导和学理支撑
坚持依宪治国、依宪执政	（1）坚持依法治国首先要坚持依宪治国 （2）坚持依法执政首先要坚持依宪执政 （3）宪法是治国理政的总章程 （4）全面贯彻实施宪法 （5）推进合宪性审查工作 （6）深入开展宪法宣传教育	
坚持在法治轨道上推进国家治理体系和治理能力现代化	（1）全面依法治国是国家治理的一场广泛而深刻的革命 （2）法治是国家治理体系和治理能力的重要依托 （3）更好发挥法治固根本、稳预期、利长远的保障作用 （4）坚持依法治军、从严治军 （5）坚持依法保障"一国两制"实践与推进祖国统一 （6）坚持依法治网	
坚持建设中国特色社会主义法治体系	（1）建设中国特色社会主义法治体系是推进全面依法治国的总目标和总抓手 （2）建设完备的法律规范体系 （3）建设高效的法治实施体系 （4）建设严密的法治监督体系 （5）建设有力的法治保障体系 （6）建设完善的党内法规体系	
坚持依法治国、依法执政、依法行政共同推进，法治国家、法治政府、法治社会一体建设	（1）全面依法治国是一个系统工程 （2）法治国家是法治建设的目标 （3）法治政府是建设法治国家的主体 （4）法治社会是构筑法治国家的基础	
坚持全面推进科学立法、严格执法、公正司法、全民守法	（1）科学立法、严格执法、公正司法、全民守法是推进全面依法治国的重要环节 （2）推进科学立法 （3）推进严格执法 （4）推进公正司法 （5）推进全民守法	
坚持统筹推进国内法治和涉外法治	（1）全面依法治国是一个系统工程 （2）法治国家是法治建设的目标 （3）法治政府是建设法治国家的主体 （4）法治社会是构筑法治国家的基础	

续表

坚持建设德才兼备的高素质法治工作队伍	（1）建设一支德才兼备的高素质法治工作队伍至关重要 （2）加强法治专门队伍建设 （3）加强法律服务队伍建设 （4）加强法治人才培养
坚持抓住领导干部这个"关键少数"	（1）领导干部是全面依法治国的关键 （2）领导干部应做尊法学法守法用法的模范 （3）领导干部要提高运用法治思维和法治方式的能力 （4）党政主要负责人要履行推进法治建设第一责任人职责

第三章　习近平法治思想的实践要求

充分发挥法治对经济社会发展的保障作用		（1）以法治保障经济发展 （2）以法治保障政治稳定 （3）以法治保障文化繁荣 （4）以法治保障社会和谐 （5）以法治保障生态良好
正确认识和处理全面依法治国一系列重大关系	政治和法治	党和法的关系是政治和法治关系的集中反映；党的政策和国家法律关系，两者在本质上是一致的；党的政策是国家法律的先导和指引，是立法的依据和执法司法的重要指导；党的全面领导在法治领域，就是党领导立法、保证执法、支持司法、带头守法。
	改革和法治	必须在法治下推进改革，在改革中完善法治。全面深化改革需要法治保障，全面推进依法治国也需要深化改革；要发挥法治对改革的引领和推动作用；要有序推进改革；要坚持改革决策和立法决策相统一、相衔接，确保改革和法治实现良性互动；善于通过改革和法治推动贯彻落实新发展理念。
	依法治国和以德治国	（1）法律是成文的道德，道德是内心的法律 （2）要强化道德对法治的支撑作用 （3）要把道德要求贯彻到法治建设中 （4）要运用法治手段解决道德领域的突出问题
	依法治国和依规治党	（1）依规治党是依法治国的保障 （2）依法治国是依规治党的依托 （3）要完善党内法规体系 （4）坚持依规治党带动依法治国

科目：

法　理　学

第一章　法的本体

一、法的概念的学说

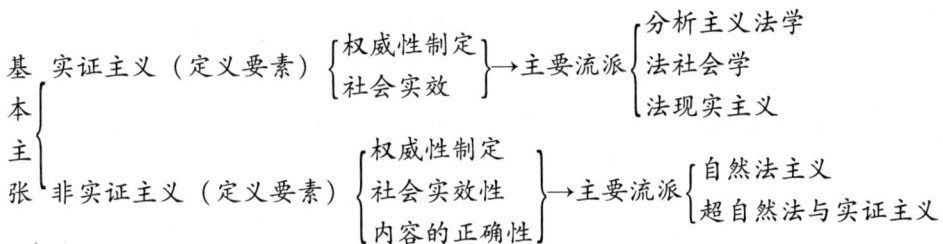

基本主张
- 实证主义（定义要素）
  - 权威性制定
  - 社会实效 → 主要流派
    - 分析主义法学
    - 法社会学
    - 法现实主义
- 非实证主义（定义要素）
  - 权威性制定
  - 社会实效性
  - 内容的正确性 → 主要流派
    - 自然法主义
    - 超自然法与实证主义

二、法的价值冲突及其解决

冲突情形	个体之间法律所承认的价值冲突；
	共同体之间的价值冲突；
	个体与共同体之间的价值冲突。
解决原则	价值位阶原则	在先价值优于在后价值；基本价值（自由、秩序与正义）优于一般价值；基本价值中，自由优于正义、正义优于秩序。
	个案平衡原则	处于同一位阶上的法的价值之间发生冲突时，必须综合考虑主体之间的特定情形、需求和利益，以使得个案的解决能够适当兼顾双方利益。
	比例原则	为保护某种较为优越的法价值须侵及另一种法价值时，不得逾越此目的所必要的程度，即某种价值的实现必然要以其他价值的损害为代价时，应当使损害减低到最小限度。

三、法律规则的逻辑结构

条件	概　念	主　要　内　容
假定条件	指法律规则中有关适用该规则的条件和情况的部分，即法律规则在什么时间、空间、对什么人适用以及在什么情境下法律规则对人的行为有约束力。	（1）法律规则的适用条件：何时、何地、对何人生效。 （2）行为主体的行为条件。
行为模式	指法律规则中规定人们如何具体行为之方式或范式的部分，是任何法律规则的核心部分。	（1）可为模式（权利行为模式）→"可以如何行为"。 （2）应为模式（义务行为模式）→"应当或必须如何行为"。 （3）勿为模式（义务行为模式）→"禁止或不得如何行为"。

条件	概　念	主　要　内　容
法律后果	指法律规则中规定人们在作出符合或不符合行为模式的要求时应承担相应的结果的部分，是法律规则对人们具有法律意义的行为的态度。	（1）合法后果（肯定式的法律后果）。 （2）违法后果（否定式的法律后果）。

四、法律规则的分类

分类标准	类　型　与　说　明	
按照规则的内容	（1）授权性规则，指规定人们有权做一定行为或不做一定行为的规则，即规定人们的"可为模式"的规则。	
	（2）义务性规则，指在内容上规定人们的法律义务，即有关人们应当作出或不作出某种行为的规则。	①命令性规则：规定积极义务的规则。
		②禁止性规则：规定消极义务（不作为义务）的规则。
按照规则内容的确定性程度	（1）确定性规则：内容本已明确肯定，无须再援引或参照其他规则。	
	（2）委任性规则：内容尚未确定，概括性指示由相应国家机关通过相应途径或程序加以确定。	
	（3）准用性规则：内容本身没有规定人们具体的行为模式，而是可以援引或参照其他相应内容规定的规则。	
按照规则对人们行为规定和限定的范围或程度	（1）强行性规则：内容规定具有强制性质，不允许人们随便加以更改的法律规则。一般而言，义务性规则、授权性规则中的职权性规则均属强行性规则。	
	（2）任意性规则：规定在一定范围内，允许人们自行选择或协商确定为与不为、为的方式以及法律关系中的权利义务内容。	

五、法律规则与法律条文的关系

区　别	联　系
法律规则是法律条文的内容，法律条文是法律规则的表现形式，并不是所有的法律条文都直接规定法律规则，也不是每一个条文都完整地表述一个规则或只表述一个法律规则。	（1）一个完整的法律规则可以由数个法律条文来表述。 （2）法律规则的内容可以分别由不同规范性法律文件的法律条文来表述。 （3）一个条文可以表述不同的法律规则或其要素。 （4）法律条文可以仅规定法律规则的某个要素或若干要素。

【关联提示】法律条文可以分为规范性条文和非规范性条文，前者是直接表述法律规范（包括法律规则和法律原则）的条文，后者不直接规定法律规范，而只规定某些法律技术内容（如专门法律术语、公布机关和时间、法律生效日期等）。

六、法律原则的种类

分类标准	类　型　与　说　明
产生基础	（1）公理性原则：由法律原理（法理）构成的原则，是由法律上之事理推导出来的法律原则，如法律平等原则、诚实信用原则等。 （2）政策性原则：一个国家或民族出于一定的政策考量而制定的一些原则，如我国宪法中规定的"国家实行社会主义市场经济"的原则。
对人的行为及其条件之覆盖面的宽窄和适用范围大小	（1）基本法律原则：整个法律体系或某一法律部门所适用的、体现法的基本价值的原则，如宪法所规定的各项原则。 （2）具体法律原则：在基本原则指导下适用于某一法律部门中特定情形的原则，如（英美）契约法中的要约原则和承诺原则、错误原则等。
涉及内容和问题	（1）实体性原则：指涉及实体法问题的原则，如宪法、民法、刑法、行政法中所规定的多数原则属于此类。 （2）程序性原则：指涉及程序法（诉讼法）问题的原则，如诉讼法中规定的"一事不再理"原则、辩护原则、无罪推定原则等。

七、法律规则与法律原则的区别

比较点	法 律 规 则	法 律 原 则
内容	法律规则的规定是明确具体的，目的是削弱或防止法律适用上的"自由裁量"。	法律原则不仅限于行为及条件的共性，而且关注它们的个别性，只对行为或裁判设定一些概括性的要求或标准，在适用时有较大的余地供法官选择。
适用范围	法律规则由于内容具体明确，它们只适用于某一类型的行为。	法律原则具有更大的覆盖面和抽象性，其适用范围比法律规则宽广。
适用方式	法律规则是以"全有或全无的方式"应用于个案，要么适用，要么不适用。	具有不同强度的原则在具体的个案中冲突时，被认为强度较强的原则对该案件的裁决具有指导作用，但另一原则并不因此无效，也并不因此被排除在法律制度之外。当然，有些原则自始就是最强的，如民法中的"诚实信用"原则。

八、法律原则的适用条件

适 用 条 件	主 要 内 容
穷尽法律规则，方得适用法律原则	在有具体的法律规则可供适用时，不得直接适用法律原则；即使出现了法律规则的例外情况，如果没有非常强的理由，法官也不能以一定的原则否定既存的法律规则。
除非为了实现个案正义，否则不得舍弃法律规则而直接适用法律原则	如果某个法律规则适用于某个具体案件，没有产生极端的人们不可容忍的不正义的裁判结果，法官不得轻易舍弃法律规则而直接适用法律原则。
没有更强理由，不得径行适用法律原则	要适用上述第2个条件时，适用原则的理由必须比适用规则的理由更强，强到足以排除适用此规则。

九、权利和义务的分类

分类标准	类 型 与 说 明
根据根本法与普通法律规定的不同	（1）基本权利义务，是宪法所规定的人们在国家政治生活、经济生活、文化生活和社会生活中的根本权利和义务。 （2）普通权利义务，是宪法以外的普通法律所规定的权利和义务。
根据相对应的主体范围	（1）绝对权利和义务，又称"对世权利"和"对世义务"，是相对应不特定的法律主体的权利和义务，"绝对权利"对应不特定的义务人；"绝对义务"对应不特定的权利人。 （2）相对权利和义务，又称"对人权利"和"对人义务"，是对应特定的法律主体的权利和义务，"相对权利"对应特定的义务人；"相对义务"对应特定的权利人。
根据权利义务主体性质	（1）个人权利义务，是指公民个人（自然人）在法律上所享有的权利和应履行的义务。 （2）集体（法人）权利义务，是国家机关、社会团体、企事业组织等的权利和义务。 （3）国家权利义务，是国家作为法律关系主体在国际法和国内法上所享有的权利和承担的义务。

十、法律概念的定义及分类

定义	指任何具有法律意义的概念，既包括法律中特有的概念，如"法人""权利"等，也包括来自日常生活，但具备法律意义的概念，比如"故意""过失"等。无论是法律中特有的概念，还是来自日常生活的概念，都具有一定意义的独立性。

续表

分类	按照概念的功能	(1) 描述性概念，指描述事实的概念，可以是自然事实、社会事实或制度性事实。含有描述性概念的语句有真假之分。
		(2) 评价性概念，指包含对事实或者事物的价值判断的概念。涉及适用者的主观价值判断，没有真假之分。
		(3) 论断性概念，指基于对某个事实的确认来认定（论断）另一个事实的存在的概念。
	按照概念的定义要素之间的关系	(1) 分类概念，指定义要素中不存在可区分层级的要素的概念。分类概念的所有定义要素对该概念是必要而且充分的，这些要素可以用"和""并且"等语词联结，也可能用"或"等词语联结。分类概念在概念上是封闭的，在适用上"非此即彼"。
		(2) 类型概念，指定义要素中含有至少一个可区分层级的要素的概念。类型概念具有层级性和边界的不明确性，其在概念上是开放的，具有流动性和极大的弹性，在适用上是"或多或少"的，在多大程度上适用某一类型需要根据具体情境来决定。其不能被定义，只能被描述。
	按照概念的定义要素是否清晰	(1) 确定性概念，指概念本身的语义构成清晰。
		(2) 不确定性概念 ①描述性不确定性概念，涉及对客观对象的描述，它的不确定性是由判断标准的不明确造成，比如"夜晚"，到底几点才算"夜晚"，明确标准后，不确定性即消失。
		②规范性不确定性概念，因为涉及适用者的主观评价，本就缺乏客观标准。

十一、当代中国法的渊源

正式渊源
- 宪法：根本法，具有最高效力
- 法律：全国人大及其常委会制定的规范性文件，包括规范性决议、决定、规定、办法
- 行政法规（也包括国务院发布的决定和命令）：国务院所制定的规范性文件，仅次于宪法和法律
- 地方性法规
- 自治条例和单行条例
- 规章：部门规章和地方政府规章
- 国际条约、国际惯例
- 其他的法的正式渊源：军事法规和军事规章；特别行政区的法律；经济特区的规范性法律文件

非正式渊源
- 习惯：共同的社会习惯
- 判例
- 国家政策和中国共产党的政策

同一位阶法的渊源冲突解决原则
- 全国性法律优先原则
- 特别法优先原则
- 后法优先或新法优先原则
- 实体法优先原则
- 国际法优先原则
- 省、自治区的人民政府制定的规章的效力高于本行政区域内的较大的市的人民政府制定的规章

十二、法对人的效力原则

属人主义	即法律只适用于本国公民。
属地主义	法律适用于该国管辖地区内的所有人，不论是否本国公民，都受法律约束和法律保护。
保护主义	即以维护本国利益作为是否适用本国法律的依据；任何侵害本国利益的人，不论其国籍和所在地域，都要受该国法律的追究。
以属地主义为主，与属人主义、保护主义相结合	这是近代以来多数国家所采用的原则，我国也是如此。

十三、法的空间效力

【重点提示】1. 一般来说，一国法律适用于该国主权范围所及的全部领域，包括领土、领水及其底土和领空，也包括延伸意义的领土，如驻外使领馆、该国的境外飞行器和停泊在外的船舶。

2. 一国法律除了域内效力之外，其中的某些法律还具有域外效力。如我国在民事和婚姻家庭等方面的法律，实行有条件的域外效力原则。根据我国刑法规定，一些发生在我国境外的犯罪行为，可以适用我国刑法追究刑事责任。

十四、法的时间效力

法的生效时间	（1）自法律公布之日起生效。 （2）由该法律规定具体生效时间。 （3）规定法律公布后符合一定条件时生效。
法终止生效的时间	（1）明示的废止，即在新法或其他法律文件中明文规定废止旧法。 （2）默示的废止，即当法律适用中出现新法与旧法冲突时，依"新法优于旧法""后法优于前法"，适用新法而使旧法事实上被废止。
法的溯及力	（1）有关侵权、违约的法律和刑事法律，一般以法不溯及既往为原则。 （2）法不溯及既往并非绝对。目前各国通例是"从旧兼从轻"原则，即新法原则上不溯及既往，但是新法不认为犯罪或者处刑较轻的，适用新法，也称为"有利原则"。 （3）在某些有关民事权利的法律中，法律有溯及力。

十五、法律关系的特征

基 本 特 征	具 体 内 涵
根据法律规范建立的一种社会关系，具有合法性	法律规范是法律关系产生的前提。
	法律关系不同于法律规范调整或保护的社会关系本身，社会关系的范围大于法律关系的范围。
	法律关系是法律规范的实现形式，是法律规范的内容（行为模式及其后果）在现实社会生活中得到具体的贯彻表现。
	法律关系是人与人之间的合法关系。
体现意志性的特种社会关系	必然体现国家的意志；不必然体现个人意志。
特定法律关系主体之间的权利和义务关系	法律权利和义务的内容是法律关系区别于其他社会关系的重要标志。

十六、法律关系的种类

分类标准	类型与说明
按照法律关系产生的依据、执行的职能和实现规范的内容	(1) 调整性法律关系，是基于合法行为而产生的、执行法的调整职能的法律关系，它所实现的是法律规范（规则）的行为规则（指示）的内容。不需要适用法律制裁，法律主体之间即能够依法行使权利、履行义务。 (2) 保护性法律关系，是由于违法行为而产生的、旨在恢复被破坏的权利和秩序的法律关系，它执行着法的保护职能，所实现的是法律规范（规则）的保护规则（否定性法律后果）内容，是法的实现的非正常形式。需要适用法律制裁。
按照法律主体在法律关系中的地位	(1) 纵向（隶属）法律关系，是指在不平等的法律主体之间所建立的权力服从关系（旧法学称"特别权力关系"）。法律主体之间的权利与义务具有强制性，既不能随意转让，也不能任意放弃。 (2) 横向法律关系，是指平等法律主体之间的权利义务关系。法律主体的地位是平等的，权利和义务的内容具有一定程度的任意性。
按照法律主体的多少及其权利义务是否一致	(1) 单向（单务）法律关系，是指权利人仅享有权利，义务人仅履行义务，两者之间不存在相反的联系（如不附条件的赠与关系）。它是法律关系体系中最基本的构成要素，一切法律关系均可分解为单向的权利义务关系。 (2) 双向（双边）法律关系，是指在特定的双方法律主体之间，存在着两个密不可分的单向权利义务关系，其中一方主体的权利对应另一方的义务，反之亦然（如买卖合同关系）。 (3) 多向（多边）法律关系，又称"复合法律关系"或"复杂的法律关系"，是3个或3个以上相关法律关系的复合体，其中既包括单向法律关系，也包括双向法律关系（如行政法中的人事调动关系）。
按照相关的法律关系作用和地位	(1) 第一性法律关系（主法律关系），是人们之间依法建立的不依赖其他法律关系而独立存在的或在多向法律关系中居于支配地位的法律关系。 (2) 由第一性法律关系产生的、居于从属地位的法律关系，就是第二性法律关系或从法律关系。一切相关的法律关系均有主次之分，例如，在调整性和保护性法律关系中，调整性法律关系是第一性法律关系（主法律关系），保护性法律关系是第二性法律关系（从法律关系）。

第二章　法的运行

一、立法权与立法体制划分

划分标准	立法权类型	具体内容
根据享有立法权的主体和形式的不同	国家立法权	由一定的中央国家权力机关行使，用以调整基本的、带全局性的社会关系，在立法体系中居于基础和主导地位的最高立法权。
	地方立法权	由有权的地方权力机关行使的立法权。
	行政立法权	源于宪法、由国家行政机关依法行使的、低于国家立法权的一种独立的立法权，包括中央行政立法权和地方行政立法权；地方行政立法权又可分为不同的层次。
	授权立法权（又称委托立法权或委任立法权）	是有关的国家机关由于立法机关的授权而获得的、在一定期限和范围内进行立法的一种附属立法权。

右上角：续表

划分标准	立法权类型	具体内容
立法体制的性质与形式		立法体制的性质与国家的性质相一致。
		立法体制的形式则是与国家的结构形式和管理形式密切联系的。
		当代中国是单一制国家，根据我国宪法的规定，我国的立法体制是一元性的，全国只有一个立法体系，同时又是多层次的。

【关联提示】1. 授权立法类型：①全国人大及其常委会对尚未制定法律的事项，可以授权国务院对其中部分事项制定行政法规，但不能涉及有关犯罪和刑罚、对公民政治权利的剥夺和限制人身自由的强制措施和处罚、司法制度等内容；②全国人大及其常委会可以根据改革发展需要，就行政管理等领域的特定事项授权部分地方暂时调整或者暂时适用法律的规定。

2. 针对上述第①项授权，期限不超过5年，但是授权决定另有规定的除外，被授权机关应当在期满前6个月，向授权机关报告授权决定实施情况，并提出是否需要制定法律的意见，需要继续授权的，可以提出相关意见，由全国人大及其常委会决定。

二、法的实施

概念	法的实施，是指法在社会生活中被人们实际施行。	法是一种行为规范，在被制定出来后、实施前，只是一种"书本上的法律"，处在应然状态。	
		法的实施，就是使法律从"书本上的法律"变成"行动中的法律"，使它从抽象的行为模式变成人们的具体行为，从应然状态进入到实然状态。	
方式	法的遵守	守法主体：所有人、所有组织、所有政党； 守法范围：基本法律、非基本法律、行政法规、地方性法规、行政规章； 守法内容：权利行使与义务履行。	
	法的执行	广义执法，是指所有国家行政机关、司法机关及其公职人员依照法定职权和程序实施法律的活动；狭义执法，专指国家行政机关及其公职人员依法行使管理职权、履行职责、实施法律的活动，本章所指仅为狭义执法。	
		执法是以国家名义对社会的管理，具有国家权威性；	
		执法主体（狭义）为国家行政机关及其公职人员；	
		执法具有国家强制性，行政机关执行法律的过程同时是行使执法权的过程；	
		执法具有主动性和单方面性，对于国家行政机关而言，执行法律既是职权，也是职责；	
		执法原则：依法行政、讲求效能、公平合理。	
	法的适用	又称司法，是指国家司法机关根据法定职权和法定程序具体应用法律处理案件的专门活动。	

三、司法的特点

（1）司法是由特定的国家机关及其公职人员，按照法定职权实施法律的专门活动，具有国家权威性。	①在我国，人民法院和人民检察院是代表国家行使司法权的专门机关；	
	②在我国，司法权包括审判权和检察权；	审判权即适用法律处理案件，作出判决和裁定；
		检察权包括代表国家批准逮捕、提起公诉、不起诉、抗诉等。
	③司法机关依照法律规定，代表国家独立行使职权，不受行政机关、社会团体和个人的干涉。	
（2）司法是司法机关以国家强制力为后盾实施法律的活动，具有国家强制性。		

续表

(3) 司法是司法机关依照法定程序、运用法律处理案件的活动，具有严格的程序性及合法性。	①司法机关处理案件必须依据相应的程序法规定；
	②司法机关对案件的处理，应当有相应的法律依据，否则无效；
	③枉法裁判，应当承担相应的法律责任。
(4) 司法必须有表明法的适用结果的法律文书，如判决书、裁定书和决定书等。	①这些法律文书具有法律约束力；
	②它们也可以作为一种法律事实，引起具体法律关系的产生、变更和消灭；
	③如果对它们的内容不服，可以依据法定程序上诉或申诉，但是任何人都不得抗拒执行已经发生法的效力的判决、裁定或决定。

四、司法和执法的区别

区别点	司 法	执 法
主体	司法机关及其公职人员。	行政机关及其公职人员。
内容	对象是案件，主要内容是裁决涉及法律问题的纠纷和争议及对有关案件进行处理。	以国家的名义对社会进行全面管理，执法的内容远比司法广泛。
程序性要求	有严格的程序性要求，违反程序将导致司法行为的无效和不合法。	也有程序规定，但由于本身的特点，特别是基于执法效能的要求，其程序性规定没有司法活动那样严格和细致。
主动性	具有被动性，司法机关（尤其是审判机关）不能主动去实施法律，只有在受理案件后才能进行。	具有较强的主动性，对社会进行行政管理的职责要求行政机关应积极主动地去实施法律。

五、法律解释的种类

根据解释主体和解释效力	正式解释，也称法定解释、有权解释	是指由特定的国家机关、官员或其他有解释权的人对法律作出的具有法律上约束力的解释。
		根据解释的国家机关的不同，法定解释又可分为 3 种： (1) 立法解释； (2) 司法解释； (3) 行政解释。
		有权作出法定解释的机关、官员和个人，在不同的国家或不同的历史时期都有所不同，通常是由法律规定或是由历史传统决定的。
	非正式解释，通常也叫学理解释	一般指由学者或其他个人及组织对法律规定所作的不具有法律约束力的解释。
		这种解释是学术性或常识性的，不被作为执行法律的依据。

六、法律解释的方法

法律解释的方法大体上包括文义解释、立法者的目的解释（主观目的解释）、历史解释、比较解释、体系解释、客观目的解释。

文义解释（也称语法解释、文法解释、文理解释）	指从法律条文的字面意义来说明法律规定的涵义。文义解释的特点是将解释的焦点集中在语言上，而不顾及根据语言解释出的结果是否公正、合理。
主观目的解释	是指根据参与立法的人的意图或者立法资料揭示和说明某个法律文本或资料的意义，或者说将对某个法律文本或资料的解释建立在参与立法的人的意图或立法资料的基础之上。

续表

历史解释	指通过研究有关立法的历史资料或从新旧法律的对比中了解法律的涵义。	
比较解释	是指根据外国的立法例和判例学说对某个法律规定进行解释。	
体系解释（也称逻辑解释、系统解释）	是指将被解释的法律条文放在整部法律中乃至整个法律体系中，联系此法条与其他法条的相互关系来解释法律。	
客观目的解释	指从制定某一法律的目的来解释法律。	这里的"目的"不仅是指原先制定该法律时的目的，也可以指探求该法律在当前条件下的需要。
		既可以指整部法律的目的，也可以指个别法条、个别制度的目的。

【关联提示】法律解释方法的适用模式：

1. 单一适用模式；

2. 累积适用模式；

3. 冲突适用模式。

七、法律推理的类型

法律推理的类型主要包括演绎推理、归纳推理、类比推理和设证推理等，在备考中主要掌握前 3 种类型。

类型		说　　　　明
演绎推理	组成结构	（1）大前提，是概括了若干类同类个别事物中共性的普遍性判断。 （2）小前提，是对某一个别事物属于大前提主词外延的一种说明。 （3）结论，表明该个别事物也具有在大前提中普遍性判断所揭示的属性。
	当代中国是以制定法为法律渊源主体的国家，制定法中各种具体规定，是人们进行法律推理的大前提。所以演绎推理在法律推理中被广泛运用。	
归纳推理	与演绎推理的思维路径相反，是从特殊到一般的推理。	
	归纳推理的具体方法大致是：	汇集众多个别案件及经验事实；
		对所汇集的对象进行比较、分类和概括；
		发现或者确定归纳得以实现的案件和经验事实中那些共同的特征和属性，并形成具有普遍性的判断。
类比推理	根据两个或两类事物在某些属性上的相似性，推导出其在另一个或另一类属性上也为相似。	
	一般适用于	法律没有明文规定，但又必须处理；
		法律虽有规定，但过于原则、模糊，以至可以根据同一规定提出两种对立的处理意见，需要法官从中加以判断和选择；
		法律规定本身就是矛盾的，存在相互对立的法律规定，法官同样需要从中加以选择；
		法律虽然有规定，但由于新情况的出现，适用这一规定明显不合理，即出现合法与合理的冲突，如安乐死问题。

第三章　法的演进

一、法的继承

法的继承的根据和理由主要表现为几方面	(1) 社会生活条件的历史延续性决定了法的继承性。 (2) 法的相对独立性决定了法的发展过程的延续性和继承性。 (3) 法作为人类文明成果决定了法的继承的必要性。 (4) 法的发展的历史事实验证了法的继承性，如资产阶级的《法国民法典》即是以奴隶制的罗马法为基础制定的。
法的继承的内容	(1) 法律术语、技术、形式。 (2) 有关社会公共事务的法律规定。 (3) 反映市场经济规律的法律原则和规范。 (4) 反映法的一般价值的原则。

【重点提示】 法的继承是不同历史类型的法律制度之间的延续和继受，一般表现为旧法对新法的影响和新法对旧法的承接和继受。法的阶级性并不排斥法的继承性，社会主义法可以而且必然要借鉴资本主义法和其他类型的法。

二、法的移植

法的移植是指在鉴别、认同、调适、整合的基础上，引进、吸收、采纳、摄取、同化外国法，使之成为本国法律体系的有机组成部分，为本国所用。	(1) 法的继承体现时间上的先后关系，法的移植则反映一个国家对同时代其他国家法律制度的吸收和借鉴。 (2) 法的移植的范围除了外国的法律外，还包括国际法律和惯例。 (3) 法的移植以供体（被移植的法）和受体（接受移植的法）之间存在着共同性，即受同一规律的支配，互不排斥，可互相吸纳为前提。
法的移植的必然性和必要性	(1) 社会发展和法的发展的不平衡性决定了法的移植的必然性，比较落后的国家为促进社会的发展，有必要移植先进国家的某些法律。 (2) 市场经济的客观规律和根本特征决定了法的移植的必要性，市场经济要求冲破一切地域限制，一个国家借鉴和引进别国的法律，特别是世界各国通行的法律原则和规范是非常必要的。 (3) 法制现代化既是社会现代化的基本内容，也是社会现代化的动力，而法的移植是法制现代化的一个过程和途径，是法制现代化和社会现代化的必然需要。 (4) 法的移植是对外开放的应有内容。
法的移植的几种类型	(1) 经济、文化和政治处于相同或基本相同发展阶段和发展水平的国家相互吸收对方的法律，以至融合和趋同。 (2) 落后国家或发展中国家直接采纳先进国家或发达国家的法律。 (3) 区域性法律统一运动和世界性法律统一运动或法律全球化。

【关联提示】 法的移植应注意的事项：

(1) 国外法与本国法之间的同构性和兼容性；

(2) 法律体系的系统性；

(3) 法的移植要有适当的超前性。

三、法治的含义

汉语中的"法制"与"法治"	（1）法制一般指法律和制度的总称。 （2）法治指依据法律的治理，其涵义要更为宽泛。
"社会主义法制"与"社会主义法治"	（1）社会主义法制指由社会主义国家制定或认可的、体现工人阶级领导下全体人民意志的法律和制度的总称，是社会主义立法、守法、执法、司法、法律监督各环节的统一，核心是依法办事。基本要求是"有法可依，有法必依，执法必严，违法必究"。 （2）社会主义法治，是指社会主义国家的依法治国的原则和方略，即与人治相对的治国理论、原则、制度和方法。

第四章　法与社会

一、法与和谐社会

和谐的内涵	（1）指"和而不同"、事物的对立统一，即具有差异性的不同事物的结合、统一、共存。 （2）指政治和谐，一种社会政治安定状态。 （3）指遵循事物发展客观规律，追求人与自然和谐。 （4）是社会伦理原则和思想方法。
社会主义和谐社会的基本特征	（1）和谐社会是民主法治的社会。 （2）和谐社会是公平正义的社会。 （3）和谐社会是充满活力的社会。 （4）和谐社会是诚信友爱的社会。 （5）和谐社会是安定有序的社会。 （6）和谐社会是人与自然和谐相处的社会。
构建和谐社会的基本要求	（1）必须建立理性的法律制度，即在以人为本的科学发展观指导下建立起来的社会，无法律则无和谐社会。 （2）必须确立实质法治，即整个社会、一切人和组织都服从和遵守体现社会正义的理性法律统治。 （3）必须创新法律对社会的调整机制，要求确立新思维，尽快完善社会主义法律体系，建立以宪法为核心而又体现社会正义的法律机制；加强行政法制建设，建立健全社会整合与平衡机制，逐步形成以法治政府为中心的新型社会管理模式；完善利益调控法律机制，建立社会公平保障体系，加强社会治安综合治理，形成良好的社会秩序。

二、法与道德的区别

区别	法	道德
生成方式	（建构性）法在生成上往往与有组织的国家活动相关，由权威主体经程序主动制定或认可，具有形式上的建构性。	（非建构性）道德在社会生产生活中自然演进生成，不是自觉制定和程序选择的产物。自发而非建构是其本质属性。
行为标准	（确定性）法有特定的表现形式或渊源，有肯定明确的行为模式和法律后果，因而具体确切，可操作性强；同时，其被任意解释和滥用的余地小，易排斥恣意擅断。当然法的确定性也是相对的。	（模糊性）道德无特定、具体的表现形式，往往体现在一定的学说、舆论、传统和典型行为及后果中，其对行为的要求笼统，原则、标准模糊，只具一般倾向性，理解和评价易生歧义。

续表

区别	法	道 德
存在形态	（一元性）法在特定国家的体系结构基本是一元的，法律上的决策一致性是其本性和要求，而这种决策上的一致是通过程序上的正统性达到的。法的一元化存在形态，也使它具有统一性和普适性。	（多元性）由于信念和良心是道德的存在方式，因而道德在本质上是自由、多元、多层次的。
调整方式	（外在侧重）法一般只规范和关注外在行为，一般不离开行为去过问动机，其所有缜密的设置都主要针对外在行为。	（内在关注）道德首先和主要关注内在动机，不仅侧重通过内在信念影响外在行为，且评价和谴责主要针对动机。
运作机制	（程序性）法是程序性的，程序是法的核心。法的实体内容通过程序选择和决定，其生成和实现也与程序相关。	（非程序性）道德的重心在于义务或责任。在道德上，"权利不应成为履行道德义务的诱因"，义务不对应权利，也不以权利为前提。
强制方式	（外在强制）法与有组织的国家强制相关，通过程序进行，针对外在行为，表现为一定的物质结果。专门机构、暴力后盾、程序设置、行为针对性和物质结果构成法的外在强制标志。	（内在约束）道德在本质上是良心和信念的自由，因而强制是内在的。
解决方式	（可诉性）可诉性是法区别于一切行为规则的显著特征，这意味着对与法相关的行为的个别处理是可能和可操作的，且是有预设的实体标准和程序规则作为依据的，故可实现对相类似行为和情形的非差别对待，保证处理和决定的一致性和平等性。此外，法的可诉性还意味着争端和纠纷解决的终局性和最高权威性。	（不可诉性）道德不具有可诉性，主要表现为无形的舆论压力和良心谴责，且舆论的评价或谴责往往是多元的。

科目：
中国法律史

第一章　中国古代法律史

一、法律思想

朝代	思想	说明
西周	以德配天明德慎罚出礼入刑	（1）"德"的要求：敬天、尊祖、保民。 （2）"明德慎罚"的要求：实施德教，用刑宽缓。 （3）①"礼不下庶人，刑不上大夫"强调平民百姓与贵族官僚之间的不平等，强调官僚贵族的法律特权；前者强调礼有等级差别，禁止任何越礼的行为，后者强调贵族官僚在适用刑罚上的特权。②"礼"与"刑"关系：出礼入刑，礼是从正面、积极地规范人们的言行；刑则要求对一切违礼行为进行处罚。
汉	德主刑辅礼刑并用	为以"礼法结合"为特征的中国传统法制奠定了理论基础。
唐	礼律合一——准乎礼	封建伦理道德的精神力量与政权法律统治力量合起来作为政治手段。
明	明刑弼教	意味着"刑"不再从属于"德"，处于"次要地位"，"德"对"刑"不再有制约作用，而只是刑罚的目的，刑罚也不必拘泥于"先教后刑"，而可以"先刑后教"。

二、民事法律制度

1. 契约制度

时间	契约	内容	说明	
西周	买卖契约	质剂	质：买卖牛马等用的较长契券。	由"质人"专门管理
			剂：买卖兵器等用的较短契券。	
	借贷契约	傅别	傅：把债的标的和双方的权利义务等写在券上。	
			别：简札中间写字，一分为二，借贷双方各执一半。	
宋	买卖契约	绝卖	一般买卖。	
		活卖	附条件的买卖，条件完成时买卖成立。	
		赊卖	采用预付方式或商业信用而后收取价金，重要交易须订立书面契约并且得官府同意，才视为有效。	
	租赁契约	租、赁、借	房宅的租赁。	
		庸、雇	人畜车马的租赁。	

续表

时间	契约	内容	说明
	借贷契约	出举	计息的消费借贷。
		负债	不计息的消费借贷。
宋	典卖契约	活卖	通过让渡物的使用权收取部分利益而保留回赎权的一种交易方式。过期无力回赎，方成绝卖。

2. 婚姻制度

西周	婚姻关系成立	原则：一夫一妻、同姓不婚、父母之命。
		六礼： （1）纳采：男方媒人向女方提亲。 （2）问名：男方请媒人问女子名字、生辰等，并卜于祖庙以定凶吉。 （3）纳吉：卜得吉兆后即与女家订婚。 （4）纳征：男方送聘礼至女家。 （5）请期：男方携礼至女家商定婚期。 （6）亲迎：婚期之日男方迎娶女子至家。
	婚姻关系解除	七出：不顺父母、无子、淫、妒、恶疾、多言、盗窃。
		三不去：有所娶无所归；与更三年丧；前贫贱后富贵。
唐	婚姻关系解除	义绝
宋	婚姻关系成立	"男年 15，女年 13 以上，并听婚嫁"。
		禁止五服以内亲属结婚，但姑舅两姨兄弟姐妹除外。
		禁止州县官吏与治下百姓结婚以及部属交婚，有例外。
	婚姻关系解除	七出、三不去，有变通，允许有条件的改嫁或离婚。
		夫外出 3 年不归，6 年不通问，准妻改嫁或离婚；义绝。

3. 继承制度

西周	嫡长子继承制。
宋	遗产兄弟均分，遗腹子与亲生子享有同样的继承权，在室女享有部分继承财产权。
	户绝：夫亡而妻在，立继从妻，称"立继"；夫妻俱亡，立继从其尊长亲属，称"命继"。

三、刑事法律制度

西周		犯罪主观	过失与故意称为"眚"与"非眚"；惯犯与偶犯称为"惟终"与"非终"。
秦	罪名	危害皇权罪	谋反、泄露机密，以古非今，非所宜言。
		侵犯财产和人身罪	（1）侵犯财产：盗。包括：①共盗：共同盗窃；②群盗：聚众反抗治世秩序。 （2）侵犯人身：贼杀、伤人。
		渎职罪	（1）官吏失职造成经济损失； （2）军职罪； （3）司法官吏渎职：①见知不举；②不直：重罪轻判或轻罪重判；③纵囚：应当论罪而不论或故意减轻案情使达不到犯罪标准；④失刑：过失而量刑不当。
		妨害社会管理秩序罪	如违令卖酒罪；逃避徭役罪（"逋事""乏徭"）；逃避赋税罪。
		破坏婚姻家庭秩序罪	关于婚姻关系的：夫殴妻、夫通奸、妻私逃等； 关于家庭秩序的：擅杀子、子不孝、子女控告父母、卑幼殴尊长、乱伦等。

	刑罚种类	笞刑、徒刑、流放刑、肉刑、死刑	相当于现代的主刑。
		耻辱刑、经济刑、株连刑	相当于现代的附加刑。
	刑罚适用原则	(1) 刑事责任能力的规定	以身高判定是否成年，未成年犯罪不负刑事责任或减轻刑事责任。
		(2) 故意与过失区分	故意为"端"，过失为"不端"。
		(3) 盗窃按赃值定罪的原则	
		(4) 共犯罪与集团犯罪加重处罚的原则	
		(5) 累犯加重原则	本身已犯罪，再犯诬告他人罪，加重处罚。
		(6) 教唆犯罪加重处罚的原则	
		(7) 自首减轻处罚的原则	
		(8) 诬告反坐原则	故意诬告者反坐；主观上没有故意的，按告不审从轻处理。
唐	十恶	谋反、谋大逆、谋叛、恶逆、不道、大不敬、不孝、不睦、不义、内乱	凡犯"十恶"者不适用"八议"，且为常赦所不容。
	六杀	谋杀	预谋杀人。
		故杀	事先虽无预谋，但情急杀人时已有杀人的意念。
		斗杀	斗殴中出于激愤失手将人杀死。
		误杀	由于种种原因错置了杀人对象。
		过失杀	出于过失杀人。
		戏杀	"以力共戏"导致杀人。
	六赃	受财枉法 受财不枉法	"事后受财"，诸有事先不许财，事过之后而受财者，事若枉，准枉法论；事不枉者，以受所监临财物论。对时下官员"权力期权化"的防范有借鉴意义。
		受所监临	指官吏利用职权非法收受所辖范围内百姓或下属财物的行为。
		强盗	指以暴力获取公私财物的行为。
		窃盗	指以隐蔽的手段将公私财物据为己有的行为。
		坐赃	指官吏或常人非因职权之便非法收受财物的行为。
	保辜制度		对伤人罪中被侵害人的受伤害后果不是立即显露的，规定加害方在一定期限内对被侵害方伤情变化负责的一项特别制度。
	五刑	笞、杖、徒、流、死	
	刑罚原则	区分公私罪的原则	公罪从轻，私罪从重。
		自首原则	自首：未被举发而自行交代罪行；自新：犯罪被揭发或被官府查知逃亡后，再投案者。重罪及后果不能挽回的不适用自首。
		类推原则	对律文无明文规定的同类案件： (1) 凡应减轻处罚的，则列举重罪处罚规定，比照以解决轻案。 (2) 凡应加重处罚的罪案，列举轻罪处罚规定，比照以解决重案。
		外化人原则	(1) 同国籍外国侨民在中国犯罪的，由唐王朝按其所属本国法律处理，实行属人主义原则。 (2) 不同国籍侨民在中国犯罪的，按照唐律处罚，实行属地主义原则。

续表

宋	折杖法	将流、徒、杖、笞等刑罚折合为相应的脊杖或臀杖。
	配役	多为刺配，"刺"是刺字，配指流刑的配役。
	凌迟	始于五代，至宋正式成为法定死刑。
明	奸党罪	出自《大明律》"防臣下揽权专擅，交结党援"。奸党罪是在明朝重典治世的立法思想指导下而首创的，没有具体的标准和明确的危害结果。
	充军刑	强迫犯人到边远地区服苦役。

四、司法制度

西周	司寇	
秦	廷尉、监察御史	最高司法机关
汉	廷尉、御史大夫、司隶校尉，刺史	
北齐	大理寺、御史台	
唐	大理寺	行使中央司法审判权，审理中央百官与京师徒刑以上案件。对刑部移送的死刑及疑难案件有重审权。
	刑部	有权参与重大案件审理，对中央、地方上报案件有复核权，有权受理在押犯申诉案件。徒流案件判决须送刑部复核，死刑案件须皇帝批准。
	御史台	有权监督大理寺、刑部的审判工作，参与疑难案件审判，并受理行政诉讼案件。
明清	大理寺	明：复核驳正。
		清：复核死刑案件；参与秋审、热审等；对刑部定罪量刑不当的，可以提出封驳。
	刑部	明：增设十三清吏司，分掌各省刑民案件。
		清：六部之一，执掌全国"法律刑名"事务，下设十七清吏司分掌京师和各省审判事务，还设有追捕逃犯的督捕司、办理秋审的秋审处、专掌律例修订的法律馆。主要负责：审理中央百官犯罪；审核地方上报的重案（死刑交大理寺复核）；审核发生在京师的笞杖刑以上案件；处理地方上诉案及秋审事宜；主持司法行政与律例修订事宜。
	都察院	明：纠察百司，会审及审理官吏犯罪案件。设有十三道监察御史。
		清：全国最高监察机关，负责督察百官风纪、纠弹不法，监督刑部、大理寺；可以参与重大案件会审。

五、诉讼制度

西周	三宥	因主观不识，过失，遗忘而犯罪者，应减刑。
	三赦	幼弱，老耄，蠢愚者，犯罪从赦。
	听讼	审理民事案件。
	断狱	审理刑事案件。
	五听	辞听、色听、气听、耳听、目听。
	三刺	重大案件群臣议——吏议——国人议，是明德慎罚思想在司法实践中的体现。
汉	春秋决狱	是法律儒家化在司法领域的反映；实行论心定罪原则。
	秋冬行刑	谋反大逆除外，唐律"立春后不决死刑"，明清"秋审"皆源于此。
唐	刑讯	规定了刑讯的条件、方法及禁止刑讯的情形。
	回避	第一次以法典形式肯定了法官的回避制度。
宋	翻异别勘	人犯否认口供，事关重大案情的，由另一法官或另一司法机关重审。

续表

明	九卿会审		又称圆审，会审皇帝交付的案件或已判决但囚犯仍翻供不服之案。
	朝审		清代秋审、朝审皆源于此。
	大审		源于汉唐"录囚"制度，明宪宗时期正式固定下来。由皇帝委派太监会同三法司官员审录囚徒以求司法统一的特殊会审制度。
清	秋审		死刑复审，审理对象是全国上报的斩、绞监候案件。
	朝审		对刑部判决的重案及京师附近绞、斩监候案件进行的复审。可分4种情况处理，分别是情实、缓决、可矜、留养承祀。
	热审		对发生在京师的笞杖刑案件进行重审的制度。

六、特殊事件及制度

春秋与战国	铸刑书	郑国子产	中国历史上第1次公布成文法的活动。
	铸刑鼎	晋国赵鞅	中国历史上第2次公布成文法的活动，明确了法律公开的立法原则。
	《法经》	魏国李悝	(1) 中国历史上第一部比较系统的封建成文法典。 (2) 《法经》共6篇：①《盗法》《贼法》：关于惩罚危害国家安全、危害他人及侵犯财产的法律规定；②《网法》：又称"囚法"，是关于囚禁和审判罪犯的法律规定；③《捕法》：关于追捕盗贼及其他犯罪者，"囚""捕"二篇多属于诉讼法的范围；④《杂法》：关于盗贼以外的其他犯罪与刑罚的规定；⑤《具法》：关于定罪量刑的规定，相当于总则部分。
	商鞅变法	秦孝公时期	(1) 改法为律。 (2) 用法律手段推行"富国强兵"的措施。 (3) 用法律手段剥夺旧贵族特权。 (4) 全面贯彻法家"以法治国"和"明法重刑"主张。
汉	废肉刑	汉景帝	(1) 根本原因：稳定政权。 (2) 直接起因：缇萦上书。
	亲亲得相首匿	汉宣帝	理论来源：《论语》："父为子隐，子为父隐，直在其中"；反映出汉律的儒家化。
	上请与恤刑		官僚贵族减免刑罚，老幼以优待。
魏晋南北朝	法律形式发生变化		律、令、科、比、格、式。
	刑罚制度改革		规定斩、绞等死刑，废除宫刑。
	准五服以制罪		五服分为斩衰、齐衰、大功、小功、缌麻。
	《魏律》或《曹魏律》	魏明帝	"具律"改为"刑名"置于律首；将"八议"制度正式列入法典；进一步调整法典的结构与内容。
	《晋律》或《泰始律》	晋武帝	20篇，"刑名"律后增加法例律，丰富了刑法总则的内容；张斐、杜预作注，与《晋律》具有同等效力。
	《北齐律》		12篇，将刑名与法例律合为"名例"律；在中国封建法律史上起着承前启后的作用。
	八议	《魏律》	议故（皇帝故旧）、议勤（为勤于国事）、议宾（前代皇室宗亲）。
	官当	《北魏律》	允许官吏以官职爵位折抵徒罪的特权制度。
	重罪十条	《北齐律》	《北齐律》首次规定，分别为反逆（造反）、大逆（毁坏皇帝宗庙、山陵与宫殿）、叛（叛变）、降（投降）、恶逆（殴打谋杀尊亲属）、不道（凶残杀人）、不敬（盗用皇室器物及对皇帝不尊重）、不孝（不侍奉父母，不按礼制服丧）、不义（杀本府长官与授业老师）、内乱（亲属间的乱伦行为）。犯此十条者，不仅要处以最严厉的刑罚，而且不得适用"八议"和赎刑的有关规定。重罪十条自北齐确立以后，对后世封建立法影响极其深远。隋唐律在此基础上发展为"十恶"定制，并为宋元明清历代所承袭。

续表

	死刑复奏制度	北魏太武帝	为唐代死刑三复奏打下基础，既加强了皇帝对司法审判的控制，又体现了皇帝对民众的体恤。
唐	《唐律疏议》	唐高宗	是中国封建法制的最高成就，是中国历史上迄今保存最完整、最早、最具有社会影响的封建成文法典。又名《永徽律疏》，12 篇。
宋	《宋刑统》	宋太祖	历史上第一部刊印颁行的法典。
	编敕		将一个个单行的敕令整理成册，上升为一般法律形式的立法过程。
元	"四等人"		蒙古人——色目人——汉人——南人。
明	《大明律》	明太祖	体例：名例、吏、户、礼、兵、刑、工七篇格局。
	明大诰	明太祖	体现了朱元璋"重典治世"的思想。
清	《大清律例》		中国历史上最后 1 部封建成文法典。
	例		（1）条例：刑事单行法规。 （2）则例：某一行政部门或某项专门事务方面的单行法规汇编。 （3）事例：皇帝就某项事务发布的"上谕"或经皇帝批准的政府部门提出的建议。 （4）成例：也称"定例"，指经过整理编订的事例，是一种统称，包括条例及行政方面的单行法规。
	《大清会典》		中国封建社会最完备的行政法典，计有 5 部会典，合称"五朝会典"。

第二章　中国近代法律史

一、近代法律史概述

法律思想	清末	中体西用；大权统于朝廷，庶政公诸舆论	意味着以中国传统的纲常名教为根本，以西方的文化技术为器用。
司法制度	清末	刑部	改为法部，掌管全国司法行政实务。
		大理寺	改为大理院，为全国最高审判机关，实行审检合署。
		领事裁判权	中国人与享有领事裁判权国家的侨民间的诉讼依被告主义原则；享有领事裁判权国家的侨民之间的诉讼由所属国审理。
		会审公廨	凡涉及外国人的案件，必须有领事官员参加会审；凡中国人与外国人之间诉讼案，由本国领事裁判或陪审。
诉讼制度	清末	四级三审制	
	民国	三级三审制	

特殊事件及制度	清末	《大清现行刑律》	作为《大清新刑律》颁行前的过渡。
		《大清新刑律》	中国历史上第一部近代意义上的专门刑法典。分为总则与分则2篇，后附《暂行章程》5条。
		《大清商律草案》	清朝第一部商律。
		《大清民律草案》	中国第一部民法典草案。由修订法律馆与礼学馆共同制定，依照我国体例草拟，未正式公布。
		诉讼法律	《大清刑事诉讼律草案》《大清民事诉讼律草案》
		法院编制法	《大理院编制法》《法院编制法》
	南京国民政府时期	民法	承认习惯和法理可作为判案依据；维护土地权益；保护传统婚姻家庭关系；确认外国人在华权益。
		刑法	镇压危害政权与社会秩序的犯罪；依据最新刑法学说，并采取世界各国最新立法例；援用保安处分；维护传统宗法家庭制度。

二、近代法律时期重要宪法

名　称	时　间	颁布者	地　位	主　要　内　容
《钦定宪法大纲》	1908年8月	清政府	中国近代史上第一个宪法性文件	结构和主要内容：共23条，分正文"君上大权"和附录"臣民权利义务"。
				特点：皇帝专权，人民无权。
				实质：以"宪法"的外衣确认君权的绝对性。
十九信条	1911年11月3日	清政府	宪法性文件	形式上缩小了皇帝的权力，相对扩大了议会和总理的权力，但仍然强调皇权至上，对人民权利只字未提。
《修正中华民国临时政府组织大纲》	1912年1月2日	南京临时政府	中华民国第一部全国性的临时宪法性文件	采用总统政体，实行资产阶级三权分立原则，采取一院制的议会政治体制，参议院是国家立法机关。
《中华民国临时约法》	1912年3月11日	中华民国南京临时政府	第一个资产阶级性质的宪法性文件	以孙中山的民权主义学说为指导思想；
				确立了资产阶级民主共和国的国家制度；
				肯定了资产阶级民主共和国的政治体制和组织原则；
				体现了资产阶级宪法中一般民主自由原则；
				确认了保护私有财产的原则。设定条款限制和防范袁世凯，表现在：(1) 国家政权体制上，改总统制为责任内阁制。(2) 权力关系上，扩大参议院的权力。(3) 程序性条款上，规定了特别修改程序。
天坛宪草	1913年10月31日	北洋政府	资产阶级性质宪法文件	采用资产阶级三权分立原则，确认民主共和制度，体现了国民党希望通过制宪限制袁世凯的意图。

				以根本法的形式彻底否定了《临时约法》确立的民主共和制度，代之以个人独裁；
袁记约法	1914 年 5 月 1 日	北洋政府	军阀全面专制的开始	用总统独裁否定了责任内阁制；
				以有名无实的立法院取消了国会制；
				为限制、否定《临时约法》规定的人民基本权利提供了宪法依据。
《中华民国宪法》（"贿选宪法"）	1923 年 10 月 10 日	北洋政府	中国近代史上首部正式颁行的宪法	企图用漂亮的辞藻和虚伪的民主形式掩盖军阀专制的本质；为平衡各派大小军阀的关系，巩固中央大权，对"国权"和"地方制度"作了专门规定。
《中华民国宪法》	1947 年 1 月 1 日	南京国民政府		表面上的"民有、民治、民享"和实际上的个人独裁，即人民无权、独夫集权；
				政权体制不伦不类，既非国会制、内阁制，又非总统制；
				罗列人民各项民主自由权利；
				以"平均地权""节制资本"之名，行保护封建剥削、加强官僚垄断经济之实。

三、中国共产党民主政权宪法性文件

名称	时间	颁布者	地位	主要内容
《中华苏维埃共和国宪法大纲》	1931 年 11 月 7 日	中华苏维埃共和国临时中央政府	第一部由劳动人民制定的根本法	苏维埃国家性质是"工人和农民的民主专政国家"；
				苏维埃国家政治制度是工农兵代表大会制度；
				苏维埃国家公民的权利和义务。
《陕甘宁边区施政纲领》	1941 年 11 月	陕甘宁边区政府	抗日战争时期陕甘宁边区的宪法性文件	贯彻抗日民族统一战线的总方针；
				规定民主政治制度；
				规定有利于团结抗战的经济政策原则；
				普及文化教育和改进司法制度；
				规定加强抗日人民武装建设，贯彻男女平等、民族平等等政策原则。
《陕甘宁边区宪法原则》	1946 年 4 月 23 日	陕甘宁边区政府	解放战争时期指导陕甘宁边区政权建设的宪法性文件	确定边区政权的基本组织原则；
				确定边区的基本经济政策。

科目：

宪 法

第一章　宪法的基本理论

一、宪法的概念

宪法与法律的关系	我国宪法文本中的法律	（1）以"以法律的形式""法律的效力"的形式出现时，通常指法的一般特征； （2）宪法和法律连在一起使用时，"法律"通常指由全国人大及其常委会制定的法律； （3）宪法文本有时采用了"依照法律规定""依照法律"等表述，此时的"法律"通常是指全国人大及其常委会制定的法律。
	宪法与法律的关系	（1）宪法与法律具有共同的经济基础，其性质主要取决于社会的物质文化条件； （2）宪法与法律由国家制定并以国家强制力保障实施； （3）宪法和法律通过规定社会关系参加者的权利义务来确认和保护社会秩序和法律秩序； （4）宪法和法律具有制裁性。
宪法的分类	传统的宪法分类	（1）成文宪法与不成文宪法； （2）刚性宪法与柔性宪法； （3）钦定宪法、民定宪法和协定宪法。
	马克思主义宪法学的分类	（1）资本主义类型宪法； （2）社会主义类型宪法。
宪法的基本特征		（1）宪法是国家的根本大法； （2）宪法是公民权利的保障书； （3）宪法是民主事实律化的基本形式。
宪法的基本原则		（1）人民主权原则； （2）基本人权原则； （3）法治原则； （4）权力制约原则。
宪法规范的分类		（1）确认性规范； （2）禁止性规范； （3）权利性规范与义务性规范； （4）程序性规范。

二、近代中国宪法文件总结

宪法名称	别　称	历 史 地 位
钦定宪法大纲		中国历史上第一个宪法性文件。
宪法重大信条十九条	"十九信条"	
中华民国临时约法	"临时约法"	第一部资产阶级共和国性质的宪法文件，具有临时宪法性质。

续表

宪法名称	别　称	历　史　地　位
中华民国宪法（草案）	"天坛宪草"	北洋政府时期的第一部宪法性草案。
中华民国约法	"袁记约法"	对《临时约法》的反动，军阀专制全面确立的标志。
中华民国宪法	"贿选宪法"	中国近代史上公布的第 1 部正式的"宪法"。
训政纲领		一党专政，个人独裁。
中华民国训政时期约法		用根本法的形式确立一党专政和蒋介石个人独裁的政治制度。
中华民国宪法草案	"五五宪草"	"中华民国宪法"的蓝本。
中华民国宪法		虚伪的宪法。

三、宪法修改

修订时间	指导思想	基本制度	经济政策	具体制度
1988		土地的使用权可以依照法律的规定转让。	私营经济是公有制经济的补充；对私营经济实行引导、监督和管理。	
1993	（1）我国正处于社会主义初级阶段；建设有中国特色社会主义的理论；坚持改革开放。 （2）中国共产党领导的多党合作和政治协商制度。	国家实行社会主义市场经济。	"国营经济"改为"国有经济"；国有企业、集体经济组织经营自主权；家庭联产承包为主的责任制。	县级人大任期由 3 年改为 5 年。
1999	（1）我国将长期处于社会主义初级阶段；建设有中国特色社会主义的道路。 （2）邓小平理论。	（1）基本经济制度和基本分配制度。 （2）依法治国，建设社会主义法治国家。	非公有制经济是社会主义市场经济的重要组成部分；对个体经济：引导、监督和管理；农村集体经济组织实行家庭承包经营为基础、统分结合的双层经营体制。	"反革命"改为"危害国家安全"。
2004	（1）中国特色社会主义道路；"三个代表"重要思想；推动物质文明、政治文明和精神文明协调发展。 （2）爱国统一战线：社会主义事业的建设者。	国家建立健全同经济发展水平相适应的社会保障制度。	（1）鼓励、支持和引导、监督和管理非公有制经济。 （2）公民的合法的私有财产不受侵犯。 （3）对公民的私有财产或土地实行征收或者征用。	（1）国家尊重和保障人权。 （2）全国人大代表组成。 （3）国家主席进行国事活动。 （4）"戒严"改为"紧急状态"。 （5）乡级人大任期由 3 年改为 5 年。 （6）国歌。

续表

修订时间	指导思想	基本制度	经济政策	具体制度
2018	(1) 科学发展观、习近平新时代中国特色社会主义思想；"健全社会主义法制"修改为"健全社会主义法治"；贯彻新发展理念，社会文明、生态文明；把我国建设成为富强民主文明和谐美丽的社会主义现代化强国，实现中华民族伟大复兴。 (2)"在长期的革命和建设过程中"修改为"在长期的革命、建设、改革过程中"；在爱国统一战线的组成中增加"致力于中华民族伟大复兴的爱国者"。 (3) 社会主义民族关系增加"和谐"；"中国革命和建设"修改为"中国革命、建设、改革"；在对外政策中增加"坚持和平发展道路，坚持互利共赢开放战略"，"推动构建人类命运共同体"。 (4) 中国共产党领导是中国特色社会主义最本质的特征；国家倡导社会主义核心价值观。	增加"监察委员会"，各级监察委员会是国家的监察机关，依照法律规定独立行使监察权，监察机关由人大产生、对它负责、受它监督，各级人大常委会组成人员不得担任监察机关的职务。		(1) 国家工作人员就职时应当依照法律规定公开进行宪法宣誓； (2) 国家主席、副主席任期删去"连续任职不得超过两届"； (3) 设区的市的人民代表大会和它们的常务委员会，在不同宪法、法律、行政法规和本省、自治区的地方性法规相抵触的前提下，可以依照法律规定制定地方性法规，报本省、自治区人民代表大会常务委员会批准后施行； (4) 将"法律委员会"改为"宪法和法律委员会"。

第二章　国家的基本制度（上）

一、国家的基本制度

制度	特　点	注　意
人民民主专政制度	国家性质。中国共产党的领导是中国特色社会主义最本质的特征。	根本制度是社会主义制度，根本政治制度是人民代表大会制度，基本政治制度是民族区域自治、多党合作和政治协商、基层自治制度。
基本经济制度	基础：生产资料公有制；2 种形式——全民所有、集体所有；非公有制经济是市场经济的重要组成部分。	城市土地归国家所有；城市郊区和农村土地集体所有是原则，国有为例外，宅基地、自留地、自留山归集体所有；对非公有制经济鼓励、支持、引导。

续表

制度	特　点	注　意
基本文化制度	我国基本文化制度是围绕社会主义精神文明的核心进行教育科学文化建设和思想道德建设。	社会主义精神文明是社会主义重要的精神特征； 教育科学文化建设是整个社会主义现代化建设的基础工程建设。
基本社会制度	社会文明和生态文明在 2018 年修宪后进入宪法的价值体系，表明了社会制度在宪法中的基础性地位，有助于把我国建设成为富强民主文明和谐美丽的社会主义现代化强国。	我国公民在年老、疾病或者丧失劳动能力的情况下，有从国家和社会获得物质帮助的权利。

二、国家安全法律制度

总体国家安全观	国家安全工作应当坚持总体国家安全观，以人民安全为宗旨，以政治安全为根本，以经济安全为基础，以军事、文化、社会安全为保障，以促进国际安全为依托，维护各领域国家安全，构建国家安全体系，走中国特色国家安全道路。
维护国家安全的职责	（1）中华人民共和国公民、一切国家机关和武装力量、各政党和各人民团体、企业事业组织和其他社会组织，都有维护国家安全的责任和义务； （2）全国人大及其常委会、国务院、中央军委、中央各部门和地方（包括香港、澳门特别行政区）负有维护国家安全的责任； （3）国家安全机关、公安机关、有关军事机关是维护国家安全的专门机关。
国家安全制度	（1）对可能即将发生或者已经发生的危害国家安全的事件，县以上地方人民政府及其有关主管部门应当立即按照规定向上一级人民政府及其有关主管部门报告，必要时可以越级上报。 （2）国家决定进入紧急状态、战争状态或者实施国防动员后，履行国家安全危机管控职责的有关机关依照法律规定或者全国人民代表大会常务委员会规定，有权采取限制公民和组织权利、增加公民和组织义务的特别措施。

第三章　国家的基本制度（下）

一、人大代表的选举

	全国人大代表	地方各级人大代表	
		省、设区的市	县、乡两级
产生方式	由下一级人民代表大会选举产生。	由下一级人民代表大会选举产生。	不设区的市、市辖区、县、自治县、乡、民族乡、镇的人民代表大会的代表，由选民直接选举。
主持机构	全国人大常委会主持全国人大代表选举。	人大常委会主持本级人民代表大会代表的选举。	设立选举委员会，主持本级人民代表大会代表的选举。

续表

	全国人大代表	地方各级人大代表	
		省、设区的市	县、乡两级
候选人产生	各政党、各人民团体，可以联合或者单独推荐代表候选人。选民或者代表，10人以上联名，也可以推荐代表候选人。		
候选人确定	间接选举的代表候选人的名额应多于应选代表名额1/5至1/2。	直接选举的代表候选人名额应多于应选代表名额1/3至1倍。	
选票效力	选举所投的票数，多于投票人数的无效，等于或者少于投票人数的有效；投票所选的人数，多于规定应选人数的作废，等于或者少于规定应选代表人数的有效。		
代表当选	直接选举时，选区全体选民的过半数参加投票，选举有效。代表候选人获得参加投票的选民过半数的选票时，始得当选。	间接选举时，代表候选人获得全体代表过半数的选票时，始得当选。	

二、选举制度的原则

1. 普遍性原则

（1）具有中国国籍，是中华人民共和国公民；（2）年满18周岁；（3）依法享有政治权利。

2. 平等性原则

（1）不排斥对特定主体选举权进行保护的措施；（2）我国选举权的平等性原则既着眼于机会平等，同时也重视实质平等。

3. 直接选举与间接选举并用的原则

4. 秘密投票原则

（1）秘密填写选票；（2）在选票上不标识选民身份；（3）投票时不显露选举意向；（4）应当设有秘密写票处，如果是文盲或者因残疾不能写选票的，可以委托他信任的人代写。

三、行政区域划分

行政机关	权　　限
全国人大决定	省、自治区、直辖市的设立、撤销、更名，特别行政区的成立。
国务院审批	省、自治区、直辖市行政区域界线的变更；
	自治州、县、自治县、市、市辖区的设立、撤销、更名或隶属关系变更；
	自治州、自治县行政区域界线的变更，市县行政区域界线的重大变更。
省、自治区、直辖市人民政府审批	乡、民族乡、镇的设立、撤销、变更或者行政区域界线变更。
国务院授权的省、自治区、直辖市人民政府审批	县、市、市辖区部分行政区域界线的变更。

四、民族区域自治

自治机关	自治区、自治州、自治县的人民代表大会和人民政府。	民族乡不是民族自治地方。
人员构成	自治区、自治州、自治县的人大常委中应当由实行区域自治的民族的公民担任主任或者副主任。	自治区主席、自治州州长、自治县县长由实行区域自治的民族的公民担任。应当合理配备实行区域自治的民族和其他少数民族的人员。

续表

特别权限	制定自治条例和单行条例。	（1）自治区的自治条例和单行条例报全国人民代表大会常务委员会批准后生效。 （2）自治州、自治县制定的自治条例和单行条例，须报省、自治区、直辖市人大常委会批准后生效，并由批准机关报全国人大常委会和国务院备案，报送备案时应当说明对法律、行政法规、地方性法规作出变通的情形。
	上级国家机关的决议、决定、命令和指示，如有不适合民族自治地方实际情况的，自治机关可以报经该上级国家机关批准，变通执行或停止执行；	
	有管理地方财政的自治权，经济建设事业、教育、科学、文化、卫生、体育事业的自主权；	
	民族自治地方的自治机关依照国家的军事制度和当地的实际需要，经国务院批准，可以组织本地方维护社会治安的公安部队；	
	民族自治地方的自治机关在执行职务的时候，依照本民族自治地方自治条例的规定，使用当地通用的一种或几种语言文字。	

五、特别行政区制度

特别行政区	中央（仅指全国人大、全国人大常委会和国务院）
特别行政区立法会制定属于特别行政区自治范围的法律。	（1）基本法的修改权专属于全国人大。 （2）基本法的修改提案权专属于全国人大常委会、国务院和特别行政区。 （3）基本法的固有解释权属于全国人大常委会（特区法院根据授权享有对基本法的解释权，终审法院有权提请全国人大常委会解释基本法）。 （4）特别行政区立法会制定的法律须报全国人大常委会备案（无须报中央人民政府备案）；全国人大常委会如认为该法律不符合《基本法》关于中央管理的事务及中央和特别行政区的关系的条款，可将有关法律发回，发回的法律立即失效，但一般不溯及既往。 （5）全国性法律除列于《基本法》附件三者外，不在特别行政区实施，但是，全国人大常委会在征询其所属的特别行政区基本法委员会和特别行政区政府的意见后，可对列于本法附件三的法律作出增减；列入附件三的法律应限于有关国防、外交和其他依照基本法规定不属于特别行政区自治范围的法律。 （6）在全国人大常委会决定宣布战争状态或因特别行政区内发生特别行政区政府不能控制的危及国家统一或安全的动乱而决定特别行政区进入紧急状态时，中央人民政府可发布命令将有关全国性法律在特别行政区实施。
独立的司法权和终审权。特别行政区法院对特别行政区所有的案件均有审判权。	特别行政区法院对国防、外交等国家行为无管辖权；特别行政区法院在审理案件中遇有涉及国防、外交等国家行为的事实问题，应取得行政长官就该等问题发出的证明文件，行政长官在发出证明文件前，须取得中央人民政府的证明书。
行政管理权。特别行政区政府自行处理特别行政区的行政事务。	中央人民政府负责管理与特别行政区有关的防务；中央人民政府任命特别行政区行政长官和根据行政长官的提名，任命行政机关的主要官员，以及澳门检察院检察长，并根据行政长官的建议，免除主要官员职务。
依法自行处理有关的对外事务。中央授权特别行政区依照《基本法》自行处理有关的对外事务。	中央人民政府负责管理与特别行政区有关的外交。

六、特别行政区的政治体制

	香　港	澳　门
行政系统	（1）行政长官是香港特别行政区政府的首长，代表香港特别行政区，对中央人民政府和香港特别行政区负责。 （2）行政长官由年满40周岁，在香港通常居住连续满20年并在外国无居留权的香港特别行政区永久性居民中的中国公民担任。 （3）行政长官在当地通过选举或协商产生，由中央人民政府任命。	行政长官无"在外国无居留权"的限制，其他与香港同。
立法系统	（1）立法会由香港特别行政区永久性居民组成。 （2）立法会由选举产生。	立法会多数议员由选举产生，部分议员由行政长官委任。
司法系统	（1）设终审法院、高等法院（设上诉法庭和原讼法庭）、区域法院、裁判署法庭和其他专门法庭。 （2）律政司属于行政机关，但主管刑事检察工作。	（1）设初级法院（行政法院）、中级法院和终审法院。 （2）设立检察院独立行使检察职能。

七、特首和立法会议员选举制度规定

特区选举委员会	人数	1500 人
	界别	（1）工商、金融界；（2）专业界；（3）基层、劳工和宗教等界；（4）立法会议员、地区组织代表等；（5）特区全国人大代表、特区全国政协委员、有关全国性团体香港成员的代表界。
特区选举委员会	议员人数	90 人
	产生方式	（1）选举委员会选举10人； （2）功能团体选举30人； （3）分区直接选举20人。
特区候选人资格审查委员会		（1）设立特区候选人资格审查委员会； （2）审查并确认候选人资格； （3）判断候选人是否符合拥护中华人民共和国香港特别行政区基本法、效忠中华人民共和国香港特别行政区的法定要求和条件，对不符合条件者向香港特别行政区候选人资格审查委员会出具审查意见书； （4）对立法会议员候选人资格确认的决定不得提起诉讼。

八、特别行政区公职人员就职宣誓制度

特别行政区公职人员就职宣誓制度概述	特别行政区公职人员就职宣誓是公职人员就职的法定条件和必经程序，未进行合法有效宣誓或者拒绝宣誓，不得就任相应公职，不得行使相应职权和享受相应待遇。
香港特别行政区公职人员就职宣誓制度的基本内容	《香港特别行政区基本法》第104条规定："香港特别行政区行政长官、主要官员、行政会议成员、立法会议员、各级法院法官和其他司法人员在就职时必须依法宣誓拥护中华人民共和国香港特别行政区基本法，效忠中华人民共和国香港特别行政区。"宣誓必须符合法定的形式和内容要求，宣誓人必须真诚、庄重地进行宣誓，必须准确、完整、庄重地宣读包括"拥护中华人民共和国香港特别行政区基本法，效忠中华人民共和国香港特别行政区"内容的法定誓言。宣誓人拒绝宣誓，即丧失就任相应公职的资格；宣誓人故意宣读与法定誓言不一致的誓言或者以任何不真诚、不庄重的方式宣誓，也属于拒绝宣誓，所作宣誓无效，宣誓人即丧失就任相应公职的资格。宣誓必须在法律规定的监誓人面前进行，监誓人负有确保宣誓合法进行的责任，对符合法律规定的宣誓，应确定为有效宣誓；对不符合法律规定的宣誓，应确定为无效宣誓，并不得重新安排宣誓。

续表

澳门特别行政区公职人员就职宣誓制度的基本内容	《澳门特别行政区基本法》也有公职人员就职宣誓的明确要求。第 101 条规定："澳门特别行政区行政长官、主要官员、行政会委员、立法会议员、法官和检察官，必须拥护中华人民共和国澳门特别行政区基本法，尽忠职守，廉洁奉公，效忠中华人民共和国澳门特别行政区，并依法宣誓。"第 102 条规定："澳门特别行政区行政长官、主要官员、立法会主席、终审法院院长、检察长在就职时，除按本法第一百零一条的规定宣誓外，还必须宣誓效忠中华人民共和国。"

九、基层群众性自治制度

	村民委员会	居民委员会
性质	不属于国家机关，也不属于国家机关的下属或下级组织，也不从属于居住地范围内其他任何社会组织。	
设置（设立、撤销、范围调整）	由乡、民族乡、镇的人民政府提出，经村民会议讨论同意后，报县级人民政府批准。	由不设区的市、市辖区的人民政府决定。
组织	（1）主任、副主任和委员共 3 ~ 7 人组成。 （2）由年满 18 周岁未被剥夺政治权利的村民直接选举产生。 （3）每届任期 5 年，可以连选连任； （4）本村 1/5 以上有选举权的村民或者 1/3 以上的村民代表联名，可以要求罢免村民委员会成员，罢免须有登记参加选举的村民过半数投票，并须经投票的村民过半数通过； （5）村民会议由本村 18 周岁以上的村民组成。召开村民会议，应当有本村 18 周岁以上村民的过半数，或者有本村 2/3 以上的户的代表参加，必要时可以邀请驻本村的企业、事业单位和群众团体派代表列席。	（1）主任、副主任和委员共 5 ~ 9 人组成。 （2）既可由年满 18 周岁未被剥夺政治权利的居民选举产生，也可由每户派代表选举产生，还可以由每个居民小组选举代表 2 ~ 3 人选举产生。 （3）每届任期 5 年，可以连选连任； （4）居民会议是由居住地范围内 18 周岁以上的居民组成的居民自治的民主决策机构； （5）居民公约由居民会议讨论制定，报不设区的市、市辖区的人民政府或者它的派出机关备案，由居民委员会监督执行。

第四章　公民的基本权利和义务

一、我国公民的基本权利

基本权利	基　本　内　容
平等权	（1）法律面前人人平等。 （2）禁止不合理的差别对待。 （3）平等权与合理差别。

续表

基本权利	基本内容
政治权利和自由	(1) 行使选举权和被选举权的条件：①年满18周岁的中国公民；②没有被依法剥夺政治权利。 (2) 政治自由：①言论自由：居于各项政治自由之首；形式多样包括口头、书面及广播电视等；②出版自由：是言论自由的自然延伸；包括著作自由；出版单位的设立与管理必须遵循法律规定；③结社自由：是言论自由的进一步发展；结社一般具有固定的组织和成员；我国社会团体的成立实行核准登记制度；④集会、游行、示威自由：是言论自由的延伸和具体化。
宗教信仰自由	(1) 公民有信仰宗教的自由，也有不信仰宗教的自由；有信仰这种宗教的自由，也有信仰那种宗教的自由，有过去不信仰而现在信教的自由，也有过去信仰而现在不信教的自由。 (2) 宗教团体和宗教事务不受外国势力支配；宗教团体必须坚持自主、自办、自传的"三自"原则。
人身自由	(1) 生命权：生命权具有不可处分性，其主体只能是自然人。 (2) 人身自由：公民的肉体和精神不受非法侵犯，即不受非法限制、搜查、拘留和逮捕。 (3) 人格尊严不受侵犯：包括姓名权、肖像权、名誉权、荣誉权和隐私权不受侵犯。 (4) 住宅不受侵犯：任何机关、团体的工作人员或者其他个人，未经法律许可或者未经居住者的同意，不得随意进入、搜查或者查封公民的住宅。 (5) 通信自由和通信秘密：除因国家安全或者追查刑事犯罪的需要，由公安机关或者检察机关依照法律规定的程序对通信进行检查外，任何组织或者个人不得以任何理由侵犯公民的通信自由和通信秘密。
社会经济权利	(1) 财产权：公民的合法的私有财产不受侵犯；国家为了公共利益的需要，可以依照法律规定对公民的私有财产实行征收或者征用并给予补偿。 (2) 劳动权：既是权利也是义务。 (3) 劳动者休息的权利。 (4) 获得物质帮助的权利：包括老年人的物质帮助权、患疾病公民的物质帮助权、丧失劳动能力的公民的物质帮助权。
文化教育权利	(1) 受教育权：既是权利也是义务。 (2) 进行科学研究、文学艺术创作和其他文化活动的自由。
监督权和获得赔偿权	(1) 监督权：①批评建议权：公民有对国家机关和国家工作人员工作中的缺点和错误提出批评意见的权利，对国家机关和国家工作人员提出合理化建议的权利；②控告、检举：控告通常是直接受到不法侵害的人，而检举人不一定与事件有直接关系。③申诉权：指公民的合法权益因行政机关或司法机关作出错误的、违法的决定或裁判，或者因国家机关工作人员的违法失职行为而受到侵害时，有向有关机关申述理由、要求重新处理的权力。 (2) 获得赔偿权：由于国家机关和国家工作人员侵犯公民权利而受到损失的人，有依照法律规定取得赔偿的权利。

二、我国公民的基本义务

1. 维护国家统一和民族团结；

2. 遵守宪法和法律，保守国家秘密，爱护公共财产，遵守劳动纪律，遵守公共秩序，尊重社会公德；

3. 维护祖国的安全、荣誉和利益；

4. 保卫祖国、依法服兵役和参加民兵组织；

5. 依法纳税；

6. 其他基本义务。

第五章   国家机构

一、全国人大

任期	5 年	任期届满的 2 个月前，全国人大常委会必须完成下届全国人民代表大会代表的选举，全体委员 2/3 以上多数通过，可以推迟选举。
职权	立法权	修改宪法、监督宪法实施：宪法修改由全国人大常委会或者 1/5 以上的全国人大代表提议，并由全国人大全体代表的 2/3 以上的多数通过。
		制定和修改基本法律。
	选举、决定和罢免国家机关的重要领导人	选举全国人大常委会委员长、副委员长、秘书长和委员；
		选举国家主席、副主席，中央军委主席，国家监察委员会主任，最高法院院长，最高检察院检察长；
		根据国家主席的提名决定国务院总理人选；
		根据国务院总理提名决定副总理、国务委员、各部部长、各委员会主任、审计长、秘书长的人选；
		根据中央军委主席的提名决定中央军委副主席和委员的人选；
		罢免上述人员：全国人大主席团或者 3 个以上的代表团或者 1/10 以上的代表提出，主席团提请人大审议，并经全体代表过半数同意，才能通过。
	决定重大问题	审查和批准国民经济和社会发展计划以及计划执行情况的报告；审查和批准国家预算和预算执行情况的报告；批准省、自治区和直辖市的建置；决定特别行政区的设立及制度；决定战争和和平问题。
	监督权	全国人大常委会、国务院、最高人民法院、最高人民检察院对其负责并报告工作；中央军事委员会、国家监察委员会须对全国人大负责。
		改变或撤销全国人民代表大会常务委员会不适当的决定。

二、全国人大常委会和全国人大各专门委员会

	全国人大常委会	全国人大各专门委员会
组成	委员长、副委员长、秘书长、委员。	主任委员、副主任委员和委员。
产生	常务委员会的组成人员由全国人民代表大会从代表中选出。	各专门委员会的主任委员、副主任委员和委员的人选，由主席团在代表中提名，大会通过。在全国人大闭会期间，全国人大常委会可以补充任命专门委员会的个别副主任委员和部分委员。全国人大常委会可根据需要为各委员会任命一定数量的非全国人大代表的专家作委员会的顾问，列席专门委员会会议。
任职要求	常委会的人员不得担任国家行政机关、监察机关、审判机关和检察机关的职位；如果担任上述职务，必须向常务委员会辞去常务委员的职务。常委会的委员长、副委员长、秘书长和委员可连选连任，但委员长、副委员长连续任职不得超过 2 届。	

续表

	全国人大常委会	全国人大各专门委员会
主要职权	解释宪法，监督宪法实施；	审议向全国人大主席团或者全国人大常委会提出有关的议案；
	制定和修改非基本法律；	审议全国人大常委会交付的被认为同宪法、法律相抵触的下位法律文件，并提出报告；
	在全国人大闭会期间，对全国人大制定的法律进行部分修补，但是不得同该法律的基本原则相抵触；	审议全国人大主席团或者全国人大常委会交付的质询案；
	解释法律。	对与本委员会有关的问题，进行调查研究，提出建议。
	审查和监督规范性文件； 预算管理权； 监督国家机关的工作； 决定、任免国家机关组成人员：（1）根据国务院总理的提名，决定部长、委员会主任、审计长、秘书长的人选；（2）根据中央军事委员会主席的提名，决定中央军事委员会其他组成人员的人选；（3）根据国家监察委员会主任的提请，任命国家监察委员会副主任、委员；（4）根据最高人民法院院长的提名，任免最高人民法院副院长、审判员、审判委员会委员和军事法院院长；（5）根据最高人民检察院检察长的提名，任免最高人民检察院副检察长、检察员、监察委员会委员、军事检察院检察长，并且批准省、自治区、直辖市的人民检察院检察长的任免。 国家生活重要事项的决定权：（1）决定批准或废除同外国缔结的条约和重要协定；（2）决定驻外全权代表的任免；（3）决定特赦；（4）有权决定宣布战争状态，决定全国总动员和局部动员，决定全国或者个别省、自治区和直辖市进入紧急状态。	

三、全国人大和人大常委会工作制度

		全国人大	全国人大常委会
提案权		（1）主体：全国人民代表大会主席团，全国人民代表大会常务委员会，全国人民代表大会各专门委员会，国务院，中央军事委员会，国家监察委员会，最高人民法院，最高人民检察院。 （2）程序：由主席团决定交各代表团审议，或者先交有关的专门委员会审议、提交报告，再由主席团审议决定提交大会表决。	（1）主体：全国人民代表大会各专门委员会，国务院，中央军事委员会，最高人民法院，最高人民检察院。 （2）程序：由委员长会议决定提请常务委员会会议审议，或者先交有关专门委员会审议、提交报告，再决定是否提请常务委员会会议审议。
		（1）主体：一个代表团或者30名以上的代表。 （2）程序：由主席团决定交各代表团审议，或者先交有关的专门委员会审议、提出报告，再由主席团审议决定提交大会表决。	（1）主体：常务委员会组成人员10人以上。 （2）程序：由委员长会议决定是否提请常务委员会会议审议，或者先交有关专门委员会审议、提交报告，再决定是否提请常务委员会会议审议。

续表

	全国人大	全国人大常委会
提名候选人	(1) 提名对象：全国人民代表大会常务委员会委员长、副委员长、秘书长、委员的人选，国家主席、国家监察委员会主任、副主席的人选，最高人民法院院长和最高人民检察院检察长的人选。 (2) 程序：由主席团提名，经各代表团酝酿协商后，再由主席团根据多数代表的意见确定正式候选人名单。	只能由全国人大做出。
罢免领导人	(1) 主体：全国人大主席团、3个以上的代表团或者1/10以上的人大代表。 (2) 罢免对象：全国人民代表大会常务委员会组成人员，国家主席、副主席，国务院和中央军事委员会的组成人员，国家监察委员会主任、最高人民法院院长和最高人民检察院检察长的罢免案，由主席团提请大会审议。并经全体代表的过半数同意，才能通过。	
质询	(1) 主体：一个代表团或者30名以上的代表，可以书面提出对国务院、国务院各部委、国家监察委员会、最高人民法院、最高人民检察院的质询案。 (2) 程序：由主席团决定交质询机关书面答复，或者由质询机关的领导人在主席团会议上或者专门委员会会议上或者有关代表团会议上口头答复。	(1) 主体：常务委员会组成人员10人以上，可以向常务委员会提出对国务院和国务院各部、国家监察委员会、最高法院、最高检察院的质询案。 (2) 程序：由委员长会议决定交质询机关书面答复，或者由质询机关的领导人在常务委员会会议上或者有关的专门委员会会议上口头答复。

四、中华人民共和国主席

条件	有选举权和被选举权		年满45周岁	中华人民共和国公民
产生与任期	由全国人大选举产生		5年	到下届全国人民代表大会选出的主席、副主席就职为止
职权	公布法律		依据常委会的决定，宣布批准或废除条约和重要协定。	
	发布命令		根据全国人大及其常委会的决定，发布特赦令、动员令、宣布进入紧急状态、宣布战争状态等。	
	人员任免		(1) 宣布国务院的组成人员（人大或其常委会决定）的任免； (2) 宣布驻外全权代表（常委会决定）的任免。	
职务空缺	主席缺位时，由副主席继任主席的职位。	副主席缺位时，由全国人民代表大会补选。	主席和副主席都缺位的时候，由全国人大补选；补选前由全国人大常委会委员长暂时代理主席职位。	

五、国务院和中央军委

	国务院	中央军委
组成	总理、副总理、国务委员、各委员会主任、各部部长、审计长、秘书长。	主席、副主席、委员。
任期	5年，总理、副总理、国务委员连任不得超过两届。	5年，没有任期限制。
领导体制	总理负责制。	主席负责制。
产生	总理由主席提名，全国人大决定；其他人员，总理提名，全国人大决定；闭会期间，常委会可决定部委首长、审计长和秘书长的人选。	军委主席由全国人大选举产生，并向它负责；全国人大根据军委主席的提名，决定其他组成人员的人选；闭会期间，常委会可根据军委主席提名，决定其他组成人员人选。

六、地方各级人大及其常委会

	地方各级人大	地方各级人大常委会
组成	（1）乡级人大设主席、副主席；乡级人大主席是其人大主席团的当然成员；乡级人大主席、副主席不得担任国家行政机关的职务。 （2）县级以上的人大及其常委会可以组织关于特定问题的调查委员会（主席团或者1/10以上代表书面联名，可以向本级人大提议组织调查委员会；主任会议或者1/5以上的常委会成员书面联名，可以向人大常委会提议组织调查委员会）。	（1）县级以上的地方各级人大设立常委会。 （2）省、自治区、直辖市、自治州、设区的市的人大常委会由主任、副主任若干人、秘书长（县级没有）、委员若干人组成。 （3）常委会组成人员不得担任国家行政机关、监察机关、审判机关和检察机关的职务。 （4）主任会议处理常委会的重要日常工作。
任期	5年	5年
职权	（1）立法权。 （2）选举和罢免权：地方各级人大分别选举本级人民政府的正、副职领导人员；县级以上的地方各级人大选举本级人大常委会的组成人员、本级监察委员会主任、本级人民法院院长和本级人民检察院检察长；乡级人大选举本级人大主席、副主席；县级以上地方各级人大主席团、常委会或者1/10以上代表联名，可向本级人大提出对常委会组成人员、人民政府组成人员、监察委员会主任、人民法院院长、人民检察院检察长的罢免案；乡级人大主席团或者1/5以上代表联名，可向本级人大提出对人大主席、副主席、乡长、副乡长、镇长、副镇长的罢免案。 （3）监督权：听取和审查本级人大常委会、本级人民政府和人民法院、人民检察院的工作报告。监督本级监察委员会。	（1）立法权。 （2）人事任免权：根据本级人民政府正职首长的提名，任免本级人民政府工作部门的正职领导；在本级人大闭会期间，任免本级人民政府的个别副职首长；任免根据本级人民法院院长的提请，任免副院长、审判委员会委员、庭长、副庭长和审判员；根据本级人民检察院检察长的提请，任免副检察长、检察委员会委员和检察员。根据本级监察委员会主任的提请，任免国家监察委员会副主任、委员。 （3）监督权：监督本级人民政府、人民法院和人民检察院的工作。监督本级监察委员会的工作。
会议制度	（1）地方各级人大会议每年至少举行1次，由本级人大常委会召集，主席团主持。 （2）县级以上的地方各级人大每次会议举行预备会议，选举本次会议的主席团和秘书长。 （3）乡级人大举行会议的时候，选举主席团（每次会议重新选举），由主席团主持和召集会议。	常委会会议每2个月至少举行1次，由主任召集。
工作制度	（1）提出议案：地方各级人大举行会议的时候，主席团、常委会、各专门委员会、本级人民政府，县级以上的地方各级人大代表10人以上联名，乡、民族乡、镇的人大代表5人以上联名，可以向本级人大提出属于本级人大职权范围内的议案。 （2）质询权：地方各级人大举行会议的时候，代表10人以上联名可以书面提出对本级人民政府和它所属各工作部门以及本级监察委员会、人民法院、人民检察院的质询案。	（1）提出议案：县级以上的地方各级人大常委会主任会议，地方各级人民政府、人大各专门委员会，省、自治区、直辖市、自治州、设区的市的人大常委会组成人员5人以上联名，县级的人大常委会组成人员3人以上联名，可以向本级常委会提出属于常委会职权范围内的议案。 （2）质询权：省、自治区、直辖市、自治州、设区的市的人大常委会组成人员5人以上联名，县级的人大常委会组成人员3人以上联名，可以向常委会书面提出对本级人民政府、监察委员会、人民法院、人民检察院的质询案。

续表

	地方各级人大	地方各级人大常委会
罢免领导人	(1) 主体：县级以上的地方各级人民代表大会举行会议的时候，主席团、常务委员会或者 1/10 以上代表联名，乡级人民代表大会举行会议的时候，主席团或者 1/5 以上代表联名。 (2) 罢免对象：县级以上——本级人民代表大会常务委员会组成人员、人民政府组成人员、人民法院院长、人民检察院检察长的罢免案。 乡级——对人民代表大会主席、副主席，乡长、副乡长，镇长、副镇长的罢免案。	

七、代表的权利和活动

	县级以上地方人大代表（包括全国人大代表）	乡级人大代表
代表权利	(1) 县级以上的各级人大代表，非经本级人大主席团许可，在本级人民代表大会闭会期间，非经本级人大常委会许可，不受逮捕或者刑事审判。如果因为是现行犯被拘留，执行拘留的机关应当立即向该级人大主席团或者人大常委会报告。 (2) 对县级以上各级人大代表，如果采取法律规定的其他限制人身自由措施，应当经该级人民代表大会主席团或者人大常委会许可。	乡、民族乡、镇的人民代表大会代表，如果被逮捕、受刑事审判或者被采取法律规定的其他限制人身自由的措施，执行机关应当立即报告乡、民族乡、镇的人民代表大会。
	代表在人民代表大会各种会议上的发言和表决，不受法律追究。	
	代表在本级人民代表大会闭会期间，参加由本级人民代表大会或者常务委员会安排的代表活动，代表所在单位必须给予时间保障。	
	代表执行代表职务，其所在单位按正常出勤对待，享受所在单位的工资和其他待遇。无固定工资收入的代表执行代表职务，根据实际情况由本级财政给予适当补贴。	

八、立法体制

	基本法律	非基本法律
主体	全国人大制定和修改刑事、民事、国家机构的和其他的基本法律。	全国人大常委会制定和修改除应当由全国人大制定的法律以外的其他法律。在全国人大闭会期间，对全国人大制定的法律进行部分补充和修改，但是不得同该法律的基本原则相抵触。
提案	(1) 全国人大主席团可以向全国人民代表大会提出法律案，由全国人民代表大会会议审议。 (2) 全国人大常委会、国务院、中央军委、最高人民法院、最高人民检察院、全国人大各专门委员会的提案，由主席团决定列入会议议程。 (3) 1 个代表团或者 30 名以上的代表联名，由主席团决定是否列入会议议程。或先交专门委员会审议提出是否列入会议议程的意见，再决定是否列入会议议程。	(1) 委员长会议可以向常务委员会提出法律案，由常务委员会会议审议。 (2) 国务院、中央军委、最高人民法院、最高人民检察院、全国人大各专门委员会的提案，由委员长会议决定列入常务委员会会议议程。 (3) 常务委员会组成人员 10 人以上联名。由委员长会议决定是否列入常务委员会会议议程。

续表

	基本法律	非基本法律
表决	草案修改稿由法律委员会根据各代表团的审议意见进行修改，提出法律草案表决稿，由主席团提请大会全体会议表决，由全体代表的过半数通过。	草案修改稿由法律委员会根据常务委员会组成人员的审议意见提出法律草案表决稿，由委员长会议提请常务委员会全体会议表决，由常务委员会全体组成人员的过半数通过。
公布	由国家主席签署主席令予以公布，在常务委员会公报上刊登的法律文本为标准文本。	
解释	主体：法律解释权属于全国人民代表大会常务委员会。 解释情形：（1）法律的规定需要进一步明确具体含义的。 （2）法律制定后出现新情况，需要明确适用法律依据的。 国务院、中央军委、最高人民法院、最高人民检察院、全国人大各专门委员会和省、自治区、直辖市的人民代表大会常务委员会可以向全国人民代表大会常务委员会提出法律解释要求。 法律解释草案表决稿由常务委员会全体组成人员的过半数通过，由常务委员会发布公告予以公布。 全国人民代表大会常务委员会的法律解释同法律具有同等效力。	

九、立法权限

1. 全国人大及全国人大常委会的立法权限

		内　　容	注　　意
全国人大	基本法律	全国人民代表大会制定和修改刑事、民事、国家机构的和其他的基本法律。	（1）下列事项只能制定法律（法律保留事项）：①国家主权的事项；②各级人民代表大会、人民政府、人民法院和人民检察院的产生、组织和职权；③民族区域自治制度、特别行政区制度、基层群众自治制度；④犯罪和刑罚；⑤对公民政治权利的剥夺、限制人身自由的强制措施和处罚；⑥对非国有财产的征收、征用；⑦民事基本制度；⑧基本经济制度以及财政、海关、金融和外贸的基本制度；⑨诉讼和仲裁制度；⑩税种的设立、税率的确定和税收征管等征求制度；⑪必须由全国人民代表大会及其常务委员会制定法律的其他事项。
全国人大常委会	其他法律	全国人民代表大会常务委员会制定和修改除应当由全国人民代表大会制定的法律以外的其他法律；在全国人民代表大会闭会期间，对全国人民代表大会制定的法律进行部分补充和修改，但是不得同该法律的基本原则相抵触。	（2）部分事项尚未制定法律的，全国人大及全国人大常委会可以授权国务院先制定行政法规，但①犯罪和刑罚；②对公民政治权利的剥夺和限制人身自由的强制措施和处罚；③司法制度等事项，不得进行授权立法。授权决定应当明确授权的目的、范围。被授权机关应当严格按照授权目的和范围行使该项权力。被授权机关不得将该项权力转授给其他机关。期限应遵循原则，且不得超过5年期限。

2. 国务院及部委行署的立法权限

主体	类型	内　　容	注　　意
国务院	行政法规	(1) 国务院根据宪法和法律，制定行政法规。 (2) 行政法规可以就下列事项作出规定：①为执行法律的规定需要制定行政法规的事项；②《宪法》第89条规定的国务院行政管理职权的事项。	(1) 应当由全国人民代表大会及其常务委员会制定法律的事项，国务院根据全国人民代表大会及其常务委员会的授权决定先制定的行政法规，制定法律的条件成熟时，全国人民代表大会及其常务委员会制定法律。 (2) 授权立法不得转授。 (3) 授权机关有权撤销被授权机关制定的超越授权范围或违背授权目的的法规，必要时可以撤销授权。根据授权制定的法规应当报授权决定规定的机关备案。 (4) 行政法规签署公布后，应及时在国务院公报（标准文本）和中国政府法制信息网以及在全国范围内发行的报纸上刊登。
部委行署和具有行政管理职能的直属机构	部门规章	可以根据法律和国务院的行政法规、决定、命令，在本部门的权限范围内，制定部门规章。部门规章规定的事项应当属于执行法律或者国务院的行政法规、决定、命令的事项。	涉及2个以上国务院部门职权范围的事项，应当提请国务院制定行政法规或者由国务院有关部门联合制定规章。

3. 地方人大、人大常委会及省、自治区、直辖市和较大市的人民政府的立法权限

主体	类型	内　　容	注　　意
地方人大及其常委会	地方性法规	(1) 省、自治区、直辖市的人民代表大会及其常务委员会根据本行政区域的具体情况和实际需要，在不同宪法、法律、行政法规相抵触的前提下，可以制定地方性法规。 (2) 设区的市的人民代表大会和它们的常务委员会，在不同宪法、法律、行政法规和本省、自治区的地方性法规相抵触的前提下，可以依照法律规定制定地方性法规，报本省、自治区人民代表大会常务委员会批准后施行。 (3) 地方性法规可以就下列事项作出规定：①为执行法律、行政法规的规定，需要根据本行政区域的实际情况作具体规定的事项；②属于地方性事务需要制定地方性法规的事项。	(1) 除《立法法》第8条规定的事项外，其他事项国家尚未制定法律或者行政法规的，省、自治区、直辖市和设区的市、自治州根据本地方的具体情况和实际需要，可以先制定地方性法规。在国家制定的法律或者行政法规生效后，地方性法规同法律或者行政法规相抵触的规定无效，制定机关应当及时予以修改或者废止。 (2) 省、自治区的人民代表大会常务委员会对报请批准的地方性法规，应当对其合法性进行审查，同宪法、法律、行政法规和本省、自治区的地方性法规不抵触的，应当在4个月内予以批准。
	经济特区法规	经济特区所在地的省、市的人民代表大会及及其常委会根据全国人民代表大会的授权，制定特区法规，在特区范围内实施。	经济特区法规根据授权对法律、行政法规、地方性法规作变通规定的，在本经济特区适用经济特区法规的规定。
	自治条例和单行条例	民族自治地方的人民代表大会有权依照当地民族的政治、经济和文化的特点，制定自治条例和单行条例。自治区的自治条例和单行条例，报全国人民代表大会常务委员会批准后生效。自治州、自治县的自治条例和单行条例，报省、自治区、直辖市的人民代表大会常务委员会批准后生效。	自治条例和单行条例可以依照当地民族的特点，对法律和行政法规的规定作出变通规定，但不得违背法律或者行政法规的基本原则，不得对宪法和民族区域自治法的规定以及其他有关法律、行政法规专门就民族自治地方所作的规定作出变通规定。

续表

主体	类型	内　　容	注　　意
省、自治区、直辖市和较大市的人民政府	地方政府规章	省、自治区、直辖市和设区的市、自治州的人民政府，可以根据法律、行政法规和本省、自治区、直辖市的地方性法规，制定规章。	（1）设区的市、自治州的人民政府制定地方政府规章，限于城乡建设与管理、环境保护、历史文化保护等方面的事项。已经制定的地方政府规章，涉及上述事项范围以外的，继续有效。 （2）没有法律、行政法规、地方性法规的依据，地方政府规章不得设定减损公民、法人和其他组织权利或者增加其义务的规范。
		地方政府规章可以就下列事项作出规定： （1）为执行法律、行政法规、地方性法规的规定需要制定规章的事项。 （2）属于本行政区域的具体行政管理事项。	

十、监察委员会

监察委的性质和地位	各级监察委员会是国家的监察机关。监察委员会专司国家监察职能，是行使国家监察职能的专责机关，其他任何机关、团体和个人都无权行使监察权。
监察委的组成和任期	监察委由主任、副主任若干人，委员若干人。监察委员会主任每届任期同本级人民代表大会每届任期相同。国家监察委员会主任连续任职不得超过2届。
监察委的领导体制	监察委既要对同级国家权力机关负责，又要对上一级监察委负责。国家监察委领导地方各级监察委的工作，上级监察委领导下级监察委的工作，地方各级监察委要对上一级监察委负责。
监察委与审判机关、检察机关、执法部门的关系	监察委依法独立行使监察权，不受行政机关、社会团体和个人的干涉。监察机关办理职务违法和职务犯罪案件，应当与审判机关、检察机关、执法部门相互配合、相互制约。 相互制约监督的体现：（1）对监察机关移送的案件，检察院认为犯罪事实已经查清，证据确实、充分，依法应当追究刑事责任的，应当作出起诉决定；（2）检察院经审查后，认为需要补充核实的，应当退回监察机关补充调查，必要时可以自行补充侦查；（3）检察院对于有刑事诉讼法规定的不起诉的情形的，经上一级检察院批准，依法作出不起诉的决定。对于监察委员会所作结论，检察院认为不构成犯罪的可以退回补充侦查，也可以作出不起诉的决定。监察机关认为不起诉的决定有错误的，可要求复议。
对监察委的监督	（1）监察委应当接受本级人大及其常委会的监督；（2）监察委应当依法公开监察工作信息，接受民主监督、社会监督、舆论监督；（3）监察委通过设立内部专门的监督机构等方式，加强对监察人员执行职务和遵守法律情况的监督，建设忠诚、干净、担当的监察队伍。

十一、地方各级人民政府

性质和地位	（1）地方各级人民政府对本级人民代表大会和上一级国家行政机关负责并报告工作。县级以上的地方各级人民政府在本级人民代表大会闭会期间，对本级人民代表大会常务委员会负责并报告工作； （2）全国地方各级人民政府都是国务院统一领导下的国家行政机关，都服从国务院； （3）地方各级人民政府实行重大事项请示报告制度。

续表

组成、任期和领导体制	（1）省、自治区、直辖市、自治州、设区的市的人民政府分别由省长、副省长，自治区主席、副主席，市长、副市长，州长、副州长和秘书长、厅长、局长、委员会主任等组成。 （2）县、自治县、不设区的市、市辖区的人民政府分别由县长、副县长，市长、副市长，区长、副区长和局长、科长等组成。 （3）乡、民族乡的人民政府设乡长、副乡长。民族乡的乡长由建立民族乡的少数民族公民担任。镇人民政府设镇长、副镇长。
	地方各级人民政府每届任期五年。
	新的一届人民政府领导人员依法选举产生后，应当在两个月内提请本级人民代表大会常务委员会任命人民政府秘书长、厅长、局长、委员会主任、科长。
职权	地方各级人民政府分别实行省长、自治区主席、市长、州长、县长、区长、乡长、镇长负责制，分别主持地方各级人民政府的工作。县级以上的地方各级人民政府会议分为全体会议和常务会议。全体会议由本级人民政府全体成员组成。政府工作中的重大问题，须经政府常务会议或者全体会议讨论决定。
机构设置	省、自治区、直辖市的人民政府的厅、局、委员会等工作部门和自治州、县、自治县、市、市辖区的人民政府的局、科等工作部门的设立、增加、减少或者合并，按照规定程序报请批准，并报本级人民代表大会常务委员会备案。
	省、自治区、直辖市、自治州、设区的市的人民政府设秘书长一人，副秘书长若干人。
	省、自治区的人民政府在必要的时候，经国务院批准，可以设立若干派出机关。县、自治县的人民政府在必要的时候，经省、自治区、直辖市的人民政府批准，可以设立若干区公所，作为它的派出机关。市辖区、不设区的市的人民政府，经上一级人民政府批准，可以设立若干街道办事处，作为它的派出机关。
	街道办事处在本辖区内办理派出它的人民政府交办的公共服务、公共管理、公共安全等工作，依法履行综合管理、统筹协调、应急处置和行政执法等职责，反映居民的意见和要求。

十二、法律、法规、行政规章的适用

1. 效力等级：

法律＞行政法规＞地方性法规＞地方政府规章；

地方性法规＞本级和下级政府规章；

省级政府规章＞本行政区内设区的市级政府规章。

2. 部门规章之间、部门规章与地方政府规章之间具有同等效力，在各自的权限范围内施行。

3. 同一机关制定的法律、行政法规、地方性法规、自治条例和单行条例、规章，特别规定与一般规定不一致的，适用特别规定；新的规定与旧的规定不一致的，适用新的规定。

4. 法律之间对同一事项的新的一般规定与旧的特别规定不一致，不能确定如何适用时，由全国人民代表大会常务委员会裁决。

行政法规之间对同一事项的新的一般规定与旧的特别规定不一致，不能确定如何适用时，由国务院裁决。

5. 地方性法规、规章之间不一致时，由有关机关依照下列规定的权限作出裁决：

（1）同一机关制定的新的一般规定与旧的特别规定不一致时，由制定机关裁决；

（2）地方性法规与部门规章之间对同一事项的规定不一致，不能确定如何适用时，由国务院提出意见，国务院认为应当适用地方性法规的，应当决定在该地方适用地方性法规的规定；认为应当适用部门规章的，应当提请全国人民代表大会常务委员会裁决；

（3）部门规章之间、部门规章与地方政府规章之间对同一事项的规定不一致时，由国务院裁决；

（4）根据授权制定的法规与法律规定不一致，不能确定如何适用时，由全国人民代表大会常务委员会裁决。

6. 改变或者撤销法律、行政法规、地方性法规、自治条例和单行条例、规章的权限是：

（1）全国人民代表大会有权改变或者撤销它的常务委员会制定的不适当的法律，有权撤销全国人民代表大会常务委员会批准的违背宪法和《立法法》第 75 条第 2 款规定的自治条例和单行条例；

（2）全国人民代表大会常务委员会有权撤销同宪法和法律相抵触的行政法规，有权撤销同宪法、法律和行政法规相抵触的地方性法规，有权撤销省、自治区、直辖市的人民代表大会常务委员会批准的自治条例和单行条例；

（3）国务院有权改变或者撤销不适当的部门规章和地方政府规章；

（4）省、自治区、直辖市的人民代表大会有权改变或者撤销它的常务委员会制定的和批准的不适当的地方性法规；

（5）地方人民代表大会常务委员会有权撤销本级人民政府制定的不适当的规章；

（6）省、自治区的人民政府有权改变或者撤销下一级人民政府制定的不适当的规章；

（7）授权机关有权撤销被授权机关制定的超越授权范围或者违背授权目的的法规，必要时可以撤销授权。

7. 备案要求：行政法规、地方性法规、自治条例和单行条例、规章应当在公布后的 30 日内依照下列规定报有关机关备案：

（1）行政法规报全国人民代表大会常务委员会备案；

（2）省、自治区、直辖市的人民代表大会及其常务委员会制定的地方性法规，报全国人民代表大会常务委员会和国务院备案；设区的市、自治州的人民代表大会及其常务委员会制定的地方性法规，由省、自治区的人民代表大会常务委员会报全国人民代表大会常务委员会和国务院备案；

（3）自治州、自治县的人民代表大会制定的自治条例和单行条例，由省、自治区、直辖市的人民代表大会常务委员会报全国人民代表大会常务委员会和国务院备案；自治条例、单行条例报送备案时，应当说明对法律、行政法规、地方性法规作出变通的情况；

（4）部门规章和地方政府规章报国务院备案；地方政府规章应当同时报本级人民代表大会常务委员会备案；设区的市、自治州的人民政府制定的规章应当同时报省、自治区的人民代表大会常务委员会和人民政府备案；

（5）根据授权制定的法规应当报授权决定规定的机关备案；经济特区法规报送备案时，应当说明对法律、行政法规、地方性法规作出变通的情况。

第六章   宪法的实施与监督

一、宪法监督制度

监督模式	内　容	特　　点
由司法机关作为宪法监督机关的体制 美国法院	美国由普通法院行使违宪审查权，其权力来源于宪法判例——1803 年"马伯里诉麦迪逊案"。	(1) 附带性：须有民事、刑事或行政案件的基础，转化为宪法案件，不受理抽象审查。 (2) 分散性：除最高法院外，其他法院也有违宪审查的权力。
由专门法院作为宪法监督机关的体制 德国宪法法院	宪法法院审查。	(1) 集中审：所有宪法案件都由联邦和各州的宪法法院审，普通法院不能审。 (2) 既可以抽象审，也可以附带审。
由专门机关作为宪法监督机关的体制 法国宪法委员会	宪法委员会审查。	法国式政治色彩较浓。
由代议机关作为宪法监督机关的体制	由代议机关负责保障宪法实施的体制起源于英国。	社会主义国家采取的也大多是由代议机关负责保障宪法实施的体制。

二、我国宪法监督制度

规范性文件之间冲突	全国人大对常委会作出的不适当决定，有权改变或撤销；全国人大常委会对国务院作出的不适当决定，有权撤销，无权改变；对省级人大作出的不适当决定，有权撤销，无权改变；国务院对其各部委和地方政府作出的不适当决定，有权撤销，也有权改变。
规范性文件本身内容矛盾	可以向全国人大常委会要求审查的主体：国务院、最高人民法院、最高人民检察院、中央军事委员会、省级人大常委会。 可以向全国人大常委会建议审查的主体：其他国家机关、社会团体、企事业组织、公民。

三、规范性文件的审查——主动改变或撤销

审查对象		审查内容	审查方式	审查主体
全国人大常委会制定的法律		不适当	改变或撤销	全国人大
自治条例和单行条例	自治区	违背宪法、民族区域自治法，违背法律和行政法规的基本原则、有关民族区域自治的专门规定。	撤销	全国人大
	自治州、自治县	违背宪法、民族区域自治法，违背法律和行政法规的基本原则、有关民族区域自治的专门规定。	撤销	全国人大常委会
行政法规		同宪法、法律相抵触	撤销	全国人大常委会

续表

地方性法规	省、自治区、直辖市、设区的市、自治州的人大及其常委会	同宪法、法律、行政法规相抵触	撤销	全国人大常委会
	省、自治区、直辖市人大常委会	不适当	改变或撤销	省、自治区、直辖市的人大
部门规章		不适当	改变或撤销	国务院
地方政府规章	省、自治区、直辖市人民政府	不适当	改变或撤销	国务院
		不适当	撤销	本级人大常委会
	设区的市的人民政府	不适当	改变或撤销	国务院、省、自治区人民政府
授权法规		不适当	撤销	本级人大常委会
		超越授权范围或者违背授权目的	撤销	授权机关

【重点提示】1. 中央人民政府对香港特别行政区有关的国家安全事务负有根本责任。香港特别行政区负有维护国家安全的宪制责任，应当履行维护国家安全的职责。香港特别行政区行政机关、立法机关、司法机关应当依据本法和其他有关法律规定有效防范、制止和惩治危害国家安全的行为和活动。

2. 香港特别行政区设立维护国家安全委员会，负责香港特别行政区维护国家安全事务，承担维护国家安全的主要责任，并接受中央人民政府的监督和问责。

《香港特别行政区维护国家安全法》第38条　不具有香港特别行政区永久性居民身份的人在香港特别行政区以外针对香港特别行政区实施本法规定的犯罪的，适用本法。

3. 应当每日升挂国旗的场所和机构：（1）北京天安门广场、新华门；（2）中国共产党中央委员会、全国人民代表大会常务委员会、国务院、中央军事委员会、中国共产党中央纪律检查委员会、国家监察委员会、最高人民法院、最高人民检察院、中国人民政治协商会议全国委员会；（3）外交部；（4）出境入境的机场、港口、火车站和其他边境口岸，边防海防哨所。

4. 可以使用国徽图案的证件、证照：（1）国家机关工作人员的工作证件、执法证件等；（2）国家机关颁发的营业执照、许可证书、批准证书、资格证书、权利证书等；（3）居民身份证，中华人民共和国护照等法定出入境证件。（4）国家机关和武装力量的徽章可以将国徽图案作为核心图案；（5）公民在庄重的场合可以佩戴国徽徽章，表达爱国情感。

5. 不得适用国徽及其图案的场合：（1）商标、授予专利权的外观设计、商业广告；（2）日常用品、日常生活的陈设布置；（3）私人庆吊活动；（4）国务院办公厅规定不得使用国徽及其图案的其他场合。

科目：

司法制度和法律职业道德

第一章   中国特色社会主义司法制度

一、中国特色社会主义司法制度概述

概念	司法	是国家司法机关的特定活动，国家司法机关专指人民法院和人民检察院，不包括公安机关。
	司法制度	狭义的司法制度在我国是指审判制度和检察制度。
		广义的司法制度除审判制度和检察制度外，还应包括律师制度、公证制度等。
司法功能	惩罚功能、保障功能、调整功能、服务功能和教育功能。	
特征	主体的特定性	是指法律职业道德首先所规范的是法官、检察官、律师及其他专门从事法律工作的人员。
	职业的特殊性	是指法律职业道德调整的是国家的法律工作，法律制度是国家上层建筑的重要组成部分，法律工作直接关系到国家法律制度的保障和实施。
	更强的约束性	是指与其他社会规范相比，法律职业道德有更强的约束性，违反法律职业道德的人员要承担更大的责任。
司法公正	实体公正	（1）正确地认定案件事实； （2）正确地适用法律法规。
	程序公正	（1）法官中立 （2）当事人平等地参与诉讼 （3）程序公开 （4）对法官裁判的尊重 （5）举证、回避、辩护、无罪推定、公开审判等制度

二、审判制度

（一）审判工作基本制度

基本制度	例 外	具 体 情 形
两审终审制度	"一审终审"	（1）最高人民法院管辖的案件。 （2）基层人民法院按照特别程序审理的选民资格案件、宣告失踪案件、宣告死亡案件、认定公民无行为能力案件、认定公民限制行为能力案件和认定财产无主案件、督促程序、公示催告程序以及小额诉讼案件等。
审判公开制度	不公开审理的案件	（1）涉及国家秘密的案件。 （2）涉及个人隐私的案件。 （3）审判时未满18周岁的未成年人的案件。 （4）经当事人申请，人民法院决定不公开审理的涉及商业秘密的案件。 （5）经当事人申请，人民法院决定不公开审理的离婚案件。

（二）审判机关

特征	人民法院由国家权力机关产生并受其监督。
	人民法院统一设立并独立行使审判权。
	审判活动实行某些特有的原则和制度，如以事实为根据、以法律为准绳原则，专门机关与群众路线相结合原则以及人民陪审员制度、法院调解制度、死刑复核制度和审判监督制度等。
审判类型	刑事审判、民事审判、行政审判。
审判机关	人民法院由最高人民法院、地方各级人民法院和专门人民法院组成。专门人民法院包括军事法院、海事法院、知识产权法院和金融法院等。审判组织包括独任庭和合议庭2种。

（三）法官

法官	任职条件	积极条件：（1）具有中华人民共和国国籍；（2）拥护中华人民共和国宪法，拥护中国共产党领导和社会主义制度；（3）具有良好的政治、业务素质和道德品行；（4）具有正常履行职责的身体条件；（5）具备普通高等学校法学类本科学历并获得学士及以上学位；或者普通高等学校非法学类本科及以上学历并获得法律硕士、法学硕士及以上学位；或者普通高等学校非法学类本科及以上学历，获得其他相应学位，并具有法律专业知识；（6）从事法律工作满5年。其中获得法律硕士、法学硕士学位，从事法律工作的年限可以放宽至4年；或者获得法学博士学位的，从事法律工作的年限可以放宽至3年；（7）初任法官应当通过国家统一法律职业资格考试取得法律职业资格。适用前述规定的学历条件确有困难的地方，经最高人民法院审核确定，在一定期限内，可以将担任法官的学历条件放宽为高等学校本科毕业。
		人民法院的院长应当具有法学专业知识和法律职业经历。副院长、审判委员会委员应当从法官、检察官或者其他具备法官条件的人员中产生。
		除应当具备法官任职条件外，参加公开选拔的律师应当实际执业不少于5年，执业经验丰富，从业声誉良好；参加公开选拔的法学教学、研究人员应当具有中级以上职称，从事教学、研究工作5年以上，有突出研究能力和相应研究成果。
		消极条件：下列人员不得担任法官：（1）因犯罪受过刑事处罚的；（2）被开除公职的；（3）被吊销律师、公证员执业证书或者被仲裁委员会除名的；（4）有法律规定的其他情形的。
	遴选	省、自治区、直辖市设立法官遴选委员会，负责初任法官人选专业能力的审核。省级法官遴选委员会的组成人员应当包括地方各级人民法院法官代表、其他从事法律职业的人员和有关方面代表，其中法官代表不少于1/3。省级法官遴选委员会的日常工作由高级人民法院的内设职能部门承担。遴选最高人民法院法官应当设立最高人民法院法官遴选委员会，负责法官人选专业能力的审核。
		初任法官一般到基层人民法院任职。上级人民法院法官一般逐级遴选；最高人民法院和高级人民法院法官可以从下两级人民法院遴选。参加上级人民法院遴选的法官应当在下级人民法院担任法官一定年限，并具有遴选职位相关工作经历。
	任免	最高人民法院院长由全国人民代表大会选举和罢免，副院长、审判委员会委员、庭长、副庭长和审判员，由院长提请全国人民代表大会常务委员会任免。最高人民法院巡回法庭庭长、副庭长，由院长提请全国人民代表大会常务委员会任免。
		地方各级人民法院院长由本级人民代表大会选举和罢免，副院长、审判委员会委员、庭长、副庭长和审判员，由院长提请本级人民代表大会常务委员会任免。
		在省、自治区内按地区设立的和在直辖市内设立的中级人民法院的院长，由省、自治区、直辖市人民代表大会常务委员会根据主任会议的提名决定任免，副院长、审判委员会委员、庭长、副庭长和审判员，由高级人民法院院长提请省、自治区、直辖市人民代表大会常务委员会任免。
		新疆生产建设兵团各级人民法院、专门人民法院的院长、副院长、审判委员会委员、庭长、副庭长和审判员，依照全国人民代表大会常务委员会的有关规定任免。

任职限制		法官不得兼任人民代表大会常务委员会的组成人员，不得兼行行政机关、监察机关、检察机关的职务，不得兼任企业或者其他营利性组织、事业单位的职务，不得兼任律师、仲裁员和公证员。
		法官从人民法院离任后 2 年内，不得以律师身份担任诉讼代理人或者辩护人。法官从人民法院离任后，不得担任原任职法院办理案件的诉讼代理人或者辩护人，但是作为当事人的监护人或者近亲属代理诉讼或者进行辩护的除外。
		法官被开除后，不得担任诉讼代理人或者辩护人，但是作为当事人的监护人或者近亲属代理诉讼或者进行辩护的除外。
任职回避		法官之间有夫妻关系、直系血亲关系、三代以内旁系血亲以及近姻亲关系的，不得同时担任下列职务：(1) 同一人民法院的院长、副院长、审判委员会委员、庭长、副庭长；(2) 同一人民法院的院长、副院长和审判员；(3) 同一审判庭的庭长、副庭长、审判员；(4) 上下相邻两级人民法院的院长、副院长。
		法官的配偶、父母、子女有下列情形之一的，法官应当实行任职回避：(1) 担任该法官所任职人民法院辖区内律师事务所的合伙人或者设立人的；(2) 在该法官所任职人民法院辖区内以律师身份担任诉讼代理人、辩护人，或者为诉讼案件当事人提供其他有偿法律服务的。
管理		法官实行单独职务序列管理。法官等级分为 12 级，依次为首席大法官、一级大法官、二级大法官、一级高级法官、二级高级法官、三级高级法官、四级高级法官、一级法官、二级法官、三级法官、四级法官、五级法官。最高人民法院院长为首席大法官。法官等级的确定，以法官德才表现、业务水平、审判工作实绩和工作年限等为依据。
考核		年度考核结果分为优秀、称职、基本称职和不称职 4 个等次。
奖励		(1) 公正司法，成绩显著的；(2) 总结审判实践经验成果突出，对审判工作有指导作用的；(3) 在办理重大案件、处理突发事件和承担专项重要工作中，做出显著成绩和贡献的；(4) 对审判工作提出改革建议被采纳，效果显著的；(5) 提出司法建议被采纳或者开展法治宣传、指导调解组织调解各类纠纷，效果显著的；(6) 有其他功绩的。
惩戒		(1) 最高人民法院和省、自治区、直辖市设立法官惩戒委员会，负责从专业角度审查认定法官是否存在违反审判职责的行为，提出构成故意违反职责、存在重大过失、存在一般过失或者没有违反职责等审查意见。(2) 法官惩戒委员会提出审查意见后，人民法院依照有关规定作出是否予以惩戒的决定，并给予相应处理。(3) 法官惩戒委员会由法官代表、其他从事法律职业的人员和有关方面代表组成，其中法官代表不少于半数。(4) 法官惩戒委员会审议惩戒事项时，当事法官有权申请有关人员回避，有权进行陈述、举证、辩解。(5) 法官惩戒委员会作出的审查意见应当送达当事法官。当事法官对审查意见有异议的，可以向惩戒委员会提出，惩戒委员会应当对异议及其理由进行审查，作出决定。
职业保障		(1) 人民法院设立法官权益保障委员会，维护法官合法权益，保障法官依法履行职责。(2) 任何单位或者个人不得要求法官从事超出法定职责范围的事务。对任何干涉法官办理案件的行为，法官有权拒绝并予以全面如实记录和报告；有违纪违法情形的，由有关机关根据情节轻重追究有关责任人员、行为人的责任。(3) 法官的职业尊严和人身安全受法律保护。任何单位和个人不得对法官及其近亲属打击报复。法官因依法履行职责，本人及其近亲属人身安全面临危险的，人民法院、公安机关应当对法官及其近亲属采取人身保护、禁止特定人员接触等必要保护措施。

三、检察制度

（一）检察制度基本原则

基本原则	内 容
检察权独立行使	检察官依法履行职责，受法律保护，不受行政机关、社会团体和个人的干涉。
检察长统一领导	检察官在检察长领导下开展工作，重大办案事项由检察长决定。检察长可以将部分职权委托检察官行使，可以授权检察官签发法律文书。
对诉讼活动实行法律监督	依法对各种诉讼的进行及诉讼中国家专门机关和诉讼参与人的诉讼活动进行监督。

（二）检察官

检察官的范围	检察官是依法行使国家检察权的检察人员，包括最高人民检察院、地方各级人民检察院和军事检察院等专门人民检察院的检察长、副检察长、检察委员会委员和检察员。
检察官履职的原则	检察官履行职责，应当以事实为根据，以法律为准绳，秉持客观公正的立场。检察官办理刑事案件，应当严格坚持罪刑法定原则，尊重和保障人权，既要追诉犯罪，也要保障无罪的人不受刑事追究。
检察官的职责范围	检察官的职责：（1）对法律规定由人民检察院直接受理的刑事案件进行侦查；（2）对刑事案件进行审查逮捕、审查起诉，代表国家进行公诉；（3）开展公益诉讼工作；（4）开展对刑事、民事、行政诉讼活动的监督工作；（5）法律规定的其他职责。检察官对其职权范围内就案件作出的决定负责。
检察官的任免	最高人民检察院检察长由全国人民代表大会选举和罢免，副检察长、检察委员会委员和检察员，由检察长提请全国人民代表大会常务委员会任免。
	地方各级人民检察院检察长由本级人民代表大会选举和罢免，副检察长、检察委员会委员和检察员，由检察长提请本级人民代表大会常务委员会任免。
	地方各级人民检察院检察长的任免，须报上一级人民检察院检察长提请本级人民代表大会常务委员会批准。
	省、自治区、直辖市人民检察院分院检察长、副检察长、检察委员会委员和检察员，由省、自治区、直辖市人民检察院检察长提请本级人民代表大会常务委员会任免。
	省级人民检察院和设区的市级人民检察院依法设立作为派出机构的人民检察院的检察长、副检察长、检察委员会委员和检察员，由派出的人民检察院检察长提请本级人民代表大会常务委员会任免。
	新疆生产建设兵团各级人民检察院、专门人民检察院的检察长、副检察长、检察委员会委员和检察员，依照全国人民代表大会常务委员会的有关规定任免。
任职回避	检察官之间有夫妻关系、直系血亲关系、三代以内旁系血亲以及近姻亲关系的，不得同时担任下列职务：（1）同一人民检察院的检察长、副检察长、检察委员会委员；（2）同一人民检察院的检察长、副检察长和检察员；（3）同一业务部门的检察员；（4）上下相邻两级人民检察院的检察长、副检察长。
	检察官的配偶、父母、子女有下列情形之一的，检察官应当实行任职回避：（1）担任该检察官所任职人民检察院辖区内律师事务所的合伙人或者设立人的；（2）在该检察官所任职人民检察院辖区内以律师身份担任诉讼代理人、辩护人，或者为诉讼案件当事人提供其他有偿法律服务的。

四、法律援助制度

定义	法律援助，是国家建立的为经济困难公民和符合法定条件的其他当事人无偿提供法律咨询、代理、刑事辩护等法律服务的制度，是公共法律服务体系的组成部分。
原则	法律援助工作坚持中国共产党领导，坚持以人民为中心，尊重和保障人权，遵循公开、公平、公正的原则，实行国家保障与社会参与相结合。县级以上人民政府应当将法律援助工作纳入国民经济和社会发展规划、基本公共服务体系，保障法律援助事业与经济社会协调发展。县级以上人民政府应当健全法律援助保障体系，将法律援助相关经费列入本级政府预算，建立动态调整机制，保障法律援助工作需要，促进法律援助均衡发展。
机构设置和人员	县级以上人民政府司法行政部门应当设立法律援助机构。法律援助机构负责组织实施法律援助工作，受理、审查法律援助申请，指派律师、基层法律服务工作者、法律援助志愿者等法律援助人员提供法律援助，支付法律援助补贴。法律援助机构可以在人民法院、人民检察院和看守所等场所派驻值班律师，依法为没有辩护人的犯罪嫌疑人、被告人提供法律援助。

续表

援助内容	形式	(1) 法律咨询； (2) 代拟法律文书； (3) 刑事辩护与代理； (4) 民事案件、行政案件、国家赔偿案件的诉讼代理及非诉讼代理； (5) 值班律师法律帮助； (6) 劳动争议调解与仲裁代理； (7) 法律、法规、规章规定的其他形式。
	范围	刑事案件的犯罪嫌疑人、被告人属于下列人员之一，没有委托辩护人的，人民法院、人民检察院、公安机关应当通知法律援助机构指派律师担任辩护人： (1) 未成年人； (2) 视力、听力、言语残疾人； (3) 不能完全辨认自己行为的成年人； (4) 可能被判处无期徒刑、死刑的人； (5) 申请法律援助的死刑复核案件被告人； (6) 缺席审判案件的被告人； (7) 法律法规规定的其他人员。
		下列事项的当事人，因经济困难没有委托代理人的，可以向法律援助机构申请法律援助： (1) 依法请求国家赔偿； (2) 请求给予社会保险待遇或者社会救助； (3) 请求发给抚恤金； (4) 请求给付赡养费、抚养费、扶养费； (5) 请求确认劳动关系或者支付劳动报酬； (6) 请求认定公民无民事行为能力或者限制民事行为能力； (7) 请求工伤事故、交通事故、食品药品安全事故、医疗事故人身损害赔偿； (8) 请求环境污染、生态破坏损害赔偿； (9) 法律、法规、规章规定的其他情形。
		对可能被判处无期徒刑、死刑的人，以及死刑复核案件的被告人，法律援助机构收到人民法院、人民检察院、公安机关通知后，应当指派具有三年以上相关执业经历的律师担任辩护人。强制医疗案件的被申请人或者被告人没有委托诉讼代理人的，人民法院应当通知法律援助机构指派律师为其提供法律援助。
程序、审查和监督	程序	人民法院、人民检察院、公安机关办理刑事案件，发现应当提供法律援助情形的，应当在三日内通知法律援助机构指派律师。法律援助机构收到通知后，应当在三日内指派律师并通知人民法院、人民检察院、公安机关。对诉讼事项的法律援助，由申请人向办案机关所在地的法律援助机构提出申请；对非诉讼事项的法律援助，由申请人向争议处理机关所在地或者事由发生地的法律援助机构提出申请。被羁押的犯罪嫌疑人、被告人、服刑人员，以及强制隔离戒毒人员，可以由其法定代理人或者近亲属代为提出法律援助申请。
	审查	法律援助机构应当自收到法律援助申请之日起七日内进行审查，作出是否给予法律援助的决定。决定给予法律援助的，应当自作出决定之日起三日内指派法律援助人员为受援人提供法律援助；决定不给予法律援助的，应当书面告知申请人，并说明理由。
	监督	申请人、受援人对法律援助机构不予法律援助、终止法律援助的决定有异议的，可以向设立该法律援助机构的司法行政部门提出。司法行政部门应当自收到异议之日起五日内进行审查，作出维持法律援助机构决定或者责令法律援助机构改正的决定。申请人、受援人对司法行政部门维持法律援助机构决定不服的，可以依法申请行政复议或者提起行政诉讼。

五、法律援助值班律师工作

定义	值班律师，是指法律援助机构在看守所、人民检察院、人民法院等场所设立法律援助工作站，通过派驻或安排的方式，为没有辩护人的犯罪嫌疑人、被告人提供法律帮助的律师。
职责	值班律师依法提供以下法律帮助： （1）提供法律咨询； （2）提供程序选择建议； （3）帮助犯罪嫌疑人、被告人申请变更强制措施； （4）对案件处理提出意见； （5）帮助犯罪嫌疑人、被告人及其近亲属申请法律援助； （6）法律法规规定的其他事项。 认罪认罚案件中，还应当提供以下法律帮助： （1）向犯罪嫌疑人、被告人释明认罪认罚的性质和法律规定； （2）对人民检察院指控罪名、量刑建议、诉讼程序适用等事项提出意见； （3）犯罪嫌疑人签署认罪认罚具结书时在场。 值班律师对人民检察院量刑建议、程序适用有异议的，在确认犯罪嫌疑人系自愿认罪认罚后，应当在具结书上签字，同时可以向人民检察院提出法律意见。
值班形式	值班方式可以采用现场值班、电话值班、网络值班相结合的方式。现场值班的，可以采取固定专人或轮流值班，也可采取预约值班。

六、死刑复核案件被告人法律援助

应当援助情形	最高人民法院复核死刑案件，被告人申请法律援助的，应当通知司法部法律援助中心指派律师为其提供辩护。
提出时限	高级人民法院在向被告人送达依法作出的死刑裁判文书时，应当书面告知其在最高人民法院复核死刑阶段可以委托辩护律师，也可以申请法律援助；被告人申请法律援助的，应当在十日内提出，法律援助申请书应当随案移送。
法律援助中心职责	在接到最高人民法院法律援助通知书后，应当采取适当方式指派律师为被告人提供辩护。在接到最高人民法院法律援助通知书后，应当在三日内指派具有三年以上刑事辩护执业经历的律师担任被告人的辩护律师，并函告最高人民法院。出具的法律援助公函应当写明接受指派的辩护律师的姓名、所属律师事务所及联系方式。
嫌疑人选择权	最高人民法院应当告知或者委托高级人民法院告知被告人为其指派的辩护律师的情况。被告人拒绝指派的律师为其辩护的，最高人民法院应当准许。被告人在死刑复核期间自行委托辩护律师的，司法部法律援助中心应当作出终止法律援助的决定，并及时函告最高人民法院。最高人民法院在复核死刑案件过程中发现有前款规定情形的，应当及时函告司法部法律援助中心。司法部法律援助中心应当作出终止法律援助的决定。
辩护律师职责	辩护律师应当在接受指派之日起十日内，通过传真或者寄送等方式，将法律援助手续提交最高人民法院。辩护律师依法行使辩护权，最高人民法院应当提供便利。辩护律师应当在接受指派之日起一个半月内提交书面辩护意见或者当面反映辩护意见。
文书要求	死刑复核案件裁判文书应当写明辩护律师姓名及所属律师事务所，并表述辩护律师的辩护意见。受委托宣判的人民法院应当在宣判后五日内将最高人民法院生效裁判文书送达辩护律师。

七、公证制度

公证效力的特殊性	证据效力	应当作为认定事实的根据，除非有相反证据。
	强制执行效力（债务人不履行，债权人可以申请法院强制执行）	以给付货币、物品或有价证券为内容。
		债权债务关系明确，双方对有关内容无异议。
		文书中载明债务人不履行或不适当履行义务时，债务人愿意接受强制执行的承诺。
	法律行为成立要件效力	法律、行政法规规定必须办理公证的事项未经公证的、双方当事人约定必须公证的事项未经公证的，都不具有法律效力。
不能担任公证员的情形		（1）无民事行为能力或者限制民事行为能力的。 （2）因故意犯罪或者职务过失犯罪受过刑事处罚的。 （3）被开除公职的。 （4）被吊销公证员、律师执业证书的。
公证员的任免	任命	自己申请，公证机构推荐，所在地司法行政部门报省级司法行政部门审核同意后，报请国务院司法行政部门任命，并由省级人民政府司法行政部门颁发执业证书。
	免职情形	（1）丧失国籍。 （2）年满 65 周岁或因健康原因不能履行职务。 （3）自愿辞职。 （4）被吊销公证员执业证书。

第二章 法官、检察官职业道德

一、法官、检察官职业道德的主要内容

法官	主要内容	忠诚司法事业、保证司法公正、确保司法廉洁、坚持司法为民、维护司法形象。
检察官	主要内容	忠诚、为民、担当、公正、廉洁。

二、法官、检察官与律师不正当接触交往规定

（最高人民法院、最高人民检察院、司法部《关于建立健全禁止法官、检察官与律师不正当接触交往制度机制的意见》）（2021 年 9 月 30 日）

目的	为深入贯彻习近平法治思想，认真贯彻落实防止干预司法"三个规定"，建立健全禁止法官、检察官与律师不正当接触交往制度机制。
界定	适用于各级人民法院、人民检察院依法履行审判、执行、检察职责的人员和司法行政人员。律师是指在律师事务所执业的专兼职律师（包括从事非诉讼法律事务的律师）和公职律师、公司律师。律师事务所"法律顾问"，是指不以律师名义执业，但就相关业务领域或者个案提供法律咨询、法律论证，或者代表律师事务所开展协调、业务拓展等活动的人员。律师事务所行政人员，是指律师事务所聘用的从事秘书、财务、行政、人力资源、信息技术、风险管控等工作的人员。

续表

不正当接触交往内容	（1）在案件办理过程中，非因办案需要且未经批准在非工作场所、非工作时间与辩护、代理律师接触。 （2）接受律师或者律师事务所请托，过问、干预或者插手其他法官、检察官正在办理的案件，为律师或者律师事务所请托说情、打探案情、通风报信；为案件承办法官、检察官私下会见案件辩护、代理律师牵线搭桥；非因工作需要，为律师或者律师事务所转递涉案材料；向律师泄露案情、办案工作秘密或者其他依法依规不得泄露的情况；违规为律师或者律师事务所出具与案件有关的各类专家意见。 （3）为律师介绍案件；为当事人推荐、介绍律师作为诉讼代理人、辩护人；要求、建议或者暗示当事人更换符合代理条件的律师；索取或者收受案件代理费用或者其他利益。 （4）向律师或者其当事人索贿，接受律师或者其当事人行贿；索取或者收受律师借礼尚往来、婚丧嫁娶等赠送的礼金、礼品、消费卡和有价证券、股权、其他金融产品等财物；向律师借款、租借房屋、借用交通工具、通讯工具或者其他物品；接受律师吃请、娱乐等可能影响公正履行职务的安排。 （5）非因工作需要且未经批准，擅自参加律师事务所或者律师举办的讲座、座谈、研讨、培训、论坛、学术交流、开业庆典等活动；以提供法律咨询、法律服务等名义接受律师事务所或者律师输送的相关利益。 （6）与律师以合作、合资、代持等方式经商办企业或者从事其他营利性活动；本人配偶、子女及其配偶在律师事务所担任"隐名合伙人"；本人配偶、子女及其配偶显名或者隐名与律师"合作"开办企业或者"合作"投资；默许、纵容、包庇配偶、子女及其配偶或者其他特定关系人在律师事务所违规取酬；向律师或律师事务所放贷收取高额利息。 （7）其他可能影响司法公正和司法权威的不正当接触交往行为。
调查和处分	（1）探索建立法官、检察官与律师办理案件动态监测机制，依托法院、检察院案件管理系统和律师管理系统，对法官、检察官承办的案件在一定期限内由同一律师事务所或者律师代理达到规定次数的，启动预警机制，要求法官、检察官及律师说明情况，除非有正当理由排除不正当交往可能的，依法启动调查程序。 （2）法院、检察院在办理案件过程中发现律师与法官、检察官不正当接触交往线索的，应当按照有关规定将相关律师的线索移送相关司法行政机关或者纪检监察机关处理。 （3）对查实的不正当接触交往问题，要坚持从严的原则，综合考虑行为性质、情节、后果、社会影响以及是否存在主动交代等因素，依规依纪依法对法官、检察官作出处分，对律师作出行政处分、行业处分和党纪处分。律师事务所默认、纵容或者放任本所律师及"法律顾问"、行政人员与法官、检察官不正当接触交往的，要同时对律师事务所作出处罚处分，并视情况对律师事务所党组织跟进作出处理。
权利保障	（1）加强律师执业权利保障，持续推动审判流程公开和检务公开，落实听取律师辩护代理意见制度，完善便利律师参与诉讼机制。 （2）建立健全法官、检察官与律师正当沟通交流机制，通过同堂培训、联席会议、学术研讨、交流互访等方式，为法官、检察官和律师搭建公开透明的沟通交流平台。 （3）探索建立法官、检察官与律师互评监督机制。完善从律师中选拔法官、检察官制度，推荐优秀律师进入法官、检察官遴选和惩戒委员会，支持律师担任人民法院、人民检察院特邀监督员，共同维护司法廉洁和司法公正。

三、法院、检察院离任人员从事律师职业规定

（最高人民法院、最高人民检察院、司法部《关于进一步规范法院、检察院离任人员从事律师职业的意见》）（2021 年 9 月 30 日）

范围	适用于从各级人民法院、人民检察院离任且在离任时具有公务员身份的工作人员。离任包括退休、辞去公职、开除、辞退、调离等。
界定	律师，是指在律师事务所执业的专兼职律师（包括从事非诉讼法律事务的律师）。律师事务所"法律顾问"，是指不以律师名义执业，但就相关业务领域或者个案提供法律咨询、法律论证，或者代表律师事务所开展协调、业务拓展等活动的人员。律师事务所行政人员，是指律师事务所聘用的从事秘书、财务、行政、人力资源、信息技术、风险管控等工作的人员。

续表

	各级人民法院、人民检察院离任人员在离任后二年内，不得以律师身份担任诉讼代理人或者辩护人。各级人民法院、人民检察院离任人员终身不得担任原任职人民法院、人民检察院办理案件的诉讼代理人或者辩护人，但是作为当事人的监护人或者近亲属代理诉讼或者进行辩护的除外。
禁止规定	（1）被开除公职的人民法院、人民检察院工作人员不得在律师事务所从事任何工作。 （2）辞去公职或者退休的人民法院、人民检察院领导班子成员，四级高级及以上法官、检察官，四级高级法官助理、检察官助理以上及相当职级层次的审判、检察辅助人员在离职三年内，其他辞去公职或退休的人民法院、人民检察院工作人员在离职二年内，不得到原任职人民法院、人民检察院管辖地区内的律师事务所从事律师职业或者担任"法律顾问"、行政人员等，不得以律师身份从事与原任职人民法院、人民检察院相关的有偿法律服务活动。 （3）人民法院、人民检察院退休人员在不违反前项从业限制规定的情况下，确因工作需要从事律师职业或者担任律师事务所"法律顾问"、行政人员的，应当严格审批，并及时将行政、工资等关系转出人民法院、人民检察院，不再保留机关的各种待遇。
登记承诺制度	人民法院、人民检察院工作人员拟在离任后从事律师职业或者担任律师事务所"法律顾问"、行政人员的，应当在离任时向所在人民法院、人民检察院如实报告从业去向，签署承诺书，对遵守从业限制规定、在从业限制期内主动报告从业变动情况等作出承诺。 人民法院、人民检察院离任人员向律师协会申请律师实习登记时，应当主动报告曾在人民法院、人民检察院工作的情况，并作出遵守从业限制的承诺。
执业核准	律师协会应当对人民法院、人民检察院离任人员申请实习登记进行严格审核，就申请人是否存在不宜从事律师职业的情形征求原任职人民法院、人民检察院意见，对不符合相关条件的人员不予实习登记。司法行政机关在办理人民法院、人民检察院离任人员申请律师执业核准时，应当严格审核把关，对不符合相关条件的人员不予核准执业。
处罚	对违规从事律师职业或者担任律师事务所"法律顾问"、行政人员的，司法行政机关应当要求其在规定时间内申请注销律师执业证书、与律所解除劳动劳务关系；对在规定时间内没有主动申请注销执业证书或者解除劳动劳务关系的，司法行政机关应当依法注销其执业证书或者责令律所与其解除劳动劳务关系。

第三章　律师制度和律师职业道德

一、律师的权利

基本权利	具体内容
接受辩护委托权	时间：第1次讯问或者采取强制措施之日起；侦查期间只能委托律师作为辩护人。
同犯罪嫌疑人、被告人会见权	时间：第1次讯问或者采取强制措施之日起；不被监听。
查阅案卷权	（1）只能查阅自己承办案件的卷宗材料，时间：自检察院对案件审查起诉之日。 （2）可以查阅、摘抄、复制。 （3）法院、检察院应当给予必要方便。
调查取证权	（1）律师可以申请法院、检察院收集、调取证据或者申请法院通知证人出庭作证。 （2）自行取证的凭律师执业证书和律师事务所证明，可以向有关单位和个人调查有关情况。 （3）辩护律师经人民检察院或人民法院许可，并且经被害人或者其近亲属、被害人提供的证人同意，可以向他们收集与本案有关的材料。
依法执行职务受法律保障	律师在执业活动中人身权不受侵犯，法庭上发表的代理、辩护意见不受法律追究。

续表

基本权利	具体内容
拒绝辩护或代理权	（1）拒绝的理由：委托事项违法，委托人利用律师提供的服务从事违法活动或者故意隐瞒与案件有关的重要事实。 （2）必经程序：须经律师事务所主任批准；属于人民法院指定的辩护人的，须经人民法院同意。
要求回避、申请复议权	《刑事诉讼法》第32条。
法庭审理阶段的权利	拒绝回答法庭不当询问；发问权；提出新证据权；质证权；参与法庭辩论权。
代为上诉权	必须经被告人同意或授权。
取得人民法院开庭通知权	
申诉或控告权	认为公安机关、人民检察院、人民法院及其工作人员阻碍其依法行使权利的，可以向同级或上一级检察院申诉或控告。
获取本案诉讼文书副本权	
为犯罪嫌疑人、被告人申请取保候审或解除强制措施权	

二、律师及律师事务所违法行为处罚办法

"以不正当手段承揽业务的违法行为"认定	（1）以误导、利诱、威胁或者作虚假承诺等方式承揽业务的； （2）以支付介绍费、给予回扣、许诺提供利益等方式承揽业务的； （3）以对本人及所在律师事务所进行不真实、不适当宣传或者诋毁其他律师、律师事务所声誉等方式承揽业务的； （4）在律师事务所住所以外设立办公室、接待室承揽业务的。
处罚	（1）律师受到停止执业处罚期限未满的，不得申请变更执业机构； （2）受到六个月以上停止执业处罚的，执行处罚的期间以及期满未逾三年的，不得担任合伙人； （3）律师事务所受到停业整顿处罚期限未满的，不得自行决定解散，不得申请变更名称，不得申请分立、合并，不得申请设立分所；该所负责人、合伙人和对律师事务所受到停业整顿处罚负有直接责任的律师不得申请变更执业机构。

三、律师协会会员违规行为处分规则

1. 惩戒委员会与纪律处分的种类和适用

惩戒委员会	职权划分	（1）中华全国律师协会设立的惩戒委员会，主要工作职责是律师行业处分相关规则的制定及对地方律师协会处分工作的指导与监督； （2）各省、自治区、直辖市律师协会及设区的市律师协会设立惩戒委员会：对违规会员进行处分。
	争议解决	地方律师协会之间因管辖权发生争议的，由争议双方协商解决；协商不成的，报请共同的上一级律师协会指定管辖。
	异地执行	有管辖权的律师协会作出的纪律处分决定生效时，被处分的会员已加入其他地方律师协会的，纪律处分由现执业所在地的律师协会执行。

续表

纪律处分的种类和适用	种类	（1）训诫； （2）警告； （3）通报批评； （4）公开谴责； （5）中止会员权利一个月以上一年以下； （6）取消会员资格。
	适用	（1）省、自治区、直辖市律师协会或设区的市律师协会：训诫、警告、通报批评、公开谴责、中止会员权利一个月以上一年以下的纪律处分； （2）省、自治区、直辖市律师协会：取消会员资格的纪律处分； （3）设区的市律师协会：可以建议省、自治区、直辖市律师协会依本规则给予会员取消会员资格的纪律处分。

2. 违规行为及纪律处分的适用

违规行为	处分适用
（1）律师在同一案件中为双方当事人担任代理人，或代理与本人或者其近亲属有利益冲突的法律事务的； （2）律师办理诉讼或者非诉讼业务，其近亲属是对方当事人的法定代表人或者代理人的； （3）曾经亲自处理或者审理过某一事项或者案件的行政机关工作人员、审判人员、检察人员、仲裁员，成为律师后又办理该事项或者案件的； （4）同一律师事务所的不同律师同时担任同一刑事案件的被害人的代理人和犯罪嫌疑人、被告人的辩护人，但在该县区域内只有一家律师事务所且事先征得当事人同意的除外； （5）在民事诉讼、行政诉讼、仲裁案件中，同一律师事务所的不同律师同时担任争议双方当事人的代理人，或者本所或其工作人员为一方当事人，本所其他律师担任对方当事人的代理人的； （6）在非诉讼业务中，除各方当事人共同委托外，同一律师事务所的律师同时担任彼此有利害关系的各方当事人的代理人的； （7）在委托关系终止后，同一律师事务所或同一律师在同一案件后续审理或者处理中又接受对方当事人委托的； （8）担任法律顾问期间，为顾问单位的对方当事人或者有利益冲突的当事人代理、辩护的； （9）曾经担任法官、检察官的律师从人民法院、人民检察院离任后，二年内以律师身份担任诉讼代理人或者辩护人； （10）担任所在律师事务所其他律师任仲裁员的仲裁案件代理人的； （11）其他依据律师执业经验和行业常识能够判断为应当主动回避且不得办理的利益冲突情形。	（1）训诫、警告、通报批评； （2）情节严重的，公开谴责、中止会员权利三个月以下。
未征得各方委托人的同意而从事以下代理行为之一： （1）接受民事诉讼、仲裁案件一方当事人的委托，而同所的其他律师是该案件中对方当事人的近亲属的； （2）担任刑事案件犯罪嫌疑人、被告人的辩护人，而同所的其他律师是该案件被害人的近亲属的； （3）同一律师事务所接受正在代理的诉讼案件或者非诉讼业务当事人的对方当事人所委托的其他法律业务的； （4）律师事务所与委托人存在法律服务关系，在某一诉讼或仲裁案件中该委托人未要求该律师事务所律师担任其代理人，而该律师事务所律师担任该委托人对方当事人的代理人的；	训诫、警告或者通报批评。

违规行为	处分适用
（5）在委托关系终止后一年内，律师又就同一法律事务接受与原委托人有利害关系的对方当事人的委托的； （6）其他与本条第（1）至第（5）项情况相似，且依据律师执业经验和行业常识能够判断的其他情形。	
提供法律服务不尽责，具有以下情形之一： （1）超越委托权限，从事代理活动的； （2）接受委托后，无正当理由，不向委托人提供约定的法律服务的，拒绝辩护或者代理的； （3）无正当理由拒绝接受律师事务所或者法律援助机构指派的法律援助案件的，或者接受指派后，拖延、懈怠履行或者擅自停止履行法律援助职责的，或者接受指派后，未经律师事务所或者法律援助机构同意，擅自将法律援助案件转交其他人员办理的； （4）因过错导致出具的法律意见书存在重大遗漏或者错误，给当事人或者第三人造成重大损失的，或者对社会公共利益造成危害的。	（1）训诫、警告或者通报批评； （2）情节严重的，公开谴责、中止会员权利三个月以上一年以下或者取消会员资格。
违规收案、收费具有以下情形之一： （1）不按规定与委托人签订书面委托合同的； （2）不按规定统一接受委托、签订书面委托合同和收费合同，统一收取委托人支付的各项费用的，或者不按规定统一保管、使用律师服务专用文书、财务票据、业务档案的； （3）私自接受委托，私自向委托人收取费用，或者收取规定、约定之外的费用或者财物的；违反律师服务收费管理规定或者收费协议约定，擅自提高收费； （4）执业期间以非律师身份从事有偿法律服务的； （5）不向委托人开具律师服务收费合法票据，或者不向委托人提交办案费用开支有效凭证的； （6）在实行政府指导价的业务领域违反规定标准收取费用，或者违反风险代理管理规定收取费用。	（1）训诫、警告或者通报批评； （2）情节严重的，给予公开谴责、中止会员权利一个月以上一年以下或者取消会员资格。
具有下列以不正当手段争揽业务的行为之一： （1）为争揽业务，向委托人作虚假承诺的； （2）向当事人明示或者暗示与办案机关、政府部门及其工作人员有特殊关系的； （3）利用媒体、广告或其他方式进行不真实或者不适当宣传的； （4）以支付介绍费等不正当手段争揽业务的； （5）在事前和事后为承办案件的法官、检察官、仲裁员牟取物质的或非物质的利益，为了争揽案件事前和事后给予有关人员物质的或非物质利益的； （6）在司法机关、监管场所周边违规设立办公场所、散发广告、举牌等不正当手段争揽业务的。	（1）训诫、警告或者通报批评； （2）情节严重的，给予公开谴责、中止会员权利一个月以上一年以下或者取消会员资格。
同时在两个律师事务所以上执业的或同时在律师事务所和其他法律服务机构执业的。	（1）警告、通报批评或者公开谴责； （2）情节严重的，给予中止会员权利一个月以上三个月以下。

四、律师业务推广行为规范

1. 推广原则。

（1）律师和律师事务所可以依法以广告方式宣传律师和律师事务所以及自己的业务领域和专业特长。

（2）律师和律师事务所可以通过发表学术论文、案例分析、专题解答、授课、普及法律等活动，宣传自己的专业领域。

（3）律师和律师事务所可以通过举办或者参加各种形式的专题、专业研讨会，宣传自己的专业特长。

（4）律师可以以自己或者其任职的律师事务所名义参加各种社会公益活动。

2. 推广广告。

（1）律师发布广告应当具有可识别性，应当能够使社会公众辨明是律师广告。

（2）律师广告可以以律师个人名义发布，也可以以律师事务所名义发布。以律师个人名义发布的律师广告应当注明律师个人所任职的执业机构名称，应当载明律师执业证号。

（3）具有下列情况之一的，律师和律师事务所不得发布律师广告：①没有通过年度考核的；②处于停止执业或停业整顿处罚期间的；③受到通报批评、公开谴责未满1年的。

（4）律师个人广告的内容，应当限于律师的姓名、肖像、年龄、性别、学历、学位、专业、律师执业许可日期、所任职律师事务所名称、在所任职律师事务所的执业期限；收费标准、联系方法；依法能够向社会提供的法律服务业务范围；执业业绩。

（5）律师事务所广告的内容应当限于律师事务所名称、住所、电话号码、传真号码、邮政编码、电子信箱、网址；所属律师协会；所内执业律师及依法能够向社会提供的法律服务业务范围简介；执业业绩。

（6）律师和律师事务所不得以有悖律师使命、有损律师形象的方式制作广告，不得采用一般商业广告的艺术夸张手段制作广告。

第四章　公证员及其他法律职业人员职业道德

一、法律顾问职业道德

忠诚法律	法律顾问应当忠于宪法和法律，以事实为依据，以法律为准绳。
保持独立	法律顾问是作为一种相对独立的力量介入到党政机关、国有企事业单位的活动中，其根本价值在于推动党政机关、人民团体、国有企事业单位依法行事。
保守秘密	法律顾问应当遵守保密原则，不得泄露党和国家的秘密、工作秘密、商业秘密以及其他不应公开的信息，不得擅自对外透漏所承担的工作内容。

二、仲裁员职业道德

独立公正	（1）保持廉洁	
	（2）保持独立	
	（3）主动披露	
诚实信用	仲裁员作为纠纷的仲裁者，判定当事人之间的权利与义务关系，应当秉承善意、恪守诚信。	
勤勉高效	仲裁的一大优势就是简便与快捷，当事人对仲裁最大的要求就是公正、及时地解决争议。	
保守秘密	仲裁员要忠实地保守秘密。	
尊重同行	互相尊重主要是指仲裁员之间的相互配合与支持。	

三、公证员职业责任

	处　罚　机　构	处　罚　内　容
对公证机构的处罚	省、自治区、直辖市或者设区的市人民政府司法行政部门。	警告、罚款、没收违法所得、停业整顿。
对公证员的处罚	省、自治区、直辖市或者设区的市人民政府司法行政部门。	警告、罚款、停止执业、没收违法所得、吊销执业证书。

四、行政机关中从事行政处罚决定法制审核、行政复议、行政裁决的公务员职业道德

适用人员	（1）公职人员； （2）从事公务、公办单位管理人员； （3）国有企业管理人员； （4）基层群众自治性组织中从事管理的人员。
回避	（1）是被调查人或者检举人的近亲属的； （2）担任过本案的证人的； （3）本人或者其近亲属与调查的案件有利害关系的； （4）可能影响案件公正调查、处理的其他情形。
复审、复核	（1）公职人员对监察机关作出的涉及本人的政务处分决定不服的，可以依法向作出决定的监察机关申请复审；公职人员对复审决定仍不服的，可以向上一级监察机关申请复核； （2）监察机关发现本机关或者下级监察机关作出的政务处分决定确有错误的，应当及时予以纠正或责令下级监察机关及时纠正。

科目：

经济法

第一章 竞争法

一、垄断行为

行为	表 现 形 式	例 外
垄断协议	**经营者之间：** （1）固定或变更商品价格。 （2）限制数量。 （3）分割市场。 （4）限制购买或开发新技术、新产品。 （5）联合抵制交易。 **经营者与交易相对人之间：** （1）固定转售商品价格。 （2）限定转售最低价格。	（1）为改进技术、研发新产品。 （2）为提高产品质量、降低成本、增进效率，统一产品规格、标准或者实行专业化分工。 （3）为提高中小经营者经营效率或竞争力。 （4）为节约能源、保护环境、救灾救助等社会公共利益。 （5）因经济不景气，为缓解销售量严重下降或者生产明显过剩。 （6）为保障对外贸易和对外经济合作中的正当利益。

行为	表 现 形 式	市场支配地位的推定	例 外
滥用市场支配地位	（1）以不公平的高价销售或低价买入。 （2）无正当理由低于成本价销售。 （3）无正当理由拒绝交易。 （4）无正当理由限定交易。 （5）无正当理由搭售或附加不合理条件。 （6）无正当理由实行差别待遇。	（1）1个经营者的市场份额达到1/2的。 （2）2个经营者的市场份额合计达到2/3的。 （3）3个经营者的市场份额合计达到3/4的。	（1）多个经营者中有的经营者市场份额不足1/10的，不应当推定具有市场支配地位。 （2）具有推定情形，但有证据证明不具有市场支配地位的，不应当认定其具有市场支配地位。

行为	表 现 形 式	申 报	申 报 的 例 外
经营者集中	（1）合并。 （2）通过取得股权或资产的方式取得控制权。 （3）通过合同等方式取得控制权或能够施加决定性影响。	经营者集中达到申报标准的，应当事先向国务院反垄断执法机构申报，未申报的不得实施集中。	（1）参与集中的1个经营者拥有其他每个经营者50%以上有表决权的股份或者资产的（已经形成控制关系）。 （2）参与集中的每个经营者50%以上有表决权的股份或者资产被同一个未参与集中的经营者拥有的（已受同一经营者控制）。

行为	表 现 形 式
滥用行政权力	(1) 利用行政权力限定经营、购买、使用指定经营者提供的商品——强制交易。 (2) 滥用行政权力妨碍商品地区间自由流通——地区封锁行为：①歧视性收费或者规定歧视性价格；②规定不同的技术要求、检验标准或者歧视性技术措施；③采取专门针对外地商品的行政许可；④以设置关卡等手段，阻碍外地商品进入或者本地商品运出。 (3) 设定歧视性资质要求、评审标准或者不依法发布信息等，排斥或者限制招投标。 (4) 以不平等待遇等方式，排斥或者限制外地经营者在本地投资或者设立分支机构。 (5) 强制经营者从事本法规定的垄断行为。

【备考提示】不适用《中华人民共和国反垄断法》（以下简称《反垄断法》）的情形：

1. 经营者依法行使知识产权的行为（如滥用知识产权的，则可以适用《反垄断法》）。

2. 农业生产者及农村经济组织在农产品的生产、加工、销售、运输、储存等经营活动中的联合或协同行为。

3. 境外的经营性垄断行为有可能适用《反垄断法》，但境外的行政垄断行为不适用《反垄断法》。

二、不正当竞争行为

行为	表 现 形 式	备 注
混淆行为	(1) 假冒注册商标。 (2) 擅自使用他人有一定影响力的特有名称、包装、装潢或相似的标识造成混淆。 (3) 使用他人有一定影响的企业名称。 (4) 伪造或冒用认证或名优等质量标志，伪造产地。	行为要件： (1) 主体：经营者。 (2) 客观上实施了不正当竞争行为。 (3) 欺骗性行为已经或足以使消费者误认。
商业贿赂	回扣、折扣、佣金、介绍费等形式。	判断是否合法，关键看是否如实入账。
虚假宣传行为	(1) 行为主体：①广告主；②广告代理制作者；③广告发布者。 (2) 法律责任，依主观方面分层次承担：①广告主：不论其主观上处于何种状态，均必须对虚假广告承担法律责任。②广告经营者、广告发布者：在明知或应知情况下，对虚假广告负连带责任；如不能提供广告主的真实名称、地址，应承担全部责任。③社会团体或者其他组织：在虚假广告中向消费者推荐商品或者服务，承担连带责任。 (3) ①对商品作片面的宣传或者对比；②将科学上未定论的观点、现象等当作定论的事实用于商品宣传；③使用歧义性语言进行商业宣传；④其他足以引人误解的商业宣传行为。	区分要点： (1) 混淆行为：通过伪造、仿冒欺骗误导消费者。 (2) 虚假宣传：仅夸大或隐瞒。
侵犯商业秘密行为	(1) 以盗窃、贿赂、欺诈、胁迫或者其他不正当手段获取权利人的商业秘密； (2) 披露、使用或者允许他人使用以不正当手段获取的商业秘密。 (3) 根据法律和合同，有义务保守商业秘密的人（包括与权利人有业务关系的单位、个人，在权利人单位就职的职工）披露、使用和允许他人使用其所掌握的商业秘密。 (4) 第三人明知或者应知商业秘密权利人的员工、前员工或者其他单位、个人实施前款所列违法行为，仍获取、披露、使用或者允许他人使用该秘密的，视为侵犯商业秘密。	行为要点： (1) 首先依法确认商业秘密确实存在。 (2) 行为主体不限于直接经营者，包括侵权人和违约人。

续表

行为	表　现　形　式	备　注
行为保全	被申请人试图或者已经以不正当手段获取、披露、使用或者允许他人使用权利人所主张的商业秘密，不采取行为保全措施会使判决难以执行或者造成当事人其他损害，或者将会使权利人的合法权益受到难以弥补的损害的，人民法院可以依法裁定采取行为保全措施。	（1）情况紧急的，人民法院应当在四十八小时内作出裁定； （2）权利人请求判决侵权人返还或者销毁商业秘密载体，清除其控制的商业秘密信息的，人民法院一般应予支持。
不正当有奖销售	表现方式： （1）谎称有奖销售或对所设奖作虚假不实表示。 （2）内定人员中奖。 （3）将设有中奖的产品不投放或不同时投放。 （4）抽奖式的有奖销售，最高奖金额超过五万元。 （5）利用有奖销售手段推销质次价高产品。	主体是经营者，目的在于争夺顾客，扩大市场份额，排挤竞争对手。
诋毁商誉行为	（1）主体：有竞争关系的经营者之间。 （2）行为：捏造、散布虚假事实。真实信息不构成。 （3）主观方面：故意，过失不构成。 （4）诋毁行为针对一个或多个特定竞争对手。	对比性广告不属于诋毁商誉行为。

第二章　消费者法

一、消费者法适用范围

法律规范	适　用　范　围
《消费者权益保护法》	（1）消费者为生活消费需要购买、使用商品或者接受服务时。 （2）经营者为消费者提供其生产、销售的商品或者提供服务时。 （3）农民购买、使用直接用于农业生产的生产资料。
《产品质量法》	从事产品生产、销售活动的企业、其他组织和个人： （1）产品：经过加工、制作，用于销售的产品。 （2）排除：天然产品、初级农产品、建设工程、军工产品、核产品。

二、消费者权利

消费者权利	具　体　内　容
安全保障权	消费者在购买、使用商品和接受服务时享有人身、财产安全不受损害的权利。有权要求经营者提供的商品和服务，符合保障人身、财产安全的要求。
知情权	消费者享有知悉其购买、使用的商品或者接受的服务的真实情况的权利。有权根据商品或者服务的不同情况，要求经营者提供商品的价格、产地、生产者、用途、性能、规格、等级、主要成分、生产日期、有效期限、检验合格证明、使用方法说明书、售后服务，或者服务的内容、规格、费用等有关情况。
自主选择权	消费者有权自主选择提供商品或者服务的经营者，自主选择商品品种或者服务方式，自主决定购买或者不购买任何一种商品、接受或者不接受任何一项服务。在自主选择商品或者服务时，有权进行比较、鉴别和挑选。

续表

消费者权利	具 体 内 容
公平交易权	消费者在购买商品或者接受服务时，有权获得质量保障、价格合理、计量正确等公平交易条件，有权拒绝经营者的强制交易行为。
损害赔偿权	消费者因购买、使用商品或者接受服务受到人身、财产损害的，享有依法获得赔偿的权利。
受尊重权和个人信息保护权	消费者在购买、使用商品和接受服务时，享有人格尊严、民族风俗习惯得到尊重的权利，享有个人信息依法得到保护的权利。
检举、控告、批判、建议权	消费者有权检举、控告侵害消费者权益的行为和国家机关及其工作人员在保护消费者权益工作中的违法失职行为，有权对保护消费者权益工作提出批评、建议。

三、经营者义务

经营者义务	具 体 内 容
诚信合法义务	经营者和消费者有约定的，应当按照约定履行义务，但双方的约定不得违背法律、法规的规定。经营者向消费者提供商品或者服务，应当恪守社会公德，诚信经营，保障消费者的合法权益；不得设定不公平、不合理的交易条件，不得强制交易。
安全保障义务	(1) 经营者应当保证其提供的商品或者服务符合保障人身、财产安全的要求。对可能危及人身、财产安全的商品和服务，应当向消费者作出真实的说明和明确的警示，并说明和标明正确使用商品或者接受服务的方法以及防止危害发生的方法。宾馆、商场、餐馆、银行、机场、车站、港口、影剧院等经营场所的经营者，应当对消费者尽到安全保障义务。 (2) 经营者发现其提供的商品或者服务存在缺陷，有危及人身、财产安全危险的，应当立即向有关行政部门报告和告知消费者，并采取停止销售、警示、召回、无害化处理、销毁、停止生产或者服务等措施。采取召回措施的，经营者应当承担消费者因商品被召回支出的必要费用。
质量保证义务	(1) 经营者应当保证在正常使用商品或者接受服务的情况下其提供的商品或者服务应当具有的质量、性能、用途和有效期限；但消费者在购买该商品或者接受该服务前已经知道其存在瑕疵，且存在该瑕疵不违反法律强制性规定的除外。 (2) 经营者以广告、产品说明、实物样品或者其他方式表明商品或者服务的质量状况的，应当保证其提供的商品或者服务的实际质量与表明的质量状况相符。 (3) 经营者提供的机动车、计算机、电视机、电冰箱、空调器、洗衣机等耐用商品或者装饰装修等服务，消费者自接受商品或者服务之日起6个月内发现瑕疵，发生争议的，由经营者承担有关瑕疵的举证责任。
尊重消费者义务	经营者不得对消费者进行侮辱、诽谤，不得搜查消费者的身体及其携带的物品，不得侵犯消费者的人身自由。
个人信息保护义务	(1) 经营者收集、使用消费者个人信息，应当遵循合法、正当、必要的原则，明示收集、使用信息的目的、方式和范围，并经消费者同意。经营者收集、使用消费者个人信息，应当公开其收集、使用规则，不得违反法律、法规的规定和双方的约定收集、使用信息。 (2) 经营者及其工作人员对收集的消费者个人信息必须严格保密，不得泄露、出售或者非法向他人提供。经营者应当采取技术措施和其他必要措施，确保信息安全，防止消费者个人信息泄露、丢失。在发生或者可能发生信息泄露、丢失的情况时，应当立即采取补救措施。 (3) 经营者未经消费者同意或者请求，或者消费者明确表示拒绝的，不得向其发送商业性信息。

续表

经营者义务	具 体 内 容
信息真实义务	(1) 经营者向消费者提供有关商品或者服务的质量、性能、用途、有效期限等信息，应当真实、全面，不得作虚假或者引人误解的宣传。 (2) 经营者对消费者就其提供的商品或者服务的质量和使用方法等问题提出的询问，应当作出真实、明确的答复。经营者提供商品或者服务应当明码标价。 (3) 经营者应当标明其真实名称和标记。租赁他人柜台或者场地的经营者，应当标明其真实名称和标记。
修、换、退、赔义务	(1) 经营者提供的商品或者服务不符合质量要求的，消费者可以依照国家规定、当事人约定退货，或者要求经营者履行更换、修理等义务。没有国家规定和当事人约定的，消费者可以自收到商品之日起 7 日内退货；7 日后符合法定解除合同条件的，消费者可以及时退货，不符合法定解除合同条件的，可以要求经营者履行更换、修理等义务。依照前述规定进行退货、更换、修理的，经营者应当承担运输等必要费用。 (2) 经营者采用网络、电视、电话、邮购等方式销售商品，消费者有权自收到商品之日起 7 日内退货，且无需说明理由，但下列商品除外：①消费者定作的；②鲜活易腐的；③在线下载或者消费者拆封的音像制品、计算机软件等数字化商品；④交付的报纸、期刊。 除前款所列商品外，其他根据商品性质并经消费者在购买时确认不宜退货的商品，不适用无理由退货。消费者退货的商品应当完好。经营者应当自收到退回商品之日起 7 日内返还消费者支付的商品价款。退回商品的运费由消费者承担；经营者和消费者另有约定的，按照约定。 (3) 经营者提供商品或者服务有欺诈行为的，应当按照消费者的要求增加赔偿其受到的损失，增加赔偿的金额为消费者购买商品的价款或者接受服务的费用的 3 倍；增加赔偿的金额不足 500 元的，为 500 元。经营者明知商品或者服务存在缺陷，仍然向消费者提供，造成消费者或者其他受害人死亡或者健康严重损害的，受害人有权要求经营者赔偿损失，并有权要求所受损失 2 倍以下的惩罚性赔偿。
格式条款特别义务	(1) 经营者在经营活动中使用格式条款的，应当以显著方式提请消费者注意商品或者服务的数量和质量、价款或者费用、履行期限和方式、安全注意事项和风险警示、售后服务、民事责任等与消费者有重大利害关系的内容，并按照消费者的要求予以说明。 (2) 经营者不得以格式条款、通知、声明、店堂告示等方式，作出排除或者限制消费者权利、减轻或者免除经营者责任、加重消费者责任等对消费者不公平、不合理的规定，不得利用格式条款并借助技术手段强制交易。 (3) 格式条款、通知、声明、店堂告示等含有前款所列内容的，其内容无效。
特殊形式经营者特别规定义务	采用网络、电视、电话、邮购等方式提供商品或者服务的经营者，以及提供证券、保险、银行等金融服务的经营者，<u>应当向消费者提供经营地址、联系方式、商品或者服务的数量和质量、价款或者费用、履行期限和方式、安全注意事项和风险警示、售后服务、民事责任等信息</u>。

四、经营者民事责任

特别规定	经营者对消费者未尽到安全保障义务，造成消费者损害的，应当承担侵权责任。
	经营者有侮辱诽谤、搜查身体、侵犯人身自由等侵害消费者或者其他受害人人身权益的行为，造成严重精神损害的，受害人可以要求精神损害赔偿。
	经营者以预收款方式提供商品或者服务的，应当按照约定提供。未按照约定提供的，应当按照消费者的要求履行约定或者退回预付款；并应当承担预付款的利息、消费者必须支付的合理费用。
	依法经有关行政部门认定为不合格的商品，消费者要求退货的，经营者应当负责退货。
	经营者提供商品或者服务有欺诈行为的，应当按照消费者的要求增加赔偿消费者购买商品的价款或者接受服务的费用的3倍；增加赔偿的金额不足500元的，为500元。经营者明知商品或者服务存在缺陷，仍然向消费者提供，造成消费者或者其他受害人死亡或者健康严重损害的，受害人有权要求经营者赔偿所受损失2倍以下的惩罚性赔偿。

五、争议解决规则

争议类型	解 决 途 径
一般规则	消费者和经营者发生消费者权益争议的，可以通过下列途径解决： （1）与经营者协商和解。 （2）请求消费者协会或者依法成立的其他调解组织调解。 （3）向有关行政部门投诉。 （4）根据与经营者达成的仲裁协议提请仲裁机构仲裁。 （5）向人民法院提起诉讼。
违约责任	消费者在购买、使用商品时，其合法权益受到损害的，可以向销售者要求赔偿。销售者赔偿后，属于生产者的责任或者属于向销售者提供商品的其他销售者的责任的，销售者有权向生产者或者其他销售者追偿。消费者在接受服务时，其合法权益受到损害的，可以向服务者要求赔偿。
侵权责任	消费者或者其他受害人因商品缺陷造成人身、财产损害的，可以向销售者要求赔偿，也可以向生产者要求赔偿。属于生产者责任的，销售者赔偿后，有权向生产者追偿。属于销售者责任的，生产者赔偿后，有权向销售者追偿。
消费者受损害，但原企业合并或分立的	可以向变更后承受其权利义务的企业要求赔偿。
使用他人营业执照的经营者致消费者受损害	可以向其要求赔偿，也可以向营业执照的持有人要求赔偿。
在展销会、租赁柜台购买商品或者接受服务受损害的	可以向销售者或者服务者要求赔偿。展销会结束或者柜台租赁期满后，也可以向展销会的举办者、柜台的出租者要求赔偿。展销会的举办者、柜台的出租者赔偿后，有权向销售者或者服务者追偿。
通过网络交易平台购买商品或者接受服务受损害的	可以向销售者或者服务者要求赔偿。网络交易平台提供者不能提供销售者或者服务者的真实名称、地址和有效联系方式的，消费者也可以向网络交易平台提供者要求赔偿；网络交易平台提供者作出更有利于消费者的承诺的，应当履行承诺。网络交易平台提供者赔偿后，有权向销售者或者服务者追偿。网络交易平台提供者明知或者应知销售者或者服务者利用其平台侵害消费者合法权益，未采取必要措施的，依法与该销售者或者服务者承担连带责任。

续表

争议类型	解 决 途 径
因经营者利用虚假广告或者其他虚假宣传方式提供商品或者服务受损害的	可以向<u>经营者</u>要求赔偿。<u>广告经营者、发布者发布虚假广告的</u>,消费者可以请求行政主管部门予以惩处。广告经营者、发布者<u>不能提供经营者的真实名称、地址和有效联系方式的</u>,应当承担赔偿责任。广告经营者、发布者设计、制作、发布<u>关系消费者生命健康商品或者服务的虚假广告</u>,造成消费者损害的,应当与提供该商品或者服务的经营者承担<u>连带责任</u>。<u>社会团体或者其他组织、个人</u>在关系消费者生命健康商品或者服务的虚假广告或者其他虚假宣传中向消费者推荐商品或者服务,造成消费者损害的,应当与提供该商品或者服务的经营者承担<u>连带责任</u>。(特别注意广告经营者、发布者在什么情形下承担什么责任)

【提示】1. 消费者向有关行政部门投诉的,该部门应当自收到投诉之日起<u>7 个工作日内</u>,予以处理并告知消费者。

2. 对侵害众多消费者合法权益的行为,中国消费者协会以及在省、自治区、直辖市设立的消费者协会,可以向人民法院提起诉讼。(公益诉讼)

六、《食品安全法》

风险监测评估	国家建立食品安全风险监测制度和风险评估制度。食品安全风险评估结果是制定、修订食品安全标准和实施食品安全监管的科学依据。
食品安全标准	(1) 国家标准:食品安全标准是强制执行的标准。除食品安全标准外,不得制定其他食品强制性标准。 (2) 地方标准:对地方特色食品,没有食品安全国家标准的,省级政府的卫生行政部门可以制定并公布食品安全地方标准,报国务院卫生行政部门备案。 (3) 企业标准:国家鼓励食品生产企业制定严于食品安全国家标准或者地方标准的企业标准,在本企业适用,并报省级人民政府卫生行政部门备案。
食品安全控制	(1) 食品生产经营中的安全控制制度:1) 食品生产经营安全基准制度及负面清单制度:①安全基准制度:a. 具有与生产经营的食品品种、数量相适应的食品原料处理和食品加工、包装、贮存等场所,保持该场所环境整洁,并与有毒、有害场所以及其他污染源保持规定的距离;b. 具有与生产经营的食品品种、数量相适应的生产经营设备或者设施,有相应的消毒、更衣、盥洗、采光、照明、通风、防腐、防尘、防蝇、防鼠、防虫、洗涤以及处理废水、存放垃圾和废弃物的设备或者设施;c. 有专职或者兼职的食品安全专业技术人员、食品安全管理人员和保证食品安全的规章制度;d. 具有合理的设备布局和工艺流程,防止待加工食品与直接入口食品、原料与成品交叉污染,避免食品接触有毒物、不洁物;e. 餐具、饮具和盛放直接入口食品的容器,使用前应当洗净、消毒,炊具、用具用后应当洗净,保持清洁;f. 贮存、运输和装卸食品的容器、工具和设备应当安全、无害,保持清洁,防止食品污染,并符合保证食品安全所需的温度、湿度等特殊要求,不得将食品与有毒、有害物品一同贮存、运输;g. 直接入口的食品应当使用无毒清洁的包装材料、餐具、饮具和容器;h. 食品生产经营人员应当保持个人卫生,生产经营食品时,应当将手洗净,穿戴清洁的工作衣、帽;销售无包装的直接入口食品时,应当使用无毒、清洁的容器、售货工具和设备;i. 用水应当符合国家规定的生活饮用水卫生标准;j. 使用的洗涤剂、消毒剂应当对人体安全、无害;k. 法律、法规规定的其他要求。这些要求属于强制性规范,违反者将被追究法律责任。②负面清单制度:我国食品安全法明文禁止经营下列食品:a. 用非食品原料生产的食品或者添加食品添加剂以外的化学物质和其他可能危害人体健康物质的食品,或者用回收食品作为原料生产的食品;b. 致病性微生物、农药残留、兽药残留、生物毒素、重金属等污染物质及其他危害人体健康的物质含量超过食品安全标准限量的食品、食品添加剂、食品相关产品;c. 用超过保质期的食品原料、食品添加剂生产的食品、食品添加剂;d. 超范围、超限量使用食品添加剂食品;e. 营养成分不符合食品安全标准的专供婴幼儿和其他特定人群的主辅食品;f. 腐败变质、油脂酸败、霉变生虫、污秽不洁、混有异物、掺假掺杂或者感官性状异常的食品、食品添加剂;g. 病死、毒死或者死因不明的禽、畜、兽、水产动物肉类制品;h. 未按规定进行检疫或者检疫不合格的肉类,或者未经检验或者检验不合格的肉类制品;i. 被包装材

	料、容器、运输工具等污染的食品、食品添加剂；j. 无标签的预包装食品、食品添加剂；k. 国家为防病等特殊需要明令禁止生产经营的食品；l. 其他不符合食品安全标准或者法律法规的食品、食品添加剂、食品相关产品；m. 标注虚假生产日期、保质期或者超保质期的食品、食品添加剂。 2）食品行业许可制度：食品生产经营许可制度，即市场准入制度。从事食品生产、食品销售、餐饮服务，应当依法取得许可。但是，销售食用农产品，不需要取得许可。食品添加剂应当在技术上确有必要且经过风险评估证明安全可靠，方可列入允许使用的范围。 3）食品安全全程追溯制度：食品生产经营者应当依照本法的规定，建立食品安全追溯体系，保证食品可追溯。 4）生产经营企业食品安全管理制度：食品生产经营者应当建立并执行从业人员健康管理制度；食品生产流程控制制度；食品安全自查制度；食品企业良好生产认证制度。 5）食品农产品安全保障：食品安全法规定，食用农产品生产者应当按照食品安全标准和国家有关规定使用农药、肥料、兽药、饲料和饲料添加剂等农业投入品，严格执行农业投入品使用安全间隔期或者休药期的规定，不得使用国家明令禁止的农业投入品。 （2）食品召回制度：是指按照食品安全法的规定，由食品生产者自己主动或者经国家有关部门责令，对已经上市销售的不符合食品安全标准的食品，由生产者公开回收并采取相应措施，及时消除或减少食品安全危害的制度。食品生产者应当对召回的食品采取无害化处理、销毁等措施，防止其再次流入市场，并将食品召回和处理情况向所在地县级人民政府食品安全监督管理部门报告。 （3）食品检验制度：食品检验机构是依照国家有关认证认可的规定取得食品检验资质，从事食品检验活动的机构。有关资质认定条件和检验规范，由国务院食品安全监督管理部门规定。食品检验机构取得资质认定后，方可从事食品检验活动。法律另有规定的除外。采用国家规定的快速检测方法对食用农产品进行抽查检测，被抽查人对检验结果有异议的，可以自收到检测结果时起4小时内申请复检。复检不得采用快速检测方法。 （4）食品进出口管理制度：1）管理机构：国家出入境检验检疫部门。2）制度：①进出口的食品、食品添加剂以及食品相关产品应当符合我国食品安全国家标准。②境外企业的保证责任及进口商品的审查义务。③进出口企业应当向国家出入境检验检疫部门备案及注册。④进口的预包装食品应依法应当有说明书的，还应当有中文说明书。⑤进口商应当建立食品、食品添加剂进口和销售记录制度。⑥境外发生的食品安全事件可能对我国境内造成影响，国家出入境检验检疫部门应当及时采取风险预警或者控制措施，并向国务院食品安全监督管理、卫生行政、农业行政部门通报。⑦食品出口管理制度：符合出口食品地区标准或合同要求，国家出入境检验检疫部门应当收集、汇总食品安全信息，并及时通报相关部、机构和企业，包括：食品检验检疫发现的食品安全信息；国际组织、境外政府机构发布的风险预警信息及其他食品安全信息；食品行业协会和消协等组织、消费者反映的进口食品安全信息。⑧进出口企业信用管理制度：国家出入境检验检疫部门对进出口商建立信用记录。
食品安全 事故处置	概念：食品安全问题包括食品污染问题、食源性疾患问题、食物中毒问题、科技食品问题、食品标识问题等。《食品安全法》附则中所定义的食品安全事故为"食源性疾病、食品污染等源于食品，对人体健康有危害或者可能有危害的事故"。 事故处置对策：（1）食品安全事故应急预案制度：国务院组织制定国家食品安全事故应急预案。县级以上地方人民政府应当根据有关法律、法规的规定和上级人民政府的食品安全事故应急预案以及本行政区域的实际情况，制定本行政区域的食品安全事故应急预案，并报上一级人民政府备案。食品生产经营企业也应制定食品安全事故处置方案。 （2）食品安全事故报告和通报制度：事故发生后事故单位和接收病人进行治疗的单位有义务及时向事故发生地县级人民政府食品安全监督管理、卫生行政部门报告；县级以上人民政府农业行政等部门在日常监督管理中发现食品安全事故，应当立即向同级食品安全监督管理部门通报。接到通报的部门向本级人民政府和上级人民政府食品安全监督管理部门报告，县级人民政府和上级人民政府食品安全监督管理部门应当按照应急预案的规定上报。任何单位和个人不得隐瞒、谎报、缓报，不得隐匿、伪造、毁灭有关证据；医疗机构发现其接收的病人属于食源性疾病病人或者疑似病人的，应当按照规定及时将相关信息向所在地县级人民政府卫生行政部门报告。 （3）调查处理措施：开展应急救援工作。封锁可能导致食品安全事故的食品及其原料，并立即进行检验。封存被污染的食品相关产品，并责令进行清洗消毒。做好信息发布工作。发生食品安全事故需要启动应急预案的，县级以上人民政府应当立即成立事故处置指挥机构，启动应急预案，依照相关规定进行处置。

政府监督机构及其职权	（1）监督管理机构：食品安全委员会是由国务院设立的专门委员会，其工作职责由国务院规定；其他各类各级监督机构分为两级，第一级是国务院一级的食品安全监督管理、农业行政等部门，第二级是县级以上各级人民政府及其职能部门。 （2）监督机构之间的分工：县级以上人民政府食品安全监督管理部门根据食品安全风险监测、风险评估结果和食品安全状况等，确定监督管理的重点、方式和频次，实施风险分级管理；县级以上地方人民政府组织本级食品安全监督管理、农业行政等部门制定本行政区域的食品安全年度监督管理计划，向社会公布并组织实施。 （3）监督管理措施：县级以上人民政府食品安全监督管理部门有权对生产经营者遵守食品安全法的情况进行监督检查。 （4）信用档案制度：对有不良信用记录的食品生产经营者增加监督检查频次，对违法行为情节严重的食品生产经营者，可以通报投资主管部门、证券监督管理机构和有关的金融机构。 （5）约谈制度：安全隐患约谈；部门问责约谈。 （6）社会监督：县级以上人民政府食品安全监督管理部门应当公布本部门的联系方式，接到投诉等，对属于本部门职责的，应当受理并在法定期限内及时答复、核实、处理；对于不属于其职责的，应当移交有权处理的部门并书面通知投诉等人。有权处理的部门应当在法定期限内及时处理，查证属实的给予举报人奖励。对执法人员的监督：食品生产经营者、食品行业协会、消费者协会等发现食品安全执法人员在执法过程中有违反法律、法规规定的行为以及不规范执法行为的，可以向本级或者上级人民政府食品安全监督管理等部门或者监察机关投诉、举报。 （7）国家建立统一的食品安全信息平台，实行食品安全信息统一公布制度。
法律责任	（1）对食品生产经营者的行政处罚：违反许可制度的违法行为：违反生产经营的食品、食品添加剂货值金额不足 1 万元的，并处 5 万元以上 10 万元以下的惩罚；货值 1 万元以上的，并处货值金额 10 倍以上 20 倍以下惩罚。明知从事违法行为的，由主管部门责令停止行为，没收违法所得，并处 5 万元以上 10 万元以下罚款；使消费者的合法权益受到损害的，应当与食品、食品添加剂生产经营者承担连带责任。生产经营中的违法行为：6 种重大违法行为，违法生产经营的食品货值金额不足 1 万元的，并处 10 万元以上 15 万元以下的处罚；货值 1 万元以上的，并处货值 15 倍以上 30 倍以下罚款；情节严重的，吊销许可证，并可对直接负责人员处 5 日以上 15 日以下拘留。明知从事此类违法行为而提供场地和其他条件的，责令停止违法行为，没收违法所得。并处 10 万元以上 20 万元以下罚款；使消费者权益受到损害的，与食品生产者承担连带责任。 （2）行政问责：针对行政监管主体在履行食品安全监管职责中的不作为和不当作为，应给予行政处分。主要包括县级以上地方政府和政府职能部门。 （3）民事赔偿：一般规定。凡违反食品安全规定，造成人身、财产或其他损害者，不论是民事主体还是行政主体，均应依法承担赔偿责任。特别规定：①民事赔偿优先原则。②消费者索赔选择权和首负责任制。消费者因不符合食品安全标准的食品受到损害的，可以向经营者要求赔偿损失，也可以向生产者要求赔偿损失。③惩罚性赔偿。生产不符合食品安全标准的食品或者经营明知是不符合食品安全标准的食品，消费者除要求赔偿损失外，还可以向生产者或者经营者要求支付价款 10 倍或者损失 3 倍的赔偿金；增加赔偿的金额不足 1000 元的，为 1000 元。

第三章　银行法

一、商业银行概述

商业银行基本制度	（1）法律地位：依照《商业银行法》和《公司法》规定的条件和程序，设立的吸收公众存款、发放贷款、办理结算等业务，具有独立的民事权利能力和民事行为能力的企业法人。 （2）组织形式：一是有限责任公司，二是股份有限公司。
商业银行的职能	（1）信用中介职能。 （2）支付中介职能。 （3）信用创造职能。 （4）创造金融工具的职能。 （5）金融服务职能。
商业银行与中国人民银行和中国银行保险监督管理委员会的关系	（1）接受中国人民银行的业务指导和检查监督。 （2）商业银行接受中国银行保险监督管理委员会的行政监督管理。
设立商业银行的条件	（1）有符合《商业银行法》和《公司法》规定的章程。 （2）提交完备的可行性研究报告。 （3）符合法定最低要求的注册资本。 （4）有具备任职专业知识和业务工作经验的董事、高级管理人员。 （5）有健全的组织机构和管理制度。 （6）有符合要求的营业场所、安全防范措施和与业务有关的其他设施。
设立银行业金融机构的程序	（1）设立银行金融机构的申请。 （2）审批：对符合法定条件的设立商业银行的申请由中国银行保险监督管理委员会颁发经营许可证并公告，由被批准者凭许可证向工商行政管理机关办理企业登记，领取营业执照。 （3）公告：经批准设立的商业银行的分支机构由中国银行保险监督管理委员会颁发经营许可证并公告，分支机构凭许可证向工商行政管理机关办理登记，领取营业执照。

【关联提示】设立分支机构条件：

（1）报中国银行保险监督管理委员会批准。

（2）拨付的营运资金总和不超过总行资本金总额的60%。

二、商业银行的业务规则

借 款 人	贷 款 人
借款人不得同时向同一辖区的贷款人的不同分支机构分别借款。	贷款发放应保证贷款人资本充足率不低于8%，流动性资产余额与流动性负债余额比例不低于25%，对同一借款人的贷款余额与贷款人资本余额比例不超过10%。
不得利用贷款从事股本权益性投资。	不发放人情贷款，不向关系人发放信用贷款，向关系人发放担保贷款条件不得优于其他借款人同类贷款的条件。
不得利用贷款在有价证券、期货方面进行投机性经营活动。	禁止发放下列贷款：不具备借款人资格和条件的；借款人生产经营的产品和投资项目属于国家明令禁止的；违反国家外汇管理规定的；建设项目应报经批准而未取得批准文件的；生产经营项目或投资项目未取得环保部门许可的；借款人在体制变更中，有未清偿的贷款债务的；借款人有严重违法行为的。
除依法取得经营房地产资格的借款人之外，其他任何单位和个人不得利用贷款从事房地产业务；依法取得房地产经营业务资格的借款人，不得用贷款从事房地产投机。	未经银监会批准，不得对自然人发放外币币种贷款。
借款人不得套取贷款用于借贷谋取非法收入，即以贷款再加价转让。	自营贷款和特定贷款，不得收取中国人民银行规定计收利息之外的费用；委托贷款，不得收取央行规定手续费之外的其他费用。
不得使用外汇贷款。	不得给借款人垫付资金。

三、商业银行接管、清算

接管条件	商业银行已经或者可能发生信用危机，严重影响存款人的利益。表现在不能应付存款人的提款，不能清偿到期债务，同业拒绝拆借资金，原客户和市场普遍拒绝其服务等。
接管程序	（1）银监会决定并公告。 （2）后果：自接管之日起，由接管组织取代银行原管理层，人员由银监会指定；被接管商业银行的债权债务不发生变化。 （3）接管期限届满，银监会可以决定延期，接管期最长不得超过 2 年。
接管终止	（1）接管期届满。 （2）届满前，银行恢复正常营业能力。 （3）届满前，银行被合并或宣告破产。
解散	因分立、合并或章程规定的解散事由，需向银监会提出申请并批准；申请附解散理由和债权债务清偿计划；解散应成立清算组，银监会指定。
破产	（1）破产前行政拯救：出现重大经营风险时，银监会可以采取托管、接管等措施；可以向法院申请中止以该银行为被告或被执行人的民事诉讼程序或执行程序。 （2）破产启动：具备《企业破产法》规定的破产原因，经银监会同意；可以适用重整程序或破产清算程序（无和解程序）。 （3）终止：不得自行决定终止，必须经银监会批准。

第四章　财税法

一、企业所得税法

纳税人	（1）在中国境内，企业和其他取得收入的组织为企业所得税的纳税人，个人独资企业、合伙企业除外。 （2）企业分为：①居民企业，指依法在中国境内成立，或者依照外国（地区）法律成立但实际管理机构在中国境内的企业；②非居民企业，是指依照外国（地区）法律成立且实际管理机构不在中国境内，但在中国境内设立机构、场所的，或者在中国境内未设立机构、场所，但有来源于中国境内所得的企业。
企业所得税的优惠	（1）不征税收入：①财政拨款；②依法收取并纳入财政管理的行政事业性收费、政府性基金；③国务院规定的其他不征税收入。 （2）免税收入：①国债利息收入；②符合条件的居民企业之间的股息、红利等权益性投资收益；③在中国境内设立机构、场所的非居民企业从居民企业取得与该机构、场所有实际联系的股息、红利等权益性投资收益；④符合条件的非营利组织的收入。 （3）可以免征、减征企业所得税：①从事农、林、牧、渔业项目的所得；②从事国家重点扶持的公共基础设施项目投资经营的所得；③从事符合条件的环境保护、节能节水项目的所得；④符合条件的技术转让所得；⑤本法第三条第三款规定的所得；⑥民族自治地方的自治机关可以对属于地方分享的企业所得税决定减免，报省级政府批准。

二、个人所得税法

纳税人	（1）居民纳税人：在中国境内有住所，或者无住所而一个纳税年度内在中国境内居住累计满一百八十三天的个人。 （2）非居民纳税人：在中国境内无住所又不居住，或者无住所而一个纳税年度内在中国境内居住累计不满一百八十三天的个人。
应纳入征税范围	居民纳税人：从中国境内和境外取得的所得。 非居民纳税人：从中国境内取得的所得。

应纳税所得额		（1）工资、薪金所得：每月收入额减除费用五千元后的余额。 （2）经营所得：每年收入总额减除成本、费用和损失后的余额。 （3）稿酬所得、劳动报酬所得、特许权使用费所得：以每项收入额为应纳税所得额。 （4）财产转让所得：转让财产的收入额减除财产原值和合理费用后的余额。 （5）利息、股息、红利，偶然所得和其他所得以每次收入额为应纳税所得额。
税收优惠	免税	（1）各省人民政府、国务院部委和中国人民解放军军级以上单位，以及外国组织、国际组织颁发的科学、教育、技术、文化、卫生、体育、环境保护等方面的奖金。 （2）国债和国家发行的金融债券利息。 （3）按照国家统一规定发给的补贴、津贴。 （4）福利费、抚恤金、救济金。 （5）保险赔款。 （6）军人的转业费、复员费、退役金。 （7）按照国家统一规定发给干部、职工的安家费、退职费、基本养老金或退休费、离休费、离休生活补助费。 （8）依照有关法律规定应予免税的各国驻华使馆、领事馆的外交代表、领事官员和其他人员的所得。 （9）中国政府参加的国际公约、签订的协议中规定免税的所得。 （10）国务院规定的其他免税所得。
	减税	（1）残疾、孤老人员和烈属的所得。 （2）因自然灾害遭受重大损失的。 （3）从中国境外取得的所得，准许其在应纳税额中扣除已在境外缴纳的个人所得税额，但扣除额不得超过该纳税人境外所得依照我国法律规定计算的应纳税额。

【关联提示】免税的奖金有主体限制（省部级、军级、外国政府和国际组织）和奖项范围限制（科、教、文、卫、体、技术、环境）；利息免税仅限于国债和国家发行的金融债券。

三、增值税

纳税人	我国全面完成"营改增"，营业税废止。在境内销售货物或者加工、修理劳务，销售服务、无形资产、不动产以及进口货物的单位和个人，为增值税的纳税人。
税率	税率分别为13%、9%、6%、0四个档次。小规模纳税人增值税率为3%。

四、车船税法

纳税人	乘用车、商用车（客车、货车）、挂车、其他车辆（专用作业车、轮式专用机械车）、摩托车和船舶（机动船舶、游艇）的所有人或者管理人。
法定免征对象	（1）捕捞、养殖渔船。 （2）军队、武装警察部队专用的车船。 （3）警用车船。 （4）依照法律规定应当予以免税的外国驻华使领馆、国际组织驻华代表机构及其有关人员的车船。
可以免征或者减征对象	（1）节约能源、使用新能源的车船。 （2）受严重自然灾害影响纳税困难以及有其他特殊原因确需减税、免税的。 （3）省、自治区、直辖市人民政府根据当地实际情况，可以对公共交通车船，农村居民拥有并主要在农村地区使用的摩托车、三轮汽车和低速载货汽车定期减征或者免征车船税。

【提示】1.从事机动车第三者责任强制保险业务的保险机构为机动车车船税的扣缴义务人。

2.车船税的纳税地点为车船的登记地或者车船税扣缴义务人所在地。依法不需要办理登记的车船，车船税的纳税地点为车船的所有人或者管理人所在地。

3. 车船税按年申报缴纳。

五、税款征收保障制度

税收保全和税收强制执行比较记忆

比较点	税收保全	税收强制执行
适用对象	从事生产、经营的纳税人	从事生产、经营的纳税人、扣缴义务人、纳税担保人
适用时间	纳税期前	纳税期后
适用步骤	有逃避纳税行为→限期缴纳→提供纳税担保→保全措施	未按期缴纳、解缴税款→限期缴纳→强制执行
措施	冻结存款、查封、扣押财产	银行扣缴、查封、扣押、拍卖、变卖
关系	保全措施后，限期届满仍未缴纳税款，经过县级以上税务局（分局）局长再次批准，采取强制执行措施。	
税收优先制度	（1）税收优先于无担保债权，法律另有规定的除外。 （2）欠缴税款发生在设定抵押、质押或留置之前的，税收先于抵押权、质权、留置权执行。 （3）欠缴税款优先于罚款、没收违法所得。	
撤销权与代位权	欠缴税款的纳税人因怠于行使到期债权，或者放弃到期债权，或者无偿转让财产，或者以明显不合理的低价转让财产而受让人知道该情形，对国家税收造成损害的，税务机关可以依照《合同法》第73、74条的规定行使代位权、撤销权。	
离境清税制度	（1）欠缴税款的纳税人或者其法定代表人出境的，应当在出境前向税务机关结清应纳税款、滞纳金或者提供担保。 （2）未结清税款、滞纳金，又不提供担保的，税务机关可以通知出境管理机关阻止其出境。	

六、审计法

概念	审计是指审计机关依据法律，独立检查被审计单位的会计凭证、会计账簿、会计报表以及其他财政收支、财务收支有关的资料和资产，监督财政收支、财务收支真实、合法、效益的活动。审计法是调整审计关系的法律规范的总称。
审计范围	（1）国务院各部门和地方各级人民政府及其各部门的财政收支； （2）国有的金融机构和企业事业组织的财务收支； （3）其他依照应当接受审计的财政收支、财务收支。
审计内容	财政收支或者财务收支的真实、合法和效益。
审计报告	国务院和县级以上地方人民政府每年向本级人民代表大会常务委员会提出审计工作报告。审计工作报告报告审计机关对预算执行、决算草案以及其他财政收支的审计情况，重点报告对预算执行及其绩效的审计情况，按照有关法律、行政法规的规定报告对国有资源、国有资产的审计情况。必要时，人民代表大会常务委员会可以对审计工作报告作出决议。国务院和县级以上地方人民政府应当将审计工作报告中指出的问题的整改情况和处理结果向本级人民代表大会常务委员会报告。
审计机关	（1）国务院和县级以上地方人民政府设立审计机关。国务院设立审计署，在国务院总理领导下，主管全国的审计工作。审计长是审计署的行政首长； （2）省、自治区、直辖市、设区的市、自治州、县、自治县、不设区的市、市辖区的人民政府的审计机关，分别在省长、自治区主席、市长、州长、县长、区长和上一级审计机关的领导下，负责本行政区域内的审计工作。地方各级审计机关对本级人民政府和上一级审计机关负责并报告工作，审计业务以上级审计机关领导为主； （3）审计机关根据工作需要，经本级人民政府批准，可以在其审计管辖范围内设立派出机构。派出机构根据审计机关的授权，依法进行审计工作。

续表

审计人员		（1）审计人员应当具备与从事的审计工作相适应的专业知识和业务能力； （2）审计机关根据工作需要，可以聘请具有与审计事项相关专业知识的人员参加审计工作； （3）审计机关和审计人员不得参加可能影响其依法独立履行审计监督职责的活动，不得干预、插手被审计单位及其相关单位的正常生产经营和管理活动； （4）审计人员办理审计事项，与被审计单位或者审计事项有利害关系的，应当回避。
审计权限	资料获取	审计机关有权要求被审计单位按照审计机关的规定提供财务、会计资料以及与财政收支、财务收支有关的业务、管理等资料，包括电子数据和有关文档。被审计单位不得拒绝、拖延、谎报。被审计单位负责人应当对本单位提供资料的及时性、真实性和完整性负责。
	信息共享	国家政务信息系统和数据共享平台应当按照规定向审计机关开放。审计机关通过政务信息系统和数据共享平台取得的电子数据等资料能够满足需要的，不得要求被审计单位重复提供。
	审计检查	审计机关进行审计时，有权检查被审计单位的财务、会计资料以及与财政收支、财务收支有关的业务、管理等资料和资产，有权检查被审计单位信息系统的安全性、可靠性、经济性，被审计单位不得拒绝。
	调查取证	审计机关进行审计时，有权就审计事项的有关问题向有关单位和个人进行调查，并取得有关证明材料。有关单位和个人应当支持、协助审计机关工作，如实向审计机关反映情况，提供有关证明材料。
	账户查询	审计机关经县级以上人民政府审计机关负责人批准，有权查询被审计单位在金融机构的账户。
	保全措施	审计机关进行审计时，被审计单位不得转移、隐匿、篡改、毁弃财务、会计资料以及与财政收支、财务收支有关的业务、管理等资料，不得转移、隐匿、故意毁损所持有的违反国家规定取得的资产。
	纠正措施	审计机关认为被审计单位所执行的上级主管机关、单位有关财政收支、财务收支的规定与法律、行政法规相抵触的，应当建议有关主管机关、单位纠正；有关主管机关、单位不予纠正的，审计机关应当提请有权处理的机关、单位依法处理。
	通报公布	审计机关可以向政府有关部门通报或者向社会公布审计结果。
	部门协同	审计机关履行审计监督职责，可以提请公安、财政、自然资源、生态环境、海关、税务、市场监督管理等机关予以协助。有关机关应当依法予以配合。
审计流程	程序启动	审计机关根据经批准的审计项目计划确定的审计事项组成审计组，并应当在实施审计三日前，向被审计单位送达审计通知书；遇有特殊情况，经县级以上人民政府审计机关负责人批准，可以直接持审计通知书实施审计。
	审计调查	审计人员通过审查财务、会计资料，查阅与审计事项有关的文件、资料，检查现金、实物、有价证券和信息系统，向有关单位和个人调查等方式进行审计，并取得证明材料。向有关单位和个人进行调查时，审计人员应当不少于二人，并出示其工作证件和审计通知书副本。
	审计报告	审计组对审计事项实施审计后，应当向审计机关提出审计组的审计报告。审计组的审计报告报送审计机关前，应当征求被审计单位的意见。被审计单位应当自接到审计组的审计报告之日起十日内，将其书面意见送交审计组。审计组应当将被审计单位的书面意见一并报送审计机关。
	审计决定	审计机关按照审计署规定的程序对审计组的审计报告进行审议，并对被审计单位对审计组的审计报告提出的意见一并研究后，出具审计机关的审计报告。对违反国家规定的财政收支、财务收支行为，依法应当给予处理、处罚的，审计机关在法定职权范围内作出审计决定；需要移送有关主管机关、单位处理、处罚的，审计机关应当依法移送。审计机关应当将审计机关的审计报告和审计决定送达被审计单位和有关主管机关、单位，并报上一级审计机关。审计决定自送达之日起生效。
	决定的变更、撤销	上级审计机关认为下级审计机关作出的审计决定违反国家有关规定的，可以责成下级审计机关予以变更或者撤销，必要时也可以直接作出变更或者撤销的决定。

第五章 土地法和房地产法

一、土地所有权和使用权

【备考提示】土地所有权的取得和丧失依法律规定，不得约定；我国实行土地公有制，土地所有权禁止交易，可以进行交易的仅为土地使用权。

土地所有权	国家土地所有权	范围： （1）城市市区土地。 （2）国家依法没收、征收、征购、征用的土地。 （3）依法不属于集体所有的林地、草地、荒地、滩涂及其他土地。 （4）农转非后原属于集体所有的土地。 （5）农民成建制地集体迁移后，不再使用的原属于集体所有的土地。
	集体土地所有权	（1）范围：①宅基地和自留地、自留山；②除法律规定属于国家所有的农村和城市郊区的土地。 （2）主体及其代表：①属于村农民集体所有的，由村集体经济组织或村民委员会代表；②分别属于村内2个以上农民集体所有的，由村内各集体经济组织或村民小组代表；③属于乡镇农民集体所有的，由乡镇集体经济组织代表。
国有土地使用权	出让土地使用权	取得方式：拍卖、招标、公开协商。
		改变约定用途须取得出让方同意并经土地管理部门和城市规划部门批准，并签订合同变更协定或重新签订出让合同。
		使用年限： （1）居住用地70年。 （2）商业、旅游、娱乐用地40年。 （3）其他用地50年。 可在不超过最高出让年限的前提下，在出让合同中约定出让年限。约定或法定期限内不得闲置土地。
	划拨土地使用权	（1）范围：①国家机关用地和军事用地；②城市基础设施用地和公益事业用地；③国家重点扶持的能源、交通、水利等基础设施用地。 （2）取得：应支付土地补偿安置费，但国有荒地、空地经批准可无偿取得。 （3）内容：划拨是一种无偿的行政行为，除法律、行政法规另有规定，无使用期限限制。划拨土地不得单独出租，连同房屋等附着物一起出租的，应将租金中土地收益上缴国家。
集体土地使用权	土地承包经营权	（1）取得方式：①土地承包方案必须经村民会议2/3以上成员或者2/3以上村民代表通过；②本农村集体组织以外的单位或个人承包农用地使用权，必须经村民会议2/3以上成员或者2/3以上村民代表同意，并报乡（镇）人民政府批准。 （2）内容：①不得擅自改变土地用途，不得擅自将农用地转为非农用地，农、林、牧、副、渔之间转变依法律规定，并不得违反合同约定。承包期内一般不得收回；②转为非农业户口的应交回，不交回的可以收回；③承包期内一般不得调整，特殊情形需要调整的必须经村民会议2/3以上成员或者2/3以上村民代表同意，并报乡（镇）人民政府和县级主管部门批准。
	宅基地使用权	（1）主体仅限于农村集体经济组织内部成员，经审批后无偿取得，无使用期限限制。 （2）一户一处，转让、出租后再申请宅基地使用权的，不予批准。

集体土地使用权	非农经营用地使用权	（1）**主体**：农村集体经济组织可以独资或与其他单位、个人以土地使用权入股、联营等形式举办企业，土地使用权由企业享有，非法人联营企业的土地使用权仍归集体经济组织。 （2）**内容**：①不得转让、出租，因破产、兼并、分立依法转移的除外，如果取得的土地使用权不属于企业，应办理国有土地征用和出让手续，并通过缴纳出让金取得使用权。②非农经营用地使用权连同厂房一起可以设定抵押，须经集体土地所有权人同意并出具书面证明；拍卖、变卖抵押物须办理土地征用和出让手续，所得价款应先扣除补偿安置费和出让金。

二、建设用地管理

国家建设用地	审批：永久基本农田、永久基本农田以外的耕地超过 35 公顷的、其他土地超过 70 公顷的由国务院批准。征用其他土地由省、自治区、直辖市人民政府批准，报国务院备案。 补偿安置费：对补偿安置费标准有争议的，由县级以上人民政府协调，协调不成由批准的人民政府裁决。
乡村建设用地	审批： （1）经营用地：向县级以上土地管理部门申请，由县级人民政府批准。 （2）非农公益用地：乡、镇人民政府审核，向县级以上土地管理部门申请，由县级人民政府批准。 （3）宅基地：乡、镇人民政府审核，由县级人民政府批准。
临时建设用地	（1）审批：县级以上人民政府土地行政主管部门批准。其中，在城市规划区内的临时用地，在报批前，应当先经有关城市规划行政主管部门同意。土地使用者应当根据土地权属，与有关土地行政主管部门或者农村集体经济组织、村民委员会签订临时使用土地合同，并按照合同的约定支付临时使用土地补偿费。 （2）限制：临时使用土地的使用者应当按照临时使用土地合同约定的用途使用土地，并不得修建永久性建筑物。临时使用土地期限一般不超过 2 年。

三、耕地的保护

1. 禁止任何单位和个人闲置、荒芜耕地。

2. 已经办理审批手续的非农业建设占用耕地，1 年内不用而又可以耕种并收获的，应当由原耕种该幅耕地的集体或者个人恢复耕种，也可以由用地单位组织耕种；1 年以上未动工建设的，应当按照省、自治区、直辖市的规定缴纳闲置费；连续 2 年未使用的，经原批准机关批准，由县级以上人民政府无偿收回用地单位的土地使用权；该幅土地原为农民集体所有的，应当交由原农村集体经济组织恢复耕种。

3. 承包经营耕地的单位或者个人连续 2 年弃耕抛荒的，原发包单位应当终止承包合同，收回发包的耕地。

四、土地纠纷的解决

1. 土地确权纠纷：当事人协商→人民政府确权（单位之间由县级以上人民政府，个人之间、个人与单位之间由乡级人民政府处理）→对人民政府处理决定不服，可自接到通知起 30 日内以人民政府为被告起诉。人民政府的确权处理是起诉的前置程序，不经确权不得起诉。

2. 土地侵权纠纷：当事人协商→土地行政主管部门行政调处→对行政调处不服，可以以对方当事人为被告起诉；也可不经行政调处直接起诉。

3. 土地承包经营权纠纷：可以协商，也可请求村民委员会、乡镇人民政府调解。协商调解不成的，可以申请仲裁，也可直接起诉，对仲裁不服的，可在收到裁决书起 30 日内起诉。

五、城市房地产管理

开发制度	出让用地限期开发	以出让方式取得土地使用权必须按照出让合同约定的土地用途、动工开发期限开发土地。超过出让合同约定的动工开发日期满 1 年未动工开发的，可以征收相当于土地使用权出让金 20% 以下的土地闲置费；满 2 年未动工开发的，可以无偿收回土地使用权。但是，因不可抗力或者政府、政府有关部门的行为或者动工开发必需的前期工作造成动工开发迟延的除外。
交易制度	房地产转让	(1) 一般性禁止：①以出让方式取得土地使用权，不符合法定条件的；②司法机关和行政机关裁定、决定查封或者以其他形式限制房地产权利的；③土地使用权被收回的；④共有房地产，未经其他共有人书面同意的；⑤权属有争议的；⑥未依法登记领取权属证书的。 (2) 出让土地使用权的转让：①法定条件：已经支付全部土地使用权出让金，并取得土地使用权证书；属于房屋建设工程的，完成开发投资总额的 25% 以上，属于成片开发土地的，形成工业用地或其他建设用地条件。②效力：出让合同的效力及于转让后继受取得土地使用权的用地者，即房地产转让时，土地使用权出让合同载明的权利、义务随之转移。土地使用权的使用年限为原土地使用权出让合同约定的使用年限减去已经使用年限后的剩余年限。 (3) 划拨土地使用权的转让：应报有批准权的人民政府审批，准予转让的，应由受让方办理出让手续并交纳出让金；可以不办理出让手续的，转让方应将土地收益上缴国家。
	房地产抵押	(1) 可抵押房地产：①房地一体主义：房屋所有权连同占用范围内的土地使用权可以抵押；②以出让方式取得的土地使用权，可以设定抵押权（划拨土地不能单独抵押）。 (2) 划拨土地上房地产的抵押：须报有审批权的人民政府审批方可抵押。行使抵押权时，拍卖所得的价款在缴纳土地出让金后，抵押权人方可优先受偿。 (3) 新增地上物的处置：房地产抵押合同签订后，土地上新增的房屋不属于抵押财产。需要拍卖该抵押的房地产时，无法分割的，可以依法将土地上新增的房屋与抵押财产一同拍卖，但对拍卖新增房屋所得，抵押权人无权优先受偿。
	房屋租赁	租赁只针对房屋，应签订书面租赁合同并向房产管理部门登记备案，以营利为目的将划拨土地上的房屋出租的，应当将租金中所含土地收益上缴国家。
	商品房预售与按揭	(1) 商品房预售条件：①已支付全部土地出让金，取得土地使用权证书；②有建设工程规划许可证；③按预售的商品房计算，投入开发建设的资金达到工程建设总投资的 25% 以上，并已经确定施工进度和竣工交付日期；④向县级以上人民政府房产管理部门办理预售登记，取得商品房预售许可证明；⑤商品房预售所得款项，必须用于有关的工程建设。 (2) 按揭法律关系：①主体有按揭人、开发商和银行；②开发商负责为按揭人办理房地产权证过户手续，为银行与按揭人办理正式的抵押登记，在将房地产权证交银行前，为按揭人向银行提供阶段性担保；③按揭人与银行间不是真正意义上的抵押关系。

六、不动产登记制度

	主　要　内　容
对象、种类	针对土地、海域以及房屋、林木等定着物的首次登记、变更登记、转移登记、注销登记、更正登记、异议登记、预告登记、查封登记等。
机构	由国土资源主管部门指导监督； 不动产所在地的县级人民政府不动产登记机构负责办理； 跨县级行政区域的不动产登记，由所跨县级行政区域的不动产登记机构分别办理。不能分别办理的，由所跨县级行政区域的不动产登记机构协商办理；协商不成的，由共同的上一级人民政府不动产登记主管部门指定办理。 国务院确定的重点国有林区的森林、林木和林地，国务院批准项目用海、用岛，中央国家机关使用的国有土地等不动产登记，由国务院国土资源主管部门会同有关部门规定。

续表

	主 要 内 容
不动产登记簿	（1）应当采用电子介质，暂不具备条件的可以采用纸质介质；不动产登记机构应当明确不动产登记簿唯一、合法的介质形式；电子介质，应当定期进行异地备份，并具有唯一、确定的纸质转化形式。 （2）不动产登记簿由不动产登记机构永久保存。
登记程序	（1）因买卖、设定抵押权等登记的，应当由当事人双方共同申请；但有下列情形的，可以由单方申请：①尚未登记的不动产首次申请登记的；②继承、接受遗赠取得不动产权利的；③人民法院、仲裁委员会生效的法律文书或者人民政府生效的决定等设立、变更、转让、消灭不动产权利的；④权利人姓名、名称或者自然状况发生变化，申请变更登记的；⑤不动产灭失或者权利人放弃不动产权利，申请注销登记的；⑥申请更正登记或者异议登记的。 （2）在登记事项记于不动产登记簿前，申请人可以撤回登记申请。 （3）不动产登记机构，对登记申请，<u>应当查验情形</u>：①不动产界址、空间界限、面积等材料与申请登记的不动产状况是否一致；②有关证明材料、文件与申请登记的内容是否一致；③登记申请是否违反法律、行政法规规定。 （4）不动产机构可以对申请登记事项进行实地查看情形：①房屋等建筑物、构筑物所有权首次登记；②在建建筑物抵押权登记；③因不动产灭失导致的注销登记；④不动产登记机构认为需要实地查看的其他情形。 （5）对可能存在权属争议，或者可能涉及他人利害关系的登记申请，不动产登记机构可以向申请人、利害关系人或者有关单位进行调查。 （6）办结期限：30个工作日内。 （7）自记载于登记簿时完成登记，并向申请人核发权属证书或登记证明。 （8）不予登记情形：①违反法律、行政法规规定的；②存在尚未解决的权属争议的；③申请登记的不动产权利超过规定期限的。
信息共享与保护	（1）国务院国土资源主管部门会同有关部门建立统一不动产登记信息管理平台。 （2）实现与住房城乡建设、农业、林业、海洋等部门审批信息、交易信息实时互通共享。 （3）国土资源、公安、民政、财政、税务、工商、金融、审计、统计等部门实现信息互通共享。 （4）权利人、利害关系人可以查询、复制不动产登记资料，国家机关可以依照法律、行政法规规定查询、复制和调查处理事项的不动产登记资料。 （5）查询登记资料的单位、个人应当说明查询目的，不得将查询资料用于其他目的，未经权利人同意，不得泄露。

七、城乡规划法

城乡规划的制定	（1）体系规划和总体规划：国务院组织编制全国城乡体系规划；省、自治区人民政府组织编制省域城镇体系规划；城市人民政府组织编制城市总体规划；县人民政府组织编制县人民政府所在地镇的总体规划；镇人民政府组织编制镇总体规划。其中，省、市、县级的规划，应当先经本级人大常委会审议，镇规划经镇人大审议，然后报上一级人民政府审批。 （2）控制性详细规划：城市人民政府城乡规划主管部门根据城市总体规划的要求，组织编制城市的控制性详细规划，经本级人民政府批准后，报本级人大常委会和上一级人民政府备案。镇人民政府根据镇总体规划的要求，组织编制镇的控制性详细规划，报上一级人民政府审批。 （3）修建性详细规划：城乡规划报送审批前，组织编制机关应当依法将城乡规划草案予以公告，并采取论证会、听证会或者其他方式征求专家和公众的意见。公告的时间不得少于30日。审批机关批准前，应当组织专家和有关部门进行审查。

续表

城乡规划的实施	（1）建设规划许可：在城市、镇规划区内以出让方式提供国有土地使用权的，在国有土地使用权出让前，城市、县人民政府城乡规划主管部门应当依据控制性详细规划，提出出让地块的位置、使用性质、开发强度等规划条件，作为国有土地使用权出让合同的组成部分。未确定规划条件的地块，不得出让国有土地使用权。以出让方式取得国有土地使用权的建设项目，在签订国有土地使用权出让合同后，建设单位应当持建设项目的批准、核准、备案文件和国有土地使用权出让合同，向城市、县人民政府城乡规划主管部门领取建设用地规划许可证。 （2）建设工程规划许可：申请办理建设工程规划许可证，应当提交使用土地的有关证明文件、建设工程设计方案等材料。需要建设单位编制修建性详细规划的建设项目，还应当提交修建性详细规划。对符合控制性详细规划和规划条件的，由城市、县人民政府城乡规划主管部门或者省、自治区、直辖市人民政府确定的镇人民政府核发建设工程规划许可证。 （3）乡村建设规划许可：在乡、村庄规划区内进行乡镇企业、乡村公共设施和公益事业建设以及农村村民住宅建设，不得占用农用地；确需占用农用地的，应当依照土地管理法有关规定办理农用地转用审批手续后，由城市、县人民政府城乡规划主管部门核发乡村建设规划许可证。
城乡规划的修改	有下列情形之一的，组织编制机关方可按照规定的权限和程序修改省域城市体系规划、城市总体规划、镇总体规划：（1）上级人民政府制定的城乡规划发生变更，提出修改规划要求的；（2）行政区划调整确需修改规划的；（3）因国务院批准重大建设工程确需修改规划的；（4）经评估确需修改规划的；（5）城乡规划的审批机关认为应当修改规划的其他情形。修改前，组织编制机关应当对原规划的实施情况进行总结，并向原审批机关报告；修改涉及城市总体规划、镇总体规划强制性内容的，应当先向原审批机关提出专题报告，经同意后，方可编制修改方案。修改后的省域城镇体系规划、城市总体规划、镇总体规划，应当依照规划编制的审批程序报批。

【提示】县级以上地方人民政府城乡规划主管部门按照国务院规定对建设工程是否符合规划条件予以核实。未经核实或者经核实不符合规划条件的，建设单位不得组织竣工验收。建设单位应当在竣工验收后 6 个月内向城乡规划主管部门报送有关竣工验收资料。

科目：
环境资源法

第一章　环境保护法

一、环境保护基本制度

基 本 制 度	具 体 内 容
环境日	6月5日
发展规划	县级以上人民政府应当将环境保护工作纳入国民经济和社会发展规划。
环境质量标准	国务院环境保护主管部门制定国家环境质量标准。省、自治区、直辖市人民政府对国家环境质量标准中未作规定的项目，可以制定地方环境质量标准；对国家环境质量标准中已作规定的项目，可以制定严于国家环境质量标准的地方环境质量标准。地方环境质量标准应当报国务院环境保护主管部门备案。
污染物排放标准	国务院环境保护主管部门制定国家污染物排放标准。省、自治区、直辖市人民政府对国家污染物排放标准中未作规定的项目，可以制定地方污染物排放标准；对国家污染物排放标准中已作规定的项目，可以制定严于国家污染物排放标准的地方污染物排放标准。地方污染物排放标准应当报国务院环境保护主管部门备案。
环境监测制度	国务院环境保护主管部门制定监测规范，会同有关部门组织监测网络，统一规划国家环境质量监测站（点）的设置，建立监测数据共享机制。
环境资源承载能力监测预警机制	省级以上人民政府应当组织有关部门或者委托专业机构，对环境状况进行调查、评价，建立环境资源承载能力监测预警机制。
环境影响评价制度	未依法进行环境影响评价的开发利用规划，不得组织实施；未依法进行环境影响评价的建设项目，不得开工建设。
环境保护目标责任制和考核评价制度	县级以上人民政府应当将环境保护目标完成情况纳入对本级人民政府负有环境保护监督管理职责的部门及其负责人和下级人民政府及其负责人的考核内容，作为对其考核评价的重要依据。考核结果应当向社会公开。
三同时制度	建设项目中防治污染的设施，应当与主体工程同时设计、同时施工、同时投产使用。防治污染的设施应当符合经批准的环境影响评价文件的要求，不得擅自拆除或者闲置。
排污收费制度	排放污染物的企业事业单位和其他生产经营者，应当按照国家有关规定缴纳排污费。排污费应当全部专项用于环境污染防治，任何单位和个人不得截留、挤占或者挪作他用。依照法律规定征收环境保护税的，不再征收排污费。
排污许可管理制度	实行排污许可管理的企业事业单位和其他生产经营者应当按照排污许可证的要求排放污染物；未取得排污许可证的，不得排放污染物。

续表

基　本　制　度	具　体　内　容
总量控制制度	国家实行重点污染物排放总量控制制度。重点污染物排放总量控制指标由国务院下达，省、自治区、直辖市政府分别落实。
	对超过国家重点污染物排放总量控制指标或者未完成国家确定的环境质量目标的地区，省级以上政府环保部门应当暂停审批其新增重点污染物排放总量的建设项目环境影响评价文件。
环境污染公共监测预警机制	县级以上人民政府应当建立环境污染公共监测预警机制，组织制定预警方案；环境受到污染，可能影响公众健康和环境安全时，依法及时公布预警信息，启动应急措施。企业事业单位应当按照国家有关规定制定突发环境事件应急预案，报环境保护主管部门和有关部门备案。在发生或者可能发生突发环境事件时，企业事业单位应当立即采取措施处理，及时通报可能受到危害的单位和居民，并向环境保护主管部门和有关部门报告。
环境信息发布制度	国务院环境保护主管部门统一发布国家环境质量、重点污染源监测信息及其他重大环境信息。省级以上人民政府环境保护主管部门定期发布环境状况公报。
环境公益诉讼制度	对污染环境、破坏生态，损害社会公共利益的行为，符合下列条件的社会组织可以向人民法院提起诉讼： (1) 依法在设区的市级以上人民政府民政部门登记。 (2) 专门从事环境保护公益活动连续 5 年以上且无违法记录。符合前款规定的社会组织向人民法院提起诉讼，人民法院应当依法受理。提起诉讼的社会组织不得通过诉讼牟取经济利益。

【提示】提起环境损害赔偿诉讼的时效期间为 3 年，从当事人知道或者应当知道其受到损害时起计算。

二、违反《环境保护法》的责任

违法排放污染物	罚款；被责令改正，拒不改正的，依法作出处罚决定的行政机关可以自责令改正之日的次日起，按照原处罚数额按日连续处罚。
超过污染物排放标准或者超过重点污染物排放总量控制指标排放污染物的	县级以上人民政府环境保护主管部门可以责令其采取限制生产、停产整治等措施；情节严重的，报经有批准权的人民政府批准，责令停业、关闭。
建设单位未依法提交建设项目环境影响评价文件或者环境影响评价文件未经批准，擅自开工建设的	由负有环境保护监督管理职责的部门责令停止建设，处以罚款，并可以责令恢复原状。
重点排污单位不公开或者不如实公开环境信息的	由县级以上地方人民政府环境保护主管部门责令公开，处以罚款，并予以公告。
上级人民政府及其环境保护主管部门发现下级人民政府及其有关部门环境保护工作人员有违法行为的	依法应当给予行政处分的，应当向其任免机关或者监察机关提出处分建议。依法应当给予行政处罚，而有关环境保护主管部门不给予行政处罚的，上级人民政府环境保护主管部门可以直接作出行政处罚的决定。

三、环境保护税法

征收对象	在中国领域和中国管辖的其他海域，直接向环境排放应税污染物的企业事业单位和其他生产经营者为环境保护税的纳税人。应税污染物是指大气污染物、水污染物、固体废物和噪声。	下列情形不缴：(1) 向依法设立的污水集中处理、生活垃圾集中处理场所排放应税污染物的；(2) 在符合国家和地方环境保护标准的设施、场所贮存或者处置固体废物。但是，依法设立的城乡污水集中处理、生活垃圾集中处理场所超过国家和地方规定的排放标准向环境排放应税污染物的，以及企业事业单位和其他生产经营者贮存或者处置固体废物不符合国家和地方环境保护标准的，应当缴纳环境保护税。

续表

计税依据	（1）应税大气污染物按照污染物排放量折合的污染当量数确定；（2）应税水污染物按照污染物排放量折合的污染当量数确定；（3）应税固体废物按照固体废物的排放量确定；（4）应税噪声按照超过国家规定标准的分贝数确定。
税收优惠	下列情形，暂予免征环境保护税：（1）农业生产（不包括规模化养殖）排放应税污染物的；（2）机动车、铁路机车、非道路移动机械、船舶和航空器等流动污染源排放应税污染物的；（3）依法设立的城乡污水集中处理、生活垃圾集中处理场所排放相应应税污染物，不超过国家和地方规定的排放标准的；（4）纳税人综合利用的固体废物，符合国家和地方环境保护标准的；（5）国务院批准免税的其他情形（由国务院报全国人民代表大会常务委员会备案）。
征收管理	税务部门负责。环保部门对污染物进行监测管理。
	环境保护税按月计算，按季申报缴纳。不能按固定期限计算缴纳的，可以按次申报缴纳。

第二章　自然资源法

一、森林法

（一）森林资源权属

范围分类	包括森林、林木、林地以及依托森林、林木、林地生存的野生动物、植物和微生物。
	防护林，用材林，经济林，薪炭林，特种用途林。防护林和特种用途林的森林、林木和林地的使用权不得流转。
权利归属	森林资源属于国家所有，由法律规定属于集体所有的除外。
	用材林、经济林和薪炭林的经营者依法享有经营权、收益权和其他合法权益，防护林和特种用途林的经营者有获得森林生态效益补偿的权利。
使用权流转	用材林、经济林、薪炭林的森林、林木、林地使用权以及采伐迹地、火烧迹地的林地使用权可以依法转让，也可以依法作价入股或者作为合资、合作造林、经营林木的出资、合作条件，但不得将林地改为非林地。
	上述使用权转让时，已经取得的林木采伐许可证可以同时转让，双方必须遵守森林法关于森林、林木采伐和更新造林的规定。
争议解决	同土地权属争议解决途径。

（二）森林采伐管理制度

采伐限额	国家根据用材林的消耗量低于生长量的原则，严格控制森林年采伐量。国家所有的森林和林木以国有林业企业事业单位、农场、厂矿为单位，集体所有的森林和林木、个人所有的林木以县为单位，制定年采伐限额，由省、自治区、直辖市林业主管部门汇总，经同级人民政府审核后，报国务院批准。
	国家制定统一的年度木材生产计划。年度木材生产计划不得超过批准的年采伐限额。

续表

采伐许可证	采伐林木必须申请采伐许可证，按许可证的规定进行采伐；农村居民采伐自留地和房前屋后个人所有的零星林木除外。国有林业企业事业单位、机关、团体、部队、学校和其他国有企业事业单位采伐林木，由所在地县级以上林业主管部门依照有关规定审核发放采伐许可证。铁路、公路的护路林和城镇林木的更新采伐，由有关主管部门依照有关规定审核发放采伐许可证。农村集体经济组织采伐林木，由县级林业主管部门依照有关规定审核发放采伐许可证。农村居民采伐自留山和个人承包集体的林木，由县级林业主管部门或者其委托的乡、镇人民政府依照有关规定审核发放采伐许可证。采伐以生产竹材为主要目的的竹林，适用以上规定。
	审核发放采伐许可证的部门，不得超过批准的年采伐限额发放采伐许可证。
	采伐林木的单位或者个人，必须按照采伐许可证规定的面积、株数、树种、期限完成更新造林任务，更新造林的面积和株数不得少于采伐的面积和株数。

二、矿产资源法

（一）矿产资源权属制度

国家所有	我国领域及管辖海域的矿产资源属于国家所有，由国务院行使国家对矿产资源的所有权。地表或者地下的矿产资源的国家所有权，不因其所依附的土地的所有权或者使用权的不同而改变。
矿业权的取得	勘查、开采矿产资源，必须依法分别申请、经批准取得探矿权、采矿权，并办理登记；但是，已经依法申请取得采矿权的矿山企业在划定的矿区范围内为本企业的生产而进行的勘查除外。
	国家实行探矿权、采矿权有偿取得的制度；但是，国家对探矿权、采矿权有偿取得的费用，可以根据不同情况规定予以减缴、免缴。具体办法和实施步骤由国务院规定。开采矿产资源，必须按照国家有关规定缴纳资源税和资源补偿费。

（二）矿产资源勘查开发管理

管理部门	国务院和省级地质矿产主管部门。
矿区争议	矿山企业之间的矿区范围的争议，由矿区所在地人民政府根据依法核定的矿区范围处理；跨省、自治区、直辖市的矿区范围的争议，由有关省级人民政府协商解决，协商不成的，由国务院处理。
责任处理	对无证采矿、超范围采矿和非法转让矿产资源的行政处罚，由县级以上人民政府负责地质矿产管理工作的部门按照国务院地质矿产主管部门规定的权限决定。对非法收购矿产品的行政处罚，由县级以上人民政府工商行政管理部门决定。对破坏性开采的行政处罚，由省级人民政府地质矿产主管部门决定。给予吊销勘查许可证或者采矿许可证处罚的，须由原发证机关决定。

科目：

劳动与社会保障法

第一章　劳 动 法

一、劳动合同的种类

分　类	适　用
固定期限劳动合同	用人单位与劳动者协商一致。
无固定期限劳动合同	（1）用人单位与劳动者协商一致。 （2）除劳动者提出订立固定期限劳动合同外，应当订立无固定期限劳动合同的情形：①劳动者在该用人单位连续工作满 10 年的；②用人单位初次实行劳动合同制度或者国有企业改制重新订立劳动合同时，劳动者在该用人单位连续工作满 10 年且距法定退休年龄不足 10 年的；③连续订立 2 次固定期限劳动合同，且劳动者没有过错解除和非过错解除（前两种）情形，续订劳动合同的。 （3）用人单位自用工之日起满 1 年不与劳动者订立书面劳动合同的，视为用人单位与劳动者已订立无固定期限劳动合同。
以完成一定工作任务为期限的劳动合同	用人单位与劳动者协商一致，适用于建筑业、临时性、季节性的工作，或工作性质可以适用的工作。

【关联提示】1. 集体合同。

（1）与一般劳动合同的关系：劳动合同不得低于集体合同规定的劳动条件和标准；劳动合同约定不明的，适用集体合同；未订立书面劳动合同，有集体合同适用集体合同。

（2）集体合同应报送劳动行政部门，15 日内未提出异议的，集体合同即行生效。

2. 劳务派遣。

劳务派遣单位：注册资本≥200 万元人民币，劳务派遣单位即为用人单位，应与劳动者订立 2 年以上固定期限劳动合同。经营劳务派遣业务必须向劳动行政部门申请许可。劳务派遣用工只能在临时性、辅助性或替代性工作岗位上实施。

3. 非全日制用工。

（1）以小时计酬为主，可以不订立书面劳动合同。

（2）允许建立多重劳动关系，但后订立的劳动合同不得影响先订立的劳动合同的履行。

（3）任何一方当事人均可随时通知终止用工，用人单位不向劳动者支付经济补偿。

（4）不得约定试用期，劳动报酬支付周期不得超过 15 日。

二、劳动合同的订立

1. 劳动合同的订立。

（1）书面形式：强制性义务。

（2）劳动关系自用工之日起建立；自用工之日起超过 1 个月不满 1 年未订立书面劳动合同的，应支付 2 倍工资。

（3）报酬约定不明，按集体合同规定，没有集体合同的实行同工同酬。

2. 试用期：不得违反法律规定约定试用期长短。

试用期限	3 个月以上不满 1 年	不得超过 1 个月
	1 年以上不满 3 年	不得超过 2 个月
	3 年以上固定期限和无固定期限的劳动合同	不得超过 6 个月
限制次数	同一单位与同一劳动者只能约定一次试用期。	
不得约定情形	以完成一定工作任务为期限的劳动合同或者劳动合同期限不满 3 个月的。	
不成立情形	试用期包含在劳动合同期限内，仅约定试用期的，试用期不成立，该期限为劳动合同期限。	
工资标准	试用期的工资不得低于本单位相同岗位最低档工资或者劳动合同约定工资的 80%，并不得低于用人单位所在地的最低工资标准。	

3. 违约金。

适用对象（仅适用 3 项）：

（1）服务期限；

（2）保守商业秘密和与知识产权相关的保密事项；

（3）竞业限制。

数额：不超过培训费用，按未履行服务期占约定服务期比例分摊。

4. 连带赔偿责任。

（1）用人单位与劳动者：用人单位招用与其他用人单位尚未解除或者终止劳动合同的劳动者，给其他用人单位造成损失的，该用人单位和劳动者承担连带赔偿责任。

（2）劳务派遣单位与用工单位：给派遣劳动者造成损害的，劳务派遣单位与用工单位承担连带赔偿责任。

（3）发包人与个人承包经营者：没有经营资质的个人承包经营者违反法律规定招用劳动者，给劳动者造成损害的，发包人与个人承包经营者承担连带赔偿责任。

三、劳动合同的解除

种类	主要内容	经济补偿
协议解除	用人单位与劳动者协商一致，可以解除劳动合同。	用人单位提出的，支付经济补偿。

种类		主　要　内　容	经　济　补　偿
用人单位解除	过错解除	（1）在试用期间被证明不符合录用条件的。 （2）严重违反用人单位的规章制度的。 （3）严重失职，营私舞弊，给用人单位造成重大损害的。 （4）劳动者同时与其他用人单位建立劳动关系，对完成本单位的工作任务造成严重影响，或者经用人单位提出，拒不改正的。 （5）因欺诈、胁迫或乘人之危致使劳动合同无效的。 （6）被依法追究刑事责任的。	用人单位无须支付经济补偿金。
	非过错解除	（1）劳动者患病或者非因工负伤，在规定的医疗期满后不能从事原工作，也不能从事由用人单位另行安排的工作的。 （2）劳动者不能胜任工作，经过培训或调整工作岗位，仍不能胜任工作的。 （3）劳动合同订立时所依据的客观情况发生重大变化，致使劳动合同无法履行，经用人单位与劳动者协商，未能就变更劳动合同内容达成协议的。 （4）企业符合规定条件，实行经济性裁员。	用人单位应提前30日书面通知劳动者或额外支付1个月工资，并应支付经济补偿金。
用人单位不得解除		（1）从事接触职业病危害作业的劳动者未进行离岗前职业健康检查，或者疑似职业病病人在诊断或者医学观察期间的。 （2）在本单位患职业病或因工负伤并被确认丧失或部分丧失劳动能力的。 （3）患病或者非因工负伤，在规定的医疗期内的。 （4）女职工在孕期、产期、哺乳期的。 （5）在本单位连续工作满15年，且距法定退休年龄不足5年的。	违反规定解除的，恢复劳动关系或支付2倍的经济补偿。
劳动者单方解除		预告解除：试用期内，提前3天通知；一般情况提前30天书面通知单位。	可不支付经济补偿金。
		用人单位有违法违约情形（可即时解除，但要通知用人单位）： （1）未按照劳动合同约定提供劳动保护或者劳动条件的； （2）未及时足额支付劳动报酬的； （3）未依法为劳动者缴纳社会保险费的； （4）用人单位的规章制度违反法律、法规的规定，损害劳动者权益的； （5）因欺诈、胁迫或乘人之危致使劳动合同无效的。	支付经济补偿金。
		以暴力、威胁或者非法限制人身自由的手段强迫劳动者劳动的，或者用人单位违章指挥、强令冒险作业危及劳动者人身安全的（即时解除且无须通知用人单位）。	支付经济补偿金。

【关联提示】1. 经济性裁员。

（1）人数：20人以上或不足20人但占企业职工总数10%以上的。

（2）程序：提前30日向工会或全体职工说明情况并听取意见，裁减方案向劳动行政部门报告。

（3）法定情形：①依照企业破产法规定进行重整的；②生产经营发生严重困难的；③企业转产、重大技术革新或者经营方式调整，经变更劳动合同后，仍需裁减人员的；④其他因劳动合同订立时所依据的客观经济情况发生重大变化，致使劳动合同无法履行的。

（4）优先留用人员：①与本单位订立较长期限的固定期限劳动合同的；②与本单位订立无固定期限劳动合同的；③家庭无其他就业人员，有需要扶养的老人或者未成年人的。在6个月内重新招用人员的，应当通知被裁减的人员，并在同等条件下优先招用被裁减的人员。

2. 劳动合同的不得终止情形（应延至相应情形消失时终止）。

（1）从事接触职业病危害作业的劳动者未进行离岗前职业健康检查，或疑似职业病病人在诊断或医学观察期间。

（2）患病或非因公负伤，在规定的医疗期内。

（3）女职工在孕期、产期、哺乳期。

（4）在本单位连续工作满 15 年，且距法定退休年龄不足 5 年的。

四、工作时间

标准工时	每日工作时间不超过 8 小时、平均每周工作时间不超过 44 小时的工时制度。
加班加点	（1）一般情况下可协商延长，每日不超过 1 小时，特殊原因不超过 3 小时，每月不超过 36 小时，特殊情况除外。 （2）工资标准：①延长工作时间：150%；②休息日：200%；③法定休假日：300%。

五、劳动争议的处理

方式	说　　明
协商	（1）发生劳动争议，劳动者可以与用人单位协商，也可以请工会或者第三方共同与用人单位协商，达成和解协议。和解协议无必须履行的法律效力，由双方当事人自觉履行。 （2）协商非必经程序。发生劳动争议，当事人不愿协商、协商不成或者达成和解协议后不履行的，可以向调解组织申请调解或者向劳动争议仲裁委员会申请仲裁。
调解	（1）调解非必经程序。当事人不愿调解、调解不成或者达成调解协议后不履行的，可申请仲裁。调解委员会自当事人申请之日起 15 日内结束调解，到期未结束的，视为调解不成。 （2）调解协议书由双方当事人签名或者盖章，经调解员签名并加盖调解组织印章后生效，对双方当事人具有约束力，当事人应当履行。 （3）劳动者可以申请支付令：因支付拖欠劳动报酬、工伤医疗费、经济补偿或赔偿金达成的调解协议，单位在约定期限内不履行的，可以申请支付令。人民法院应当依法发出支付令。
仲裁	（1）仲裁是必经程序。发生劳动争议的劳动者和用人单位为劳动争议仲裁案件的双方当事人；劳务派遣单位或者用工单位与劳动者发生劳动争议的，劳务派遣单位和用工单位为共同当事人。 （2）时效期间：对当事人劳动争议申请仲裁的时效期间为 1 年，从当事人知道或应当知道权利被侵害之日起计算；适用中止中断。劳动关系存续期间因拖欠劳动报酬发生争议申请仲裁不受 1 年限制，但是劳动关系终止的，应自劳动关系终止之日起 1 年内提出。 （3）调解的效力：仲裁庭在作出裁决前，应当先行调解。经调解达成协议的，制作仲裁调解书。仲裁调解书自送达之日起具有法律约束力，一方当事人不履行的，另一方可申请法院强制执行。 （4）举证责任：谁主张谁举证。与争议事项有关的证据属于用人单位掌握管理的，用人单位应当提供，否则承担不利后果。 （5）先予执行的裁决权：追索劳动报酬、工伤医疗费、经济补偿或赔偿金的案件，根据当事人的申请，可以裁决先予执行，移送法院执行。 （6）终局裁决事项：裁决书自作出之日起发生法律效力： ①追索劳动报酬、工伤医疗费、经济补偿或者赔偿金，不超过当地月最低工资标准 12 个月金额的争议； ②因执行国家的劳动标准在工作时间、休息休假、社会保险等方面发生的争议。 （7）仲裁、诉讼转化：①终局裁决事项：劳动者不服的，可以自收到仲裁裁决书之日起 15 日内向人民法院提起诉讼，用人单位不得再起诉，也不能申请再次仲裁，但具备法定情形的可以申请法院撤销；②其他劳动争议案件：当事人不服的，可以自收到仲裁裁决书之日起 15 日内起诉；期满不起诉的，裁决书发生法律效力。当事人逾期不履行的，另一方当事人可以申请法院强制执行。
诉讼	（1）管辖：用人单位所在地或劳动合同履行地基层法院，劳动合同履行地不明的，由单位所在地法院管辖。 （2）对一裁终局的撤销权：用人单位自收到裁决书之日起 30 日内可向劳动争议仲裁委员会所在地中级人民法院申请撤销。法院裁定撤销的，当事人可自收到裁定书之日前 15 日内就劳动争议起诉。

【关联提示】劳动争议:

1. 认定。

(1) 主体特定:劳动争议特指劳动者和用人单位之间的争议。

(2) 内容特定:包括因履行劳动合同、集体合同发生的争议。

2. 不属于劳动争议的纠纷:

(1) 请求社保经办机构发放社保金的纠纷。

(2) 因住房制度改革发生的公有住房转让纠纷。

(3) 对伤残等级鉴定或职业病鉴定异议的纠纷。

(4) 家庭或个人与家政服务人员之间的纠纷。

(5) 个体工匠与帮工、学徒之间的纠纷。

(6) 农村承包经营户与受雇人之间的纠纷。

【重点提示】工会和劳动行政部门在劳动法上的地位:

1. 工会在劳动法上的地位:

工会代表和维护劳动者的合法权益,依法独立自主地开展活动。

(1) 工会代表职工与企业以及实行企业化管理的事业单位进行平等协商,签订集体合同;

(2) 企业单方面解除职工劳动合同时,应当事先将理由通知工会,工会认为企业违反法律、法规和有关合同,要求重新研究处理时,企业应当研究工会的意见,将处理结果书面通知工会;

(3) 企业实行职工持股计划的,工会可作为职工持股的实体,享有股东权利,履行股东义务;

(4) 职工认为企业侵犯其劳动权益而申请劳动争议仲裁或者向人民法院提起诉讼的,工会应当给予支持和帮助;

(5) 工会参加企业的劳动争议调解工作,地方劳动争议仲裁组织应当有同级工会代表参加;

(6) 各级工会依法维护劳动者的合法权益,对用人单位遵守劳动法律、法规的情况进行监督。

2. 劳动行政部门在劳动法上的地位:

(1) 用人单位实行经济性裁员需要向劳动行政部门报告;

(2) 集体合同签订后应当报送劳动行政部门、劳动行政部门自收到集体合同文本之日起十五日内未提出异议的,集体合同即行生效;

(3) 经营劳务派遣业务,应当向劳动行政部门依法申请行政许可;

(4) 劳动争议仲裁委员会由劳动行政部门代表、同级工会代表、用人单位方面的代表组成。劳动争议仲裁委员会主任由劳动行政部门代表担任;

(5) 县级以上地方人民政府劳动行政部门依法对实施劳动合同制度的情况进行监督检查,并针对违法违规行为责令改正并追究责任。

第二章　社会保险法

一、社会保障体系

社保保险	养老保险、医疗保险、工伤保险、失业保险、生育保险，以及军人伤亡保险、退役养老保险、退役医疗保险和随军未就业的军人配偶保险。
社会救助	城乡居民最低生活保障、特困人员供养、灾害救助、专项救助（如医疗救助、教育救助、住房救助、就业救助、法律援助）、临时救助（如生活无着的流浪乞讨人员救助、意外事故救助）等。
社会福利	公共福利（如教育福利、卫生福利、住房福利）、特殊群体福利（如儿童福利、老人福利、残疾人福利、精神障碍患者福利）、特殊环境下的职业福利（如艰苦边远地区津贴、高温津贴、高原津贴）等。
社会优抚	烈士褒扬、军人抚恤优待、人民警察抚恤优待等。

二、军人保险法

军人伤亡保险	保费来源：国家负担，个人不缴。
	保险待遇：军人因战、因公死亡的，按照认定的死亡性质和相应的保险金标准，给付军人死亡保险金。军人因战、因公、因病致残的，按照评定的残疾等级和相应的保险金标准，给付军人残疾保险金。已经评定残疾等级的因战、因公致残的军人退出现役参加工作后旧伤复发的，依法享受相应的工伤待遇。
	除外条款：军人因下列情形之一死亡或者致残的，不享受军人伤亡保险待遇：故意犯罪的；醉酒或者吸毒的；自残或自杀的。
军人配偶保险	国家为随军未就业的军人配偶建立养老保险、医疗保险等。随军未就业的军人配偶参加保险，应当缴纳养老保险费和医疗保险费，国家给予相应的补助。随军未就业的军人配偶无正当理由拒不接受当地人民政府就业安置，或者无正当理由拒不接受当地人民政府指定部门、机构介绍的适当工作、提供的就业培训的，停止给予保险缴费补助。
	军人配偶在随军未就业期间的养老保险、医疗保险缴费年限与其在地方参加职工基本养老保险、职工基本医疗保险的缴费年限合并计算，办理接续手续。

科目：

知识产权法

第一章　知识产权的保护概述

一、知识产权的民事保护

特殊级别管辖	著作权	(1) 著作权民事纠纷案件由中级以上人民法院管辖； (2) 高级人民法院可以确定若干基层人民法院管辖第一审著作权民事纠纷案件。
	专利权	(1) 专利纠纷第一审案件由省、自治区、直辖市人民政府所在地的中级人民法院管辖和最高人民法院指定的中级人民法院管辖； (2) 最高人民法院根据实际情况，可以确定若干基层人民法院管辖第一审专利纠纷案件。
	商标权	(1) 第一审商标民事纠纷案件，由中级以上人民法院及最高人民法院指定的基层人民法院管辖； (2) 侵犯商业秘密的不正当竞争民事第一审案件，一般由中级人民法院管辖；高级人民法院根据实际情况，经过最高人民法院批准，可以确定若干基层人民法院管辖受理不正当竞争民事第一审案件。
	知识产权法院	(1) 北上广设立知识产权法院审理知识产权纠纷案件； (2) 最高院设立知识产权法庭，主要审理专利等专业技术性较强的知识产权上诉案件。
技术调查官制度	适用范围	人民法院审理专利、植物新品种、集成电路布图设计、技术秘密、计算机软件、垄断等专业技术性较强的知识产权案件时，可以指派技术调查官参与诉讼活动。 技术调查官属于审判辅助人员。
	限制	在一个审判程序中参与过案件诉讼活动的技术调查官，不得再参与该案其他程序的诉讼活动；发回重审的案件，在一审法院作出裁判后又进入第二审程序的，原第二审程序中参与诉讼的技术调查官不受前款规定的限制。
	职权	(1) 技术调查官应当在案件评议前就案件所涉技术问题提出技术调查意见。技术调查意见由技术调查官独立出具并签名，不对外公开。 (2) 技术调查官对案件裁判结果不具有表决权。 (3) 技术调查官参与知识产权案件诉讼活动的，应当在裁判文书上署名。
	回避制度	参与知识产权案件诉讼活动的技术调查官确定或者变更后，应当在三日内告知当事人，并依法告知当事人有权申请技术调查官回避。

二、知识产权的国际保护

国民待遇原则	（1）在知识产权的保护上，成员法律必须给予其他成员的国民以本国或地区国民所享有的同样待遇； （2）非成员的国民，在符合一定条件后也可以享受国民待遇。
最惠国待遇原则	缔约方在知识产权保护方面给予某缔约方或非缔约方的利益、优待、特权或豁免，应立即无条件地给予其他缔约方。
独立保护原则	某成员国国民就同一智力成果在其他缔约国（或地区）所获得的法律保护是相互独立的。知识产权在某成员产生、被宣告无效或终止，并不必然导致该知识产权在其他成员也产生、被宣告无效或终止。
自动保护原则	作者在享有该成员国民所享有的著作权时，不需要履行任何手续，注册登记、交纳样本及做版权标记等手续均不能作为著作权产生的条件。
优先权原则	在一个缔约成员提出发明、实用新型、外观设计或商标注册申请的申请人，又在规定的期限内就同样的注册申请再向其他成员提出同样内容的注册申请的，可以享有申请日期优先的权利。即可以把某成员第一次申请的日期，视为向其他成员实际申请的日期。

第二章　著作权法

著作权法的适用	国籍主义和最先出版主义： ①具有我国国籍的主体的作品；②外国人、无国籍人的作品根据其作者所属国或经常居住地国同中国签订的协议或共同参加的国际条约享有的著作权；③外国人、无国籍人的作品首先在中国境内出版的；④未与中国签订协议或共同参加国际条约的国家的作者以及无国籍人的作品首次在中国参加的国际条约的成员国出版的，或在成员国和非成员国同时出版；⑤外国人、无国籍人作品在中国境外首先出版后 30 日内在境内出版的，视为同时出版。
著作权产生	（1）中国公民、法人或者其他组织的作品一经完成即受保护。 （2）外国人（包括无国籍人）的作品首次在中国境内发表的，自首次出版之日起受保护。（《中华人民共和国著作权法实施条例》，以下简称《著作权实施条例》第 7 条）
保护期	（1）署名权、修改权、保护作品完整权——永久保护。 （2）发表权和著作财产权——50 年。①自作者死亡之时起算。合作作品，自最后死亡的作者死亡时起算。②法人或其他组织的作品、电影作品和以类似摄制电影的方法创作的作品，自作品首次发表之日起算，但作品自完成后 50 年内未发表的除外。
不受著作权保护的对象	①违禁作品；②官方文件；③时事新闻；④历法、通用数表、通用表格和公式；⑤已过保护期的作品。
著作权归属	（1）作品的作者：①录音、录像制品的作者指录音、录像制品的首次制作人；②由法人或其他组织主持，代表其意志，并由其承担责任的作品，法人或其他组织为作者；③合作作品，著作权由合作作者共同享有（合作作品著作权可分割行使，但不得侵犯作品整体著作权）；④影视作品由制片人享有著作权，但作者可以对自己的作品行使著作权；⑤如无相反证明，在作品上署名的为作者。 （2）职务作品：著作权由作者享有，但法人或其他组织有权在其业务范围内优先使用。作品完成 2 年内，未经单位同意，作者不得许可第三人以同样的方式使用该作品。

续表

	（3）委托作品：一般有约从约，无约时，著作权属受托人。但委托人在委托创造的特定目的范围内可免费使用。特殊情况：①由他人执笔，本人审阅定稿并以本人名义发表的报告、讲话等，报告人或讲话人为作者。②当事人合意以特定人物经历为题材完成的自传作品，有约从约，无约时，著作权人归该特定人物享有。 （4）作者死亡后，除署名权、修改权、保护作品完整权外，其他由作者继承人或受遗赠人继承，合作作品的作者没有合法权利继承者的，由其他合作作者享有。署名权、修改权、保护作品完整权不能继承，但由权利义务的承受者保护。无权利义务承受者的，由著作权行政管理部门保护。 注：美术作品著作权与所有权的分离，原件所有权转移的作品，作品的著作权并不随之转移，但美术作品原件的展览权由原件所有人享有。 （5）作者身份不明的作品，由作品原件的所有人行使除署名权以外的著作权。作者身份确定后，由作者或者其继承人行使著作权。作者身份不明的作品，如果没有合法的原件持有人，在这种情况下，财产权归国家所有。
著作权内容	（1）人身性权利：发表权、署名权、修改权、保护作品完整的权利。人身性权利不得继承，但作者死后由权利义务承受者保护。生前未发表的作品，除非作者明确表示不发表，权利义务承受者可在作者死亡后50年内发表，无权利义务承受者的，由作品原件的所有人行使。 （2）著作财产权：可转让、可继承。著作权专有许可使用、转让合同须具备书面形式，并可以向行政管理部门备案。 备注：报社、期刊社刊登作品，订立专有使用合同的可不采书面形式。
邻接权	（1）出版者：①专有出版权。②图书脱销需再版、重印的，应通知著作权人并支付报酬。图书出版者拒绝重印、再版的，著作权人有权终止合同。 注：著作权人自稿件发出之日起15日内未收到报刊答复，或30日内未收到期刊答复的，可向其他报社期刊投稿，但双方另有约定的除外。 （2）表演者：①表明身份；②保护表演形象不受歪曲；③许可他人从现场直播或公开传送其现场表演，并获得报酬；④许可他人录音录像或复制发行录音录像作品，并获得报酬；⑤许可他人通过信息网络向公众传播其表演并获报酬。 （3）录制者（录音、录像制作者）：对自己录制的作品有权许可他人复制、发行、出租、通过信息网络向公众传播并获得报酬。 （4）播放者（广播电台、电视台等广播组织）：有权将其播放的广播、电视许可他人转播、录制在音像载体上以及复制音像载体。 表演者、播放者、录制者表演、播放、录制他人作品，应取得著作权人同意并支付报酬。

【关联提示】著作权的限制——合理使用，针对已发表作品，合理使用可不经著作权人同意也可不付报酬。

1. 为个人学习、研究或者欣赏，使用他人已经发表的作品。

2. 为介绍、评论某一作品或者说明某一问题，在作品中适当引用他人已经发表的作品。

3. 为报道时事新闻，在报纸、期刊、广播电台、电视台等媒体中不可避免地再现或者引用已经发表的作品。

4. 报纸、期刊、广播电台、电视台等媒体刊登或者播放其他报纸、期刊、广播电台、电视台等媒体已经发表的关于政治、经济、宗教问题的时事性文章，但作者声明不许刊登、播放的除外。

5. 报纸、期刊、广播电台、电视台等媒体刊登或者播放在公众集会上发表的讲话，但作者声明不许刊登、播放的除外。

6. 为学校课堂教学或者科学研究，翻译或者少量复制已经发表的作品，供教学或者科研人员使用，但不得出版发行。注：以营利为目的的教学不属于"课堂教学"。

7. 国家机关为执行公务在合理范围内使用已经发表的作品。

8. 图书馆、档案馆、纪念馆、博物馆、美术馆等为陈列或者保存版本的需要，复制本馆收藏的作品。

9. 免费表演已经发表的作品，该表演未向公众收取费用，也未向表演者支付报酬。

10. 对设置或者陈列在室外公共场所的艺术作品进行临摹、绘画、摄影、录像。

11. 将中国公民、法人或者其他组织已经发表的以汉语言文字创作的作品翻译成少数民族语言文字作品在国内出版发行。

12. 将已经发表的作品改成盲文出版。

第三章　专利权法

申请条件	发明和实用新型：新颖性、创造性、实用性。 新颖性指申请日前无同样发明或实用新型在国内外出版物上公开发表、在国内公开使用、以其他方式为公众所知或提出过专利申请并记载在申请日以后公布的专利申请文件中。申请专利的发明创造在申请日以前六个月内有下列情形之一的，不丧失新颖性：①中国政府主办或者承认的国际展览会上首次展出的；②在规定的学术会议或者技术会议上首次发表的；③他人未经申请人同意而泄露其内容的。 保护范围：以权利要求内容为准。
	外观设计：新颖性、实用性、富有美感；新颖性指应当同申请日以前在国内外出版物上公开发表过或者国内公开使用过的外观设计不相同或不相近似，并不得与他人在先取得的合法权利相冲突。 保护范围：以图片或照片中的产品设计为准。
不得授予专利权的情形	（1）违反法律、社会公德或公益。 （2）科学发现。 （3）智力活动规则、方法。 （4）疾病的诊断和治疗方法。 （5）动植物品种（生产动植物品种的方法可申请方法发明专利）。 （6）用原子核变换方法获得的物质。 （7）对平面印刷品的图案、色彩或者二者的结合作出的主要起表示作用的设计。
专利申请权人	发明、设计人：对发明创造的实质性特点作出创造性贡献的人。
	职务发明：专利权主体为单位；发明人享有署名、获得奖励、报酬的权利；但单位和发明人有约定的除外。 职务发明的确定：（1）执行本单位任务所完成的发明。 （2）本职工作中作出的发明：①履行单位交付的其他任务所作出的发明；②退职、退休或者调动工作后 1 年内作出的，与其在原单位本职工作或者原单位分配任务有关的发明创造。
	合作完成的：共同享有；如一方放弃申请权的，由其他各方享有，而放弃一方可免费实施专利；合作开发的一方不同意申请专利的，其他各方不得申请。
	委托开发的，有约从约，无约属受托人，但委托人可免费实施。
	外国人申请专利的条件：所属国为《巴黎公约》成员国或与我国有专利保护双边协议，或其所属国对我国国民的专利申请权予以保护；在国内有经常居所或营业所。须委托国务院专利行政部门指定的专利代理机构办理。

专利申请原则	（1）形式法定原则：申请手续，以书面形式或国家知识产权局专利局规定的其他形式办理。 （2）单一性原则：一件专利申请只能限于一项发明创造。但是，同一申请人同日对同样的发明创造既申请实用新型专利又申请发明专利，先获得的实用新型专利权尚未终止，且申请人声明放弃该实用新型专利权的，可以授予发明专利权。 （3）先申请原则：同样发明，两人以上申请，先申请先得，以专利申请日为准。注意申请日的确定：国务院专利行政部门以收到申请文件之日为申请日。邮寄的，申请日为寄出的邮戳日。邮戳日不清晰的，除当事人能够提供证明的外，申请日仍为收到专利申请文件之日。 （4）优先权原则：①国际优先权：自在外国首次申请起，发明或实用新型12个月、外观设计6个月，在中国就相同主题申请专利的；②国内优先权：自在国内首次申请起12个月内又向国务院专利行政部门就相同主题申请专利的。外观设计无国内优先权。要求优先权的应在申请时提出书面声明并在3个月内提交证明。
专利权的内容	权利范围：制造、使用、许诺销售、销售、进口。
	可转让或许可实施：应订立书面合同；转让专利权或专利申请权的，向国务院专利行政部门登记，转让自登记之日起生效；专利实施许可的，自合同生效之日起3个月内向专利行政部门备案。
	保护期：发明——20年；实用新型、外观设计——10年，均自申请日起算。
	专利权的终止：①保护期届满；②未按规定缴纳年费；③以书面形式声明放弃的。
	强制许可实施的适用情形（仅适用发明专利和实用新型专利）： ①具备实施条件的单位以合理条件请求权利人许可实施，未能在合理时间内答复，专利行政部门根据该单位申请作出决定的；②为公共利益目的；③一项专利比前一项专利有显著经济意义的重大技术进步，其实施又有赖于前一项专利的，经权利人申请，专利行政部门决定。取得实施强制许可的主体不享有独占的实施权。强制许可实施是有偿的，费用双方协商，协商不成，国务院专利行政部门裁决。
程序	审查：初审（实新、外设只需经初审即可授予专利）——自申请日起满18个月即行公布——实质审查（适用于发明，由申请人自申请日起3年内申请，逾期不申请的，视为撤回专利申请）专利权自授权公告之日起生效。
	复审：①申请人对驳回其专利申请不服，在收到驳回决定通知之日起3个月内，申请复审；②对复审决定仍不服，可自收到通知起3个月内以复审委员会为被告提起行政诉讼。
	宣告无效的专利权视为自始即不存在。但特殊情况下该决定不具有追溯力：①已作出并已执行的专利侵权判决、裁定和已经履行或者强制执行的专利侵权纠纷处理决定；②已履行了的专利实施许可合同和专利权转让合同。但显失公平的或因专利权人的恶意给他人造成损失的，应当向对方返还使用费或转让费或者给予赔偿。

【关联提示】1. 专利侵权行为。

（1）为生产经营目的制造、使用、销售、许诺销售、进口专利产品。进口以专利方法制造的产品。

"许诺销售"指以广告、在商店陈列或在展会上展出等方式作出销售商品的意思表示。

（2）假冒他人专利的行为。

2. 不视为侵权的行为。

（1）合法生产、进口的专利产品出售后，使用、销售、许诺销售、进口的。

（2）专利申请日前已制造相同产品、使用相同方法或做好制造、使用准备的，可在原有范围内继续制造使用。

（3）外国运输工具为自身需要在装置和设备中使用有关专利并临时过境。

（4）为科研和实验使用的。

（5）提供行政审批所需的信息，制造、使用、进口专利药品或者专利医疗器械的，以及专门为其制造、进口专利药品或者专利医疗器械的。

为生产经营目的使用或销售不知是未经专利权人许可而制造并出售的专利产品或依照专利方法直接获得的产品，能证明其产品合法来源的，不承担赔偿责任。

【重点提示】《最高人民法院关于审理侵犯专利权纠纷案件应用法律若干问题的解释（二）》的三个法条需熟记：

第26条　被告构成对专利权的侵犯，权利人请求判令其停止侵权行为的，人民法院应予支持，但基于国家利益、公共利益的考量，人民法院可以不判令被告停止被诉行为，而判令其支付相应的合理费用。

第27条　权利人因被侵权所受到的实际损失难以确定的，人民法院应当依照专利法第65条第1款的规定，要求权利人对侵权人因侵权所获得的利益进行举证；在权利人已经提供侵权人所获利益的初步证据，而与专利侵权行为相关的账簿、资料主要由侵权人掌握的情况下，人民法院可以责令侵权人提供该账簿、资料；侵权人无正当理由拒不提供或者提供虚假的账簿、资料的，人民法院可以根据权利人的主张和提供的证据认定侵权人因侵权所获得的利益。

第28条　权利人、侵权人依法约定专利侵权的赔偿数额或者赔偿计算方法，并在专利侵权诉讼中主张依据该约定确定赔偿数额的，人民法院应予支持。

第四章　商标权法

商标权取得	（1）申请日：以商标局收到申请文件日期为准，有优先权的，以优先权日为准。 不同时申请，批准在先申请的；同时申请，批准使用在先的；同日使用或均未使用的，申请人协商解决；协商不成的，由各申请人抽签决定。 （2）申请注册商标不得与他人在先合法权利相冲突。烟草强制商标注册。 备注：人用药品已不再实行强制注册。 （3）外国人或外国企业申请的，应委托依法设立的商标代理机构办理。 （4）一商标一申请。商标注册申请人可以通过一份申请就多个类别的商品申请注册同一商标。注册商标改变其标志，须重新提出注册申请，要更改注册人名义、地址等注册事项，提出变更申请。 （5）优先权：①申请人自其商标在外国首次提出注册申请之日起6个月内，又在中国就相同商品以同一商标提出申请的，依该国同中国签订的协议或共同参加的国际条约，或按相互承认优先权的原则，可以享有优先权。要求优先权的申请人，应在提出商标注册申请时提出书面声明，并且在3个月内提交第一次提出的商标注册申请文件的副本；否则视为未要求优先权。②商标在中国政府主办的或者承认的国际展览会展出的商品上首次使用的，自该商品展出之日起6个月内，该商标的注册申请人可以享有优先权。
商标权内容	（1）专用权。 （2）转让权：①书面合同并共同向商标局提交转让注册商标申请书。商标局核准后应予以公告，受让人自公告之日起享有商标专用权；②同一种或类似商品上注册的相同或近似商标应一并转让；③商标的转让不影响转让前已生效的商标使用许可合同，但另有约定的除外。 （3）许可权。许可使用合同应报商标局备案；被许可人应保证商品的质量。
商标权保护	注册商标有效期为10年，自核准注册之日起算。期满前12个月内办理续展手续，在此期间未能办理的，可以给予6个月的宽展期。

【关联提示】1. 不得作为商标的：《中华人民共和国商标法》（以下简称《商标法》）第10条：县级以上行政区划的地名或公众知晓的外国地名不得作商标，但地名具有其他含义或作为集体商标、证明商标组成部分的除外，已注册的使用地名的商标继续有效。

2. 集体商标：以团体、协会或其他组织名义注册的，供组织成员使用。

证明商标：证明商品或服务的原产地、原料、制造方法等特定品质的。

驰名商标：享有较高声誉并为公众所熟知的商标。

注册的驰名商标可享受跨类的保护（即相同或类似产品、不相同或不类似的产品上均不得使用与它相同或近似的商标，企业名称也不能使用与驰名商标相同或类似的名称）。

3. 注册商标的无效宣告。

（1）无效宣告与撤销的区别：前者是被撤销的商标权自始无效，后者是导致被撤销的注册商标从撤销之日起丧失商标权。

（2）无效宣告的事由：①注册商标不涉及侵害他人民事权益情形下的无效宣告：已经注册的商标，违反《商标法》第10条、第11条、第12条，第19条第4款规定的，或者是以欺骗手段或者其他不正当手段取得注册的，由商标局宣告该注册商标无效；其他单位或者个人可以请求商标评审委员会宣告该注册商标无效；②注册商标侵害他人民事权益情形下的无效宣告：已经注册的商标，违反《商标法》第13条第2款和第3款、第15条、第16条第1款、第30条、第31条、第32条规定的，自商标注册之日起5年内，在先权利人或者利害关系人可以请求商标评审委员会宣告该注册商标无效。对恶意注册的，驰名商标所有人不受5年的时间限制。

（3）司法审查：商标评审委员会在对涉及侵害他人民事权益情形下的无效宣告请求进行审查的过程中，所涉及的在先权利的确定必须以人民法院正在审理或者行政机关正在处理的另一案件的结果为依据的，可以中止审查。中止原因消除后，应当恢复审查程序。商标评审委员会作出维持或者宣告注册商标无效的裁定后，应当书面通知有关当事人。当事人对商标评审委员会的裁定不服的，可以自收到通知之日起30日内向人民法院起诉，人民法院应当通知商标裁定程序的对方当事人作为第三人参加诉讼。

（4）注册商标宣告无效的法律后果：其商标权视为自始不存在。宣告注册商标无效的决定或者裁定，对宣告无效前人民法院作出并已执行的商标侵权案件的判决、裁定、调解书和工商行政管理部门作出并已执行的商标侵权案件的处理决定以及已经履行的商标转让或者使用许可合同不具有追溯力。但是，因商标注册人的恶意给他人造成的损失，应当给予赔偿。依照前述规定不返还商标侵权赔偿金、商标转让费、商标使用费，明显违反公平原则的，应当全部或者部分返还。

4. 驰名商标的宣传。

生产、经营者不得将"驰名商标"字样用于商品、商品包装或者容器上，或者用于广告宣传、展览以及其他商业活动中。

科目：

国 际 法

国际法 {
- 国际法上的主体 {
  - 国家：基本权利、承认、继承、外交及领事关系法
  - 国际组织
  - 其他
  }
- 空间法 {
  - 领土
  - 海洋法
  - 国际航空法和外层空间法
  - 国际环保法
  }
- 国际法上的个人
- 国际法律责任→国际争端法→战争法
}

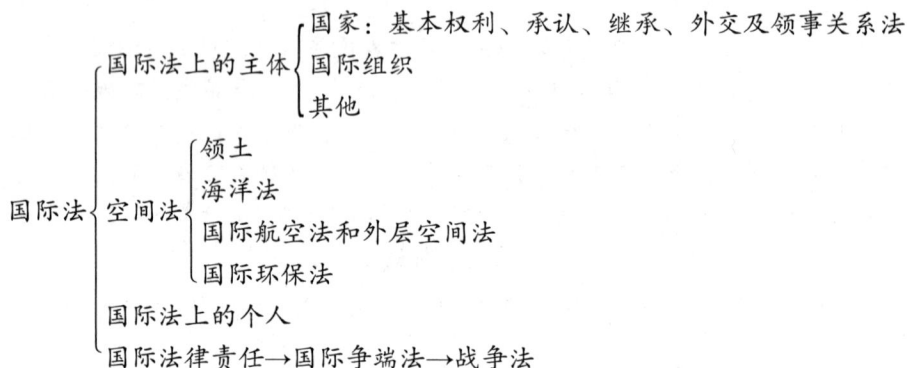

第一章　国际法基本问题

一、国际法的特点

1. 立法方式：平等协议制定。
2. 强制方式：国家本身的单独或集体的行动。
3. 主体和调整对象：国家、政府间国际组织、特定政治实体。

二、国际法渊源

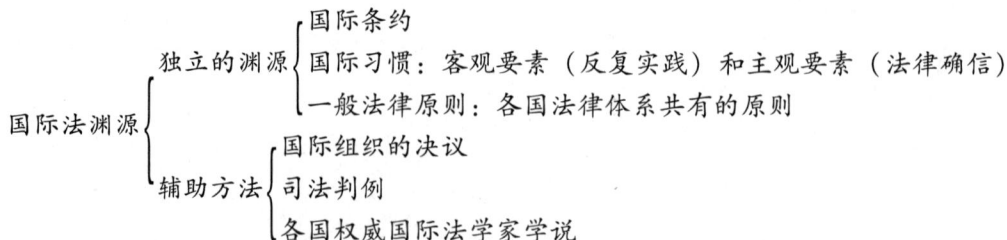

国际法渊源 {
- 独立的渊源 {
  - 国际条约
  - 国际习惯：客观要素（反复实践）和主观要素（法律确信）
  - 一般法律原则：各国法律体系共有的原则
  }
- 辅助方法 {
  - 国际组织的决议
  - 司法判例
  - 各国权威国际法学家学说
  }
}

三、条约法

构成要件	国际法主体缔结、自由同意、不违反国际强行法。	缔约权由国内法规定；须出示全权证书（国家元首、政府首脑、外交部长、使馆馆长和派驻国际组织的代表无须出具全权证书）。

条约保留	仅针对多边公约：（1）条约允许的保留，无须接受自然生效。 （2）目的和宗旨保留须全体接受，全体接受方有效。 （3）条约为国际组织章程，该组织有权机构接受即有效。 （4）其他情形由条约国自行决定是否接受。	不得保留的情形： 条约不允许保留、保留不在条约允许的保留范围内、保留违反条约目的和宗旨。 保留的接受和效力： 保留国 (按保留改变相应条款)　　(保留条款不适用) 接受保留国 ◄────► 反对保留国 (适用原来条约的规定)
条约冲突解决	条约本身规定 ↓ 条约无有效规定→	当事国完全相同：后约取代先约 当事国不完全相同 ┤ 同为两约当事国，适用后约 分别为两个不同约，二者无关系 一方两约、另一方仅一约，适用共同约
对第三国	（1）设定义务：第三国书面、明示同意。 （2）设定权利：第三国不反对即可。 （3）权利义务取消：需经第三国同意。	
解释	一般规则：上下文和通常含义、目的和宗旨、善意解释。	两种以上文字文本的解释：以作准文本解释，在各种文字的作准约文中，条约的用语应被推定为有相同意义；有分歧适用上述规则解释，仍不能消除分歧时，采顾及条约目的及宗旨的最能调和各约文的意义的解释。
修正	（1）修正条约的协定对于是条约当事国而非该协定当事国的国家无拘束力。 （2）对于修正条约的协定生效后成为当事国的国家，如无相反意思表示，视为修正后条约的当事国。 （3）在该新加入国家与不受条约修正协定拘束的国家之间，适用未修正的条约。	
在中国的适用	（1）方式：中国宪法就此未作统一规定，可以直接适用、并行适用、经转化适用。 （2）民商事领域，条约优先于国内法，但保留的条款除外。 （3）民商事以外的领域的条约如何适用，个案处理。 （4）WTO规则原则上不能在中国直接适用。	

四、国际法基本原则

1. 特点：具有国际公认、适用国际法各个领域、构成国际法基础以及强行法的特点。

2. 原则：

（1）国家主权平等原则，国家固有的（非国际法赋予的）根本属性，包括对内最高权、对外独立权、自保权（国防权、自卫权），其中领土主权是国家主权最重要的方面。

主权豁免 ┤ 绝对豁免：国家的所有行为都豁免
　　　　　　相对豁免：国家的非主权行为不能豁免

司法豁免：管辖案件→诉讼程序→执行豁免

放弃 ┤ 明示放弃与默示放弃（例如：起诉、应诉、反诉、介入）
　　　　国家在外国领土范围内从事商业行为本身不意味着豁免的放弃
　　　　国家对于管辖豁免的放弃不意味着对执行豁免的放弃
　　　　个案放弃原则

（2）不干涉内政原则。

（3）不使用武力威胁或武力原则，例外：自卫、联合国集体安全制度下的武力使用。

（4）和平解决国际争端原则，《巴黎非战公约》首次把和平解决国际争端规定为一项普遍性的国际义务。

（5）民族自决原则，仅适用于殖民地民族的独立。

（6）约定必守原则（善意履行国际义务原则）。

第二章 国际法上的主体

一、国家

1. 国家的基本权利（平等权、独立权、自保权、管辖权）

比较点	属地管辖权	属人管辖权	保护管辖权	普遍管辖权
性质	领土主权	国籍	本国利益	国际利益
权利	庇护	外交保护	引渡	临检权和紧追权
对象	在本国的外国人	在外国的本国人	在外国的外国人	任何人
条件	外国人在外国遭受迫害（因政治原因）。	因所在国国家不当行为而受损；国籍连续；用尽当地救济。	国家一般没有引渡义务。	战争类罪、种族类罪、贩毒贩奴、酷刑。

【关联提示】第一，庇护。例外，外交庇护（在域外使领馆内庇护外国人）没有国际法依据；对象不得是犯有国际罪行的人。

第二，引渡。

（1）主体：国家，一般根据相关的引渡条约进行。

（2）对象：被请求国指控为犯罪或被其判刑的人，可以是请求国人、被请求国人和第三国人。国家可以拒绝引渡本国国民。

（3）引渡原则：双重犯罪原则和政治犯不引渡原则。

（不能视为政治犯的行为：①战争罪、反和平罪、危害人类罪；②种族灭绝或种族隔离罪；③非法劫持航空器；④侵害包括外交代表在内的受国际保护人员的罪行。）

（4）引渡效果：罪名特定原则，如果以其他罪名进行审判或将被引渡人转引渡给第三国，则须经原引渡国同意。

（5）引渡主管机构：外交部——联系机构；最高人民法院指定的高级人民法院——审查机构；最高人民法院——量刑承诺的决定权；最高人民检察院——限制追诉承诺的决定权；外交部——对外承诺权。

（6）《联合国反腐败公约》（2005年12月生效，186个缔约国）和《联合国打击跨国有组织犯罪公约》（2003年5月生效，189个缔约国）关于缔约国间引渡的规则（新增）：

①公约可以但不必然作为缔约国之间产生引渡义务的法律依据，即上述两项公约并非专门的引渡条约，但可以作为公约所确立的犯罪行为的引渡依据；

②公约所规定的可引渡犯罪应扩展适用于缔约方的其他引渡条约；

③放宽双重犯罪的条件，即如果缔约国本国法律允许，可以就公约所覆盖但依照本国法律不予触犯的任何犯罪准予引渡（此项规定应不适用于中国，因为中国《引渡法》明确规定了"双重犯罪原则"）；

④若被请求引渡者为本国人，缔约国应遵守"或引渡或起诉"，以及"或引渡或执行"的原则；

⑤强调政治犯不引渡原则，而对死刑犯是否引渡的问题没有规定；

⑥就引渡前临时措施，以及简化引渡程序进行了规定。

第三，临检权和紧追权。

（1）主体：军舰、军用飞机、经授权且标志清楚的政府公务船舶、飞机。

（2）主体不能是一般商舶，一船一旗，否则视为无国籍船和登临对象。

（3）紧追权的限制：不能从公海开始、发出停止信号、不能中断、当被追船舶进入其本国或第三国领海时终止。

2. 国际法上的承认

承认的类型	国家承认	产生原因	独立、合并、分离和分立。
		法律后果	（1）为建立正式外交及领事关系奠定基础。 （2）双方可以缔结各方面条约或协定。 （3）承认国尊重新国家作为国际法主体享有的一切权利，包括尊重其法律、法令的效力及其行政和司法管辖的有效性，承认新国家及其财产的管辖豁免权。
	交战团体、叛乱团体		被国际社会承认后由其自己承担自己的国际法律责任。
	政府承认	产生原因	因社会革命或政变而产生新政府。
		承认条件	有效统治原则。
		法律后果	（1）意味着对旧政府承认的撤销。 （2）承认者必须尊重新政府拥有的作为国家合法代表的一切资格和权利，包括位于国内外国家财产上的权利，和国际组织或国际会议中的代表权等。
承认的方式	明示承认		包括通过正式通知、函电、照会、声明等单方面表述，也包括在缔结的条约或其他正式国家文件中进行表述。
	默示承认		（1）默示承认的情形：①建立外交关系；②缔结政治性条约；③正式接受领事；④正式投票支持参加政府间国际组织。 （2）不构成默示承认的情形：①共同参加多边国际会议或国际条约；②建立非官方或非完全外交性质的机构；③某些级别和范围的官员接触；④对于外国的某个地区或实体给予某类司法豁免权的安排等。

3. 国际法上的继承：包括国家继承（最主要）、政府继承和国际组织继承

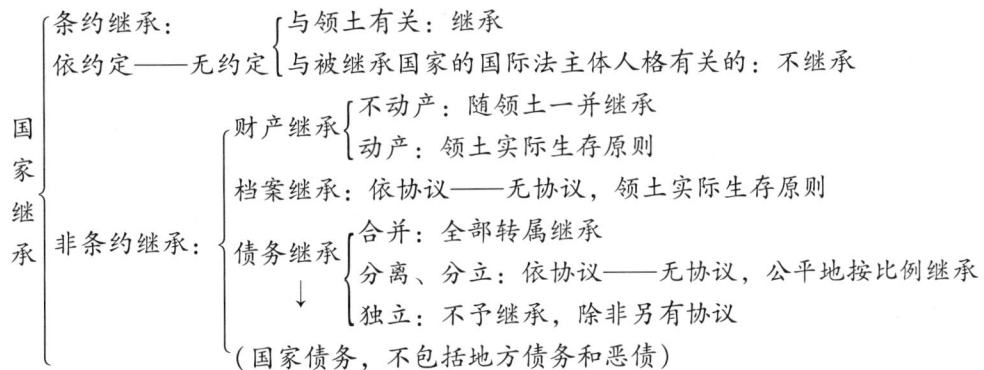

国家继承
　条约继承：依约定——无约定 ┤与领土有关：继承
　　　　　　　　　　　　　　　└与被继承国家的国际法主体人格有关的：不继承
　非条约继承：
　　　财产继承 ┤不动产：随领土一并继承
　　　　　　　　└动产：领土实际生存原则
　　　档案继承：依协议——无协议，领土实际生存原则
　　　债务继承 ┤合并：全部转属继承
　　　　　　↓　├分离、分立：依协议——无协议，公平地按比例继承
　　　　　　　　└独立：不予继承，除非另有协议
　（国家债务，不包括地方债务和恶债）

4. 外交机关和使馆人员

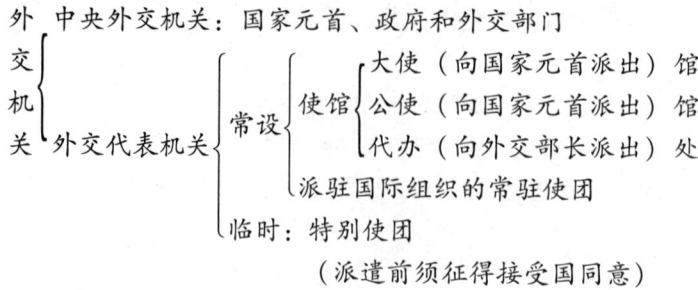

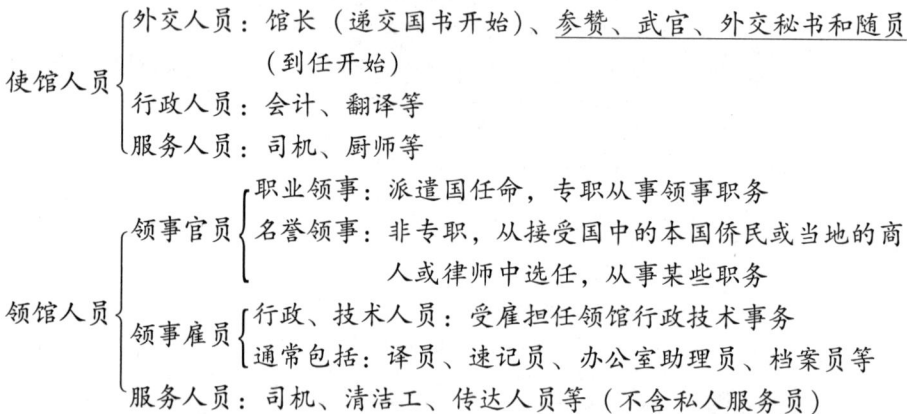

外交机关：
- 中央外交机关：国家元首、政府和外交部门
- 外交代表机关：
  - 常设：
    - 使馆：
      - 大使（向国家元首派出）馆
      - 公使（向国家元首派出）馆
      - 代办（向外交部长派出）处
    - 派驻国际组织的常驻使团
  - 临时：特别使团

（派遣前须征得接受国同意）

使馆人员：
- 外交人员：馆长（递交国书开始）、参赞、武官、外交秘书和随员（到任开始）
- 行政人员：会计、翻译等
- 服务人员：司机、厨师等

领馆人员：
- 领事官员：
  - 职业领事：派遣国任命，专职从事领事职务
  - 名誉领事：非专职，从接受国中的本国侨民或当地的商人或律师中选任，从事某些职务
- 领事雇员：
  - 行政、技术人员：受雇担任领馆行政技术事务
  - 通常包括：译员、速记员、办公室助理员、档案员等
- 服务人员：司机、清洁工、传达人员等（不含私人服务员）

5. 外交特权与豁免和领事特权与豁免

比较	外交特权与豁免	领事特权与豁免
馆舍及财产	（1）非经馆长允许，不得进入使馆馆舍任何地方，即使是送达司法文书、遇火灾、流行病发作。 （2）使馆财产免于搜查、征用、扣押和强制执行。	（1）领馆馆舍非经馆长允许，不得进入领馆专供工作的区域，遇火灾或灾害需采取迅速保护行为时，可推定为馆长同意。 （2）领馆财产原则上不得征用，确有必要时可以征用，但要给予补偿。
档案	无论何时何地均不得侵犯。	无论何时何地均不得侵犯。
通信自由	外交邮袋、往来公文绝对不可开拆、侵犯。	（1）外交邮袋、往来公文一般不可开拆、侵犯。 （2）但有重大理由且派遣国代表在场的情况下，领馆邮袋可以开拆。 （3）若派遣国拒绝开拆，邮袋应退回原地。
免纳捐税	车辆、办公用品等免关税；收取的签证费等公务收费免纳所得税等捐税。	车辆、办公用品等免关税；收取的签证费等公务收费免纳所得税等捐税。
工作人员人身	（1）无论轻重罪，均不得逮捕、拘留、监禁、搜查。 （2）但对外交人员的犯罪行为可实施正当防卫。	（1）不可侵犯。 （2）但对领事人员犯重罪的，可以限制人身自由。
寓所、财产、文书、信件	（1）非经允许，接受国人员不得进入。 （2）接受国不得侵犯外交人员的文书、信件以及财产，不得对之采取开拆、扣留、检查、查封等措施。 （3）但外交人员不主张豁免的民事诉讼中，对外交人员的财产可以合法执行。	《维也纳领事关系公约》未作规定。

续表

比较	外交特权与豁免	领事特权与豁免
管辖豁免	（1）刑事管辖：绝对的刑事司法管辖豁免。 （2）民事、行政管辖：原则上享有，例外情况包括：①外交人员在接受国的私有不动产诉讼；②以私人身份作为遗嘱执行人、遗产管理人、继承人或受遗赠人的继承事项诉讼；③外交代表在接受国内在公务范围外所从事的专业或商务活动的诉讼；④外交人员主动起诉而引起的与该诉讼直接相关的反诉。	（1）一般情况下，不受接受国司法和行政管辖。 （2）例外情况包括：①因领事官员或领馆雇员并未明示或默示以派遣国代表身份而订立契约所发生的诉讼；②第三人因车辆船舶或航空器在接受国内所造成的意外事故而要求损害赔偿的诉讼；③领事官员主动起诉引起的与本诉直接相关的反诉；④领馆人员就其执行职务所涉事项，无作证或提供有关来往公文及文件的义务。 （3）领馆官员有权拒绝以鉴定人身份就派遣国的法律提供证言。
作证方面	完全没有作证义务。	（1）职务行为所涉事项无作证义务，其他方面不得拒绝作证。 （2）若拒绝，也不得对之施以强制或处罚。 （3）要求领事作证不得妨碍其公务。
中国规定	外交人员是持我国外交签证或与中国互免签证国家的外交护照的人。	（1）持我国外交签证或与中国互免签证国家的外交护照的人。 （2）未经许可，不得进入整个领馆，而不限于公约中的"工作区域"。 （3）寓所、财产、文书、信件有不受侵犯的特权。 （4）领事职务以外的行为的管辖豁免，依条约或对等原则办理。
	享有特权与豁免的人员家属限于"共同生活的配偶及未成年子女"。	
	携带自用枪支出境，须经中国政府批准。	

二、国际组织

1. 联合国体系（6 + 1）

大会、理事会（安全理事会、经社理事会、托管理事会）、国际法院、秘书处（秘书长由安理会推荐，大会简单多数通过，任期 5 年，可连选连任）。

联合国专门机构（独立、专门、政府间、全球性国际组织；非联合国附属机构）。

2. 联合国大会及安理会

大会职权		大会：原则上宪章范围的一切事项，安理会在处理则不能讨论。
表决制度		（1）一般问题简单多数，重要问题2/3通过，实践也采协商一致。 （2）内部事务决议具有拘束力，其他事项决议属建议性质，不具拘束力。 "重要问题"包括：①维持国际和平与安全；②选举安理会、经社理事会和托管理事会理事国；③接纳新会员国；④中止会员国权利或开除会籍；⑤实施托管的问题；⑥联合国预算及会员国会费的分摊。
安理会职权		维护国际和平与安全；唯一有权采取行动的机构；大国一致原则。
表决制度	（1）程序性事项	安理会15个理事国，9个同意票即可通过。
	（2）非程序性事项	"大国一致原则"：包括常任理事国在内的9个同意票；常任理事国的弃权或缺席不视为否决，不影响决议的通过。 包括：推荐新会员或秘书长人选、中止会员国的权利、开除会员国、采取强制执行行动。
	（3）常任理事国的双重否决权	①决定是否属于程序性事项，有否决权； ②对非程序性事项进行表决，有否决权。
安理会改革	宪章修正	需联大2/3多数同意，并在联合国2/3成员国（必须包括5个常任理事国）立法机构批准。

第三章　空间法

一、领土

领土构成
- 领陆：边界制度（便利、相邻权、界标出现任何问题均须双方代表在场方能恢复或重建）
- 领水
  - 河流
    - 内河
    - 界河：以主航道或河道中心线为界，船舶可以在对方航道航行但不得靠泊；修建设施须经对方许可
    - 多国河流：对沿岸国所有船舶开放，分段属沿岸国，协议管辖、利用
    - 国际河流（国际运河）：依条约对所有国家开放，非军用船舶有无害通过权，条约约定管理等事项
  - 湖泊
  - 内海
  - 领海 ｝海洋法详述
- 领空 - 民用航空
  - 基本制度：《芝加哥公约》，领空主权原则
  - 民事责任：《华沙公约》，推定过失责任和不完全过失责任
  - 安全制度：三个反劫机公约（东京、海牙和蒙特利尔），劫机为可引渡罪行，虽各国无强制引渡的义务，但不引渡需要在国内按严重的刑事犯罪进行起诉和惩罚
- 底土：深度到地心

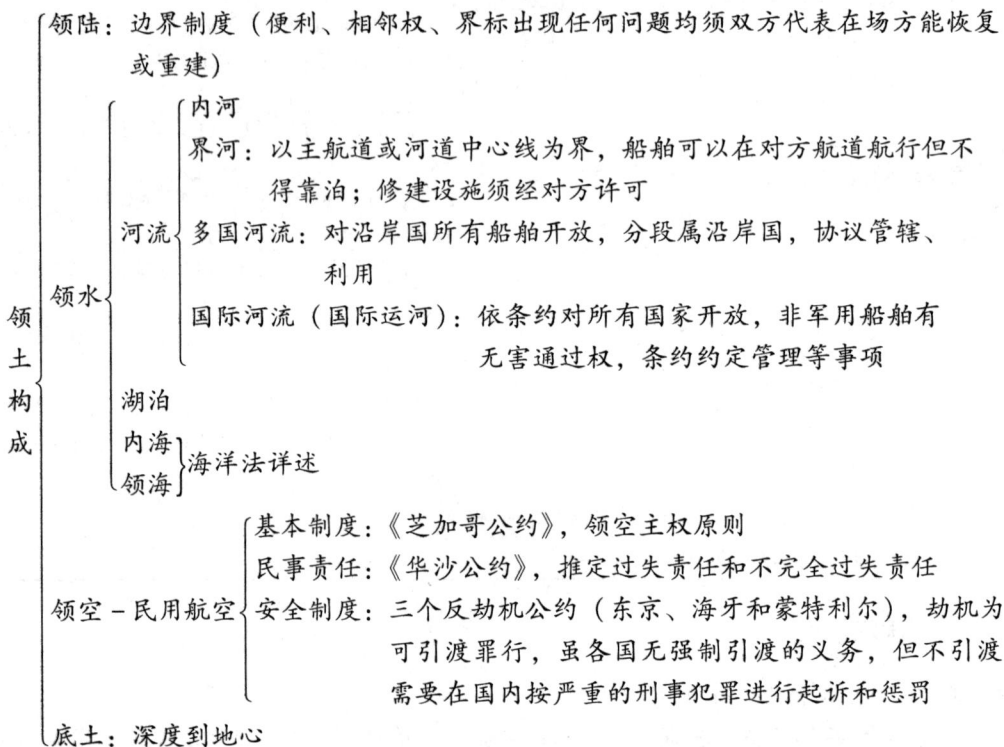

1. 领土主权的限制

（1）各国都有的限制（一般性限制）：领海的无害通过、外交特权与豁免等；

（2）条约对特定国家限制（特殊限制）：共管、国际地役（合法）、租借（依条约平等自愿与否效力不同）、势力范围（非法）。

2. 领土的取得方式

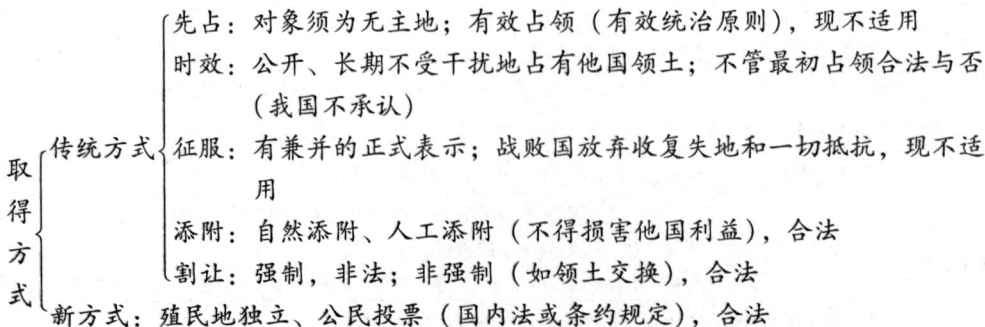

取得方式
- 传统方式
  - 先占：对象须为无主地；有效占领（有效统治原则），现不适用
  - 时效：公开、长期不受干扰地占有他国领土；不管最初占领合法与否（我国不承认）
  - 征服：有兼并的正式表示；战败国放弃收复失地和一切抵抗，现不适用
  - 添附：自然添附、人工添附（不得损害他国利益），合法
  - 割让：强制，非法；非强制（如领土交换），合法
- 新方式：殖民地独立、公民投票（国内法或条约规定），合法

二、海洋法

海洋水域的划分：

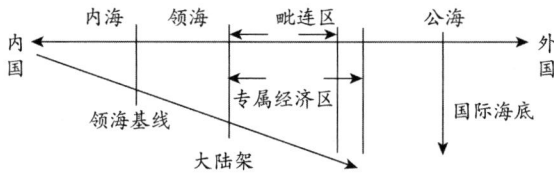

各个区域比较

比较点	内海（港口）	领海	毗连区	专属经济区	大陆架	公海
位置范围	基线以内的海域。	基线以外≤12海里。	领海以外从基线 ≤ 24海里。	领海以外从基线≤200海里。	领海以外的海床、底土。不够200海里扩展至200海里；超过200海里，最远至350海里或2500米等深线外100海里。	专属经济区、领海、内水、群岛水域以外的全部海洋水域。
性质	领土（完全主权）。我国渤海和琼州海峡属于内海。	领土（完全主权）。	非领土；依附性：或为公海或为专属经济区。	非领土（沿海国非固有，需要国家以某种形式宣布建立并说明其宽度）。	非领土。	非领土。
沿海国权利	外国船舶非经许可不得进入；沿岸国管辖条件：①涉及沿海国利益；②受害者为沿岸国或其国民；③案情重大；④船旗国领事或船长提出请求。	外籍船内刑案原则不管，例外：①有害于沿海国；②应船长、船旗国领事请求；③打击毒品。	特定事项的管制权：海关、财政、移民、卫生等。	资源权：对区内资源享有专属开发的主权权利；人工岛屿；科研。 管辖权：（1）有权拘捕违反上述专属权力的外国船只及其船员；（2）迅速通知船旗国；（3）有担保迅速予以释放；（4）仅违反渔业法规的，不得对船员监禁或任何形式的体罚。	资源权：沿海国对大陆架上资源享有固有、专属开发的主权权利；但200海里外要缴费或实物；其上的人工岛屿。 限制：不影响上覆水域、水域上空。	1.船旗国管辖权：一船一旗，否则视为无国籍船和可登临检查的对象；2.普遍管辖权：海盗、非法广播、贩卖奴隶和贩卖毒品；3.临检权和紧追权：相同：（1）主体：军舰、军用飞机、经授权且标志清楚的政府公务船舶飞机；（2）主体原则上不能是被临检或被紧追的对象。区别：（1）临检权在公海上直接提起管辖权；（2）紧追权是在其他海域提起管辖并将管辖权延伸至公海；须发出停止信号，不能中断追及，当被追船舶进入其本国或第三国领海时紧追权终止。
他国权利	一般船内案件由船旗国管辖。	无害通过权，无需通知批准。（1）我国不允许军用船舶的无害通过；（2）连续不停迅速通过，除非不可抗力、遇难和救助；（3）潜水器须浮出水面并展示国旗；（4）通过必须是无害的。	同专属经济区；无专属经济区的同公海。	航行、飞越、铺设海底电缆和管道。	铺设海底电缆和管道。	

【重点提示】 1. 群岛水域制度

（1）群岛水域是群岛国的群岛基线所包围的内水之外的海域。

（2）群岛基线的确定条件：①基线应包括主要岛屿和一个区域；②基线范围内包括环礁在内的陆地面积与水域面积之比应在 1:1 到 1:9 之间；③基线超过 100 海里的线段最多不超过基线总数的 3%；④基线不能明显偏离群岛轮廓，不能将其他国家的领海与公海或专属经济区隔断。

（3）群岛水域的划定不妨碍群岛国可以按照《海洋法公约》划定内水，及在基线之外划定领海、毗连区、专属经济区和大陆架。

（4）群岛水域制度：①群岛国对其群岛水域包括上空和底土拥有主权；②群岛水域的航行分为无害通过和群岛海道通过。前一种是所有国家的船舶都享有通过除群岛国内水以外的群岛水域的无害通过权；后一种是群岛国可以指定适当的海道和其上的空中通道，以便其他国家的船舶或飞机连续不停地迅速通过或飞越其群岛水域及其邻接的领海。所有国家都享有群岛海道通过权。

2. 国际海峡

（1）国际航海海峡，主要是指两端都是公海或专属经济区，而又用于国际航行的海峡。一般可以划分为内海峡、领海峡和非领海峡。

（2）国际航行的海峡主要连接公海或专属经济区。不同的国际航行海峡可能适用不同的通过制度，通常有过境通行制度、公海自由航行制度、无害通过制度以及特别协定制度四种。

（3）过境通行制度主要内容：①所有国家的船舶和飞机在公海和专属经济区一部分和公海及专属经济区另一部分之间的国际航行海峡中，都享有过境通行权。②过境通行是专为连续不停和迅速通过目的而进行的自由航行和飞越，也包括以合法地自海峡沿岸国驶入驶出为目的的通过。③过境通行应毫不迟疑地迅速通过；禁止非法使用武力或威胁；除因不可抗力或遇难外，不得从事其通过所通常附带发生活动以外的任何活动；不得进行任何研究或测量活动；应遵守船舶、航空及无线电有关的国际规则，遵守沿岸国有关防止捕鱼、防污、航行安全、海关、财政、移民、卫生等法律和规章。④过境通行制度不改变海峡水域的法律地位，不影响沿岸国其他方面的任何权利。

（4）适用公海自由通过的海峡是在该海峡有公海或专属经济区的航道；适用无害通过的国际航行海峡，是由一国的大陆和该国的岛屿构成的海峡，且该岛向海一面的海域有一条在航行和水文特征方面同样方便地穿过公海或专属经济区的航道。特别协定制度是指某些海峡的通过制度是由专门针对该海峡缔结的国际公约规定的，如黑海海峡、麦哲伦海峡等就分别适用各自专门条约所规定的制度。

三、上覆空间的划分和法律制度

外层空间法律制度：

1. 登记制度：联合国秘书长；登记国对空间物体享有所有权与管辖控制权。

2. 营救制度：援助、通知其发射国及联合国秘书长、送回。

3. 责任制度：发射国承担绝对责任（对地面或飞行中的飞机）或过错责任（对其他空间物体）。

四、国际环保法

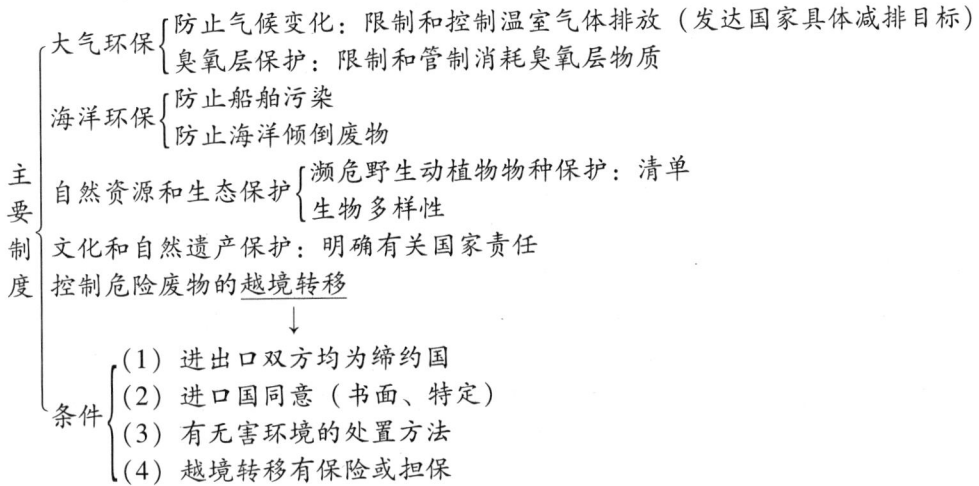

主要制度
- 大气环保
  - 防止气候变化：限制和控制温室气体排放（发达国家具体减排目标）
  - 臭氧层保护：限制和管制消耗臭氧层物质
- 海洋环保
  - 防止船舶污染
  - 防止海洋倾倒废物
- 自然资源和生态保护
  - 濒危野生动植物物种保护：清单
  - 生物多样性
- 文化和自然遗产保护：明确有关国家责任
- 控制危险废物的越境转移
  ↓
  - 条件
    - （1）进出口双方均为缔约国
    - （2）进口国同意（书面、特定）
    - （3）有无害环境的处置方法
    - （4）越境转移有保险或担保

第四章　国际法上的个人

一、国籍

国籍
- 因出生取得
  - 血统主义
    - 单系：孩子出生只能取得父亲的国籍
    - 双系：孩子出生可取得父、母亲的国籍
  - 出生地主义
  - 混合主义：中国是以双系血统主义为主，出生地主义为辅
- 因加入取得
  - 自愿申请入籍
  - 法律事实入籍：跨国婚姻、收养、取得住所、领土转移等

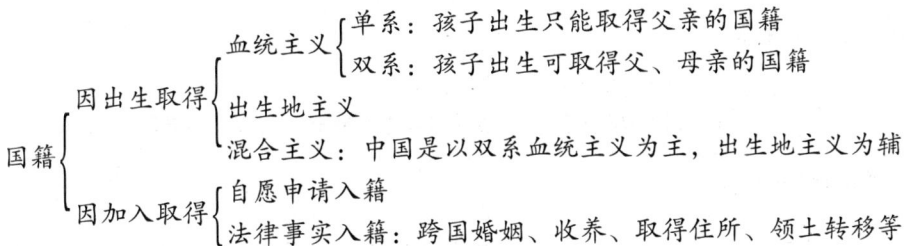

国籍的取得：《中华人民共和国国籍法》

【第3条】中华人民共和国不承认中国公民具有双重国籍。

【第4条】父母双方或一方为中国公民，本人出生在中国，具有中国国籍。

【第5条】父母双方或一方为中国公民，本人出生在外国，具有中国国籍；但父母双方或一方为中国公民并定居在外国，本人出生时即具有外国国籍的，不具有中国国籍。

【第6条】父母无国籍或国籍不明，定居在中国，本人出生在中国，具有中国国籍。

国籍的丧失：《中华人民共和国国籍法》

【第9条】定居外国的中国公民，自愿加入或取得外国国籍的，即自动丧失中国国籍。

【第10条】中国公民具有下列条件之一的，可以经申请批准退出中国国籍：①外国人的近亲属；②定居在外国的；③有其他正当理由。

【第11条】申请退出中国国籍获得批准的，即丧失中国国籍。

【第12条】国家工作人员和现役军人，不得退出中国国籍。

二、外国人的法律地位

$$
待遇
\begin{cases}
国民待遇：外国人＝本国人（限于部分民商事和诉讼权利，不包括政治权利）\\
最惠国待遇：外国人＝外国人（不低于现在或将来给予任何第三国法人或公民的待遇）\\
差别待遇：外国人≠本国人或外国人≠外国人（包括优惠待遇，禁止基于宗教种族等原因的歧视待遇）\\
普惠制：发达国家单方面给予发展中国家特殊优惠
\end{cases}
$$

【关联提示】最惠国待遇一般不适用的情形：

1. 自由贸易区、关税同盟、经济共同体等经济组织成员国间的优惠。
2. 基于特殊历史地理等因素而给予某些国家的优惠。
3. 发达国家对发展中国家的普遍优惠及其他在条约中明确不适用最惠国待遇的情况。

第五章　国际责任

$$
国际责任
\begin{cases}
传统国际责任的构成
\begin{cases}
行为归因于国家\\
违背国际义务
\begin{cases}
分类
\begin{cases}
违背一般义务——国际不法行为\\
违背根本义务——国际罪行
\end{cases}\\
排除行为不当性
\end{cases}
\end{cases}\\
国际责任的形式\\
国际责任的发展
\begin{cases}
主体：战争罪下的双罚原则\\
国际赔偿责任：合法但致损的行为，如外空行为、国际环保
\end{cases}
\end{cases}
$$

一、行为归因于国家

下列行为，包括作为和不作为，被国际法认为是可以归因于国家的行为：

（1）国家机关的行为。

（2）经授权行使政府权力的其他实体的行为。

（3）实际上代表国家行事的行为。

（4）别国或国际组织交给一国支配的机关的行为，在行使该支配权范围内的行为，视为该支配国的国家行为。

上述可归因于国家的行为一般也包括以此种资格执行职务时的越权行为或不法行为。

（5）叛乱运动机关的行为。在一国领土上的被承认为叛乱运动的机关自身的行为，根据国际法不视为该国的国家行为。已经和正在组成新国家叛乱运动的行为，被视为已经或正在形成的新国家的行为。

（6）一个行为可以归因于几个国家时，相关国家对于各自相关的行为承担单独或共同的责任。

（7）非代表国家行事的个人的行为不是国家行为。但对于某些特定人员，如国家元首、政府首脑、外交部长及外交使节，由于其在对外交往中的特殊地位，对于他们在国外以私人身份从事的不法行为，国家一般也承担相关的责任。另外，如果国家纵容或唆使个

人肆意侵犯外国的权益，则该国应负国际责任。对于其他的个人行为，只要有关国家事后能够迅速采取有效措施，履行政府的正常职能，就不会导致该国的国际责任。

二、排除行为不当性

1. 同意。条件：①事先、自愿、明示；②不与公认的国际法规则相违背。

2. 对抗与自卫：针对其他主体所作国际不当行为而采取的相应措施。根据是否采用武力分为对抗措施和自卫；条件：适度。

3. 不可抗力和偶然事故。

4. 危难或紧急状态。

第六章　国际争端的解决方式

强制方式	非法	战争或武力解决、干涉。	
	合法	平时封锁：只能由安理会决定；	
		反报：针对他国不礼貌、不友好但不违法行为的对等反措施；	
		报复：针对他国的国际不法行为的对等反措施。	
非强制方式	政治方法	谈判与协商。	
		斡旋（第三者促使谈判协商，但不参加当事国双方的谈判）；	
		调停（第三者提出方案并直接参与谈判协商）；	
		调查（仅限于查明事实，无法律拘束力，调查结果的效力由当事国自行决定）；	
		和解（查明事实、提出调查报告并建议解决方法和制定调解方案，建议无法律拘束力，当事国没有必须接受的义务）。	
	仲裁	国际常设仲裁法院（1900年、海牙）。	
	诉讼	国际法院	（1）诉讼当事者仅限于国家，包括：联合国会员国、国家法院规约当事国、预交声明接受管辖国，任何组织、团体、个人不得成为国际法院的当事者。
			（2）诉讼管辖权：自愿管辖、协定管辖、任择强制管辖。
			（3）咨询管辖权：联合国大会、安理会和大会授权的专门机构，对法律问题提供权威性的意见，咨询意见无法律约束力。
		国际海洋法法庭	诉讼主体可以是国家、国际组织、自然人和法人。
			诉讼管辖权须以事端双方同意为条件。

第七章　战争法

一、战争的开始

1. 标志：交战意图（双方或一方宣战；第三国的承认或宣布战时中立等）。

2. 法律后果：

（1）外交和领事关系的断绝。

（2）条约关系发生变化。

（3）经贸往来的禁止。

（4）对敌产和敌国公民的影响。

二、战争的结束

1. 停止敌对行动和<u>结束战争状态</u>（法律意义上的结束）。

      ↓

2. 标志：缔结和平条约、发表联合声明、单方面宣布结束战争。

3. 停战后果：交战国之间的战争状态结束，两国关系恢复为正常的和平关系。

三、对作战手段和方法的限制

1. 禁止具有过分伤害力和滥杀滥伤作用的武器使用。

这类武器具体包括：①极度残酷的武器；②有毒气体、化学和生物武器；③核武器（但目前的国际法还未对核武器的禁止作出全面明确的规定）。

2. 禁止不分皂白的战争手段和作战方法。

3. 禁止改变环境的作战手段和方法。

4. 禁止背信弃义的战争手段和作战方法，但不禁止使用诈术。

根据《1977年日内瓦四公约第一附加议定书》，以下行为构成背信弃义的情况：

①假装有在休战旗下谈判或投降的意图；②假装因伤或因病而无能力；③假装具有平民、非战斗员的身份；④使用联合国或中立国家或其他非冲突各方的国家的记号、标志或制服而假装享有被保护的地位。

四、保护战时平民和战争受难者

1. 特点：《日内瓦公约》的适用不仅限于国际法传统意义上的战争，而且包括任何其他武装冲突；在一定条件下可以适用于非缔约国；人道主义原则。

2. 保护的内容：对战时平民的保护；伤病员的待遇；战俘待遇。

五、战争犯罪

1. 原则

（1）双罚原则。

（2）国内法、所任职位以及是否听命不影响责任的承担。

（3）公平受审的权利。

（4）共谋者有罪。

（5）违反国际法的罪行包括危害和平罪、战争罪和违反人道罪。

2. 惩罚战争犯罪的实践

四个临时刑事法庭（联合国安理会派出机构）和国际刑事法院（常设，管辖《刑事法院规约》生效后的灭绝种族罪、战争罪、危害人类罪、侵略罪等几大类）。

科目：
国际私法

国际私法
{
　国际私法的基本概念和制度
　{
　　（1）冲突规范
　　　{
　　　　①识别
　　　　②反致
　　　　③外国法的查明
　　　　④公共秩序保留
　　　　⑤法律规避
　　　}
　　（2）准据法
　}
　国际民商事法律适用
　{
　　（1）主体：国籍、住所、权利能力和行为能力（自然人、法人）
　　（2）物权
　　（3）债权
　　（4）商事关系
　　（5）家庭
　　（6）继承
　}
　国际民商事争议解决
　{
　　（1）国际商事仲裁
　　（2）国际民事诉讼
　}
　区际法律问题
}

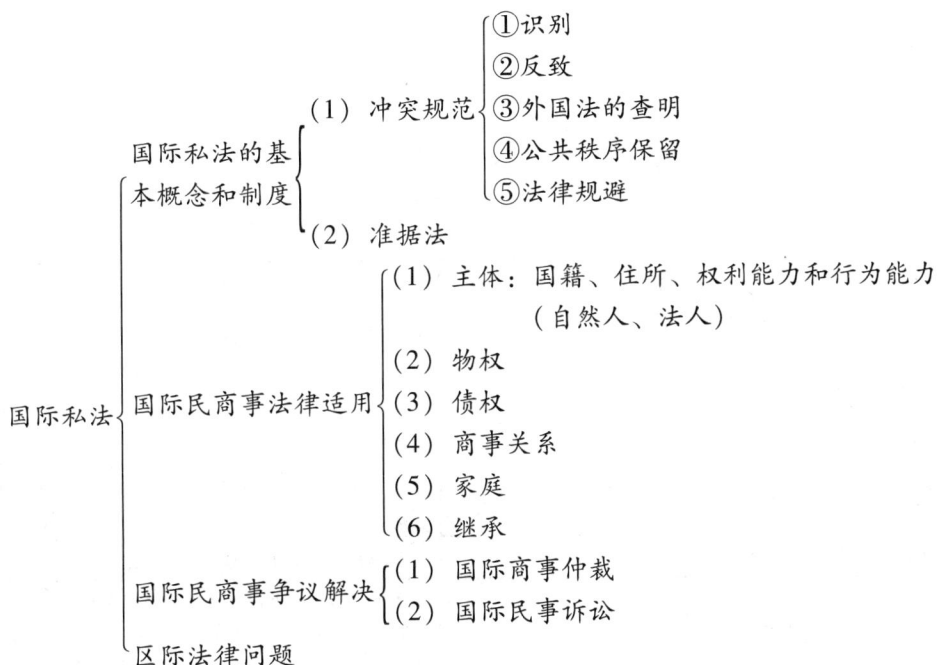

第一章　国际私法的基本概念和制度

一、国际私法基本问题

1. 调整对象：平等主体之间的国际民商事法律关系（主体、客体、法律事实三要素任一涉外即可）。

2. 调整方法：国内冲突法解决（间接调整）、国际统一实体法（直接调整）。

3. 范围：外国人的民商事法律地位规范、冲突规范、国际统一实体私法规范、国际民商事争议解决规范。

4. 渊源：国内法渊源（国内立法、国内判例、司法解释）、国际法渊源（国际条约和国际惯例）。

（1）国内判例不是中国国际私法的渊源，而司法解释是中国国际私法的渊源。

（2）条约直接、优先适用：中国缔结或者参加的国际条约同中国民事法律有不同规定的，适用条约的规定，但中国声明保留的条款除外。

（3）惯例补充适用：中国法和中国缔结或参加的条约没有规定，可以适用国际惯例。

二、冲突规范与准据法

1. 冲突规范：指明某一涉外民事法律关系应适用何国实体法的法律规范。冲突规范本身并不直接规定当事人之间的具体权利和义务，而只是指明应该适用哪一个国家的法律来确定这种权利和义务，通过这一指引使有关国家的实体法最终得到适用，所以冲突规范具有法律适用规范和间接规范的特点。

（1）结构：冲突规范＝范围＋系属。

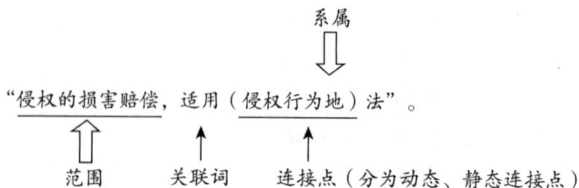

"侵权的损害赔偿，适用（侵权行为地）法"。

范围   关联词   连接点（分为动态、静态连接点）

（2）系属公式。

系属公式	常用连结点	适用范围
属人法	国籍（大陆法系国家）、住所（英美法系）、惯常居所。	人的身份、能力、亲属、继承。
物之所在地法	物之所在地。	物权，特别是不动产物权。
行为地法	合同缔结地、合同履行地、婚姻缔结地、侵权行为地。	行为的方式和行为的效力。
意思自治	当事人合意选择的法律。	主要是涉外民商事合同关系，有向其他领域发展的趋势。
法院地法	法院所在地。	程序问题、涉及法院地国公共利益的问题。
最密切联系地法	与法律关系有最密切联系的地方。	在多种不同性质的涉外民商事法律关系中广泛适用，主要是涉外合同关系和侵权关系（我国还有涉外扶养等）。
旗国法	船舶、航空器上的旗帜国。	船舶、航空器的物权及运输。

（3）冲突规范的基本类型。

类　型	含　义	实　例
单边冲突规范	直接规定适用某国法律。	在中华人民共和国境内履行的中外合资经营企业合同、中外合作经营企业合同、中外合作勘探开发自然资源合同，适用中国法律。
双边冲突规范	只规定一个可推定的系属，须结合案情去推定准据法。	不动产的所有权，适用不动产所在地法律。
重叠适用冲突规范	有两个或两个以上系属且须同时适用。	侵权行为的损害赔偿，适用侵权行为地法律；中华人民共和国法律不认为在中华人民共和国领域外发生的行为是侵权行为的，不作为侵权行为处理（行为发生在我国领域以外，则我国法院必须重叠适用行为地法律和中国法律来确定该行为是否构成侵权）。
选择适用冲突规范	有两个或两个以上系属但只需选择其中之一适用即可。	①无条件选择适用的冲突规范；②有条件选择适用的冲突规范。

2. 准据法：经冲突规范指定援用来具体确定民商事法律关系当事人权利义务关系的特定的实体法。

（1）特点：①经冲突规范指定；②是实体法；③结合案件具体情况确定。

（2）区际法律冲突下的准据法的确定：该国关于调整国内法律冲突的规定→与该民事关系有最密切联系的地区的法律。

三、适用冲突规范的制度

识别	识别（定性）：在适用冲突规范时，依照某一法律观念对有关的事实或问题进行分析，将其归入一定的法律范畴。冲突法上的识别是对有关事实或问题进行识别，是对冲突规范本身的识别。 识别依据：法院地法。
反致	图示：反致最终指向本国法，转致最终指向外国法。 反致：甲⇌乙（直接反致：中间只经过1个外国法） 甲——乙——丙（间接反致：中间经过2个以上外国法） 转致：甲——乙——丙 我国不存在反致和转致，冲突规范的指引仅适用外国实体法，不包括冲突法和程序法。
外国法查明	主体：①人民法院；②仲裁机构；③行政机关；④当事人选择适用外国法律的，由当事人自己提供该国法律。以上途径不能查明或该法律没有规定的，适用中国法。外国法适用错误的允许上诉。
公共秩序保留	外国生效裁判的承认和执行、婚姻、合同等领域均可援引公共秩序保留。 效果：中华人民共和国法律对涉外民事关系有强制性规定的，直接适用该强制性规定。 排除对象：外国法律和国际惯例。
法律规避	（1）构成要件：①主观：故意；②客观：规避行为已经完成；③对象：本应适用的法律（往往是强行性、禁止性规定）；④行为方式：人为制造或改变一个或几个连结点。 （2）效果：不发生适用外国法的效力，而适用中国法律。 （3）排除对象：规避我国强制性或禁止性法律规范的行为。
直接适用的法	（1）涉及劳动者权益保护的；（2）涉及食品或公共卫生安全的；（3）涉及环境安全的；（4）涉及外汇管制等金融安全的；（5）涉及反垄断、反倾销的；（6）应当认定为强制性规定的其他情形。

四、主体制度

冲突	自　然　人	法　人
国籍冲突	①适用国籍国法律，自然人具有两个以上国籍的，适用有经常居所的国籍国法律；②在所有国籍国均无经常居所的，适用与其有最密切联系的国籍国法律；③自然人无国籍或者国籍不明的，适用其经常居所地法律。	外国法人以其登记成立国为其国籍国。
住所冲突	（1）积极冲突：①国内住所与外国住所，适用国内法；②外国住所间冲突的，同时取得的，以与产生纠纷的民事关系有最密切联系的住所为住所，不同时取得的，以当事人最后取得的住所为其住所。 （2）消极冲突：以居所代替住所，无居所的，以现在所在地法作为住所地法。	（1）住所：主要办事机构所在地。 （2）营业所：积极冲突——与产生纠纷的民事关系有最密切联系的营业所。 （3）消极冲突——住所或经常居住地。
行为能力	（1）定居国外的我国公民：在我国境内行为，适用我国法律；在定居国行为，可以选择适用定居国法和我国法。 （2）自然人从事民事活动，依照经常居所地法律为无民事行为能力，依照行为地法律为有民事行为能力的，适用行为地法律，但涉及婚姻家庭、继承的除外。 无国籍人：定居国法，无定居国的，适用住所地国法。	（1）法人及其分支机构的民事权利能力、民事行为能力、组织机构、股东权利义务等事项，适用登记地法律。 （2）法人的主营业地与登记地不一致的，可以适用主营业地法律。法人的经常居所地，为其主营业地。自然人的民事行为能力，适用经常居所地法律。

【关联提示】最高人民法院《关于适用〈中华人民共和国涉外民事关系法律适用法〉若干问题的解释（一）》

第1条　民事关系具有下列情形之一的，人民法院可以认定为涉外民事关系：

（一）当事人一方或双方是外国公民、外国法人或者其他组织、无国籍人；

（二）当事人一方或双方的经常居所地在中华人民共和国领域外；

（三）标的物在中华人民共和国领域外；

（四）产生、变更或者消灭民事关系的法律事实发生在中华人民共和国领域外；

（五）可以认定为涉外民事关系的其他情形。

第4条 中华人民共和国法律没有明确规定当事人可以选择涉外民事关系适用的法律，当事人选择适用法律的，人民法院应认定该选择无效。

第5条 一方当事人以双方协议选择的法律与系争的涉外民事关系没有实际联系为由主张选择无效的，人民法院不予支持。

第6条 当事人在一审法庭辩论终结前协议选择或者变更选择适用的法律的，人民法院应予准许。

各方当事人援引相同国家的法律且未提出法律适用异议的，人民法院可以认定当事人已经就涉外民事关系适用的法律做出了选择。

第7条 当事人在合同中援引尚未对中华人民共和国生效的国际条约的，人民法院可以根据该国际条约的内容确定当事人之间的权利义务，但违反中华人民共和国社会公共利益或中华人民共和国法律、行政法规强制性规定的除外。

第8条 有下列情形之一，涉及中华人民共和国社会公共利益、当事人不能通过约定排除适用、无需通过冲突规范指引而直接适用于涉外民事关系的法律、行政法规的规定，人民法院应当认定为涉外民事关系法律适用法第4条规定的强制性规定：

（一）涉及劳动者权益保护的；

（二）涉及食品或公共卫生安全的；

（三）涉及环境安全的；

（四）涉及外汇管制等金融安全的；

（五）涉及反垄断、反倾销的；

（六）应当认定为强制性规定的其他情形。

第9条 一方当事人故意制造涉外民事关系的连结点，规避中华人民共和国法律、行政法规的强制性规定的，人民法院应认定为不发生适用外国法律的效力。

第10条 涉外民事争议的解决须以另一涉外民事关系的确认为前提时，人民法院应当根据该先决问题自身的性质确定其应当适用的法律。

第11条 案件涉及两个或者两个以上的涉外民事关系时，人民法院应当分别确定应当适用的法律。

第12条 当事人没有选择涉外仲裁协议适用的法律，也没有约定仲裁机构或者仲裁地，或者约定不明的，人民法院可以适用中华人民共和国法律认定该仲裁协议的效力。

第13条 自然人在涉外民事关系产生或者变更、终止时已经连续居住一年以上且作为其生活中心的地方，人民法院可以认定为涉外民事关系法律适用法规定的自然人的经常居所地，但就医、劳务派遣、公务等情形除外。

第14条 人民法院应当将法人的设立登记地认定为涉外民事关系法律适用法规定的法人的登记地。

第15条 人民法院通过由当事人提供、已对中华人民共和国生效的国际条约规定的途径、中外法律专家提供等合理途径仍不能获得外国法律的，可以认定为不能查明外国法律。

根据涉外民事关系法律适用法第10条第1款的规定，当事人应当提供外国法律，其在人民法院指定的合理期限内无正当理由未提供该外国法律的，可以认定为不能查明外国法律。

第16条 人民法院应当听取各方当事人对应当适用的外国法律的内容及其理解与适用的意见，当事人对该外国法律的内容及其理解与适用均无异议的，人民法院可以予以确认；当事人有异议的，由人民法院审查认定。

第二章　国际民商事法律适用

一、物权、票据的法律适用

不动产	不动产物权依不动产所在地法。土地、附着于土地的建筑物及其他定着物、建筑物的固定附属设备为不动产。	
动产	当事人可以协议选择动产物权适用的法律；当事人没有选择的，适用法律事实发生时动产所在地法律。当事人可以协议选择运输中动产物权发生变更适用的法律；当事人没有选择的，适用运输目的地法律。	
有价证券	适用有价证券权利实现地法律或者其他与该有价证券有最密切联系的法律。	
权利质权	适用质权设立地法律。	
船舶、航空器	所有权	船舶所有权的取得、转让和消灭适用船旗国法律；航空器所有权的取得、转让和消灭适用民用航空器国籍登记国法。
	抵押权	船舶抵押权适用船旗国法，船舶在光船租赁以前或者光船租赁期间设立船舶抵押权的，适用原船舶登记国法；航空器抵押权适用民用航空器国籍登记国法。
	优先权	适用受理案件的法院所在地法。

票据	票据当事人能力	适用其本国法，如依其本国法为无民事行为能力人或者限制行为能力人而依照行为地法律为完全民事行为能力人时，适用行为地法。	
	票据行为方式	汇票、本票：适用出票地法。	涉外票据主要适用有关行为的行为地法。
		支票：适用出票地法，经当事人协议，也可适用付款地法。	
	背书、承兑、付款和保证行为	适用行为地法律。	
	追索权的行使期限	适用出票地法律。	
	提示期限、有关拒绝证明的方式、出示拒绝证明的期限	适用付款地法律。	
	丧失时请求保全票据权利的程序	适用付款地法律。	

二、债权的法律适用

合同	适用顺序：国际条约优先→意思自治原则→最密切联系原则→国际惯例补缺原则。	
	意思自治	（1）当事人可以协议选择合同适用的法律。当事人选择合同争议所适用的法律应以明示的方式，在一审法庭辩论终结前提出。 （2）意思自治原则的限制（仅适用中国法的情形）：①在中华人民共和国境内履行的中外合资经营企业合同、中外合作经营企业合同、中外合作勘探开发自然资源合同；②三资企业股份转让合同；③外国人承包经营在中国境内设立的中外合资经营企业和中外合作经营企业的合同；④外国人购买中国境内的非外商投资企业资产、股权的合同；⑤外国人认购中国境内的非外商投资有限或股份公司增资的合同。
	最密切联系	（1）意思自治原则的补充原则：当事人没有选择的，适用履行义务最能体现该合同特征的一方当事人经常居所地法律或者其他与该合同有最密切联系的法律。 （2）特殊类型：①买卖合同，一般适用卖方营业场所所在地的法律。如果是在买方营业场所谈判并订立的，或者主要是依买方确定的条件并应买方发出的招标订立的，或者合同明确规定须在买方营业场所履行交货义务的，则适用买方营业场所所在地的法律。②科技咨询或设计合同，适用委托人营业场所所在地的法律。③消费者合同，适用消费者经常居所地法律；消费者选择适用商品、服务提供地法律或者经营者在消费者经常居所地没有从事相关经营活动的，适用商品、服务提供地法律。④劳动合同，适用劳动者工作地法律；难以确定劳动者工作地的，适用用人单位主营业地法律。劳务派遣，可以适用劳务派出地法律。

侵权	原则	侵权行为地法	侵权行为的损害赔偿，适用侵权行为地法律，但当事人有共同经常居所地的，适用共同经常居所地法律。侵权行为发生后，当事人协议选择适用法律的，按照其协议。
		共同属人法	当事人双方国籍相同或者在同一国家有住所的，也可以适用当事人本国法或者住所地法。
		双重可诉原则	中国法不认为在中国领域外发生的行为是侵权行为的，不作侵权行为处理。
		法院地法原则	船舶在公海上碰撞、海事赔偿责任限制、民用航空器在公海上对第三人的损害赔偿适用法院所在地法律。
	船舶	船舶碰撞适用顺序	同一国籍的船舶，不论碰撞发生于何地，均适用船旗国法律；不同国籍船舶在公海上碰撞，适用受理案件法院地法；其他碰撞适用侵权行为地法。
		共同海损理算	侵权行为地法。
		海事责任限制	法院地法。
		产品责任	适用被侵权人经常居所地法律；被侵权人选择适用侵权人主营业地法律、损害发生地法律的，或者侵权人在被侵权人经常居所地没有从事相关经营活动的，适用侵权人主营业地法律或者损害发生地法律。
		人格权	通过网络或者采用其他方式侵害姓名权、肖像权、名誉权、隐私权等人格权的，适用被侵权人经常居所地法律。
		航空器	民用航空器在公海上空对水面第三人的损害赔偿，适用受理案件的法院所在地法；对除公海以外的上空对地面第三人的损害赔偿，适用侵权行为地法。
知识产权		归属和内容	适用被请求保护地法律。
		转让和许可使用	当事人可以协议选择适用的法律。当事人没有选择的，适用合同的有关规定。
		侵权责任	适用被请求保护地法律，当事人也可以在侵权行为发生后协议选择适用法院地法律。
不当得利、无因管理			适用当事人协议选择适用的法律。当事人没有选择的，适用当事人共同经常居所地法律；没有共同经常居所地的，适用不当得利、无因管理发生地法律。

三、婚姻家庭继承的法律适用

结婚	（1）结婚条件：适用当事人共同经常居所地法律；没有共同经常居所地的，适用共同国籍国法律；没有共同国籍，在一方当事人经常居所地或者国籍国缔结婚姻的，适用婚姻缔结地法律。 （2）结婚手续：符合婚姻缔结地法律、一方当事人经常居所地法律或者国籍国法律的，均为有效。
离婚	（1）协议离婚：当事人可以协议选择适用一方当事人经常居所地法律或者国籍国法律。当事人没有选择的，适用共同经常居所地法律；没有共同经常居所地的，适用共同国籍国法律；没有共同国籍的，适用办理离婚手续机构所在地法律。 （2）诉讼离婚：适用法院地法律。
夫妻人身关系	（1）适用共同经常居所地法律。 （2）没有共同经常居所地的，适用共同国籍国法律。
夫妻财产关系	（1）当事人可以协议选择适用一方当事人经常居所地法律、国籍国法律或者主要财产所在地法律。 （2）当事人没有选择的，适用共同经常居所地法律；没有共同经常居所地的，适用共同国籍国法律。
父母子女人身、财产关系	适用共同经常居所地法律；没有共同经常居所地的，适用一方当事人经常居所地法律或者国籍国法律中有利于保护弱者权益的法律。
收养	（1）收养的条件和手续，适用收养人和被收养人经常居所地法律。 （2）收养的效力，适用收养时收养人经常居所地法律。 （3）收养关系的解除，适用收养时被收养人经常居所地法律或者法院地法律。
监护	适用一方当事人经常居所地法律或者国籍国法律中有利于保护被监护人权益的法律。
扶养	适用一方当事人经常居所地法律、国籍国法律或者主要财产所在地法律中有利于保护被扶养人权益的法律。
继承	（1）法定继承：适用被继承人死亡时经常居所地法律，但不动产法定继承，适用不动产所在地法律。 （2）无人继承遗产的归属，适用被继承人死亡时遗产所在地法律。
遗嘱	（1）遗嘱方式，符合遗嘱人立遗嘱时或者死亡时经常居所地法律、国籍国法律或者遗嘱行为地法律的，遗嘱均为成立。 （2）遗嘱效力，适用遗嘱人立遗嘱时或者死亡时经常居所地法律或者国籍国法律。 （3）遗产管理等事项，适用遗产所在地法律。

【重点提示】《跨国收养方面保护儿童及合作公约》（1993 年《海牙收养公约》，1995 年生效，中国 2005 年加入）

1. 每一缔约国应指定一个中央机关（我国为"中国收养中心"）负责跨国收养相关职责；
2. 跨国收养须经两国的中央机关同意；
3. 任何人不得从跨国收养中获取不适当的金钱或其他收益。

第三章　国际民商事争议的解决

一、国际商事仲裁

1. 仲裁协议

要素	仲裁的意思表示；仲裁事项；仲裁地点；选定仲裁机构；仲裁程序规则。	
约定不明	（1）如果仲裁协议对仲裁事项和仲裁委员会的约定不明确，当事人可以补充协议，不能达成补充协议的，该仲裁协议无效。	
	（2）当事人约定在两个或两个以上的仲裁机构仲裁的，该约定是明确的，争议发生后当事人可以选择在其中一个仲裁机构进行仲裁，法院对当事人的争议不能行使管辖权。	
	（3）当事人达成的仲裁协议只约定仲裁地点，未约定仲裁机构，补充协议中选定仲裁机构的，仲裁协议有效；达不成补充协议的，仲裁协议无效。约定或裁或审的也无效。	
仲裁协议效力认定机构	（1）认定机构：仲裁机构、法院（仲裁机构所在地、仲裁协议签订地、申请人或被申请人住所地的中级人民法院）。既请求仲裁委员会决定，又请求人民法院裁定的，由法院裁定。	
	（2）如果仲裁机构先于法院确认仲裁协议的效力或申请撤销仲裁机构的决定的，法院不再受理申请。	
	（3）当事人对仲裁协议的效力有异议的，应当在仲裁庭首次开庭前提出。	
	（4）对仲裁协议的效力有异议请求人民法院裁定的，由该仲裁委员会所在地的中级人民法院管辖。当事人对仲裁委员会没有约定或约定不明的，由被告所在地的中级人民法院管辖。	
法律适用	（1）适用当事人约定的法律。	
	（2）没有约定适用的法律但约定了仲裁地，适用仲裁地法律。	
	（3）均未约定，适用法院地法律。（约定——仲裁地法——法院地法）	
程序	仲裁协议无效、失效的层报制度：涉外经济、海事海商纠纷，法院认为仲裁协议无效、失效或约定不明无法执行，在决定受理前应报高院审查，高院同意受理的，应再报最高院，最高院答复前，可暂不受理。（注：层报制度还适用于拒绝承认执行外国仲裁裁决、撤销涉外仲裁裁决）	

2. 仲裁程序及裁决的撤销、承认、执行

仲裁法律适用	（1）实体法：当事人选择优先；未选择的适用仲裁员认为合适的冲突规范或者仲裁地冲突规范所确定的实体法、与案件有最密切联系的实体法。
	（2）程序规则：当事人可以自主选择，但常设仲裁机构明确要求适用自己的仲裁规则的除外。

撤销裁决		可撤销情形：①没有签订仲裁条款或者事后没有达成书面仲裁协议的；②被申请人未适当参与：被申请人没有得到指定仲裁员或者进行仲裁程序的通知，或者由于其他不属于被申请人负责的原因未能陈述意见的；③程序有缺陷：仲裁庭的组成或者仲裁的程序与仲裁规则不符的；④裁决的事项不属于仲裁协议的范围或者仲裁机构无权仲裁的。
		撤销涉外裁决需注意的几点：①中国法院只能撤销本国的仲裁裁决；②申请撤销仲裁裁决是胜诉方和败诉方都可以行使的权利；③在决定撤销之前，法院认为可以由仲裁庭重新裁决的，通知仲裁庭在一定期限内重新仲裁，并裁定中止撤销程序；如果仲裁庭拒绝重新仲裁，应恢复撤销程序；④对于法院撤销仲裁裁决或驳回当事人申请的裁定，当事人不能提出上诉及申诉，检察院也不能提起抗诉；⑤人民法院受理撤销申请后，另一方当事人申请执行的，应当在受理后裁定中止执行；⑥当事人在仲裁程序中未对仲裁协议的效力提出异议，在仲裁裁决作出后以协议无效为由主张撤销或提出不予执行抗辩的，不予支持；如果当事人在仲裁程序中提出过异议，经审查符合规定的，应予支持。
		申请机构：申请人自收到裁决书之日起 6 个月内，向仲裁机构所在地中院申请。
承认与执行仲裁裁决	涉外裁决中国执行	(1) 裁定不予执行的情形：①没有订立仲裁条款或事后没有达成书面仲裁协议；②被申请人未得到指定仲裁员或进行仲裁程序的通知，或其他不属于被申请人负责的原因未能陈述意见；③仲裁庭的组成或仲裁程序与仲裁规则不符；④裁决事项不属于仲裁协议的范围或仲裁机构无权仲裁的；⑤法院认定执行该裁决违背社会公共利益的。
		(2) 受理法院：被执行人住所地或财产所在地中级人民法院受理。
		(3) 程序：①一方申请执行，一方申请撤销，应裁定中止执行，被执行人应提供财产担保；②人民法院裁定撤销的，应裁定终止执行，驳回的，应裁定恢复执行；③如果法院裁定撤销或不予执行的，当事人可以书面协议重新申请仲裁，也可以向法院起诉。
	我国裁决在外国承认执行	(1) 如果该外国同为《纽约公约》成员国，当事人根据公约的程序和条件直接申请，由该国法院对裁决进行审查，决定是否承认与执行。
		(2) 如果该外国非公约成员国，当事人直接向有管辖权法院申请，由该国法院根据有关司法协助条约或本国法，裁定是否承认与执行。
	外国裁决在我国承认执行	受理法院：当事人可以向被执行人住所地或财产所在地中级人民法院申请，法院依据中国缔结或参加的国际条约，或按照互惠原则办理。
		承认期限：法院决定予以承认执行的，在受理申请之日起 2 个月内裁决，如无特殊情况，在裁定后 6 个月内执行完毕；裁定不予执行应采取层报制度。
		两项保留：互惠保留和商事保留。

二、国际民事诉讼

1. 国际民事诉讼的管辖权

普通管辖	原告就被告（住所地、经常居住地），特殊情况下被告就原告。
特殊管辖	因合同纠纷或者其他财产权益纠纷，对在中国领域内没有住所的被告提起的诉讼，如果合同在中国领域内签订或者履行，或者诉讼标的物在中国领域内，或者被告在中国领域内有可供扣押的财产，或者被告在中国领域内设有代表机构，可以由合同签订地、合同履行地、诉讼标的物所在地、可供扣押财产所在地、侵权行为地或者代表机构住所地人民法院管辖。
专属管辖	不动产纠纷，港口作业纠纷，继承遗产纠纷，在中华人民共和国履行的中外合资经营企业合同、中外合作经营企业合同、中外合作勘探开发自然资源合同纠纷。
协议管辖	可用书面协议选择与争议有实际联系的地点的法院管辖。选择中国法院的不得违反级别管辖和专属管辖。
推定管辖	被告对法院管辖不提出异议，并应诉答辩的，视为承认该法院有管辖权。

集中管辖	（1）第一审涉外商事案件的管辖法院：国务院批准设立的经济技术开发区人民法院；省会、自治区首府、直辖市所在地的中级人民法院；经济特区、计划单列市中级人民法院；最高人民法院指定的其他中级人民法院；高级人民法院。 （2）适用案件：涉外合同和侵权纠纷案件；信用证纠纷案件；申请撤销、承认与执行国际商事仲裁裁决的案件；审查仲裁协议效力的案件；申请承认和执行外国法院判决、裁定的案件。 （3）不适用的案件：涉外边境贸易纠纷、涉外房地产纠纷、涉外知识产权纠纷。
司法豁免	（1）适用层报制度。 （2）涉及主体：国家豁免、外交特权与豁免和国际组织豁免，适用于外国国家、使馆和使馆人员、途经中国的外国驻第三国的外交代表和与其共同生活的配偶及未成年子女、持有中国外交签证或持有外交护照（仅限互免签证的国家）来中国的外国官员和领事官员、来访的外国国家元首、政府首脑、外交部长及具有同等身份的官员、来中国参加联合国及其专门机构的国际会议的外国代表、临时来中国的联合国及其专门机构的官员和专家、联合国系统组织驻中国的代表机构和人员等。
诉讼代理	代理人范围：如果外国人在我国法院起诉、应诉，需要委托律师代理诉讼的，必须委托中国律师。涉外民事诉讼中的外籍当事人，可以委托本国人为诉讼代理人，也可以委托本国律师以非律师身份担任诉讼代理人。

2. 司法协助包括送达文书、调查取证、承认与执行外国法院判决和外国仲裁裁决等

（1）协助基础：中外法院可在条约或互惠的基础上，相互请求进行各种协助。

（2）途径：有条约依条约，无条约走外交途径；无条约又无互惠关系的国家法院，不通过外交途径，直接请求我国法院协助的，应予退回并说明理由。

域外送达	途径	①条约途径；②外交途径；③使领馆途径；④（有权接受送达的）诉讼代理人；⑤在中国境内设立的代表机构或有权接受送达的分支机构或业务代办人；⑥邮寄（对方允许，邮寄起6个月，没有退回，届满之日视为送达）；⑦传真及电子邮件等适当方式（能确认收悉）。 备注：对外国公司的驻华代表机构可适用留置送达的方式。
	送达的特别要求	不能以有关期限已过、专属管辖、未附有中文译本为由拒绝送达。 备注：对未附中文译本的文书，法院仍应予以送达。除双边条约中规定英、法文本为可接受文字者外，受送达人有权以未附中文译本为由拒收。凡当事人拒收的，送达法院应在送达回证上注明。不管文书中确定的出庭日期或期限是否已过，均应送达。如受送达人拒收，应在送达回证上注明。
	认定不能送达	按相关协定或外交途径送达司法文书，自我国将司法文书转递受送达人所在国有关机关之日起满6个月，如果未能收到送达与否的证明文件，且据各种情况不足以认定已经送达的，视为不能用该种方式送达。
	认定合法送达	受送达人未对法院送达的文书履行签收手续，但存在以下情形之一，视为送达：①受送达人书面向法院提及了所送达司法文书的内容；②受送达人已经按照所送达司法文书的内容履行。
	送达方式	（1）条约途径：中央机关途径（在我国为司法部）： 外国文书──→司法部──→　有中文译本的文书，5日内转给最高院 　　　　　　　　　　　　英文或法文文本的，7日内转给最高院 　　　　　　　　　　　　不符合海牙公约的文书，退回或要求请求方补充、修正材料 送达途径：外国法院或者该国驻华使领馆→司法部→最高院→5日内→送达执行地高院→3日内→有关中院或专门法院→10日内→完成送达。 送达回证：最高院→司法部，按《海牙公约》要求填写证明书，并交于该国驻华使、领馆或该国主管当局或司法助理人员。 （2）使领馆送达：不得采取强制措施。 （3）外交途径。 （4）对中国籍受送达人，可委托我国驻受送达人所在国的使领馆代为送达。 （5）向受送达人在我国领域内设立的代表机构或有权接受送达的分支机构、业务代办人送达。 （6）受送达人所在国允许邮寄送达的，可邮寄送达；自邮寄之日起满6个月，送达回证未退回的，足以认定已经送达的，期间届满之日为送达日。 （7）不能用上述方式送达的，可公告送达，自公告之日起满6个月，视为送达。

续表

域外取证	方式	①代为取证：司法机关对司法机关；②领事取证：本国驻他国领事或外交人员向本国国民直接调查取证，不得违反当地法律，不得采取强制措施；③特派员取证：我国原则上不允许外国特派员在我国境内取证，但特殊情况下可允许；④当事人或诉讼代理人自行取证：未经我国主管机关准许，任何外国当事人或其诉讼代理人都不得在我国境内自行取证。
判决的承认与执行	依据	①条约的规定或互惠原则；②如果该法院国与我国既没有条约，也没有互惠关系的，我国对该判决不予承认和执行，但当事人可以向人民法院起诉，由管辖法院作出判决并执行。
	申请主体	(1) 当事人：向有管辖权的法院（在中国为被执行人住所地或财产所在地的中级人民法院）申请。 (2) 法院：依条约或者互惠原则向对方国家的法院请求。
	承认执行条件	(1) 外国法院具有管辖权。 (2) 外国法院作出的判决已经生效。 (3) 诉讼程序公正。 (4) 不存在"诉讼竞合"情形：①我国法院对于相同当事人之间就同一诉讼标的的案件已经作出了发生法律效力的裁决；②正在进行审理；③我国法院受理案件在先；④我国已承认了第三国法院对该案所作的发生法律效力的裁决。 (5) 请求承认和执行的外国判决必须合法取得。 (6) 不违背我国公共秩序。 (7) 判决地国和执行地国之间存在条约关系或互惠关系。 (8) 外国法院使用了内国冲突法规定的准据法，这一条仅为少数国家所要求。

3. 最高人民法院设立国际商事法庭

性质	最高人民法院的常设审判机构
管辖权	(1) 当事人依照《民事诉讼法》第 35 条的规定（书面协议管辖）协议选择最高人民法院管辖且标的额为人民币 3 亿元以上的第一审国际商事案件； (2) 高级人民法院对其所管辖的第一审国际商事案件，认为需要由最高人民法院审理并获准许的； (3) 在全国有重大影响的第一审国际商事案件； (4) 依照《最高人民法院关于设立国际商事法庭若干问题的规定》第 14 条（最高人民法院组建的国际商事仲裁机构仲裁案件）申请仲裁保全、申请撤销或者执行国际商事仲裁裁决的； (5) 最高人民法院认为应当由国际商事法庭审理的其他国际商事案件。
外国法查明途径	由当事人提供；由中外法律专家提供；由法律查明服务机构提供；由国际商事专家委员提供；由与我国订立司法协助协定的缔约对方的中央机关提供；由我国驻该国使领馆提供；由该国驻我国使馆提供；其他合理途径。
关于证据的特殊规定	(1) 当事人向国际商事法庭提交的证据材料系在中华人民共和国领域外形成的，不论是否已办理公证、认证或者其他证明手续，均应当在法庭上质证。 (2) 当事人提交的证据材料系英文且经对方当事人同意的，可以不提交中文翻译件。 (3) 国际商事法庭调查收集证据以及组织质证，可以采用视听传输技术及其他信息网络方式。

第四章 区际法律问题

（对台裁判认可；香港送达/仲裁裁决；澳门送达/取证/判决/仲裁裁决）

内地与港/澳送达
- 机构
  - 内地：各高院（最高院可直接委托香港高等法院、澳门终审法院）
  - 港：高等法院；澳：终审法院
- 期限：最迟不超过自收到委托书之日起2个月
- 依据法律：受委托方所在地法律
- 费用互免：特殊：委托方承担，互对后果不承担责任
- 受送达人
  - （1）可以直接送达其在内地的自然人或企业组织的法定代表人、主要负责人
  - （2）除有明文相反表示外，可以送达其委托的诉讼代理人
  - （3）可以直接送达其在内地设立的代表机构
  - （4）可以送达经授权的分支机构或业务代办人
- 送达方式
  - （1）可以采取邮寄、传真、电子邮件等方式，可以同时进行，以最先实现的方式确定送达日期
  - （2）上述方式均不能送达的，可采取公告送达，时间为3个月
  - （3）向在内地的受送达人或者其法定代表人、主要负责人、诉讼代理人、代表机构及分支机构、业务代办人送达的，可以适用留置送达
  - （4）推定送达：受送达人虽未履行签收手续，但向法院提及了所送达文书内容，或者已经按文书内容履行等情形的，视为送达

【备考提示】内地与台湾地区之间的送达规定：

1. 对住所地在台湾地区的当事人送达民事诉讼文书的方式。

（1）在内地居住的，或虽不在内地居住，但送达时在内地的，可以直接送达；对于自然人，本人不在的，可以交其同住成年家属签收；对于法人、其他组织，由其主要负责人或负责收件人签收。

（2）在内地有诉讼代理人的，可以向其诉讼代理人送达，但授权委托书明确表示诉讼代理人无权接收的除外。

（3）有指定代收人，向其代收人送达。

（4）在内地有代表机构及分支机构、业务代办人的，可以向其代表机构或经授权的分支机构、业务代办人送达。（注意送达代表机构与分支机构、业务代办人的区别）

（上述4种方式送达，拒绝签收或盖章的，可以留置送达。）

（5）在台湾地区的地址明确的，可以邮寄送达。应当附有送达回证。受送达人未在送达回证上签收但在邮件回执上签收的，视为送达，签收日期为送达日期。

自邮寄之日起满3个月，如果未能收到送达与否的证明文件，且根据各种情况不足以认定已经送达的，视为未送达。

（6）有明确的传真号码、电子信箱地址的，可以通过传真、电子邮件方式向受送达人送达。

（7）按照两岸认可的其他途径送达：应当由有关的高级人民法院出具盖有本院印章的

委托函。

（8）采用上述方式不能送达或者台湾地区的当事人下落不明的，公告送达，时间为 3 个月。

2. 内地法院受委托代为送达台湾地区法院的民事诉讼文书的，台湾地区法院应当出具委托函，经审查符合条件的，自收到委托函之日起 2 个月内完成送达。

即使诉讼文书中确定的出庭日期或者其他期限逾期的，受委托的法院也要送达。

如果按照委托函中的姓名、地址不能送达的，应当附函写明情况，将未完成送达材料依原途径退回。完成的送达回证也按照原途径退回。

内地与澳门取证
- 机构
  - 内地：各高院（最高院直接）
  - 澳门：终审法院
- 取证范围：民商事案件，特别是劳动争议案件，其中请求调取的证据只能是与诉讼有关的证据
- 期限：最迟不超过自收到委托书之日起 3 个月
- 拒绝理由：非法院范围、执行有损公序或公共利益，应及时说明原因
- 费用：互免
- 特殊方式取证：委托方承担

内地对台裁判/澳判决
- 受理法院：内地：中院（被申请人住所地、经常居住地、财产所在地）
- 澳门：中级法院（判决认可）、澳门初级法院（判决执行）
- 不予认可的情形：判决未生效或被中止执行、程序缺陷、专属管辖、有仲裁协议的、诉讼竞合、违反公共利益

内地与香港仲裁裁决互认
- 相互承认：香港承认内地提供名单中的内地仲裁；内地承认香港依《仲裁条例》作出的裁决
- 管辖法院
  - 内地：中院（涉及几个法院应选择其中之一）
  - 香港：高等法院
  - 两地有住所或财产所在地，选一地，不足部分另一地
- 提交文书：执行申请书、仲裁裁决书、仲裁协议
- 依据的程序法：执行地法律
- 不予执行：同《纽约公约》（7 种情形）
- 期限
  - 法人：裁决生效后 6 个月内提出执行申请
  - 自然人：裁决生效后 1 年内提出执行申请

【重点提示】

1. 内地与台湾地区互相认可和执行民事判决：台湾地区法院的民事判决、裁定、和解笔录、支付命令等，当事人可在判决生效后 2 年内向内地人民法院申请认可和执行。人民法院收到申请书，经审查，符合《最高人民法院关于人民法院认可台湾地区有关法院民事判决的规定》条件的，应当在 7 日内立案；并通知申请人和被申请人，同时将申请书送达被申请人；不符合受理条件的，应当在 7 日内裁定不予受理，同时说明不予受理的理由；申请人对裁定不服的，可以提起上诉。人民法院审查认可台湾地区法院民事判决的申请，组成合议庭进行。申请人应当提供相关证明文件，以证明该判决真实并已经生效。

台湾地区法院的民事判决具有下列情形之一的，人民法院裁定不予认可：①申请认可的民事判决，是在被申请人缺席又未经合法传唤或者在被申请人无诉讼行为能力又未得到适当代理的情况下作出的；②案件系人民法院专属管辖的；③案件双方当事人订有有效仲

裁协议，且无放弃仲裁管辖情形的；④案件系人民法院已作出判决或者中国大陆的仲裁庭已作出仲裁裁决的；⑤香港特别行政区、澳门特别行政区或者外国的法院已就同一争议作出判决且已为人民法院所认可或者承认的；⑥台湾地区、香港特别行政区、澳门特别行政区或者外国的仲裁庭已就同一争议作出仲裁裁决且已为人民法院所认可或者承认的。

经人民法院裁定认可的台湾地区法院民事判决，与人民法院作出的生效判决具有同等效力。

2. 《关于认可和执行台湾地区仲裁裁决的规定》的要点：（1）台湾地区有关常设仲裁机构及临时仲裁庭在台湾地区按照台湾地区仲裁规定就有关民商事争议作出的仲裁裁决，包括仲裁判断、仲裁和解和仲裁调解，当事人可以在该裁决生效后 2 年内向内地人民法院申请认可和执行。申请由申请人或被申请人住所地、经常居住地或者被申请人财产所在地中级人民法院或者专门人民法院受理。（2）申请认可台湾地区仲裁裁决，应当提交以下文件或者经证明无误的副本：①申请书；②仲裁协议；③仲裁裁决书、仲裁和解书或者仲裁调解书。（3）人民法院收到申请书，经审查，符合本规定条件的，应当在 7 日内立案，并通知申请人和被申请人，同时将申请书送达被申请人；不符合受理条件的，应当在 7 日内裁定不予受理，同时说明不受理的理由；申请人对裁定不服的，可以提起上诉。人民法院审查认可台湾地区仲裁裁决的申请，组成合议庭进行。应当在立案之日起 2 个月内作出裁定；决定不予认可或者驳回申请的，应当在作出决定前按照有关规定自立案之日起 2 个月内上报最高人民法院。

【关联提示】《最高人民法院关于内地与香港特别行政区法院就民商事案件相互委托提取证据的安排》（2017 年 3 月 1 日起生效）

1. 机构：内地高院⟷香港政务司行政署（委托书加盖香港高等法院印章）

　　　　内地最高法→香港政务司行政署

2. 期限：6 个月。

3. 无须付费，但需承担法院实际产生的特殊费用。

4. 只能调取与诉讼有关的证据。

5. 委托书及所附相关材料应当以中文文本提出。

6. 委托方法院提出参与取证的请求，受托方法院"可以"允许委托方司法人员出席并直接取证，批准同意的，"应当"通知取证时间、地点。

《关于内地与香港特别行政区相互认可和执行民商事案件判决的安排》

（一）适用范围

1. 适用于：民商事案件生效判决、刑事案件中有关民事赔偿的生效判决。

2. 除外领域：

（1）内地人民法院审理的赡养、兄弟姐妹之间扶养、解除收养关系、成年人监护权、离婚后损害责任、同居关系析产案件，香港特别行政区法院审理的应否裁判分居的案件；

（2）继承案件、遗产管理或者分配的案件；

（3）内地人民法院审理的有关发明专利、实用新型专利侵权的案件，香港特别行政区法院审理的有关标准专利（包括原授专利）、短期专利侵权的案件，内地与香港特别行政区法院审理的有关确认标准必要专利许可费率的案件，以及有关本安排第 5 条未规定的知识产权案件；

（4）海洋环境污染、海事索赔责任限制、共同海损、紧急拖航和救助、船舶优先权、海上旅客运输案件；

（5）破产（清盘）案件；

（6）确定选民资格、宣告自然人失踪或者死亡、认定自然人限制或者无民事行为能力的案件；

（7）确认仲裁协议效力、撤销仲裁裁决案件；

（8）认可和执行其他国家和地区判决、仲裁裁决的案件。

3. 关于知识产权判决的特殊规定：

知识产权侵权纠纷认可和执行的范围限于金钱判项，包括惩罚性赔偿部分，但商业秘密侵权纠纷认可和执行的范围包括金钱判项（含惩罚性赔偿）和非金钱判项。

（二）程序性规定

机构	内地	申请人住所地或者被申请人住所地、财产所在地的中院
	香港	香港高等法院
认可和执行判决的期间、程序和方式	依据被请求方法律的规定	
对认可与否裁定不服的救济	内地	向上一级法院提请复议
	香港	提出上诉
能否同时向两地法院申请提出执行	能（分别执行的总额不能超过判决数额）	
能否同时向内地多个法院提出执行申请	不能	

最高人民法院《关于内地与香港特别行政区法院就仲裁程序相互协助保全的安排》(2019 年 10 月 1 日)

第 1 条　本安排所称"保全"，在内地包括财产保全、证据保全、行为保全；在香港特别行政区包括强制令以及其他临时措施，以在争议得以裁决之前维持现状或者恢复原状、采取行动防止目前或者即将对仲裁程序发生的危害或者损害，或者不采取可能造成这种危害或者损害的行动、保全资产或者保全对解决争议可能具有相关性和重要性的证据。

第 2 条　本安排所称"香港仲裁程序"，应当以香港特别行政区为仲裁地，并且由以下机构或者常设办事处管理：

（一）在香港特别行政区设立或者总部设于香港特别行政区，并以香港特别行政区为主要管理地的仲裁机构；

（二）中华人民共和国加入的政府间国际组织在香港特别行政区设立的争议解决机构或者常设办事处；

（三）其他仲裁机构在香港特别行政区设立的争议解决机构或者常设办事处，且该争议解决机构或者常设办事处满足香港特别行政区政府订立的有关仲裁案件宗数以及标的金额等标准。

以上机构或者常设办事处的名单由香港特别行政区政府向最高人民法院提供，并经双方确认。

第 3 条　香港仲裁程序的当事人，在仲裁裁决作出前，可以参照《中华人民共和国民事诉讼法》《中华人民共和国仲裁法》以及相关司法解释的规定，向被申请人住所地、财产所在地或者证据所在地的内地中级人民法院申请保全。被申请人住所地、财产所在地或者证据所在地在不同人民法院辖区的，应当选择向其中一个人民法院提出申请，不得分别向两个或者两个以上人民法院提出申请。

当事人在有关机构或者常设办事处受理仲裁申请后提出保全申请的，应当由该机构或者常设办事处转递其申请。

在有关机构或者常设办事处受理仲裁申请前提出保全申请，内地人民法院采取保全措施后三十日内未收到有关机构或者常设办事处提交的已受理仲裁案件的证明函件的，内地人民法院应当解除保全。

第6条　内地仲裁机构管理的仲裁程序的当事人，在仲裁裁决作出前，可以依据香港特别行政区《仲裁条例》《高等法院条例》，向香港特别行政区高等法院申请保全。

第7条　向香港特别行政区法院申请保全的，应当依据香港特别行政区相关法律规定，提交申请、支持申请的誓章、附同的证物、论点纲要以及法庭命令的草拟本，并应当载明下列事项：

（一）当事人的基本情况：当事人为自然人的，包括姓名、地址；当事人为法人或者非法人组织的，包括法人或者非法人组织的名称、地址以及法定代表人或者主要负责人的姓名、职务、通讯方式等；

（二）申请的事项和理由；

（三）申请标的所在地以及情况；

（四）被申请人就申请作出或者可能作出的回应以及说法；

（五）可能会导致法庭不批准所寻求的保全，或者不在单方面申请的情况下批准该保全的事实；

（六）申请人向香港特别行政区法院作出的承诺；

（七）其他需要载明的事项。

第8条　被请求方法院应当尽快审查当事人的保全申请。内地人民法院可以要求申请人提供担保等，香港特别行政区法院可以要求申请人作出承诺、就费用提供保证等。

经审查，当事人的保全申请符合被请求方法律规定的，被请求方法院应当作出保全裁定或者命令等。

第9条　当事人对被请求方法院的裁定或者命令等不服的，按被请求方相关法律规定处理。

《最高人民法院关于内地与澳门特别行政区就仲裁程序相互协助保全的安排》（2022年3月25日）

根据《中华人民共和国澳门特别行政区基本法》第九十三条的规定，经最高人民法院与澳门特别行政区协商，现就内地与澳门特别行政区关于仲裁程序相互协助保全作出如下安排。

第1条　本安排所称"保全"，在内地包括财产保全、证据保全、行为保全；在澳门特别行政区包括为确保受威胁的权利得以实现而采取的保存或者预行措施。

第2条　按照澳门特别行政区仲裁法规向澳门特别行政区仲裁机构提起民商事仲裁程序的当事人，在仲裁裁决作出前，可以参照《中华人民共和国民事诉讼法》《中华人民共和国仲裁法》以及相关司法解释的规定，向被申请人住所地、财产所在地或者证据所在地的内地中级人民法院申请保全。被申请人住所地、财产所在地或者证据所在地在不同人民法院辖区的，应当选择向其中一个人民法院提出申请，不得分别向两个或者两个以上人民法院提出申请。

在仲裁机构受理仲裁案件前申请保全，内地人民法院采取保全措施后三十日内未收到仲裁机构已受理仲裁案件的证明函件的，内地人民法院应当解除保全。

第3条　向内地人民法院申请保全的，应当提交下列材料：

（一）保全申请书；

（二）仲裁协议；

（三）身份证明材料：申请人为自然人的，应当提交身份证件复印件；申请人为法人或者非法人组织的，应当提交注册登记证书的复印件以及法定代表人或者负责人的身份证件复印件；

（四）在仲裁机构受理仲裁案件后申请保全的，应当提交包含主要仲裁请求和所根据的事实与理由的仲裁申请文件以及相关证据材料、仲裁机构出具的已受理有关仲裁案件的证明函件；

（五）内地人民法院要求的其他材料。

身份证明材料系在内地以外形成的，应当依据内地相关法律规定办理证明手续。

向内地人民法院提交的文件没有中文文本的，应当提交中文译本。

第4条 向内地人民法院提交的保全申请书应当载明下列事项：

（一）当事人的基本情况：当事人为自然人的，包括姓名、住所、身份证件信息、通讯方式等；当事人为法人或者非法人组织的，包括法人或者非法人组织的名称、住所以及法定代表人或者主要负责人的姓名、职务、住所、身份证件信息、通讯方式等；

（二）请求事项，包括申请保全财产的数额、申请行为保全的内容和期限等；

（三）请求所依据的事实、理由和相关证据，包括关于情况紧急，如不立即保全将会使申请人合法权益受到难以弥补的损害或者将使仲裁裁决难以执行的说明等；

（四）申请保全的财产、证据的明确信息或者具体线索；

（五）用于提供担保的内地财产信息或者资信证明；

（六）是否已提出其他保全申请以及保全情况；

（七）其他需要载明的事项。

第5条 依据《中华人民共和国仲裁法》向内地仲裁机构提起民商事仲裁程序的当事人，在仲裁裁决作出前，可以根据澳门特别行政区法律规定，向澳门特别行政区初级法院申请保全。

在仲裁机构受理仲裁案件前申请保全的，申请人应当在澳门特别行政区法律规定的期间内，采取开展仲裁程序的必要措施，否则该保全措施失效。申请人应当将已作出必要措施及作出日期的证明送交澳门特别行政区法院。

第6条 向澳门特别行政区法院申请保全的，须附同下列资料：

（一）仲裁协议；

（二）申请人或者被申请人为自然人的，应当载明其姓名以及住所；为法人或者非法人组织的，应当载明其名称、住所以及法定代表人或者主要负责人的姓名、职务和住所；

（三）请求的详细资料，尤其包括请求所依据的事实和法律理由、申请标的的情况、财产的详细资料、须保全的金额、申请行为保全的详细内容和期限以及附同相关证据，证明权利受威胁以及解释恐防受侵害的理由；

（四）在仲裁机构受理仲裁案件后申请保全的，应当提交该仲裁机构出具的已受理有关仲裁案件的证明；

（五）是否已提出其他保全申请以及保全情况；

（六）法院要求的其他资料。

如向法院提交的文件并非使用澳门特别行政区的其中一种正式语文，则申请人应当提交其中一种正式语文的译本。

第7条 被请求方法院应当尽快审查当事人的保全申请，可以按照被请求方法律规定要求申请人提供担保。

经审查，当事人的保全申请符合被请求方法律规定的，被请求方法院应当作出保全裁定。

第8条　当事人对被请求方法院的裁定不服的，按被请求方相关法律规定处理。

第9条　当事人申请保全的，应当根据被请求方法律的规定交纳费用。

第10条　本安排不减损内地和澳门特别行政区的仲裁机构、仲裁庭、仲裁员、当事人依据对方法律享有的权利。

第11条　本安排在执行过程中遇有问题或者需要修改的，由最高人民法院和澳门特别行政区协商解决。

第12条　本安排自2022年3月25日起施行。

科目：

国际经济法

国际经济法
├ 国际贸易法
│   ├ 私法规范
│   │   ├ 国际货物买卖
│   │   ├ 国际货物运输与保险
│   │   └ 国际贸易支付
│   └ 公法规范
│   ├ 中国对外贸易管理制度
│   └ WTO
└ 国际经济法的其他领域
    ├ 国际知识产权法（见知识产权部分）
    ├ 国际投资法
    ├ 国际金融法
    └ 国际税法

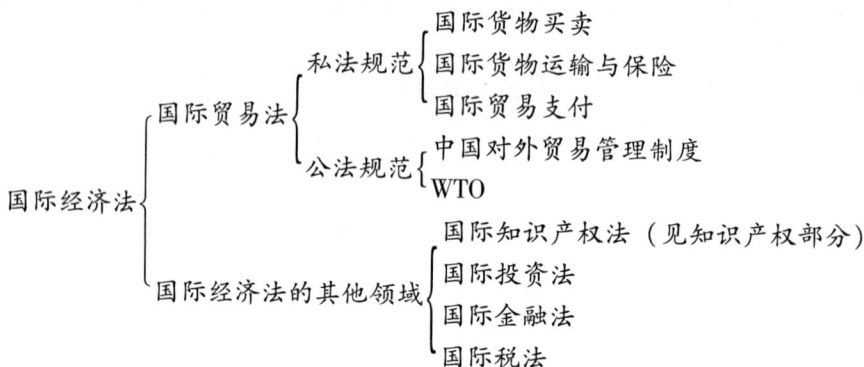

第一章　国际货物买卖

[《1980 年国际货物销售合同公约》（以下简称《公约》）+
《2010 年国际贸易术语解释通则》]

一、《公约》的适用

适用范围	（1）国际货物买卖：营业地标准，当事人营业地位于不同的《公约》缔约国。 （2）扩大适用：如果依据国际私法规则导致适用某一缔约国法律，则即使双方或一方营业地不在缔约国，仍适用《公约》。《公约》这一规定的目的旨在扩大《公约》的适用范围，但允许缔约国提出保留。
不适用《公约》的合同（非常6 +1）	（1）6 种不适用《公约》的情形：①购买供私人、家人或家庭使用的货物；②以拍卖的方式进行的销售；③依执行令状的销售；④公债、股票、投资证券、流通票据或货币；⑤船舶或飞机；⑥电力。 （2）对货物与服务相结合的合同，依《公约》规定，下列两种合同排除适用：①通过劳务合作方式进行的购买，如补偿贸易；②通过货物买卖方式进行的劳务合作，如技贸结合。
不涉及的问题	①合同的效力；②货物所有权转移；③人身伤亡的责任问题。
《公约》的任意性	当事人可以通过选择其他法律而排除《公约》的适用；当事人可约定部分适用《公约》，可以改变《公约》内容，但有限制，如当事人营业地所在国在加入《公约》时已经提出保留的内容，当事人必须遵守，不得排除或改变。
中国两项保留（扩大适用 +书面形式）	（1）扩大适用的保留：必须双方营业地所在国都是《公约》的缔约国。 （2）合同形式的保留：合同必须书面，排除口头和其他形式。

二、合同的订立和违反合同的补救办法（按国内合同法掌握）

三、合同的内容：双方权利义务的分配（贸易术语）

国际商业惯例是在国际商业交往中长期形成的，经过反复使用而被国际商业的参加者接受的习惯做法或通例。具有普遍接受性、确定性和任意性的特征，对当事人不具有强制性，只有在当事人约定引用时，才对当事人具有法律约束力，而且当事人在引用时可以对惯例进行相应的修改和增减。国际贸易术语是国际商业惯例中的一种，具有任意性，由当事人选择适用。

四、国际贸易术语解释通则® 2020

适用于任一或多种运输方式的术语

EXW（Ex Works）工厂交货

FCA（Free Carrier）货交承运人

CPT（Carriage Paid To）运费付至

CIP（Carriage and lnsurance Paid To）运费、保险费付至

DAP（Delivered at Place）目的地交货

DPU（Delivered at Place Unloaded）目的地卸货后交货

DDP（Delivered Duty Paid）完税后交货

适用于海运和内河水运的术语

FAS（Free Alongside Ship）船边交货

FOB（Free On Board）船上交货

CFR（Cost and Freight）成本加运费

CIF（Cost Insurance and Freight）成本、保险加运费

贸易术语	交货地点	风险转移界限	出口报关的责任	进口报关的责任、费用承担	适合的运输方式
EXW	货物产地或所在地	买方处置货物时	买方	买方	任何方式
FCA	出口国内地或港口	承运人处置货物后	卖方	买方	任何方式
CPT	出口国内地或港口	承运人处置货物后	卖方	买方	任何方式
CIP	出口国内地或港口	承运人处置货物后	卖方	买方	任何方式
DPU	指定港口或目的地的运输终端	买方在指定地点收货后	卖方	买方	任何方式
DAP	进口国目的地	买方在指定地点收货后	卖方	买方	任何方式
DDP	进口国目的地	买方在指定地点收货后	卖方	卖方	任何方式
FAS	装运港口	装运港船边为界	卖方	买方	水上运输
FOB	装运港口	装运港船上为界	卖方	买方	水上运输
CFR	装运港口	装运港船上为界	卖方	买方	水上运输
CIF	装运港口	装运港船上为界	卖方	买方	水上运输

主要贸易术语的价格换算

FOB、CFR 和 CIF 三种术语的换算

1. FOB 价换算为其他价

CFR 价 = FOB 价 + 运费

CIF 价 =（FOB 价 + 运费）/（1 - 投保加成 × 保险费率）

2. CFR 价换算为其他价

FOB 价 = CFR 价 - 运费

CIF 价 = CFR 价 /（1 - 投保加成 × 保险费率）

3. CIF 价换算为其他价

FOB 价 = CIF 价 ×（1 - 投保加成 × 保险费率）- 运费

CFR 价 = CIF 价 ×（1 - 投保加成 × 保险费率）

FCA、CPT 和 CIP 三种术语的换算：

1. FCA 价换算为其他价

CPT 价 = FCA 价 + 运费

CIP 价 =（FCA 价 + 运费）/（1 - 保险加成 × 保险费率）

2. CPT 价换算为其他价

FCA 价 = CPT 价 - 运费

CIP 价 = CPT 价 /（1 - 保险加成 × 保险费率）

3. CIP 价换算为其他价

FCA 价 = CIP 价 ×（1 - 保险加成 × 保险费率）- 运费

CPT 价 = CIP 价 ×（1 - 保险加成 × 保险费率）

五、合同的履行

1. 卖方义务

交货、交单
- 时间：约定——合理时间
- 地点：约定——货交第一承运人——卖方营业地

质量担保：依约定，无约定
- （1）符合产品的通常使用目的
- （2）符合特定使用目的（买方事先明示、默示）
- （3）符合样品或样式
- （4）包装：通用方式——足以保全货物的方式
- ⇒例外：买方订约时明知

担保权利
- 所有权上无瑕疵：货物属卖方，不存在未向买方说明的担保物权
- 知识产权上无瑕疵
  - 地域限制
    - 买方营业地国家
    - 合同预期的货物使用地或转售地国家
  - 主观限制
    - 买方提供技术图样、款式或其他规格
    - 买方订约时已知或不可能不知此权利
  - （免责事由）⇒买方有及时通知义务，否则丧失要求卖方承担辩驳第三方的权利

2. 买方义务
- 支付货款
- 提取货物
  - 正常情况：买方应按时间按地点提取货物
  - 卖方有违约：先接收再索赔（接收不等于接受）

3. 风险转移

有约定依约定，无约定，依公约
- 涉及运输：货交承运人时
- 在途货物：原则上自合同成立时
- 其他情况：货交买方支配时

4. 保全货物

（1）条件：①卖方保全货物的条件是买方没有支付货款或接受货物，而卖方仍拥有货

物或控制货物的处置权；②买方保全货物的条件是买方已接收货物，但打算退货。

（2）方式：①将货物寄放于仓库，费用由对方承担；②将易坏货物出售，应在可能的范围内通知对方，可从价款中扣除保全发生的合理费用。

第二章　国际货物运输

一、提单

<table>
<tr>
<td rowspan="3">性质</td>
<td colspan="2">提单是承运人接收货物和交付货物的凭证，提单受让人对在途货物有处分权。</td>
</tr>
<tr>
<td colspan="2">托运人——承运人：运输合同的证明──→提单受让人——承运人：运输合同本身。</td>
</tr>
<tr>
<td colspan="2">托运人——承运人：货物收据的初步证据──→提单受让人——承运人：最终证据。</td>
</tr>
<tr>
<td rowspan="6">种类</td>
<td rowspan="2">有无不良批注</td>
<td>清洁提单：只表明货物表面状况无异常，不代表货物内在质量。</td>
</tr>
<tr>
<td>不清洁提单：货物表面状况有缺陷，买方一般不接受不清洁提单，银行一般拒绝接受不清洁提单办理结汇。</td>
</tr>
<tr>
<td rowspan="3">收货人抬头栏</td>
<td>指示提单：提单正面收货人一栏内载明"凭指示"的提单，可背书转让。</td>
</tr>
<tr>
<td>无记名提单：又称空白提单，指在提单正面一栏内不记载任何收货人的名称，而通常只注明"持有人"或"交与持有人"字样的提单，交付即转让，流通性很强，风险较大，因此很少使用。</td>
</tr>
<tr>
<td>记名提单：指在提单正面收货人一栏内载明特定的收货人名称的提单。不能转让，只能向记名人交货。</td>
</tr>
<tr>
<td>货物是否已装船</td>
<td>已装船提单和收货待运提单，银行一般只接受已装船提单。</td>
</tr>
<tr>
<td rowspan="4">保函</td>
<td rowspan="2">恶意保函（无效）</td>
<td>双方恶意串通换取清洁提单的保函：承运人明知货物表面有瑕疵仍接收保函签发清洁提单，承运人和托运人承担连带责任。</td>
</tr>
<tr>
<td>倒签提单和预借提单的保函：提单中注明的装船日期早于实际装船日期的为倒签提单，货物装船前签发的已装船提单是预借提单。二者都掩盖了实际的装船日期，构成对收货人的欺诈，应向收货人承担赔偿责任，依据保函向托运人索赔时得不到法律保护。</td>
</tr>
<tr>
<td rowspan="2">善意保函（有效）</td>
<td>双方无恶意换取清洁提单的保函：保函有效只在托运人与承运人间有效，不能对抗收货人，承运人必须先赔偿收货人，再依保函向托运人索赔。</td>
</tr>
<tr>
<td>副本提单加保函提货：承运人需对因无单放货引起的真正提单持有人的损失承担赔偿责任，承运人对收货人承担责任后可以通过保函从提货人处得到补偿。</td>
</tr>
</table>

二、班轮运输三大规则

调整班轮运输的3个提单公约是《海牙规则》《维斯比规则》和《汉堡规则》。总体上看，《海牙规则》——《维斯比规则》——《汉堡规则》，在承运人责任和义务方面依次加重，承运人免责和赔偿责任限制依次减少。中国海商法主要以海牙——维斯比体系为基础制定，同时借鉴了《汉堡规则》中的合理规定。

比较点	《海牙规则》\《维斯比规则》	《汉堡规则》	中国海商法
承运人最低义务	1. 适航义务：（1）时间：开航前和开航时。 （2）程度：谨慎处理（潜在缺陷免责）。 （3）内容：①船舶适航；②适员：适当地配备船员、设备和船舶供应品；③适货：使货舱、冷藏舱和该船其他运载货物的部位适宜并能安全地收受、运送和保管货物。 2. 管货义务：承运人应适当和谨慎地装载、搬运、积载、运送、保管、照料和卸下货物。应尽快、直接、安全地将货物运至目的地，不得作不合理绕航。		
责任期间	装到卸（俗称"舷至舷"或"钩至钩"）	接到交（俗称"港至港"）	集装箱：接到交。 非集装箱：装到卸。
责任基础	不完全过失责任	完全过失责任（货损时：推定过失责任制）	不完全过失责任
免责事由	（1）航行（驾船、管船）过失。 （2）火灾，但承运人本人实际过失或私谋除外。 （3）无过失免责。	仅有无过失免责，航行和火灾不免责。	航行过失免责＋无过失免责。
	①海上危险；②货方原因；③货物原因；④政府行为。		
延迟交货	未规定	（1）未在约定时间或在未约定的情况下的合理时间内交货即为迟延交货。限额为迟延货物运费的 2.5 倍，但不应超过总运费。 （2）迟延 60 天以上，视为货物灭失。	仅规定未在约定时间内交货为迟延。限额为迟延货物运费，不超过总运费。
实际承运人	未规定	与订约承运人负连带责任。	同《汉堡规则》
保函	未规定	善意有效（订约当事人间）、恶意无效。	同《汉堡规则》
舱面货\活牲畜	不适用	（1）舱面货：依协议、惯例、法律可装，固有风险由货方承担。 （2）活牲畜：固有风险免责，但应证明已按托运人指示处理货物。	同《汉堡规则》
索赔通知	（1）提货时发现，当时。 （2）损坏不明显，3 日内。 （3）联合检查，无需提交。	（1）提货时发现，收货后第 1 个工作日。 （2）损坏不明显，15 日。 （3）联合检查无需提交。 （4）迟延交付，应在收货后 60 日。	同《海牙规则》
诉讼时效	1 年（可协商延长，对第三者的追偿有 3 个月的宽限期：《维斯比规则》）	2 年	1 年

第三章　国际货物运输保险制度

一、风险与险别

风　险		险　别	
海上风险	(1) 自然灾害：不以人的意志为转移的自然力量所引起的灾害，如海啸、地震、飓风、雷电等恶劣气候和自然灾害。 (2) 意外事故：在海上发生，克尽注意义务也可避免，如触礁、颠覆、碰撞、失踪。	三大主险	平安险：承保海上风险造成的全部和部分损失（自然灾害造成的单独海损不赔） 水渍险：承保海上风险造成的全部和部分损失（平安险责任＋自然灾害造成的部分损失） 一切险：水渍险＋一般外来原因所致的全部或部分损失（一般附加险）
外来风险	一般外来风险：偷窃、提货不着、淡水雨淋、短量、混杂玷污、渗漏、串味异味、受潮受热、包装破裂、钩损、锈损、碰损破碎等。	一般附加险	
	特别外来风险：交货不到险、进口关税险、舱面险、拒收险、黄曲霉素险（政治、行政）。	特别附加险	
	特殊外来风险：战争险、罢工险。	特殊附加险	
除外责任：①被保险人故意或过失造成的损失；②发货人责任；③保险责任开始前，被保险货物已存在的品质不良或数量短差所造成的损失；④货物的自然损耗、本身的缺陷和自然特性以及市价跌落、运输延迟引起的损失和费用；⑤海洋运输货物战争险条款和货物运输罢工险条款规定的责任范围和除外责任。			
责任期间：仓至仓。 ①货物在保险单载明起运地发货人仓库，尚未开始运输时所受的损失，保险公司不负责责任；②货物一经离开上述发货仓库，保险责任即告开始，保险公司按照货物所保险别规定的责任范围予以负责；③货物运离发货人仓库，不是直接装船，而是先放在承运人机构，如外贸运输公司的仓库里等候装船，在此期间，货物遭受到保险责任范围内的损失，保险公司予以负责；④货物在装船前存放在港区码头仓库待运期间，如果发生损失，已出保险单或者已经办投保手续的，保险公司按保险险别负责；⑤有些外贸公司在港区码头设有专用仓库，货物从该外贸公司市内仓库运入该专用仓库等候装船，虽然同为发货人仓库，但后者并非"仓至仓"条款所指的起运仓库，应视为承运机构仓库性质，如发生保险责任的损失，也应负责；⑥若发货人自己没有固定的仓库，而是临时租用承运机构仓库或者港区码头仓库，直接将货物集中储于上述仓库等候装船，则上述仓库应视为发货人仓库，货物储存期间发生损失，不属保险责任。			
索赔时效：海上货物运输保险的索赔时效为2年，从被保险货物在最后卸货港全部卸离运输工具后起算。			

二、损失

			区别：
部分损失	共同海损	共同海损，指在同一海上航程中，船舶、货物和其他财产遭遇共同危险，为了共同安全，有意地和合理地采取措施所直接造成的特殊牺牲，支付的特殊费用。	(1) 共同海损是面临共同危险，单独海损是一方利益受损的危险。 (2) 共同海损是人为有意采取的，单独海损是无人为因素的纯粹意外事故。
	单独海损	单独海损，指货物由于风险直接造成的部分损失。	(3) 共同海损由受益人分摊，单独海损由单方承担。

第四章　国际贸易支付

一、汇付

汇付，也称买方直接付款，性质属于商业信用。汇付当事人有买方、卖方、汇出行、汇入行。汇付种类有电汇、信汇和票汇。

二、托收

托收是由卖方（收款人）对买方开立汇票，委托银行向买方收取货款的一种结算方式。

托收是一种逆汇法，以商业信用为基础。

托收的种类有光票托收和跟单托收（包括付款交单和承兑交单）。

各方当事人的关系：委托人与托收行之间、托收行与代收行之间是委托代理关系；委托人与代收行之间、代收行与付款人之间无直接法律上的关系。银行作为卖方的代理人办理托收业务，只有及时提示、及时交款、及时通知以及及时审单（汇票和货运单据与托收指示书在表面上一致）的义务，对其他事项免责。

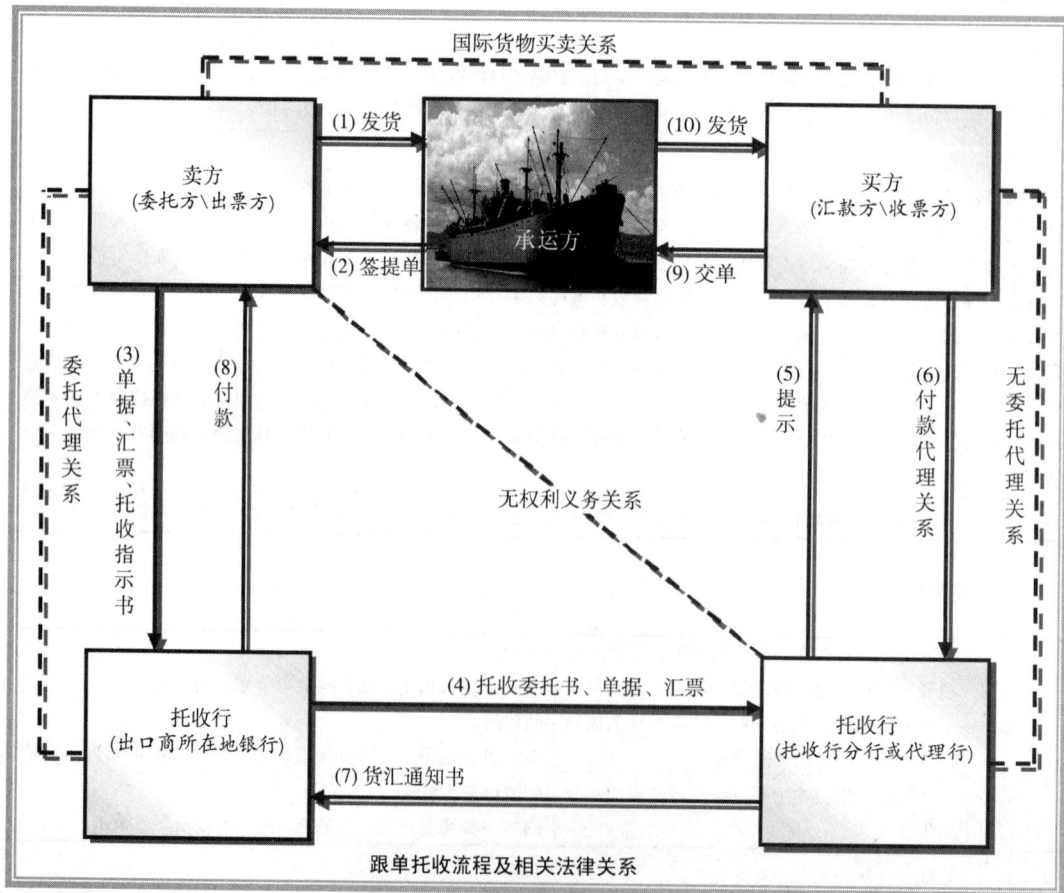

跟单托收流程及相关法律关系

三、银行信用证

1. 性质：银行信用。

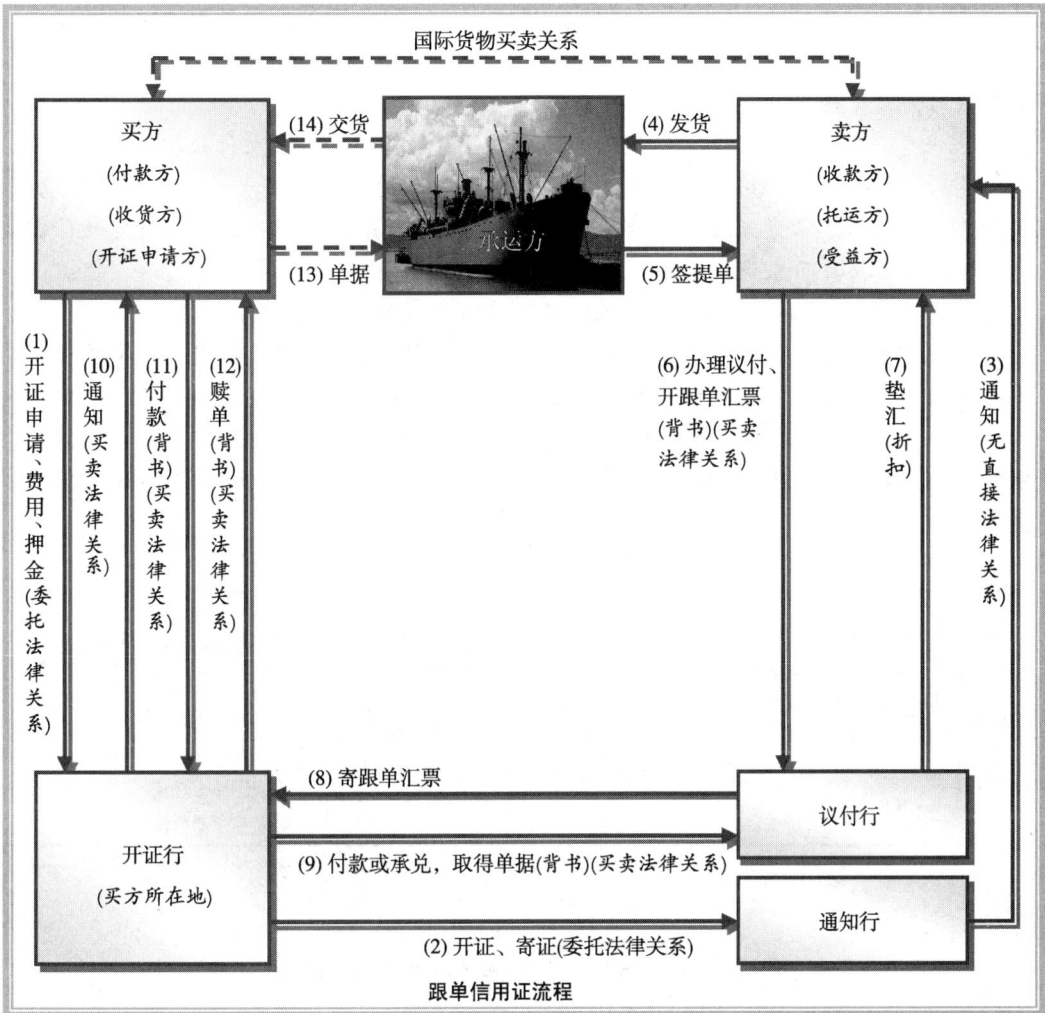

跟单信用证流程

2. 当事方之间的法律关系。

（1）开证申请人与受益人之间的法律关系：买卖合同关系。

（2）开证行与开证申请人之间的法律关系：委托合同关系。

（3）通知行与开证行之间的法律关系：委托代理关系。

（4）通知行与受益人之间的法律关系：无直接的法律关系。

（5）开证行与受益人之间的法律关系：在开立不可撤销信用证的情况下，当信用证送达受益人而受益人接受时，在开证行与受益人之间即形成对双方均有约束力的独立合同。

3. 银行的责任：单证一致、单单一致条件下付款。

4. 银行的免责。

（1）只审查单据表面，不审实质。

（2）传递延误或遗失免责。

（3）不可抗力免责。

（4）不受买卖合同的约束和影响。

（5）对被指示方的行为免责。

5. 信用证的种类。

（1）可撤销与不可撤销信用证：未注明的，视为不可撤销信用证。不经受益人或其他有关当事人同意，开证行不得随意修改或撤销的信用证。在接到开证行撤销通知之前，国外银行已经承兑、付款的，开证行应对之偿付；在延期付款情况下国外银行已接受表面相符的单据的，开证行应对之偿付。

（2）保兑与不保兑信用证：保兑行的付款责任是第一性的、独立付款承诺。汇票由保兑行承兑的，则承兑并于到期后付款；汇票由他行承兑的，他行不承兑，保兑行应承兑，他行承兑不付款的，保兑行应付款。保兑行议付但不保留追索权；不论开证行发生什么变化，保兑行都不得片面撤销其保兑。

（3）可转让信用证：必须注明"可转让"字样，且只能转让一次。

（4）跟单信用证、光票信用证与备用信用证（履约保证）：备用信用证通常作为代债务人向债权人（受益人）提供的一种银行保证，当债务人违约时，受益人向开证行提供债务人违约证明时，开证行即须向债权人承担付款责任。银行对备用信用证审证时，只要求受益人签署证实借款方违约的证明或声明，并不需要去调查借款人是否真的违约就可以付款。

6. 信用证欺诈和信用证欺诈例外原则。

| 信用证欺诈 | 欺诈 | （1）买方开假信用证
（2）卖方伪造单据或以假货充真货
（3）以保函换倒签提单、预借提单、清洁提单（恶意）
（4）软条款：信用证暂不生效，限制性付款等其他限制条款 | 欺诈救济 | （1）方式：法院中止支付裁定（48 小时） |
| | | | | （2）条件：①有管辖权法院 ②确有证据 ③情况急需 ④提供担保 ⑤信用证下任何一家关联银行均未善意地付款或承兑 |

第五章　对外贸易管理和 WTO

一、我国对外贸易法

1. 主体：外贸经营者（主体扩大到自然人、改审批制为登记备案制）。

2. 客体：货物、技术进出口，国际服务贸易，知识产权保护和垄断或不正当行为的规制。

（1）货物、技术进出口：对实行自由进出口的货物，实行目录管理。对部分自由进出口的货物实行进出口自动许可管理，一经申请主管部门应当许可；自由进出口的技术应办理合同备案登记。限制或禁止进出口情况见下表：

限制或禁止进出口	①为维护国家安全、社会公共利益或者公共道德。
	②为保护人的健康或者安全，保护动物、植物的生命或者健康，保护环境。
	③为实施与黄金或者白银进出口有关的措施。
限制或禁止出口	国内供应短缺或者为有效保护可能用竭的自然资源。

续表

限制出口	①输往国家或者地区的市场容量有限。 ②出口经营秩序出现严重混乱。
限制进口	①为建立或者加快建立国内特定产业。 ②对任何形式的农业、牧业、渔业产品有必要限制进口的。 ③为保障国家国际金融地位和国际收支平衡。
采取任何必要的措施	①国家对与裂变、聚变物质或者衍生此类物质的物质有关的货物、技术进出口，以及与武器、弹药或者其他军用物资有关的进出口。 ②在战时或者为维护国际和平与安全。
限制方式	①国家对限制进口或者出口的货物，实行配额、许可证等方式管理。 ②对限制进口或者出口的技术，实行许可证管理。

（2）国际服务贸易。

管制式贸易规则，只有在中国根据国际协定承诺的领域，才给予外国服务贸易经营者市场准入和国民待遇。准入目录中的限制或禁止同货物与技术进口（限制农、林、渔业的除外）。

（3）对外贸易中的知识产权保护。①进口货物侵犯我国知识产权，并危害对外贸易秩序的，可以采取在一定期限内禁止侵权人生产、销售的有关货物进口等措施。②滥用专有权或优势地位（有效性提出质疑、强制性一揽子许可或排他性返授条件等），并危害对外贸易公平竞争秩序的，可以采取必要的措施消除危害。③针对外国政府的消极行为可以采取对等的措施（对等原则）。

（4）垄断或不正当行为可以采取必要措施消除危害。

二、贸易救济措施

要点	反倾销	反补贴	保障措施
条件	（1）倾销（出口价格＜正常价值）。 正常价值的确定：出口国市场上的可比价格；如果没有前者采用出口到第三国的可比价格或者该类产品在原产国的生产成本＋合理费用＋利润。 （2）损害：对国内已建立产业造成实质性损害或实质性损害威胁；对国内正在建立产业造成实质性阻碍。 （3）因果关系。	（1）进口产品存在专向性补贴。 （2）国内产业损害。 （3）因果关系。	（1）进口产品数量增加（数量绝对增加或与国内生产相比相对增加）。 （2）严重损害或严重损害威胁。（＞实质损害） （3）因果关系。
调查发起	（1）国内产业或代表国内产业的自然人、法人或有关组织提出书面申请；商务部自行决定立案。 （2）分为初步裁定和终局裁定。 （3）终止调查事由：①申请人撤销申请的；②没有足够证据证明存在倾销、损害或者二者之间有因果关系的；③倾销幅度低于2%的；④倾销进口产品实际或者潜在的进口量或者损害属于可忽略不计的（低于3%，但单一一超7%的除外）；⑤商务部认为不宜调查的。		可以作出初裁决定，也可不经初裁直接终裁。

续表

要点	反倾销	反补贴	保障措施
措施	(1) 临时反倾销措施——初裁：措施为临时反倾销税、提供保证金、保函或其他形式的担保。（备注：临时反倾销措施自公告实施之日起不得超出 4 个月，特殊情形下不得超出 9 个月。在公告反倾销立案调查之日起 60 天内，不得采取临时反倾销措施） (2) 价格承诺： ①出口经营者可承诺改变价格，商务部可决定是否接受。 ②商务部可建议但不能强迫出口者价格承诺。 ③肯定性初裁后方可寻求或接受承诺。 ④作出否定裁定的，价格承诺自动失效；作出肯定裁定的，价格承诺继续有效。 ⑤出口者违反承诺，商务部可立即恢复调查，采取临时反倾销措施，并对采取临时措施前 90 天内进口产品追溯征收，但违反价格承诺前进口的除外。 (3) 反倾销税：终局裁定确定倾销成立时适用；纳税人为进口经营者；税额不超过倾销幅度；原则上是裁定后的进口产品，特殊情况下可以追溯（违反价格承诺、实施临时反倾销税期间——多退少不补）；终局裁定不征收反倾销税或裁定不追溯征收的，应当退还临时反倾销税、保证金，解除保函或其他担保。	(1) 反补贴措施包括：①临时反补贴措施；②承诺和反补贴税。 (2) 实施条件：基本同反倾销措施。 (3) 不同点：①出口政府或出口经营者都可以作出承诺，分别承诺取消、限制补贴或其他有关措施，承诺修改价格；②反补贴税的纳税人为补贴进口产品的进口经营者。	(1) 临时措施——初裁：提高关税。 (2) 最终保障措施——终裁：提高关税、数量限制。 （适用针对产品、不区分产品来源国的非歧视原则）
针对主体	特定国家	特定国家	针对所有 WTO 成员方（非歧视原则）
期限	两反：≤5 年，经复审可延长，复审不影响反倾销措施实施。 一保：≤4 年，经过延长的最长不超过 10 年。超过 1 年的，应在实施期间按固定时间间隔逐步放宽。对同一进口产品重复采取保障措施，间隔不短于前次实施期限且至少 2 年，但符合下列条件的保障措施（≤180 天）不受此限制： (1) 自实施保障措施之日起已经超过 1 年。 (2) 自实施之日起 5 年内，未对同一产品实施 2 次以上保障措施。		
启动	启动机关：商务部，涉及农产品的应会同农业部。 启动方式：依国内产业申请或依职权。		
限制	中国入世特殊义务： (1) 3 年放开外贸经营权的承诺。 (2) 15 年非市场经济承诺（针对中国产品反倾销时适用替代国价格、主要给国有企业的补贴视为专项补贴）。 (3) 12 年特定产品保障措施承诺（仅针对中国产品适用保障措施，且实施条件低于一般保障措施）。		
救济	(1) 国内救济程序：针对反倾销、反补贴措施的司法审查，性质是行政诉讼。 ①救济途径：可以申请行政复议，或者行政诉讼，复议非必经阶段；②被告：被诉反倾销、反补贴行政行为的国务院主管部门；③管辖法院：被告所在地中院或高院。 (2) 多边救济程序：WTO 争端解决机制。当事人为出口国政府和进口国政府；由专家组和上诉机构复议裁决；作出的裁决不能直接撤销或修改，也不能强制执行，只能建议。		

三、世贸组织的主要法律制度

关贸总协定

	基本原则	例 外
最惠国待遇	普遍性、相互性、自动性、同一性。	①关税同盟和自由贸易区（区域经济安排）；②普惠制（对发展中国家实行的特殊待遇）；③边境贸易；④反倾销税、反补贴税；⑤收支平衡；⑥一般例外与安全例外；⑦豁免例外。
国民待遇	不低于本国同类或替代产品待遇。	①政府采购；②仅对某种农产品的国内生产商提供的补贴；③一般例外与安全例外。
数量限制禁止	原则上取消一切数量限制、遵循非歧视原则。	①为防止粮食和其他必需品的短缺而实施的数量限制；②为实施国际贸易中的商品归类、分类和销售标准或法规而实施的进出口禁止或限制；③为限制国内产品数量或消除国内产品的过剩而对农产品或与产品进口实施的限制；④为保证国际金融地位和国际收支平衡而实施限制。

服务贸易总协定

特点	框架性协定，缺乏具体义务和规则。	四种服务贸易方式： （1）跨境供应（产品流动）。 （2）境外消费（消费者流动）。 （3）商业存在（设立当地机构）。 （4）自然人流动。
最惠国待遇	适用于服务产品和服务者，不适用于货物。	例外： （1）毗邻国家优惠。 （2）服务贸易自由化协议。 （3）劳动力市场一体化协议。 （4）一般例外与安全例外。 （5）政府服务采购。
具体承诺	市场准入	原则上不低于承诺表，发展中国家允许建立商业存在例外。
	国民待遇	仅限于承诺表中所列部门。
	关税减让	肯定式清单，只对具体承诺事项和范围承担义务。由水平承诺和部门承诺两大部分组成，水平承诺适用于所有部门，部门承诺仅适用于所列部门，部门承诺最具体地确定承诺的范围。 具体承诺的三种方式： （1）不作承诺：不承担任何义务。 （2）没有限制：承担全部义务。 （3）具体列明限制：承担附带要求的义务。

四、世贸组织的争端解决机制

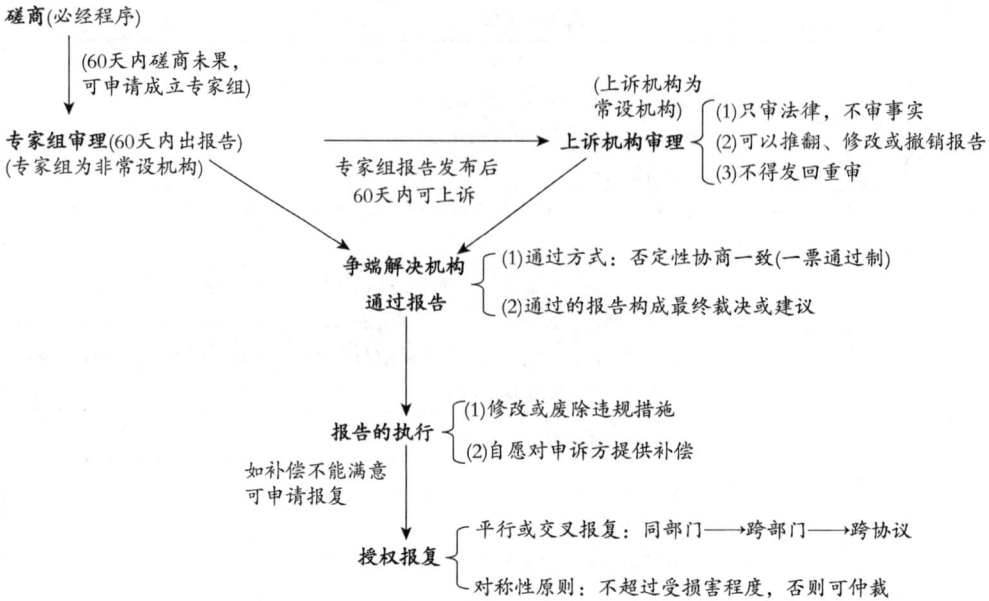

磋商(必经程序)

(60天内磋商未果，
可申请成立专家组)

专家组审理(60天内出报告)
(专家组为非常设机构)

专家组报告发布后
60天内可上诉

(上诉机构为
常设机构)

上诉机构审理
- (1)只审法律，不审事实
- (2)可以推翻、修改或撤销报告
- (3)不得发回重审

争端解决机构
通过报告
- (1)通过方式：否定性协商一致(一票通过制)
- (2)通过的报告构成最终裁决或建议

报告的执行
- (1)修改或废除违规措施
- (2)自愿对申诉方提供补偿

如补偿不能满意
可申请报复

授权报复
- 平行或交叉报复：同部门——跨部门——跨协议
- 对称性原则：不超过受损害程度，否则可仲裁

第六章 国际经济法领域的其他法律制度

一、国际投资法

1. 特点：仅调整国际私人投资、直接投资。

2. 多边投资担保机构：赔偿后有代位求偿权。

承保条件

合格投资者
- (1) 该自然人不是东道国的国民
- (2) 该法人不具有东道国的法人资格或在该东道国设有主要营业地点
- (3) 相关法人的经营以商业盈利为目的

合格的东道国：发展中国家，同意多边机构担保特定风险的国家，经机构查明，投资可以得到公正平等待遇和法律保护的国家

合格的投资：经济上合理、合法并可发展；新投资；经东道国政府认可

险别：政府违约险、战争和内乱险、货币汇兑险、征收征用险

3. 与贸易有关的投资措施协议：仅适用与货物贸易有关的投资措施，将与服务贸易和知识产权有关的投资措施排除在外。

禁止使用的措施：违反国民待遇的投资措施、违反一般禁止数量限制原则的投资措施。

透明度问题与过渡期安排（过渡期发达国家 2 年，发展中国家 5 年，最不发达国家 7 年）、设立与贸易有关的投资措施委员会。

4. "解决国家与他国国民间投资争议国际中心（ICSID）"的管辖权：具有专属性，一经提交即不属于国内法管辖范围。例外，缔约国可要求用尽当地救济；中心管辖排斥本

国的外交保护，除非东道国未遵守和履行裁决。

$$中心管辖的条件\begin{cases}主体\begin{cases}原则上：东道国与外国投资者\\双方均同意：东道国与东道国法人（外国人控制）\end{cases}\\争端：因国际直接投资引起的法律争端\\主观：双方书面同意，不得单方面撤销\end{cases}$$

二、国际金融法

1. 国际资金融通方式：国际贷款、国际证券融资和国际融资租赁。

2. 国际贷款的种类。

（1）政府贷款：特定政府组织、利率低、费用少、中长期、项目贷款。

（2）国际金融机构贷款：特定借贷款人、利息较低、中长期、开发性贷款、用途严格。

（3）国际商业银行贷款：主体不特定、利率为国际金融市场利率、定期和中短期、用途不限。

（4）国际银团贷款：贷款金额大、参与银行多、期限长、风险共担、浮动利率。

（5）国际项目融资：政府提供间接保证、有限追索权、风险分担、结构复杂、时间长、成本高、依赖项目现金流和资产。

3. 国际贷款协议的共同性标准条款：陈述和保证、先决条件、约定事项、违约事件及救济方法。

4. 国际融资担保。

国际融资的信用担保：

（1）见索即付保证：付款义务（独立、绝对、单一）。

（2）备用信用证：保证人是银行、出具违约证明即付款、开证行的第一付款责任、独立性。

（3）担保意愿书：不具法律效力，仅有道义约束力。

5. 国际融资的物权担保：

（1）抵押：一般抵押、浮动抵押。

（2）质押。

三、国际税法

1. 两种税收管辖权$\begin{cases}居民税收管辖权：对本国税法上的居民的境内外所得和财产\\所得来源地税收管辖权：对非居民本国境内的所得或财产\end{cases}$

2. 国际双重征税，分为：

（1）国际重复征税：针对同一个人的同一笔所得。

解决办法：免税制、抵免制（全额抵免、限额抵免）、扣除法。

（2）国际重叠征税：针对不同人的同一笔所得。

解决办法：股息收入国采取的措施、股息付出国采取的措施。

3. 国际逃税、避税：逃税性质违法，避税性质合法。

4. 中国对外签订的税收协定主要采取收入来源国税收管辖权优先原则，平等互利、友好协商原则，要求资本输出国提供税收饶让抵免等原则。税收饶让抵免指居住国政府对本国纳税人外国所得因来源国给予税收减免而未缴纳的税款视同已纳税款而给予抵免的制度。

5. 我国对外签订税收协定：一般按照《联合国范本》的条文结构：

（1）常设机构的限定：连续存在 6 个月以上。

（2）预提税的限制税率：不超过 10%。

（3）对个人劳务所得的征税限定：独立的个人劳务所得，仅由居住国行使征税权；非独立个人劳务所得，原则上由来源国行使征税权，但如在一个纳税年度在来源国连续或累计停留不足 183 天，且该劳务报酬既非来源国的居民所支付，又非雇主设在来源国的常设机构或固定基地所负担，则由居住国行使征税权，来源国不得征税。

四、中华人民共和国出口管制法

1. 适用范围：（1）主体：出口经营者、进口商和最终用户；（2）客体：两用物项、军品、核以及其他与维护国家安全和利益、履行防扩散等国际义务相关的货物、技术、服务等物项；（3）行为：出口、过境、转运、通运、再出口等；

2. 管理部门：国务院、中央军委等有关部门；

3. 主要制度：（1）管理清单制度；（2）出口许可制度；（3）最终用户和最终用途风险管理制度（风险评估和核查）；

4. 法律责任：（1）行政责任；（2）刑事责任。

第二编

程 序 法

科目：民事诉讼法与仲裁制度

【民事诉讼法部分】

第一章　基本原则与基本制度

基本原则	（1）当事人诉讼权利平等原则	诉讼权利平等；诉讼权利义务相对应。
	（2）同等原则和对等原则	针对无国籍人、外国人而言，国民待遇、对等待遇。
	（3）调解原则	调解需合法、自愿，离婚案件须先调解，但婚姻关系确认的案件不能调解。
	（4）辩论原则	贯通诉讼全过程，实体和程序均可。
	（5）诚信原则	（1）当事人真实陈述； （2）其他参与人不得滥用权利（代理人不得滥用代理权、证人不得作伪证、鉴定人不得做出与事实不符的鉴定）； （3）法官诚实善意，秉公办案，不滥用自由裁量权，不得接受当事人及其诉讼代理人请客送礼。
	（6）处分原则	以民事权利自主处分为基础，包括程序选择权和实体处分权，对实体权的处分通过诉讼权利实现。
	（7）检察监督原则	指检察院的检察监督权，再审抗诉。
	（8）在线诉讼原则	经当事人同意，民事诉讼活动可以通过信息网络平台在线进行。民事诉讼活动通过信息网络平台在线进行的，与线下诉讼活动具有同等法律效力

续表

基本制度	（1）合议制度	①合议庭的组成 { 一审由审判员或审判员与陪审员共同组成 / 二审由审判员组成 / 重审按一审程序另行组成 / 再审的原来一审按一审，原来二审按二审 } ②判决按少数服从多数原则，不同意见如实记入笔录。
	（2）回避制度	①分为职权回避、自行回避、申请回避；②须具备法定事由；③申请应在开庭时提出，开庭后知道事由的，在辩论终结前提出；④回避对象：审判人员、书记员、翻译人员、鉴定人员、勘验人员；⑤审判人员回避由院长决定，院长任审判长时，由审判委员会决定，其他人员由审判长决定；⑥回避决定可复议，复议期间被申请回避的人员不停止本案工作。
	（3）公开审判制度	不公开情形：应当不公开：国家秘密、个人隐私、法律另有规定的；离婚案件、涉及商业秘密案件，且当事人申请不公开的，属于可以不公开。
	（4）两审终审制度	一审终审的文书：①最高人民法院的一审判决、裁定；②调解书一审终审，不能上诉；③一般的裁定书（除不予受理、驳回起诉、管辖权异议）一审终审，不得上诉；④特别程序、督促程序、公示催告程序一审终审，且不得申请再审；⑤小额诉讼程序一审终审（包括小额诉讼程序的实体判决、驳回起诉、管辖权异议裁定）；⑥根据《婚姻法解释（一）》，有关婚姻效力的判决，一经作出，即发生法律效力，不得上诉，一审终审。

【提示】1. 回避法定事由：审判人员有下列情形之一的，应当自行回避，当事人有权用口头或者书面方式申请他们回避：

（1）是本案当事人或者当事人、诉讼代理人近亲属的。

（2）与本案有利害关系的。

（3）与本案当事人、诉讼代理人有其他关系，可能影响对案件公正审理的。

审判人员接受当事人、诉讼代理人请客送礼，或者违反规定会见当事人、诉讼代理人的，当事人有权要求他们回避。

2. 被申请回避的人员在人民法院作出是否回避的决定前，应当暂停参与本案的工作，但案件需要采取紧急措施的除外。（与复议不同）

第二章　主管与管辖

一、级别管辖

（1）基层：一般民事案件。	
（2）中院：重大涉外案件、本辖区有重大影响的案件、最高人民法院确定的案件。	①重大涉外案件，指争议标的额大，或案情复杂，或居住在国外的当事人人数众多的案件； ②专利纠纷案件，由较大市的中院管辖；（最高人民法院可以指定基层法院审理） ③海商、海事案件，由海事法院管辖； ④公益诉讼案件； ⑤仲裁相关：确认仲裁协议的效力，撤销、执行仲裁裁决，涉外仲裁的财产、证据的保全。

续表

（3）高院：本辖区有重大影响的案件。	各地高院对本院管辖案件的标准须经最高院批准。
（4）最高院：全国有重大影响的或认为应由其审理的案件。	一审终审。

【关联提示】 1. 法院主管与管辖。

主管：指法院对特定争议的审判权，区别于人民调解、仲裁；人民调解后达成的协议只有合同效力。

管辖：指特定法院对特定争议的审判权，管辖只针对一审民事案件，区别于不同级、不同辖区的法院。

2. 级别管辖的转移。

（1）上级法院有权审理下级法院管辖的一审民事案件，确有必要将本院管辖的第一审民事案件交下级人民法院审理的，应当报请其上级人民法院批准。（限制案件向下转移）

（2）下级法院认为有必要将自己一审的案件交上级法院审理的，应当报请上级法院同意。

3. 管辖恒定原则。

（1）地域管辖恒定：案件受理后，受诉法院的管辖权不受当事人住所地、经常居住地、行政区域变更的影响。

（2）级别管辖恒定：诉讼请求的增加不影响管辖权，但恶意规避管辖的除外。

二、地域管辖

1. 一般地域管辖

原则	"原告就被告"由被告住所地法院管辖	（1）被告住所地和经常居住地不同的，由经常居住地法院管辖（注意：住所地和经常居住地的确定，依据新《民诉解释》第3、4条）。 （2）同一诉讼几个被告住所地、经常居住地在2个以上法院辖区的，各法院均有管辖权。
例外	原告住所地或经常居住地法院管辖	（1）对不在我国领域内居住的人、下落不明或宣告失踪的人提起的有关身份关系的诉讼。 （2）对被采取强制性教育措施、被监禁的人提起的诉讼。 （3）追索赡养费案件的几个被告住所地不在同一辖区的。 （4）非军人对军人提出的离婚诉讼，军人一方为非文职的。 （5）夫妻一方离开住所地超过1年，另一方起诉离婚的。 （6）被告被注销城镇户口的。
	被告居住地	（1）双方均被注销城镇户口的。 （2）夫妻双方离开住所地超过1年，且被告无经常居住地的。
	被告经常居住地法院	（1）被告户籍迁出尚未落户，有经常居住地的。 （2）双方均离开住所地超过1年的离婚案件，被告有经常居住地的。
	原户籍地法院	当事人户籍迁出不足1年，尚未落户，又无经常居住地的。
	被监禁地、被采取强制性教育措施地法院	被告被监禁或被采取强制性教育措施超过1年以上。
	被告注册登记地法院	对无办事机构的公民合伙、合伙型联营体提起的诉讼。 特别提示：没有注册登记地，几个被告又不在同一辖区的，被告住所地法院都有管辖权。
	经诉前财产保全的案件，申请人可向采取保全措施的法院起诉	国内经济案件中，对非争议财产或争议财产的非主要部分采取保全措施的法院不享有对该案的管辖权。
	被监护人住所地法院	不服指定监护或变更监护关系的案件。
	被告所在团级以上单位驻地法院	离婚诉讼双方都是军人的。

2. 特殊地域管辖

原则	(1) 被告住所地均可管辖 (2) 密切联系原则	海难救助、共同海损除外。
合同纠纷	(1) 被告住所地	注意：若合同未实际履行，当事人双方住所地均不在约定的履行地的，应由被告住所地法院管辖。
	(2) 合同履行地	履行地的确定：①有约定从约定；②无约定或约定不明的，争议标的为给付货币的，在接受货币一方所在地；交付不动产的，在不动产所在地；其他标的，在履行义务一方所在地；即时结清的合同，在交易行为地。网购交易，通过信息网络交付标的的，以买受人住所地为合同履行地；通过其他方式交付标的的，收货地为履行地。
	(3) 协议管辖	①被告或原告住所地、合同签订地、履行地、标的物所在地法院均可选；②不得违反级别管辖、专属管辖规定；③必须书面，选择的法院必须明确。 提示：①有效的协议管辖优先于法定管辖；②协议管辖范围扩张到财产纠纷。
侵权案件	侵权行为地、被告住所地	①侵权行为地指侵权行为发生地、侵权结果地；②因产品质量造成的侵权，产品制造地、销售地法院也可管辖；③网络侵权行为实施地包括计算机等信息设备所在地，侵权结果发生地包括被侵权人住所地。
保险合同	保险标的物所在地、被告住所地	保险标的物是运输工具或运输中的货物，则运输工具登记注册地、运输目的地、保险事故发生地法院也可管辖。因人身保险合同纠纷提起的诉讼，可以由被保险人住所地人民法院管辖。
票据纠纷	被告住所地、票据支付地	票据支付地指票据上载明的付款地，未载明付款地的，以付款人（包括代理付款人）住所地或主营业场所所在地为付款地。
运输合同	被告住所地、运输始发地、目的地	指铁路、公路、水上、航空运输及联合运输。
海事事故	被告住所地、碰撞发生地、碰撞船舶最先到达地、加害船舶被扣留地。	
海难救助	救助地、被救船舶最先到达地。	
共同海损	船舶最先到达地、共同海损理算地、航程终止地。	
公司纠纷	因公司设立、确认股东资格、分配利润、解散等纠纷提起的诉讼，由公司住所地人民法院管辖。	

3. 其他管辖权问题

专属管辖	(1) 不动产——不动产所在地。 (2) 港口作业——港口所在地。 (3) 遗产继承——主要遗产所在地、被继承人死亡时住所地。	
共同管辖	两个以上法院对同一案件享有管辖权	(1) 原告可选择起诉；向多个法院同时起诉的，由最先立案的法院管辖。 (2) 先立案的不能移送后立案的法院。
合并管辖	因诉之间的牵连关系而一并管辖多个诉讼	适用情形：(1) 基于同一事实发生纠纷当事人分别向同一法院起诉的。(2) 案件受理后，当事人增加诉讼请求、提出反诉、第三人提出与本案有关的诉讼请求的。
移送管辖	法院把不属本院管辖的案件移送有管辖权的法院	(1) 由移送法院自行判断，只能移送 1 次； (2) 受送法院认为自己无权管辖的，只能报请上级法院指定管辖。
指定管辖	有管辖权的法院因故不能行使，由上级法院指定管辖。	
	法院间有管辖权争议，无法协调解决，报请共同上级法院指定管辖	争议双方为跨省、自治区、直辖市的法院，由高级法院协商解决，协商不成，报请最高法院指定管辖。 提示：在报上级法院指定管辖时，应逐级进行。

管辖权异议	异议主体：当事人	有独立请求权的第三人和无独立请求权第三人都不能提管辖异议。
	提交答辩状期间提出	否则视为默示同意。
	15 日内审查异议并裁定	对裁定不服，自送达之日起 10 日内可上诉。

【关联提示】1. 管辖权争议解决前不得进入实体裁判，对抢先作出判决的，上级法院应以违反程序为由撤销其判决。

2. 不动产纠纷是指因不动产的权利确认、分割、相邻关系等引起的物权纠纷；农村土地承包经营合同纠纷、房屋租赁合同纠纷、建设工程施工合同纠纷、政策性房屋买卖合同纠纷，按不动产纠纷确定管辖；不动产已登记的，以不动产登记簿记载的所在地为不动产所在地；不动产未登记的，以不动产实际所在地为不动产所在地。

3. 指定管辖在指定前，下级法院应当中止审理，下级法院对案件作出判决、裁定的，上级法院应当在裁定指定管辖的同时，一并撤销下级人民法院的判决、裁定。

4. 下列第一审民事案件，人民法院在报请上级人民法院批准后，可以在开庭前交下级人民法院审理：（1）破产程序中有关债务人的诉讼案件；（2）当事人人数众多且不方便诉讼的案件；（3）最高人民法院确定的其他类型案件。

第三章　诉

诉	当事人就特定的民事争议向法院提出的作出有利于自己裁判的请求。	包括程序意义的诉和实体意义的诉。
诉讼标的	当事人间发生争议并要求法院裁判的民事权利义务关系。	
诉讼标的物	争议民事权利义务关系指向的对象。	
诉讼请求	基于实体权利义务关系提出的具体请求。	
反诉	（1）主体特定性	反诉与本诉的原被告对换。
	（2）同一法院管辖	反诉属于专属管辖、协议管辖的除外。
	（3）诉讼请求的关联性	反诉的诉讼请求须与本诉在诉讼请求、诉讼理由上有法律或事实的关联关系。
	（4）诉讼请求的独立性	反诉能够独立成诉。
	（5）诉讼目的的对抗性	提起反诉在于抵销或吞并本诉。
	（6）在本诉诉讼过程中提出	二审当中提出反诉的处理：二审法院可以进行调解，调解不成，告知另行起诉，但当事人同意由二审法院一并审理的，二审法院可以一并裁判。
	（7）本诉撤诉后，继续另案审理反诉，具有独立性	

【关联提示】1. 反诉只能由本诉的被告对本诉的原告提出，代理人提起反诉需要特别授权。

2. 确认之诉、变更之诉、给付之诉的比较。

确认之诉	变更之诉	给付之诉
请求确认法律关系存在与否	请求变更现存法律关系	请求法院判决对方履行给付义务
对现存法律关系的状态有争议	对现存法律关系状态无争议	对是否按现存法律关系履行给付义务有争议
判决前现存法律关系效力未定	判决前现存法律关系仍有效	判决须先确认现存法律关系，再对是否存在给付义务进行裁判
判决不具有执行性	判决不具有执行性	判决有执行性
当事人须对法律关系的存在与否举证	当事人须对引起法律关系变更的事实举证	当事人须对民事法律关系的存在、对方有给付义务并已届履行期等举证

3. 重复起诉

重复起诉的构成条件（同时满足）	（1）后诉与前诉的**当事人**相同； （2）后诉与前诉的**诉讼标的**相同； （3）后诉与前诉的**诉讼请求**相同，或者后诉的诉讼请求实质上否定前诉裁判结果。
起诉时间	诉讼过程中或裁判生效后再次起诉。
重复起诉的后果	法院裁定不予受理；已经受理的，裁定驳回起诉，但法律、司法解释另有规定的除外（不予受理、驳回起诉、撤诉、按撤诉处理）。
其他相关规定	（1）二审中撤回起诉后重复起诉的，法院不予受理。 （2）再审中撤回起诉后重复起诉的，法院不予受理。

第四章   当事人

一、当事人的确定

当事人	（1）自然人	包括业主、雇主、直接责任人等。
	（2）法人	由法定代表人进行诉讼。
	（3）其他组织	由主要负责人进行诉讼，包括：①依法登记领取营业执照的合伙组织、私营独资、合伙型联营、中外合作经营和外资企业、法人分支机构、乡镇和村办企业；②中国人民银行、各专业银行、中国人民保险公司设立的分支机构；③经民政部门核准登记领取社会团体登记证的社会团体；④居民委员会、村民委员会或者村民小组与他人发生民事纠纷的，居民委员会、村民委员会或有独立财产的村民小组为当事人。
当事人变更	（1）自然人死亡由继承人承担（人身关系除外）	被继承人诉讼行为对继承人有效。
	（2）法人、组织合并、分立由合并、分立后的组织承担；破产由破产管理人承担	撤销的，清算组承担；无清算组，作撤销决定的机构承担。

【关联提示】1. 法人非依法设立的分支机构，或依法设立但无营业执照的，以设立该分支机构的法人为当事人。

2. 职务行为或授权行为引发的诉讼，以法人或组织为当事人；个体工商户、农村承包经营户、合伙组织的雇员在雇佣合同规定的生产经营活动中致他人损害的，雇主为当事

人。（注意《人身损害赔偿案件适用法律若干问题的解释》第9条）

3. 法人或其他组织应登记而未登记即以法人、其他组织名义进行民事活动，或他人冒用法人、其他组织名义进行民事活动，或法人、其他组织依法终止后仍以其名义进行民事活动的，以直接责任人为当事人。

4. 特殊情形下，无民事权利能力但有民事诉讼权利能力的可作为当事人，如失踪人的财产代管人、遗产管理人或遗嘱执行人、死者的近亲属、清算组织、破产管理人等。

5. 对污染环境、侵害众多消费者合法权益等损害社会公共利益的行为，法律规定的机关和有关组织可以向人民法院提起诉讼。

二、共同诉讼

	必要共同诉讼	普通共同诉讼
诉讼标的	当事人对诉讼标的有共同的权利或义务	诉讼标的同种类，无共同权利或义务
是否必须合并	必须合并审理	法院认为可以合并，经当事人同意
当事人的追加	申请追加；依职权追加（但当事人表示放弃实体权利的除外）	不必须追加
遗漏当事人的后果	先行调解；调解不成，撤销原判，裁定发回重审，裁定中不列应加的当事人	当事人可另行起诉
诉讼行为的效力	一人的诉讼行为经全体承认后对全体有效	一人的诉讼行为仅对自己有效

【关联提示】

1. 法定的必要共同诉讼情形。

（1）营业执照登记的业主与实际经营者不一致，业主和实际经营者为共同诉讼人。

（2）个人合伙，全体合伙人为共同诉讼人。

（3）企业法人分立的，因分立前的活动发生纠纷，分立后的企业为共同诉讼人。

（4）借用业务介绍信、合同专用章、盖章空白合同书或银行账户的，出借单位和借用人为共同诉讼人。

（5）被代理人和代理人承担连带责任的，为共同诉讼人。

（6）遗产继承纠纷，部分继承人起诉的，法院应通知其他继承人作为共同原告参加诉讼；被通知的继承人不愿参加又未明确表示放弃实体权利的，仍列为共同原告。

（7）保证合同纠纷，债权人向保证人和被保证人一并主张权利，保证人和被保证人为共同被告；仅起诉保证人的，除非是连带保证，否则应当追加被保证人为共同被告。

（8）共有财产权受他人损害，部分共有权人起诉的，其他共有权人为共同诉讼人。

（9）原告起诉代理人和相对人，要求承担连带责任的，代理人和相对人为共同被告。

2. 部分必要共同诉讼人提出上诉时的地位问题（矛头原则：即指向谁，谁为被上诉人）。

（1）因不服必要共同诉讼人间权义分担而上诉的，未上诉的必要共同诉讼人为被上诉人，对方当事人依原审地位列明。

（2）因不服与对方当事人间的权义分担而上诉的，对方当事人为被上诉人，未上诉的必要共同诉讼人依原审地位列明。

（3）既不服必要共同诉讼人间权义分担又不服与对方当事人间权义分担而上诉的，未提出上诉的其他当事人均为被上诉人。

三、代表人诉讼（一方或双方当事人人数在 10 人以上的共同诉讼）

比较点	人数确定的代表人诉讼	人数不确定的代表人诉讼
诉讼标的	共同或同种类	只能同种类
起诉时当事人人数	确定	不确定
代表人选定	当事人推选	登记权利人推选；推选不出，与法院商定人选；商定不出，法院指定
推选不出代表人处理	必要共同诉讼：自己参加诉讼；普通共同诉讼：另行起诉	可另行起诉，也可自己参加诉讼
代表人诉讼行为效力	对所代表的当事人生效，但变更、放弃、承认对方诉讼请求，进行和解，须经被代表当事人同意	

【关联提示】人数不确定的代表人诉讼，法院应公告通知权利人登记权利，公告期不少于 30 日。未登记的权利人在诉讼时效内可另行起诉，如请求成立，法院应直接裁定适用生效裁判。

【大纲新增】诉讼代表人的法律地位：既是当事人，又是代表人。

四、无独立请求权第三人和有独立请求权第三人

	有独立请求权第三人	无独立请求权第三人
参加诉讼根据	对他人之间的诉讼标的主张独立的请求权	对诉讼标的无独立请求权，但与案件的处理结果有法律上的利害关系
参加诉讼方式	提起诉讼	申请参加或法院通知其参加
诉讼地位	处于原告的地位	处于诉讼参与人的地位，辅助一方当事人进行诉讼
诉讼权利	享有原告的一切诉讼权利，但不能提出管辖权异议	无权提出管辖权异议，无权放弃、变更诉讼请求，无权申请撤诉；判决其承担民事责任时方有权上诉

【重点提示】1. 法律上的利害关系指与无独立请求权第三人有某种关联关系的当事人一旦败诉，则直接导致该第三人承担相应的民事责任。

2. 本诉撤诉时，有独立请求权第三人作为另案原告，本诉原被告作为另案被告，诉讼另行进行。

3. 无独立请求权第三人的情形实务中多见于连环合同引起的诉讼、因适用原材料加工成品引起的诉讼、因三角债引起的代位权诉讼、产品质量缺陷诉讼、合同转让诉讼等。

4. 当事人约定由债务人向第三人履行债务的，债务人未向第三人履行债务或者履行债务不符合约定，应当向债权人承担违约责任。

当事人约定由第三人向债权人履行债务的，第三人不履行债务或者履行债务不符合约定，债务人应当向债权人承担违约责任。

注意：上述涉他合同中的第三人为无独立请求权的第三人，人民法院不得依职权将其列为该合同诉讼案件的被告或者有独立请求权的第三人。

5. 无论有独第三人还是无独第三人，因不能归责于本人的事由未参加诉讼，但有证据证明发生法律效力的判决、裁定、调解书的部分或者全部内容错误，损害其民事权益的，可以自知道或者应当知道其民事权益受到损害之日起 6 个月内，向作出该判决、裁定、调解书的人民法院提起诉讼。人民法院经审理，诉讼请求成立的，应当改变或者撤销原判决、裁定、调解书；诉讼请求不成立的，驳回诉讼请求。（第三人撤销之诉）

第五章　诉讼代理人

类型	法定诉讼代理	委托诉讼代理
权利来源	基于监护权而产生和消灭	基于当事人、法定代理人的委托授权
代理权限	以当事人名义诉讼，全权代理，可自由处分实体及程序权利。（危害当事人利益的除外）	以授权范围为限 提示：授权委托书中仅写"全权代理"而无具体授权的，代理人无权代为承认、放弃、变更诉讼请求，进行和解，提出上诉或反诉。
代理人范围	监护人 提示：法定代理人相互推诿，由法院指定其中1人代为诉讼。	①律师、基层法律服务工作者；②当事人的近亲属或者工作人员；③当事人所在社区、单位以及有关社会团体推荐的公民。委托人数不超过2人。

【关联提示】1. 委托代理人后，本人可不出庭，但离婚案件中本人仍需出庭诉讼，如确因特殊情况不能出庭的，必须要向法院提交书面意见，本人不能表达意志，不需要出庭诉讼。但他的法定代理人应当到庭。

2. 侨居国外的中国公民从国外寄交或托交的授权委托书，须经我国驻该国的使领馆证明；无使领馆的，由与我国有外交关系的第三国驻该国使领馆证明，再转由我国驻该第三国使领馆证明，或由当地的爱国华侨团体证明。

3. 外国人委托中国人代理诉讼的，委托书须经该国公证机构证明，并经我国驻该国使领馆认证，或按照两国签订的协议或共同参加的条约规定的程序。

第六章　民事诉讼证据 *

一、证据种类（法定8种）

种类	要　点
书证	以文字、符号、图形等形式所记载的内容或表达的思想证明案件事实。
物证	以外形、特征、质量、性能等证明案件事实。
视听资料	利用录像、录音反映的图像、音像，或以电子计算机储存的数据和资料证明案件事实。 提示：侵害他人合法权益或以违反法律禁止性规定的方法取得的视听资料，不得作为定案的根据。

---

* 【（《最高人民法院关于民事诉讼证据的若干规定》，以下简称《民诉证据规定》，2020年5月1日起施行）】

种类	要　点
证人证言	（1）单位和个人可作证人，本案的法官、书记员、鉴定人、翻译和检察人员，不得同时作为作证人。 （2）不能正确表达意思的，不能作证人。但待证事实与其年龄、智力状况、精神健康状况相适应的无民事行为能力人和限制民事行为能力人除外。 提示：经人民法院通知，证人应当出庭作证。 确因特殊原因不能出庭的，可以通过书面证言、视听传输技术或者视听资料等方式作证： （1）因健康原因不能出庭的。 （2）因路途遥远，交通不便不能出庭的。 （3）因自然灾害等不可抗力不能出庭的。 （4）其他有正当理由不能出庭的。
当事人陈述	当事人的主张只有本人陈述而无其他证据加以证明，法院不得支持其主张，除非对方当事人承认。 提示：（1）当事人为调解或和解作出妥协所涉及的对案件事实的认可，不得在其后的诉讼中作为对其不利的证据。（2）诉讼中，当事人在起诉状、答辩状、陈述及其委托代理人的代理词中承认的对己方不利的事实和认可的证据，法院应予以确认，但当事人反悔并有相反证据足以推翻的或者对方同意的除外。
鉴定意见	鉴定人运用专业技术知识对案件中的专门性问题进行科学分析研究后所作的结论，可由当事人申请，也可由法院启动，应当出庭的鉴定人不出庭的，鉴定意见不能作为认定事实根据。
勘验笔录	勘验须由审判人员和其他有权人员依法定程序进行。
电子数据	电子数据包括： （1）网页、博客、微博客等网络平台发布的信息； （2）手机短信、电子邮件、即时通信、通讯群组等网络应用服务的通信信息； （3）用户注册信息、身份认证信息、电子交易记录、通信记录、登录日志等信息； （4）文档、图片、音频、视频、数字证书、计算机程序等电子文件； （5）其他以数字化形式存储、处理、传输的能够证明案件事实的信息。

【重点提示】

1. 人民法院应当在询问前责令当事人签署保证书并宣读保证书的内容。保证书应当载明保证据实陈述，绝无隐瞒、歪曲、增减，如有虚假陈述应当接受处罚等内容。当事人应当在保证书上签名、捺印。当事人有正当理由不能宣读保证书的，由书记员宣读并进行说明。（《民诉证据规定》第 65 条）

2. 人民法院应当要求证人在作证之前签署保证书，并在法庭上宣读保证书的内容。但无民事行为能力人和限制民事行为能力人作为证人的除外。证人确有正当理由不能宣读保证书的，由书记员代为宣读并进行说明。证人拒绝签署或者宣读保证书的，不得作证，并自行承担相关费用。证人保证书的内容适用当事人保证书的规定。（《民诉证据规定》第 71 条）

二、证据分类（学理）

分　类	分类标准	要　点
本证与反证	证据提出与举证责任承担者的关系	反证是针对本证本身的证据，如借据是本证，借据印章是伪造的是反证
直接证据与间接证据	证据与案件主要事实的证明关系	直接证据指能够单独、直接证明案件主要事实的证据；间接证据指不能单独、直接证明案件主要事实的证据
原始证据与传来证据	证据来源	原始证据，指直接来源于案件事实而未经中间环节传播的证据；传来证据，指经过中间环节辗转得来的证据

第七章　民事诉讼中的证明

一、免证事实与自认

（一）免证事实

概念	当事人无须举证证明的事实
内容	（1）自然规律以及定理、定律； （2）众所周知的事实； （3）根据法律规定推定的事实； （4）根据已知的事实和日常生活经验法则推定出的另一事实； （5）已为仲裁机构的生效裁决所确认的事实； （6）已为人民法院发生法律效力的裁判所确认的基本事实； （7）已为有效公证文书所证明的事实。 前款第（2）项至第（5）项事实，当事人有相反证据足以反驳的除外；第（6）项、第（7）项事实，当事人有相反证据足以推翻的除外。

（二）自认

自认		在诉讼过程中，一方当事人陈述的于己不利的事实，或者对于己不利的事实明确表示承认的，另一方当事人无需举证证明
成立自认情形		（1）一方当事人对于另一方当事人主张的于己不利的事实既不承认也不否认，经审判人员说明并询问后，其仍然不明确表示肯定或者否定的，视为对该事实的承认。（《民诉证据规定》第4条） （2）当事人委托诉讼代理人参加诉讼的，除授权委托书明确排除的事项外，诉讼代理人的自认视为当事人的自认。（《民诉证据规定》第5条） （3）普通共同诉讼中，共同诉讼人中一人或者数人作出的自认，对作出自认的当事人发生效力。（《民诉证据规定》第6条） （4）必要共同诉讼中，共同诉讼人中一人或者数人作出自认，其他共同诉讼人既不承认也不否认，经审判人员说明并询问后仍然不明确表示意见的，视为全体共同诉讼人的自认。（《民诉证据规定》第6条）
不成立自认情形		（1）当事人在场对诉讼代理人的自认明确否认的，不视为自认。（《民诉证据规定》第5条） （2）必要共同诉讼中，共同诉讼人中一人或者数人作出自认而其他共同诉讼人予以否认的，不发生自认的效力。（《民诉证据规定》第6条） （3）身份关系不允许自认。 （4）自认的事实与已经查明的事实不符的，人民法院不予确认。
撤销自认	前提	当事人在法庭辩论终结前撤销自认的，人民法院应当准许
	条件	（1）经对方当事人同意的； （2）自认是在受胁迫或者重大误解情况下作出的。
	形式	口头或者书面裁定

【重点提示】对于当事人因胁迫或者重大误解作出的自认，不再要求当事人证明自认的内容与事实不符。

二、证明责任

（一）举证责任一般分配原则

证明责任基本属性	（1）证明责任的后果只有在待证事实处于真伪不明情况下才会出现。 （2）证明责任对法官来说是一种判案方法，对当事人来说是一种败诉风险。 （3）同一事实的证明责任只能由一方承担，不能同时由双方承担。 （4）证明责任由法律预先设定（当事人不得约定），不会在原被告之间发生转移。 （5）证明责任的分配，以谁主张、谁举证为原则，以倒置为例外。
一般分配原则： 谁主张、谁举证	（1）主张法律关系存在的当事人，应当对产生该法律关系的基本事实承担举证明责任。 （2）主张法律关系变更、消灭或者权利受到妨害的当事人，应当对该法律关系变更、消灭或者权利受到妨害的基本事实承担举证明责任。
合同案件 证明责任分配	（1）主张合同关系成立并生效的一方当事人对合同订立和生效的事实承担举证责任。 （2）主张合同关系变更、解除、终止、撤销的一方当事人对引起合同关系变动的事实承担举证责任。 （3）对合同是否履行发生争议的，由负有履行义务的当事人承担举证责任。 （4）对代理权发生争议的，由主张有代理权一方当事人承担举证责任。

（二）举证责任倒置

情形	举证责任人	举证内容
新产品制造方法发明专利侵犯专利权	制造同样产品的单位或个人	其产品制造方法不同于专利方法
高度危险作业致人损害	加害人	受害人故意造成损害的事实
环境污染引起的损害赔偿诉讼	加害人	法定免责事由及其行为与损害结果间无因果关系
建筑物、构筑物或者其他设施及其搁置物、悬挂物发生脱落、坠落致人损害	所有人或管理人	自身行为无过错
饲养动物致人损害	动物饲养人、管理人	受害人有过错或者第三人有过错
缺陷产品致人损害的侵权诉讼	产品生产者	法定免责事由
共同危险行为致人损害	危险行为人	证明具体侵权人
因医疗损害引起的赔偿诉讼	医疗机构	（1）患者或者其近亲属不配合医疗机构进行符合诊疗规范的诊疗； （2）医务人员在抢救生命垂危的患者等紧急情况下已经尽到合理的诊疗义务； （3）限于当时的医疗水平难以诊疗

【重点提示】根据 2017 年 12 月 14 日起实施的《最高人民法院关于审理医疗损害责任纠纷案件适用法律若干问题的解释》，医疗侵权纠纷中因果关系要件不再实行举证责任倒置。

三、举证期限

协商举证期限	举证期限可以由当事人协商，并经人民法院准许
人民法院指定举证期限	（1）适用第一审普通程序审理的案件不得少于 15 日； （2）当事人提供新的证据的第二审案件不得少于 10 日； （3）适用简易程序审理的案件不得超过 15 日； （4）小额诉讼案件的举证期限一般不得超过 7 日。

续表

协商举证期限	举证期限可以由当事人协商，并经人民法院准许
延长举证期限	（1）当事人申请延长举证期限的，应当在举证期限届满前向人民法院提出书面申请。 （2）申请理由成立的，人民法院应当准许，适当延长举证期限，并通知其他当事人。延长的举证期限适用于其他当事人。 （3）申请理由不成立的，人民法院不予准许，并通知申请人。
特殊举证期限规定	（1）当事人依照民事诉讼法第127条规定提出管辖权异议的，举证期限中止，自驳回管辖权异议的裁定生效之日起恢复计算； （2）追加当事人、有独立请求权的第三人参加诉讼或者无独立请求权的第三人经人民法院通知参加诉讼的，人民法院应当依照规定为新参加诉讼的当事人确定举证期限，该举证期限适用于其他当事人； （3）发回重审的案件，第一审人民法院可以结合案件具体情况和发回重审的原因，酌情确定举证期限； （4）当事人增加、变更诉讼请求或者提出反诉的，人民法院应当根据案件具体情况重新确定举证期限； （5）公告送达的，举证期限自公告期届满之次日起计算。

四、书证提出命令

申请条件	书证在对方当事人控制下
申请主体	承担举证证明责任的当事人
控制书证的当事人应当提交书证情形	（1）控制书证的当事人在诉讼中曾经引用过的书证； （2）为对方当事人的利益制作的书证； （3）对方当事人依照法律规定有权查阅、获取的书证； （4）账簿、记账原始凭证； （5）人民法院认为应当提交书证的其他情形。 前款所列书证，涉及国家秘密、商业秘密、当事人或第三人的隐私，或者存在法律规定应当保密的情形的，提交后不得公开质证。（《民诉证据规定》第47条）
法院处理方式	当事人申请理由成立的，人民法院应当作出裁定，责令对方当事人提交书证；理由不成立的，通知申请人。
后果	控制书证的当事人无正当理由拒不提交书证的，人民法院可以认定对方当事人所主张的书证内容为真实。

【重点提示】将视听资料和电子数据纳入"书证提出命令"的适用范围：一方当事人控制证据无正当理由拒不提交，对待证事实负有举证责任的当事人主张该证据的内容不利于控制人的，人民法院可以认定该主张成立。（《民诉证据规定》第95条）

第八章　期间、送达

48 小时	情况紧急的财产保全，48 小时内作出裁定。
3 日	（1）合议庭组成人员确定后，3 日告知当事人。 （2）开庭 3 日前通知当事人和其他诉讼参与人。 （3）对回避申请、回避申请的复议都应在 3 日内作出决定。 （4）公示催告程序中，应在受理申请后 3 日内发出公告，催促利害关系人申报权利。
5 日	（1）当事人直接向第二审人民法院上诉的，第二审人民法院应当在 5 日内将上诉状移交原审人民法院，其应于 5 日内将上诉状副本送达对方当事人。 （2）选民资格案件，公民不服选委会的处理可在正式选举前 5 日向选区所在地基层法院起诉。 （3）督促程序中，法院应在 5 日内通知债权人是否受理。
7 日	对于当事人的起诉，法院应在 7 日内决定是否立案。
10 日	（1）对裁定的上诉期为 10 天。 （2）期限耽误的顺延申请应在障碍消除后的 10 日内提出。 （3）当庭宣判的，应当在 10 日内发送判决书；定期宣判的，宣判后立即发给判决书。
15 日	（1）民事拘留期限，为 15 日以下。 （2）被告在收到起诉状副本后 15 日内提出答辩状。 （3）对判决的上诉为 15 天。 （4）督促程序中，应在受理之日起 15 日内向债务人发出支付令，债务人应自收到支付令起 15 日内清偿或提出书面异议。 （5）受托法院自收到委托函件之日起 15 日内不执行的，委托法院可请求受委托法院的上级法院指令受委托法院执行。
30 日	（1）诉前财产保全，采取保全措施后 30 日内申请人不起诉或申请仲裁的，应解除保全。 （2）对裁定的二审审理期限为 30 天。 （3）特别程序审限是 30 天，自立案或公告期满起算。由本院院长批准延长。选民资格案件必须在选举日前审结。 （4）受托执行的法院应在 30 日内执行完毕，或将相关情况函告委托法院。 （5）被告在我国无住所的，可在收到起诉状副本后 30 天内答辩。 （6）在我国无住所的当事人，对一审判决、裁定的上诉期为 30 天。
60 日	（1）公示催告的期间不得少于 60 日。 （2）公告送达中，自发出公告之日经过 60 日，即视为送达。
3 个月	（1）人民法院适用简易程序审理案件，应当在立案之日起 3 个月内审结。有特殊情况需要延长的，经本院院长批准，可以延长 1 个月。 （2）二审判决的审理期限为 3 个月，特殊情况院长批准延长。 （3）涉外民事诉讼公告送达期为 3 个月。
6 个月	（1）普通程序审限 6 个月。特殊情况经本院院长批准，延长 6 个月；还需延长的，报请上级法院批准。 提示：涉外民事案件审限不受国内案件审限限制。 （2）当事人申请再审，应当在判决、裁定发生法律效力后 6 个月内提出。
1 年	（1）公示催告程序中，利害关系人因正当理由不能在判决前向法院申报的，自知道或者应当知道判决公告之日起 1 年内，可向作出判决的法院起诉。 （2）确认财产无主案件中，财产认领公告期为 1 年。
2 年	（1）公民下落不明 2 年，可宣告失踪。因意外下落不明 2 年，可宣告死亡。 （2）申请执行的期限为 2 年。

二、送达

直接送达	（1）不限于向受送达人送达。既可以向受送达人送达；受送达人不在，也可交由同住成年家属、法定代表人、诉讼代理人、指定的代收人签收； （2）不限于受送达人的住所。既可以在受送达人住所送达，也可以通知受送达人到法院领取，也属于直接送达。
留置送达	由送达人、见证人签名或者盖章，邀请受送达人所在单位或基层组织代表在场，把诉讼文书留在受送达人的住所，并采用拍照、录像等方式记录送达过程。
电子送达	（1）受送达人同意； （2）向法院提供电子送达地址（确认收悉）。 经受送达人同意，人民法院可以采用能够确认其收悉的电子方式送达诉讼文书。通过电子方式送达的判决书、裁定书、调解书，受送达人提出需要纸质文书的，人民法院应当提供。 以送达信息到达受送达人特定系统的日期为送达日期。
委托送达	委托其他法院送达。
邮寄送达	（1）直接送达诉讼文书有困难的，可以通过邮局以挂号信的方式邮寄送达； （2）邮寄送达的，以回执上注明的收件日期为送达日期。
转交送达	（1）受送达人是军人的，通过其所在部队团以上单位的政治机关转交； （2）受送达人是被监禁的人的，通过其所在的监所转交； （3）受送达人被采取强制性教育措施的，通过其所在强制性教育机构转交。
公告送达	受送达人下落不明，或者用本节规定的其他方式无法送达的，公告送达。自发出公告之日起，经过30日，即视为送达。

第九章　法院调解

考点	内容	备注
法院不予确认的调解协议	侵害国家利益、社会公共利益、案外人利益；违背当事人真实意思或法律、行政法规的禁止性规定的。	
不需要制作调解书	（1）调解和好的离婚案件。 （2）调解维持收养关系案件。 （3）能够即时履行的案件。 （4）其他不需制作调解书的案件。	无民事行为能力人的离婚案件，由其法定代理人进行诉讼。法定代理人与对方达成协议要求发判决书的，可根据协议内容制作判决书。 不需制作调解书的协议记入笔录，由双方当事人、审判人员、书记员签名、盖章后，即生效。
调解书效力	（1）不得就同一事实和理由再行起诉。 （2）实体权义争议消灭。 （3）调解书不得上诉。 （4）具有给付内容的调解书具有强制执行力。	调解书生效时间：经双方当事人签收。 调解书送达前当事人反悔或拒绝签收的（调解书不适用留置送达），调解不成立，法院应继续审理。对调解书的内容无权利义务的当事人不签收不影响调解书效力。

第十章　保全与先予执行

一、几种保全的比较

比较点	诉　前	诉讼中	仲裁中
提起时间	诉讼前或仲裁前	诉讼中	仲裁中
提起主体	依申请	依申请或者依职权	依申请
是否提供担保	必须提供	可责令提供	涉外仲裁必须提供
法院裁定时限	48 小时内	情况紧急的 48 小时内	——
起诉时间	30 日内	——	——
解除	被申请人提供担保；30 日内未起诉或申请仲裁	被申请人提供担保	——

二、保全与先予执行

	诉前财产保全	诉讼中财产保全	先予执行
条件	（1）情况紧急，不立即申请将使合法权益受到难以弥补的损害。 （2）利害关系人申请。 （3）应提供担保。 （4）起诉前申请。 （5）限于给付之诉。	（1）有可靠的事实根据和充分的理由。 （2）申请或依职权。 （3）立案后、裁判前申请。 （4）限于给付之诉。	（1）须当事人申请。 （2）当事人间权利义务关系明确。 （3）不先予执行将严重影响申请人的生活或者生产经营的。 （4）在裁判前提出。 （5）被申请人有履行能力。 （6）限于给付之诉。 提示：《行诉解释》第 48 条，法院对起诉行政机关未依法发放抚恤金、社会保险金、最低生活保障费等案件，根据原告的申请，可书面裁定先予执行。
具体程序	（1）申请人向法院提出申请，并提供担保。 （2）接受申请后 48 小时内裁定。 （3）裁定采取保全措施，应立即开始执行。	（1）申请人提出申请或法院依职权进行。 （2）视情况责令申请人提供担保（涉外仲裁案件必须提供）。 （3）尽快作出财产保全裁定，情况紧急的，48 小时内作出，裁定保全的，应立即执行。	（1）由权利人申请。 （2）可责令申请人提供担保。 （3）裁定先予执行。 （4）裁定后直接移送执行。
可否复议	对裁定只可申请复议 1 次；复议期间，不停止裁定的执行，不得上诉。		
措施	查封、扣押、冻结或者法律规定的其他方法，不得重复查封、冻结。		
解除条件	（1）被申请人提供担保。 （2）申请人 30 日内不起诉。	被申请人提供担保。	
担保	必须提供。	依职权的保全，无需当事人提供。	人民法院可以责令当事人提供担保。

【关联提示】1. 对争议标的财产或财产的主要部分采取诉前保全措施的法院可以享有对该案件的管辖权。

2. 诉讼中财产保全裁定的效力一般应维持到生效法律文书执行时止。

3. 提供担保的数额应相当于请求保全的数额。

4. 对当事人不服一审判决提出上诉，在第二审法院接到报送的案件前，当事人有转移、隐匿、出卖或毁损财产等行为，须保全的，由一审法院依当事人申请或依职权采取，保全裁定应及时报送二审法院。

5. 注意，保全的措施不再仅仅局限于财产，也包括了行为，即法院可以责令作出一定行为或者禁止作出一定行为。

【重点提示】1. 人身安全保护令的申请与适用：

①申请条件：已经遭受家暴或者面临家暴的现实危险；有明确的被申请人；有具体的请求。②管辖法院：申请人或者被申请人居住地、家庭暴力发生地的基层法院。③申请方式：书面为原则、口头为例外。④文书类型：裁定；可复议。⑤具体措施：禁止实施家暴；禁止骚扰、跟踪、接触申请人及其相关近亲属；责令迁出申请人住所。⑥时限：不超过6个月。

第十一章　对妨害民事诉讼行为的强制措施

拘传	（1）两次传票传唤，无正当理由不到。 （2）赡养费、抚育费、扶养义务案件的被告。 （3）不到案就无法查清案件事实的被告。
训诫	口头批评
责令退出法庭或罚款	个人：10万以下，单位：5万~100万的，由法院院长决定，上一级法院复议。
拘留	院长决定，上一级复议，最长不超过15日。

【关联提示】1. 不履行协助调查、执行义务的单位可对主要负责人、直接责任人处以罚款，对仍不履行的，可以拘留，并向有关机关提出纪律处分的司法建议。

2. 未成年人的法定代理人，如满足法定情形，也可适用拘传。

第十二章　普通程序

一、起诉的条件

形式要件	起诉状及副本	（1）书写起诉状确有困难，可口头起诉，法院记入笔录。 （2）简易程序可口头起诉
实质要件	原告适格	原告须与本案有直接利害关系；具备民事诉讼主体资格
	明确的被告	被告下落不明可公告传唤
	具体的诉讼请求和事实、理由	注：起诉证据不等于胜诉证据
	属于法院主管和受诉法院管辖	

【关联提示】1. 符合起诉实质条件的，法院必须进行立案登记。

2. 重复起诉不予受理：当事人就已经提起诉讼的事项在诉讼过程中或者裁判生效后再次起诉，同时符合下列条件的，构成重复起诉：

（一）后诉与前诉的当事人相同；

（二）后诉与前诉的诉讼标的相同；

（三）后诉与前诉的诉讼请求相同，或者后诉的诉讼请求实质上否定前诉裁判结果。

当事人重复起诉的，裁定不予受理；已经受理的，裁定驳回起诉，但法律、司法解释另有规定的除外。

3. 追索赡养费、抚养费等案件，应当视为新诉，不能以重复起诉驳回。

【重点提示】庭审调解：法庭辩论终结，由审判长按照原告、被告、第三人的先后顺序征询各方最后意见。审判长在征得各方当事人的同意后，可以进行调解，调解不成的，应当及时进行判决。

二、审判组织

一审	人民法院审理第一审民事案件，由审判员、陪审员共同组成合议庭或者由审判员组成合议庭。基层人民法院审理的基本事实清楚、权利义务关系明确的第一审民事案件，可以由审判员一人适用普通程序独任审理。适用简易程序审理的民事案件，由审判员一人独任审理。陪审员在执行陪审职务时，与审判员有同等的权利义务。
二审	人民法院审理第二审民事案件，由审判员组成合议庭。合议庭的成员人数，必须是单数。中级人民法院对第一审适用简易程序审结或者不服裁定提起上诉的第二审民事案件，事实清楚、权利义务关系明确的，经双方当事人同意，可以由审判员一人独任审理。发回重审的案件，原审人民法院按照第一审程序另行组成合议庭。审理再审案件，原来是第一审的，按照第一审程序另行组成合议庭；原来是第二审的或者是上级人民法院提审的，按照第二审程序另行组成合议庭。
禁止独任审理情形	（1）涉及国家利益、社会公共利益的案件； （2）涉及群体性纠纷，可能影响社会稳定的案件； （3）人民群众广泛关注或者其他社会影响较大的案件； （4）属于新类型或者疑难复杂的案件； （5）法律规定应当组成合议庭审理的案件； （6）其他不宜由审判员一人独任审理的案件。

三、审查起诉的处理

1. 一般处理

情　　形	处　　理	备　　注
不符合起诉条件	7 日内裁定不予受理	可上诉
	立案后发现不符合的，裁定驳回起诉	
属行政诉讼受案范围的	告知原告提起行政诉讼	
双方达成有效仲裁协议的	（1）告知原告向仲裁机关申请仲裁。 （2）受理后，对方提出仲裁协议的，法院审查，若协议无效、失效的，应继续审理，否则裁定驳回起诉。 （3）受理后，对方未提出异议并应诉答辩的，视为放弃仲裁协议，法院享有管辖权。	
依法由其他机关处理的争议	告知原告向有关机关申请解决。	
对不属于本院管辖的案件	（1）告知原告向有管辖权法院起诉，原告坚持在本院起诉的，裁定不予受理。 （2）立案后发现没有管辖权的，移送管辖。	
已生效判决、裁定、调解书，当事人又起诉的	告知按申诉处理，但法院准许撤诉的裁定除外。	
其他法院已立案受理的	不予受理	
法律规定一定期限内不可起诉但当事人起诉的	不予受理	

2. 离婚案件的特殊情形

（1）离婚后发现婚前有隐藏、转移、变卖、毁损共同财产或伪造债务企图侵占对方财产的，可再次起诉请求分割共同财产。

（2）离婚诉讼中，无过错方作为被告不同意离婚也不请求损害赔偿的，可在判决离婚后 1 年内单独提起损害赔偿诉讼［《婚姻法解释（一）》第 30 条］。

3. 受理的效力：当事人取得诉讼主体资格；法院取得管辖权；诉讼时效中断。

4. 不予受理、驳回起诉与驳回诉讼请求的适用。

（1）驳回诉讼请求用判决，其他用裁定。

（2）审查起诉阶段，不符合起诉条件的，不予受理；受理后，发现不符合起诉条件的，裁定驳回起诉；审查发现当事人丧失实体胜诉权的，判决驳回诉讼请求。

（3）超过诉讼时效，又无中止、中断事由的，当事人提出时效经过的抗辩的，判决驳回诉讼请求。

5. 关于民刑交叉案件的程序处理。［最高人民法院关于印发《全国法院民商事审判工作会议纪要》的通知（以下简称《九民纪要》）］。（1）同一当事人因不同事实分别发生民商事纠纷和涉嫌刑事犯罪，民商事案件与刑事案件应当分别审理（《九民纪要》第 128 条）。（2）正在审理民商事案件的人民法院发现有涉众型经济犯罪线索的，应当及时将有关犯罪线索和有关材料移送侦查机关。侦查机关作出立案决定前，人民法院应当中止审理；作出立案决定后，应当裁定驳回起诉；侦查机关未及时立案的，人民法院必要时可以将案件报请党委政法委协调处理（《九民纪要》第 129 条）。（3）人民法院在审理民商事案件时，如果民商事案件必须以相关刑事案件的审理结果为依据，而刑事案件尚未审结的，应当按照规定裁定中止诉讼。待刑事案件审结后，再恢复民商事案件的审理。如果民商事案件不是必须以相关的刑事案件的审理结果为依据，则民商事案件应当继续审理（《九民纪要》第 130 条）。

四、延期审理、诉讼中止、诉讼终结比较

比较点	延期审理	诉讼中止	诉讼终结
适用情形	（1）必须到庭的当事人、诉讼参与人有正当理由未到庭。 必须到庭的当事人：①能正确表达意志的离婚案件当事人；②负赡养、抚育、扶养义务的被告；③不到庭就无法查清案情的被告；④其他必须到庭的诉讼参与人（如证人）。 （2）临时提出回避申请。 （3）需要通知新的证人到庭，或调取新的证据，或重新鉴定、勘验、补充调查的。	（1）一方死亡，须确定继承人的。 （2）一方丧失诉讼行为能力，尚未确定法定代理人的。 （3）法人或者其他组织终止，尚未确定权利义务承受人。 （4）一方因不可抗拒的事由，不能参加诉讼的。 （5）本案须以另一案的审理结果为依据，而另一案尚未审结的。 （6）其他情形致案件事实无法查清的，如借贷案件中债务人下落不明，公告传唤期届满，仍无人应诉，借贷关系无法查明的。	原则：当事人是自然人且死亡的。 （1）原告死亡，无继承人或继承人放弃实体权利的。 （2）被告死亡，无遗产，也无应承担义务的人。 （3）离婚案件中的一方当事人死亡的。 （4）追索赡养费、扶养费、抚育费或解除收养关系的一方当事人死亡。
适用阶段	只能发生在开庭审理阶段	可能发生于审判程序的各个阶段	
方式	决定	裁定	裁定
法律效果	（1）延期前已进行的诉讼仍然有效。 （2）延期的时间不计入审限。	（1）中止期不计入审限。 （2）中止事由消除后，当事人申请或者法院依职权恢复诉讼程序，已经进行的程序依然有效。 （3）诉讼程序恢复后，不必撤销原裁定，从法院通知或准许当事人双方继续进行诉讼时起，中止诉讼的裁定即失去效力。	实体权义消灭，当事人也不得再就同一事实、理由再次起诉。

五、缺席判决、撤诉和宣判

	情　形	后　果
缺席判决	经传票传唤，无正当理由拒不到庭；未经许可中途退庭。	被告缺席则判决，原告缺席按撤诉处理。 例外：法院不准撤诉时，原告缺席则判决；被告反诉时，原告缺席则判决。（注：原告包括有独立请求权第三人，无诉讼行为能力原告的法定代理人）
撤诉	（1）主动撤诉，法院须审查。 （2）按撤诉处理：原告缺席（缺席情形见上）、当事人不缴诉讼费。	撤诉后果： （1）诉讼程序终结。 （2）诉讼时效重新起算。 （3）诉讼费用原告负担，减半征收。 （4）撤诉后可再起诉。
宣判	宣判一律公开。	（1）当庭宣判的，10 日内送达判决书；定期宣判的，宣判后立即发给判决书。 （2）宣告离婚判决，告知当事人在判决生效前不得另行结婚。

六、简易程序

1. 简易程序与普通程序之比较

	简易程序	普通程序
适用法院	基层法院和它的派出法庭	各级法院，包括最高院
案件范围	（1）事实清楚、权利义务关系明确、争议不大的简单的民事案件 （2）当事人双方可以约定适用简易程序	除特别程序、公示催告程序、督促程序、小额诉讼程序、简易程序外的一切民事案件
起诉要件	没有限制，可口头起诉	只有在书面起诉有困难时，才允许口头起诉
审判组织	审判员一人独任审判，不组成合议庭	人民法院审理第一审民事案件，由审判员、陪审员共同组成合议庭或者由审判员组成合议庭。基层人民法院审理的基本事实清楚、权利义务关系明确的第一审民事案件，可以由审判员一人适用普通程序独任审理。
受理	审判人员可以当即受理，也可另定日期	原告起诉后，法院有7日的立案审查期
传唤当事人、证人的方式	（1）只要能通知到本人，不拘于形式。 （2）无3日内的限制，案件随到随审。	（1）开庭3日前，人民法院以通知书方式通知证人和诉讼代理人、其他诉讼参与人到庭。 （2）开庭3日前，以传票方式通知当事人，第三人到庭参加诉讼。
审限	立案之日起三个月内审结，有特殊情况需要延长的，经本院院长批准，可以延长一个月。	6个月内审结，特殊情况可延长。

2. 小额诉讼程序

适用情形	（1）基层人民法院和它的派出法庭审理事实清楚、权利义务关系明确、争议不大的简单金钱给付民事案件，标的额为各省、自治区、直辖市上年度就业人员年平均工资百分之五十以下的，适用小额诉讼的程序审理，实行一审终审。 （2）基层人民法院和它派出的法庭审理前款规定的民事案件，标的额超过各省、自治区、直辖市上年度就业人员年平均工资百分之五十但在二倍以下的，当事人双方也可以约定适用小额诉讼的程序。
不适用情形	（1）人身关系、财产确权案件； （2）涉外案件； （3）需要评估、鉴定或者对诉前评估、鉴定结果有异议的案件； （4）一方当事人下落不明的案件； （5）当事人提出反诉的案件； （6）其他不宜适用小额诉讼的程序审理的案件。
审理期限	人民法院适用小额诉讼的程序审理案件，可以一次开庭审结并且当庭宣判。适用小额诉讼的程序审理案件，应当在立案之日起两个月内审结。有特殊情况需要延长的，经本院院长批准，可以延长一个月。
异议	当事人认为案件适用小额诉讼的程序审理违反法律规定的，可以向人民法院提出异议。人民法院对当事人提出的异议应当审查，异议成立的，应当适用简易程序的其他规定审理或者裁定转为普通程序；异议不成立的，裁定驳回。人民法院在审理过程中，发现案件不宜适用简易程序的，裁定转为普通程序。

3. 公益诉讼

受理范围	已经损害社会公共利益或者具有损害社会公共利益重大风险的污染环境、破坏生态的行为。
社会环保组织认定	设区的市级以上人民政府民政部门登记的社会团体、基金会以及社会服务机构等。

管辖	第一审环境民事公益诉讼案件由污染环境、破坏生态行为发生地、损害结果地或者被告住所地的中级以上人民法院管辖。 中级人民法院认为确有必要的，可以在报请高人民法院批准后，裁定将本院管辖的第一审环境民事公益诉讼案件交由基层人民法院审理。同一原告或者不同原告对同一污染环境、破坏生态行为分别向两个以上有管辖权的人民法院提起环境民事公益诉讼的，由最先立案的人民法院管辖，必要时由共同上级人民法院指定管辖。经最高人民法院批准，高级人民法院可以根据本辖区环境和生态保护的实际情况，在辖区内确定部分中级人民法院受理第一审环境民事公益诉讼案件。中级人民法院管辖环境民事公益诉讼案件的区域由高级人民法院确定。
公告	环境民事公益诉讼当事人达成调解协议或者自行达成和解协议后，人民法院应当将协议内容公告，公告期间不少于 30 日。 公告期满后，人民法院审查认为调解协议或者和解协议的内容不损害社会公共利益的，应当出具调解书。当事人以达成和解协议为由申请撤诉的，不予准许。调解书应当写明诉讼请求、案件的基本事实和协议内容，并应当公开。
检察公益诉讼	市（分、州）人民检察院提起的第一审民事公益诉讼案件，由侵权行为地或者被告住所地中级人民法院管辖。基层人民检察院提起的第一审行政公益诉讼案件，由被诉行政机关所在地基层人民法院管辖。人民法院审理人民检察院提起的第一审公益诉讼案件，可以适用人民陪审制。人民检察院不服人民法院第一审判决、裁定的，可以向上一级人民法院提起上诉。人民法院审理第二审案件，由提起公益诉讼的人民检察院派员出庭，上一级人民检察院也可以派员参加。人民检察院在履行职责中发现破坏生态环境和资源保护、食品药品安全领域侵害众多消费者合法权益等损害社会公共利益的行为，拟提起公益诉讼的，应当依法公告，公告期间为三十日。 公告期满，法律规定的机关和有关组织不提起诉讼的，人民检察院可以向人民法院提起诉讼。

4. 第三人撤销之诉

（1）条件：①必须是原审案件的第三人，原审原告被告列为共同被告；②因不能归责于本人的事由未参加诉讼；③发生法律效力的判决、裁定、调解书的全部或者部分内容错误；④发生法律效力的判决、裁定、调解书内容错误损害其民事权益。

（2）期间：知道或应当知道之日起 6 个月（不变期间）。

（3）第三人提交材料后，法院应当进行形式审查，审查期间最长 30 天。

（4）合议庭审理，不能独审。

（5）不予受理之诉：①适用特别程序、督促程序、公示催告程序、破产程序等非讼程序处理的案件；②婚姻无效、撤销或者解除婚姻关系等判决、裁定、调解书中涉及身份关系的内容；③《民事诉讼法》第 54 条规定的未参加登记的权利人对代表人诉讼案件的生效裁判；④《民事诉讼法》第 55 条规定的损害社会公共利益行为的受害人对公益诉讼案件的生效裁判。

（6）与再审之诉交叉的处理。

①再审在先的，应当将第三人撤销之诉并入再审。如原审原告被告恶意串通的，应当先审理第三人撤销之诉。

②如果再审之诉被驳回，第三人之诉单独审理。

③如果合并审理，再审按一审程序的，两个案件合并后审理，判决后可以上诉；按二审程序的，可以先调解，调解不成，应当撤销原一审、二审，发回重审。

（7）第三人提起撤销之诉后，又以案外人身份提出执行异议，执行异议被驳回后又以案外人身份申请再审的，不予受理。案外人对驳回执行异议不服，提起案外人申请再审之诉，法院已经裁定再审后，其又提起撤销之诉，法院不受理。

5. 执行异议之诉

（1）管辖法院：执行法院。

（2）条件：①在执行期间；②案外人已经提起过执行异议；③当事人提出执行异议诉求，并提出了相应的事实和理由；④当事人应在执行异议裁定送达之日起 15 日内提出（超过此期限，只能另行提出确认或给付之诉）。

（3）适用普通程序审理。

（4）申请执行人对中止执行裁定未提起执行异议之诉，被执行人提起执行异议之诉的，人民法院告知其另行起诉。

【重点提示】对适用小额案件审理程序异议的处理：由于小额诉讼采取一审终审的制度，当事人无权对人民法院的小额诉讼判决提出上诉。为保障当事人的程序利益，当事人对人民法院适用小额程序审理其纠纷可以在开庭前提出异议，经审查异议成立，人民法院应当适用简易程序的其他规定审理案件。

七、互联网法院审理案件具体规定

审理方式	线上为主，线下为辅：（1）互联网法院采取在线方式审理案件，案件的受理、送达、调解、证据交换、庭前准备、庭审、宣判等诉讼环节一般应当在线上完成。（2）根据当事人申请或者案件审理需要，互联网法院可以决定在线下完成部分诉讼环节。
北、广、杭互联网法院的管辖	**北京、广州、杭州互联网法院**集中管辖所在市的辖区内应当由基层人民法院受理的下列第一审案件：（1）通过电子商务平台签订或者履行网络购物合同而产生的纠纷；（2）签订、履行行为均在互联网上完成的网络服务合同纠纷；（3）签订、履行行为均在互联网上完成的金融借款合同纠纷、小额借款合同纠纷；（4）在互联网上首次发表作品的著作权或者邻接权权属纠纷；（5）在互联网上侵害在线发表或者传播作品的著作权或者邻接权而产生的纠纷；（6）互联网域名权属、侵权及合同纠纷；（7）在互联网上侵害他人人身权、财产权等民事权益而产生的纠纷；（8）通过电子商务平台购买的产品，因存在产品缺陷，侵害他人人身、财产权益而产生的产品责任纠纷；（9）检察机关提起的互联网公益诉讼案件；（10）**因行政机关作出互联网信息服务管理、互联网商品交易及有关服务管理等行政行为而产生的行政纠纷**；（11）上级人民法院指定管辖的其他互联网民事、行政案件。
协议管辖	当事人可以在前述确定的合同及其他财产权益纠纷范围内，依法协议约定与争议有实际联系地点的互联网法院管辖。
	电子商务经营者、网络服务提供商等采取格式条款形式与用户订立管辖协议的，应当符合法律及司法解释关于格式条款的规定。
上诉案件的管辖	当事人对北京互联网法院作出的判决、裁定提起上诉的案件，由北京市第四中级人民法院审理，但互联网著作权权属纠纷和侵权纠纷、互联网域名纠纷的上诉案件，由北京知识产权法院审理。
	当事人对广州互联网法院作出的判决、裁定提起上诉的案件，由广州市中级人民法院审理，但互联网著作权权属纠纷和侵权纠纷、互联网域名纠纷的上诉案件，由广州知识产权法院审理。
	当事人对杭州互联网法院作出的判决、裁定提起上诉的案件，由杭州市中级人民法院审理。
互联网诉讼平台	通过互联网诉讼平台作出的诉讼行为，具有法律效力。
起诉、立案登记	互联网法院在线接收原告提交的起诉材料，并于收到材料后 7 日内，在线作出以下处理：（1）符合起诉条件的，登记立案并送达案件受理通知书、诉讼费交纳通知书、举证通知书等诉讼文书。（2）提交材料不符合要求的，及时发出补正通知，并于收到补正材料后次日重新起算受理时间；原告未在指定期限内按要求补正的，起诉材料作退回处理。（3）不符合起诉条件的，经释明后，原告无异议的，起诉材料作退回处理；原告坚持继续起诉的，依法作出不予受理裁定。

续表

开庭方式	互联网法院采取在线视频方式开庭。存在确需当庭查明身份、核对原件、查验实物等特殊情形的,互联网法院可以决定在线下开庭,但其他诉讼环节仍应当在线完成。
庭审程序的简化	互联网法院可以视情况决定采取下列方式简化庭审程序:(1) 开庭前已经在线完成当事人身份核实、权利义务告知、庭审纪律宣示的,开庭时可以不再重复进行;(2) 当事人已经在线完成证据交换的,对于无争议的证据,法官在庭审中说明后,可以不再举证、质证;(3) 经征得当事人同意,可以将当事人陈述、法庭调查、法庭辩论等庭审环节合并进行。对于简单民事案件,庭审可以直接围绕诉讼请求或者案件要素进行。
"拒不到庭""中途退庭"的判断	除经查明确属网络故障、设备损坏、电力中断或者不可抗力等原因外,当事人不按时参加在线庭审的,视为"拒不到庭",庭审中擅自退出的,视为"中途退庭"。
电子送达的适用	(1) 经当事人同意,互联网法院应当通过中国审判流程信息公开网、诉讼平台、手机短信、传真、电子邮件、即时通讯账号等电子方式送达诉讼文书及当事人提交的证据材料等。(2) 当事人未明确表示同意,但已经约定发生纠纷时在诉讼中适用电子送达的,或者通过回复收悉、作出相应诉讼行为等方式接受已经完成的电子送达,并且未明确表示不同意电子送达的,可以视为同意电子送达。(3) 经告知当事人权利义务,并征得其同意,互联网法院可以电子送达裁判文书。当事人提出需要纸质版裁判文书的,互联网法院应当提供。
简易程序的适用	对需要进行公告送达的事实清楚、权利义务关系明确的简单民事案件,互联网法院可以适用简易程序审理。
上诉案件的审理方式	当事人对互联网法院审理的案件提起上诉的,第二审法院原则上采取在线方式审理。

第十三章　第二审程序

一、一审和二审的比较

	一　　审	二　　审
启动理由	当事人之间发生民事争议	不服一审裁判
诉讼主体	争议双方	一审当事人,包括有独立请求权第三人,判决承担责任的无独立请求权第三人
案件管辖	有管辖权的法院	一审裁判的上一级法院
审理对象	民事争议	一审裁判的事实认定和法律适用
审理范围	限于当事人诉讼请求范围	限于上诉请求的范围,但涉及国家、集体、他人利益或原裁判确有错误的除外
裁判效力	上诉期内不生效	送达即生效

二、上诉制度

实质要件	允许上诉的判决	未生效的判决。
	允许上诉的裁定	管辖权异议、不予受理、驳回起诉、驳回破产申请的裁定。
	不能上诉的裁判	生效的裁判、依特别程序、督促程序、公示催告程序、小额诉讼程序所作的裁判。

续表

形式要件	须是可上诉的裁判	
	当事人必须适格	有权提起上诉的包括一审中的原被告、共同诉讼人、有独立请求权的第三人和承担实体义务的无独立请求权的第三人。法定代理人、特别授权的委托代理人也可上诉。
	需在法定期间内提起	判决——15 日；裁定——10 日 自送达后次日起算，若非同时送达，则按实际送达日分开计算。
	递交上诉状	当事人提起上诉必须以书面形式提起，口头上诉无效。（与一审程序中的起诉不同）
上诉途径	通过原审法院提出	原审法院在 5 日内连同全部案卷和证据，报送二审法院。
	直接向二审法院上诉	二审法院在 5 日内将上诉状移交原审法院，由其 5 日内移交全案资料。

三、上诉审的审理

审理范围	（1）仅对上诉请求的有关事实和适用法律进行审查，但判决违反法律禁止性规定、侵害社会公共利益或者他人利益的除外。 （2）被上诉人在答辩中要求变更或者补充第一审判决内容的，二审法院可不予审查。
审理方式	（1）开庭审理是原则，径行裁判是例外。 （2）径行裁判的情形： ①一审就不予受理、驳回起诉和管辖权异议作出裁定的案件。 ②当事人提出的上诉请求明显不能成立的案件。 ③原审裁判认定事实清楚，但是适用法律错误的案件。 ④原判决违反法定程序，可能影响案件正确判决，需发回重审的案件。
审理地点	可在本院进行，也可以到案件发生地或原审法院所在地进行。
调解	（1）上诉案件，可进行调解，达成协议，应制作调解书，由审判人员、书记员署名，加盖人民法院印章。调解书送达后，原审人民法院的判决即视为被撤销。 （2）原审原告增加诉讼请求或原审被告提出反诉的，二审法院可以根据当事人自愿的原则就新增加的诉讼请求或反诉进行调解，调解不成的，告知当事人另行起诉。 （3）当事人在二审中达成和解协议的，人民法院可以根据当事人的请求，对双方当事人达成的和解协议进行审查并制作调解书送达双方当事人，视为调解结案。
裁判	（1）判决驳回上诉，维持原判。 （2）原判认定事实错误或适用法律有误，依法改判、撤销或变更。 （3）原判认定基本事实不清，裁定撤销原判，发回重审，也可查清事实后改判。 （4）原判遗漏当事人或违法缺席判决等严重违反法定程序，裁定撤销原判，发回重审。 注：违反法定程序的情形：①应回避未回避；②未经开庭即作出判决；③适用普通程序审理的案件，当事人未经传票传唤而缺席判决；④其他严重违反法定程序的。
撤回上诉	（1）适用于上诉人。 （2）判决宣告前。 （3）须经法院审查。 （4）撤回上诉后原判决、裁定即行生效，丧失上诉权，只能申诉。

【提示】原审人民法院对发回重审的案件作出判决后，当事人提起上诉的，第二审人民法院不得再次发回重审。（限制发回重审次数，防止案件反复发回重审，久拖不决。）

第十四章　特别程序

特别程序总体特点：

（1）只有一方当事人。

（2）独任审判（除选民资格案件和重大疑难案件）。

（3）一审终审。

（4）不适用审判监督程序。

选民资格案件	（1）应先向选举委员会申诉；起诉人无资格限制。 （2）选区所在地基层法院管辖，合议庭审判。 （3）选举日前审结，起诉人、选举委员会的代表和有关公民必须参加。
宣告失踪或死亡	（1）须经过的法定期限（失踪：2 年；死亡：4 年，意外 2 年）。 （2）宣告死亡后，身份关系消灭，但公民出现的，除婚姻关系外均自然恢复。 （3）公告期：失踪——3 个月，死亡——1 年（意外 3 个月）。 （4）被宣告失踪、宣告死亡的公民重新出现，应撤销原判决。 （5）指定财产代管人，一般是监护人，或近亲属。
认定无行为能力、限制行为能力	（1）被申请人近亲属或其他利害关系人申请。 （2）恢复行为能力的，作出新判决，同时撤销原判决。
认定财产无主	（1）财产认领公告期 1 年，期满后判决。 （2）原所有人或继承人出现并在诉讼时效期间提出申请，查证属实后应作出新判决，撤销原判决。 （3）公告期内，有人对财产提出请求，应裁定终结程序，并告知申请人另行起诉，适用普通程序审理。
确认调解协议的案件	经依法设立的调解组织调解达成调解协议，申请司法确认的，由双方当事人自调解协议生效之日起 30 内，共同向人民法院提出： （1）人民法院邀请调解组织开展先行调解的，向作出邀请的人民法院提出； （2）调解组织自行开展调解的，向当事人住所地、标的物所在地、调解组织所在地的基层人民法院提出；调解协议所涉纠纷应当由中级人民法院管辖的，向相应的中级人民法院提出； （3）法院受理申请后，经审查，符合法律规定的，裁定调解协议有效，一方当事人拒绝履行或者未全部履行的，对方当事人可以向人民法院申请执行；不符合法律规定的，裁定驳回申请，当事人可以通过调解方式变更原调解协议或者达成新的调解协议，也可以向人民法院提起诉讼。
实现担保物权案件	申请实现担保物权，由担保物权人以及其他有权请求实现担保物权的人依照《民法典》物权编等法律，向担保财产所在地或者担保物权登记地基层人民法院提出。 人民法院受理申请后，经审查，符合法律规定的，裁定拍卖、变卖担保财产，当事人依据该裁定可以向人民法院申请执行；不符合法律规定的，裁定驳回申请，当事人可以向人民法院提起诉讼。

第十五章　审判监督程序

一、再审程序的启动

	人民法院	人民检察院	当事人
启动主体	(1) 各级法院院长、审委会。 (2) 上级法院。 (3) 最高院。	(1) 最高人民检察院。 (2) 上级检察院。 ［注意新增］ (1) 检察监督方式，检察院发现同级法院生效文书有错误，有两种方式进行监督，一是直接向同级法院提出检察建议，并报上级检察院备案；二是提请上级检察院向（上级检察院的）同级法院抗诉。 (2) 当事人可以向检察院申请抗诉或提出检察建议而启动再审的方式，注意使用条件：有下列情形之一的，当事人可以向人民检察院申请检察建议或者抗诉：①人民法院驳回再审申请的；②人民法院逾期未对再审申请作出裁定的；③再审判决、裁定有明显错误的。人民检察院对当事人的申请应当在3个月内进行审查，作出提出或者不予提出检察建议或者抗诉的决定。当事人不得再次向人民检察院申请检察建议或者抗诉。	(1) 原审原告、原审被告、有独立请求权的第三人、判决其承担义务的无独立请求权的第三人、上诉人、被上诉人、执行程序中的案外人。 (2) 法定的诉讼代理人可代为申请。
客体	法院已发生法律效力但确有错误的判决、裁定、调解书（新增）。 提示：生效的调解协议，如能证明违反自愿原则或协议内容违法的，也可以申请再审。对解除婚姻、收养关系的生效裁判、调解书不得抗诉或申请再审，涉及财产分割的部分除外。		

续表

	人民法院	人民检察院	当事人
提起方式	（1）院长认为裁判确有错误，交本院审委员会决定。 （2）上级法院和最高人民法院认为生效裁判有误可以提审或指令下级人民法院再审（可以是原审法院，也可以是与原审法院同级的其他法院）。注意：实践中，原生效裁判有法律适用错误的，适用提审；事实错误，或事实、法律适用都有误的，适用指令再审；指令再审的，指令到达法院之时，为再审提起之日。	（1）最高人民检察院对各级法院的生效裁判向最高人民法院抗诉。 （2）地方上级检察院对下级法院的生效裁判向同级法院抗诉。 （3）地方检察院对同级法院的生效裁判，只能提请上级检察院抗诉。 注意：若抗诉不当的，应由检察长或检察委员会撤回，上级检察院发现不当，也可撤回。	向原审法院的上一级法院申请；如一方人数众多，或者双方都是公民的案件，可以由当事人在上一级或者原审法院中选择。 注意：申请再审时不停止原判的执行，只有当启动了审判监督程序后方可由法院裁定中止。
期限限制	无	无	除斥期间：（1）应在裁判生效后 6 个月内提出，该期限不得中止、中断、延长。 （2）发现新证据、发现对方当事人伪造证据，审判人员枉法和据以作出判决所依据的法律文书被撤销四种情形，该 6 个月从知道或者应当知道之日起计算。
理由	发现原生效裁判有误	法定事由：（1）有新的证据，足以推翻原判决、裁定。 （2）原判决、裁定认定的基本事实缺乏证据证明的。 （3）原判决、裁定认定事实的主要证据是伪造的。 （4）原判决、裁定认定事实的主要证据未经质证的。 （5）对审理案件需要的证据，当事人因客观原因不能自行收集，书面申请法院调查收集但法院未调查收集的。 （6）原判决、裁定适用法律确有错误的。 （7）审判组织的组成不合法或审判人员依法应回避未回避的。 （8）无诉讼行为能力人未经法定代理人代为诉讼或应当参加诉讼的当事人，因不能归责于本人或其诉讼代理人的事由，未参加诉讼的。 （9）违反法律规定，剥夺当事人辩论权利的（包括不送达起诉状副本或上诉状副本）。 （10）未经传票传唤即缺席判决的。 （11）原判决、裁定遗漏或超出诉讼请求的。 （12）据以作出原判决、裁定的法律文书被撤销或者变更的。 （13）审判人员审理该案时有贪污受贿、徇私舞弊、枉法裁判行为的（要求该行为已被相关刑事法律文书或纪律处分决定确认）。	

二、再审程序

程序	（1）启动再审程序后，法院要裁定中止原裁判的执行。但追索赡养费、扶养费、抚育费、抚恤金、医疗费用、劳动报酬等案件，可以不中止执行。 注：提审或指令再审的案件，裁定中应同时写明中止原裁判的执行；情况紧急的，先口头通知中止执行，10日内发出裁定书。 （2）另行组成合议庭，依原审程序进行的审理（原一再一，原二再二，提审必二）。 （3）当事人申请再审的程序：申请再审时应提交再审申请书、生效裁判文书、身份证明、证据材料、申请书副本等材料。法院应自收到申请书之日起5日内将申请书副本送达对方。对方应自收到之日起15日内提交书面意见，不提交的，不影响法院审查。 （4）法院对当事人再审申请的处理：法院应自收到申请书之日起3个月内组成合议庭，审查是否符合法定事由并作出裁定。裁定再审的案件，由中级以上法院审理，但当事人向基层法院申请再审的除外。最高人民法院、高级人民法院裁定再审的，由本院再审或交其他法院再审，也可交原审法院再审。 （5）法院对抗诉引起的再审的处理：一般由接受抗诉的法院在30日内裁定再审，并通知检察院派员出庭；如因原审裁判由于证据问题导致案件事实认定不当或有误的可交下一级法院再审。但该案已经经过该下级法院再审过的不能再交其再审。
不能再审情形	（1）解除婚姻、收养关系的生效判决、调解书，涉及财产分割问题的除外。 （2）按照特别程序、督促程序、公示催告程序审理的案件。 （3）依照审判监督程序审理后维持原判的案件。 （4）民事损害赔偿案件中，当事人再审申请超过原审诉讼请求，或当事人在原审判决、裁定执行终结前，以物价变动等为由向法院申请再审的，法院应予以驳回。 （5）撤销仲裁裁决的裁定。
特殊情况处理	（1）提审或按二审程序再审的案件，如发现不具备法定受理条件的，裁定撤销一、二审判决，驳回起诉；如有违反法定程序情形，可能影响公正审理的，裁定撤销一、二审裁定，发回原审法院重审。 （2）发现原一、二审判决遗漏了应参加的当事人的，可先调解，调解不成，裁定撤销一、二审判决，发回原审法院重审（这里的原审指的是原一审）。 （3）案外人申请再审的，经审理认为案外人应为必要共同诉讼当事人，在按一审程序再审时应追加其为当事人，作出新判决；在按二审程序再审时，经调解不能达成协议的，应撤销原判，发回重审，重审时应追加案外人为当事人。案外人不是必要共同诉讼当事人的，仅审理其对原判提出异议部分的合法性，并应根据审理情况作出撤销原判相关判项或驳回再审请求的判决；撤销原判相关判项的，应告知案外人以及原审当事人可提起新的诉讼解决相关争议。
裁判效力	（1）按一审程序再审后作出的裁判跟一审裁判有同等效力。 （2）按二审程序再审后作出的裁判送达后生效。 （3）达成调解协议的，调解书送达后，原判决、裁定即视为被撤销。

【关联提示】 重审、提审与指令再审的比较

比较点	审理法院	适用程序	文书效力	可否上诉
重审	原一审法院	一审普通程序	未生效	可上诉
提审	上级法院或最高院	二审程序	生效	不可上诉
自行再审	生效文书作出法院	原一再一，原二再二	根据审判程序确定	根据裁判效力确定
指令再审	（1）最高法院、高级法院可以指定与原审法院同级的其他法院再审，或指令原审法院再审。 （2）不得指令原审法院再审的情形：①原审法院对该案无管辖权的；②审判人员在审理该案件时有贪污受贿、徇私舞弊、枉法裁判行为的；③原判决、裁定系经原审法院审委会讨论作出的；④其他不宜指令原审法院再审的。			

第十六章   非诉讼程序

一、督促程序

申请支付令的条件	必须是给付金钱或有价证券（三票、股票、债券、存款单）	
	必须债务已届清偿期	
	不存在其他争议	
	能够送达债务人	债务人不在我国境内，或虽在境内但下落不明，不适用督促程序。
支付令程序	申请	债务人所在地的基层法院
	5日内审查，15日内发出支付令。	
	15日内，必须书面提出异议，异议必须针对债权债务本身，若只提出缺乏清偿能力的，异议无效。	法院对异议进行形式审查。不提出异议，而向其他法院起诉的，不影响支付令生效。
	异议成立的后果	终结督促，支付令自动失效，转入诉讼程序，但申请支付令的一方当事人不同意诉讼的除外。
	无异议、异议无效的后果	支付令生效，具有强制执行效力。
	支付令错误的救济机制	法院院长发现本院已经发生法律效力的支付令确有错误，认为需要撤销的，应当提交本院审判委员会讨论决定后，裁定撤销支付令，驳回债权人的申请。

二、公示催告程序

条件	票据被盗、遗失、灭失；支付地基层法院。
受理	受理同时发出止付通知，3日内公告。
公告	不少于60日，一旦有申报权利的，即裁定终结程序。
除权判决	公告期满30日内须申请除权判决，逾期裁定终结程序；必须合议庭审理。
救济	利害关系人因正当理由不能在判决前申报的，自知道或者应当知道判决公告之日起1年内，可以向作出判决的法院起诉。

第十七章   执   行

执行管辖	（1）生效裁判：由一审法院或与一审法院同级的被执行财产所在地法院执行。
	（2）其他法律文书：被执行人住所地或被执行人财产所在地法院。
	（3）支付令：制作支付令的法院。
	（4）法院收到申请后6个月内未执行的，可向上一级法院申请，上一级法院可责令原法院在一定期限内执行，也可决定由本院执行或指令其他法院执行。

执行异议	(1) 对执行行为的异议：当事人、利害关系人均可异议；必须书面；15 日内审查；异议成立的，裁定撤销或者改正。异议不成立的，裁定驳回。不服自送达之日起 10 日内向上一级法院申请复议。 (2) 对执行标的的异议：案外人异议；必须书面；15 日内审查；异议成立的，中止执行；不成立的，裁定驳回。案外人对执行异议裁定不服，同时认为原判决、裁定确有错误，自执行异议裁定送达之日起 6 个月内，向原审法院申请再审；案外人对执行异议裁定不服，同时认为与原判决、裁定无关的，自执行异议裁定送达之日起 15 日内向执行法院提起执行异议之诉。 (3) 委托执行中，受托法院收到异议，应函告委托法院，并暂缓执行，由委托法院作出驳回异议或中止执行的裁定。
执行和解	(1) 和解协议合法有效并已履行完毕的，执行程序终结；受欺诈、胁迫而达成和解协议或未履行或不完全履行的，当事人可申请执行原生效法律文书，但协议已履行的部分应扣除。 (2) 达成和解后申请执行期限中止，自和解协议所定履行期限的最后 1 日起连续计算。
执行担保	(1) 执行义务人向法院提出申请；担保的方式可以是财产担保，也可以由第三人担保；执行担保须征得执行权利人同意；须经法院许可。 (2) 担保期与暂缓执行期一致，最长不超过 1 年；有转移、隐藏、变卖、毁损担保财产行为的，法院可以恢复强制执行。 (3) 执行期满后仍不履行义务的，可直接执行担保财产（或者裁定执行担保人财产）。
执行承担	执行中由于出现特殊情况，被执行人的义务由其他的公民、法人或组织履行。
执行回转	执行程序已经完毕；作为执行根据的法律文书被依法撤销或者变更；有回转的必要；根据新的生效法律文书执行，恢复执行前的状态。
执行中止	(1) 申请人表示可以延期执行的。 (2) 案外人对执行标的提出异议成立的。 (3) 一方当事人死亡，需确定继承人的。 (4) 法人或者其他组织终止，需确定权利义务承受人的。 (5) 法院受理以被执行人为债务人的破产申请的。 (6) 人民法院按审判监督程序决定再审。 (7) 被执行人确无财产可供执行的。 (8) 执行标的物是其他法院或仲裁机构正在审理的案件争议标的物，需待该案件审理完毕以确定权属的。 (9) 一方当事人申请执行仲裁裁决，另一方当事人申请撤销仲裁裁决的。 (10) 仲裁裁决的被申请执行人向人民法院提出不予执行请求，并提供适当担保的。 提示：以上事由消失的，可裁定恢复执行程序。
执行终结	(1) 申请人撤销申请的（法院须审查是否当事人自愿，是否存在违法事由）。 (2) 据以执行的法律文书被撤销的。 (3) 作为被执行人的公民死亡，无遗产可供执行，又无义务承担人的。 (4) 追索赡养费、扶养费、抚育费案件的权利人死亡的。 (5) 作为被执行人的公民因生活困难无力偿还借款，无收入来源，又丧失劳动能力的。 (6) 人民法院认为应当终结执行的其他情形。
参与分配	(1) 被执行人必须是公民或其他组织。 (2) 申请人须已取得执行根据或已起诉。 (3) 须向首先采取执行措施的法院提出申请。 (4) 须在执行程序开始后，被执行人财产被清偿前申请。
对第三人执行	(1) 被执行人不能清偿债务，但对第三人有到期债权。 (2) 须申请执行人或被执行人提出申请。 (3) 须先通知第三人向申请执行人履行债务。 (4) 第三人提出异议，则不予执行；第三人对债务没有异议，又在通知指定的期限内不予履行的，方可强制执行。 (5) 强制执行范围限于第三人对被执行人的债务范围。

续表

执行措施	（1）对有偿付能力的企业一般不采取查封、冻结，必须采取的，一旦提供担保，应及时解除。 （2）拒不履行赔礼道歉的，法院可采取公告、登报等措施，由被执行人承担相应费用。 （3）搜查令由院长签发。搜查妇女的身体，应当由女执行员进行。

【关联提示】1. 生效的支付令、先予执行和财产保全裁定可直接移送执行。

2. 申请执行的时效是 2 年，从法律文书规定的履行期间最后 1 日起算，未规定的，从生效之日起算。申请执行时效适用法律有关诉讼时效中止、中断的规定。

3. 立即执行制度：被执行人不履行法律文书确定的义务，并有可能隐匿、转移财产的，执行员可立即采取强制措施。

4. 财产报告制度：被执行人未按执行通知履行法律文书确定的义务，应报告当前以及收到执行通知之日前 1 年的财产情况。拒绝报告或虚假报告的，法院可以根据情节轻重对被执行人或其法定代理人、有关单位主要负责人或直接责任人予以罚款、拘留。

5. 限制出境制度：被执行人不履行法律文书确定义务的，法院可以对其采取或通知有关单位协助采取限制出境。被执行人为单位的，可以对其法定代表人、主要负责人或者影响债务履行的直接责任人员限制出境；被执行人为无民事行为能力人或者限制民事行为能力人的，可以对其法定代理人限制出境。在征信系统记录（法院将被执行人或被执行单位的法定代表人、负责人不履行义务的信息记录在个人征信系统中）、通过媒体公布不履行义务信息以及法律规定的其他措施。

6. 执行员接到申请执行书或者移交执行书，应当向被执行人发出执行通知，并可以立即采取强制执行措施。（规定可以立即执行的权力，防止被执行人转移财产）

【重点提示】1. 对保留所有权买卖合同中标的物的执行：

（1）被执行人购买第三人的财产，已经支付部分价款并实际占有该财产，第三人依合同约定保留所有权的，人民法院可以查封、扣押、冻结。保留所有权已办理登记的，第三人的剩余价款从该财产变价款中优先支付；第三人主张取回该财产的，可以提出异议。

（2）被执行人将其所有的需要办理过户登记的财产出卖给第三人，第三人已经支付部分或者全部价款并实际占有该财产，但尚未办理产权过户登记手续的，人民法院可以查封、扣押、冻结；第三人已经支付全部价款并实际占有，但未办理过户登记手续的，如果第三人对此没有过错，人民法院不得查封、扣押、冻结。

2. 《最高人民法院关于执行和解若干问题的规定》

（1）和解协议达成后，有下列情形之一的，人民法院可以裁定中止执行：

①各方当事人共同向人民法院提交书面和解协议的；②一方当事人向人民法院提交书面和解协议，其他当事人予以认可的；③当事人达成口头和解协议，执行人员将和解协议内容记入笔录，由各方当事人签名或者盖章的。

（2）不予恢复执行的情形：

①执行和解协议履行完毕后申请恢复执行的；②执行和解协议约定的履行期限尚未届至或者履行条件尚未成就的（有例外情形）；③被执行人一方正在按照执行和解协议约定履行义务的。

第十八章　涉外民事诉讼程序

一般原则	适用我国民事诉讼法原则；适用我国缔结或参加的国际条约原则；司法豁免原则（有限豁免）；委托中国律师诉讼原则；适用我国语言文字原则。	
管辖	牵连管辖	合同签订地、履行地、标的地、财产地、侵权地、代表机构地。
	协议管辖	合同或财产的，当事人可协议，但不得违反专属管辖、级别管辖。
	应诉管辖	应诉答辩，视为有管辖权。
	专属管辖	在中国领域内履行中外合资、中外合作、中外合作勘探开发自然资源合同纠纷。
司法协助	（1）一般司法协助包括代送文书、调查取证或其他诉讼行为；特殊司法协助包括对外国裁判和仲裁裁决的承认和执行。 （2）请求和提供司法协助，应按照我国缔结和参加的国际条约规定途径进行。 （3）没有条约关系的，通过外交途径。 （4）外国驻中国使领馆可以向该国公民送达文书和调查取证，不得采取强制措施。	

【仲裁制度部分】

第一章　仲裁与仲裁法概述

仲裁特点	（1）机构仲裁，应当选定具体的仲裁委员会，不能临时仲裁。
	（2）涉外仲裁的特别规定：涉外仲裁机构的设立、仲裁员资格、采取保全措施的法院、涉外仲裁裁决的撤销、不予执行。
	（3）仲裁和调解相结合。
适用范围	平等主体的公民、法人、其他组织的合同纠纷和财产权益纠纷。
除外事项	（1）婚姻、继承、收养、监护、扶养。
	（2）依法由行政机关处理的行政争议。
	（3）劳动争议：强制性，先仲裁后起诉。
	（4）农业承包合同：不适用《仲裁法》，当事人不服可起诉。
仲裁制度	协议仲裁、一裁终局、或裁或审。
仲裁当事人（大纲新增）	含义	仲裁当事人，是为保护自己的合法经济利益以自己的名义参加仲裁活动，并受生效仲裁裁决或仲裁调解协议约束的人。
	特征	（1）以自己的名义参加到仲裁程序当中；
		（2）与可仲裁的民事争议有直接的利害关系；
		（3）受仲裁裁决的约束。

第二章　仲裁委员会和仲裁协会

仲裁委员会	不按行政区划设立，可在省会城市、直辖市或有需要的市设立（一市一会）。
仲裁员任职条件	（1）从事仲裁、律师工作满 8 年。
	（2）曾任审判员满 8 年。
	（3）从事法律研究、教学工作并具有高级职称。
	（4）具有法律知识、从事经济贸易等专业工作，具有高级职称或同等专业水平。注意：仲裁委员会中法律、经贸专家不得少于 2/3。
仲裁协会	（1）社团法人，实行会员制，是仲裁委员会的自律性组织，民政机关登记。
	（2）依《仲裁法》《民事诉讼法》相关规定制定仲裁规则。
仲裁规则	（1）是任意性较强的规范，可以由仲裁机构制定，有些内容还允许当事人自行约定。
	（2）中国仲裁协会制定国内仲裁规则；中国国际商会制定涉外仲裁规则。
	（3）规则主要内容：仲裁管辖；仲裁组织；仲裁的申请、答辩和反请求程序；仲裁庭的组成；仲裁的审理和裁决程序；仲裁委员会、仲裁庭和当事人的权利义务；仲裁语言、翻译、送达、仲裁费用等。

第三章　仲裁协议

形式要件	必须书面	书面形式包括合同书、信件和数据电文（如电报、电传、传真、电子数据交换和电邮）等。
实质要件	仲裁的意思表示	明确、肯定、合意、真实
	仲裁事项	（1）须明确且具有可仲裁性。 （2）约定不明或未约定的，当事人可补充约定，达不成补充约定的，协议无效。
	选定仲裁委员会	（1）约定2个以上的，当事人可协议选择其中1个仲裁机构申请仲裁。 （2）无约定或约定不明，可补充约定，否则协议无效。 （3）只约定仲裁地，若该地有唯一确定的仲裁机构，则视为约定明确；若有2个以上仲裁机构的，当事人可协议选择其中之一；若无仲裁机构的，视为约定不明。 （4）约定的仲裁机构名称不准确，但能够确定具体的仲裁机构的，应认定选定了仲裁机构。 （5）只约定适用的仲裁规则的，视为未约定仲裁机构，但当事人达成补充协议或按约定的仲裁规则能够确定仲裁机构的除外。
协议效力		（1）约束双方当事人的纠纷解决选择权，只能通过仲裁解决纠纷。 （2）排除法院对特定争议的管辖权。 （3）仲裁机构获得对特定争议的仲裁权，仲裁协议划定了仲裁权行使的界限。
效力认定		（1）效力的确认机构：当事人可请求仲裁委员会作出决定，也可请求有管辖权的法院作出裁定。①由约定的仲裁机构所在地中级法院管辖；约定不明的，由仲裁协议签订地或被申请人住所地中级法院管辖；②涉外仲裁协议效力由约定的仲裁机构所在地、仲裁协议签订地、申请人或被申请人住所地中级法院管辖，适用当事人约定的法律；当事人只约定了仲裁地的，适用仲裁地法律；没有约定适用法律，也未约定仲裁地或约定不明的，适用法院地法律；③涉及海商海事纠纷的，由仲裁机构所在地、仲裁协议签订地、申请人或被申请人住所地海事法院管辖，上述地点无海事法院的，由就近海事法院管辖。 （2）同时向仲裁机构和法院提出请求，法院有最终决定权，但仲裁机构已作出决定的除外。仲裁机构接受申请后尚未作出决定，法院应予受理，同时通知仲裁机构终止仲裁。 （3）当事人对仲裁协议的效力有异议，应在仲裁庭首次开庭前提出。 （4）一方申请仲裁，一方请求确认仲裁协议效力，法院应当通知仲裁机构中止仲裁；仲裁机构根据法院的裁定决定恢复仲裁或撤销仲裁案件。
无效情形		（1）口头仲裁协议。 （2）约定的仲裁事项超出法律规定的可仲裁范围。 （3）胁迫订立的仲裁协议。 （4）无民事行为能力、限制民事行为能力人订立的仲裁协议。 （5）约定两个以上仲裁机构，或约定的仲裁地有两个以上仲裁机构，当事人就如何选择无法达成一致。 （6）仲裁事项、仲裁机构约定不明，也无法达成补充协议的。 （7）同时约定仲裁和诉讼的，但一方申请仲裁后，另一方未在法定期间内提出异议的除外。
失效情形		（1）当事人协议放弃：明示放弃；默示放弃：一方起诉，另一方未在法定期间内提出异议。 （2）仲裁协议约定期满。 （3）仲裁裁决被撤销或不予执行。 （4）对特定争议事项已作出有效裁决。 仲裁协议失效后，当事人可重新达成协议，也可提起诉讼。

续表

协议效力的扩张	(1) 当事人订立仲裁协议后分立、合并的,对权利义务承受人继续有效。 (2) 自然人订立仲裁协议后死亡的,对继承人继续有效。 (3) 债权债务全部、部分转让的,协议对受让人有效,另有约定或受让人明确反对或不知道有单独仲裁协议的除外。 (4) 合同未成立、成立后未生效、被撤销、变更、解除、终止、无效,不影响仲裁协议效力。

第四章　仲裁程序

一、仲裁程序(一)

仲裁参与人	仲裁参加人	仲裁当事人	仲裁申请人	申请执行人
			被申请人	被申请执行人(被执行人)
		仲裁代理人	法定仲裁代理人	
			委托仲裁代理人	一般代理权限:申请仲裁、进行答辩、申请回避、调查证据、参加仲裁开庭并进行陈述和辩论。
				特别授权:代为承认、放弃、变更仲裁请求,进行和解,提出反请求。
	证人、鉴定人、翻译人员			

	内　容	备　注
申请	条件:(1) 有仲裁协议。 (2) 有具体的仲裁请求和事实、理由。 (3) 属于仲裁委员会受理范围。 (4) 递交仲裁协议、仲裁申请书及副本。	(1) 默示放弃仲裁的情况。 (2) 除仲裁协议无效或失效,当事人起诉后,另一方在首次开庭前提交仲裁协议或异议的,法院应裁定驳回起诉。
受理	(1) **仲裁机构**:应在5日内审查仲裁申请,不符合受理条件的,应书面通知当事人,并说明理由。 (2) 当事人:弥补仲裁申请书的欠缺;补充仲裁协议。	仲裁机构要向当事人共同送达仲裁规则、仲裁员名册。 被申请人:仲裁答辩书、反请求。
仲裁庭组成	(1) 仲裁庭的组成、仲裁员的选任由当事人约定。 (2) 独任仲裁庭:当事人共同选任或共同委托选任1名仲裁员。 (3) 合议制仲裁庭:当事人各自选任或各自委托选任1名仲裁员,再共同选任或共同委托选任1名首席仲裁员。	(1) 接受委托的只能是仲裁委员会主任。 (2) 当事人未事先约定,也未能在仲裁规则规定时限内补充约定,则由仲裁委员会主任指定。
仲裁员的回避与更换	(1) 须具备法定事由(《仲裁法》第34条规定的4种情形之一);回避范围只包括仲裁员。 (2) 回避申请须在首次开庭前提出,首次开庭后知道回避事由的,可在最后一次开庭终结前提出。	(1) 仲裁员回避由仲裁委员会主任决定;主任为仲裁员时,由仲裁委员会集体决定。 (2) 回避后,应重新选定或指定仲裁员,当事人可以请求已经过的程序重新进行,是否准许由仲裁庭决定;仲裁庭也可自行决定重新开始仲裁程序。

续表

审理	（1）开庭审理为原则，当事人也可协议不开庭审理。（人民法院审理仲裁协议效力确认案件，应当组成合议庭进行审查，并询问当事人） （2）不公开审理为原则，当事人也可协议公开审理（与民诉相反），但涉及国家秘密的案件除外。 （3）申请人缺席，视为撤回仲裁申请；被申请人缺席，可缺席裁决。（缺席事由：经书面通知，无正当理由不到或未经许可中途退庭） （4）延期开庭：①当事人有正当理由不能开庭；②当事人临时提出回避申请；③仲裁员不能履行职责；④需要通知新的证人参加庭审，调取新证据，重新鉴定或勘验或者需要补充调查。	（1）书面通知当事人开庭日期是仲裁审理的必经程序。 （2）仲裁中不适用拘传。

二、仲裁程序（二）

仲裁中的保全	（1）仲裁庭没有保全权，当事人向仲裁庭提交申请后，由仲裁庭转交有权法院进行。 （2）有管辖权法院：证据保全——证据所在地基层法院；财产保全——财产所在地或被申请人住所地基层法院。（涉外的由中院管辖）	无诉前财产保全
和解调解	当事人自行达成和解协议后，可请求根据协议作出裁决书，也可撤回仲裁申请。（撤回仲裁申请后又反悔的，可以根据原仲裁协议重新申请仲裁）	调解达成协议后，仲裁庭应制作调解书或根据协议结果制作裁决书，调解书经双方签收后生效。
裁决	裁决规则：（1）少数服从多数原则；少数仲裁员不同意见可以记入笔录，可不在裁决上签名。 （2）无法形成多数意见时，按首席仲裁员意见裁决（区别于民诉：提交审委会决定）。 裁决种类：先行裁决、最终裁决、缺席裁决、合意裁决。	（1）当事人协议不在裁决中写明争议事实和裁决理由的，可以不写。 （2）对部分事实已经清楚的可先行裁决。（民诉也可） （3）裁决书的补正：对文字、计算错误或已裁决但漏写的事项，仲裁庭应当补正，当事人也可自收到裁决之日起30日内申请补正。 （4）裁决自作出之日即生效。（区别于民诉）
简易程序	适用：（1）除非当事人另有约定，争议金额不超过人民币50万元的案件。 （2）争议金额超过人民币50万元，经一方当事人书面申请并征得另一方书面同意的案件。	审理：采取独任制；可书面审，也可开庭审；开庭审的，除非确有必要，只开庭一次。

第五章　申请撤销仲裁裁决

	内　容	备　注
申请主体	当事人	
申请期限	自收到裁决书之日起6个月内	
管辖	仲裁委员会所在地中级人民法院	

续表

	内　容	备　注
法定事由	没有仲裁协议、仲裁协议无效	对涉外仲裁裁决只做程序的审查（《民事诉讼法》第274条第1款）
	裁决事项超过协议范围或仲裁委员会无权仲裁	
	仲裁庭的组成或仲裁程序违法	
	裁决依据的证据是伪造的	
	对方隐瞒了足以影响公正裁决的证据	
	仲裁员在仲裁时有索贿受贿、徇私舞弊、枉法裁决行为的	
	人民法院认定该裁决违背社会公共利益的，应裁定撤销	
撤销程序	（1）组成合议庭审查仲裁裁决	撤销仲裁裁决的裁定不能上诉、申请再审，检察院也不能抗诉
	（2）在2个月内作出裁定	
	（3）法院受理撤销申请后，认为必要，可通知仲裁庭在一定期限内重新仲裁，并裁定中止撤销程序。仲裁庭拒绝重新仲裁的，法院应裁定恢复撤销程序。	
	（4）撤销的效力：仲裁裁决丧失法律效力；当事人可重新达成仲裁协议，也可提起诉讼。	
重新仲裁	适用范围	（1）仲裁裁决所根据的证据是伪造的。（2）对方当事人隐瞒了足以影响公正裁决的证据。	
	程序要求	（1）无须另行组成仲裁庭。（2）对法院重新仲裁的通知，是否采纳，由仲裁庭决定。	

【关联提示】当事人以仲裁裁决事项超出仲裁协议范围为由请求撤销裁决，经审查属实的，法院应撤销裁决中的超裁部分。但超裁部分与其他裁决事项不可分的，法院应撤销仲裁裁决。

第六章　仲裁裁决的执行与不予执行

一、裁决的执行

1. 必须由当事人提出申请（民诉中有直接移送执行的情形）。
2. 申请期限：2年。
3. 管辖法院：被执行人住所地或被执行财产所在地中级人民法院（无论国内还是涉外仲裁都是中院）。

二、不予执行与撤销裁决

	不予执行	撤　销
申请主体	被申请执行人	当事人均可
申请期限	在于对方何时提出执行申请	自收到裁决后6个月
管辖法院	有执行管辖权的法院	仲裁机构所在地中院
法定理由	新修订为一致，包括程序问题，仲裁员违法，伪造主要证据，隐瞒主要证据。法律适用错误和证据不足不再是不予执行的理由。	

续表

	不予执行	撤　销
是否重新仲裁	否	可通知仲裁机构重新仲裁，由仲裁机构决定
法律效果	仲裁裁决失效，当事人可就争议重新达成仲裁协议，也可起诉	
对涉外仲裁裁决的处理	法定事由相同（不涉及实体审查），管辖级别相同（中院）。注意：外国仲裁机构作出的裁决不能撤销，只能不予执行。	

【重点提示】一方当事人申请执行，一方当事人申请撤销，法院应裁定中止执行。

第七章　涉外仲裁

一、涉外仲裁的特殊规定

	内　容	备　注
涉外仲裁机构	常设机构 中国国际经济贸易仲裁委员会 海事仲裁委员会	国内其他仲裁机构也有权受理涉外案件
对应的有管辖权的法院	（1）涉外财产保全由财产地的中级人民法院管辖。	国内为基层法院
	（2）涉外证据保全由证据所在地中级人民法院管辖。	
	（3）不予执行申请由被申请执行人所在地、被执行财产所在地中级人民法院管辖。	
与国内仲裁的不同	（1）可以聘任外籍仲裁员。	
	（2）可以适用简易程序。	
	（3）可以使用外语仲裁。	
	（4）可以选择其他仲裁规则。	
	（5）对撤销裁决和不予执行申请只做形式审查。	国内须进行实质审查，如证据。国外仲裁机构作出的涉外仲裁裁决不得撤销，只能申请不予执行。
涉外仲裁的撤销和不予执行特别规定	中级人民法院对当事人的申请审查后决定予以撤销或不予执行的，必须由高级人民法院进行复审，高级人民法院同意撤销或不予执行的，应将审查意见报最高人民法院，等待最高人民法院的答复后方可裁定撤销或不予执行。	

二、诉讼与仲裁的关系

关系	内　容
仲裁和诉讼的联系	（1）遵循或裁或审原则，当仲裁协议合法有效时，法院不得受理。 （2）法院不知情受理，一方在首次开庭前提出异议的，应审查并驳回起诉。 （3）若双方均无异议，视为放弃仲裁协议，法院取得管辖权。 （4）仲裁协议效力经法院认定无效的，当事人可以起诉或重新达成仲裁协议。 （5）在无特殊规定时，仲裁适用诉讼时效的相关规定。

续表

关系	内　　容
仲裁和诉讼的区别	（1）仲裁当事人享有更多的选择权：是否将争议提交仲裁；选定仲裁事项、仲裁机构、仲裁员、仲裁规则；是否申请撤销仲裁裁决等。 （2）仲裁以不公开审理、开庭审理为原则。当事人协议公开审理、协议书面审理的除外。 （3）仲裁庭依据仲裁协议行使仲裁权；法院依法行使审判权。 （4）和解后的裁判方式不同：仲裁中，当事人可撤销仲裁申请，也可请仲裁庭制作裁决书；诉讼中只有关于执行和解的规定。 （5）调解后的裁判方式不同：仲裁中，当事人可申请制作裁决书，也可制作调解书；诉讼中一般只制作调解书。 （6）仲裁庭没有执行权、保全权：当事人提出的证据保全、财产保全申请由仲裁庭转交有管辖权的法院；仲裁裁决由当事人向有管辖权的中级人民法院申请执行。 （7）仲裁是一裁终审，裁决作出即生效。
法院对仲裁的支持	（1）财产、证据保全。 （2）仲裁裁决的执行。 （3）妨碍执行裁决行为的处理。
法院对仲裁的监督	（1）撤销仲裁裁决。 （2）裁定中止或不予执行仲裁裁决。 （3）认定仲裁协议的效力。

科目：

刑事诉讼法

第一章　刑事诉讼法基本原则

一、侦查权、检察权、审判权由专门机关依法行使（结合刑事诉讼中的专门机关）

司法机关	职　能
公安机关	侦查、拘留、执行逮捕、预审。 其他侦查机关：国家安全机关、军队保卫部门、海警机构、监狱、走私犯罪侦查机关。
检察机关	检察、批准逮捕、检察机关直接受理的案件的侦查、提起公诉。
法院	审判、决定逮捕（审判阶段）（法院有建议补充侦查权）。

二、严格遵守法律程序

1. 程序法定原则的含义	（1）刑事诉讼程序应当由法律事先明确规定 （2）刑事诉讼活动应当依据国家法律规定的刑事程序来进行
2. 非法证据排除	排除范围：以刑讯逼供或威胁、引诱、欺骗等非法方法收集的犯罪嫌疑人供述、被害人陈述、证人证言；不符合法定程序，可能严重影响司法公正，且无法补正或作出合理解释的物证、书证（不包括犯罪嫌疑人辩解）。

三、人民法院、人民检察院依法独立行使职权

1. 不受行政机关、社会团体和个人的干涉（接受党的领导和各级人民代表大会的监督）。

2. 法院上下级是监督与被监督（内部独立）的关系，检察院内部实行检察长统一领导制度。

四、人民检察院依法对刑事诉讼实行法律监督

立案监督	在立案阶段，同级检察院认为公安机关应当立案而不立案侦查的；或被害人认为公安机关应当立案的案件而不立案侦查的，向检察院提出的，检察院应当要求公安机关说明不予立案的理由。公安机关应当在收到《要求说明不予立案的理由通知书》的7日内书面答复检察院。检察院认为公安机关不立案理由不能成立，应当通知公安机关立案。公安机关在收到《通知立案书》后，应当在15日内决定立案，并将立案决定书送达检察院。
审查批捕过程中的监督	（1）对侦查活动的监督：如果发现有违法情况，有权通知予以纠正。 （2）对提请批捕的监督：人民检察院办理审查逮捕案件，发现应当逮捕而公安机关未提请批准逮捕犯罪嫌疑人的，应当建议公安机关提请批准逮捕。公安机关认为建议正确的，应当立即提请批准逮捕；认为建议不正确的，应当将不提请批准逮捕的理由通知人民检察院。如果公安机关不提请批准逮捕的理由不能成立的，人民检察院也可以直接作出逮捕决定，送达公安机关执行。

续表

审查起诉阶段的监督	（1）对侦查活动的监督：人民检察院接到报案、控告、举报或者发现侦查人员以非法方法收集证据的，应当进行调查核实。对于确有以非法方法收集证据情形的，应当提出纠正意见；构成犯罪的，依法追究刑事责任。人民检察院根据需要可以派员参加公安机关对于重大案件的讨论和其他侦查活动，发现违法行为，应当及时通知纠正。 （2）对移送起诉的监督：人民检察院在办理公安机关移送起诉的案件中，发现遗漏依法应当移送审查起诉同案犯罪嫌疑人的，应当建议公安机关补充移送审查起诉；对于犯罪事实清楚，证据确实、充分的，人民检察院也可以直接提起公诉。
审判阶段的监督	（1）对法庭审理活动的监督：提出纠正意见，事后监督； （2）对一审裁判的监督：二审抗诉权； （3）对生效裁判的监督：再审抗诉权。
执行阶段的监督	（1）死刑执行的临场监督：人民法院在交付执行前，应当通知同级人民检察院派员临场监督。 （2）监狱、看守所提出暂予监外执行的书面意见书副本应抄送人民检察院；人民检察院可以向决定或批准机关提出书面意见；决定或批准机关应将决定书抄送人民检察院；人民检察院认为暂予监外执行不当的，应当自接到通知之日起 1 个月内将书面意见送交批准暂予监外执行的机关，批准暂予监外执行的机关接到人民检察院的书面意见后，应当立即对该决定进行重新核查。 （3）减刑、假释的监督：执行机关提出的予以减刑、假释建议书应当将副本抄送人民检察院；人民检察院可以向人民法院提出书面意见；人民检察院认为减刑、假释的裁定不当，有权在收到裁定书副本后 20 日以内，向人民法院提出书面纠正意见；人民法院应当在收到纠正意见后 1 个月内重新组成合议庭进行审理，作出最终裁定。 （4）对执行机关执行刑罚的活动是否合法实行监督。

五、各民族公民有权使用本民族语言文字进行诉讼

如果诉讼参与人（含外国人，但自己承担费用）不通晓当地的语言文字，公、检、法机关有义务为其指派或聘请翻译人员进行翻译。

六、犯罪嫌疑人、被告人有权获得辩护

1. 犯罪嫌疑人、被告人享有辩护的权利（本人随时可以为自己辩护；另可以委托辩护人——参见诉讼参与人中的辩护人）。

2. 公、检、法机关有义务保障被追诉人享有辩护权（告知义务；指定辩护）。

七、未经人民法院依法判决，对任何人都不得确定有罪

1. 确定被告人有罪的权力由人民法院统一行使，其他任何机关、团体和个人都无权行使。

2. 区分犯罪嫌疑人（侦查阶段、审查起诉阶段）与被告人（审判阶段）的称谓。

3. 无罪推定原则，控诉方承担举证责任，被告人不负证明自己无罪的义务，不得因被告人不能证明自己无罪便推定其有罪。

4. 疑案作无罪处理（证据不足不起诉；一审阶段证据不足的无罪判决；二审，可以在查清事实的基础上改判，也可以发回重审；死刑复核，应当发回重审）。

八、具有法定情形不予追究刑事责任（《刑事诉讼法》第16条）

1. 法定不追究刑事责任的情形。

（1）情节<u>显著轻微</u>、危害不大，不认为是犯罪的。	本质上无罪，但有违法。注意与第 177 条第 2 款酌定不起诉的不同（犯罪情节轻微，依照刑法规定不需要判处刑罚或者免除刑罚的）。

续表

（2）犯罪已过追诉时效期限的。	刑法关于刑事犯罪追诉期限的规定（5种）：法定最高刑为不满5年的——5年；法定最高刑为5年以上不满10年有期徒刑的——10年；法定最高刑为10年以上有期徒刑的——15年；法定最高刑为无期徒刑、死刑的——20年；超过最长时效的——最高检批。
（3）经特赦令免除刑罚的。	特赦：由全国人大常委会决定。
（4）依照刑法告诉才处理的犯罪，没有告诉或撤回告诉的。	告诉才处理的犯罪：侮辱罪、诽谤罪（严重危害社会秩序、国家利益的除外）、暴力干涉婚姻自由罪（引起被害人死亡的除外）、虐待罪（造成重伤、死亡的除外）、侵占罪（唯一绝对告诉才处理的犯罪）。
（5）犯罪嫌疑人、被告人死亡的。	
（6）其他法律规定免予追究刑事责任的。	

2. **法定不追究刑事责任情形时的处理。**

立案阶段	公诉案件，侦查机关应当不予立案；自诉案件，法院不予受理。
侦查阶段	侦查机关应当决定撤销案件。
审查起诉阶段	发现有法定不追究刑事责任的情形时，检察院应当作出不起诉的决定。
审判阶段	（1）对于情节显著轻微、危害不大，不认为是犯罪的，应当判决宣告被告人无罪。 （2）对于其他5种情形（含被告人死亡的），应当裁定终止审理。 注意： ①被告人死亡，但根据已经查明的案件事实和认定的证据材料，能够确认被告人无罪的，应当判决宣告被告人无罪。 ②在第二审程序中，如果共同犯罪案件中提出上诉的被告人死亡，其他被告人没有提出上诉，第二审人民法院仍应当对全案进行审查，死亡的被告人不构成犯罪的，应当宣告无罪；审查后认为构成犯罪的，应当宣布终止审理，对其他同案被告人仍应当作出判决或裁定。

【关联提示】审查起诉阶段

	公安机关移送审查起诉的案件	
发现犯罪嫌疑人没有违法犯罪行为的	应当书面说明理由，将案卷退回公安机关处理。	如果犯罪嫌疑人已经被逮捕，应当撤销逮捕决定，通知公安机关立即释放。
发现犯罪事实并非犯罪嫌疑人所为的	应当书面说明理由，将案卷退回公安机关，并建议公安机关重新侦查。	

九、追究外国人刑事责任适用我国刑事诉讼法

1. 外国人、无国籍人以及国籍不明的人犯罪的刑事案件，应当由该外国人入境地、入境后居住地或被害中国公民离境前居住地基层人民法院管辖（符合中级人民法院以上管辖条件的依然由中级或高级法院管辖）。

2. 享有外交特权和豁免权的外国人犯罪应当追究刑事责任的，通过外交途径解决。

"外交途径"包括：建议派遣国依法处理；宣布为不受欢迎的人；责令限期出境；宣布驱逐出境。

第二章　刑事诉讼中的专门机关

公安机关（行政机关）		（1）立案权。对有管辖权的案件有权决定立案（链接：立案管辖）。 （2）侦查权。在侦查过程中，有权依法讯问犯罪嫌疑人，询问证人，有权勘验、检查、搜查，有权扣押物证、书证，冻结存款、汇款，组织鉴定和侦查实验，有权对犯罪嫌疑人采取拘传、取保候审、监视居住等强制措施。对现行犯或重大嫌疑分子有权先行拘留。对符合逮捕条件的犯罪嫌疑人有权申请检察机关批准逮捕，对经人民检察院批准逮捕或人民检察院、人民法院决定逮捕的犯罪嫌疑人，有权执行逮捕。对符合法定条件的案件，有权作出侦查终结的决定。 （3）执行权。（被判处管制、拘役、剥夺政治权利的罪犯的执行；被判处有期徒刑缓刑以及被假释、暂予监外执行的罪犯的执行期间监督）
其他侦查机关	国安机关	办理危害国家安全的刑事案件，行使与公安机关相同的职权。
	军队保卫部门	负责侦查军队内部发生的刑事案件。在刑事诉讼中，行使公安机关的侦查、拘留、预审和执行逮捕的职权。
	海警机构	履行海上维权执法职责，对海上发生的刑事案件行使侦查权。
	监狱	（1）刑罚执行权。死刑缓期两年执行、无期徒刑、有期徒刑。 （2）罪犯在监狱内犯罪的侦查权。在刑事诉讼过程中，监狱享有公安机关侦查案件的职权，如讯问犯罪嫌疑人、询问证人、勘验、检查、搜查、扣押、鉴定等。侦查终结后，认为应当追究犯罪嫌疑人刑事责任的，写出起诉意见书，连同案卷材料、证据一起移送人民检察院审查起诉。 （3）在罪犯服刑期间，发现判决时所没有发现的新的罪行，有权移送人民检察院处理。 （4）对罪犯应予监外执行的，有权提出书面意见，报省、自治区、直辖市监狱管理机关批准。 （5）对被判处死缓的罪犯，如果在执行期间没有故意犯罪的，2 年后有权提出减刑建议，报省、自治区、直辖市监狱管理机关审核后，报请相应的高级人民法院裁定。 （6）对罪犯在执行期间具备法定的减刑、假释条件的，有权提出减刑或假释的建议，报人民法院审核裁定。 （7）在刑罚执行过程中，如果认为判决确有错误或罪犯提出申诉的，有权转交人民检察院或人民法院处理。
人民检察院（司法机关）		（1）公诉权。审查起诉阶段，检察机关依法享有下列职权：有权对侦查终结移送起诉的案件进行审查，决定提起公诉或不起诉；对国家财产、集体财产遭受损失的，有权在提起公诉的同时提起附带民事诉讼；在审查起诉时，对于需要补充侦查的案件，有权决定自行侦查或退回补充侦查。在审判阶段，检察机关依法享有以下权利：派员出席法庭支持公诉，讯问被告人，向证人、鉴定人发问，宣读未到庭证人的证言笔录、鉴定人的鉴定意见、勘验笔录和其他作为证据的文书，向法庭出示物证，参加法庭辩论。 （2）诉讼监督权（结合第一章人民检察院依法对刑事诉讼实行法律监督）。
人民法院（司法机关）		（1）审判权：①直接受理自诉案件，并根据案件的具体情况作出处理，或者决定开庭审判，或者说服自诉人撤回自诉，或者裁定驳回自诉（链接：立案管辖）。②审判。有权对人民检察院提起公诉的案件进行审查，对符合受理条件的开庭审判。③有权根据事实和法律对被告人作出有罪或者无罪、罪重或者罪轻、处罚或者免刑的判决。④有权对诉讼程序问题或部分实体问题作出裁定或者决定，法院有建议补充侦查权。 （2）为保障审判权的实施而享有的其他职权：①对被告人决定逮捕和采取拘传、取保候审、监视居住等强制措施。②在法庭审理过程中，对证据进行调查核实，必要时进行勘验、检查、扣押、鉴定和查询、冻结。③对违反法庭秩序的诉讼参与人和旁听人员进行必要的处罚。④收缴和处理赃款、赃物及其孳息，执行某些判决和裁定，并对执行中的某些问题进行审核、裁决。⑤向有关单位提出司法建议。

第三章　刑事诉讼中的诉讼参与人

一、当事人

当事人	诉 讼 权 利
被害人 （公诉案件）	（1）报案或控告。 （2）委托诉讼代理人（时间：移送审查起诉之日起）。 （3）控告人对公安机关不立案的决定不服的，可以申请复议。 （4）申诉权。①对公安机关不立案的申诉：有权向检察院提出意见（结合检察院对立案的监督）；②对人民检察院不起诉决定有权向上一级人民检察院申诉；③对生效裁判不服的申诉。 （5）提起自诉权：如有证据证明公安机关、人民检察院对于侵犯其人身权利、财产权利的行为应当追究刑事责任而不予追究的，有权直接向人民法院起诉（公诉转自诉）。 （6）申请抗诉权（不服地方人民法院第一审判决的，有权请求检察院抗诉，但没有上诉权）。
自诉人 （自诉案件）	（1）提起自诉权（含公诉转自诉中的被害人）。 （2）委托诉讼代理人（时间：随时）。 （3）和解、撤诉、调解权（告诉才处理和被害人有证据证明的轻微刑事案件）。 （4）程序参与权（申请回避）。 （5）申请法院调查取证权（法院认为必要）。 （6）上诉权（一审尚未生效的裁判）。 （7）申诉权（生效裁判）。
犯罪嫌疑人、被告人	（1）防御性权利：①有权至迟在开庭前10日内收到起诉书副本（简易程序时间要求相同，形式上可口头）；②最后陈述权（简易程序时也有）；③反诉权（自诉案件的被告人有权对自诉人提出反诉，公诉转自诉的除外）；④辩护权；⑤获得律师帮助权等。 （2）救济性权利：①申请复议权（对驳回申请回避的决定）；②申诉权（酌定不起诉，生效裁判）；③上诉权。 （3）程序保障权：只有被告人一方提出上诉时，不得加重刑罚（二审审判原则——上诉不加刑）。
附带民事诉讼当事人	上诉权（针对附带民事部分）。

【关联提示】 1. 单位当事人：单位被害人应由法定代表人作为代表参加诉讼，法定代表人也可以委托诉讼代理人。单位犯罪嫌疑人、被告人的诉讼权利和诉讼义务与自然人基本相同。但需注意：如果法定代表人或主要负责人犯罪，需要更换诉讼代表人的，由检察院确定；对于单位被告的诉讼代表人，只能拘传（不是拘留）。

2. 自诉人经两次依法传唤，无正当理由拒不到庭的，或未经法庭许可中途退庭的，法院将按撤诉处理。

二、其他诉讼参与人

法定代理人	（1）被代理对象：限制行为能力人和无行为能力人。 （2）法定代理人的范围：父母、养父母、监护人和负有保护责任的机关、团体的代表。 （3）权利：申请回避权、独立的上诉权（关联提示：上诉需要被代理人同意：被告人的近亲属、辩护人；而法定代理人不需要被代理人同意）。不包括人身性质的权利（如最后陈述权）。

续表

诉讼代理人	(1) 有委托权：被害人、自诉人和附带民事诉讼的当事人和法定代理人；被害人的近亲属（近亲属：夫、妻、父、母、子、女、同胞兄弟姐妹）。 (2) 可以被委托为诉讼代理人（及例外）——与辩护人的范围相同。
辩护人	(1) 有委托权：公诉案件犯罪嫌疑人、被告人；自诉案件被告人。 (2) 委托时间：公诉案件自被侦查机关第一次讯问或者采取强制措施之日起，犯罪嫌疑人可以委托辩护人；自诉案件被告人可以随时委托辩护人。 (3) 辩护人的范围：律师；人民团体或犯罪嫌疑人、被告人所在单位推荐的人；犯罪嫌疑人、被告人的监护人、亲友（关联提示：指定辩护只能指定律师，也只能委托律师作辩护人）。 (4) 不能担任辩护人的：①正在被执行刑罚的人（缓刑和刑罚尚未执行完毕，含主刑执行完毕，正在执行附加刑的）；②依法被剥夺、限制人身自由的人；③无行为能力人或限制行为能力人；④法院、检察院、公安机关、国家安全机关、监狱的现职人员；⑤人民陪审员；⑥被开除公职和被吊销律师、公证员执业证书的人；⑦与本案审理结果有利害关系的人；⑧外国人或无国籍人。 注意：④、⑤、⑥、⑦、⑧规定的人员，如果是被告人的近亲属或是监护人，可以作为辩护人。
证人（不适用回避）	(1) 证人资格：只能是自然人（排除单位）。生理上、精神上有缺陷或年幼，不能辨别是非、不能正确表达的人，不能作证人。 (2) 证人特点：具有不可替代性；作证优先规则；单独进行；不得旁听对本案的审理（鉴定人同）；发问应当分别进行（鉴定人同）。禁止性规定：无关、诱导、威胁、损害尊严。 (3) 权利：查阅证言笔录；控告权；经济补偿；要求公安司法机关保证其本人及其近亲属的安全（提示：法律未规定为证人保密，但规定应当为举报人、揭发人保密）。 (4) 证人应当出庭作证。符合下列情形，经法院准许的，证人可以不出庭作证：居所远离开庭地点且交通极为不便的；庭审期间身患严重疾病或行动极为不便的；身处国外短期无法回国的；有其他客观原因，确实无法出庭的。
鉴定人（适用回避）	(1) 鉴定人资格：只能是自然人（排除单位），因故意犯罪或者职务过失犯罪受过刑事处罚的，受过开除公职处分的，以及被撤销鉴定人资格的人员，不得从事司法鉴定业务。 (2) 鉴定人特点：鉴定人是通过参加诉讼来了解案件（与证人区别）。只能由公安司法机关指派或聘请。诉讼当事人不能委托鉴定人，但是可以申请鉴定、重新鉴定或补充鉴定。
翻译人员（适用回避）	如果诉讼参与人（含外国人，但自己承担费用，可以书面放弃此权利）不通晓当地的语言文字，公、检、法机关有义务为其指派或聘请翻译人员进行翻译。

【关联提示】 1. 鉴定机构：法院不得设立鉴定机构；司法行政机关（司法局）不能设立鉴定机构；鉴定管理机构为国务院司法行政部门和省级政府司法行政部门。

2. 鉴定意见：鉴定意见必须是书面形式并且有鉴定人的盖章。用作证据的鉴定意见应当告知被害人和犯罪嫌疑人，如果当事人提出申请，可以补充鉴定或重新鉴定。

3. 鉴定意见不得作为定案根据的情形：经人民法院通知，鉴定人拒不出庭作证。

4. 人民法院、人民检察院和公安机关应当对在诉讼中作证的证人、鉴定人、被害人或者其近亲属的人身安全采取保护措施的案件类型：危害国家安全犯罪、恐怖活动犯罪、黑社会性质的组织犯罪、毒品犯罪等案件。

第四章 管 辖

一、立案管辖

公安机关	公安机关直接受理的刑事案件 刑事案件的侦查由公安机关进行，法律另有规定的除外： (1) 监察委员会立案调查的公职人员的职务犯罪案件。 (2) 国家安全机关依照法律规定，办理危害国家安全的刑事案件，行使与公安机关相同的职权。 (3) 军队保卫部门对军队内部发生的刑事案件行使侦查权。中国海警局履行海上维权执法职责，对海上发生的刑事案件行使侦查权。对罪犯在监狱内犯罪的案件由监狱进行侦查。军队保卫部门、中国海警局、监狱办理刑事案件，适用本法的有关规定。
监察委员会	根据《监察法》第15条的规定，监察机关对下列公职人员和有关人员进行监察： (1) 中国共产党机关、人民代表大会及其常务委员会机关、人民政府、监察委员会、人民法院、人民检察院、中国人民政治协商会议各级委员会机关、民主党派机关和工商业联合会机关的公务员，以及参照《中华人民共和国公务员法》管理的人员； (2) 法律、法规授权或者受国家机关依法委托管理公共事务的组织中从事公务的人员； (3) 国有企业管理人员； (4) 公办的教育、科研、文化、医疗卫生、体育等单位中从事管理的人员； (5) 基层群众性自治组织中从事管理的人员； (6) 其他依法履行公职的人员。 对于上列监察对象涉嫌贪污贿赂、滥用职权、玩忽职守、权力寻租、利益输送、徇私舞弊以及浪费国家资产等职务犯罪，由监察机关进行立案调查。监察机关经过调查认为涉嫌职务犯罪的，将调查结果移送人民检察院审查起诉。
检察院	检察院直接受理的刑事案件： (1) 检察院在对诉讼活动实行法律监督中发现的司法工作人员利用职权实施的非法拘禁、刑讯逼供、非法搜查等侵犯公民权利、损害司法公正的犯罪，**可以**由人民检察院立案侦查。 (2) 机动侦查权：对于公安机关管辖的国家机关工作人员利用职权实施的重大犯罪案件，需要由人民检察院直接受理的时候，经省级以上人民检察院决定，**可以**由人民检察院立案侦查。
法院	法院直接受理的自诉案件： (1) 告诉才处理的案件。侮辱、诽谤案；暴力干涉婚姻自由案；虐待案；侵占案（绝对）。 (2) 被害人 有证据证明 的轻微刑事案件（注意：轻伤、重婚、遗弃）。被害人直接向法院起诉的，法院应当依法受理。对于其中证据不足、可由公安机关受理的，或认为对被告人可能判处3年有期徒刑以上刑罚的，应当告知被害人向公安机关报案，或者移送公安机关立案侦查（公诉与自诉交叉）。 (3) 被害人 有证据证明 对被告人侵犯自己人身、财产权利的行为应当依法追究刑事责任，而公安司法机关已经作出不予追究的书面决定的案件（公诉转自诉，不能适用简易程序；不能调解，但可以和解；不能反诉，但可以撤诉）。 **关联提示：**"有证据证明"是起诉的标准，没有证据证明的，说服撤诉或裁定驳回起诉；受理后，发现证据不足的，可以由公安机关受理的和认为被告人可能被判处3年以上有期徒刑的，移送公安机关。

二、审判管辖

（一）级别管辖

第一审	管 辖 范 围
基层法院	普通刑事案件，依刑事诉讼法由上级法院管辖的除外（包括外国人犯罪案件）。
中院	危害国家安全案件；可能判处无期徒刑、死刑的普通刑事案件；恐怖活动案件；犯罪嫌疑人、被告人逃匿、死亡案件违法所得的没收程序；部分缺席审判程序。
高院	本辖区内的重大刑事案件。
最高法院	全国性的重大刑事案件。

【关联提示】1. 一人犯数罪、共同犯罪和其他需要并案审理的案件，只要其中一人或一罪属于上级法院管辖的，全案由上级法院管辖。

2. 有管辖权的法院因案件涉及本院院长需要回避等原因，不宜行使管辖权的，可以请求上一级法院管辖；上一级法院可以管辖，上一级法院也可以指定与提出请求的法院同级的其他法院管辖（指定管辖不能突破级别管辖）。

3. 检察院认为可能判处无期徒刑、死刑而向中院提起公诉的普通刑事案件，中院受理后，认为不需要判处无期徒刑以上刑罚的，应当依法受理，不再交基层法院审理。

4. 针对外国人的犯罪一般由基层法院管辖，但符合中院管辖条件的依然由中院管辖。

（二）地区管辖

1. 以犯罪地人民法院管辖为主，被告人居住地人民法院管辖为辅（以非法占有为目的的财产犯罪的犯罪地：行为发生地和实际取得财产的结果发生地）。

2. 如果几个人民法院都有管辖权，以最初受理的人民法院审判为主，主要犯罪地人民法院审判为辅。

3. 专门管辖。

军事法院	涉及军事秘密；
	军人违反职责罪（只要有军籍）；
	现役军人（包括在编职工）在服役期间犯罪在服役期间发现的。
	关联：（1）下列案件不由军事法院管辖：非军人、随军家属在部队营区内犯罪的；军人在办理退役手续后犯罪的；现役军人入伍前犯罪的（需与服役期内犯罪一并审判的除外）；退役军人在服役期内犯罪的（犯军人违反职责罪的除外）。
	（2）军队与地方互涉案件——分别管辖（涉及军事秘密的，全案由军事法院管辖）。
铁路运输法院	危害和破坏铁路运输和生产的案件；
	破坏铁路交通设施的案件；
	火车上发生的犯罪案件；
	违反铁路运输法规、制度，造成重大事故或严重后果的案件。

三、特殊案件的管辖

在域外我国运输工具上犯罪的	中国船舶	最初停靠地、被告人登陆地、入境地法院
	中国航空器	最初降落地法院
	国际列车	（1）协议； （2）没有协议，由该列车始发或者前方停靠的中国车站所在地负责审判铁路运输刑事案件的人民法院。

续表

在国内列车上的犯罪的	运行途中被抓获	（1）原则：前方停靠站所在地负责审判铁路运输刑事案件的人民法院； （2）必要时：始发站或者终点站所在地负责审判铁路运输刑事案件的人民法院。
	非运行途中被抓获	（1）负责该列车乘务的铁路公安机关对应的审判铁路运输刑事案件的人民法院； （2）被告人在列车运行途经车站被抓获的，也可以由该车站所在地负责审判铁路运输刑事案件的人民法院。
中国公民在国外犯罪的	领域外	（1）登陆地、入境地、离境前居住地或现居住地的人民法院； （2）被害人是中国公民的，也可以由被害人离境前居住地或者现居住地的人民法院。
	驻外使领馆	主管单位所在地或原户籍所在地法院。
正在服刑的罪犯犯罪的	漏罪	原则——原审法院 服刑地、新发现罪的主要犯罪地更适宜——该法院管辖。
	新罪	服刑期间犯罪的，服刑地法院管辖； 脱逃期间犯罪，并在犯罪地抓获的，犯罪地法院管辖； 脱逃期间犯罪，押解回监后发现的，服刑地法院管辖。
在内水、领海上犯罪的		（1）犯罪地或者被告人登陆地的人民法院； （2）被告人居住地的人民法院审判更为适宜的，由被告人居住地的人民法院管辖。
国际公约规定的罪行		被告人被抓获地、登陆地或者入境地的人民法院。
外国人		（1）该外国人登陆地、入境地或者入境后居住地的人民法院； （2）被害人离境前居住地或者现居住地的人民法院管辖。
一方或双方在港、澳、台地区居住的中国公民或单位		犯罪地法院

网络犯罪案件的管辖，由犯罪地公安机关立案侦查。必要时，可以由犯罪嫌疑人居住地公安机关立案侦查。犯罪地包括："用于实施犯罪行为的网络服务使用的服务器所在地，网络服务提供者所在地，被侵害的信息网络系统及其管理者所在地，犯罪过程中被告人、被害人使用的信息网络系统所在地，以及被害人被侵害时所在地和被害人财产遭受损失地等。"

第五章　回　避

适用	（1）审判人员；检察人员；侦查人员；人民陪审员、书记员、翻译人员和鉴定人适用回避。 （2）辩护人、诉讼代理人、证人不适用回避。
理由	（1）是本案的当事人或当事人近亲属（扩大到：直系血亲、三代以内旁系血亲及姻亲）。 （2）本人或其近亲属与本案有利害关系。 （3）担任过本案的证人、鉴定人、辩护人、诉讼代理人、翻译人员。 （4）与本案当事人有其他关系，可能影响案件公正处理（与本案的辩护人、诉讼代理人有近亲属关系的）。 （5）接受当事人及其委托的人的请客送礼，违反规定会见当事人及其委托的人（只要违反程序，一律回避，无论是否徇私枉法）。 （6）在本诉讼阶段以前曾参与办理本案的人员，不得再次参与本案的审理（程序只能参加一次）。

续表

期间	任何诉讼阶段
申请主体	当事人及其法定代理人（不包括近亲属）。 注意：辩护人和诉讼代理人可以要求回避和申请复议，这是刑诉法的最新规定。
决定权	（1）法院：审判人员→院长；院长→审判委员会。 （2）检察院：检察人员→检察长；检察长→检察委员会。 （3）公安机关：侦查人员→公安机关负责人；公安机关负责人→检察委员会（同级）。 （4）翻译和鉴定人员：谁聘请谁决定回避。
审查与决定	（1）无法定理由——当庭驳回（不得复议）。 （2）有法定理由——程序原则上停止（但对侦查人员的回避决定作出前，侦查人员不能停止对案件的侦查）。 （3）回避的决定一经作出即生效，当事人及其法定代理人可向原决定机关申请复议一次。侦查人员、检察人员在回避决定前所取得的证据和进行的诉讼行为，可以由作出回避决定的机关根据案件具体情况决定其是否有效。

【关联提示】1. 审判人员及法院其他工作人员离任2年内，以律师身份担任诉讼代理人或辩护人的，法院不予准许。

2. 审判人员及法院其他工作人员离任后，担任原任职法院审理案件的诉讼代理人或辩护人，不予准许。但是作为当事人的近亲属或监护人代理诉讼或进行辩护的除外。但这不属于诉讼回避。

第六章　辩护与代理

一、辩护人的权利

独立辩护权	辩护人根据自己对事实和法律的理解，独立进行辩护，其他任何机关、团体或个人，都无权干涉。
阅卷权	（1）是否经批准：律师作为辩护人行使阅卷权无需经办案机关批准，非律师辩护人则需经人民法院或检察院许可。 （2）阅卷范围：查阅、摘抄、复制案件的所有材料，复制案卷材料可以采用复印、拍照、扫描、电子数据拷贝等方式。 （3）起始时间：人民检察院对案件审查起诉之日起。 （4）阅卷地点：审查起诉阶段，在人民检察院阅卷；起诉到法院后，在人民法院阅卷。
会见通信权	（1）辩护律师：应当携带律师执业证书、律师事务所证明和委托书或者法律援助公函。 （2）看守所：应当及时安排会见，至迟不超过48个小时。 （3）侦查期间，特殊案件辩护律师会见须经侦查机关许可：危害国家安全犯罪案件及恐怖活动犯罪案件。 （4）侦查阶段：辩护律师可以了解有关案件情况，提供法律咨询等。自移送审查起诉之日：可以向犯罪嫌疑人、被告人（包括被监视居住的）核实有关证据。 （5）辩护律师会见犯罪嫌疑人、被告人（包括被监视居住的）时不被监听。

续表

调查取证权	辩护律师	（1）向证人或者其他有关单位和个人取证：需经他们的同意。 （2）向被害人或者其近亲属、被害人提供的证人取证：需经人民检察院或者人民法院许可，并经被害人或者其近亲属、被害人提供的证人同意。 （3）申请人民检察院、人民法院代为调查取证：辩护律师可以在场。
	辩护人	辩护人认为在侦查、审查起诉期间公安机关、人民检察院收集的证明犯罪嫌疑人、被告人无罪或者罪轻的证据材料未提交的，有权申请人民检察院、人民法院调取（包括辩护律师）。
申请解除强制措施权		不仅辩护人享有该项权利，犯罪嫌疑人、被告人及其法定代理人、近亲属都有权申请。
获取通知权		（1）公安机关移送审查起诉时，应当告知犯罪嫌疑人及其辩护律师。 （2）人民法院决定开庭审判后，应将人民检察院的起诉书副本送达被告人及其辩护人；在开庭3日前将开庭时间、地点通知辩护人；将判决书送达辩护人和诉讼代理人。
参加法庭调查和辩论权		（1）法庭调查阶段：经审判长许可，可以向被告人、证人、鉴定人发问。 （2）法庭调查阶段：有权申请通知新的证人到庭，调取新的物证，重新鉴定或者勘验。 （3）法庭辩论阶段：可以对证据和案件情况发表意见并且可以和控方展开辩论。 （4）律师带助理参加庭审权：律师担任辩护人、诉讼代理人，经人民法院准许，可以带一名助理参加庭审。律师助理参加庭审的，可以从事辅助工作，但不得发表辩护、代理意见。（《刑诉解释》第68条新增）
提出意见权		（1）人民检察院审查批准逮捕时：可以听取辩护律师意见；辩护律师提出要求的，应当听取意见；对未成年人审查批捕，必须听取意见。 （2）案件侦查终结前：辩护律师提出要求的，侦查机关应当听取辩护律师意见，并记录在案，提出书面意见的，应当附卷。 （3）检察院审查起诉时：应当讯问犯罪嫌疑人，听取辩护人、被害人及其诉讼代理人意见，并记录在案，提出书面意见的，应当附卷。 （4）最高人民法院复核死刑案件，应当讯问被告人，辩护律师提出要求的，应当听取。
申诉控告权		辩护人、诉讼代理人认为公安机关、人民检察院、人民法院及其工作人员阻碍其依法行使诉讼权利的，有权向同级或者上一级人民检察院申诉或者控告。
人身保障权		辩护人涉嫌犯罪的，应当由办理辩护人所承办案件的侦查机关以外的侦查机关办理。辩护人是律师的，应当及时通知其所在的律师事务所或者所属的律师协会。
保密权		辩护律师对在执业活动中知悉的委托人的有关情况和信息，有权予以保密。但是，辩护律师在执业活动中知悉委托人或者其他人，准备或者正在实施危害国家安全、公共安全以及严重危害他人人身安全的犯罪的，应当及时告知司法机关。
拒绝辩护权		当事人委托事项违法；委托人利用律师提供的服务从事违法活动；委托人隐瞒事实；辩护人有正当理由。

【关联提示】在侦查阶段，非律师无权接受委托；在审查起诉和审判阶段，非律师辩护人没有调查取证和申请取保候审的权利，阅卷权、会见权和通信权也需要经过法院或检察院的许可才能行使。

【重点提示】1. 更换辩护人：（1）次数限制：被告人在一个审判程序中更换辩护人一般不得超过两次。（2）庭审结束后、判决宣告前另行委托辩护人的，可以不重新开庭；辩护人提交书面辩护意见的，应当接受。

2. 辩护人的禁止范围：（1）正在被执行刑罚或者处于缓刑、假释考验期间的人；（2）依法被剥夺、限制人身自由的人；（3）被开除公职或者被吊销律师、公证员执业证书的人；（4）人民法院、人民检察院、监察机关、公安机关、国家安全机关、监狱的现职人员；（5）人民陪审员；（6）与本案审理结果有利害关系的人；（7）外国人或者无国籍人；

（8）无行为能力或者限制行为能力的人。前款第 3 项至第 7 项规定的人员，如果是被告人的监护人、近亲属，由被告人委托担任辩护人的，可以准许。（《刑诉解释》第 40 条修正）

二、法律援助辩护

特点	（1）以犯罪嫌疑人、被告人没有委托辩护人为前提。 （2）适用于从侦查、审查起诉到审判整个过程。 （3）只能由律师担任，不能是其他任何人。
申请法援 （犯罪嫌疑人、被告人及其近亲属）	条件：经济困难或其他原因没有委托辩护人；符合条件的，法援机构应当指派辩护律师。
应当通知法援 （侦查机关、检察机关、法院）	（1）盲、聋、哑（三者其一即可）。 （2）未成年人。 （3）可能判处无期徒刑、死刑的。 （4）未完全丧失辨认或者控制自己行为能力的精神病人。

三、法律援助值班律师

地位	值班律师是法律帮助者，不是辩护人。
派驻地点	法律援助机构可以在法院、看守所等场所派驻值班律师。
值班律师提供 法律帮助的前提	犯罪嫌疑人、被告人没有委托辩护人，法律援助机构没有指派律师为其提供辩护。
权利	为犯罪嫌疑人、被告人提供法律帮助（包括提供法律咨询、程序选择建议、申请变更强制措施、对案件处理提出意见等）。
保障	法院、检察院、看守所应当告知犯罪嫌疑人、被告人有权约见值班律师，并为犯罪嫌疑人、被告人约见值班律师提供便利。
审查起诉中听取 值班律师的意见	人民检察院审查案件，应当讯问犯罪嫌疑人，听取辩护人或者值班律师、被害人及其诉讼代理人的意见，并记录在案。辩护人或者值班律师、被害人及其诉讼代理人提出书面意见的，应当附卷。

四、刑事代理

公诉案件被害人的代理	委托人：被害人及其法定代理人或者近亲属； 时间：自案件移送审查起诉之日起； 注意：（1）代理人为被害人的代理人，而不是被害人法定代理人或近亲属的代理人。 （2）公诉案件侦查阶段，被害人不能委托代理人。
自诉案件的代理	委托人：自诉人及其法定代理人（不包括近亲属）； 时间：随时； 注意：被告人提起反诉情形下，代理人一般具有双重身份，既是被告人的辩护人，又是反诉的诉讼代理人，必须办理双重委托手续，明确代理权限。
附带民事诉讼的代理	委托人：附带民事诉讼当事人及其法定代理人（不包括近亲属）； 时间：公诉案件——自案件移送审查起诉之日起； 自诉案件——随时。
犯罪嫌疑人、被告人逃逸、死亡案件违法所得没收程序中的代理	委托人：犯罪嫌疑人、被告人的近亲属和其他利害关系人；实质上属于民事诉讼的代理。

续表

强制医疗程序中的代理	人民法院审理强制医疗案件，应当通知被申请人或者被告人的法定代理人到场。被申请人或者被告人没有委托诉讼代理人的，人民法院应当通知法律援助机构指派律师为其提供法律帮助。

五、刑事代理人与辩护人（大纲新增）

区别	辩护人	刑事代理人
诉讼地位	独立诉讼地位	非独立诉讼地位
职能	辩护职能	维护被代理人合法权益
委托主体	犯罪嫌疑人、被告人及其监护人、近亲属	公诉案件：被害人及法定代理人、近亲属 自诉案件：自诉人及法定代理人 附民案件：附带民事诉讼的当事人及法定代理人
委托时间	公诉：第一次讯问或采取强制措施之日 自诉：随时	公诉：移送审查起诉之日 自诉：随时
对在押犯罪嫌疑人、被告人的权利	可会见 可代为申请取保候审	不能会见：犯罪嫌疑人、被告人 可以会见：被害人

第七章　刑事证据

一、刑事证据的种类（法定形式）

物证	以其外部特征、物品属性、存在状况等证明案情的实物和痕迹。
书证	以记载的内容和反映的思想证明案情的书面材料或其他物质材料。
证人证言	证人就其所了解的案件情况向公安司法机关所作的陈述（不包括对案情的分析）。
被害人陈述	刑事被害人就其受害情况和其他与案件有关的情况向公安司法机关所作的陈述。
犯罪嫌疑人、被告人供述与辩解	犯罪嫌疑人、被告人就有关案件的情况向侦查、检察和审判人员所作的陈述（其中，有罪、罪重为供述；无罪、罪轻为辩解）。 **注意**：重证据、重调查研究，不轻信口供原则（只有被告人供述，没有其他证据的，不能认定被告人有罪和处以刑罚；没有被告人供述，证据确实、充分的，可以认定被告人有罪和处以刑罚）。共同犯罪的，仅有口供也不能定罪。
鉴定意见	是鉴定人对专门性问题从科学技术角度（而非法律角度）提出的分析判断意见。
勘验、检查、辨认、侦查实验等笔录	勘验笔录：办案人员（案发后）对与案件有关的场所、物品、尸体等进行勘查、检验后所作的记录。 检查笔录：办案人员为确定被害人、犯罪嫌疑人、被告人的某些特征、伤害情况和生理状态，对他们人身进行检验和观察后所作出的客观记载。可以是文字记载，也可以是拍照、录像等。 ①书面形式的证据材料；②多为物证材料，但不是物证材料本身，而是保全这些证据的方法。

右上角：续表

视听资料、电子数据	以录音、录像、电子计算机或其他高科技设备所存储的信息证明案件真实情况的资料。 电子数据：电子邮件、电子数据交换、网上聊天记录、网络博客、手机短信、电子签名、域名等。 电子数据是案件发生过程中形成的，以数字化形式存储、处理、传输的，能够证明案件事实的证据。 作为视听资料、电子数据的录音、录像，一般产生于诉讼开始之前，犯罪实施过程之中。如果是诉讼启动之后，公安司法机关为了收集、固定和保全证据而制作的录音、录像，不是视听资料、电子数据。但该资料用于证明侦查程序合法性时是视听资料、电子数据。

二、刑事证据的分类

划分标准	分　　类	
按照证据的来源	原始证据（直接来源于案件事实，未经转述的证据）	传来证据（不直接来源于案件事实，经过复制或转述的证据）
与证明对象的关系	直接证据（能够单独、直接证明案件主要事实的证据，肯定或否定），如：被害人陈述（一般）、否定性鉴定意见。	间接证据（不能单独直接证明案件事实的证据），如：物证都是间接证据。
证据的表现形式	言词证据（表现为人的陈述、言辞等形式）如：证人证言；被害人陈述；犯罪嫌疑人、被告人供述和辩解；鉴定意见；辨认笔录。	实物证据（表现为物品、痕迹，以及其内容具有证据价值的书面文件），如：物证；书证；勘验、检查笔录；视听资料。
与证明被告人有罪与否的关系	有罪证据（能够证明犯罪事实存在的，且犯罪行为是犯罪嫌疑人实施的证据）	无罪证据（能够证明犯罪事实不存在，或能够证明犯罪嫌疑人、被告人未实施犯罪行为的证据）

【关联提示】依据间接证据定案的标准：①证据已经查证属实；②证据之间相互印证，不存在无法排除的矛盾和无法解释的疑问；③全案证据已经形成完整的证明体系；④根据证据认定案件事实足以排除合理怀疑，结论具有唯一性；⑤运用证据进行的推理符合逻辑和经验。五个标准同时具备才能作出有罪的认定。

三、证据的审查判断与综合运用

检察院未随案移送证据材料的处理	对提起公诉的案件，人民法院应当审查证明被告人有罪、无罪、罪重、罪轻的证据材料是否全部随案移送； 未随案移送的，应当通知人民检察院在指定时间内移送。 人民检察院未移送的，人民法院应当根据在案证据对案件事实作出认定。
检察院未移送录音录像的处理	依法应当对讯问过程录音录像的案件，相关录音录像未随案移送的，必要时，人民法院可以通知人民检察院在指定时间内移送。人民检察院未移送，导致不能排除属于刑事诉讼法第56条规定的以非法方法收集证据情形的，对有关证据应当依法排除；导致有关证据的真实性无法确认的，不得作为定案的根据。
监察证据在审判中的运用	监察机关依法收集的证据材料，在刑事诉讼中可以作为证据使用。 对前款规定证据的审查判断，适用刑事审判关于证据的要求和标准。
不得担任见证人范围	(1) 生理上、精神上有缺陷或者年幼，不具有相应辨别能力或者不能正确表达的人； (2) 与案件有利害关系，可能影响案件公正处理的人； (3) 行使勘验、检查、搜查、扣押、组织辨认等监察调查、刑事诉讼职权的监察、公安、司法机关的工作人员或者其聘用的人员。

证人证言的排除	（1）询问证人没有个别进行的； （2）书面证言没有经证人核对确认的； （3）询问聋、哑人，应当提供通晓聋、哑手势的人员而未提供的； （4）询问不通晓当地通用语言、文字的证人，应当提供翻译人员而未提供的。
口供的排除	（1）讯问笔录没有经被告人核对确认的； （2）讯问聋、哑人，应当提供通晓聋、哑手势的人员而未提供的； （3）讯问不通晓当地通用语言、文字的被告人，应当提供翻译人员而未提供的； （4）讯问未成年人，其法定代理人或者合适成年人不在场的。
对专门性问题出具的报告的使用	（1）因无鉴定机构，或者根据法律、司法解释的规定，指派、聘请有专门知识的人就案件的专门性问题出具的报告，可以作为证据使用。 （2）经人民法院通知，出具报告的人拒不出庭作证的，有关报告不得作为定案的根据。
对事故调查报告的使用	有关部门对事故进行调查形成的报告，在刑事诉讼中可以作为证据使用；报告中涉及专门性问题的意见，经法庭查证属实，且调查程序符合法律、有关规定的，可以作为定案的根据。
对视听资料、电子数据的审查、认定	视听资料、电子数据的排除	（1）视听资料的排除 ①系篡改、伪造或者无法确定真伪的； ②制作、取得的时间、地点、方式等有疑问，不能作出合理解释的。 （2）电子数据的排除 ①系篡改、伪造或者无法确定真伪的； ②有增加、删除、修改等情形，影响电子数据真实性的； ③其他无法保证电子数据真实性的情形。
	确认电子数据真实性应着重审查	（1）是否移送原始存储介质；在原始存储介质无法封存、不便移动时，有无说明原因，并注明收集、提取过程及原始存储介质的存放地点或者电子数据的来源等情况； （2）是否具有数字签名、数字证书等特殊标识； （3）收集、提取的过程是否可以重现； （4）如有增加、删除、修改等情形的，是否附有说明； （5）完整性是否可以保证。
	确认电子数据完整性应审查	（1）审查原始存储介质的扣押、封存状态； （2）审查电子数据的收集、提取过程，查看录像； （3）比对电子数据完整性校验值； （4）与备份的电子数据进行比较； （5）审查冻结后的访问操作日志。
	确认电子数据收集、提取的合法性应着重审查	（1）收集、提取电子数据是否由二名以上调查人员、侦查人员进行，取证方法是否符合相关技术标准； （2）收集、提取电子数据，是否附有笔录、清单，并经调查人员、侦查人员、电子数据持有人、提供人、见证人签名或者盖章；没有签名或者盖章的，是否注明原因；对电子数据的类别、文件格式等是否注明清楚； （3）是否依照有关规定由符合条件的人员担任见证人，是否对相关活动进行录像； （4）采用技术调查、侦查措施收集、提取电子数据的，是否依法经过严格的批准手续； （5）进行电子数据检查的，检查程序是否符合有关规定。

续表

技术调查、侦查证据的审查与认定	随案移送规则	依法采取技术调查、侦查措施收集的材料在刑事诉讼中可以作为证据使用。采取技术调查、侦查措施收集的材料，作为证据使用的，应当随案移送。
	保护措施	（1）使用采取技术调查、侦查措施收集的证据材料可能危及有关人员的人身安全，或者可能产生其他严重后果的，可以采取下列保护措施：①使用化名等代替调查、侦查人员及有关人员的个人信息；②不具体写明技术调查、侦查措施使用的技术设备和技术方法；③其他必要的保护措施。 （2）采用技术调查、侦查证据作为定案根据的，人民法院在裁判文书中可以表述相关证据的名称、证据种类和证明对象，但不得表述有关人员身份和技术调查、侦查措施使用的技术设备、技术方法等。
	移送文书要求	移送技术调查、侦查证据材料的，应当附采取技术调查、侦查措施的法律文书、技术调查、侦查证据材料清单和有关说明材料。 移送采用技术调查、侦查措施收集的视听资料、电子数据的，应当制作新的存储介质，并附制作说明，写明原始证据材料、原始存储介质的存放地点等信息，由制作人签名，并加盖单位印章。
	着重审查内容	（1）技术调查、侦查措施所针对的案件是否符合法律规定； （2）技术调查措施是否经过严格的批准手续，按照规定交有关机关执行；技术侦查措施是否在刑事立案后，经过严格的批准手续； （3）采取技术调查、侦查措施的种类、适用对象和期限是否按照批准决定载明的内容执行； （4）采取技术调查、侦查措施收集的证据材料与其他证据是否矛盾；存在矛盾的，能否得到合理解释。
	证据质证方法	（1）当庭调查：采取技术调查、侦查措施收集的证据材料，应当经过当庭出示、辨认、质证等法庭调查程序查证。 （2）庭外核实：当庭调查技术调查、侦查证据材料可能危及有关人员的人身安全，或者可能产生其他严重后果的，法庭应当采取不暴露有关人员身份和技术调查、侦查措施使用的技术设备、技术方法等保护措施。必要时，审判人员可以在庭外对证据进行核实。
	补充移送规定	人民法院认为应当移送的技术调查、侦查证据材料未随案移送的，应当通知人民检察院在指定时间内移送。人民检察院未移送的，人民法院应当根据在案证据对案件事实作出认定。

【重点提示】公安机关接受或者依法调取的行政机关在行政执法和查办案件过程中收集的物证、书证、视听资料、电子数据、鉴定意见、勘验笔录、检查笔录等证据材料，经公安机关审查符合法定要求的，可以作为证据使用。《公安机关办理刑事案件程序规定》第 63 条（2020 年 9 月 1 起施行）

四、证明标准

立案	有犯罪事实发生；且需要追究刑事责任——立案。
侦查终结	认为犯罪事实清楚，证据确实、充分，足以认定犯罪嫌疑人犯有何种性质的罪行——移送审查起诉；或根据已经收集到的证据，认为犯罪嫌疑人没有犯罪，或依法不需要追究刑事责任。
逮捕	有证据证明有犯罪事实（不要求事实清楚、证据充分），可能判处徒刑以上刑罚的犯罪嫌疑人、被告人，采取取保候审、监视居住等方法，尚不足以防止其发生社会危险性，应当予以逮捕。
审查起诉	提起公诉：犯罪事实清楚，证据确实、充分；依法应当追究刑事责任（疑罪从无）。

续表

审判阶段	有罪判决：犯罪事实清楚，证据确实、充分。 一审：疑罪从无。 二审：对疑罪可以发回重审或查清事实后改判。 死刑复核：对疑罪应当发回重审（没有"查清事实后改判"）。

【关联提示】1. 案件事实清楚：指构成犯罪的各种事实情节，都必须是清楚的、真实的。

2. 证据确实：指所有证据都必须查证属实，真实可靠，确凿无疑，是真凭实据，具有真实性和证明力。①据以定案的单个证据，必须经查证属实；②单个证据与案件事实之间，必须存在客观联系。

3. 证据充分：指案件的证明对象都有证据证明。

第八章　强制措施

一、拘传

适用对象	未被逮捕、拘留的犯罪嫌疑人、被告人（被告人为单位的：诉讼代表人）。 传唤对象：适用于所有当事人。
适用条件	传唤不是拘传的必经程序。 (1) 已经传唤（但在特殊情况下，可以不经传唤，径行拘传）； (2) 犯罪嫌疑人、被告人无正当理由拒不到案。
决定机关	公安机关（包括国家安全机关、军队保卫部门）、检察院、法院； 分别由公安机关负责人、检察院检察长、法院院长批准签发拘传证。
执行	(1) 公安机关、检察院、法院均可以执行。 (2) 执行人员不得少于2人。 (3) 应在犯罪嫌疑人、被告人所在的县市进行。 (4) 辖区以外执行的：通知当地的公检法。
期限	不得超过12小时，案情特别重大、复杂，需要采取拘留、逮捕措施的，不得超过24小时；不得以连续拘传的形式变相拘禁犯罪嫌疑人（传唤同）。

二、取保候审与监视居住

	取保候审	监视居住
适用情形（不符合逮捕条件或不适宜逮捕的）	(1) 可能判处管制、拘役或者独立适用附加刑的。 (2) 可能判处有期徒刑以上刑罚，采取取保候审不致发生社会危险性的。 (3) 患有严重疾病、生活不能自理，怀孕或者正在哺乳自己婴儿的妇女，采取取保候审不致发生社会危险性的。 (4) 羁押期限届满，案件尚未办结，需要采取取保候审的。这是指犯罪嫌疑人、被告人被羁押的案件，不能在刑诉法规定的侦查、审查起诉、一审和二审期限内办结，需要继续查证、审理的［超期羁押，可变更强制措施（取保、监视居住），可释放］。	(1) 患有严重疾病、生活不能自理的。 (2) 怀孕或者正在哺乳自己婴儿的妇女。 (3) 系生活不能自理的人的唯一扶养人。 (4) 因为案件的特殊情况或者办理案件的需要，采取监视居住措施更为适宜的。

续表

		取保候审	监视居住
		（5）提请批准逮捕后，检察机关不批准逮捕，需要复议、复核的。 （6）对被拘留的犯罪嫌疑人、被告人，需要逮捕而证据尚不符合逮捕条件的。 （7）移送起诉后，检察机关决定不起诉，需要复议、复核的。 （8）持有有效护照和其他有效出入境证件，可能出境逃避侦查，但不需要逮捕的。 除外：累犯；犯罪集团的主犯；以自伤、自残方法逃避侦查；其他严重犯罪的（暴力犯罪）。	（5）羁押期限届满，案件尚未办结，需要采取监视居住措施的。 （6）对符合取保候审条件，但犯罪嫌疑人、被告人不能提出保证人，也不交纳保证金的，可以监视居住。
期限		不得超过12个月，三机关分别适用，需重新办理手续。	不得超过6个月（三机关分别适用）
义务		法定义务：（1）未经执行机关批准不得离开所居住的市、县（也需经过决定机关同意）。 （2）住址、工作单位和联系方式发生变动的，在24小时以内向执行机关报告。 （3）在传讯的时候及时到案。 （4）不得以任何形式干扰证人作证。 （5）不得毁灭、伪造证据或者串供。	（1）未经执行机关批准不得离开执行监视居住的处所。 （2）未经执行机关批准不得会见他人或者通信（律师和同住的人除外）。 （3）在传讯的时候及时到案。 （4）不得以任何形式干扰证人作证。 （5）不得毁灭、伪造证据或者串供。 （6）将护照等出入境证件、身份证件、驾驶证件交执行机关保存。
		酌定义务：（1）不得进入特定的场所。 （2）不得与特定的人员会见或者通信（律师和同住的人除外）。 （3）不得从事特定的活动。 （4）将护照等出入境证件、驾驶证件交执行机关保存。	
变更为逮捕的情形		（1）故意实施新的犯罪的。 （2）有危害国家安全、公共安全或者社会秩序的现实危险的。 （3）毁灭、伪造证据，干扰证人作证或者串供的。 （4）对被害人、举报人、控告人实施打击报复的。 （5）企图自杀或者逃跑的。 （6）经传讯无正当理由不到案，情节严重的，或经2次以上传讯不到案的。 （7）未经批准，擅自离开所居住的市、县，情节严重的，或2次以上未经批准，擅自离开所居住的市、县的。 （8）被取保候审、监视居住的犯罪嫌疑人、被告人违反取保候审、监视居住规定，情节严重的，可以予以逮捕。 （9）擅自改变联系方式或居住地，导致无法传唤，影响审判活动正常进行的。 （10）违反规定进入特定场所、从事特定活动或者与特定人员会见、通信2次以上。	（1）有取保候审变更为逮捕情形的（1）、（3）、（4）、（5）、（6）、（10）规定情形之一的。 （2）未经批准，擅自离开执行监视居住的处所，情节严重的，或者2次以上未经批准擅自离开执行监视居住的处所的。 （3）未经批准，擅自会见他人或者通信，情节严重的，或者2次以上未经批准，擅自会见他人或者通信的。 （4）对因患有严重疾病生活不能自理，或者因怀孕、正在哺乳自己婴儿而未予逮捕的被告人，疾病痊愈或者哺乳期已满的。
决定或批准		公安机关、检察院、法院、国家安全机关（危害国家安全的案件）。	公安机关、检察院、法院、国家安全机关（危害国家安全的案件）。
执行		由犯罪嫌疑人居住地县级公安机关执行，犯罪嫌疑人居住地派出所负责具体实施。 在取保候审、监视居住期间，不得中断对案件的侦查、起诉和审理。 提示：取保候审不是监视居住的必经程序；不能同时对同一人既取保候审又监视居住。	由犯罪嫌疑人住处或者指定居所地所在地的公安机关执行。不得在羁押场所、专门的办案场所执行。

【补充提示】取保候审的申请主体：犯罪嫌疑人、被告人及其法定代理人、近亲属、律师。

三、拘留

适用情形	对于现行犯或重大嫌疑分子，如果有下列情形之一的，可以先行拘留： （1）正在预备犯罪、实行犯罪或在犯罪后即时被发觉的。 （2）被害人或在场亲眼看见的人指认他犯罪的。 （3）在身边或住处发现有犯罪证据的。 （4）犯罪后企图自杀、逃跑或在逃的。 （5）有毁灭、伪造证据或串供可能的。 （6）不讲真实姓名、住址，身份不明的。 （7）有流窜作案、多次作案、结伙作案重大嫌疑的。 **关联提示**：扭送（非强制措施）。对象：正在实行犯罪或在犯罪后即时被发觉的；通缉在案的；越狱逃跑的；正在被追捕的。主体：任何公民。
决定机关	公安机关、人民检察院
执行机关	公安机关
执行要点	（1）在拘留后的24小时内，除无法通知或涉嫌危害国家安全犯罪、恐怖活动犯罪通知可能有碍侦查的情形外，应当将拘留的原因和场所，告知其家属。 （2）在拘留后的24小时内进行讯问。 （3）异地执行：应当通知当地公安机关协助。 （4）县级以上人大代表如果被拘留（现行犯；重大嫌疑分子），执行拘留的公安机关应当立即向其所属人民代表大会主席团或人民代表大会常务委员会报告（乡级人大代表的拘留逮捕无需批准）。
羁押期限	3天（提请批捕）＋7天（审查批捕） 7天（特殊情况的，可延长1天~4天）＋7天（审查批捕） 30天（流窜、多次、结伙）＋7天（审查批捕） 人民检察院直接受理侦查的案件，拘留犯罪嫌疑人的羁押期限为14日，特殊情况下可以延长1日至3日。
变更	（1）公安机关在对被拘留的人进行讯问，发现不应当拘留的，应当立即释放。 （2）对于经过讯问，被拘留人犯有严重罪行，依法需要逮捕，但在拘留期限内无法收集到证据证明其犯罪事实的，应依法改用取保候审或监视居住等强制措施。 （3）对于经过讯问，符合逮捕条件的，应当依法逮捕。

四、逮捕

适用情形	（1）有证据证明有犯罪事实：有证据证明发生了犯罪事实；有证据证明犯罪事实是犯罪嫌疑人、被告人实施的；证明犯罪嫌疑人、被告人实施犯罪行为的证据已经查证属实的（不要求事实清楚、证据充分）。 （2）可能判处徒刑以上刑罚的犯罪嫌疑人、被告人，采取取保候审、监视居住等方法，尚不足以防止发生社会危险性，而有逮捕必要的；可能继续实施犯罪行为，危害社会的；可能毁灭、伪造证据、干扰证人作证或者串供的；可能自杀或者逃跑的；可能实施打击报复行为的；可能有碍其他案件侦查的；其他可能发生社会危险性的情形。对有组织犯罪、黑社会性质组织犯罪、暴力犯罪和多发性犯罪等严重危害社会治安和社会秩序以及可能有碍侦查的犯罪嫌疑人，一般应予逮捕。 （3）对于被取保候审、监视居住的可能判处徒刑以下刑罚的犯罪嫌疑人、被告人，违反取保候审、监视居住规定，严重影响诉讼活动正常进行的，可以予以逮捕。 （4）对有证据证明有犯罪事实，可能判处10年有期徒刑以上刑罚的，或者有证据证明有犯罪事实，可能判处徒刑以上刑罚，曾经故意犯罪或者身份不明的，应当予以逮捕。

续表

决定或批准	决定逮捕——检察院、法院。 批准逮捕——检察院。
	检察院审查逮捕期限： （1）拘留的，7 天。 （2）未被拘留的，15 天。 （3）重大、复杂的，最长不得超过 20 日。 检察院进行审查后，应分情况处理： （1）对于符合逮捕的法定条件的，应当作出批准逮捕的决定，制作批准逮捕决定书。 （2）对于不符合逮捕条件的，应当作出不批准逮捕的决定，制作不批准逮捕决定书，说明不批准逮捕的理由。 **关联**：检察院监督职能（漏捕）。 检察机关审查后不批准逮捕的救济：公安机关认为检察院"不批准逮捕"的决定有错误的，可以向作出该决定的人民检察院要求复议，但是应当变更强制措施或释放被拘留人（可以对犯罪嫌疑人采取取保候审等强制措施）。人民检察院依法应当在 7 日内进行复议，并将复议结果通知公安机关。如果意见不被接受，公安机关可以向复议机关的上一级检察院提请复核。该上级检察院应当立即复核，在 15 日内作出是否变更的决定，通知下级检察院和公安机关执行。
执行机关	公安机关
执行要点	（1）执行逮捕的人员不得少于 2 人。执行逮捕时，应持有经县以上公安机关负责人签发的逮捕证，并向被逮捕的人出示，情况紧急不需出示，但事后应补办。 （2）执行逮捕后，除无法通知的情况以外，应当在 24 小时以内把逮捕的原因和羁押的处所通知被逮捕人的家属。 （3）执行逮捕后，提请批准逮捕的公安机关、决定逮捕的人民检察院或人民法院，应当在 24 小时内对被逮捕人进行讯问。 （4）异地执行，应当通知被逮捕人所在地公安机关。被逮捕人所在地的公安机关应当协助执行。 （5）人大代表：同级人大常委会或主席团同意（多级人大代表要层层上报）。 （6）涉及国家安全、政治外交的案件：市级检察院层报最高检，征求外交部的意见；其他的案件，省检征求省级外事部门，报最高检察院备案；危害国家安全案件、涉外案件向上级检察院备案，接受监督。
羁押期限	侦查期限＋审查起诉期限＋审理期限
变更	对于已经逮捕的犯罪嫌疑人、被告人，符合下列情形之一的，公安司法机关应当将逮捕予以变更、撤销或解除： （1）案件不能在法律规定的期限内办结。犯罪嫌疑人、被告人被羁押的案件，不能在法定的侦查羁押、审查起诉、一审、二审期限内办结的，对犯罪嫌疑人、被告人应当解除羁押、予以释放；需要继续查证、审理的，对犯罪嫌疑人、被告人可以取保候审或者监视居住。 （2）对于已经被逮捕的犯罪嫌疑人、被告人如果具有下列情形之一的，应当变更强制措施： ①患有严重疾病，生活不能自理的；②怀孕或正在哺乳自己婴儿的妇女；③系生活不能自理的人的唯一扶养人。 （3）第一审法院判决被告人无罪、不负刑事责任或者免除刑事处罚的，被告人在押的，应当在宣判后立即释放。 （4）第一审人民法院判处管制、宣告缓刑以及单独适用附加刑，判决尚未发生法律效力的。 （5）被告人被羁押的时间已到第一审人民法院对其判处的刑期期限的。 （6）不符合逮捕的适用条件。人民法院、人民检察院和公安机关如果发现对犯罪嫌疑人、被告人采取强制措施不当的，应当及时撤销或者变更。公安机关释放被逮捕的人或者变更逮捕措施的，应当通知原批准的人民检察院。对被羁押的犯罪嫌疑人、被告人需要变更强制措施或者释放的，决定机关应当将变更强制措施决定书或者释放通知书送交公安机关执行。

【重点提示】（1）人民检察院内部实行"捕诉合一"，即：对同一刑事案件的审查逮捕、审查起诉、出庭支持公诉和立案监督、侦查监督、审判监督等工作，由同一检察官或者检察官办案组负责，但是审查逮捕、审查起诉由不同人民检察院管辖，或者依照法律、有关规定应当另行指派检察官或者检察官办案组办理的除外。（2）人民检察院经审查认定存在非法取证行为的，对该证据应当予以排除，其他证据不能证明犯罪嫌疑人实施犯罪行为的，应当不批准或者决定逮捕。已经移送起诉的，可以依法将案件退回监察机关补充调查或者退回公安机关补充侦查，或者作出不起诉决定。被排除的非法证据应当随案移送，并写明为依法排除的非法证据。（3）被采取强制措施的被告人，被判处管制、缓刑的，在社区矫正开始后，强制措施自动解除；被单处附加刑的，在判决、裁定发生法律效力后，强制措施自动解除；被判处监禁刑的，在刑罚开始执行后，强制措施自动解除。

第九章 附带民事诉讼

一、成立条件

成立条件	说　明
（1）以刑事诉讼成立为前提	
（2）原告人符合法定条件	被害人； 无行为能力人或死亡的人，由法定代理人、近亲属代为提起； 国家、集体财产遭受损失的，检察机关可以提起。
（3）有明确的被告人及具体的要求和事实依据	未成年人的监护人； 未被追究刑事责任的共同致害人； 遗产继承人。
（4）被害人的物质损失是由被告人的犯罪行为造成的	物质损失（实际、必然）； 犯罪行为（非法占有、处置的犯罪案件——《关于刑事附带民事诉讼范围问题的规定》第5条：非法占有、处置被害人财产而使其遭受物质损失的，追缴或者责令退赔；不能弥补损失，另行提起民事诉讼）。
（5）属于附带民事诉讼受案范围和受诉人民法院管辖	

二、附带民事诉讼的一审程序

1. 人民法院受理刑事案件，可以告知因犯罪行为遭受物质损失的被害人（公民、法人和其他组织）、已死亡被害人的近亲属、无行为能力或者限制行为能力被害人的法定代理人，有权提起附带民事诉讼。

2. 附带民事诉讼中依法负有赔偿责任的人包括：

（1）刑事被告人以及未被追究刑事责任的其他共同侵害人。

（2）刑事被告人的监护人。

（3）死刑罪犯的遗产继承人。

（4）共同犯罪案件中，案件审结前死亡的被告人的遗产继承人。

（5）对被害人的物质损失依法应当承担赔偿责任的其他单位和个人。

附带民事诉讼被告人的亲友自愿代为赔偿的，可以准许。

3. 共同犯罪案件，同案犯在逃的，不应列为附带民事诉讼被告人。逃跑的同案犯到案后，被害人或者其法定代理人、近亲属可以对其提起附带民事诉讼，但已经从其他共同犯罪人处获得足额赔偿的除外。

4. 侦查、审查起诉期间，有权提起附带民事诉讼的人提出赔偿要求，经公安机关、人民检察院调解，当事人双方已经达成协议并全部履行，被害人或者其法定代理人、近亲属又提起附带民事诉讼的，人民法院不予受理，但有证据证明调解违反自愿、合法原则的除外。

人民法院审理附带民事诉讼案件，可以根据自愿、合法的原则进行调解。经调解达成协议的，应当制作调解书。调解书经双方当事人签收后即具有法律效力。

调解达成协议并即时履行完毕的，可以不制作调解书，但应当制作笔录，经双方当事人、审判人员、书记员签名或者盖章后即发生法律效力。

调解未达成协议或者调解书签收前当事人反悔的，附带民事诉讼应当同刑事诉讼一并判决。

人民法院认定公诉案件被告人的行为不构成犯罪，对已经提起的附带民事诉讼，经调解不能达成协议的，可以一并作出刑事附带民事判决，也可以告知附带民事原告人另行提起民事诉讼。

人民法院准许人民检察院撤回起诉的公诉案件，对已经提起的附带民事诉讼，可以进行调解；不宜调解或者经调解不能达成协议的，应当裁定驳回起诉，并告知附带民事诉讼原告人可以另行提起民事诉讼。

第一审期间未提起附带民事诉讼，在第二审期间提起的，第二审人民法院可以依法进行调解；调解不成的，告知当事人可以在刑事判决、裁定生效后另行提起民事诉讼。

5. 不受理情形：

（1）国家机关工作人员在行使职权时，侵犯他人人身、财产权利构成犯罪，被害人或者其法定代理人、近亲属提起附带民事诉讼的，人民法院不予受理，但应当告知其可以依法申请国家赔偿。

（2）因受到犯罪侵犯，提起附带民事诉讼或者单独提起民事诉讼要求赔偿精神损失的，人民法院一般不予受理。

（3）被告人非法占有、处置被害人财产的，应当依法予以追缴或者责令退赔。被害人提起附带民事诉讼的，人民法院不予受理。

第十章　期间、送达

一、法定期间（一）

| 12 小时 | 【传唤、拘传】传唤、拘传持续的时间最长不得超过 12 小时。案情特别重大、复杂，需要采取拘留、逮捕措施的，最长不得超过 24 小时。 |

24 小时	【拘留、逮捕】拘留后，<u>应当立即将被拘留人送看守所羁押，至迟不得超过24小时</u>。除无法通知或者涉嫌危害国家安全犯罪、恐怖活动犯罪通知可能有碍侦查的情形以外，应当在拘留后24小时以内，通知被拘留人的家属。 逮捕后，<u>应当立即将被逮捕人送看守所羁押</u>。除无法通知的以外，应当在逮捕后24小时以内，通知被逮捕人的家属。 在拘留、逮捕后的24小时内进行讯问。
48 小时	【律师会见权】辩护律师持律师执业证书、律师事务所证明和委托书或者法律援助公函要求会见在押的犯罪嫌疑人、被告人的，看守所应当及时安排会见，至迟不得超过48小时。
3 日	【委托诉讼代理人】人民检察院自收到移送审查起诉的案件材料之日起3日以内，应当告知被害人及其法定代理人或者其近亲属、附带民事诉讼的当事人及其法定代理人有权委托诉讼代理人。人民法院自受理自诉案件之日起3日以内，应当告知自诉人及其法定代理人、附带民事诉讼的当事人及其法定代理人有权委托诉讼代理人。 【提请逮捕批准】公安机关对被拘留的人，认为需要逮捕的，应当在拘留后的3日以内，提请人民检察院审查批准。 【申请变更强制措施】犯罪嫌疑人、被告人及其法定代理人、近亲属或者辩护人有权申请变更强制措施。人民法院、人民检察院和公安机关收到申请后，应当在3日以内作出决定。
3 日	【侦查】对查封、扣押的财物、文件、邮件、电报或者冻结的存款、汇款、债券、股票、基金份额等财产，经查明确实与案件无关的，应当在3日以内解除查封、扣押、冻结，予以退还。 【开庭前的准备】在开庭3日以前，开庭的时间、地点通知检察院。 【开庭前的准备】公开审判的案件，在开庭3日以前公布案由、被告人姓名、开庭时间和地点。 **关联提示**：法院不公开审判的理由，应该当庭宣布。 【上诉】被告人、自诉人、附带民事诉讼的原告人和被告人通过原审法院提出上诉的，原审法院应当在3日以内将上诉状连同案卷、证据移送上一级法院，同时将上诉状副本送交同级检察院和对方当事人。 【上诉】被告人、自诉人、附带民事诉讼的原告人和被告人直接向二审法院提出上诉的，二审法院应当在3日内将上诉状交原审法院移交同级检察院和对方当事人。
5 日	【第二审程序】不服裁定的上诉、抗诉的期限为5日。 【第二审程序】被害人及其法定代理人不服地方法院一审判决的，有权自收到判决书后5日以内请求检察院提出抗诉，检察院应当自收到请求后5日内作出决定和答复。 【刑事诉讼中止】当事人由于不能抗拒的原因或其他正当的理由而耽误期限的，在障碍消除后5日以内，可以申请继续进行应当在期满以前完成的诉讼活动。 【判决】当庭宣告判决的，应当在5日以内将判决书送达当事人和提起公诉的检察院。
7 日	【立案监督】公安机关应当在收到检察院《要求说明不立案理由通知书》后7日内将说明情况书面答复检察院。 【逮捕】检察院对于公安机关提请批准逮捕的案件进行审查后，应当自接到公安机关提请批准逮捕书后的7日以内，作出批准逮捕或不批准逮捕的决定。 【羁押期限】公安机关应当在羁押期限届满前7日以内向检察院提出书面延长申请，检察院应当在期限届满前作出决定。 【审查起诉】检察院对于公安机关移送审查起诉的案件，应当在7日内进行审查。 【不起诉】对于有被害人的案件，决定不起诉的，检察院应当将不起诉决定书送达被害人。被害人如果不服，可以自收到决定书7日以内向上一级检察院申诉，请求提起公诉。 【不起诉】对于检察院依照酌定不起诉情形作出的不起诉决定，被不起诉人如果不服，可以自收到决定书后7日以内向检察院申诉。 【死刑执行】原审法院接到执行死刑命令后，应当在7日以内执行。
14 日	【拘留】刑事拘留期限最长14日，流窜作案、多次作案、结伙作案的为37日。

续表

10 日	【第二审程序】不服判决的上诉、抗诉的期限为 10 日。
	【开庭前的准备】公诉案件中法院应将检察院的起诉书副本至迟在开庭 10 日以前送达被告人。
	【审判监督】第二审法院必须在开庭 10 日以前通知检察院查阅卷宗。
15 日	【立案监督】检察院认为公安机关不立案的理由不能成立，向公安机关发出《通知立案书》后，公安机关应当在收到通知书后 15 日内决定立案，并将立案决定书送达检察院。
20 日	【第一审程序】适用简易程序审理案件，人民法院应当在受理后 20 日以内审结；对可能判处的有期徒刑超过 3 年的，可以延长至一个半月。
	【对减刑、假释的监督】人民检察院认为人民法院减刑、假释的裁定不当，应当在收到裁定书副本后 20 日以内，向人民法院提出书面纠正意见。人民法院应当在收到纠正意见后 1 个月以内重新组成合议庭进行审理，作出最终裁定。
30 日	【拘留、逮捕】对于流窜作案、多次作案、结伙作案的重大嫌疑分子，提请审查批准的时间可以延长至 30 日。

二、法定期间（二）

侦查羁押期间	逮捕后不得超过 2 个月，案情复杂、期限届满不能终结的，可经上一级检察院批准延长 1 个月，对于交通十分不便的边远地区的重大复杂案件，重大的犯罪集团案件，流窜作案的重大复杂案件以及犯罪涉及面广、取证困难的重大复杂案件，上述 3 个月仍不能侦查终结的，经省、自治区、直辖市人民检察院批准或决定，可以再延长 2 个月；对于犯罪嫌疑人可能判处 10 年以上有期徒刑的，上述 5 个月仍不能终结的，经省、自治区、直辖市人民检察院批准或决定，可以再延长 2 个月；因特殊原因，在较长时间内不宜交付审判的特别重大复杂的案件，由最高人民检察院报请全国人大常委会批准延期审理。
技术侦查期间	批准技术侦查的决定自签发之日起 3 个月内有效，经批准，可以多次延长，每次最长为 3 个月。
审查起诉期间	1 个月作出，重大复杂案件，可以延长 15 日。犯罪嫌疑人认罪认罚，符合速裁程序适用条件的，10 日以内作出，对可能判处的有期徒刑超过 1 年的，可以延长至 15 日。
	补充侦查案件，1 个月完成，且以 2 次为限。
对未成年人附条件不起诉考验期	6 个月以上 1 年以下，自检察院作出附条件不起诉的决定之日起算。
公诉案件审期	2 个月内宣判，最长不得超过 3 个月；对于可能判处死刑的案件、附带民事诉讼案件、交通十分不便的边远地区的重大复杂案件、重大的犯罪集团案件、流窜作案的重大复杂案件以及犯罪涉及面广、取证困难的重大复杂案件，经上一级人民法院批准，可以延长 3 个月，还需要延长的，报请最高人民法院批准。
自诉案件审期	被告人被羁押的，同公诉案件审期；未被羁押的，立案后 6 个月内宣判。
二审期限	2 个月内，对于可能判处死刑的案件、附带民事诉讼案件、交通十分不便的边远地区的重大复杂案件、重大的犯罪集团案件、流窜作案的重大复杂案件以及犯罪涉及面广、取证困难的重大复杂案件，经省、自治区、直辖市高级人民法院批准或决定，可以再延长 2 个月，还需要延长的，报请最高人民法院批准；但最高人民法院受理的上诉、抗诉案件审期，由最高院决定。
再审期限	3 个月内，需要延长的，不得超过 6 个月；如指令下级法院再审，要求接受抗诉的法院在 1 个月内作出指令下级法院再审的决定，下级法院再审期限同前（3 个月~6 个月）。

续表

执行期限	（1）下级法院接到最高院执行死刑命令后 7 日内执行。 （2）罪犯被交付执行时，交付执行法院应当在判决生效之日起 10 日内将有关法律文书送达公安机关、监狱或其他执行机关。 （3）人民检察院认为暂予监外执行不当的，应当自接到通知之日起 1 个月内将书面意见送交决定或批准暂予监外执行的机关。 **注意**：不符合暂予监外执行条件的罪犯采取贿赂等非法手段的，监外执行期间不计入执行期限；罪犯在暂予监外执行期间脱逃的，脱逃期间不计入执行期限。
强制医疗程序期间	对于被申请人或被告人符合强制医疗条件的案件，应当在 1 个月内作出决定。
犯罪嫌疑人、被告人逃匿、死亡案件违法所得没收程序期间	需要发出公告，期间为 6 个月。

【关联提示】1. 期间的重新计算：

（1）侦查期间，发现另有重要罪行的，自发现之日起重新计算侦查羁押期限。

（2）犯罪嫌疑人不讲真实姓名、住址、身份不明的，侦查羁押期限自查清其身份之日起算。

（3）补充侦查移送审查起诉或审判的。

（4）改变管辖的公诉案件。

（5）发回重审案件。

（6）由简易程序转为普通程序的案件。

2. 不计入审期的：精神病鉴定期间（除此之外的鉴定时间都计入）；中止审理期间。

3. 期间的恢复：当事人由于不能抗拒的原因或其他正当理由而耽误期限的，在障碍消除后 5 日以内，可以申请继续进行应当在期满以前完成的诉讼活动。前款申请是否准许，由法院裁定（当事人由于不能抗拒的原因或有其他正当理由而耽误期限，依法申请继续进行应当在期限届满以前完成的诉讼活动，法院查证属实后，应当裁定准许）。注意：只有当事人才可以申请恢复。

第十一章　立　案

材料来源	（1）单位和个人的报案或举报；被害人的报案或控告；犯罪人的自首。公安机关和法院对于报案、控告、举报和自首材料，都应当接受，对于不属于自己管辖的，先接受再移送。 （2）公安机关自行发现的犯罪事实或获得的犯罪线索（法院不能主动获取相关材料）。
立案条件	（1）有犯罪事实发生；需要追究刑事责任。 （2）自诉案件：属于自诉案件范围；受诉法院管辖；被害人告诉；有明确的被告人、具体诉讼请求和能证明被告人犯罪事实的证据。
立案监督	（1）控告人对于不予立案不服的，可以向原决定机关申请复议（没有复核）。 （2）检察机关的监督（7 日、15 日；参见第一章的相关内容）。

【关联提示】1. 被害人的救济：

（1）对于不予立案不服的，可以向原决定机关申请复议。

（2）要求检察机关监督。

（3）公诉转自诉。

2. 法院直接受理的自诉案件：

（1）若当事人自诉时，没有证据的，法院应该说服其撤诉，或裁定驳回起诉（自诉按撤诉处理的情形：2 次合法传唤拒不出庭或中途退庭）。

（2）证据不足、可由公安机关受理的，或认为被告人可能被判处 3 年有期徒刑以上刑罚的，法院应当告知被害人向公安机关报案，或者移送公安机关立案侦查，公安机关应当受理。

（3）被告人可以对自诉人提起反诉（前两类）：①反诉的被告人必须是本案的自诉人，当事人地位相反；②反诉的内容必须是与本案有关的犯罪行为；③反诉的案件必须是属于法院直接受理的案件（反诉案件也要是自诉案件，且排除公诉转自诉）。

【注意】如果反诉是在二审提出的，则只能告知其另行起诉，不能调解；附带民事诉讼二审中提出的才是先行调解，调解不成的告知其另行起诉。

（4）自诉案件的可分性（被告人可分性、自诉人可分性）：①自诉人明知有其他共同侵害人，但只对部分侵害人提起自诉的，法院应当受理，并视为自诉人对其他侵害人放弃告诉权利。判决宣告后自诉人又对其他共同侵害人就同一事实提起自诉的，法院不再受理。②共同被害人中只有部分人告诉的，法院应当通知其他被害人参加诉讼。被通知人接到通知后表示不参加诉讼或不出庭的，即视为放弃告诉权利。第一审宣判后，被通知人就同一事实又提起自诉的，法院不予受理。但当事人另行提起民事诉讼的，不受上述限制。

第十二章　侦查与起诉

一、侦查终结

公安机关侦查的案件	
侦查羁押期限	期限（2 - 3 - 5 - 7）： （1）侦查羁押期限从逮捕开始，一般是 2 个月。 （2）案件复杂的，由上级检察机关批准还可以增加 1 个月。 （3）经省、自治区、直辖市检察院批准或决定，可以延长 2 个月：①交通十分不便的边远地区的重大复杂案件；②重大的犯罪集团案件；③流窜作案的重大复杂案件；④犯罪涉及面广，取证困难的重大复杂案件。 （4）有上述 4 种情况的犯罪嫌疑人，可能被判处 10 年以上有期徒刑，经过省、自治区、直辖市检察院批准，还可以延长 2 个月。 （5）无期限的：在较长时间内不宜交付审判的特别重大复杂的案件，由最高检察院上报全国人大常委会批准。
	特别规定： （1）拘留侦查期限不包括在侦查羁押期限以内。 （2）另有重要罪行的：重新计算羁押期限。 （3）身份不明的：从查明身份之日起计算，但是不能停止侦查。 （4）精神病鉴定：鉴定的期间不计算在内（其他的鉴定期间需要计算在内）。

续表

	公安机关侦查的案件
侦查终结的 条件和处理	（1）犯罪事实清楚，证据确实、充分，足以认定犯罪嫌疑人犯有何种性质的罪行——应当写出起诉意见书，连同案卷材料、证据，一并移送检察院审查起诉。 （2）根据已经收集到的证据，认为犯罪嫌疑人没有犯罪，或依法不需要追究刑事责任——应当撤销案件。
后续 （审查起诉）	（1）公安机关侦查，移送检察院审查起诉的，检察院发现犯罪嫌疑人根本没有违法犯罪，应当书面说明理由，将案卷退回公安机关处理。 （2）犯罪行为并非犯罪嫌疑人所为的，应当书面说明理由，将案卷退回公安机关，并建议公安机关重新侦查。如果犯罪嫌疑人已经被逮捕，应当撤销逮捕决定，通知公安机关立即释放。

【重点提示】1. 犯罪嫌疑人自愿如实供述涉嫌犯罪的事实，有重大立功或者案件涉及国家重大利益，需要撤销案件的，应当层报公安部，由公安部商请最高人民检察院核准后撤销案件。报请撤销案件的公安机关应当同时将相关情况通报同级人民检察院。公安机关根据前款规定撤销案件的，应当对查封、扣押、冻结的财物及其孳息作出处理。《公安机关办理刑事案件程序规定》第188条。

2. 可以在讯问室以外讯问的情形：（1）紧急情况下在现场进行讯问的；（2）对有严重伤病或者残疾、行动不便的，以及正在怀孕的犯罪嫌疑人，在其住处或者就诊的医疗机构进行讯问的。《公安机关办理刑事案件程序规定》第198条。

3. 进行侦查实验，应当全程录音录像，并制作侦查实验笔录，由参加实验的人签名。《公安机关办理刑事案件程序规定》第221条第2款。

二、补充侦查

（根据最高人民检察院、公安部2020年3月27日制定的《关于加强和规范补充侦查工作的指导意见》）

补充侦查的 原则	（1）必要性原则。补充侦查工作应当具备必要性，不得因与案件事实、证据无关的原因退回补充侦查。 （2）可行性原则。补充侦查的证据材料应当具备收集固定的可行性，补充侦查工作应当具备可操作性，对于无法通过补充侦查收集证据材料的情形，不能适用补充侦查。 （3）说理性原则。补充侦查提纲应当写明补充侦查的理由、案件定性的考虑、补充侦查的方向、每一项补证的目的和意义，对复杂问题、争议问题作当阐明，具备条件的，可以写明补充侦查的渠道、线索和方法。 （4）配合性原则。人民检察院、公安机关在补充侦查之前和补充侦查过程中，应当就案件事实、证据、定性等方面存在的问题和补充侦查的相关情况，加强当面沟通、协作配合，共同确保案件质量。 （5）有效性原则。人民检察院、公安机关应当以增强补充侦查效果为目标，把提高证据质量、解决证据问题贯穿于侦查、审查逮捕、审查起诉全过程。
补充侦查提纲	人民检察院开展补充侦查工作，应当书面列出补充侦查提纲
捕后侦查意见	对于作出批准逮捕决定的案件，确有必要的，人民检察院可以根据案件证据情况，就完善证据体系、补正证据合法性、全面查清案件事实等事项，向公安机关提出捕后侦查意见。

续表

不退回补侦情形	(1) 查清的事实足以定罪量刑或者与定罪量刑有关的事实已经查清，不影响定罪量刑的事实无法查清的； (2) 作案工具、赃物去向等部分事实无法查清，但有其他证据足以认定，不影响定罪量刑的； (3) 犯罪嫌疑人供述和辩解、证人证言、被害人陈述的主要情节能够相互印证，只有个别情节不一致但不影响定罪量刑的； (4) 遗漏同案犯罪嫌疑人或者同案犯罪嫌疑人在逃，在案犯罪嫌疑人定罪量刑的事实已经查清且符合起诉条件，公安机关不能及时补充移送同案犯罪嫌疑人的； (5) 补充侦查事项客观上已经没有查证可能性的； (6) 其他没有必要退回补充侦查的。
调取证据材料通知书的适用情形	对于具有以下情形可以及时调取的有关证据材料，人民检察院可以发出《调取证据材料通知书》，通知公安机关直接补充相关证据并移送： (1) 案件基本事实清楚，虽欠缺某些证据，但收集、补充证据难度不大且在审查起诉期间能够完成的； (2) 证据存在书写不规范、漏填、错填等瑕疵，公安机关可以在审查起诉期间补正、说明的； (3) 证据材料制作违反程序规定但程度较轻微，通过补正可以弥补的； (4) 案卷诉讼文书存在瑕疵，需进行必要的修改或补充的； (5) 缺少前科材料、释放证明、抓获经过等材料，侦查人员能够及时提供的； (6) 其他可以通知公安机关直接补充相关证据的。
	人民检察院对公安机关移送的案件进行审查后，在法院作出生效判决前，认为需要补充审判所必需的证据材料的，可以发出《调取证据材料通知书》，要求公安机关提供。人民检察院办理刑事审判监督案件，可以向公安机关发出《调取证据材料通知书》。

	审查批捕阶段的补充侦查	审查起诉阶段的补充侦查	审判阶段的补充侦查
方式	人民检察院对于公安机关提请批准逮捕的案件进行审查后，应当根据情况分别作出批准逮捕或者不批准逮捕的决定。对于批准逮捕的决定，公安机关应当立即执行，并且将执行情况通知人民检察院。对于不批准逮捕的，人民检察院应当说明理由，需要补充侦查的，应当同时通知公安机关。	检察机关退回公安机关补充侦查，或检察机关自行侦查。	(1) 检察机关认为需要补充侦查而建议延期审理：检察人员发现提起公诉的案件需要补充侦查，提出延期审理建议的，合议庭可以同意。 (2) 法院建议补充侦查： 合议庭在案件审理过程中，发现被告人可能有自首、立功等法定量刑情节，而起诉和移送的证据材料没有这方面的证据材料的，应当通知人民检察院在指定时间内移送。审判期间，被告人提出新的立功线索的，人民法院可以建议人民检察院补充侦查。人民检察院应当审查有关理由，并作出是否退回补充侦查的决定。 人民检察院不同意的，可以要求人民法院就起诉指控的犯罪事实依法作出裁判。
主体	公安机关	公安机关、检察机关	检察院，必要时公安机关协助
次数期限	——	对于补充侦查的案件，应当在1个月以内补充侦查完毕。补充侦查以两次为限。	需要补充侦查而建议延期审理的案件，人民检察院应当在1个月以内补充侦查完毕，但该建议以两次为限。
法律效果	——	经过一次补充侦查的案件，人民检察院认为证据不足，不符合起诉条件，且没有再次退回补充调查或者补充侦查必要的，可以作出不起诉决定。如果案件经过两次补充侦查仍然证据不足，不符合起诉条件的，人民检察院应当作出不起诉决定。	(1) 补充侦查完毕，移送法院后，法院重新计算第一审期限。 (2) 补充侦查期限届满，检察院未移送法院的，视为检察院撤诉。

【重点提示】对违法侦查行为的申诉、控告：

1. 提起主体（4类人）：当事人、辩护人、诉讼代理人以及利害关系人。

2. 受理主体：实施侦查权的司法机关，包括公安机关。

3. 对申诉、控告的处理：对处理不服的，可以向同级人民检察院申诉。

三、检察院对监察机关移送案件的审查起诉

具体内容	对于监察机关移送起诉的案件，检察院经审查，认为需要补充核实的，应当退回监察机关补充调查，必要时可以自行补充侦查。
	对于监察机关移送起诉的已采取留置措施的案件，检察院应当对犯罪嫌疑人先行拘留，留置措施自动解除。检察院应当在拘留后的10日以内作出是否逮捕、取保候审或者监视居住的决定。在特殊情况下，决定的时间可以延长1至4日。检察院决定采取强制措施的期间不计入审查起诉期限。

【重点提示】认罪认罚案件的审查起诉

犯罪嫌疑人自愿认罪的，应当记录在案，随案移送，并在起诉意见书中写明有关情况；认为案件符合速裁程序适用条件的，可以向人民检察院提出适用速裁程序的建议。《公安机关办理刑事案件程序规定》第289条。

四、不起诉

不起诉	绝对不起诉（法定不起诉）	相对不起诉（酌定不起诉）	存疑不起诉
决定权	检察长	检察长	检察长
适用	犯罪嫌疑人有《刑事诉讼法》第16条规定的情形之一的，人民检察院应当作出不起诉决定： （1）犯罪嫌疑人没有犯罪事实。 （2）情节显著轻微、危害不大，不认为是犯罪的。 （3）犯罪已过追诉时效期限的。 （4）经特赦令免除刑罚的（特赦令：由全国人大常委会批准）。 （5）依照刑法告诉才处理的犯罪，没有告诉或撤回告诉的（告诉才处理的犯罪：侮辱罪、诽谤罪、暴力干涉婚姻自由罪、虐待罪、侵占罪）。 （6）犯罪嫌疑人、被告人死亡的。 （7）其他法律规定免于刑事责任的。	对于犯罪情节轻微，依照刑法规定不需要判处刑罚或者免除刑罚的，人民检察院可以作出不起诉决定： （1）在中华人民共和国领域外犯罪，依照我国刑法规定应当负刑事责任，但在外国已经受过刑事处罚的。 （2）又聋又哑的人，或是盲人犯罪的。 （3）因防卫过当或紧急避险超过必要限度，并造成不应有危害而犯罪的。 （4）为犯罪准备工具，制造条件的。 （5）在犯罪过程中自动放弃犯罪或自动有效防止犯罪结果发生的。 （6）共同犯罪中起次要或辅助作用的。 （7）被胁迫、诱骗参加犯罪的。 （8）自首或自首后立功的。	（1）对于补充侦查的案件，人民检察院仍然认为证据不足，不符合起诉条件的，可以作出不起诉决定。 （2）因证据不足而不起诉，如补充侦查中，证据不足不起诉不以2次补充侦查为必要条件，第1次补充侦查后，检察院认为证据不足、不符合起诉条件，就可以作出不起诉决定，也可以第2次退回补充侦查。
注意	（1）不起诉的决定必须是书面的，不起诉决定书应当公开宣布，一经宣布即生效。不起诉决定书应当送达被害人或其近亲属及其诉讼代理人、被不起诉人以及被不起诉人的所在单位（注意：不送给犯罪嫌疑人的辩护人）。送达时，应当告知被害人或其近亲属及其诉讼代理人。被不起诉人在押的，应当立即释放。 （2）检察院决定不起诉的案件，应当同时对侦查中查封、扣押、冻结的财物解除查封、扣押、冻结。对被不起诉人需要给予行政处罚、行政处分或需要没收其违法所得的，检察院应当提出检察意见，移送有关主管机关处理。有关主管机关应当将处理结果及时通知检察院。 （3）公安机关的救济：对于公安机关移送起诉的案件，检察院决定不起诉的，应当将不起诉决定书送达公安机关。公安机关认为不起诉的决定有错误的时候，可以向作出不起诉决定的原检察机关要求复议。如果意见不被接受，可以向上一级检察院提请复核。		

续表

不起诉	绝对不起诉（法定不起诉）	相对不起诉（酌定不起诉）	存疑不起诉
	（4）被害人的救济（三类都可以申诉）：被害人对不起诉不服，可以自收到不起诉决定书后 7 日以内向上一级检察院申诉，请求提起公诉。检察院应当将复查决定告知被害人。对检察院维持不起诉决定的，可以向法院起诉，也可以不经申诉，直接向法院起诉。法院受理案件后，检察院应当将有关案件材料移送法院。 （5）被不起诉人（酌定不起诉）的申诉权：对于检察院依照酌定不起诉情形作出的不起诉决定，被不起诉人如果不服，可以自收到决定书后 7 日以内向检察院申诉。检察院应当作出复查决定，通知被不起诉的人，同时抄送公安机关。 （6）对于证据不足不起诉，如果发现新的证据，符合起诉条件的，可以撤销不起诉决定，决定提起公诉。		

【重点规定】附条件不起诉：指检察机关在审查起诉时，对于未成年人涉嫌侵犯人身权利、民主权利、侵犯财产、妨害社会管理秩序犯罪，可能判处 1 年有期徒刑以下刑罚，符合起诉条件，但有悔罪表现的，人民检察院可以作出附条件不起诉决定。

1. 适用对象：未成年犯罪嫌疑人。

2. 考验期：6 个月以上 1 年以下，自检察院作出决定之日起算。

3. 法定义务：

（1）遵守法律法规，服从监督。

（2）按照考察机关的规定报告自己的活动情况。

（3）离开所居住的市、县或者迁居，应当报经考察机关批准。

（4）按照考察机关的要求接受矫治和教育。

4. 异议处理：

（1）公安机关：认为不起诉的决定有错误的时候，可以要求复议，如果意见不被接受，可以向上一级人民检察院提请复核。

（2）被害人申诉：被害人对人民检察院对未成年犯罪嫌疑人作出的附条件不起诉的决定和不起诉的决定，可以向上一级人民检察院申诉，不适用《刑事诉讼法》第 180 条关于被害人可以向人民法院起诉的规定。

（3）未成人犯罪嫌疑人及其法定代理人异议：人民检察院应当作出起诉决定。

5. 后果：

在考验期内有下列情形之一的，应当撤销附条件不起诉的决定，提起公诉：

（1）实施新的犯罪或者发现决定附条件不起诉以前还有其他犯罪需要追诉的。

（2）违反治安管理规定或者考察机关有关附条件不起诉的监督管理规定，情节严重的。

在考验期内没有上述情形，考验期满的，人民检察院应当作出不起诉的决定。

6. 人民检察院在作出附条件不起诉的决定及考验期满作出不起诉决定前，应当听取被害人的意见。

第十三章　审判概述

审判组织	合议制	独任制
组成	（1）基层法院和中院审判第一审案件，应当由审判员 3 人或审判员和陪审员共 3 人或者 7 人组成合议庭进行。 （2）高院审判第一审案件，应当由审判员 3 人～7 人或由审判员和陪审员共 3 人或者 7 人组成合议庭进行（二审时：3 人或者 5 人）。 （3）最高院审判第一审案件，应当由审判员 3 人～7 人组成合议庭进行。 （4）中级以上法院审判上诉、抗诉案件，由审判员 3 人～5 人组成合议庭。 （5）最高法院复核死刑案件、高院复核死刑缓期执行的案件，应当由审判员 3 人组成合议庭进行。 （6）对在境外的被告人缺席审判应组成合议庭审理。	基层法院适用简易程序审理的案件，由审判员 1 人进行审判。 速裁程序只能由审判员 1 人独任审理。
陪审员	（1）陪审范围：①应当适用：有较大社会影响的；被告人要求适用陪审员。②不能适用：二审；死刑复核。 （2）条件：年满 28 周岁；高中以上文化程度；身体健康。 不能担任陪审员的情形：①人大常委会组成人员，人民法院、人民检察院、公安机关、国家安全机关、司法行政机关的工作人员和执业律师等人员；②因犯罪受过刑事处罚的；③被开除公职的。 （3）陪审员除不能担任审判长外，和法官的权利相同。 （4）陪审员的人数不能少于合议庭人数的 1/3。	独任制时必须是法官，不能是陪审员。
审判委员会	（1）范围：重大、疑难、复杂的问题合议庭难以判决。 （2）程序：若合议庭难以作出决定的，提请院长提交审判委员会决定。	独任制审判的案件也可以提交。

【关联提示】审判公开的一般原则：

1. 就内容而言，包括审理过程公开和审判结果公开。

2. 就对象而言，包括向当事人公开和向社会公开。

审判公开原则的例外：①国家秘密；②个人隐私；③未成年人犯罪（审判时未满 18 周岁，一律不公开）；④经当事人申请的，确属涉及商业秘密的，应当不公开。

【重点提示】对下列案件，合议庭应当提请院长决定提交审判委员会讨论决定：

1. 高级人民法院、中级人民法院拟判处死刑立即执行的案件，以及中级人民法院拟判处死刑缓期执行的案件；

2. 本院已经发生法律效力的判决、裁定确有错误需要再审的案件；

3. 人民检察院依照审判监督程序提出抗诉的案件。

第十四章　第一审程序

一、法院对公诉案件的庭前审查

内容	程序性审查（不进行实体审查）。
期限	法院对于按照普通程序审理的公诉案件，决定是否受理，应当在 7 日内审查完毕（计入审限）。
审查后的处理	（1）管辖权：对于不属于本院管辖或被告人不在案的，应当决定退回检察院；如果受理后发现没有管辖权的，则要移送管辖。 （2）需要补送材料的，应当通知检察院在 3 日内补送（检察院拒绝移送的，法院不能以材料不足为由拒绝受理案件）。 （3）因证据不足而宣告被告人无罪，检察院依据新的事实、证据材料重新起诉的，法院应当依法受理（没有新事实、新证据的不受理）。 （4）在宣告判决前，检察院要求撤回起诉的，法院裁定准许检察院撤诉的案件，没有新的事实、证据，检察院重新起诉的，法院应当退回人民检察院。 （5）对于符合《刑事诉讼法》第 16 条第 2～6 项规定的情形的，应当裁定终止审理或退回人民检察院（由于此时法院是程序上的审查，对于第 16 条第 1 项情形必须到审判之后才能确定，在审判的过程中发现第 16 条第 1 款的，只能宣告无罪）。 （6）对于被告人真实身份不明，但犯罪事实清楚，证据确实、充分的，法院应当依法受理（按自报的姓名或给犯罪嫌疑人编号）。

【关联提示】被告人不在案的处理：

侦查阶段被告人长期脱逃的	中止侦查
审查起诉时发现被告人不在案的	检察院要将案卷退回公安机关
审查起诉过程中被告人脱逃的	中止审查起诉
庭前审查时被告人不在案的	将案卷退回人民检察院；但是，对人民检察院按照缺席审判程序提起公诉的，应当依照《刑诉解释》第 24 章的规定作出处理
法院受理后被告人不在案的	中止审理
法院审理过程中被告人死亡或脱逃的	检察院可以向法院申请没收违法所得

二、法庭审理程序

宣布开庭	书记员先宣读审判纪律（注意：开庭时，应当由审判长查明当事人是否到庭、当事人的身份；告知权利：回避、提出新的证据、自行辩护、最后陈述）。

法庭调查	（1）向被告人发问：除公诉机关外，其他当事人或委托人必须经过法院的许可。 （2）询问证人、鉴定人：由提请或传唤的一方先进行询问，然后对方询问。法院必要时可以发问。 （3）出示物证、宣读鉴定意见和有关笔录。凡是没有在法庭上出示的证据，不能作为定案的依据。 ①检察机关出示开庭前送交法院的证据目录以外的证据，辩护方提出异议的，审判长如认为该证据确有出示的必要，可以准许出示（证据突袭：如果辩护方提出对新的证据要作必要准备时，可以宣布休庭，并根据具体情况确定辩护方作必要准备的时间）。 ②当事人和辩护人申请通知新的证人到庭，调取新的证据，申请重新鉴定或勘验的，应当提供证人的姓名、证据的存放地点，说明所要证明的案件事实，要求重新鉴定或勘验的理由。审判人员根据具体情况，认为可能影响案件事实认定的，应当同意该申请，并宣布延期审理；不同意的，应当告知理由并继续审理。 ③法院调查核实证据时，可以进行勘验、检查、扣押、鉴定和查询、冻结。必要时，可以通知检察人员、辩护人到场（可以宣布休庭；不能用搜查手段）。
法庭辩论	先控方（公诉词）；后辩方（辩护词）。 **注意**：发现新事实的处理：有必要时，可以恢复法庭调查。
被告人最后陈述	不可剥夺、不可替代、不可省略。 **注意**：被告人在最后陈述中提出了新的事实、证据，合议庭认为可能影响正确裁判的，应当恢复法庭调查；如果被告人提出新的辩解理由，合议庭认为可能影响正确裁判的，应当恢复法庭辩论。
评议和宣判	（1）判决的种类：①起诉指控的事实清楚，证据确实、充分，依据法律认定被告人的罪名成立的，或指控的罪名与法院审理认定的罪名不一致的，应当作出有罪判决；②案件事实清楚，证据确实、充分，依据法律认定被告人无罪的，应当作出无罪判决；或证据不足，不能认定被告人有罪的，应当以证据不足，指控的犯罪不能成立，判决宣告被告人无罪（只限于一审）；③案件事实部分清楚，证据确实、充分的，应当依法作出有罪或无罪的判决；事实不清，证据不足部分，依法不予认定；④被告人因不满16周岁，或是精神病人，在不能辨认或不能控制自己行为的时候造成危害结果，不予刑事处罚的，应当判决宣告被告人不负刑事责任（本质上是无罪判决）；⑤犯罪已过追诉时效期限，并且不是必须追诉或经特赦令免除刑罚的，应当裁定终止审理；⑥被告人死亡的，应当裁定终止审理；对于根据已查明的案件事实和认定的证据材料，能够确认被告人无罪的，应当判决宣告被告人无罪。 （2）宣判前，检察机关要撤诉的，经法院审查，当被告人无罪时法院才能批准；审判期间，人民法院发现新的事实，可能影响定罪量刑的，或者需要补查补证的，应当通知人民检察院，由其决定是否追加起诉或者补充侦查。人民检察院不同意或者在指定时间内未回复书面意见的，人民法院应当就起诉指控的事实，依照《刑诉解释》第295条的规定作出判决、裁定。 （3）宣判公开：当庭宣判（判决书在5天内交给当事人和检察机关）和延期宣判（判决书当庭就需要交给当事人和检察机关）。

【关联提示】 未成年人的特别权利：

1. 人民检察院审查批准逮捕和人民法院决定逮捕，应当讯问未成年犯罪嫌疑人、被告人，听取辩护律师的意见。

2. 对被拘留、逮捕和执行刑罚的未成年人与成年人应当分别关押、分别管理、分别教育。

3. 在讯问和审判（包括未成年被害人、证人）的时候，应当通知未成年犯罪嫌疑人、被告人的法定代理人到场。无法通知、法定代理人不能到场或者法定代理人是共犯的，也可以通知未成年犯罪嫌疑人、被告人的其他成年亲属，所在学校、单位、居住地基层组织或者未成年人保护组织的代表到场，并将有关情况记录在案。到场的法定代理人可以代为行使未成年犯罪嫌疑人、被告人的诉讼权利。

到场的法定代理人或者其他人员认为办案人员在讯问、审判中侵犯未成年人合法权益的，可以提出意见。讯问笔录、法庭笔录应当交给到场的法定代理人或者其他人员阅读或者向他宣读。

讯问女性未成年犯罪嫌疑人，应当有女工作人员在场。

审判未成年人刑事案件，未成年被告人最后陈述后，其法定代理人可以进行补充陈述。

4. 特定情形下可以附条件不起诉。

5. 审判的时候被告人不满 18 周岁的案件，不公开审理。经未成年被告人及其法定代理人同意，未成年被告人所在学校和未成年人保护组织可以派代表到场。

6. 犯罪的时候不满 18 周岁，被判处 5 年有期徒刑以下刑罚的，应当对相关犯罪记录予以封存。

【重点提示】受审时不着监管机构的识别服：在押被告人出庭受审时，不着监管机构的识别服。庭审期间不得对被告人使用戒具，但法庭认为其人身危险性大，可能危害法庭安全的除外。

三、审理中特殊情形的处理

延期审理（决定）	（1）需要通知新的证人到庭，调取新的物证，重新鉴定或者勘验的； （2）检察人员发现提起公诉的案件需要补充侦查，提出建议的； （3）由于申请回避而不能进行审判的。 最高人民检察院《规则》规定了建议延期审理的若干情形。法庭审判过程中遇有下列情形之一的，公诉人可以建议法庭延期审理： （1）发现事实不清、证据不足，或者遗漏罪行、遗漏同案犯罪嫌疑人，需要补充侦查或者补充提供证据的； （2）被告人揭发他人犯罪行为或者提供重要线索需要补充侦查进行查证的； （3）发现遗漏罪行或者遗漏同案犯罪嫌疑人，虽不需要补充侦查和补充提供证据，但需要补充、追加或者变更起诉的； （4）申请人民法院通知证人、鉴定人出庭作证或者有专门知识的人出庭提出意见的； （5）需要调取新的证据，重新鉴定或者勘验的； （6）公诉人出示、宣读开庭前移送人民法院的证据以外的证据或者补充、变更起诉需要给予被告人、辩护人必要时间进行辩护准备的； （7）被告人、辩护人向法庭出示公诉人不掌握的与定罪量刑有关的证据，需要调查核实的； （8）公诉人对证据收集的合法性进行证明，需要调查核实的。
中止审理（裁定）	（不需要申请，没有明确的期限）——期间暂停计算 （1）在审判过程中，自诉人、被告人患精神病或其他严重疾病。 （2）案件起诉到法院后被告人脱逃，致使案件在较长时间内无法继续审理的，法院应当裁定中止审理。 （3）自诉案件审理过程中，被告人下落不明。 （4）由于其他不可抗拒的原因，致使案件无法继续审理的，可以裁定中止审理。
终止审理（裁定）	（1）有《刑事诉讼法》第 16 条第 2～6 项情形的，应当裁定终止审理。 **注**：在审判的过程中发现第 16 条第 1 项的，只能宣告无罪。 （2）被告人死亡的，应当裁定终止审理；对于根据已经查明的案件事实和认定的证据材料，能够确认被告人无罪的，应当判决宣告被告人无罪。 （3）共同犯罪案件，如果提出上诉的被告人死亡，其他被告人没有提出上诉，第二审法院应当对全案进行审查。死亡的被告人不构成犯罪的，应当宣告无罪；审查后认为构成犯罪的，应当宣布终止审理。对其他同案被告人仍应当作出判决或裁定。

四、简易程序

	内容	注意
适用条件	可以适用简易程序审判需同时符合以下条件： （1）基层法院管辖 （2）事实清楚、证据充分 （3）被告人承认自己所犯罪行，对指控的犯罪事实没有异议 （4）被告人对适用简易程序没有异议 （5）基层法院第一审案件	具有下列情形之一的，不适用简易程序： （1）被告人是盲、聋、哑人 （2）被告人是尚未完全丧失辨认或者控制自己行为能力的精神病人 （3）有重大社会影响 （4）共同犯罪案件中部分被告人不认罪或者对适用简易程序有异议 （5）辩护人作无罪辩护 （6）被告人认罪但经审查认为可能不构成犯罪 （7）不宜适用简易程序审理的其他情形
决定适用程序	（1）检察院在提起公诉的时候，可以建议法院适用简易程序 （2）适用简易程序审理案件，审判长或者独任审判员应当当庭询问被告人对指控的犯罪事实的意见，告知被告人适用简易程序审理的法律规定，确认被告人是否同意适用简易程序	
审理程序	（1）审判组织 适用简易程序审理案件，对可能判处3年有期徒刑以下刑罚的，可以组成合议庭进行审判，也可以由审判员一人独任审判；对可能判处的有期徒刑超过3年的，应当组成合议庭进行审判 （2）公诉人出庭 适用简易程序审理的公诉案件，人民检察院应当派员出席法庭 （3）通知辩护人出庭 适用简易程序审理案件，被告人有辩护人的，应当通知其出庭 （4）虽然简化，也可辩论 适用简易程序审理案件，经审判人员许可，被告人及其辩护人可以同公诉人、自诉人及其诉讼代理人互相辩论。注意：简易程序中虽然被告人自愿认罪，但认罪不等于认量刑，因此仍然有可能存在法庭调查和辩论。 （5）简易转普通 适用简易程序审理案件，在法庭审理过程中，有下列情形之一的，应当转为普通程序审理： ①被告人的行为可能不构成犯罪的 ②被告人可能不负刑事责任的 ③被告人当庭对起诉指控的犯罪事实予以否认的 ④案件事实不清、证据不足的 ⑤不应当或者不宜适用简易程序的其他情形 转为普通程序审理的案件，审理期限应当从作出决定之日起计算 （6）宣判与审限 适用简易程序审理案件，裁判文书可以简化，一般应当当庭宣判 适用简易程序审理案件，人民法院应当在受理后20日以内审结；对可能判处的有期徒刑超过3年的，可以延长至一个半月	（1）适用简易程序审理案件可以对庭审作如下简化 ①公诉人可以摘要宣读起诉书 ②公诉人、辩护人、审判人员对被告人的讯问、发问可以简化或者省略 ③对控辩双方无异议的证据，可以仅就证据的名称及所证明的事项作出说明；对控辩双方有异议，或者法庭认为有必要调查核实的证据，应当出示，并进行质证 ④控辩双方对与定罪量刑有关的事实、证据没有异议的，法庭审理可以直接围绕罪名确定和量刑问题进行 （2）适用简易程序审理案件，判决宣告前应当听取被告人的最后陈述

五、速裁程序

适用范围	基层法院管辖的可能判处 3 年有期徒刑以下刑罚的案件，案件事实清楚，证据确实、充分，被告人认罪认罚并同意适用速裁程序的，可以适用速裁程序。
不适用的情形	（1）被告人是盲、聋、哑人，或者是尚未完全丧失辨认或者控制自己行为能力的精神病人的；（2）被告人是未成年人的；（3）案件有重大社会影响的；（4）共同犯罪案件中部分被告人对指控的犯罪事实、罪名、量刑建议或者适用速裁程序有异议的；（5）被告人与被害人或者其法定代理人没有就附带民事诉讼赔偿等事项达成调解或者和解协议的；（6）其他不宜适用速裁程序审理的。
程序提起	（1）检察院可以建议，但须法院、被告人同意。（2）法院决定适用：对人民检察院未建议适用速裁程序的案件，人民法院经审查认为符合速裁程序适用条件的，可以决定适用速裁程序，并在开庭前通知人民检察院和辩护人。（3）被告人及其辩护人可以向人民法院提出适用速裁程序的申请。
审判组织	由审判员一人独任审判。
审理程序	（1）不受普通程序规定的送达期限的限制，通知可以采用简便方式，但应当记录在案。一般不进行法庭调查、法庭辩论，但在判决宣告前应当听取辩护人的意见和被告人的最后陈述意见。（2）应当当庭宣判，裁判文书可以简化。（3）适用速裁程序审理案件，可以集中开庭，逐案审理。
审理期限	法院应当在受理后 10 日以内审结；对可能判处的有期徒刑超过 1 年的，可以延长至 15 日。
审查起诉期限	犯罪嫌疑人认罪认罚，符合速裁程序适用条件的，应当在 10 日以内作出决定，对可能判处的有期徒刑超过 1 年的，可以延长至 15 日。
速裁程序向普通程序、简易程序的转化	法院在审理过程中，发现有被告人的行为不构成犯罪或者不应当追究其刑事责任、被告人违背意愿认罪认罚、被告人否认指控的犯罪事实或者其他不宜适用速裁程序审理的情形的，应当按照普通程序或者简易程序的规定重新审理。

六、审理期限（关联：侦查羁押期限）

一审	普通程序	公诉	被告被羁押的	不能超过 2 个月，至迟不超过 3 个月；对于可能判处死刑案件或者附带民事诉讼案件，以及符合《刑事诉讼法》第 158 条的 4 种情形，经上一级人民法院批准可再延长 3 个月；因特殊情况还需要再延长的，报请最高院批准。改变管辖的：从改变后的法院收到案件之日起计算审期。补充侦查：补充侦查完毕移送到法院后重新计算审期。
		自诉	被告被羁押的	同于公诉案件。
			未被羁押的	受理后 6 个月内，不得延长。
	简易程序（公诉＋自诉）			受理后 20 日，对可能判处的有期徒刑超过 3 年的，可以延长至一个半月（即最长为一个半月）。
	速裁程序			受理后 10 日以内审结，对可能判处的有期徒刑超过 1 年的，可以延长至 15 日。
二审				2 个月，对于可能判处死刑的案件或者附带民事诉讼的案件，以及有《刑事诉讼法》第 158 条规定情形之一的，经省、自治区、直辖市高级人民法院批准或者决定，可以延长 2 个月；因特殊情况还需要延长的，报请最高人民法院批准。最高人民法院受理上诉、抗诉案件的审理期限，由最高人民法院决定。
再审				3 个月；自决定再审之日起最长不超过 6 个月（延长经本院院长决定）。

七、裁判和决定

区别点	判决	裁定	决定
适用对象	实体问题（有罪和无罪）	程序问题：诉讼期限的延展、中止审理、维持原判、撤销原判、发回重审、驳回公诉或自诉、核准死刑等； 部分实体问题（执行阶段）：减刑、假释、撤销缓刑、减免罚金。	程序问题：是否回避；是否立案；有关强制措施；实施各种侦查行为；撤销案件；延长羁押期限；起诉或不起诉；开庭审判；调取新证据；延期审理；抗诉；提起再审程序等。
适用阶段	审判阶段	审判阶段、执行阶段	侦查、审查起诉、审判和执行阶段
适用机关	审判机关	审判机关	侦查、检察、审判和执行机关
表现形式	书面形式	书面形式、口头形式	书面形式或口头形式
排他性	一案一判决	一案可有多个裁定	一案可有多项决定
法律效力	一般可以上诉、抗诉，期限为10天	一般可以上诉、抗诉，期限为5天	申请复议、复核或者申诉

【关联提示】维持原判的区别。民诉：原判决、裁定事实清楚、适用法律正确，用判决、裁定的方式驳回上诉、维持原判。刑诉：原判决认定事实和适用法律正确、量刑适当的，应当裁定驳回上诉或者抗诉，维持原判。

八、认罪认罚从宽

含义		犯罪嫌疑人、被告人自愿如实供述自己的罪行，承认指控的犯罪事实，愿意接受处罚的，可以依法从宽处理。
内容	批捕	批准或者决定逮捕，应当将犯罪嫌疑人、被告人涉嫌犯罪的性质、情节、认罪认罚等情况，作为是否可能发生社会危险性的考虑因素。
	侦查	（1）告知：侦查机关应告知犯罪嫌疑人享有的诉讼权利和认罪认罚的法律规定。（2）记录在案、移送：犯罪嫌疑人自愿认罪的，侦查机关应当记录在案，随案移送，并在起诉意见书中写明有关情况。
	审查起诉	（1）告知、听取意见：①检察院在审查起诉阶段，应当告知其享有的诉讼权利和认罪认罚的法律规定。②检察院审查案件，应当讯问犯罪嫌疑人，听取辩护人或者值班律师、被害人及其诉讼代理人的意见，并记录在案。辩护人或者值班律师、被害人及其诉讼代理人提出书面意见的，应当附卷。③犯罪嫌疑人认罪认罚的，检察院应当告知其享有的诉讼权利和认罪认罚的法律规定，听取犯罪嫌疑人、辩护人或者值班律师、被害人及其诉讼代理人对下列事项的意见，并记录在案：A. 涉嫌的犯罪事实、罪名及适用的法律规定；B. 从轻、减轻或者免除处罚等从宽处罚的建议；C. 认罪认罚后案件审理适用的程序；D. 其他需要听取意见的事项。检察院依照前两款规定听取值班律师意见的，应当提前为值班律师了解案件有关情况提供必要的便利。 （2）签署认罪认罚具结书：①犯罪嫌疑人自愿认罪，同意量刑建议和程序适用的，应当在辩护人或者值班律师在场的情况下签署认罪认罚具结书。②犯罪嫌疑人认罪认罚，有下列情形之一的，不需要签署认罪认罚具结书：A. 犯罪嫌疑人是盲、聋、哑人，或者是尚未完全丧失辨认或者控制自己行为能力的精神病人的；B. 未成年犯罪嫌疑人的法定代理人、辩护人对未成年人认罪认罚有异议的；C. 其他不需要签署认罪认罚具结书的情形。 （3）提出量刑建议：犯罪嫌疑人认罪认罚的，人民检察院应当就主刑、附加刑、是否适用缓刑等提出量刑建议，并随案移送认罪认罚具结书等材料。

续表

审判	(1) 告知：被告人认罪认罚的，审判长应当告知被告人享有的诉讼权利和认罪认罚的法律规定。 (2) 审查自愿、真实、合法性：法院审查认罪认罚的自愿性和认罪认罚具结书内容的真实性、合法性。 (3) 对量刑建议的采纳：对于认罪认罚案件，人民法院依法作出判决时，一般应当采纳人民检察院指控的罪名和量刑建议，但有下列情形的除外：A. 被告人的行为不构成犯罪或者不应当追究其刑事责任的；B. 被告人违背意愿认罪认罚的；C. 被告人否认指控的犯罪事实的；D. 起诉指控的罪名与审理认定的罪名不一致的；E. 其他可能影响公正审判的情形。 人民法院经审理认为量刑建议明显不当，或者被告人、辩护人对量刑建议提出异议的，人民检察院可以调整量刑建议。人民检察院不调整量刑建议或者调整量刑建议后仍然明显不当的，人民法院应当依法作出判决。 (4) 认罪认罚是适用速裁程序的条件之一。
其他	(1) 犯罪嫌疑人自愿如实供述涉嫌犯罪的事实，有重大立功或者案件涉及国家重大利益的，经最高人民检察院核准，公安机关可以撤销案件，人民检察院可以作出不起诉决定，也可以对涉嫌数罪中的一项或者多项不起诉。(2) 根据上述规定不起诉或者撤销案件的，人民检察院、公安机关应当及时对查封、扣押、冻结的财物及其孳息作出处理。

第十五章　第二审程序与审判监督程序

一、程序的提起

比较点	上诉（第二审程序）	二审抗诉（第二审程序）	再审抗诉（审判监督程序）
主体	(1) 独立的上诉主体：被告人、自诉人和他们的法定代理人、附带民事诉讼的当事人及其法定代理人（只能针对附带民事部分）。 (2) 非独立上诉主体：被告人的近亲属及其辩护人（需经被告人同意，并且应当以被告人为上诉人）。	(1) 独立的抗诉主体：地方各级检察院认为本级法院第一审的裁判确有错误的时候，应当向上一级法院提出抗诉。 (2) 申请抗诉的主体：被害人及其法定代理人自收到判决书后 5 日内，有权请求检察院提出抗诉。检察院自收到请求后 5 日内，应当作出是否抗诉的决定并且答复请求人。	最高检察院和其他上级检察院（提出再审抗诉）。 审判监督程序的其他主体： (1) 各级法院院长提交本院审判委员会（决定再审）； (2) 最高法院和其他上级法院（决定提审、指令下级再审）。
对象	地方各级法院尚未生效的一审裁判		已经生效的裁判
期限	判决 10 日/裁定 5 日，从接到判决、裁定的次日起算。附带民诉如果和刑诉一并作出，则期限和刑诉相同；附带民诉如果单独作出，则按照民诉规定的期限执行，判决 15 日/裁定 10 日。		任何时候
理由	不服判决和准许撤回起诉、终止审理等裁定	一审裁判确有错误	原裁判确有错误、出现新的证据
受理	原审法院或上级法院	抗诉检察院的上一级法院	抗诉检察院的同级法院

续表

程序	（1）上诉期满前要求撤回上诉的，应当准许（不审查）。是否提出上诉，以上诉期满前最后一次意思表示为准。 （2）上诉期满后要求撤回上诉的，应当由第二审法院进行审查。如果认为原判决认定事实和适用法律正确，量刑适当，应当裁定准许被告人撤回上诉；如果认为原判决事实不清，证据不足或将无罪判为有罪、轻罪重判等，应当不准许撤回上诉，并按照上诉程序进行审理。	（1）上级检察院如果认为抗诉不当，可以向同级法院撤回抗诉，并且通知下级检察院。下级检察院如果认为上一级检察院撤回抗诉不当的，可以申请复议。 （2）上一级检察院在上诉、抗诉期限内，发现下级检察院应当提出抗诉而没有提出抗诉的案件，可以指令下级检察院依法提出抗诉。 （3）检察院在抗诉期内要求撤回抗诉的，人民法院应当准许。人民检察院在抗诉期满后要求撤回抗诉的，第二审人民法院可以裁定准许，但是认为原判存在将无罪判为有罪、轻罪重判等情形的，应当不予准许，继续审理。	（1）最高检察院对各级法院，上级检察院对下级法院，可以直接向同级法院提出抗诉，也可以指令作出生效判决的上一级检察院向同级法院提出抗诉。 （2）对依照审判监督程序重新审判的案件，人民法院在依照第一审程序进行审判的过程中，发现原审被告人还有其他犯罪的，一般应当并案审理，但分案审理更为适宜的，可以分案审理。（大纲新增）
后果	都引起二审程序；阻止第一审裁判发生法律效力。		并不导致原裁判执行停止。

【关联提示】提起审判监督程序的材料来源——申诉（向作出生效裁判的法院提起）

主体	当事人及其法定代理人、近亲属、（利害关系）案外人、（委托）律师
对象	生效裁判。
期限	一般在刑罚执行完毕 2 年内。
理由	（1）新的证据证明原裁判确有错误。 （2）原来的定罪量刑的证据不充分、主要证据之间有矛盾。 （3）适用法律有错误。 （4）审判人员贪污受贿、徇私舞弊、枉法裁判。 （5）违反法律规定的诉讼程序。
受理	（1）申诉由终审人民法院审查处理。 （2）第二审人民法院裁定准许撤回上诉的案件，申诉人对第一审判决提出申诉的，可以由第一审人民法院审查处理。 （3）上一级人民法院对未经终审人民法院审查处理的申诉，可以告知申诉人向终审人民法院提出申诉，或者直接交终审人民法院审查处理，并告知申诉人；案件疑难、复杂、重大的，也可以直接审查处理。 （4）对未经终审人民法院及其上一级人民法院审查处理，直接向上级人民法院申诉的，上级人民法院可以告知申诉人向下级人民法院提出。 （5）对死刑案件的申诉，可以由原核准的人民法院直接处理，也可以交由原审人民法院审查。原审人民法院应当写出审查报告，提出处理意见，层报原核准的人民法院审查处理。
后果	不能停止生效裁判的执行，也不一定会引起审判监督程序。
受理	应当受理： （1）申诉人在期限内提出申诉的。 （2）申诉人超过期限提出申诉的，具有下列情形之一的：①可能对原审被告人宣告无罪的；②原审被告人在期限内提出申诉，人民法院未受理的；③属于疑难、复杂、重大案件的。 （3）以下情形下亦不予受理：人民法院对不符合法定主体资格的申诉，不予受理。上级人民法院对经终审法院的上一级人民法院依照审判监督程序审理后维持原判或者经两级人民法院依照审判监督程序复查均驳回的申诉案件，一般不予受理。但申诉人提出新的理由，且符合《刑事诉讼法》第 253 条及《若干意见》规定条件的，以及刑事案件的原审被告人可能被宣告无罪的除外。最高人民法院再审判决或者复查驳回的案件，申诉人仍不服提出申诉的，不予受理。
处理	法院受理申诉后，应当在 3 个月内作出决定，至迟不得超过 6 个月。

【重点提示】申诉异地审查制度：最高人民法院或者上级人民法院可以指定终审人民法院以外的人民法院对申诉进行审查。被指定的人民法院审查后，应当制作审查报告，提

出处理意见，层报最高人民法院或者上级人民法院审查处理。（大纲新增）

【提示】1. 被害人没有上诉权但有申诉权。

2. 近亲属没有独立的上诉权，只能在被告人同意的情况下上诉；但近亲属却有独立的申诉权，无需被告人同意。

二、程序的审理

	二审程序	再审程序
管辖	原审人民法院的上一级法院。	（1）上级人民法院指令下级人民法院再审的，应当指令原审人民法院以外的下级人民法院审理。由原审人民法院审理更为适法院宜的，也可以指令原审人民法院审理。 （2）人民法院按照审判监督程序重新审判的案件，由原审人民法院审理的，应当另行组成合议庭进行。 （3）原判决、裁定认定事实正确但适用法律错误，或者案件疑难、复杂、重大或者有不宜由原审人民法院审理情形的，也可以提审。
审理方式	应当开庭审理的：可以到案件发生地或者原审人民法院所在地进行。 （1）被告人、自诉人及其法定代理人对第一审认定的事实、证据提出异议，可能影响定罪量刑的上诉案件。 （2）被告人被判处死刑的上诉案件。 （3）人民检察院抗诉的案件。 二审法院决定不开庭审理的，应当讯问被告人，听取其他当事人、辩护人、诉讼代理人的意见。	对原审被告人、原审自诉人已经死亡或者丧失行为能力的再审案件，可以不开庭审理。人民法院开庭审理的再审案件，同级人民检察院应当派员出席法庭。
审理程序	（1）共同犯罪案件：对于共同犯罪的犯罪嫌疑人，只有 1 人上诉，其他没有上诉的或检察机关没有对其提出抗诉的，可以参加法庭调查和辩论。 （2）自诉案件：自诉案件在二审中提出反诉的，法院告知另行起诉。	原生效裁判是一审的，一审； 原生效裁判是二审的，二审。
审理结果	（1）裁定驳回上诉或抗诉，维持原判：原判决认定事实和适用法律正确、量刑适当的；原审判决事实清楚，证据充分，可是量刑过轻，但只有被告一方上诉的（检察院未提出抗诉）。 （2）改判（判决）：①应当：原判决认定事实没有错误，但适用法律有错误，或量刑不当的；②可以：原判决事实不清楚或证据不足的，可以在查清事实后改判（也可以裁定撤销原判，发回原审法院重新审判）。 （3）裁定撤销原判，发回原审法院重新审判：①应当：（程序优先，严重违反诉讼程序）违反本法有关公开审判的规定的；违反回避制度的；剥夺或限制了当事人的法定诉讼权利，可能影响公正审判的；审判组织的组成不合法的；其他违反法律规定的诉讼程序，可能影响公正审判的。②可以：同可以改判。③部分发回重审的处理：第二审人民法院根据案件情况，可以对该部分被告人分案处理，将该部分被告人发回原审人民法院重新审判。原审人民法院重新作出判决后，被告人上诉或者人民检察院抗诉，其他被告人的案件尚未作出第二审判决、裁定的，第二审人民法院可以并案审理。④二审裁判的生效时间：判决、裁定宣告之日（《刑诉解释》第 413 条第 3 款新增）。	（1）原判决、裁定认定事实和适用法律正确、量刑适当的，应当裁定驳回申诉或者抗诉并维持原判决、裁定。 （2）原判决、裁定定罪准确、量刑适当，但在认定事实、适用法律等方面有瑕疵的，应当裁定纠正并维持原判决、裁定。 （3）原判决、裁定认定事实没有错误，但适用法律错误，或者量刑不当的，应当撤销原判决、裁定，依法改判。 （4）依照第二审程序审理的案件，原判决、裁定事实不清或者证据不足的，可以在查清事实后改判，也可以裁定撤销原判，发回原审法院重新审判。

三、审判原则

二审	全面审查原则（事实和法律）	共同犯罪案件	(1) 仅部分被告人提出上诉的或仅对部分被告人的判决提出抗诉的，全案审查，一并处理。 (2) 提出上诉的被告人死亡，其他被告人没有提出上诉，全案审查。死亡的被告人不构成犯罪的，应当宣告无罪；审查后认为构成犯罪的，应当宣布终止审理。对其他同案被告人也应当作出判决或裁定。
		刑事附带民事诉讼案件	(1) 对全案上诉或抗诉，全案审查。刑事部分并无不当，只就附带民事诉讼部分作出处理；刑事、民事部分均事实清楚，适用法律正确的，以刑事附带民事裁定维持原判，驳回上诉、抗诉；刑事、附带民事部分均有错误需要依法改判的，一并改判。 (2) 仅就刑事部分提出上诉、抗诉的，全案审查，民事部分并无不当的，仅就刑事部分按<u>二审程序</u>审理；民事部分有错误的，对民事部分按照审判监督程序予以纠正。 (3) 仅就民事部分提出上诉、抗诉的，全案审查，刑事部分并无不当的，仅就民事部分按<u>二审程序</u>处理；刑事部分确有错误的，对刑事部分按照<u>审判监督程序</u>进行再审并将附带民事部分与刑事部分一并审理。 ①只有<u>附带民事诉讼的当事人和他们的法定代理人提出上诉</u>的，第一审刑事部分的判决，在上诉期满后即发生法律效力。应当送监执行的第一审刑事被告人是第二审附带民事诉讼被告人的，在第二审附带民事诉讼案件审结前，可以暂缓送监执行。 ②刑事附带民事诉讼案件附带民事部分二审审理中，<u>第一审民事原告人增加独立的诉讼请求</u>或<u>第一审民事被告人提出反诉</u>的，第二审法院可以根据当事人自愿的原则就新增加的诉讼请求或反诉进行调解，调解不成的，<u>告知当事人另行起诉</u>。但被害人只<u>增加赔偿数额</u>的，二审法院可以调解，调解不成的，<u>可以直接作出裁判</u>。
	上诉不加刑原则		(1) 检察院提出抗诉或自诉人提出上诉的，不受上诉不加刑的限制。既有被告人一方上诉，又有检察院提出抗诉或自诉人提出上诉的，同样不受上诉不加刑原则的限制。 (2) 共同犯罪案件，只有部分被告人上诉的，或检察院只对部分被告人提出抗诉的，不能加重全案被告人的刑罚。 (3) 对原判认定事实清楚、证据充分，只是认定的罪名不当的，在不加重原判刑罚或对刑罚产生不利影响的情况下，可以改变罪名。 (4) 原判认定的罪数不当的，可以改变罪数，并调整刑罚，但不得加重决定执行的刑罚或者对刑罚执行产生不利影响。 (5) 对被告人判处拘役或有期徒刑宣告缓刑的，不得取消原判决宣告的缓刑或延长缓刑考验期。 (6) 对事实清楚、证据充分，或应当适用附加刑而没有适用的案件，不得撤销第一审判决，直接加重被告人的刑罚或适用附加刑，也不得以事实不清或证据不足发回原审法院重新审理（可以改罪名，不能改量刑）。必须依法改判的，<u>应当在第二审裁判生效后，按照审判监督程序重新审理</u>。 (7) 提出上诉或抗诉的理由属于第一审法院严重违反法律规定的诉讼程序的情形之一的，第二审法院应当裁定撤销原判，发回第一审法院重新审判。对前款规定的案件，原审人民法院对上诉发回重新审判的案件依法作出判决后，人民检察院抗诉的，第二审人民法院不得改判为重于原审人民法院第一次判处的刑罚。
再审	申诉不加刑		(1) 除检察机关抗诉的案件以外，再审不得加重原审被告人（原审上诉人）的刑罚。 (2) 不具备开庭条件可以不开庭审理的，或者可以不出庭参加诉讼的，不得加重未出庭审被告人（原审上诉人）、同案原审被告人（原审上诉人）的刑罚。

【重点提示】委托宣判：第二审人民法院可以委托第一审人民法院代为宣判，并向当事人送达第二审判决书、裁定书。第一审人民法院应当在代为宣判后 5 日内将宣判笔录送交第二审人民法院，并在送达完毕后及时将送达回证送交第二审人民法院。

委托宣判的，第二审人民法院应当直接向同级人民检察院送达第二审判决书、裁定书。

第十六章　死刑复核程序

		死刑立即执行	死缓案件
核准权		最高人民法院	高级人民法院（最高人民法院和高级人民法院判处的除外）
报请程序	中院一审	（1）被告人不上诉、检察院不抗诉的，在上诉、抗诉期满后 10 日内报请高院复核。高院同意判处死刑的，依法作出裁定后，再报请最高人民法院核准；不同意判处死刑的，应当提审或发回重审。 （2）被告人提出上诉或检察院提出抗诉，高院终审裁定维持死刑判决的，报请最高人民法院核准；高院二审不同意判处死刑的，应当直接改判或发回重审。	（1）被告人不上诉、检察院不抗诉的，在上诉、抗诉期满后，应当报请高院核准。 （2）被告人提出上诉或检察院提出抗诉，由高院进行二审。
	高院一审	被告人不上诉、检察院不抗诉的，在上诉、抗诉期满后 10 日内报请最高法院核准。	被告人不上诉、检察院不抗诉的，在上诉、抗诉期满后即生效。
裁定核准		（1）原审判决认定事实和适用法律正确、量刑适当、诉讼程序合法的。 （2）原判判处被告人死刑并无不当，但具体认定的某一事实或引用的法律条款等不完全准确、规范的，可以在纠正后作出核准死刑的判决或裁定。	同意判处死缓的，应当裁定予以核准。
裁定不予核准，并撤销原判，发回重审		（1）原判认定事实不清或证据不足的。 （2）原判认定事实正确，但依法不应当判处死刑的。 （3）复核期间出现新的影响定罪量刑的事实、证据的，应当裁定不予核准，并撤销原判，发回重新审判。 （4）原审法院违反法定诉讼程序，可能影响公正判决的，可以发回二审或一审法院重审。经过高院复核程序审理的死刑案件，最高院发回高院重审的，高院可以提审或发回一审法院重审。 发回一审重审的案件：应当开庭审理。 发回二审重审的案件：可以直接改判（不开庭审理）；必须通过开庭审理查清事实、核实证据的，或必须通过开庭审理纠正原审程序违法的，应当开庭审理。 对最高人民法院发回第二审人民法院重新审判的案件，第二审人民法院一般不得发回第一审人民法院重新审判。	原审违反法定诉讼程序，可能影响公正审判的，应当裁定不予核准，并撤销原判，发回重新审判。
其他		（1）数罪并罚案件，一人有两罪以上被判处死刑：①其中部分犯罪的死刑裁判认定事实不清、证据不足的，对全案裁定不予核准，并撤销原判，发回重新审判；②其中部分犯罪的死刑裁判认定事实正确，但依法不应当判处死刑的，可以改判并对其他应当判处死刑的犯罪作出核准死刑的判决。 （2）一案中两名以上被告人被判处死刑：①其中部分被告人的死刑裁判认定事实不清、证据不足的，对全案裁定不予核准，并撤销原判，发回重新审判；②其中部分被告人的死刑裁判认定事实正确，但依法不应当判处死刑的，可以改判并对其他应当判处死刑的被告人作出核准死刑的判决。 （3）如果事实清楚，不同意核准死刑，发回重审的，可不另行组合议庭。	（1）原判认定的某一具体事实或者引用的法律条款等存在瑕疵，但判处被告人死刑缓期执行并无不当的，可以在纠正后作出核准的判决、裁定； （2）原判认定事实正确，但适用法律有错误，或者量刑过重的，应当改判； （3）原判事实不清、证据不足的，可以裁定不予核准，并撤销原判，发回重新审判，或者依法改判；

续表

	死刑立即执行	死缓案件
	（4）复核程序中发回重审的次数限制：发回重新审判的案件，第一审人民法院判处死刑、死刑缓期执行的，上一级人民法院依照第二审程序或者复核程序审理后，应当依法作出判决或者裁定，不得再发回重新审判。但是，第一审人民法院有《刑事诉讼法》第238条规定的情形或者违反《刑事诉讼法》第239条规定的除外。	（4）复核期间出现新的影响定罪量刑的事实、证据的，可以裁定不予核准，并撤销原判，发回重新审判，或者审理后依法改判。
复核	审判员3人组成合议庭（最高法院复核死刑立即执行，原则上应提审被告人）。	

【关联提示】死刑复核案件听取辩护律师意见的规定：

1. 辩护律师可以向最高院立案庭查询立案信息，立案庭能够立即答复的，应立即答复，不能立即答复的，应在2个工作日内答复，答复内容为案件是否立案及承办案件的审判庭。

2. 辩护律师接受委托或指派的，应当在接受之日起3个工作日内向最高院提交有关手续，一个半月内提交辩护意见。

3. 辩护律师可以到最高院办公场所查阅、摘抄、复制案卷材料，依法不公开的除外。

4. 辩护律师可以当面反映意见，承办法官应当及时安排，一般由承办法官和书记员当面听取辩护意见，也可以由合议庭其他成员或全体成员与书记员当面听取。

5. 听取地点：最高院或地方人民法院办公场所。

6. 听取辩护意见时，具备条件的法院应当指派工作人员全程录音、录像，其他在场人员不得自行录音、录像、拍照。

7. 复核终结后，受委托宣判的法院应当在宣判后5个工作日内将裁判文书送达辩护律师。

第十七章　涉案财物处理（大纲新增）

涉案财物的 先行处置	条件	审判期间，对不宜长期保存、易贬值或者市场价格波动大的财产，或者有效期即将届满的票据等，经权利人申请或者同意，并经院长批准，可以依法先行处置，所得款项由人民法院保管。
	原则	涉案财物先行处置应当依法、公开、公平。
漏判涉案财物的处理	第二审期间发现	二审期间发现第一审判决未对随案移送的涉案财物及其孳息作出处理的，可以裁定撤销原判，发回原审人民法院重新审判，由原审人民法院依法对涉案财物及其孳息一并作出处理。
	判决生效后发现	判决生效后发现原判未对随案移送的涉案财物及其孳息作出处理的，由原审人民法院依法对涉案财物及其孳息另行作出处理。

第十八章　涉外刑事诉讼程序与司法协助制度

涉外刑事诉讼程序	（1）适用中国刑事法律和信守国际条约相结合的原则； （2）外国籍犯罪嫌疑人、被告人享有中国法律规定的诉讼权利并承担诉讼义务的原则； （3）使用中国通用的语言文字进行诉讼的原则； （4）外国籍当事人委托中国律师辩护和代理的原则。
刑事司法协助的程序	（1）人民法院请求外国提供司法协助的，应当层报最高人民法院，经最高人民法院审核同意后交由有关对外联系机关及时向外国提出请求。外国法院请求我国提供司法协助，有关对外联系机关认为属于人民法院职权范围的，经最高人民法院审核同意后转有关人民法院办理。 （2）人民法院请求外国提供司法协助的请求书，应当依照刑事司法协助条约的规定提出；没有条约或者条约没有规定的，应当载明法律规定的相关信息并附相关材料。请求书及其所附材料应当以中文制作，并附有被请求国官方文字的译本。 （3）人民法院通过外交途径向在中华人民共和国领域外居住的受送达人送达刑事诉讼文书的，所送达的文书应当经高级人民法院审查后报最高人民法院审核。最高人民法院认为可以发出的，由最高人民法院交外交部主管部门转递。 （4）外国法院通过外交途径请求人民法院送达刑事诉讼文书的，由该国驻华使馆将法律文书交我国外交部主管部门转最高人民法院。最高人民法院审核后认为属于人民法院职权范围，且可以代为送达的，应当转有关人民法院办理。
刑事司法协助的方式	人民法院向在中华人民共和国领域外居住的当事人送达刑事诉讼文书，可以采用下列方式： （1）根据受送达人所在国与中华人民共和国缔结或者共同参加的国际条约规定的方式送达； （2）通过外交途径送达； （3）对中国籍当事人，所在国法律允许或者经所在国同意的，可以委托我国驻受送达人所在国的使领馆代为送达； （4）当事人是自诉案件的自诉人或者附带民事诉讼原告人的，可以向有权代其接受送达的诉讼代理人送达； （5）当事人是外国单位的，可以向其在中华人民共和国领域内设立的代表机构或者有权接受送达的分支机构、业务代办人送达； （6）受送达人所在国法律允许的，可以邮寄送达；自邮寄之日起满三个月，送达回证未退回，但根据各种情况足以认定已经送达的，视为送达； （7）受送达人所在国法律允许的，可以采用传真、电子邮件等能够确认受送达人收悉的方式送达。

第十九章　执行程序

一、各种判决、裁定的执行程序

	内容	执行程序
人民法院	死刑立即执行	(1) 由最高人民法院院长签发执行死刑的命令。 (2) 第一审人民法院接到死刑执行命令后，应当在 7 日内执行；在死刑缓期执行期间故意犯罪，由最高人民法院核准执行死刑的，由罪犯服刑地的中级人民法院执行。 (3) 死刑可以在刑场或者指定的羁押场所内执行。 (4) 具体程序： 第一审人民法院在执行死刑前，应当告知罪犯有权会见其近亲属。 第一审人民法院在执行死刑 3 日前，应当通知同级人民检察院派员临场监督。 执行死刑前，指挥执行的审判人员对罪犯应当验明正身；还要讯问罪犯有无遗言、信札，并制作笔录，再交执行人员执行死刑。 执行死刑应当公布，禁止游街示众或者其他有辱罪犯人格的行为。 负责执行的人民法院应当在执行死刑后 15 日内将执行情况，包括罪犯被执行死刑前后的照片，上报最高人民法院。
	罚金 没收财产	被判处罚金的罪犯，期满不缴纳的，人民法院应当强制缴纳；如果由于遭遇不能抗拒的灾祸等原因缴纳确实有困难的，经人民法院裁定，可以延期缴纳、酌情减少或者免除。 (参见："三、财产刑和附带民事裁判的执行"相关内容)
	无罪判决	无罪和免除刑罚判决的执行机关是人民法院。无罪或者免除刑罚的判决生效后人民法院应立即向被裁判人及有关单位宣布，并撤销对被裁判人采取的一切强制措施，对被羁押的被告人，发给释放证明。
监狱	死缓 无期徒刑 有期徒刑（3 个月以上）	(1) 被判处死刑缓期 2 年执行、无期徒刑、有期徒刑的罪犯，执行机关是监狱。对于被判处有期徒刑的罪犯，在被交付执行刑罚前，剩余刑期在 3 个月以下的，由看守所代为执行。 (2) 公安机关接到人民法院生效的判处死刑缓期 2 年执行、无期徒刑、有期徒刑的判决书、裁定书以及执行通知书后，应当在 1 个月内将罪犯送交监狱执行。对未成年犯应当送交未成年犯管教所执行刑罚。 (3) 死刑缓期执行的期间，从判决或者裁定核准死刑缓期执行的法律文书宣告或送达之日起计算。 (4) 判处有期徒刑的罪犯，执行期满，应当由执行机关发给释放证明书。
社区矫正机构	管制 有期徒刑缓刑 拘役缓刑	(1) 对被判处管制、宣告缓刑的罪犯，人民法院应当依法确定社区矫正执行地。宣判时，应当书面告知罪犯到执行地县级社区矫正机构报到的期限和不按期报到的后果。判决、裁定生效后 10 日内，应当将判决书、裁定书、执行通知书等法律文书送达执行地社区矫正机构，同时抄送人民检察院和执行地公安机关。 (2) 社区矫正机构应当按照人民法院的判决，向罪犯及其原所在单位或者居住地群众宣布其犯罪事实、被管制的期限，以及罪犯在执行期间应当遵守的规定。被管制的罪犯执行期满，应当通知本人，并向其所在单位或者居住地的群众宣布解除管制。 (3) 罪犯在缓刑考验期限内犯新罪或者被发现在判决宣告前还有其他罪没有判决的，应当撤销缓刑的，由审判新罪的人民法院撤销原判决、裁定宣告的缓刑，并书面通知原审人民法院和执行机关。
	暂予监外执行 假释	(参见"二、执行的变更程序"相关内容)

续表

内容		执行程序
公安机关	剥夺政治权利	对单处剥夺政治权利的罪犯,人民法院应当在判决、裁定生效后 10 日内,将判决书、裁定书、执行通知书等法律文书送达罪犯居住地的县级公安机关,并抄送罪犯居住地的县级人民检察院。执行机关应当按照人民法院的判决向罪犯及其原所在单位或者居住地群众宣布其犯罪事实、被剥夺政治权利的期限,以及罪犯在执行期间应当遵守的规定。执行机关应当对其严格管理监督,基层组织或者罪犯的原所在单位协助进行监督。执行期满,应当由执行机关书面通知本人及其所在单位、居住地基层组织。
	拘役	被判处拘役的,由公安机关执行。执行期满,应当由执行机关发给释放证明书。

【重点提示】人民法院送监执行的职责:

被判处死刑缓期执行、无期徒刑、有期徒刑、拘役的罪犯,第一审人民法院应当在判决、裁定生效后十日以内,将判决书、裁定书、起诉书副本、自诉状复印件、执行通知书、结案登记表格送达公安机关、监狱或者其他执行机关。

二、执行的变更程序

变更程序
停止执行: 下级人民法院发现下列情形之一的,应当停止执行,并且立即报告最高人民法院,由最高人民法院作出裁定: (1)在执行前发现裁判可能有错误的; (2)在执行前罪犯揭发重大犯罪事实或者有其他重大立功表现,可能需要改判的; (3)罪犯正在怀孕的。 上述前两种情况下停止执行的原因消失后,必须报请最高人民法院院长再签发执行死刑命令才能执行;对于因上述第三种原因停止执行的,应当报请最高人民法院依法改判。 暂停执行: 下级人民法院在接到执行死刑命令后、执行前,发现有下列情形之一的,应当暂停执行,并立即将请求停止执行死刑的报告和相关材料层报最高人民法院: (1)罪犯可能有其他犯罪的; (2)共同犯罪的其他犯罪嫌疑人到案,可能影响罪犯量刑的; (3)共同犯罪的其他罪犯被暂停或者停止执行死刑,可能影响罪犯量刑的; (4)罪犯揭发重大犯罪事实或者有其他重大立功表现,可能需要改判的; (5)罪犯怀孕的; (6)判决、裁定可能有影响定罪量刑的其他错误的。 最高人民法院对停止执行死刑的案件,应按照下列情况分别处理: (1)确认罪犯怀孕的,应当改判; (2)确认罪犯有其他犯罪,依法应当追诉的,应当裁定不予核准死刑,撤销原判,发回重新审判; (3)确认原判决、裁定有错误或者罪犯有重大立功表现,需要改判的,应当裁定不予核准死刑,撤销原判,发回重新审判; (4)确认原判决、裁定没有错误,罪犯没有重大立功表现,或者重大立功表现不影响原判决、裁定执行的,应当裁定继续执行死刑,并由院长重新签发执行死刑的命令。

死刑执行的变更

续表

	变更程序
死缓的变更	（1）对死刑缓期执行罪犯减刑。管辖法院是服刑地的高级人民法院。审理对死刑缓期执行罪犯减刑案件的程序是：罪犯在死刑缓期2年期满时，如果没有故意犯罪，由监狱提出减刑建议，报经省、自治区、直辖市监狱管理机关审核后，报请高级人民法院裁定。高级人民法院组成的合议庭对申报材料审查后，认为应当减刑的，裁定减刑，并将减刑裁定书副本同时抄送原判人民法院及人民检察院。死刑缓期执行期满减为无期徒刑、有期徒刑的，刑期自死刑缓期执行期满之日起计算。 （2）对死缓犯执行死刑。其程序是：如果故意犯罪，由罪犯服刑监狱及时侦查，侦查终结后移送人民检察院审查起诉。经人民检察院提起公诉，服刑地的中级人民法院依法审判，所作的判决可以上诉、抗诉。认定构成故意犯罪且情节恶劣的判决、裁定发生法律效力后，应当层报高级人民法院或者最高人民法院核准执行死刑。核准后，由罪犯服刑地的中级人民法院执行。 （3）重新计算死缓执行期间。如果故意犯罪未执行死刑的，死刑缓期执行的期间重新计算，并报最高人民法院备案。最高人民法院经备案审查，认为原判不予执行死刑错误，确需改判的，应当依照审判监督程序予以纠正。
暂予监外执行	暂予监外执行的适用对象： 适用暂予监外执行的对象，是被判处无期徒刑、有期徒刑或者拘役的罪犯。 暂予监外执行的适用情形： 对于判处有期徒刑或者拘役的罪犯，有下列情形之一的，可以暂予监外执行： （1）罪犯有严重疾病需保外就医。对罪犯确有严重疾病，必须保外就医的，由省级人民政府指定的医院诊断并开具证明文件。 （2）罪犯怀孕或者正在哺乳自己的婴儿。哺乳期限按婴儿出生后1年计算。 （3）罪犯生活不能自理，适用暂予监外执行不致危害社会。 对被判处无期徒刑的罪犯，有上述第2项规定情形的，可以暂予监外执行。 对适用保外就医可能有社会危险性的罪犯，或者自伤自残的罪犯，不得保外就医。 暂予监外执行的适用程序： 在交付执行前，暂予监外执行由交付执行的人民法院决定。人民法院决定暂予监外执行的，应当制作暂予监外执行决定书；人民法院在作出暂予监外执行决定前，应当征求人民检察院的意见。在交付执行后的判决、裁定执行过程中，对具备监外执行条件的罪犯，由监狱提出书面意见，报省级以上监狱管理机关批准。在看守所拘役所服刑的罪犯需要暂予监外执行的，由看守所或拘役所提出书面意见，报主管的设区的市一级以上公安机关批准。批准暂予监外执行的机关应当将批准决定抄送人民检察院。 对于暂予监外执行的罪犯，由社区矫正机构执行。对暂予监外执行的罪犯，有下列情形之一的，应当及时收监： （1）发现不符合暂予监外执行条件的； （2）严重违反有关暂予监外执行监督管理规定的； （3）暂予监外执行的情形消失后，罪犯刑期未满的。 对于人民法院决定暂予监外执行的罪犯应当予以收监的，由人民法院作出决定，将有关的法律文书送达公安机关、监狱或者其他执行机关。具体而言，人民法院应当将收监执行决定书送交罪犯居住地的县级司法行政机关，由其根据有关规定将罪犯交付执行。收监执行决定书应当同时抄送罪犯居住地的同级人民检察院和公安机关。 如果罪犯是在执行过程中被决定暂予监外执行的，执行机关应当通知监狱等执行机关收监。被决定收监执行的社区矫正人员在逃的，社区矫正机构应当立即通知公安机关，由公安机关负责追捕。 不符合暂予监外执行条件的罪犯通过贿赂等非法手段被暂予监外执行的，在监外执行的期间不计入执行刑期。罪犯在暂予监外执行期间脱逃的，脱逃的期间不计入执行刑期。对于人民法院决定暂予监外执行的罪犯具有上述情形的，人民法院在决定予以收监的同时，应当确定不计入刑期的期间。对于监狱管理机关或者公安机关决定暂予监外执行的罪犯具有上述情形的，罪犯被收监后，所在监狱或者看守所应当及时向所在地的中级人民法院提出不计入执行刑期的建议书，由人民法院审核裁定。

续表

	变更程序
减刑、假释	对减刑、假释案件，应当按照下列情形分别处理： （1）对被判处死刑缓期执行的罪犯的减刑，由罪犯服刑地的高级人民法院在收到同级监狱管理机关审核同意的减刑建议书后1个月内作出裁定； （2）对被判处无期徒刑的罪犯的减刑、假释，由罪犯服刑地的高级人民法院在收到同级监狱管理机关审核同意的减刑建议书后1个月内作出裁定，案情复杂或者情况特殊的，可以延长1个月； （3）对被判处有期徒刑和被减为有期徒刑的罪犯的减刑、假释，由罪犯服刑地的中级人民法院在收到执行机关提出的减刑、假释建议书后1个月内作出裁定，案情复杂或者情况特殊的，可以延长1个月； （4）对被判处拘役、管制的罪犯的减刑，由罪犯服刑地中级人民法院在收到同级执行机关审核同意的减刑建议书后1个月内作出裁定。 人民法院发现本院已经生效的减刑、假释裁定确有错误的，应当另行组成合议庭审理；发现下级人民法院已经生效的减刑、假释裁定确有错误的，可以指令下级人民法院另行组成合议庭审理，也可以自行组成合议庭审理。 （5）人民法院收到社区矫正机构的撤销假释建议书后，经审查，确认罪犯在假释考验期限内具有无正当理由不按规定时间报到或者接受社区矫正期间脱离监管，超过一个月的；或受到执行机关二次警告，仍不改正的；或者有其他违反监督管理规定的行为，尚未构成新的犯罪的，应当作出撤销假释的裁定。

三、财产刑和附带民事裁判的执行

执行标的	（1）罚金、没收财产；（2）责令退赔；（3）处置随案移送的赃款赃物；（4）没收随案移送的供犯罪所用本人财物；（5）其他应当由人民法院执行的相关事项。
执行机关	（1）罚金和没收财产刑的执行机关都是人民法院。执行没收财产刑时，必要时可以会同公安机关执行。 （2）财产刑和附带民事裁判由第一审人民法院负责裁判执行的机构执行。被执行财产在外地的，第一审人民法院可以委托财产所在地的同级人民法院执行。
办理期限	6个月；院长批准可以延长。
查封、扣押、冻结	刑事审判或者执行中，对于侦查机关已经采取的查封、扣押、冻结，人民法院应当在期限届满前及时续行查封、扣押、冻结。人民法院续行查封、扣押、冻结的顺位与侦查机关查封、扣押、冻结的顺位相同。对侦查机关查封、扣押、冻结的财产，人民法院执行中可以直接裁定处置，无需侦查机关出具解除手续，但裁定中应当指明侦查机关查封、扣押、冻结的事实。
应当追缴	被执行人将刑事裁判认定为赃款赃物的涉案财物用于清偿债务、转让或者设置其他权利负担，具有下列情形之一的，人民法院应予追缴： （1）第三人明知是涉案财物而接受的； （2）第三人无偿或者以明显低于市场的价格取得涉案财物的； （3）第三人通过非法债务清偿或者违法犯罪活动取得涉案财物的； （4）第三人通过其他恶意方式取得涉案财物的。 第三人善意取得涉案财物的，执行程序中不予追缴。作为原所有人的被害人对该涉案财物主张权利的，人民法院应当告知其通过诉讼程序处理。
执行顺序	被执行人在执行中同时承担刑事责任、民事责任，其财产不足以支付的，按照下列顺序执行： （1）人身损害赔偿中的医疗费用； （2）退赔被害人的损失； （3）其他民事债务； （4）罚金； （5）没收财产。 债权人对执行标的依法享有优先受偿权，其主张优先受偿的，人民法院应当在前款第（1）项规定的医疗费用受偿后，予以支持。

执行异议	执行过程中，当事人、利害关系人认为执行行为违反法律规定，或者案外人对执行标的主张足以阻止执行的实体权利，向执行法院提出书面异议的，执行法院应当自收到书面异议之日起 15 日内审查，理由成立的，裁定撤销或者改正；理由不成立的，裁定驳回。当事人、利害关系人对裁定不服的，可以自裁定送达之日起 10 日内向上一级人民法院申请复议。 人民法院审查案外人异议、复议，应当公开听证。 执行过程中，案外人或被害人认为刑事裁判中对涉案财物是否属于赃款赃物认定错误或者应予认定而未认定，向执行法院提出书面异议，可以通过裁定补正的，执行机构应当将异议材料移送刑事审判部门处理；无法通过裁定补正的，应当告知异议人通过审判监督程序处理。

第二十章　未成年人刑事案件诉讼程序

一、相关制度

限制适用逮捕	对未成年犯罪嫌疑人、被告人应当严格限制适用逮捕措施。对被逮捕且没有完成义务教育的未成年被告人，人民法院应当与教育行政部门互相配合，保证其接受义务教育。
被告人、辩护人意见	人民检察院审查批准逮捕和人民法院决定逮捕，应当讯问未成年犯罪嫌疑人、被告人，听取辩护律师的意见。询问未成年被害人、证人，也应当通知法定代理人到场。
通知法定代理人	对于未成年人刑事案件，应当通知未成年犯罪嫌疑人、被告人的法定代理人到场。 无法通知、法定代理人不能到场或者法定代理人是共犯的，也可以通知合适成年人到场。即通知未成年犯罪嫌疑人、被告人的其他成年亲属，所在学校、单位、居住地基层组织或者未成年人保护组织的代表到场，并将有关情况记在案。
女性特殊	讯问女性未成年犯罪嫌疑人，应当有女工作人员在场。
最后陈述	审判未成年人刑事案件，未成年被告人最后陈述后，其法定代理人可以进行补充陈述。法庭应当询问其法定代理人是否补充陈述。需要注意，只能补充陈述，不可以代替陈述。此外，辩护人及其他近亲属不能补充陈述。
保密	审判时不满 18 周岁的未成年人一律不公开审理，但经未成年被告人及其法定代理人同意，未成年人所在学校和未成年人保护组织可以派代表到场。目的是对未成年人进行保护和教育，不违反不公开审理规定。 审理涉及未成年人的刑事案件，不得向外界披露该未成年人的姓名、住所、照片以及可能推断出该未成年人身份的其他资料。 查阅、摘抄、复制的未成年人刑事案件的案卷材料，涉及未成年人的不得公开和传播。 被害人是未成年人的刑事案件，同样适用。
社会调查	对人民检察院移送的关于未成年被告人的社会调查报告，法庭应当接受。
简易程序	对未成年人刑事案件，人民法院决定适用简易程序审理的，应当征求未成年被告人及其法定代理人、辩护人的意见。上述人员提出异议的，不适用简易程序。
法律援助	未成年被害人及其法定代理人因经济困难或者其他原因没有委托诉讼代理人的，人民法院应当帮助其申请法律援助。
分案审理	对检察院分案起诉至同一人民法院的未成年人与成年人共同犯罪案件，可以由同一个审判组织审理；不宜由同一个审判组织审理的，可以分别由少年法庭、刑事审判庭审理。

续表

教育批评	法庭辩论结束后，法庭可以根据未成年人的生理、心理特点和案件情况，对未成年被告人进行法治教育；判决未成年被告人有罪的，宣判后，应当对未成年被告人进行法治教育。对未成年被告人进行教育，其法定代理人以外的成年亲属或者教师、辅导员等参与有利于感化、挽救未成年人的，人民法院应当邀请其参加有关活动。
心理疏导	（1）对未成年人刑事案件，法院根据情况，可以对未成年被告人进行心理疏导；根据实际需要并经未成年被告人及其法定代理人同意，也可以对未成年被告人进行心理测评。 （2）检察院根据需要，可以对未成年犯罪嫌疑人、未成年被害进行了心理疏导。必要时，经未成年犯罪嫌疑人及其法定代理人同意，可以对未成年犯罪嫌疑人进行心理测评。
未成年人作证	开庭审理涉及未成年人的刑事案件，未成年被害人、证人一般不出庭作证；必须出庭的，应当采取保护其隐私的技术手段和心理干预等保护措施。
认罪认罚	未成年人刑事案件适用认罪认罚从宽制度。

【重点提示】

1. 最有利于未成年人和保护未成年人权利原则

人民法院、检察院和公安机关办理未成年人刑事案件，应当保障未成年人行使其诉讼权利，保障未成年人得到法律帮助，并由熟悉未成年人身心特点的审判人员、检察人员、侦查人员承办。人民法院审理未成年人刑事案件，在讯问和开庭时，应当通知未成年被告人的法定代理人到场。法定代理人无法通知、不能到场或者是共犯的，也可以通知合适成年人到场，并将有关情况记录在案。

审理未成年人遭受性侵害或者暴力伤害案件，在询问未成年被害人、证人时，应当采取同步录音录像等措施，尽量一次完成；未成年被害人、证人是女性的，应当由女性工作人员进行。

2. 未成年人案件审判组织的受案范围：

被告人实施被指控的犯罪时不满18周岁、人民法院立案时不满20周岁的案件，由未成年人案件审判组织审理。下列案件可以由未成年人案件审判组织审理：（1）人民法院立案时不满22周岁的在校学生犯罪案件；（2）强奸、猥亵、虐待、遗弃未成年人等侵害未成年人人身权利的犯罪案件；（3）由未成年人案件审判组织审理更为适宜的其他案件。共同犯罪案件有未成年被告人的或者其他涉及未成年人的刑事案件，是否由未成年人案件审判组织审理，由院长根据实际情况决定。

3. 对无固定住所、无法提供保证人的未成年被告人适用取保候审的规定：

人民法院对无固定住所、无法提供保证人的未成年被告人适用取保候审的，应当指定合适成年人作为保证人，必要时可以安排取保候审的被告人接受社会观护。

4. 审理未成年人遭受性侵害或者暴力伤害案件，在询问未成年被害人、证人时，应当采取同步录音录像等措施，尽量一次完成；未成年被害人、证人是女性的，应当由女性工作人员进行。

二、附条件不起诉

	相关内容
适用条件	（1）未成年人 （2）涉嫌刑法分则侵犯人身权利、侵犯财产权利、妨害社会管理秩序的犯罪 （3）可能判处 1 年有期徒刑以下刑罚 （4）符合起诉条件 （5）但有悔罪表现的 注意： （1）附条件不起诉是"可以"不起诉，而非"应当"不起诉 （2）人民检察院在作出附条件不起诉的决定以前，应当听取公安机关、被害人的意见
异议	未成年犯罪嫌疑人及其法定代理人对人民检察院决定附条件不起诉有异议的，人民检察院应当提起公诉 对未成年人附条件不起诉或者不起诉的决定，被害人不服的，只能申诉，不能自诉
考查机关	检察机关
考查期限	附条件不起诉的考验期为 6 个月以上 1 年以下，从人民检察院作出附条件不起诉的决定之日起计算
义务	（1）遵守法律法规，服从监督 （2）按照考察机关的规定报告自己的活动情况 （3）离开所居住的市、县或者迁居，应当报经考察机关批准 （4）按照考察机关的要求接受矫治和教育
撤销	在考验期内有下列情形之一的，人民检察院应当撤销附条件不起诉的决定，提起公诉： （1）新罪漏罪 （2）违规严重 被附条件不起诉的未成年犯罪嫌疑人，在考验期内没有这些情形，考验期满的，人民检察院应当作出不起诉的决定

三、犯罪记录封存

1. 犯罪的时候不满 18 周岁，被判处 5 年有期徒刑以下刑罚的，应当对相关犯罪记录予以封存。

犯罪记录被封存的，不得向任何单位和个人提供，但司法机关为办案需要或者有关单位根据国家规定进行查询的除外。依法进行查询的单位，应当对被封存的犯罪记录的情况予以保密。

2. 检察院不起诉后，应当封存相关记录。注意是正式的"不起诉后"，而非"附条件不起诉后"。

第二十一章   当事人和解的公诉案件诉讼程序

<table>
<tr>
<td rowspan="2">适用范围</td>
<td>可以和解的案件</td>
<td colspan="2">
（1）因民间纠纷引起
（2）涉嫌刑法分则第四章、第五章规定的犯罪案件
（3）可能判处三年有期徒刑以下刑罚
（4）除渎职犯罪以外的可能判处七年有期徒刑以下刑罚的过失犯罪案件
</td>
</tr>
<tr>
<td>禁止和解的案件</td>
<td colspan="2">犯罪嫌疑人、被告人在五年以内曾经故意犯罪的</td>
</tr>
<tr>
<td>和解前提</td>
<td colspan="3">
（1）犯罪嫌疑人、被告人真诚悔罪
（2）通过向被害人赔偿损失、赔礼道歉等方式获得被害人谅解
（3）被害人自愿和解的
（4）事实清楚、证据充分的
</td>
</tr>
<tr>
<td rowspan="2">代为和解</td>
<td>被害方</td>
<td colspan="2">
（1）被害人死亡的，其近亲属可以与被告人和解
（2）近亲属有多人的，达成和解协议，应当经处于最先继承顺序的所有近亲属同意
</td>
</tr>
<tr>
<td>加害方</td>
<td colspan="2">
（1）被告人的近亲属经被告人同意，可以代为和解
（2）被告人系限制行为能力人的，其法定代理人可以代为和解
</td>
</tr>
<tr>
<td rowspan="6">和解协议
的效力</td>
<td>检察院</td>
<td colspan="2">
（1）可以做出不批准逮捕的决定
（2）符合法律规定不起诉条件的，可以决定不起诉
（3）应当提起公诉的，可以向法院提出从宽处罚的建议
</td>
</tr>
<tr>
<td>法院</td>
<td colspan="2">
（1）对达成和解协议的案件，应当对被告人从轻处罚
（2）符合非监禁刑适用条件的，应当适用非监禁刑
</td>
</tr>
<tr>
<td>被害人
反悔</td>
<td colspan="2">和解协议已经全部履行，当事人反悔的，人民法院不予支持，但有证据证明和解违反自愿、合法原则的除外</td>
</tr>
<tr>
<td rowspan="3">拘束当
事人的
效力</td>
<td>审查起诉阶
段可分期</td>
<td>
（1）和解协议书约定的赔偿损失内容，应在双方签署协议后立即履行，至迟在人民检察院做出从宽处理决定前履行
（2）确实一次难以履行的，在被害人同意并提供有效担保的情况下，可以分期履行
</td>
</tr>
<tr>
<td>法院审理阶
段不可分期</td>
<td>
（1）和解协议约定的赔偿损失内容，被告人应当在协议签署后即时履行
（2）和解协议已经全部履行，当事人反悔的，人民法院不予支持，但有证据证明和解违反自愿、合法原则的除外
</td>
</tr>
<tr>
<td>庭外和解</td>
<td colspan="3">
（1）双方当事人在庭外达成和解的，人民法院应当通知人民检察院，并听取其意见
（2）经审查，和解自愿、合法的，应当主持制作和解协议书
</td>
</tr>
<tr>
<td>协议书
内容</td>
<td colspan="3">
（1）被告人承认自己所犯罪行，对犯罪事实没有异议，并真诚悔罪
（2）被告人通过向被害人赔礼道歉、赔偿损失等方式获得被害人谅解；涉及赔偿损失的，应当写明赔偿的数额、方式等；提起附带民事诉讼的，由附带民事诉讼原告人撤回附带民事诉讼
（3）被害人自愿和解，请求或者同意对被告人依法从宽处罚
</td>
</tr>
</table>

第二十二章 缺席审判程序

适用条件	被告人在境外	（1）贪污贿赂犯罪案件，以及需要及时进行审判，经最高人民检察院核准的严重危害国家安全犯罪、恐怖活动犯罪案件；（2）犯罪嫌疑人、被告人在境外；（3）监察机关、公安机关移送起诉，人民检察院认为犯罪事实已经查清，证据确实、充分，依法应当追究刑事责任的，可以向人民法院提起公诉；（4）法院进行审查后，对于起诉书中有明确的指控犯罪事实，符合缺席审判程序适用条件的，应当决定开庭审判。
	被告人患有严重疾病	因被告人患有严重疾病导致缺乏受审能力无法出庭，中止审理超过6个月，被告人仍无法出庭，被告人及其法定代理人、近亲属申请或者同意恢复审理的，人民法院可以在被告人不出庭的情况下缺席审理，依法作出判决。符合前款规定的情形，被告人无法表达意愿的，其法定代理人、近亲属可以代为申请或者同意恢复审理。
	被告人死亡	（1）人民法院受理后被告人死亡的，法院应当裁定终止审理，但有证据证明被告人无罪，法院经缺席审理确认无罪的，应当依法作出判决。 （2）法院按照审判监督程序重新审判的案件，被告人死亡的，人民法院可以缺席审理，依法作出判决。有证据证明被告人无罪，经缺席审理确认被告人无罪的，应当判决宣告被告人无罪；虽然构成犯罪，但原判量刑畸重的，应当依法作出判决。
审理程序	审理组织、管辖法院	（1）对在境外的犯罪嫌疑人、被告人的缺席审判，由犯罪地、被告人离境前居住地或者最高人民法院指定的中级人民法院组成合议庭进行审理。 （2）对于犯罪嫌疑人在境外，需要及时进行审判的严重危害国家安全犯罪、恐怖活动犯罪案件，应当在侦查终结后层报公安部批准，移送同级人民检察院审查起诉。
	送达	法院应当通过有关国际条约规定的或者外交途径提出的司法协助方式，或者被告人所在地法律允许的其他方式，将传票和人民检察院的起诉书副本送达被告人。传票和起诉书副本送达后，被告人未按要求到案的，人民法院应当开庭审理，依法作出判决，并对违法所得及其他涉案财产作出处理。
	委托或者指定辩护人	法院缺席审判案件，被告人有权委托辩护人，被告人的近亲属可以代为委托辩护人。被告人及其近亲属没有委托辩护人的，法院应当通知法律援助机构指派律师为其提供辩护。
	缺席审判的救济程序	上诉和抗诉：法院应当将判决书送达被告人及其近亲属、辩护人。被告人或者其近亲属不服判决的，有权向上一级法院上诉。辩护人经被告人或者其近亲属同意，可以提出上诉。检察院认为人民法院的判决确有错误的，应当向上一级人民法院提出抗诉。
		异议后的重新审理：在审理过程中，被告人自动投案或者被抓获的，人民法院应当重新审理。罪犯在判决、裁定发生法律效力后到案的，法院应当将罪犯交付执行刑罚。交付执行刑罚前，法院应当告知罪犯有权对判决、裁定提出异议。罪犯对判决、裁定提出异议的，法院应当重新审理。依照生效判决、裁定对罪犯的财产进行的处理确有错误的，应当予以返还、赔偿。

第二十三章　犯罪嫌疑人、被告人逃匿、死亡案件违法所得的没收程序

适用条件	1. 依照刑法规定应当追缴违法所得及其他涉案财产，且符合下列情形之一的，检察院可以向法院提出没收违法所得的申请： （1）犯罪嫌疑人、被告人实施了贪污贿赂犯罪、恐怖活动犯罪等重大犯罪后逃匿，在通缉1年后不能到案的； ①下列犯罪案件，应当认定为《刑事诉讼法》第298条第1款规定的"犯罪案件"：贪污贿赂、失职渎职等职务犯罪、恐怖活动犯罪（含极端主义）、洗钱罪及其上游犯罪（如危害国家安全、走私、洗钱、金融诈骗、黑社会性质的组织、毒品犯罪案件）、电信诈骗、网络诈骗犯罪案件，依照前述规定的犯罪案件处理。②"重大"是指在省、自治区、直辖市或者全国范围内具有较大影响，或者犯罪嫌疑人、被告人逃匿境外的。③"逃匿"是指犯罪嫌疑人、被告人为逃避侦查和刑事追究潜逃、隐匿，或者在刑事诉讼过程中脱逃的。拟制"逃匿"的情形：犯罪嫌疑人、被告人因意外事故下落不明满2年，或者因意外事故下落不明，经有关机关证明其不可能生存的，依照"逃匿"的规定处理。④"通缉"是指公安机关发布通缉令或者公安部通过国际刑警组织发布红色国际通报。 （2）犯罪嫌疑人、被告人死亡。包括单位实施《刑事诉讼法》第298条第1款规定的"犯罪案件"后被撤销、注销，单位直接负责的主管人员和其他直接责任人员逃匿、死亡，导致案件无法适用刑事诉讼普通程序进行审理的情形。 2. 违法所得及其他涉案财产是指犯罪嫌疑人实施犯罪行为所取得的财物及其孳息以及犯罪嫌疑人非法持有的违禁品、供犯罪所用的本人财物。"违法所得"的本质特征是其来源非法；"其他涉案财产"的本质特征是其用途（持有）违法。"违法所得"包括通过实施犯罪直接或者间接产生、获得的任何财产；违法所得部分或者全部转变、转化后的其他财产；来自违法所得转变、转化后的财产收益，或者来自已经与违法所得相混合财产中违法所得相应部分的收益。
公安机关提出没收意见	公安机关认为有符合没收条件规定情形的，应当写出没收违法所得意见书，移送检察院。
检察院对没收意见的审查处理	（1）处理：对于公安机关移送的没收违法所得案件，经审查认为不符合《刑事诉讼法》第298条第1款规定条件的，应当作出不提出没收违法所得申请的决定，并向公安机关书面说明理由；认为需要补充证据的，应当书面要求公安机关补充证据，必要时也可以自行调查。公安机关补充证据的时间不计入检察院办案期限。在审查公安机关移送的没收违法所得意见书的过程中，在逃的犯罪嫌疑人、被告人自动投案或者被抓获的，检察院应当终止审查，并将案卷退回公安机关处理。 （2）对启动没收程序的监督：检察院发现公安机关应当启动违法所得没收程序而不启动的，可以要求公安机关在7日以内书面说明不启动的理由。经审查，认为公安机关不启动理由不能成立的，应当通知公安机关启动程序。 （3）检察院提出没收申请的要求：应当制作没收违法所得申请书。没收违法所得的申请应当提供与犯罪事实、违法所得相关的证据材料，并列明财产的种类、数量、所在地及查封、扣押、冻结的情况等。
管辖法院、审理组织	没收违法所得的申请，由犯罪地或者犯罪嫌疑人、被告人居住地的中级人民法院组成合议庭进行审理。（不可以采用独任制审理）

法院对没收违法所得申请的审查处理	对于没收违法所得的申请，法院应当在30日内审查完毕，并根据以下情形分别处理：（1）属于没收违法所得申请受案范围和本院管辖，且材料齐全、有证据证明有犯罪事实的，应当受理；（2）不属于没收违法所得申请受案范围或者本院管辖的，应当退回检察院；（3）没收违法所得申请不符合"有证据证明有犯罪事实"标准要求的，应当通知检察院撤回申请，检察院应当撤回；（4）材料不全的，应当通知检察院在7日内补送，7日内不能补送的，应当退回检察院。
公告和送达	（1）公告：法院受理没收违法所得的申请后，应当在15日内发布公告，公告期为6个月。公告期间不适用中止、中断、延长的规定。公告应在全国公开发行的报纸、信息网络等媒体和最高人民法院的官方网站刊登、发布，并在法院公告栏张贴。必要时，公告可以在犯罪地、犯罪嫌疑人、被告人居住地或者被申请没收财产所在地张贴。公告最后被刊登、发布、张贴日期为公告日期。法院张贴公告的，应当采取拍照、录像等方式记录张贴过程。 （2）送达：法院已经掌握境内利害关系人联系方式的，应当直接送达含有公告内容的通知；直接送达有困难的，可以委托代为送达、邮寄送达。经受送达人同意的，可以采用传真、电子邮件等能够确认其收悉的方式告知其公告内容，并记录在案；法院已经掌握境外犯罪嫌疑人、被告人、利害关系人联系方式的，经受送达人同意的，可以采用传真、电子邮件等能够确认其收悉的方式告知其公告内容，并记录在案；受送达人未作出同意意思表示，或法院未掌握境外犯罪嫌疑人、被告人、利害关系人联系方式，其所在地国、地区主管机关明确提出应当向受送达人送达含有公告内容的通知的，受理没收违法所得申请案件的法院可以决定是否送达。决定送达的，应当将公告内容层报最高人民法院，由最高人民法院依照刑事司法协助条约、多边公约，或者按照对等互惠原则，请求受送达人所在国、地区的主管机关协助送达。
申请参加诉讼	（1）犯罪嫌疑人、被告人的近亲属和其他利害关系人有权申请参加诉讼，也可以委托诉讼代理人参加诉讼。"利害关系人"包括犯罪嫌疑人、被告人的近亲属和其他对申请没收的财产主张权利的自然人和单位。"其他利害关系人"是指前款规定的"其他对申请没收的财产主张权利的自然人和单位"。（除了对财物主张所有权外，还包括主张留置权、担保物权等权利）（2）利害关系人申请参加诉讼的，应当在公告期间内提出，并提供与犯罪嫌疑人、被告人关系的证明材料或者证明其可以对违法所得及其他涉案财产主张权利的证据材料。利害关系人在公告期满后申请参加诉讼，能够合理说明理由的，法院应当准许。利害关系人可以委托诉讼代理人参加诉讼。利害关系人在境外委托的，应当委托具有中华人民共和国律师资格并依法取得执业证书的律师，依照《刑诉解释》第486条的规定对授权委托进行公证、认证。 （3）犯罪嫌疑人、被告人逃匿境外，委托诉讼代理人申请参加诉讼，且违法所得或者其他涉案财产所在国、地区主管机关明确提出意见予以支持的，法院可以准许。法院准许参加诉讼的，犯罪嫌疑人、被告人的诉讼代理人依照本规定关于利害关系人的诉讼代理人的规定行使诉讼权利。
法庭审理和裁判	（1）法院在公告期满后由合议庭对没收违法所得申请案件进行审理。（2）利害关系人申请参加及委托诉讼代理人参加诉讼的，法院应当开庭审理。利害关系人及其诉讼代理人无正当理由而拒不到庭，且无其他利害关系人和其他诉讼代理人参加诉讼的，法院可以不开庭审理。（3）法院对没收违法所得申请案件开庭审理的，检察院应当派员出席。（4）法院确定开庭日期后，应当将开庭的时间、地点通知检察院、利害关系人及其诉讼代理人、证人、鉴定人员、翻译人员。通知书应当至迟在开庭审理3日前送达；受送达人在境外的，至迟在开庭审理30日前送达。出庭的检察人员应当宣读没收违法所得申请书，并在法庭调查阶段就申请没收的财产属于违法所得及其他涉案财产等相关事实出示、宣读证据。（注意：此处不涉及对犯罪事实的相关证据的出示、宣读）对于确有必要出示但可能妨碍正在或者即将进行的刑事侦查的证据，针对该证据的法庭调查不公开进行。利害关系人及其诉讼代理人对申请没收的财产属于违法所得及其他涉案财产等相关事实及证据有异议的，可以提出意见；对申请没收的财产主张权利的，应当出示相关证据。（5）裁判：①裁定没收：人民法院经审理，对经查证属于违法所得及其他涉案财产，除依法返还被害人以外，应当裁定予以没收；②裁定驳回：对不属于应当追缴的财产，应当裁定驳回申请，解除查封、扣押、冻结措施。

续表

举证责任和证明标准	(1) 法院对没收违法所得的申请进行审理，检察院应当承担举证责任。(2) 申请没收的财产具有高度可能属于违法所得及其他涉案财产的，应当认定为《最高人民法院、最高人民检察院关于适用犯罪嫌疑人、被告人逃匿、死亡案件违法所得没收程序若干问题的规定》第 16 条规定的"申请没收的财产属于违法所得及其他涉案财产"。巨额财产来源不明犯罪案件中，没有利害关系人对违法所得及其他涉案财产主张权利，或者利害关系人对违法所得及其他涉案财产虽然主张权利但提供的相关证据没有达到相应证明标准的，应当视为《最高人民法院、最高人民检察院关于适用犯罪嫌疑人、被告人逃匿、死亡案件违法所得没收程序若干问题的规定》第 16 条规定的"申请没收的财产属于违法所得及其他涉案财产"。
保全措施	(1) 犯罪嫌疑人、被告人死亡，现有证据证明存在违法所得及其他涉案财产应当予以没收的，公安机关、人民检察院可以进行调查。公安机关、检察院进行调查，可以依法进行查封、扣押、查询、冻结。 (2) 检察院尚未查封、扣押、冻结申请没收的财产或者查封、扣押、冻结期限即将届满，涉案财产有被隐匿、转移或者毁损、灭失危险的，法院可以查封、扣押、冻结申请没收的财产。
处理方式	法院经审理认为，申请没收的财产属于违法所得及其他涉案财产的，除依法应当返还被害人的以外，应当裁定予以没收；申请没收的财产不属于违法所得或者其他涉案财产的，应当裁定驳回申请，解除查封、扣押、冻结措施。 在审理过程中，在逃的犯罪嫌疑人、被告人自动投案或者被抓获的，法院应当终止审理。在审理案件过程中，在逃的犯罪嫌疑人、被告人自动投案或者被抓获，法院按照《刑事诉讼法》第 301 条第一款的规定终止审理的，检察院应当将案卷退回侦查机关处理。在审理申请没收违法所得的案件过程中，在逃的犯罪嫌疑人、被告人到案的，法院应当裁定终止审理。检察院向原受理申请的法院提起公诉的，可以由同一审判组织审理。
审理过程中启动违法所得没收程序	(1) 法院在审理案件过程中，被告人死亡的，应当裁定终止审理；被告人脱逃的，应当裁定中止审理。检察院可以依法另行向法院提出没收违法所得的申请。(2) 在审理案件过程中，被告人死亡或者脱逃，符合《刑事诉讼法》第 298 条第一款规定的，检察院可以向法院提出没收违法所得的申请。检察院向原受理案件的法院提出申请的，可以由同一审判组织依照本章规定的程序审理。
救济方式	对没收违法所得或者驳回申请的裁定，犯罪嫌疑人、被告人的近亲属和其他利害关系人或者人民检察院可以在 5 日内提出上诉、抗诉（这里的抗诉既包括提起二审的抗诉，也包括提起再审的抗诉）。
二审程序	(1) 审理方式：检察院、利害关系人对第一审裁定认定的事实、证据没有争议的，第二审法院可以不开庭审理。(2) 审查范围：第二审法院应当就上诉、抗诉请求的有关事实和适用法律进行审查。(3) 处理方式：与普通案件第二审的处理方式相同。(4) 利害关系人非因故意或者重大过失在第一审期间未参加诉讼，在第二审期间申请参加诉讼的，法院应当准许，并发回原审法院重新审判。
犯罪嫌疑人、被告人到案并对没收裁定提出异议的处理	没收违法所得裁定生效后，犯罪嫌疑人、被告人到案并对没收裁定提出异议，检察院向原作出裁定的法院提起公诉的，可以由同一审判组织审理。法院经审理，应当按照下列情形分别处理：(1) 原裁定正确的，予以维持，不再对涉案财产作出判决；(2) 原裁定确有错误的，应当撤销原裁定，并在判决中对有关涉案财产一并作出处理。法院生效的没收裁定确有错误的，除第一款规定的情形外，应当依照审判监督程序予以纠正。
违法所得或其他涉案财产在境外的情形下的司法协助	(1) 违法所得或其他涉案财产在境外的，负责立案侦查的公安机关、检察院等侦查机关应当制作查封、扣押、冻结的法律文书以及协助执行查封、扣押、冻结的请求函，层报公安、检察院等各系统最高上级机关后，由公安、检察院等各系统最高上级机关依照司法协助条约、公约或互惠原则请求违法所得或者其他涉案财产所在地国（区）的主管机关协助执行。被请求国（区）的主管机关提出，查封、扣押、冻结法律文书的制发主体必须是法院的，负责立案侦查的公安机关、检察院等侦查机关可以向同级法院提出查封、扣押、冻结的申请，法院经审查同意后制作查封、扣押、冻结令以及协助执行查封、扣押、冻结令的请求函，层报最高人民法院后，由最高人民法院依照司法协助条约、公约或互惠原则请求违法所得或者其他涉案财产所在地国（区）的主管机关协助执行。(2) 违法所得或者其他涉案财产在境外，受理没收违法所得申请案件的法院经审理裁定没收的，应当制作没收令以及协助执行没收令的请求函，层报最高人民法院后，由最高人民法院依照司法协助条约、公约或互惠原则请求违法所得或者其他涉案财产所在地国（区）的主管机关协助执行。
审理期限	(1) 审理申请没收违法所得案件的期限，参照公诉案件第一审普通程序和第二审程序的审理期限执行。 (2) 公告期间和请求刑事司法协助的时间不计入审理期限。

第二十四章　依法不负刑事责任的精神病人的强制医疗程序

审理程序	(1) 到场：审理强制医疗案件，应当通知被申请人或者被告人的法定代理人到场；被申请人或者被告人的法定代理人经通知未到场的，可以通知被申请人或者被告人的其他近亲属到场。被申请人或者被告人没有委托诉讼代理人的，应当自受理强制医疗申请或者发现被告人符合强制医疗条件之日起三日以内，通知法律援助机构指派律师担任其诉讼代理人，为其提供法律帮助。(《刑诉解释》第 634 条修正) (2) 听取意见：审理强制医疗案件，应当组成合议庭，开庭审理。但是，被申请人、被告人的法定代理人请求不开庭审理，并经人民法院审查同意的除外。审理强制医疗案件，应当会见被申请人，听取被害人及其法定代理人的意见。(《刑诉解释》第 635 条修正)
救济（监督）程序	被决定强制医疗的人、被害人及其法定代理人、近亲属对强制医疗决定不服的，可以自收到决定书第二日起五日以内向上一级人民法院申请复议。复议期间不停止执行强制医疗的决定。(《刑诉解释》第 642 条修正)
解除程序	对前强制医疗案件，必要时，人民法院可以开庭审理，通知人民检察院派员出庭。(《刑诉解释》第 647 条第 2 款修正)

附录一：《关于规范量刑程序若干问题的意见》(2020 年 11 月 5 日)

第 3 条第 1 款　对于可能判处管制、缓刑的案件，侦查机关、人民检察院、人民法院可以委托社区矫正机构或者有关社会组织进行调查评估，提出意见，供判处管制、缓刑时参考。

第 4 条第 1、2 款　侦查机关在移送审查起诉时，可以根据犯罪嫌疑人涉嫌犯罪的情况，就宣告禁止令和从业禁止向人民检察院提出意见。

人民检察院在提起公诉时，可以提出宣告禁止令和从业禁止的建议。被告人及其辩护人、被害人及其诉讼代理人可以就是否对被告人宣告禁止令和从业禁止提出意见，并说明理由。

第 5 条　符合下列条件的案件，人民检察院提起公诉时可以提出量刑建议；被告人认罪认罚的，人民检察院应当提出量刑建议：

（一）犯罪事实清楚，证据确实、充分；

（二）提出量刑建议所依据的法定从重、从轻、减轻或者免除处罚等量刑情节已查清；

（三）提出量刑建议所依据的酌定从重、从轻处罚等量刑情节已查清。

第 6 条　量刑建议包括主刑、附加刑、是否适用缓刑等。主刑可以具有一定的幅度，也可以根据案件具体情况，提出确定刑期的量刑建议。建议判处财产刑的，可以提出确定的数额。

第 13 条　适用简易程序审理的案件，在确认被告人对起诉书指控的犯罪事实和罪名没有异议，自愿认罪且知悉认罪的法律后果后，法庭审理可以直接围绕量刑进行，不再区分法庭调查、法庭辩论，但在判决宣告前应当听取被告人的最后陈述意见。

适用简易程序审理的案件，一般应当当庭宣判。

第 14 条　适用普通程序审理的被告人认罪案件，在确认被告人了解起诉书指控的犯罪事实和罪名，自愿认罪且知悉认罪的法律后果后，法庭审理主要围绕量刑和其他有争议的问题进行，可以适当简化法庭调查、法庭辩论程序。

第 18 条　人民法院、人民检察院、侦查机关或者辩护人委托有关方面制作涉及未成年人的社会调查报告的，调查报告应当在法庭上宣读，并进行质证。

第22条　在法庭辩论中，出现新的量刑事实，需要进一步调查的，应当恢复法庭调查，待事实查清后继续法庭辩论。

第23条　对于人民检察院提出的量刑建议，人民法院应当依法审查。对于事实清楚，证据确实、充分，指控的罪名准确，量刑建议适当的，人民法院应当采纳。

人民法院经审理认为，人民检察院的量刑建议不当的，可以告知人民检察院。人民检察院调整量刑建议的，应当在法庭审理结束前提出。人民法院认为人民检察院调整后的量刑建议适当的，应当予以采纳；人民检察院不调整量刑建议或者调整量刑建议后仍不当的，人民法院应当依法作出判决。

附录二：《法律援助值班律师工作办法》（2020年9月7日）

第2条　本办法所称值班律师，是指法律援助机构在看守所、人民检察院、人民法院等场所设立法律援助工作站，通过派驻或安排的方式，为没有辩护人的犯罪嫌疑人、被告人提供法律帮助的律师。

第4条　公安机关（看守所）、人民检察院、人民法院、司法行政机关应当保障没有辩护人的犯罪嫌疑人、被告人获得值班律师法律帮助的权利。

第6条　值班律师依法提供以下法律帮助：

（一）提供法律咨询；

（二）提供程序选择建议；

（三）帮助犯罪嫌疑人、被告人申请变更强制措施；

（四）对案件处理提出意见；

（五）帮助犯罪嫌疑人、被告人及其近亲属申请法律援助；

（六）法律法规规定的其他事项。

值班律师在认罪认罚案件中，还应当提供以下法律帮助：

（一）向犯罪嫌疑人、被告人释明认罪认罚的性质和法律规定；

（二）对人民检察院指控罪名、量刑建议、诉讼程序适用等事项提出意见；

（三）犯罪嫌疑人签署认罪认罚具结书时在场。

值班律师办理案件时，可以应犯罪嫌疑人、被告人的约见进行会见，也可以经办案机关允许主动会见；自人民检察院对案件审查起诉之日起可以查阅案卷材料、了解案情。

第8条　在审查起诉阶段，犯罪嫌疑人认罪认罚的，值班律师可以就以下事项向人民检察院提出意见：

（一）涉嫌的犯罪事实、指控罪名及适用的法律规定；

（二）从轻、减轻或者免除处罚等从宽处罚的建议；

（三）认罪认罚后案件审理适用的程序；

（四）其他需要提出意见的事项。

第11条　对于被羁押的犯罪嫌疑人、被告人，在不同诉讼阶段，可以由派驻看守所的同一值班律师提供法律帮助。对于未被羁押的犯罪嫌疑人、被告人，前一诉讼阶段的值班律师可以在后续诉讼阶段继续为犯罪嫌疑人、被告人提供法律帮助。

第14条　犯罪嫌疑人、被告人没有委托辩护人并且不符合法律援助机构指派律师为其提供辩护的条件，要求约见值班律师的，公安机关、人民检察院、人民法院应当及时通知法律援助机构安排。

第21条　侦查阶段，值班律师可以向侦查机关了解犯罪嫌疑人涉嫌的罪名及案件有关情况；案件进入审查起诉阶段后，值班律师可以查阅案卷材料，了解案情，人民检察院、人民法院应当及时安排，并提供便利。已经实现卷宗电子化的地方，人民检察院、人民法院可以安排在线阅卷。

第22条　值班律师持律师执业证或者律师工作证、法律帮助申请表格或者法律帮助通知书到看守所办理法律帮助会见手续，看守所应当及时安排会见。

危害国家安全犯罪、恐怖活动犯罪案件，侦查期间值班律师会见在押犯罪嫌疑人的，应当经侦查机关许可。

第23条　值班律师提供法律帮助时，应当出示律师执业证或者律师工作证或者相关法律文书，表明值班律师身份。

第24条　值班律师会见犯罪嫌疑人、被告人时不被监听。

附录三：最高人民检察院《人民检察院办理认罪认罚案件开展量刑建议工作的指导意见》（2021年12月3日）

第1条　犯罪嫌疑人认罪认罚的，人民检察院应当就主刑、附加刑、是否适用缓刑等提出量刑建议。

对认罪认罚案件，人民检察院应当在全面审查证据、查明事实、准确认定犯罪的基础上提出量刑建议。

第4条　办理认罪认罚案件，人民检察院一般应当提出确定刑量刑建议。对新类型、不常见犯罪案件，量刑情节复杂的重罪案件等，也可以提出幅度刑量刑建议，但应当严格控制所提量刑建议的幅度。

第5条　人民检察院办理认罪认罚案件提出量刑建议，应当按照有关规定对听取意见情况进行同步录音录像。

第8条　人民检察院应当根据案件情况对犯罪嫌疑人犯罪手段、犯罪动机、主观恶性、是否和解谅解、是否退赃退赔、有无前科劣迹等酌定量刑情节进行审查，并结合犯罪嫌疑人的家庭状况、成长环境、心理健康情况等进行审查，综合判断。

有关个人品格方面的证据材料不得作为定罪证据，但与犯罪相关的个人品格情况可以作为酌定量刑情节予以综合考虑。

第9条　人民检察院办理认罪认罚案件提出量刑建议，应当听取被害人及其诉讼代理人的意见，并将犯罪嫌疑人是否与被害方达成调解协议、和解协议或者赔偿被害方损失，取得被害方谅解，是否自愿承担公益损害修复及赔偿责任等，作为从宽处罚的重要考虑因素。

犯罪嫌疑人自愿认罪并且有赔偿意愿，但被害方拒绝接受赔偿或者赔偿请求明显不合理，未能达成调解或者和解协议的，可以综合考量赔偿情况及全案情节对犯罪嫌疑人予以适当从宽，但罪行极其严重、情节极其恶劣的除外。

必要时，人民检察院可以听取侦查机关、相关行政执法机关、案发地或者居住地基层组织和群众的意见。

第12条　提出确定刑量刑建议应当明确主刑适用刑种、刑期和是否适用缓刑。

建议判处拘役的，一般应当提出确定刑量刑建议。

建议判处附加刑的，应当提出附加刑的类型。

建议判处罚金刑的，应当以犯罪情节为根据，综合考虑犯罪嫌疑人缴纳罚金的能力提出确定的数额。

建议适用缓刑的，应当明确提出。

第13条 除有减轻处罚情节外，幅度刑量刑建议应当在法定量刑幅度内提出，不得兼跨两种以上主刑。

建议判处有期徒刑的，一般应当提出相对明确的量刑幅度。建议判处六个月以上不满一年有期徒刑的，幅度一般不超过二个月；建议判处一年以上不满三年有期徒刑的，幅度一般不超过六个月；建议判处三年以上不满十年有期徒刑的，幅度一般不超过一年；建议判处十年以上有期徒刑的，幅度一般不超过二年。

建议判处管制的，幅度一般不超过三个月。

第15条 犯罪嫌疑人虽然认罪认罚，但所犯罪行具有下列情形之一的，提出量刑建议应当从严把握从宽幅度或者依法不予从宽：

（一）危害国家安全犯罪、恐怖活动犯罪、黑社会性质组织犯罪的首要分子、主犯；

（二）犯罪性质和危害后果特别严重、犯罪手段特别残忍、社会影响特别恶劣的；

（三）虽然罪行较轻但具有累犯、惯犯等恶劣情节的；

（四）性侵等严重侵害未成年人的；

（五）其他应当从严把握从宽幅度或者不宜从宽的情形。

第20条 人民检察院可以借助量刑智能辅助系统分析案件、计算量刑，在参考相关结论的基础上，结合案件具体情况，依法提出量刑建议。

第24条 人民检察院在听取意见时，应当将犯罪嫌疑人享有的诉讼权利和认罪认罚从宽的法律规定，拟认定的犯罪事实、涉嫌罪名、量刑情节，拟提出的量刑建议及法律依据告知犯罪嫌疑人及其辩护人或者值班律师。

人民检察院听取意见可以采取当面、远程视频等方式进行。

第25条 人民检察院应当充分说明量刑建议的理由和依据，听取犯罪嫌疑人及其辩护人或者值班律师对量刑建议的意见。

犯罪嫌疑人及其辩护人或者值班律师对量刑建议提出不同意见，或者提交影响量刑的证据材料，人民检察院经审查认为犯罪嫌疑人及其辩护人或者值班律师意见合理的，应当采纳，相应调整量刑建议，审查认为意见不合理的，应当结合法律规定、全案情节、相似案件判决等作出解释、说明。

第34条 被告人签署认罪认罚具结书后，庭审中反悔不再认罪认罚的，人民检察院应当了解反悔的原因，被告人明确不再认罪认罚的，人民检察院应当建议人民法院不再适用认罪认罚从宽制度，撤回从宽量刑建议，并建议法院在量刑时考虑相应情况。依法需要转为普通程序或者简易程序审理的，人民检察院应当向人民法院提出建议。

第35条 被告人认罪认罚而庭审中辩护人作无罪辩护的，人民检察院应当核实被告人认罪认罚的真实性、自愿性。被告人仍然认罪认罚的，可以继续适用认罪认罚从宽制度，被告人反悔不再认罪认罚的，按照本意见第三十四条的规定处理。

第38条 认罪认罚案件审理中，人民法院认为量刑建议明显不当建议人民检察院调整，人民检察院不予调整或者调整后人民法院不予采纳，人民检察院认为判决、裁定量刑确有错误的，应当依法提出抗诉，或者根据案件情况，通过提出检察建议或者发出纠正违法通知书等进行监督。

第39条 认罪认罚案件中，人民法院采纳人民检察院提出的量刑建议作出判决、裁定，被告人仅以量刑过重为由提出上诉，因被告人反悔不再认罪认罚致从宽量刑明显不当的，人民检察院应当依法提出抗诉。

第三编

实 体 法

第一章　民法概述

一、民事法律关系

主体	民事权利义务的当事人：自然人、法人、非法人组织。
客体	民事权利义务共同指向的对象，包括物、行为、智力成果、人格利益、身份利益、特定权利（如权利质权的客体）。
内容	民事权利——主体可实现某种利益的资格。民事义务——主体受到的应为或不为一定行为的约束。
变动原因	民事法律关系的产生、变更、消灭均由法律事实引起。 法律事实：（1）事件，如死亡、时间的经过等，不以人的意志为转移。 （2）行为，如表意行为（法律行为）、非表意行为（事实行为）。

二、民事权利

分类标准	类型	要 点 概 述
以客体所体现利益为标准	人身权	以人身之要素为客体，与主体不可分，可划分为人格权和身份权。
	财产权	以具有经济价值的利益为客体，可予以经济评价，并可转让，可划分为物权、债权、知识产权和继承权。

续表

分类标准	类型	要 点 概 述
以权利的作用为标准	支配权	(1) 特征：①利益的直接实现性；②排他性，同一客体上不可成立多个以占有为内容的支配权；③效力优先性，同一客体上的多个支配权，成立在先者效力优先；④对应义务的消极性。 (2) 分类：物权、人身权、知识产权。
	请求权	(1) 特征：①权利的实现须他人为特定给付；②权利效力具有非排他性；③权利效力有平等性。 (2) 分类：①基于亲属权的请求权；②物权上请求权；③债权上请求权（包括契约债权请求权、侵权行为之债请求权、不当得利之债请求权和无因管理之债请求权）。 (3) 请求权竞合：同一法律效果，可以通过两项以上的请求权实现（如既可基于所有权请求返还原物，又可基于侵权要求返还原物）。竞合发生时，当事人可选择行使在效果或举证责任上更有利的请求权。
	形成权	(1) 特征：①现存法律关系的变更仅依靠权利人单方意思表示；②单方意思一经到达对方即为生效，该意思不能撤销，只可撤回；③权利的行使有除斥期间。 (2) 类型：撤销权、追认权、抵销权等。 注：形成权不能与所依附的原权利分割而单独转让；催告权、债权保全制度中的撤销权不是形成权。
	抗辩权	(1) 特征：①相对性，主要针对请求权；②权利行使的效力在于阻止请求权和拒绝支付，而不是否认对方的请求权（区别于"权利未发生的抗辩"和"权利已消灭的抗辩"）。 (2) 分类：①一时性抗辩，合同法中的同时履行抗辩、先履行抗辩、不安抗辩；②永久性抗辩，诉讼时效届满的抗辩。
以效力所及相对人的范围为标准	绝对权	权利效力所及相对人为不特定人，即对应义务人为权利人之外的任何人，又称"对世权"，包括物权、人身权等。
	相对权	权利效力所及相对人仅为特定人，又称"对人权"，债权是典型的相对权。

【关联提示】1. 民法的调整对象：平等主体间的人身、财产关系。

2. 基本原则：平等、自愿、公平、诚实信用、守法与公序良俗原则、绿色原则、民事权益受法律保护原则。

3. 滥用民事权利：行为人以损害国家利益、社会公共利益、他人合法权益为主要目的行使民事权利的，构成滥用民事权利。

【重点提示】1. 守法与公序良俗原则：民事活动虽然是私法关系，得意思自治，但不能违反法律，也不能违反公序良俗。

公序，即公共秩序；良俗，指善良风俗。公共秩序，是由法律和社会共同体维护的秩序，这是与家规、校风相对应的；善良风俗，指符合伦理道德的习惯和风俗。在一定地域、行业范围内长期为一般人从事民事活动时普遍遵守的民间习俗、惯常做法等，可以认定为《中华人民共和国民法典》（以下简称《民法典》）第10条规定的习惯。

《民法典》将公序良俗与法律并列，可见公序良俗的原则地位；在民事法律关系无法律可遵循时，可以适用不违背公序良俗的习惯，这里是给习惯画出的红线，即适用习惯处理民事关系，不能违背公序良俗。公序良俗原则的本质在于：一是限制私权的行使，维护个人与社会共同体的和谐；二是在民法规范、公共政策不能周全的私生活领域，可依习惯处置；三是体现民法规范与传统伦理在价值取向上的一致性，即所谓的法以德为本。

2. 绿色原则：生态文明建设，是我国社会主义建设的一个重要方面，为了体现这一精神，《民法典》第9条规定："民事主体从事民事活动，应当有利于节约资源、保护生态环境。"作为一个宣示性原则，这个原则应该包含这样几方面的含义：

(1) 作为民事活动的基本原则，这个原则应适用于民事活动的全部领域，而非局部领域。

（2）要求民事法律关系的当事人在行使权利或在履行义务时，要有节约资源、有利生态环境的自律，不应作出与此原则相悖的行为。

（3）这个原则也是一个限制性原则，对不符合甚至违反这一原则的法律行为，应该有所约束。由于这是个全新的民法原则，还有待于通过审判实践的案例积累及学术探索，来确定其内涵及适用范围。

3. 民事权益受法律保护原则：民事主体的人身权利、财产权利以及其他合法权益受法律保护，任何组织或者个人不得侵犯；民事权利具有开放性、包容性和概括性，凡是民事领域的权利、利益皆受民法保护。

三、民事责任

概念	民事责任是违反约定或者法定义务所产生的法律效果。狭义的民事责任，即是民事义务，广义的民事责任还包括使用强制执行的公力救济。
特征	（1）民事责任是不履行义务的法律后果。在行为规范中，应当实施的行为，属于义务而非责任，只有当事人不法地不履行义务时，方产生责任。因此，责任存在于裁判规范中，司法机关是依裁判规范而非行为规范课以当事人责任。 （2）民事责任属于公力救济。责任对应的是公法上的制裁，义务对应的是私权，民事责任的判处和执行依赖于国家公权力。 （3）民事责任的效果，是救济权得以公力救济方式诉请执行机关予以强制执行。凡权利人以自己力量实施的救济，属自力救济，公力救济所实施的强制执行，即民事责任。
民事责任分类	（1）**违约责任、侵权责任与其他民事责任** 民事责任根据责任发生的原因与法律要件不同，可以分为违约责任、侵权责任与其他责任。违约责任，是指违反约定义务产生的责任；侵权责任，是指因侵犯他人的财产权与人身权产生的责任。其他责任就是违约责任与侵权责任之外的其他民事责任，如不履行不当得利债务、无因管理债务等产生的责任。 （2）**按份责任与连带责任** 在同一责任有数人承担时，如法律没有特别规定并能区分各自责任大小时，数个责任人承担按份责任；责任份额无法区分时，均分责任；在法律有特别规定数个责任人须承担连带责任时，应依法承担连带责任。
承担民事责任的方式	侵权、违约或者违反其他民事义务，民法规定义务人以承担民事责任的方式对权利人施以救济。《民法典》第179条规定了11种具体承担民事责任的方式，具体有：停止侵害、排除妨碍、消除危险、返还财产、恢复原状、修理/重作/更换、继续履行、赔偿损失、支付违约金、消除影响和恢复名誉、赔礼道歉等。在民事责任方式中，互不冲突的责任方式，可以并行适用，如支付违约金与继续履行、停止侵害与赔偿损失；互相重叠、冲突的责任方式，则须择一适用，如支付违约金覆盖的实际损失，就不得再适用赔偿损失。赔偿损失的范围，原则上是弥补实际损失，如施以超出损失的惩罚性赔偿的，须有法律的特别规定。
不承担民事责任的情形	（1）**不可抗力** 《民法典》第180条第2款规定："不可抗力是不能预见、不能避免且不能克服的客观情况。"即不可抗力是客观情况，如地震、台风、洪水等自然灾害。对于因不可抗力不履行民事义务的，非有法律特别规定，当事人得免除承担民事责任。 （2）**正当防卫** 正当防卫是对于现实的不法侵害加以反击，以救济自己或他人的权利行为。《民法典》第181条第1款规定："因正当防卫造成损害的，不承担民事责任。"这是个原则，在面临正在遭受的不法侵害，制止侵害的行为，免除行为人责任。但正当防卫须限制在必要限度以内，超过必要限度的，《民法典》第181条第2款又规定："正当防卫超过必要的限度，造成不应有的损害的，正当防卫人应当承担适当的民事责任。"

	（3）紧急避险 紧急避险是为了避免自己或他人的人格权或财产权因现实中的急迫危险而造成损害，不得已采取的加害他人的行为。《民法典》第 182 条第 1 款规定："因紧急避险造成损害的，由引起险情发生的人承担民事责任。"这是对人为险情实行避险的规定，若险情是自然原因引起的，《民法典》第 182 条第 2 款规定："危险由自然原因引起的，紧急避险人不承担民事责任，可以给予适当补偿。"避险人不承担责任，但要给予补偿，补偿也是义务，没有责任有义务。紧急避险本质上是"丢卒保车"，如果是"丢马保车"，就有点不对了，《民法典》第 182 条第 3 款规定："紧急避险采取措施不当或者超过必要的限度，造成不应有的损害的，紧急避险人应当承担适当的民事责任。" （4）紧急救助行为 即见义勇为行为。这是指对他人人身或者财产正遭受的危险，并无法定义务而实施救助之行为。即见义勇为之行为，与见危不救相对应，属于道德义务，并非法律义务。《民法典》第 184 条规定："因自愿实施紧急救助行为造成受助人损害的，救助人不承担民事责任。"比如汶川地震时，救护人员为了救一个双腿被钢筋梁柱压着的少女，为了保住命最后锯掉腿将其救出，即属紧急救助行为，施救人不承担民事责任。
因保护他人权益使自己受到损害的民事责任	因救助别人可能导致自己损害，这时候救助人的损害谁来赔偿。《民法典》第 183 条规定："因保护他人民事权益使自己受到损害的，由侵权人承担民事责任，受益人可以给予适当补偿。没有侵权人、侵权人逃逸或者无力承担民事责任，受害人请求补偿的，受益人应当给予适当补偿。" 注：《民法典》规定紧急救助行为的意义： 一是填补自卫行为和自助行为以外的法律空白，弥补缺漏； 二是对受助人的损害，免除见义勇为者无过失或一般过失之赔偿责任，有利于弘扬社会正气，也符合法律正义原则。
侵害英雄烈士等人格权的民事责任	由于精神具有团体特征，一个家族、一个学校、一支军队等团体，会有共同的精神追求，形成具有共性的人格特征，在长期的熏陶和养成中，渐渐形成共有的精神品质，当其中一人的精神人格受到侵害时，团体内的其他成员也会遭受损害。精神型人格的团体范围再扩大，就上升到民族性，就是民族的共同特征，可以说是民族精神。英雄烈士所表现的人格精神，即属于民族精神，侵害英雄烈士人格的，其本质是损害社会共同体的精神认同，所以属于对公共利益的损害，侵害人应承担民事责任。《民法典》第 185 条规定："侵害英雄烈士等的姓名、肖像、名誉、荣誉，损害社会公共利益的，应当承担民事责任。"法律对侵害英雄烈士精神人格承担民事责任的规定，是符合精神人格具有团体性特征的理论的。
民事责任竞合	民事责任竞合是指行为人实施一个违反民事义务的行为却符合多个民事责任构成要件，由此产生数个互相重叠的民事责任情形，如侵权责任与违约责任竞合等。在民事责任竞合时，根据公平原则，行为人只要承担一个民事责任即可，但具体承担哪个责任，选择权归权利人。
民事责任的优先适用	民事责任优先原则也称私权救济优先原则。侵权行为既侵犯个人权利，也有可能同时构成行政违法或者犯罪。此时，侵害人可能既要负行政责任或刑事责任，又要负民事赔偿责任，即发生民事责任与公法责任的竞合。在公法责任中也有财产责任，如行政责任中的罚款，刑事责任中的罚金等，当公法责任与民事责任竞合，侵权人财产数额不足以同时支付竞合的各责任之金额时，选择先履行其中一个的责任，即意味着其他责任的落空。《民法典》第 187 条规定："民事主体因同一行为应当承担民事责任、行政责任和刑事责任的，承担行政责任或者刑事责任不影响承担民事责任；民事主体的财产不足以支付的，优先用于承担民事责任。"根据这条规定，责任人同一行为导致负损害赔偿责任和罚金或罚款等公法责任的，其财产又不足以支付的，优先负担民事赔偿责任，在有余额时再承担其他公法上的财产责任。

第二章　民事主体

一、民事权利能力和行为能力

民事权利能力	自然人	（1）始于出生，终于死亡（包括自然死亡和宣告死亡）。（《民法典》第15条："自然人的出生时间和死亡时间，以出生证明、死亡证明记载的时间为准；没有出生证明、死亡证明的，以户籍登记或者其他有效身份登记记载的时间为准。有其他证据足以推翻以上记载时间的，以该证据证明的时间为准"） （2）胎儿一般无民事主体资格，但法律特别规定的除外。涉及遗产、继承、接受赠与等胎儿利益保护的，胎儿视为具有民事权利能力，但是胎儿娩出时是死体的，其民事权利能力自始不存在。（《民法典》第16条） 《民法典》第1155条："遗产分割时，应当保留胎儿的继承份额。胎儿娩出时是死体的，保留的份额按照法定继承办理。" （3）出于社会公益的需要，死者的名誉权及著作权中的人身权，获得法律的永久保护。
	法人	始于成立，止于终止，以营业执照确定的经营范围为限，超过经营范围但不违反限制经营、禁止经营和特许经营规定的，订立的合同仍然有效。
自然人民事行为能力	完全民事行为能力	（1）18周岁以上精神健康、智力健全的公民。 （2）16周岁以上不满18周岁，以自己的劳动收入为主要生活来源的，视为完全民事行为能力人。
	限制民事行为能力	（1）8周岁以上的未成年人。 （2）不能完全辨认自己行为的成年人。 实施民事法律行为由其法定代理人代理，或者经其法定代理人同意、追认；但是可以独立实施纯获利益的民事法律行为或者与其年龄、智力相适应（不能完全辨认自己行为的成年人为与其智力、精神健康状况相适应）的民事法律行为。（《民法典》第19条、第22条）
	无民事行为能力	（1）不满8周岁的未成年人。 （2）不能辨认自己行为的成年人以及八周岁以上不能辨认自己行为的未成年人。 不能独立参与民事活动，必须由法定代理人代理。（《民法典》第21条）

【重点提示】法人人格否认：法人人格否认是指在特定的财产法律关系中缘于特定的事由，将义务或责任转由作为法人内部的成员的行为人负担，法人独立人格被否认之情形。法人人格否认主要发生在属于营利法人的有限责任公司。法人人格否认不是对法人人格的永久剥夺，而只是在某一特定法定关系中，否认法人的独立性。

【大纲新增】自然人民事行为能力的宣告：不能辨认或者不能完全辨认自己行为的成年人，其利害关系人或者有关组织，可以向人民法院申请认定该成年人为无民事行为能力人或者限制民事行为能力人。被人民法院认定为无民事行为能力人或者限制民事行为能力人的，经本人、利害关系人或者有关组织申请，人民法院可以根据其智力、精神健康恢复的状况，认定该成年人恢复为限制民事行为能力人或者完全民事行为能力人。

二、监护

	未成年人的监护	精神病人的监护
法定监护	监护人顺序：最先是父母；父母已亡或无监护能力的，由下列有监护能力的人按顺序担任监护人：①祖父母、外祖父母；②兄、姐；③其他愿意担任监护人的个人或者组织，但是须经未成年人住所地的居民委员会、村民委员会或者民政部门同意。（《民法典》第27条）	监护人顺序：①配偶；②父母、成年子女；③其他近亲属；④其他愿意担任监护人的个人或组织，但是须经被监护人所在地的居民委员会、村民委员会或者民政部门同意。（《民法典》第28条）
	备注：无上述监护人的，由未成年人父母或精神病人所在单位或被监护人住所地的居委会、村委会或民政部门任监护人。	
指定监护	(1) 适用情况：法定监护人有争议时适用。 (2) 指定机关：①被监护人住所地的居民委员会、村民委员会或者民政部门；②人民法院。 (3) 方式：口头或书面均可，通知送达被指定人，指定即成立。 (4) 被指定人不服的，可以向人民法院申请指定监护人；有关当事人也可直接向人民法院申请指定监护人。（《民法典》第31条） 备注：一经指定，不得擅自变更。否则，由原被指定的监护人和变更后的监护人承担监护责任。 (5) 指定监护人应当考虑的因素：被监护人的真实意愿；与被监护人生活、情感联系的密切程度；依法具有监护资格的人的监护顺序；是否有不利于履行监护职责的违法犯罪等情形；依法具有监护资格的人的监护能力、意愿、品行等。	
委托监护	无论是全权委托还是限权委托，委托人仍要对被监护人的侵权行为承担民事责任，但另有约定的除外；被委托人只有在确有过错时，才承担连带赔偿责任。	
监护人职责	(1) 保护被监护人的人身、财产及其他合法权益，除为维护监护人利益外，不得处分其财产。（《民法典》第34条、第35条） (2) 保护被监护人的身体健康。 (3) 照顾被监护人的生活。 (4) 管理和保护被监护人的财产。 (5) 代理被监护人进行民事活动。 (6) 对被监护人进行管理和教育。 (7) 在被监护人合法权益受到侵害或者与人发生争议时，代理其进行诉讼。	
监护人责任	(1) 不履行监护职责或侵害被监护人合法权益的，应承担责任。 (2) 法院还可依法撤销其监护人资格。 备注：监护人的民事责任，适用普通程序；变更监护关系适用特别程序；既要求承担民事责任，又要求变更监护关系的，分别审理。 (3) 无行为能力人、限制行为能力人致人损害的，监护人赔偿，监护人尽到监护责任的，可适当减轻责任。被监护人有财产的，从其财产中先行赔付，不足部分监护人适当赔偿，单位为监护人的除外。 (4) 监护职责可部分或全部委托他人。被监护人的侵权行为由监护人承担责任，被委托人确有过错的，负连带责任，但另有约定的，按约定办理。	

【关联提示】1. 有监护资格的人之间可协议确定监护人。

2. 离婚后，与子女共同生活一方不得取消对方的监护权，但该方对子女有犯罪、虐待行为或对子女明显不利的，可申请法院撤销其监护权。

3. 夫妻一方死后，另一方将子女送他人收养，如收养对子女的健康成长并无不利，且收养手续合法的，认定收养关系成立；其他有监护资格的人不得以收养未经其同意而主张收养无效。

4. 具有完全民事行为能力的成年人与他人依据民法规定订立书面协议事先确定自己的监护人后，协议的任何一方可以在该成年人丧失或者部分丧失民事行为能力前解除协议。该成年人丧失或者部分丧失民事行为能力后，协议确定的监护人无正当理由不能解除协议。

三、宣告失踪和宣告死亡

	宣告失踪	宣告死亡
法定期限	下落不明满 2 年。	下落不明满 4 年，或因意外事故下落不明满 2 年或因意外事故下落不明，经有关机关证明其不可能生存的。
	从下落不明次日起算，战争期间下落不明的从战争结束之日或者有关机关确定的下落不明之日起算，因意外事故下落不明自事故发生之日起算。	
	下落不明——公民离开最后居所无音讯的状况。但在我国台湾地区或国外，无法正常通讯联系的除外。	
申请人	申请人：①配偶；②父母、子女；③兄弟姐妹、祖父母、外祖父母、孙子女、外孙子女；④其他有民事权利义务关系的人。 备注：宣告失踪、申请撤销死亡宣告不受顺序限制，宣告死亡须按顺序。	
公告	3 个月。	1 年，因意外事故下落不明，经有关机关证明其不可能生存的为 3 个月。
效力	指定财产代管人。	发生自然人死亡的效力：财产变成遗产发生继承，婚姻关系终止。
撤销	被宣告人出现后，自己或利害关系人申请。	
	财产回归被宣告人，代管人未适当履行职责的，应承担民事责任。	财产关系自然恢复，人身关系不自然恢复（未再婚的原婚姻关系自然恢复）。

【关联提示】1. 宣告失踪不是宣告死亡的必经程序。同一顺序利害关系人，有的申请宣告死亡，有的不同意宣告死亡，应宣告死亡。

2. 被宣告死亡的人，判决宣告之日为其死亡之日，民事主体资格消灭。宣告死亡与自然死亡之日不同的，宣告死亡所引起的法律后果仍然有效；自然死亡前被宣告人实施的民事法律行为与宣告死亡引起的法律后果相抵触的，以其实施的民事法律行为为准。

四、个体工商户、农村承包经营户和个人合伙

个人合伙与合伙企业	（1）均可以字号名义活动。 （2）个人合伙承认事实合伙；不具有诉讼主体资格；全体合伙人负连带责任；无须登记。 （3）合伙企业须有合伙协议；有诉讼主体资格；合伙债务可先由企业财产承担责任，不足部分由普通合伙人承担连带责任，有限合伙人承担有限责任；必须登记。
隐名合伙与普通合伙	隐名合伙人在对外关系上不是合伙人，对合伙事务无执行权、决策权，承担有限责任。
个体工商户与农村承包经营户	（1）个体工商户是个体劳动者，从事工商经营。 （2）无法人资格但是具有诉讼主体资格：个体工商户以营业执照上登记的经营者为当事人。有字号的，以营业执照上登记的字号为当事人，但应同时注明经营者的基本信息。营业执照上登记的经营者与实际经营者不一致的，以登记的经营者和实际经营者为共同诉讼人。 （3）须登记，在核准登记的营业范围内享有商事权利能力和行为能力。 （4）可起字号，该字号属财产权。
	（1）农村承包经营户是农村集体经济组织的成员，并非独立的个体劳动者。 （2）农村承包经营户以承包合同为依据，以土地或其他资源为承包标的，以完成粮油等农产品的交售为主要义务。 （3）农村承包经营户的设立、存续、终止均无须登记。 （4）农村承包经营户的债务，个人经营的，以个人财产承担；家庭经营的，以家庭财产承担；收益主要部分归家庭成员享用的，以家庭共同财产承担。

续表

	《民法典》第 56 条："个体工商户的债务，个人经营的，以个人财产承担；家庭经营的，以家庭财产承担；无法区分的，以家庭财产承担。农村承包经营户的债务，以从事农村土地承包经营的农户财产承担；事实上由农户部分成员经营的，以该部分成员的财产承担。"

五、企业法人的成立、变更和终止

成立	应依法定条件、法定程序进行。须经工商管理机关核准登记。	
变更	性质、名称、经营范围等重要事项的变动。提示：变更须向登记机关办理变更登记并及时公告。	
	（1）分立：①新设式。原法人消灭，分立出多个新法人；②派生式。原法人存续，又产生新法人。	
	（2）合并：①新设式。原法人合并为一新法人；②吸收式。保留一个，其他消灭。	
	备注：法人合并的，其权利和义务由合并后的法人享有和承担。法人分立的，其权利和义务由分立后的法人享有连带债权，承担连带债务，但是债权人和债务人另有约定的除外。（《民法典》第 67 条）	
终止	①自愿解散；②法定解散，如合并、分立以及宣告破产；③责令解散，如吊销营业执照、吊销登记证书；④其他情形，如判决解散，股东解散公司诉讼。	
清算	法人终止时，由清算组织依法清理法人财产，完成法人终止时所需进行的各项事务。	
	清算组的成立	（1）企业法人解散或被撤销的，应当由其主管机关组织清算小组进行清算。
		（2）企业法人被宣告破产的，应当由人民法院组织有关机关和有关人员成立清算组织进行清算。
	清算时，法人资格仍然存在，由清算组在清算范围内代为进行民事行为。	

【关联提示】1. 我国的法人分类。

（1）营利法人是指法人之目的事业为营利并使社员享受其收益之社团法人。营利法人包括有限责任公司、股份有限公司和其他企业法人，主要指公司和其他企业法人，当然也不排除其他以营利为目的事业并向出资人分配红利的非企业法人，如民办医院等。

（2）非营利法人是指以非营利之社会服务为目的事业的法人，例如捐助法人（基金会、社会服务机构、宗教活动场所）、事业单位法人、社会团体法人。

（3）特别法人包括机关法人、农村集体经济组织法人、城镇农村的合作经济组织法人、基层群众性自治组织法人。

2. 法人职能机构和分支机构比较。

（1）相同点：分支机构和职能机构的行为所产生的责任最终都由法人承担。

（2）不同点：①分支机构在法人授权范围内具有相对独立的民事主体资格，领取营业执照的分支机构具有诉讼主体资格；②职能机构是法人的职能部门，不具有任何主体资格，以其名义进行的民事活动均无效。

第三章　民事法律行为

一、民事法律行为

1. 特征。

（1）以意思表示为要素。

（2）依意思表示的内容发生法律效力。

2. 分类。

按意思表示的要求	单方行为	如代理权授予、遗嘱、撤销权行使等。
	双方行为	须双方或多方意思表示一致，如合同。
按行为的效果性质	财产行为	发生财产关系变动，如所有权抛弃。
	人身行为	发生人身关系变动，如继承。
按合同成立特别形式要件	要式行为	要求公证、书面等特别形式，法律行为方才成立； 特殊要式合同：中外合资、中外合作合同、向外国转让中国专利的合同。
	不要式行为	不要求除口头外的特别形式，法律行为也能够成立。
按关联行为是否具有独立性	主行为	可独立存在的行为，如合同。
	从行为	必须依附主行为才能存在的行为，如担保。
按是否需要支付对价	有偿行为	双方须互为对待给付的行为，如买卖。
	无偿行为	不存在对待给付关系，如赠与、保证、借用、无约定利息的民间借贷、无保管费的保管合同、无报酬的委托合同等。
	注：无偿行为轻过失免责，仅对故意和重大过失承担责任；有偿行为轻过失不免责。	
按是否需要标的物的交付为行为成立或者生效的要件	诺成性行为	双方意思表示一致即可成立、生效的行为，如赠与合同。
	实践性行为	除意思表示一致之外，尚需交付标的物，如定金合同、保管合同。

【关联提示】财产行为的再分类——依行为效果是否直接引起财产权的转移或消灭。

	处分行为	负担行为
法律效力	直接导致财产权利的转移或消灭。 备注：债权转让行为也是处分行为。	产生请求权，不直接变动财产权利。
对标的的要求	行为生效前，客体必须确定、可能。	行为的生效不以标的物的特定化为前提。
对行为人的要求	行为人必须具有处分权，否则行为效力待定。	行为人是否具有处分权不影响负担行为效力。
是否公示	必须依法公示，如动产交付，不动产登记。	一般不予公示。

二、民事法律行为的生效要件

类型	说　明
一般生效要件	①行为人具有相应民事行为能力；②意思表示真实；③不违反法律、行政法规的强制性规定，不违背公序良俗。（《民法典》第 143 条）
特别生效要件	意定生效要件：（1）一般合同成立即生效，除非当事人约定生效要件或法律有特别规定。（2）意定生效要件：附期限、附条件或其他特别约定。
	法定生效要件：①意思表示到达对方时生效（如承诺通知）；②须履行公示行为（如动产物权的交付）；③法定代理人追认（如限制民事行为能力人所为行为）；④有处分权（如处分行为）；⑤有代理权（如代理行为）；⑥如遗嘱人死亡（遗嘱）。

【关联提示】附条件和附期限的法律行为

	附条件的民事法律行为	附期限的民事法律行为
生效要件	（1）条件须是尚未发生，且将来发生与否在客观上不确定的事实。 （2）须当事人约定。 （3）不得违反强行法或公序良俗。	（1）期限所指明的事实尚未发生，但将来确定要发生。 （2）须当事人约定。

续表

	附条件的民事法律行为	附期限的民事法律行为
分类	附延缓条件与附解除条件法律行为：条件成就，附延缓条件的生效，附解除条件的失效。 备注：当事人恶意阻止条件成就的，视为条件已成就；恶意促成条件成就的，视为条件不成就。	附始期与附终期法律行为： （1）附始期的，期限届至始生效。 （2）附终期的，期限届满致失效。

三、无效民事行为——因欠缺生效要件，不发生法律效力的民事行为

无效情形	①无民事行为能力人所为的法律行为（《民法典》第 144 条）；②虚假意思表示实施民事法律行为（《民法典》第 146 条）；③恶意串通，损害他人合法利益的民事行为（《民法典》第 154 条）；④违反法律、行政法规的强制性规定，或违背公序良俗的民事行为（《民法典》第 153 条）。

【重点提示】1. 无效是自始、当然、确定无效。

2. 部分无效，不影响全部。

3. 凡依法或依双方的约定必须本人亲自实施的民事行为，本人未亲自实施的，应认定行为无效。

四、可撤销的民事行为——欠缺非必要生效要件，当事人撤销其效力

情形	（1）重大误解（指对行为性质，对方当事人，标的物品种、质量、规格、数量等认识错误）行为。 （2）利用对方处于危困状态、缺乏判断能力的情况，致使行为成立时显失公平（《民法典》第 151 条）。 （3）以欺诈、胁迫手段（《民法典》第 148 条、第 150 条）。
效力	（1）未撤销前，行为按意思表示内容发生法律效力。 （2）行使撤销权后，原法律行为归于无效，已给付的应返还，造成损失的，各自承担责任。
撤销权、变更权	（1）是当事人溯及地撤销民事行为的权利，须以提起诉讼或仲裁的方式行使权利。 （2）撤销权人：重大误解人、被不公平对待、被欺诈、被胁迫的一方当事人。 （3）撤销权为形成权，受除斥区间的限制，自知道或应当知道撤销事由 1 年内行使（重大误解 3 个月）或者自胁迫行为终止之日起 1 年内行使，当事人自法律行为发生之日起 5 年内没有行使，撤销权消灭。

【大纲新增】民事法律行为宣告无效或被撤销的效果：根据《民法典》第 155 条，无效的或者被撤销的民事法律行为自始没有法律约束力。对无效的民事法律行为国家实行主动干预。

五、效力待定——法律效力有待第三人以行为使之确定的不真正法律行为

情形	①限制民事行为能力人超出能力外所为的双方行为（注：纯获利行为或与其年龄、智力相适应的行为无需追认）；②无权处分行为；③无权代理行为；④债务承担行为。
效力	①行为成立后暂不生效；②第三人追认或同意的，行为生效；③不追认或不同意的，行为无效。
追认权人	①限制行为能力人的法定代理人；②无权处分行为中的有处分权人；③无权代理中的被代理人；④债务承担中的债权人。

【关联提示】1. 第三人可通过追认或不予追认使效力未定行为生效或无效；追认权是形成权。

2. 合同相对方可催告第三人予以追认，1 个月内不作表示的视为不予追认，催告权不是形成权。

3. 在追认前，善意相对方可以撤销该效力待定的行为。

第四章　代　理

一、代理

特征	①代理人以被代理人（本人）名义实施民事法律行为；②只能在代理权限范围内；③行为后果直接由本人承担；④代理行为的意思表示是代理人作出的。
要件	①须具备法律行为的一般要件；②须向第三人实施或受领意思表示；③须以本人名义。
限制	①代理人须具有民事权利能力和民事行为能力，包括完全行为能力人和限制行为能力人；②身份行为、违法行为不能代理；③代理须为本人利益考虑，双方代理、自己代理均不生代理之效力（被代理人同意、追认除外）。
代理权滥用	①自己代理：代理人以本人名义与自己订立合同；②双方代理：代理人以本人名义与自己代理的其他人订立合同。 提示：不发生代理之效果，被代理人受损的，代理人承担责任。
懈怠行为与诈害行为之禁止	①代理人不履行或不完全履行职责而给被代理人造成损害的，应当承担民事责任；②代理人与相对人恶意串通，损害被代理人合法权益的，由代理人和相对人负连带责任。（《民法典》第171条第4款："相对人知道或者应当知道行为人无权代理的，相对人和行为人按照各自的过错承担责任。"）
代理关系的终止	共同原因：代理人、本人死亡（一般意义上）或终止，代理人丧失行为能力。 特别原因：①委托代理。协议终止、代理事务完成、代理期届满、取消委托、辞去委托；②法定、指定代理。本人恢复行为能力、法院或单位取消指定等导致监护关系消灭。
	本人死亡后，代理仍有效的情形：①代理人不知本人死亡的；②本人的继承人均予以承认的；③本人与代理人约定到代理事项完成时代理权终止的；④在本人死亡前已进行，而在本人死亡后为了本人的继承人的利益继续完成的。

二、代理的种类

意定代理	委托代理	委托代理是代理人根据被代理人的授权而进行的代理。授权是单方法律行为，无需征得代理人的同意；非要式行为；应当向代理人或者代理行为的相对人进行；授权行为独立于委托合同，前者授予代理权，后者往往设定义务。
	职务代理	职务代理是因劳动合同、聘用合同或雇佣合同之法律关系，受雇人就其职权范围内的事项，以法人或者非法人组织的名义实施民事法律行为，对法人或者非法人组织发生效力的代理。
法定代理		法定代理是指以法律的直接规定为根据而产生的代理。如果有法定监护资格的人之间对担任监护人有争议，则需要由指定机关指定法定代理人，故指定代理在本质上还是法定代理。
本代理		由代理人进行的代理。
复代理		代理人再选任代理人处理代理事务。
单独代理		一人代理。
共同代理		多人代理，共同处理代理事务，如未与其他委托代理人协商单独代理致被代理人权益受损的，由实施行为的代理人承担民事责任。

【关联提示】1. 复代理：

（1）须经本人同意或追认，否则由代理人对复代理人行为担责，紧急情况为了本人利益必须再代理的除外。

（2）再委托授权不明，致第三人损失的，第三人可直接要求本人赔偿；本人可向代理人追偿，复代理人有过错的，应承担连带责任。

2. 隐名代理——受托人以自己名义与第三人订立的合同。

（1）第三人在订立合同时知道受托人与委托人之间的代理关系的，该合同直接约束委托人和第三人，但有确切证据证明该合同只约束受托人和第三人的除外。（《民法典》第925 条）

（2）受托人因第三人的原因无法对委托人履行义务时，应向委托人披露第三人，委托人因此可行使受托人对第三人的权利，但第三人与受托人订立合同时如知道该委托人就不会订立合同的除外。

（3）受托人因委托人的原因对第三人不履行义务，应向第三人披露委托人，第三人享有选择权：①向委托人主张权利，委托人可以向第三人主张其对受托人的抗辩以及受托人对第三人的抗辩；②向受托人主张权利。

注意：第三人的选择权一经行使不得变更。（《民法典》第 926 条）

三、无权代理与表见代理

	无权代理	表见代理
含义	代理人不具有代理权所实施的代理行为，包括狭义无权代理、超越代理权代理、代理权已终止的代理。	本人的行为足以使善意第三人相信无权代理人具有代理权，因而与无权代理人进行交易，由此造成的法律效果由被代理人承担。
法律效果	（1）无权代理行为属效力未定法律行为。 （2）若本人追认，则发生代理的法律效果；若不追认，则代理人自行承担行为后果。 （3）本人知道他人以自己名义实施民事行为而不作否认表示的，视为同意。 （4）代理行为系为本人利益计算，则无权代理人与本人间成立无因管理；若恶意，则无权代理人承担侵权赔偿责任。 （5）行为人实施的行为未被追认的，善意相对人有权请求行为人履行债务或者就其受到的损害请求行为人赔偿，但是赔偿的范围不得超过被代理人追认时相对人所能获得的利益。（《民法典》第 171 条第 3 款） 相对人知道或者应当知道行为人无权代理的，相对人和行为人按照各自的过错承担责任。（《民法典》第 171 条第 4 款）	（1）如第三人主张表见代理，则本人先行承担代理行为后果，后有权向代理人主张损害赔偿。 （2）如第三人主张无权代理，则按照有关无权代理民事行为的规则来处理。
认定	（1）实践中两种常见的表见代理：①行为人与本人之间原有委托授权关系，后该授权终止，但本人并未收回有关证明文件（如本人的介绍信、盖合同专用章或公章的空白合同书、本人向相对人所作的授权通知或公告）；②行为人与本人之间的亲属关系或劳动雇佣关系也常构成认定表见代理成立的客观依据。对上述事实，相对人负有举证责任。 （2）实践中不成立表见代理的情形：①盗用他人的介绍信、合同专用章或盖有公章的空白合同书签订合同的，但本人应负举证责任；②借用他人介绍信、合同专用章或盖有公章的空白合同书签订的合同，由出借人与借用人对无效合同的法律后果负连带责任。	

【重点提示】1. 无权代理中善意第三人有催告权和撤销权，恶意第三人只有催告权，没有撤销权。

2. 无权代理人以被代理人的名义订立合同，被代理人已经开始履行合同义务的，视为对合同的追认。

3. 被代理人依照《民法典》第 172 条的规定（表见代理）承担有效代理行为所产生的责任后，可以向无权代理人追偿因代理行为而遭受的损失。

第五章　诉讼时效

一、诉讼时效期间

最长诉讼 时效期间	①原则：20 年。自权利受到损害之日起计算。
	②例外：10 年。自缺陷产品交付最初消费者之日起计算。但明示的安全使用期超过 10 年的，最长诉讼时效期间为该安全使用期。
普通短期 时效期间	3 年。自权利人知道或者应当知道权利受到损害以及义务人之日起计算。
特殊短期 时效期间	①4 年。国际货物买卖合同和技术进出口合同纠纷的诉讼时效期间为 4 年。（《民法典》第 594 条）
	②5 年。人寿保险合同的被保险人或者受益人请求支付保险金的合同债权，自其知道或者应当知道保险事故发生之日起计算。（《保险法》第 26 条）

【关联提示】知道或应知道权利被侵害之时的确定：

1. 约定有清偿期的债权，自期限届满时起算。未约定履行期限的合同，可以确定履行期限的，诉讼时效期间从履行期限届满之日起计算；不能确定履行期限的，诉讼时效期间从债权人要求债务人履行义务的宽限期届满之日起计算，但债务人在债权人第一次向其主张权利之时明确表示不履行义务的，诉讼时效期间从债务人明确表示不履行义务之日起计算。

2. 附生效条件的请求权，自条件成就之时起算，因为条件成就前，其权利尚属不可行使的期待权。

3. 损害赔偿请求权，应视请求权发生的事实性质而定：（1）对于因债务不履行而生的债权之损害赔偿请求权的诉讼时效期间，应自债务不履行时起算。（2）对于因人身受伤害而发生的损害赔偿请求权，伤害明显的，从受伤害之日起算；伤害当时未曾发现，后经检查确诊并能证明是由侵害引起的，从伤势确诊之日起算。

4. 返还不当得利请求权的诉讼时效期间从当事人一方知道或者应当知道不当得利事实及对方当事人之日起计算。

5. 管理人因无因管理行为产生的给付必要管理费用、赔偿损失请求权的诉讼时效期间，从无因管理行为结束并且管理人知道或者应当知道本人之日起计算。

二、中止、中断

1. 中止——诉讼时效期间的最后 6 个月，因法定事由而不能行使请求权，诉讼时效期间的计算暂时停止，中止事由消除之日起满 6 个月，诉讼时效期间届满。

2. 中断——债权人主张权利或债务人履行义务的，诉讼时效重新起算。

主张权利的情形：申请支付令、申请仲裁、起诉、申请宣告破产、向对方发出履行通知等；要求人民调解委员会调解的，自请求之日起中断，未达成调解协议的，自调解结束之日起重新起算。

履行义务的情形：口头或书面向权利人或其代理人作出通知、请求延期给付、提供担保、支付利息或租金、清偿部分债务。

注：诉讼时效期间届满后义务人表示履行的，不能发生中断，但自义务人放弃时效利益之日起重新计算诉讼时效。

三、与除斥期间的比较

	诉讼时效	除斥期间
适用对象	针对债权请求权。	针对形成权。
法律效果	（1）诉讼时效经过，对方获得诉讼时效经过的抗辩权。法院不能主动以诉讼时效经过为由判决驳回诉讼请求。 （2）对债权而言，请求权能减损，（对方行使抗辩权）不能获得强制执行；抵销权能消灭（时效在抵销适格之前经过）；代位权能和撤销权能消灭；处分权能存在；受领权能存在。	（1）期间届满，形成权消灭。 （2）债务人自愿履行后，债权人不可以保有该项履行利益。
期间	普通为 3 年，特殊有 4 年、5 年，最长为 20 年。	撤销权为 1 年，提存物领取权为 5 年。
是否可变	普通短期时效期间、特殊短期时效期间可中断、中止、不可延长，最长诉讼时效期间不中断、不中止（除特别规定外），可延长。	不变期间。

第六章　物权概述

一、物的分类

能否移动	动产、不动产	物权变动的法定要件不同： 不动产——登记；动产——物的实际交付；准不动产（如汽车、船舶、飞机等）——交付为要件，不登记不得对抗善意第三人。
能否流通	流通物、限制流通物、禁止流通物	合同生效要件要求不同： （1）标的物为流通物的，具备一般生效要件即可。 （2）标的物为限制流通物的，还应办理批准或登记手续，合同方可生效。 （3）标的物为禁止流通物的，合同无效。
能否替代	特定物、种类物	交付前物意外灭失的法律后果不同： 特定物——免除交付义务，只可请求有过错方赔偿损失；种类物——可责令义务人以同种类的物为交付。 注：特定物可因独具特征而特定，也可因当事人指定而被特定化。
能否分割	可分物、不可分物	作为共有财产时的分割方法不同： 共有物为可分物时，可采取实物分割的方法；共有物为不可分物时，只能采取变价分割或作价补偿的方法。
能否独立	主物、从物	处分主物、从物的效果不同： 处分主物效力及于从物，处分从物只及于从物，有约定或法律另外规定的除外。
依附关系	原物、孳息（自然孳息、法定孳息、射幸孳息）	所有权归属不同： 孳息的所有权一般归原物所有人享有，法律另有规定、当事人另有约定的除外。 注：孳息的收取和所有可分开，如质权人有权收取原物所生的孳息。

续表

货币	种类物、可替代物、特殊法律地位： （1）占有即为所有。 （2）交付转移所有，无行为能力人交付的货币也发生所有权转移的效果。 （3）不得基于所有权请求返还，仅能基于合同关系、不当得利或侵权行为提出相应的请求。 （4）货币之债不发生因履行不能等原因而致的免除实际履行义务问题。
有价证券	（1）权利凭证——持有证券才能行使证券上记载的权利。 （2）分为债权证券（如债券、本票、支票、汇票、存款单）、物权证券（如仓单、提单）与股权证券（如股票）。

　　【重点提示】在发生不动产实际权属与登记不一致的情形，应不受登记影响而认定权属。但是，在此种情形，登记仍具有对外的公信力，因此，凡第三人信赖此登记而有偿受让不动产的，可适用善意取得的规定。

　　当事人有证据证明不动产登记簿的记载与真实权利状态不符、其为该不动产物权的真实权利人，请求确认其享有物权的，法院应予支持。

二、物权变动的公示

	公示方式	备注
不动产	登记生效，不登记不生效。 备注：依法由国家所有的自然资源，所有权可不登记。（《民法典》第209条）	当事人签订买卖房屋或者其他不动产物权的协议，可按约定向登记机构申请预告登记。预告登记后，未经预告登记的权利人同意，处分该不动产的，不发生物权变动效力。（《民法典》第221条）
动产	交付生效，有约定或法律另行规定除外。（《民法典》第224条） 注：准不动产（船舶、航空器和机动车等）物权的设立、变更、转让和消灭，未经登记，不得对抗善意第三人。（《民法典》第225条）	交付的特殊情形： （1）占有改定：双方约定由出让人继续占有该动产的，约定生效视为交付。 （2）简易交付：受让人已依法占有该动产的，约定生效视为交付。 （3）指示交付：变动前第三人依法占有该动产的，出让人通知第三人向受让人交付该动产，受让人同时受让了返还原物请求权。

第七章　所有权

一、所有权的一般原理

特征		①绝对权；②排他性；③最完全的权利；④具有永续性；⑤弹力性。
所有权的内容	占有	对物的实际管领。
	使用	享有物的使用权能的同时通常也享有物的占有权能，但占有不等于可使用，如保管。
	收益	获取基于物而生的利益。
	处分	事实上的处分——使物的物质形态发生变更或消灭，如将面粉加工成面条。
		法律上的处分——使物的权利形态发生变动，如转让、出质。
救济		对所有权的救济方法有：①确认所有权；②恢复原状；③返还原物；④排除妨碍；⑤赔偿损失。

二、建筑物区分所有权

专有部分的专有所有权	业主对专有部分享有占有、使用、收益和处分的权利，但不得危及建筑物的安全，不得损害其他业主的合法权益。
共有部分的共有权	（1）专有部分以外的共有部分，享有权利并承担义务，但不得以放弃权利而不履行义务。共有部分不得分割，也不得单独转让。 （2）业主转让建筑物内的住宅、经营性用房，业主对共有部分享有的共有和共同管理的权利一并转让。 （3）共有范围：建筑区划内的道路（城镇公共道路的除外）、建筑区划内的绿地（属于城镇公共绿地或者明示属于个人的除外）、建筑区划内的其他公共场所、公用设施和物业服务用房、占用业主共有的道路或者其他场地的车位、建筑物的基本构造部分等。 （4）建筑物及其附属设施的维修资金属于业主共有，费用的分摊、收益分配等事项，有约定依约定，无约定或约定不明的，按业主专有部分占总面积的比例确定。
业主管理权	（1）双重过半数表决通过（专有部分占总面积的 2/3 + 人数占总人数的 2/3，且参与表决专有部分面积 3/4 + 参与表决人数 3/4）：①筹集和使用建筑物及其附属设施的维修资金；②改建、重建建筑物及其附属设施；③改变共有部分的用途或利用共有部分从事经营活动。 （2）双重 1/3 表决通过（专有部分占总面积的 2/3 + 人数占总人数的 2/3，且参与表决专有部分面积过半数 + 参与表决人数过半数）：①制定和修改业主大会议事规则；②制定和修改建筑物及其附属设施的管理规约；③选举业主委员会或更换业主委员会成员；④选聘和解聘物业服务企业或其他管理人；⑤使用建筑物及其附属设施的维修资金。

三、相邻关系

特征	（1）主体：两个或两个以上相互毗邻不动产的使用人或所有人之间。 （2）客体：并非不动产本身，而是由所有或使用不动产所引起和相邻人有关的经济利益或其他利益。 （3）内容：相邻一方要求他方为自己行使不动产所有权或使用权给予必要方便的权利及他方应当给予必要方便的义务。 （4）相邻关系的发生需与不动产的自然条件有关，即两个或两个以上所有人或使用人的不动产相互毗邻。
处理原则	①有利生产；②方便生活；③团结互助；④公平合理。 法律、法规有规定的依规定，无规定的依当地习惯。
适用范围	①相邻土地通行或占用关系；②相邻用水、排水关系；③相邻建筑物范围内的通行关系；④相邻房屋滴水关系；⑤相邻地下物或植物危及安全关系。

地役权与相邻关系的比较。

	地役权	相邻关系
权利的产生	意定	法定
是否为独立权利	是	否
登记与否	登记对抗	不需登记
内容	依约定的目的和方法利用供役地	所有权的扩张或限制
是否相邻	不一定	是

四、特殊的所有权取得方式

方式	内容	效力
善意取得	要件：①出让人无处分权；②受让人善意且有理由相信出让人有处分权；③以合理的价格转让；④已交付或登记。（《民法典》第311条） 注：被盗、被抢的财物、遗失物不适用善意取得制度，但被盗的货币或无记名证券受让人可取得所有权。	善意受让人取得动产所有权，原所有权人只能请求出让人赔偿损失，而不能请求受让人返还原物。
拾得遗失物、发现埋藏物	（1）适用于遗失物、漂流物、失散的饲养动物、埋藏物和掩藏物。 （2）拾得遗失物应返还失主，或交公安等部门，公告6个月后无人认领的归国家所有。 （3）因故意或重大过失导致遗失物毁损灭失的，应承担民事责任。 （4）侵占遗失物的，无权请求保管费和失主承诺的报酬。	所有权人或者其他权利人有权追回遗失物。该遗失物通过转让被他人占有的，权利人有权向无处分权人请求损害赔偿，或者自知道或者应当知道受让人之日起二年内向受让人请求返还原物；但是，受让人通过拍卖或者向具有经营资格的经营者购得该遗失物的，权利人请求返还原物时应当支付受让人所付的费用。权利人向受让人支付所付费用后，有权向无处分权人追偿。（《民法典》第312条）
从物与孳息	（1）主物转让的，从物随主物一同转让，但当事人另有约定的除外。 （2）天然孳息由所有人取得，既有所有权人又有用益物权人的，由用益物权人取得，另有约定的从约定。 法定孳息有约定的依约定，无约定或约定不明的，按交易习惯。	
添附	附合：两个以上不同所有人的物结合在一起无法分离或不宜分离。	（1）动产与动产：按动产价值共有，或由主物或价值较高的物的原所有人取得，给予对方补偿。 （2）动产与不动产：由不动产所有人取得，并给予原动产所有人以补偿。
	混合：两个以上不同所有人的动产相互混杂合并，不能识别或识别耗费过大。	同附合的动产与不动产处理原则。
	加工：在他人之物上附加自己的有价值的劳动，使之成为新物。	原则上归原物所有人，并给加工人补偿。但当加工增加的价值大于材料价值时，加工物可以归加工人所有，但应给原物所有人补偿。

【关联提示】1. 共有人对共有的不动产或者动产没有约定为按份共有或者共同共有，或者约定不明确的，除共有人具有家庭关系等外，视为按份共有。（《民法典》第308条）

（1）按份共有的内外关系。①按份行使权利和履行义务。但处分共有财产，应协商一致，不一致的，按财产份额占份额2/3以上的按份共有人意见处理，但不得损害其他共有人利益。当事人另有约定的，按约定办理。②按份共有人有权转让自己的份额，同等条件下其他共有人可优先购买。③共有财产使用致他人损害的，共有人对外连带，对内按份，但法律另有规定或第三人知道共有人不具有连带债权债务关系除外，已履行全部责任的共有人可向其他共有人追偿。

（2）共同共有的内外关系。①平等、协商一致行使全部所有权，对外连带，对内有协议按协议，无协议，根据等分原则处理；②以共同共有关系为基础，关系存续期间不得请求分割共有财产或转让其财产份额，但共有人有重大理由需要分割的可以请求分割；③擅自处分共有财产，且第三人善意取得所有权的，由擅自处分人对其他共有人承担责任；④共同共有财产的优先购买权——出卖的财产与其他原共有人分得的财产属于一个整体或必须配套使用的，其他原共有人方可主张优先购买权。

2. 占有：对物在事实上的管领和控制。无权占有分为善意（不知或不应知没有权利）占有和恶意（知道或应知没有权利）占有。善意成立无因管理，恶意必须承担赔偿责任；不当得利的返还上，善意只返还现存利益但应当支付其必要费用，恶意须赔偿；所有权上，无论善意还是恶意，占有人均有返还原物及其孳息的义务，即均不能获得所有权。

第八章　用益物权

地役权的设立与变动

地役权	设立	须书面合同，当事人可约定向登记机关申请地役权登记，未经登记，不得对抗善意第三人；未经用益物权人同意，土地所有权人不得设立地役权。
	变动	需役地和供役地相互依附，地役权必须与需役地所有权或使用权一同转移、抵押；需役地以及需役地上的土地承包经营权、建设用地使用权部分转让时，转让部分涉及地役权的，受让人同时享有地役权；供役地以及供役地上的土地承包经营权、建设用地使用权部分转让时，转让部分涉及地役权的，地役权对受让人具有约束力。
居住权	设立	居住权无偿设立，但是当事人另有约定的除外。设立居住权的，应当向登记机构申请居住权登记。居住权自登记时设立。
	变动	居住权不得转让、继承。设立居住权的住宅不得出租，但是当事人另有约定的除外。
	消灭	居住权期限届满或者居住权人死亡的，居住权消灭。居住权消灭的，应当及时办理注销登记。

【关联提示】1. 用益物权是对他人所有的不动产，在一定范围内进行使用、收益的权利。标的物必须是不动产。

2. 分类：①土地承包经营权（注意：取得发包人同意可转包土地或转让土地承包经营权）；②建设用地使用权；③地役权；④宅基地使用权（注意：农村居民出卖、出租房屋的，不得再申请宅基地；农村居民对宅基地上的房屋享有所有权）。

第九章　担保物权

一、抵押权和质权比较

	抵押权	质权
适用范围	不动产、动产，但法律规定不能设定抵押权的除外。	动产、依法可质押的权利。
财产状态	不转移占有	转移占有
成立要件	书面合同	

续表

	抵押权	质权
生效要件	（1）不动产必须登记。 （2）动产和其他不须登记的财产抵押可不登记，但不登记不得对抗善意第三人。 提示： （1）因登记部门原因无法登记的，抵押人向债权人交付权利凭证的，可认定抵押成立，但不得对抗善意第三人。 （2）抵押人违反诚信原则拒绝办理登记致债权人受损的，应承担赔偿责任。	生效要件：交付动产、交付权利凭证、在特定机构登记。 注意：约定出质与实际移交财产不一致的，以实际交付占有的财产为准。
孳息收取权	抵押物因债务不履行被依法扣押时起，抵押权人有权收取抵押物的孳息。 备注：应将扣押事实通知清偿法定孳息的义务人。	质物所产生的孳息，除当事人另有约定的外，质权人有权收取。
	孳息收益的清偿顺序：①收取孳息的费用；②主债权的利息；③主债权。	
禁止行为	不得约定在履行期届满债权未受清偿时，担保物的所有权直接转移给担保物权人。	
担保范围	有约从约，无约从法：①主债权及利息；②违约金；③赔偿金；④实现担保物权的费用。	
共同权利	担保物权人：①就担保物优先受偿，担保物毁损灭失，就赔偿金优先受偿；②担保物价值减少或受损的，要求重新提供担保，不提供的，提前清偿或提存；③抵押、质押在先的，对担保财产的强制执行不影响担保物权。 担保物所有人：①对担保物的所有权；②债权人或债务人行为侵害担保物的，可要求提前清偿、提存或提前变价提存价款；③再抵押、转质的同意权。	

二、抵押权的特别规定

抵押物	可设定抵押的（抵押人所有或可处分的）： ①房屋和其他地上定着物；②国有土地使用权（出让取得）；③机器、交通运输工具及其他财产；④依法承包并经发包人同意抵押的荒山、荒沟、荒丘、荒滩等荒地的土地使用权；⑤其他，如乡（镇）、村企业的厂房占有范围内的集体土地使用权。 备注：①土地使用权抵押的，地上新增房屋不属抵押物，但可一并拍卖，抵押权人仅就抵押物部分价金优先受偿；②划拨的土地使用权拍卖所得价款应先缴纳使用权出让金，才能优先受偿。
	同时抵押（房地一体主义）：①依法取得的国有土地上房屋及房屋占有范围内的国有土地使用权；②乡（镇）村企业的厂房及厂房占用范围内的土地使用权。
	不得抵押：①土地所有权；②耕地、宅基地、自留地、自留山等集体所有的土地使用权，法律另有规定的除外；③学校、幼儿园、医院等以公益为目的的事业单位、社会团体的<u>教育设施、医疗卫生设施</u>等公益设施（注：非公益设施抵押有效）；④所有权、使用权不明或者有争议的财产；⑤依法被查封、扣押、监管的财产；⑥依法不得抵押的其他财产。
最高额抵押	①最高债权额度内，以抵押物对一定期间内连续发生的债权作担保；②最高额抵押的主合同债权一般不得转让。但最高额抵押的主合同债权转让的，最高额抵押权不随之转让；③实际的债权余额高于最高限额的，以最高限额为限；实际的债权余额低于最高限额的，以实际为准；④当事人变更最高限额及最高抵押期间的，不得对抗顺序在后的抵押权人。

续表

抵押 效力	①依法准建的建筑物开建或在建同时办理登记的，抵押有效；②违法、违章建筑物抵押无效；③以农作物和与其尚未分离的土地使用权同时抵押的，土地使用权部分抵押无效；④按份共有抵押自有份额的有效；⑤共同共有须经全体同意，但其他共有人知道或应知道而未异议的，视为同意；⑥主物与从物分属多人所有的，抵押效力不及于从物。
抵押物 转让、 出租物 抵押	①抵押期间，抵押人可以转让抵押财产。当事人另有约定的，按照其约定。抵押财产转让的，抵押权不受影响。抵押人转让抵押财产的，应当及时通知抵押权人。抵押权人能够证明抵押财产转让可能损害抵押权的，可以请求抵押人将转让所得的价款向抵押权人提前清偿债务或者提存。转让的价款超过债权数额的部分归抵押人所有，不足部分由债务人清偿。②先租后抵，抵押不破租赁应书面告知承租人；先抵后租，租赁关系不得对抗已登记的抵押权。③可将已抵押的房屋出典。④抵押物价值大于债权的，可再次抵押。（质权只能设立一次）
抵押权人	债务人与债权人串通恶意抵押损害其他债权人利益的，其他债权人可请求法院撤销该抵押行为。

三、动产质权的特别规定

质物	(1) 从物未随质物转移占有的，就从物而言不发生设定质权的效力。 (2) 质物的隐蔽瑕疵致损的，出质人赔偿，但质权人明知或应知的除外。 (3) 第三人出质的，债务转让须经其同意，对未经同意转让的部分不承担担保责任。 (4) 质物返还或丧失的，质权消灭。
质权人	(1) 质权人未经出质人同意，擅自使用、租赁、处分质物致损的，应赔偿。 (2) 质权人怠于行使权利致质物价格下跌的，应赔偿出质人的损失。 (3) 经出质人同意可在原质权范围内转质，转质权优先；未经同意造成质押物毁损、灭失的，承担赔偿责任。
出质人	出质无所有权但合法占有的动产，质权人善意行使质权造成动产所有人损失的，出质人应赔偿。
权利 质权	(1) 汇票、本票、支票、存款单、仓单、提单和债券质押须背书，凭证交付始生效，不可以转质。 (2) 上市股票出质，勿忘找证券登记结算机构；未上市股份出质，工商行政管理部门登记。 (3) 知识产权出质的，管理部门须登记，出质后不得转让，不得许可他人使用，协商同意的除外。 (4) 应收账款出质的，银行登记，债权人转让应收账款的需提前清偿或提存。

四、留置权

特征	(1) 法定担保物权，当事人经法律授权可约定排除留置权。 (2) 适用于动产。 (3) 债权须已届清偿期，且债权与被留置的动产须相互牵连，但企业之间的留置除外。 (4) 留置物必须为债权人合法占有，留置范围限于对方不履行债务范围，除非留置物为不可分物。
适用 情形	(1) 主要发生在特定合同，如保管、运输、加工承揽、仓储、行纪合同等。 (2) 留置不得违反公序良俗，如毒品等不得留置。 (3) 债权人行使留置权与其义务或合同特殊约定不能抵触。 (4) 交付动产先于债权到期的不能留置，但债权人能证明债务人无力支付的除外。 (5) 建设工程合同中承包人在发包人不依约支付工程款时对工程的优先受偿权，是法定优先权，不属于留置权。
效力	第一层次：留置权人有权占有留置物，以此对抗对方返还财产请求权；保管不善致损的，承担民事责任；有权请求偿还因保管留置物期间支出的必要费用；通知债务人在合理期限内（60 日以上）履行债务；占有留置物期间，如对方提出适当担保或履行合同义务，则留置物应返还，留置权消灭。 第二层次：实现留置权。

【关联提示】1. 担保物权性质：设定担保财产的行为是物权行为，担保物权为物权的类型之一，担保物权具有物权性质。

（1）支配权——债务不履行时不须债务人或第三人配合即可实现对担保财产的优先受偿。

（2）效力的优先性——优先于普通债权；先登记的优先于后登记的；登记的优先于不登记的。

（3）物上代位性——债权人的优先受偿权在担保财产毁损灭失时及于财产的损害赔偿金。

（4）从权利——依附于所担保的债权，随主债权转移而转移。

（5）债权人对担保财产有排除妨害的请求权。

2. 担保物权消灭：

（1）债权清偿完毕。

（2）担保债权实现。

（3）担保物毁损灭失，但可就赔偿金优先受偿。

3. 担保物权竞合（在同一标的物上存在不同种类担保物权时，哪个可优先行使的问题）：

（1）登记抵押权和质权按照登记、交付的先后顺序确定清偿顺序；质权优于未登记抵押权，即使抵押权成立在前。

（2）留置权与抵押权竞合。

先设定抵押权而后成立留置权的，因留置权占有标的物，且留置权担保的债权往往有利于保全抵押权人的利益，留置权优先。

先成立留置权后设立抵押权的，根据设定抵押人的不同而不同：若是留置物所有人将留置物抵押，因留置权成立在先，留置权的效力当然优先于抵押权；若留置权人将留置物抵押，因留置权人非留置物所有人而使抵押无效。但如果经留置物所有人同意，抵押有效，此时抵押权的效力优先于留置权，因为留置权人是抵押权所担保的债权的债务人，债务人的权利不能优先于债权人的权利。

（3）留置权与质权竞合：留置权优先，但先留置后出质的，质权优先。

4. 同一财产上有多个物保的，有约从约，无约一般；债权人放弃其中某一物保的，若该物保是由债务人提供，则其他物保人在弃权范围内免责。

5. 同一财产上有人保和物保的竞合规则。

类型	规　　　　则
债务人提供的物保与第三人保证并存	（1）先实现物保责任，其次实现保证责任。 （2）债权人放弃物保的，保证人在其弃权范围内免责。 （3）债权人在主债务期满后怠于行使物保致使担保物损毁的，适用第（2）项规则。 （4）担保物因不可抗力灭失有代位物的及于代位物，无代位物的，保证人承担全部保证责任。 （5）物保合同被确认无效、被撤销，保证人仍应按合同约定或法律规定承担保证责任。
另一第三人提供的物保与第三人保证并存	（1）物保、人保约定担保份额的，依约定。 （2）物保、人保未约定担保份额的，物保人与保证人承担连带责任，实现顺序无先后之分，债权人有选择权。 （3）在第（2）项的情形下，在内部份额上，若担保物价值高于主债务额一半的，推定为均额；若担保物价值低于主债务额一半的，物保人份额以担保物实际价值计，余额为保证人承担。

续表

类型	规　则
债务人（或另一第三人）提供物保与第三人提供物保并存	（1）当事人对其提供的抵押财产所担保的债权份额或者顺序有约定从约定，没有约定或者约定不明的，抵押权人有选择权。 （2）同一债权有两个以上抵押人的，债权人放弃债务人提供的抵押担保的，其他抵押人可以请求人民法院减轻或者免除其应当承担的担保责任。 （3）抵押人承担担保责任后，可以向债务人追偿，也可以要求其他抵押人清偿其应当承担的份额。

6. 保证期间的推定：根据《最高人民法院关于适用〈中华人民共和国民法典〉有关担保制度的解释》第 32 条规定，保证合同约定保证人承担保证责任直至主债务本息还清时为止等类似内容的，视为约定不明，保证期间为主债务履行期限届满之日起 6 个月。

7. 法定担保范围：（1）法定担保范围：是指在当事人没有进行特别约定的情况下，担保物权的担保范围。其包括主债权、利息、违约金、损害赔偿金、保管担保财产的费用、实现担保物权的费用以上 6 项内容。（2）债务人破产申请受理债务停止计息：根据《最高人民法院关于适用〈中华人民共和国民法典〉有关担保制度的解释》第 22 条，人民法院受理债务人破产案件后，债权人请求担保人承担担保责任，担保人主张担保债务自人民法院受理破产申请之日起停止计息的，人民法院对担保人的主张应予支持。

第十章　债法总论

一、债的终止

	约定解除	①协商解除；②约定赋予另一方解除权；③约定合同解除条件。
解除	法定解除	（1）不可抗力致合同目的无法实现。 （2）预期违约（履行前明示或以行为表明不履行主要义务）。 （3）迟延履行致合同目的无法实现。 （4）迟延履行主要债务经催告在合理期限内仍未履行。 （5）附解除条件的合同，当事人不正当促成条件成就的，对方可解除。 （6）情势变更。 （7）承揽人、保险人等在特定合同中的解除权。
	程序	有约从约，但解除权以通知方式行使，如对方有异议，可申请法院、仲裁机构确认。
	效果	①尚未履行的，终止履行；②已履行的，恢复原状，不能恢复的，采取其他补救措施。

续表

抵销	法定抵销	适用要件：双方互负债务；给付种类、品质相同；主动债权已届清偿期；非依债的性质不可抵销（如不作为债务不可抵销）。 注意：当事人可以约定排除法定抵销的适用。
	约定抵销	协商一致即可。
	抵销方法	（1）抵销为单独行为，处分债权的行为，故抵销人应具有行为能力。 （2）抵销以通知的方式进行，自被动债权人了解或通知到达被动债权人时发生效力。 （3）抵销的意思表示不得附条件和期限。
	抵销效力	（1）双方债权在抵销数额内消灭。 （2）自抵销之时起消灭的债务不再支付利息。 （3）自抵销之时起，不再发生迟延责任。 （4）当事人的损害赔偿及违约金责任从抵销权发生时消灭。 （5）抵销使双方债权溯及至抵销权发生时消灭，双方债权的担保及其他从权利，均从抵销权发生时消灭。
提存	法定事由	①债权人无正当理由拒绝受领；②债权人下落不明；③债权人死亡未确定继承人；④债权人丧失民事行为能力未确定监护人；⑤其他基于债权人原因无法履行的情形。
	程序	（1）除债权人下落不明外，债务人应及时通知债权人或其继承人、监护人。 （2）标的物不适于提存或提存费过高，可提存价款。
	效力	①提存之日，债权债务消灭；②标的物风险转归债权人；③孳息收取权归债权人；④提存费用归债权人负担；⑤提存物所有权归债权人所有；⑥提存部门负妥善保管义务，保管不善致保管物毁损的，对债权人负赔偿责任；⑦债务人将合同标的物或者标的物拍卖、变卖所得价款交付提存部门时，人民法院应当认定提存成立。提存成立的，视为债务人在其提存范围内已经履行债务。 备注：①债权人可随时领取提存物，但债权人对债务人负有到期债务的，在债权人未履行债务或者提供担保之前，提存部门根据债务人的要求应当拒绝其领取提存物；②领取提存物的权利自提存之日起 5 年内不行使消灭，提存物扣除提存费后归国家所有（此 5 年为除斥期间）。
免除		①为单方法律行为；②为无因行为；③不得损害第三人合法权益，如已就债权设立质权的债权人不得免除债务人的债务，而以之对抗质权人；④免除的意思向债务人表示，形式不限；⑤免除的意思表示一经作出，债即消灭，不得撤销。
混同		指债权、债务同归一人的事实行为，常见的原因有兼并等，但涉及第三人利益的混同，债权债务关系并不消灭。

二、债的保全和担保

债的保全	代位权	当事人：债权人、债务人、次债务人。
		构成要件：①债务人对次债务人享有到期债权；②债务人怠于行使其到期债权；③债务人已陷入履行迟延；④债务人怠于行使其到期债权的行为对债权人造成损害。
		其他事项：①被告住所地法院管辖；②法院可追加债务人为第三人；③次债务人可向债权人主张其对债务人的抗辩；④债务人起诉债权人的，应中止代位权诉讼；⑤债权人胜诉的，诉讼费用由次债务人负担，从实现的债权中优先支付，其他必要费用（律师费用、差旅费），由债务人负担。
	撤销权	构成要件：①债权人对债务人之债已到期；②债务人放弃到期债权、无偿转让财产，或以明显不合理低价转让财产且受让人知情的（恶意）；③债务人的行为已危害债权人债权的实现；④债务人放弃其未到期的债权或者放弃债权担保，或者恶意延长到期债权的履行期，对债权人造成损害，债权人也可以提起撤销权诉讼。
		①被告住所地法院管辖；②撤销权诉讼须以债务人为被告，法院视情形可追加受让人为第三人；③撤销权自知道或应知撤销事由之日起 1 年内行使，最长期限为债务人的行为发生之日起 5 年内；④行为被撤销的，自始无效；⑤债权人对返还债务人的财产无优先受让权；⑥诉讼的必要费用由债务人负担，第三人有过错的，适当分担。

债的保证	要件	须第三人书面同意，如债权或债务转移、增加等，在债务增加的范围内不承担保证责任，但债务减少的除外。 保证方式：一般保证、连带责任保证。有约从约，无约为一般，其中，一般保证中保证人享有先诉抗辩权。
	保证期间	(1) 有约从约，但约定期间早于或等于主债务履行期限的，视为未约定。 (2) 无约或约定不明时，自主债务履行期届满后 6 个月。 (3) 主债务履行期不明时，自债权人要求债务人履行义务宽限期届满之日起算。
	诉讼时效	①适用诉讼时效的一般规定；②连带保证中，主债务和保证合同诉讼时效同时中止；但主债务时效中断，保证合同时效继续；③一般保证中，主债务和保证合同诉讼时效同时中止、中断。 备注：保证期间是主张保证责任的除斥期间，一般保证中，必须在保证期间内对债务人起诉或申请仲裁，连带保证中可直接向保证人提出请求，否则期间届满，保证人免除保证责任。债权人在期间内主张了保证责任的，转为适用保证合同诉讼时效。
	最高额保证	(1) 为对一定时期连续债权提供的保证。 (2) 保证人可随时书面通知终止保证，但须对通知到达债权人前的全部债权承担保证责任。 (3) 可约定保证期间，未约定或约定不明时，若有约定保证人清偿债务期限的，为期限届满起 6 个月，未约定清偿期限的，自保证终止之日或自债权人收到保证人终止保证合同的书面通知到达之日起 6 个月。

【关联提示】债权人撤销权中，"明显不合理的低价"的认定：人民法院应当以交易当地一般经营者的判断，并参考交易当时交易地的物价部门指导价或者市场交易价，结合其他相关因素综合考虑予以确认。

转让价格达不到交易时交易地的指导价或者市场交易价70%的，一般可以视为明显不合理的低价；对转让价格高于当地指导价或者市场交易价30%的，一般可以视为明显不合理的高价。

三、债的移转

类型	要件
债权让与	①非要式行为；②须债权合法且具有可让与性；③通知债务人，通知不得撤销，受让人同意的除外；④债务人对债权人的抗辩权可向新债权人主张；⑤债权人须承担瑕疵担保责任；⑥造成履行费用增加的，由债权人承担。
债务承担	①须债务具有可转让性；②须经债权人同意；③新债务人可主张原债务人对债权人的抗辩。
概括承受	①债的一方将其全部债权债务转移给第三人；②种类：合同承受、企业合并。

【关联提示】债权让与通知到达债务人后，即使让与未实际发生或让与无效，债务人基于对让与通知的信赖而向该第三人所为的履行仍然有效。

四、不当得利、无因管理

	不当得利	无因管理
概念	指无法律或合同根据使自己获益，使他人受损而形成的受益人与受损人之间的特定债权债务关系。	指无法定或约定义务，为避免他人利益受损失，自愿管理他人事务或为他人提供服务，从而在管理人与被管理人间形成的特定债权债务关系。
构成要件	（1）须是一方受益，包括财产的增加、应减少而未减少的情形。 （2）须使他方受损，包括财产的减少、应增加而未增加、不应减少而减少的情形。 （3）所受利益与所受损失之间有因果关系。 （4）没有法律或合同根据。	（1）须是管理他人的事务，但非法事项、须由本人亲自办理的事项、纯伦理事项除外。 （2）须有为他人谋利益的意思。 备注：误把他人事务当作自己事务管理，不构成无因管理，但可依不当得利请求返还为此事务支出的必要费用。 （3）须是没有法定或约定义务而进行管理。
法律效力	受益人负有利益返还的义务。 （1）如善意受益，则只返还现存利益。 （2）如恶意受益，则应返还全部利益及其孳息，造成损失还应赔偿。 （3）获利时善意，嗣后恶意的，返还范围以恶意开始之时存在的利益为准。 注意：如善意受益人将所受利益无偿让与第三人，获得利益的第三人负返还义务。	管理人的权利：本人应偿付管理人因管理行为而支付的必要费用。包括管理本人事务直接支出的费用，为本人谋利益而负担的债务，以及在管理活动中受到的直接损失。 管理人的义务：（1）应负与一般债务人同等的注意义务进行适当管理。 （2）通知、报告及返还义务。

第十一章　合同的订立和履行

合同制度

合同的订立	要约	要约是希望与他人订立合同的意思表示。 要约的特征：①内容必须具体确定；②表明经受要约人承诺，要约人即受该意思表示约束。 注：要约邀请是事实行为，不发生承诺后要约人就受意思表示约束的效力，如招标公告、寄送价目表、商业广告等。但如商业广告中表明经对方承诺合同即成立意思的，视为要约。
		生效时间——到达主义： （1）口头方式要约须相对人了解。 （2）书面形式要约，须到达受要约人能控制的地方，如收发室、信箱等。 （3）数据电文形式要约，有指定特定系统的以进入该系统时间为准，没有指定的以电文进入受要约人任何系统的首次时间为准。
		撤回——在要约尚未生效前，要约人取消要约的意思表示： ①须以通知方式进行；②须撤销通知先于或同时与要约到达受要约人。
		撤销——使生效的要约失效的意思表示。撤销通知要在受要约人发出承诺通知前到达受要约人。 下列情形不得撤销：①要约确定了承诺期限；②以其他形式明示要约不可撤销；③受要约人有理由认为要约不可撤销，并为合同履行作了准备。

合同的订立	要约	失效——要约效力归于消灭：①要约被撤销；②承诺拒绝；③承诺期限届满后未承诺的；④承诺对要约内容作出实质性变更的。 备注：有关合同标的、数量、质量、价款、报酬、履行期限、履行方式和地点、违约责任、解决争议方法的变更等属于要约内容的实质性变更。
	承诺	承诺是同意要约的意思表示。 ①受要约人向要约人作出；②承诺与要约内容一致；③合理期限内作出。
		承诺变更的处理： ①实质性变更——视为新要约；②非实质性变更——原则上承诺有效，合同以承诺的内容为准，但要约人及时反对或要约中明示承诺不得变更的除外。
		承诺迟到的处理：①因承诺人自身原因迟到的，原则上视为新要约，除非要约人及时通知受要约人该承诺有效；②非因承诺人自身原因迟到的，原则上承诺有效，除非要约人及时通知受要约人拒绝该承诺。
		生效时间——到达主义： ①以通知形式作出的，到达要约人时生效；②不需通知的，根据交易习惯或要约要求作出承诺行为时生效。 备注：除非符合交易习惯，否则单方约定的默示不视为承诺。
		撤回：撤回承诺的通知先于或与承诺同时到达要约人。
		承诺的效力：合同成立。承诺只可撤回不可撤销。
合同的成立	原则	承诺生效则视为合同成立，承诺生效地点为合同成立地点。
	特殊	①以合同书形式订立合同的，双方签字或盖章时成立（当事人在合同书上摁手印的，人民法院应当认定其具有与签字或者盖章同等的法律效力），最后签字盖章地为合同成立地；②以数据电文、信件等形式订立合同的，签订确认书时成立，合同成立地有约从约，无约时为收件人主营业地，没有主营业地的为经常居住地；③未采用书面形式订立合同，但一方已经履行主要义务，对方接受的，视为合同成立；④须经登记、审批、公证才成立或生效的合同，登记地、审批地、公证地为合同成立或生效地；⑤当事人对合同是否成立存在争议，人民法院能够确定当事人名称或者姓名、标的和数量的，一般应当认定合同成立。但法律另有规定或者当事人另有约定的除外；⑥当事人未以书面形式或者口头形式订立合同，但从双方从事的民事行为能够推定双方有订立合同意愿的，人民法院可以认定是以《民法典》第469条中的"其他形式"订立的合同。但法律另有规定的除外；⑦采用书面形式订立合同，合同约定的签订地与实际签字或者盖章地点不符的，人民法院应当认定约定的签订地为合同签订地；合同没有约定签订地，双方当事人签字或者盖章不在同一地点的，人民法院应当认定最后签字或者盖章的地点为合同签订地。 备注：交叉要约一般不能当然成立合同。
合同的效力		合同成立和生效须具备民事法律行为的成立和生效要件。 （1）法人或其他组织超越经营范围订立的合同，一般不直接认定为无效，违反国家限制经营、特许经营以及法律、行政法规禁止经营的除外。 （2）因欺诈、胁迫或乘人之危订立的合同，当事人一方有权变更或撤销。 （3）悬赏人以公开方式声明对完成一定行为的人支付报酬，完成特定行为的人请求悬赏人支付报酬的，人民法院依法予以支持。
合同的履行		原则：全面、实际履行原则。
		合同内容的补正：（1）协议补充。 （2）未补充协议的，按合同有关条款或交易习惯确定。 （3）仍无法确定的：①质量：以国家标准、行业标准为准；没有的，按通常标准或符合合同目的的特定标准履行。②价款、报酬：以合同订立时履行地的市场价格为准；应执行政府定价、指导价的除外。③履行地点：货币接受方所在地；交付不动产的，在不动产所在地履行；其他标的，在履行义务一方所在地履行。④履行期限：债务人可随时履行，债权人也可以随时要求履行，但应给对方合理的准备时间。
		债务人提前或部分履行的，债权人可拒绝，但不损害其利益的除外，增加的费用由债务人负担。

【关联提示】1. 合同是民事主体间设立、变更、终止民事权利义务关系的协议。

（1）为双方行为。

（2）是债发生的原因。

（3）相对性，合同权利义务只针对合同当事人：①未按约向第三人履行，第三人不得向义务人追究违约责任。②第三人未按约向债权人履行的，债权人只能追究债务人的违约责任。③因第三人原因致债务不能履行的，债务人仍应向债权人承担违约责任，但此后有权向第三人追偿（第三人直接侵害债权的，可直接追究其侵权责任）。④相对性的例外为撤销权和代位权。

2. 涉外合同法律适用的原则。

（1）当事人意思自治原则：自由选择处理合同争议所适用的法律，法律另有规定的除外：①公共秩序保留；②不得规避强制性规范；③约定的争议解决条款可优先适用。

（2）最密切联系原则：未选择合同纠纷适用的法律的，适用与合同有最密切联系的国家的法律。

（3）专属管辖：因在中华人民共和国履行中外合资经营、中外合作经营、中外合作勘探开发自然资源合同发生的纠纷。

3. 合同的解释。

（1）按合同目的、交易习惯、诚信原则解释。

（2）合同文本用两种以上文字订立并约定有同等效力的，可推定各文本的语句有相同含义。

4. 三大抗辩权记忆图。

	构成要件	效力	行使主体
同时履行抗辩权	（1）须当事人在同一合同中互负债务。 （2）双方债务无先后履行顺序。 （3）须双方的债务均已届清偿期。 （4）须对方未履行债务。 （5）须对方履行是可能的。	（1）一经行使，在实体法上发生阻却他方请求权的效力，即他方履行前可拒绝自己给付。 （2）无消灭他方请求权的效力，也无请求他方先为给付的效力。	合同双方
先履行抗辩权	（1）须双方当事人互负债务。 （2）两个债务须有先后履行顺序。 （3）双方债务均届满。 （4）先履行义务一方未履行或其履行不符合债的本旨。	一经行使，发生阻却他方请求权的效力，即他方未先给付前，可拒绝自己给付，且不构成违约。	后给付义务一方
不安抗辩权	（1）双方互负债务，即不安抗辩权亦只存于双务合同中。 （2）一方有先给付义务。 （3）先给付义务人的债务已届期满。 （4）后给付方有难为给付的风险。 （5）后给付未提供担保。	（1）后给付一方有难为给付的风险的，先给付义务一方可通知对方中止履行。 （2）后给付一方在合理期限内未恢复履行能力并且未提供适当担保的，先给付义务一方可解除合同。	先给付义务一方

5. 合同的分类。

（1）根据是否以交付标的物为合同的成立要件，分为诺成性合同、实践性合同。注意：赠与合同是诺成合同。

（2）根据权利义务分担方式，分为单务合同、双务合同。注意：双务合同中的三大抗辩权。

（3）根据权利取得是否支付对价，分为有偿合同、无偿合同。注意：限制民事行为能力人的纯受利益的行为有效；有偿合同轻过失不免责，无偿合同需有故意或重大过失才承担责任。

6. 格式合同。

（1）提供格式条款的一方当事人违反《民法典》第 496 条关于提示和说明义务的规定，导致对方没有注意免除或者限制其责任的条款，对方当事人申请撤销该格式条款的，人民法院应当支持。

（2）提供格式条款的一方对格式条款中免除或者限制其责任的内容，在合同订立时采用足以引起对方注意的文字、符号、字体等特别标识，并按照对方的要求对该格式条款予以说明的，人民法院应当认定符合《民法典》第 496 条所称"采取合理的方式"。提供格式条款一方对已尽合理提示及说明义务承担举证责任。

（3）格式条款与非格式条款意思表示不一致的，以非格式条款效力优先。

（4）格式条款的解释原则：按常理解释、不利于格式条款提供方原则、非格式条款优先原则。

（5）提供格式条款的一方当事人违反《民法典》第 496 条的规定，并具有《民法典》第 497 条规定的情形之一的，人民法院应当认定该格式条款无效。

7. 合同变更和转让。

（1）合同变更指内容变更，合同转让指主体变更（参见债的转移的相关内容）。

（2）当事人对合同变更的内容约定不明确的，推定为未变更。

（3）合同转让后，从权利一并转让，但专属于原合同权利人人身享有的从权利除外，如撤销权。

8. 合同履行。

（1）债务人的给付不足以清偿其对同一债权人所负的数笔相同种类的全部债务，应当优先抵充已到期的债务；几项债务均到期的，优先抵充对债权人缺乏担保或者担保数额最少的债务；担保数额相同的，优先抵充债务负担较重的债务；负担相同的，按照债务到期的先后顺序抵充；到期时间相同的，按比例抵充。但是，债权人与债务人对清偿的债务或者清偿抵充顺序有约定的除外。

（2）债务人除主债务之外还应当支付利息和费用，当其给付不足以清偿全部债务时，并且当事人没有约定的，人民法院应当按照下列顺序抵充：①实现债权的有关费用；②利息；③主债务。

第十二章　与合同有关的责任

一、缔约过失责任与违约责任

缔约过失责任		缔约过失的情形： ①假借订立合同，恶意进行磋商；②故意隐瞒与订立合同有关的重要事实或者提供虚假情况；③违反保密义务；④泄露或不正当地使用对方商业秘密；⑤其他违反诚信原则的行为（依照法律、行政法规的规定经批准或者登记才能生效的合同成立后，有义务办理申请批准或者申请登记等手续的一方当事人未按照法律规定或者合同约定办理申请批准或者未申请登记的，属于《民法典》第 500 条规定的"其他违背诚信原则的行为"，人民法院可以根据案件的具体情况和相对人的请求，判决相对人自己办理有关手续；对方当事人对由此产生的费用和给相对人造成的实际损失，应当承担损害赔偿责任）。
		责任承担及责任范围：过失一方承担赔偿责任，责任范围限于对方信赖利益的损失，既包括财产的直接减少（积极损失），也包括间接损失（如丧失与第三人订立同类合同的机会所产生的损失）。
违约责任	责任类型	（1）预期违约：履行期限届满前，一方无正当理由明示或以行为表示将不履行合同主要义务的。 （2）实际违约：履行期限届满后未实际履行或履行不符合约定，不以造成实际损害为要件。
	责任形式	继续履行、采取补救措施、赔偿损失、违约金、定金等。 （1）不适用继续履行的情形：法律上或事实上不能履行；债务标的不适于强制履行或履行费用过高；债权人在合理期限内未要求履行。 （2）采取补救措施包括：①修理、更换、重作；②减少价款或者报酬；③退货。 （3）赔偿损失应注意：①赔偿范围：因违约造成的损失，包括实际损失和合同履行后可得的利益（仅限于对方在签约时所能预见的范围）；②继续履行或补救后，还有其他损失的，也应当赔偿；③一方违约，对方应采取适当措施防止损失扩大，否则扩大的损失部分不能要求赔偿。 （4）违约金：①由当事人约定，实际损失与违约金不符合的，可以通过反诉或抗辩方式请求法院予以增减（高于实际损失 30% 以上的属于过高情形）；②约定迟延履行违约金的，违约方支付后应继续履行；③同时约定定金和违约金的，选择适用。 （5）定金：①约定，且实际交付定金，实际交付与约定不符，以实际交付为准；②不得高于标的额 20%；③定金罚则：交付定金一方违约不得要求返还，收受定金一方违约双倍返还定金。 备注： （1）赔偿性违约定金和违约金不能同时并用，二择一；当事人特别约定为惩罚性违约定金则可以和违约金并用，没有约定推定为"赔偿性违约定金"。 （2）对于违约金当事人可以约定为惩罚性违约金，可以和其他违约责任并用；没有约定视为补偿性违约金。 （3）补偿性违约金不能和定金、违约损害赔偿并用；相对于违约损害赔偿，在适用顺序上，补偿性违约金优先；违约金过分高于或低于违约造成的损失的，当事人可以请求法院或仲裁机构调整。
	免责事由	①不可抗力；②约定的免责事由。 备注：造成对方人身伤害，故意或重大过失造成对方财产损失的免责条款无效。

二、四种违约行为

类型	内容	备注
履行不能	（1）通常为非金钱债。 （2）只能请求赔偿、支付违约金。	
履行迟延	（1）迟延主要债务：可行使不安抗辩权，经催告后在合理期限内仍不履行的，可解除合同。 （2）迟延使合同目的不能实现的，可直接解除合同。	（1）迟延后发生不可抗力的，不能免责。 （2）执行政府定价、指导价的合同，迟延履行时：①价格下降的，按原价执行；②价格上升的，按新价执行。
履行不当	①可补正履行；②履行不当属加害履行的，可选择主张侵权责任或主张违约责任；③履行不当使合同目的不可实现的，可解除合同。	
履行拒绝	①如是预期履行拒绝，则可行使不安抗辩权；②如实际履行拒绝则可直接解除合同；③拒绝包括明示或默示。	

第十三章　转移财产权利的合同

一、买卖合同

特征	双务、有偿、诺成、不要式。
权利义务	（1）卖方权利义务：①交付标的物；②转移标的物所有权；③瑕疵担保责任；④收取价金。
	（2）买方权利义务：①受领标的物；②支付价款；③对标的物及时检验的通知义务：若在合理期间内或自标的物收到之日起 2 年内未通知的，视为标的物符合约定；但标的物有质保期除外。卖方知道或应知其标的物不合约定的，买方不受规定的通知时间限制；④暂时保管和应急处置拒绝受领的标的物：卖方交付标的物不符时，买方可拒绝受领，但应妥善保管并立即通知卖方，紧急时，还可以变卖标的物，保管和变卖的费用由卖方承担。
风险负担	（1）原则：交付主义。即标的物交付前卖方担，交付后买方担。 （2）有约定或法律另外规定的除外：①出卖人出卖交由承运人运输的在途标的物，除当事人另有约定的以外，毁损、灭失的风险自合同成立时起由买受人承担（在途货物的风险）；②当事人没有约定交付地点或者约定不明确，标的物需要运输的，出卖人将标的物交付给第一承运人后，标的物毁损、灭失的风险由买受人承担；③出卖人未按约定交付有关标的物单证和资料的，不影响风险转移；④因买受人的原因致使标的物不能按照约定的期限交付的，买受人应当自违反约定之日起承担标的物毁损、灭失的风险；⑤出卖人按照约定或者法律的规定将标的物置于交付地点，买受人违反约定没有收取的，标的物毁损、灭失的风险自违反约定之日起由买受人承担；⑥因标的物质量不符合要求，致使不能实现合同目的的，买受人可以拒绝接受标的物或者解除合同，买受人拒绝接受标的物或者解除合同的，标的物毁损、灭失的风险由出卖人承担；⑦买受人承担风险负担的，不影响出卖人承担履行债务不符合约定的违约责任。
孳息归属	原则：交付主义。交付前归卖方，交付后归买方；另有约定的除外。

所有权归属	原则：交付主义，动产当事人可另外约定。 交付地的确定：有约从约；无约定时： （1）不动产——不动产所在地。 （2）需运输的，以交付第一承运人为交付地；不需运输的，以成立合同时双方已知的标的物所在地为准，不知标的物在某一地点的，以出卖人缔约时营业地为准。
特殊解除	（1）标的物为数物，部分不符可部分解除，部分影响全部的，解除合同全部。 （2）分批交付的，一批不符，解除一批，一批影响全部的，解除合同全部。
特殊合同	分期付款合同：①买方未支付到期价款金额达全部价款的1/5时，卖方可要求其全部支付价款或解除合同，解除后可要求买方支付标的物使用费；②一般约定所有权保留，但风险和孳息依然随交付转移。
	凭样品买卖合同：标的物除符合一般质量标准外还必须与样品品质相符。
	试用买卖合同：①试用期无法确认的，最终由卖方确定；②试用期间届满，买方未明确表示是否购买的，视为同意购买；③试用方拒绝购买时，卖方无权要求支付使用费；④试用期间标的物风险由卖方承担。
	房屋买卖合同中的惩罚性损害赔偿：①合同订立后，卖方未告知买方又将房屋抵押、出卖给第三人；②合同订立时，卖方故意隐瞒未取得商品房预售许可证的事实或提供虚假许可证；③合同订立时，故意隐瞒所售房屋已抵押事实；④合同订立时，故意隐瞒所售房屋已出卖给第三人或为拆迁补偿安置房屋的事实。

【重点法规】《最高人民法院关于审理买卖合同纠纷案件适用法律问题的解释》（2020 修正）

一、买卖合同的成立

第1条　当事人之间没有书面合同，一方以送货单、收货单、结算单、发票等主张存在买卖合同关系的，人民法院应当结合当事人之间的交易方式、交易习惯以及其他相关证据，对买卖合同是否成立作出认定。

对账确认函、债权确认书等函件、凭证没有记载债权人名称，买卖合同当事人一方以此证明存在买卖合同关系的，人民法院应予支持，但有相反证据足以推翻的除外。

二、标的物交付和所有权转移

第5条　出卖人仅以增值税专用发票及税款抵扣资料证明其已履行交付标的物义务，买受人不认可的，出卖人应当提供其他证据证明交付标的物的事实。

合同约定或者当事人之间习惯以普通发票作为付款凭证，买受人以普通发票证明已经履行付款义务的，人民法院应予支持，但有相反证据足以推翻的除外。

第6条　出卖人就同一普通动产订立多重买卖合同，在买卖合同均有效的情况下，买受人均要求实际履行合同的，应当按照以下情形分别处理：

（一）先行受领交付的买受人请求确认所有权已经转移的，人民法院应予支持；

（二）均未受领交付，先行支付价款的买受人请求出卖人履行交付标的物等合同义务的，人民法院应予支持；

（三）均未受领交付，也未支付价款，依法成立在先合同的买受人请求出卖人履行交付标的物等合同义务的，人民法院应予支持。

第7条　出卖人就同一船舶、航空器、机动车等特殊动产订立多重买卖合同，在买卖合同均有效的情况下，买受人均要求实际履行合同的，应当按照以下情形分别处理：

（一）先行受领交付的买受人请求出卖人履行办理所有权转移登记手续等合同义务的，

人民法院应予支持；

（二）均未受领交付，先行办理所有权转移登记手续的买受人请求出卖人履行交付标的物等合同义务的，人民法院应予支持；

（三）均未受领交付，也未办理所有权转移登记手续，依法成立在先合同的买受人请求出卖人履行交付标的物和办理所有权转移登记手续等合同义务的，人民法院应予支持；

（四）出卖人将标的物交付给买受人之一，又为其他买受人办理所有权转移登记，已受领交付的买受人请求将标的物所有权登记在自己名下的，人民法院应予支持。

三、标的物风险负担

第9条　出卖人根据合同约定将标的物运送至买受人指定地点并交付给承运人后，标的物毁损、灭失的风险由买受人负担，但当事人另有约定的除外。

第10条　出卖人出卖交由承运人运输的在途标的物，在合同成立时知道或者应当知道标的物已经毁损、灭失却未告知买受人，买受人主张出卖人负担标的物毁损、灭失的风险的，人民法院应予支持。

四、违约责任

第18条　买卖合同对付款期限作出的变更，不影响当事人关于逾期付款违约金的约定，但该违约金的起算点应当随之变更。

买卖合同约定逾期付款违约金，买受人以出卖人接受价款时未主张逾期付款违约金为由拒绝支付该违约金的，人民法院不予支持。

买卖合同约定逾期付款违约金，但对账单、还款协议等未涉及逾期付款责任，出卖人根据对账单、还款协议等主张欠款时请求买受人依约支付逾期付款违约金的，人民法院应予支持，但对账单、还款协议等明确载有本金及逾期付款利息数额或者已经变更买卖合同中关于本金、利息等约定内容的除外。

买卖合同没有约定逾期付款违约金或者该违约金的计算方法，出卖人以买受人违约为由主张赔偿逾期付款损失，违约行为发生在2019年8月19日之前的，人民法院可以中国人民银行同期同类人民币贷款基准利率为基础，参照逾期罚息利率标准计算；违约行为发生在2019年8月20日之后的，人民法院可以违约行为发生时中国人民银行授权全国银行间同业拆借中心公布的一年期贷款市场报价利率（LPR）标准为基础，加计30%～50%计算逾期付款损失。

第21条　买卖合同当事人一方以对方违约为由主张支付违约金，对方以合同不成立、合同未生效、合同无效或者不构成违约等为由进行免责抗辩而未主张调整过高的违约金的，人民法院应当就法院若不支持免责抗辩，当事人是否需要主张调整违约金进行释明。

一审法院认为免责抗辩成立且未予释明，二审法院认为应当判决支付违约金的，可以直接释明并改判。

第24条　买受人在缔约时知道或者应当知道标的物质量存在瑕疵，主张出卖人承担瑕疵担保责任的，人民法院不予支持，但买受人在缔约时不知道该瑕疵会导致标的物的基本效用显著降低的除外。

第30条　买卖合同存在下列约定内容之一的，不属于试用买卖。买受人主张属于试用买卖的，人民法院不予支持：

（一）约定标的物经过试用或者检验符合一定要求时，买受人应当购买标的物；

（二）约定第三人经试验对标的物认可时，买受人应当购买标的物；

（三）约定买受人在一定期限内可以调换标的物；

（四）约定买受人在一定期限内可以退还标的物。

五、其他问题

第37条　出卖人履行交付义务后诉请买受人支付价款，买受人以出卖人违约在先为由提出异议的，人民法院应当按照下列情况分别处理：

（一）买受人拒绝支付违约金、拒绝赔偿损失或者主张出卖人应当采取减少价款等补救措施的，属于提出抗辩；

（二）买受人主张出卖人应支付违约金、赔偿损失或者要求解除合同的，应当提起反诉。

《民法典》

第584条　当事人一方不履行合同义务或者履行合同义务不符合约定，造成对方损失的，损失赔偿额应当相当于因违约所造成的损失，包括合同履行后可以获得的利益；但是，不得超过违约一方订立合同时预见到或者应当预见到的因违约可能造成的损失。

第638条　试用买卖的买受人在试用期内可以购买标的物，也可以拒绝购买。试用期限届满，买受人对是否购买标的物未作表示的，视为购买。

试用买卖的买受人在试用期内已经支付部分价款或者对标的物实施出卖、出租、设立担保物权等行为的，视为同意购买。

第639条　试用买卖的当事人对标的物使用费没有约定或者约定不明确的，出卖人无权请求买受人支付。

第642条　当事人约定出卖人保留合同标的物的所有权，在标的物所有权转移前，买受人有下列情形之一，造成出卖人损害的，除当事人另有约定外，出卖人有权取回标的物：

（一）未按照约定支付价款，经催告后在合理期限内仍未支付；

（二）未按照约定完成特定条件；

（三）将标的物出卖、出质或者作出其他不当处分。

出卖人可以与买受人协商取回标的物；协商不成的，可以参照适用担保物权的实现程序。

二、其他转移财产权利的合同

赠与合同	（1）不要式、无偿、单务、诺成合同。 注意：附义务赠与中，义务不构成赠与人交付赠与物的对价，但受赠人不履行该义务的，赠与人可请求返还赠与物。
	（2）赠与人的责任： ①因故意或重大过失致赠与财产毁损灭失的，承担赔偿责任。 ②赠与人一般不承担瑕疵担保责任。 例外：a. 附义务赠与中，赠与人在所负义务限度内承担与出卖人相同的违约责任；b. 赠与人故意不告知瑕疵或保证无瑕疵，造成受赠人损失的，应赔偿。
	（3）撤销赠与： ①赠与物交付前，赠与人可任意撤销，但具有救灾、扶贫等社会公益、道德义务性质或经公证的赠与合同除外。（《民法典》第658条） ②赠与物交付后，赠与人或继承人享有法定撤销权：a. 受赠人严重侵害赠与人或者赠与人近亲属的合法权益；b. 受赠人不履行对赠与人的扶养义务；c. 受赠人不履行赠与合同约定义务；d. 对于受赠人违法行为致使赠与人死亡或丧失民事行为能力的，赠与人的继承人或法定代理人可以撤销赠与。（《民法典》第663、664条）
	（4）法定解除：赠与人经济状况显著恶化，严重影响其生产经营或家庭生活，可不再履行赠与合同，但该不履行并不发生溯及既往效力。

民间借贷	(1) 因贷款人不同而有所区别： 商业银行为贷款人的借款合同：有偿、双务、诺成、要式； 自然人为贷款人的借款合同：原则上无偿、单务、实践、不要式。 (2) 出借人请求借款人按照合同约定利率支付利息的，人民法院应予支持，但是双方约定的利率超过合同成立时一年期贷款市场报价利率四倍的除外。 前款所称"一年期贷款市场报价利率"，是指中国人民银行授权全国银行间同业拆借中心自 2019 年 8 月 20 日起每月发布的一年期贷款市场报价利率。（《最高人民法院关于审理民间借贷案件适用法律若干问题的规定》第 25 条） (3) 借款人未按约定用途使用借款的，出借人可随时停止发放或提前收回借款或解除合同。 (4) 不得在本金中提前扣除利息，否则按实际收到的款数偿还和计算利息。
租赁合同	(1) 双务、有偿、诺成合同，租赁期在 6 个月以上的必须签订书面合同，否则视为不定期租赁。租赁期限不得超过 20 年，超过部分无效。租赁期限届满，承租人继续使用租赁物，出租人无异议的，租赁合同继续有效，视为不定期租赁。
	(2) 出租人义务： ①保证租赁物符合约定用途。 ②维修义务，另约除外。（出租人未在合理期间维修而影响使用的，应相应减少租金或延长租期） ③权利瑕疵担保责任：因第三人主张权利阻碍租赁物使用、收益的，承租人应及时通知出租人，并可要求减少租金或不支付租金。 ④承担租赁物的风险。
	(3) 承租人义务： ①按约使用，未约定的按租赁物性质使用。（按约使用租赁物致其耗损的，承租人不负责） ②未经同意不得随意改善租赁物或增设他物。 ③妥善保管租赁物。 ④未经同意不得转租。 ⑤通知义务。
	(4) 承租人解除合同的情形：①因不可归责于承租人事由，租赁物毁损灭失致合同目的不能实现的；②租赁物危及承租人安全或健康的，无论其订立合同时是否明知该租赁物质量不合格的。
	(5) 出租人解除合同的情形： ①承租人未按约使用租赁物致其损耗的。 ②擅自转租的，但转租合同仍有效，次承租人造成租赁物损失的，出租人只能向承租人主张违约责任，但次承租人行为直接构成侵权的除外。例外，出租人知道或者应当知道承租人转租，但是在六个月内未提出异议的，视为出租人同意转租。（《民法典》第 618 条） ③未按约支付租金，经催告在合理期限内仍不支付的。
	(6) 租赁物在租赁期间发生所有权变动的，不影响租赁合同效力。租赁期间因占有、使用租赁物获得的收益归承租人所有，但另有约定的除外。（买卖不破租赁规则）
	(7) 出租人出卖租赁房屋的，应在出卖前合理期限内（一般为 3 个月）通知承租人，其可在同等条件下优先购买。损害承租人优先购买权的，可请求出租人承担损害赔偿责任。（承租人的优先购买权）
	(8) 承租人在房屋租赁期间死亡的，与其生前共同居住的人可按原合同继续租赁。

融资 租赁 合同	要式、诺成、双务、有偿合同； 两个合同：买卖合同、租赁合同； 三方当事人：出卖人、出租人（又为买受人）、承租人。
	出租人的义务： （1）根据承租人对出卖人、租赁物的选择，出资购买租赁物。 （2）可对出卖人违约行为进行追索，但此权利可转让给承租人。 （3）享有租赁物所有权。 （4）不承担租赁物不合约定或不合使用目的的责任，但承租人依赖出租人技能确定租赁物或出租人干预选择租赁物的除外。 （5）承租人占有租赁物期间，租赁物造成第三人损害的，出租人不承担责任。 （6）不承担权利瑕疵担保责任，但出租人购买该物时就明知或应知第三人对该物享有权利的除外。
	承租人义务： （1）租赁期间负责租赁物的保管、维修。 （2）依约定支付租金，并于租赁期间届满时返还租赁物。
	融资租赁物所有权的归属：①租赁期间，出租人享有租赁物的所有权；②承租人破产时，租赁物不属于破产财产；③租赁期满后，归属有约定的从约定，无约定的归出租人。

第十四章　完成工作成果的合同

加工承揽 合同	（1）诺成、双务、有偿、不要式。 （2）原材料的风险由所有人负担； 工作成果的风险负担以交付主义为原则：交付前，承揽人负担；交付后，定作人负担；迟延履行的，迟延人负担。 （3）合同的解除： 定作人的解除权：①定作人可随时解除，但造成承揽人损失的，应赔偿；②承揽人未经定作人同意将承揽合同的主要工作转由第三人完成的，定作人可以解除合同。 承揽人的解除权：①定作人不履行协助义务致使承揽工作不能完成的，承揽人可以催告定作人在合理期限内履行义务，并可以顺延履行期限；②定作人逾期不履行的，承揽人可以解除合同。
建设工程 合同	特征：一种特殊的承揽合同；要式合同；标的物为不动产。
	建设工程合同包括工程勘察、设计、施工、装修合同。 可合并签成一个合同，也可分开签订。施工承包方须是经国家认定的具有一定等级建设资质的法人。
	分包与转包： （1）分包指工程承包方（含勘察人、设计人、施工人）依法将其承包的部分工程（不得是主体结构的施工）交给第三人完成的行为。 （2）转包指施工单位以营利为目的，将工程转包给其他施工单位，不对工程承担任何法律责任的行为。《民法典》合同编禁止转包。 备注：承包人须自行完成建设工程主体结构的施工。其他非主体部分可交第三人完成，但须就第三人的成果向发包人承担连带责任。 （加工承揽合同，承揽人就第三人的工作成果向定作人负责，第三人并不直接向定作人负责） （3）实际施工人以发包人为被告主张权利的，法院应当追加转包人或者违法分包人为本案**第三人**，在查明发包人欠付转包人或者违法分包人建设工程价款的数额后，判决发包人在欠付建设工程价款范围内对实际施工人承担责任。

	禁止行为：①发包人肢解发包行为；②承包人全部转包；③肢解后全部分包；④承包人分包给不具备资质条件的单位；⑤分包单位再分包。
	承包人的优先受偿权： （1）**与发包人订立建设工程施工合同的**承包人，根据《民法典》第 807 条规定请求其承建工程的价款就工程折价或者拍卖的价款优先受偿的，法院应予支持。（《民法典》第 807 条规定："发包人未按照约定支付价款的，承包人可以催告发包人在合理期限内支付价款。发包人逾期不支付的，除根据建设工程的性质不宜折价、拍卖外，承包人可以与发包人协议将该工程**折价**，也可以请求人民法院将该工程依法**拍卖**。建设工程的价款就该工程折价或者拍卖的价款**优先受偿**。"） （2）**装饰装修工程**的承包人，请求装饰装修工程价款就**该装饰装修工程**折价或者拍卖的价款优先受偿的，法院应予支持，但**装饰装修工程的发包人不是该建筑物的所有权人的除外**。 （3）建设工程**质量合格**，承包人请求其承建工程的价款就工程折价或者拍卖的价款优先受偿的，法院应予支持。 （4）**未竣工**的建设工程质量合格，承包人请求其承建工程的价款就其承建工程部分折价或者拍卖的价款优先受偿的，法院应予支持。 （5）承包人建设工程价款**优先受偿**的**范围**依照国务院有关行政主管部门关于建设工程价款范围的规定确定（包括：①承包人实际支出的人工费、材料费、施工机具使用费、企业管理费、规费、税金。②承包人的**可得利润**）。承包人就**逾期支付**建设工程价款的**利息、违约金、损害赔偿金**等主张优先受偿的，人民法院**不予支持**。 （6）承包人行使建设工程价款**优先受偿权**的**期限为 18 个月**，自**发包人应当给付建设工程价款之日**起算。 （7）发包人与承包人约定**放弃**或者**限制**建设工程价款优先受偿权，**损害建筑工人利益**，发包人根据该约定主张承包人不享有建设工程价款优先受偿权的，人民法院不予支持。

第十五章　提供劳务的合同

运输合同	客运合同：双务、有偿、实践、格式合同； 货运合同：双务、有偿、诺成、格式合同。	
	承运人一般义务：按约定路线、费用完成运输，否则导致运输费用增加的，旅客、托运人或收货人可拒绝支付增加部分的票款或运输费用。	
	客运合同：（1）从事公共运输的承运人不得拒绝旅客、托运人通常、合理的运输要求（强制缔约义务）。 （2）实践性合同：交付客票时成立，上车补票的自旅客上车时成立。 （3）承运人的赔偿责任：①未对患有急病、分娩、遇险的乘客实施救助的；②对旅客在运输过程中的伤亡负无过错责任，但因旅客自身健康原因造成或承运人证明旅客有故意或重大过失的除外；③对旅客自带物品负过错责任。	
	货运合同：（1）托运人按约支付费用，否则承运人可以留置货物，另有约定的除外。 （2）货物在运输过程中因不可抗力灭失，未收运费的，承运人不得要求支付运费；已收的，托运人可以要求返还。 （3）托运人可任意变更、解除合同，因此造成损失的，应赔偿。 （4）收货人不明或无正当理由拒绝受领的，承运人可提存货物。 （5）承运人对货物损失承担无过错责任，但因不可抗力、货物自身性质或合理损耗、托运人或收货人过错造成损失的除外。	
	多式联运合同：（1）总承运人对全程运输承担承运人权利义务，总承运人可与各区段承运人就多式联运合同的各区段运输约定相互之间的责任，但该约定不得对抗托运人。 （2）因托运人过错致多式联运承运人损失的，即使托运人已经转让多式联运单据仍应承担损害赔偿责任。	

保管合同	实践性合同，交付保管物为合同的成立要件；可有偿亦可无偿，若无约定且依《民法典》第510条仍无法确定的，为无偿；不要式合同。
	妥善保管、不得使用保管物的义务。无偿保管时，保管人负故意或重大过失责任；有偿保管时，保管人负一般轻过失责任；不得使用或允许他人使用保管物。
	按约定或有利于寄存人利益保管义务。除为维护寄存人的利益，基于保管物自身的性质或者因紧急情况必须外，不得擅自改变保管方法和场所。
	亲自保管义务。经寄存人同意，保管人可转托他人保管；未经同意擅自转托第三人保管的，保管人应对第三人的选任和指示过失承担责任。
	通知、返还义务。当保管物被第三人主张权利或因自然原因灭失时，保管人应及时通知寄存人；除保管物被强制执行外，应及时返还寄存人。
	贵重物品声明。寄存人寄存贵重物品未声明的，保管人仅须按照一般物品的价值予以赔偿。
委托合同	诺成、不要式合同。无偿为原则，有偿为例外。有偿委托属双务合同，无偿委托为单务合同。除特殊情形外（间接代理），受托人不得以自己的名义进行活动。
	委托事项不限于法律事务（区别于代理，其他规定与代理基本相同）。
	须经委托人同意才能转委托，紧急情况或难以与委托人取得联系的除外。
	无偿合同轻过失免责。
	受托人为处理委托事务垫付的必要费用，委托人应当偿还该费用及利息；因可归责于受托人的事由致委托合同终止或委托事务不能完成时，受托人无权要求报酬。
	委托人和受托人都可随时解除合同，给对方造成损失的应承担相应责任。
行纪合同	诺成、双务、有偿、不要式、商事合同，行纪人只能是经国家批准经营行纪业务的商事主体； 行纪人以自己的名义从事贸易活动，与委托人是行纪合同关系，与第三人是买卖合同关系。
	行纪人以低于委托人指定价格卖出或高于委托人指定的价格买入的，应经委托人同意。未经同意的，行纪人补偿其差额后该买卖对委托人发生效力。
	行纪人高于委托人指定的价格卖出或者低于委托人指定的价格买入的，可以约定增加报酬。没有约定或者约定不明确，该利益属于委托人。委托人对价格有特别指示的，行纪人不得违背该指示卖出或者买入。
	行纪费用由行纪人负担，另有约定的除外；行纪行为成功后可要求给付适当报酬。
中介合同	双务、有偿、诺成、不要式。
	中介人须对中介活动过程中获知的商业信息保密，否则承担赔偿责任。
	促成合同成立的，中介人负担中介活动费用，同时可请求报酬；未促成合同成立的，不得要求支付报酬，只可请求委托人支付必要费用。

【关联提示】 委托合同、行纪合同、中介合同的比较。

	费用/报酬	以谁的名义	权利
委托合同	1. 委托人预付费用。 2. 受托人垫付必要费用，委托人应当偿还该费用及其利息。	以委托人名义。	法律效果归于委托人。
行纪合同	行纪人自己负担。	以自己名义。	委托人有介入权。
中介合同	促成合同成立的，可请求报酬；未促成合同成立的，只能请求必要费用。	以自己名义。	委托人无介入权。

第十六章　技术合同（均为要式合同）

技术合同的类型

技术开发合同	（1）委托开发合同实质上是特种承揽合同。①开发人应亲自完成研究开发工作，非经委托人同意，不得将技术开发的主要部分交第三人完成；②研究开发人不得在向委托人交付研究开发成果之前，将研究开发成果转让给第三人；③因无法克服的技术困难致研究开发失败或者部分失败的，该风险责任，有约从约，无约或约定不明的，由当事人合理分担；④除另有约定外，申请专利的权利属于研究开发人。取得专利权的，委托人可依法实施该专利。研究开发人转让专利申请权的，委托人在同等条件下可优先受让。 （2）合作开发合同实质是特种合伙合同。①风险负担与委托开发合同相同。②合作完成成果的专利申请权由合作开发的当事人共有；申请权转让的，其他各方同等条件下可优先购买，均要求购买的，按原有份额共同受让。③当事人一方不同意申请专利权的，另一方或其他各方不得申请。（区别于合作作品的著作权行使规则：协商行使，协商不成又无正当理由，任何一方不得阻止他人行使除转让以外的其他权利，但所得收益应当合理分给所有合作作者）
技术转让合同	（1）技术转让合同可约定实施专利或使用技术秘密的范围，但不得限制技术竞争和技术发展。 （2）合同期内，当事人对专利或技术秘密所作的革新改良形成的成果归属，有约从约，无约或约定不明时，按合同内容补正的一般方法进行补正。仍不能确定的，一方后续改进的技术成果，其他各方无权分享。
技术咨询和服务合同	（1）技术咨询指一方为另一方特定技术项目提供可行性论证、技术预测等咨询服务；技术服务指一方以技术知识为另一方解决特定技术问题，不包括建设工程合同和承揽合同。 （2）技术咨询合同的风险负担：除合同另有约定外，委托方按照受托方符合约定要求的咨询报告和意见作出决策造成的损失，应由委托方承担，另有约定的除外。 （3）后续改进技术成果的权利归属：在履行技术咨询、技术服务合同的过程中，受托方利用委托方提供的技术资料和工作条件所完成的新的技术成果，除合同另有约定外，属受托方；委托方利用受托方的工作成果所完成的新的技术成果，除合同另有约定外，属于委托方；当事人另有约定的除外。

第十七章　人格权

一般规定	人格权定义	人格权是民事主体享有的生命权、身体权、健康权、姓名权、名称权、肖像权、名誉权、荣誉权、隐私权等权利。 自然人享有基于人身自由、人格尊严产生的其他人格权益。
	人格权禁止性规定	人格权不得放弃、转让或者继承。
	人格标识许可使用	民事主体可以将自己的姓名、名称、肖像等许可他人使用，但是依照法律规定或者根据其性质不得许可的除外。
	死者人格利益保护	死者的姓名、肖像、名誉、荣誉、隐私、遗体等受到侵害的，其配偶、子女、父母有权依法请求行为人承担民事责任；死者没有配偶、子女且父母已经死亡的，其他近亲属有权依法请求行为人承担民事责任。
	人格权行为禁令	民事主体有证据证明行为人正在实施或者即将实施侵害其人格权的违法行为，不及时制止将使其合法权益受到难以弥补的损害的，有权依法向人民法院申请采取责令行为人停止有关行为的措施。

续表

生命权、身体权和健康权	人体捐献	完全民事行为能力人有权依法自主决定无偿捐献其人体细胞、人体组织、人体器官、遗体。任何组织或者个人不得强迫、欺骗、利诱其捐献。 完全民事行为能力人依据前款规定同意捐献的，应当采用书面形式，也可以订立遗嘱。 自然人生前未表示不同意捐献的，该自然人死亡后，其配偶、成年子女、父母可以共同决定捐献，决定捐献应当采用书面形式。
	人体临床试验	为研制新药、医疗器械或者发展新的预防和治疗方法，需要进行临床试验的，应当依法经相关主管部门批准并经伦理委员会审查同意，向受试者或者受试者的监护人告知试验目的、用途和可能产生的风险等详细情况，并经其书面同意。 进行临床试验的，不得向受试者收取试验费用。
	从事人体基因、人体胚胎等有关的医学和科研活动时的义务	从事与人体基因、人体胚胎等有关的医学和科研活动，应当遵守法律、行政法规和国家有关规定，不得危害人体健康，不得违背伦理道德，不得损害公共利益。
	性骚扰	违背他人意愿，以言语、文字、图像、肢体行为等方式对他人实施性骚扰的，受害人有权依法请求行为人承担民事责任。 机关、企业、学校等单位应当采取合理的预防、受理投诉、调查处置等措施，防止和制止利用职权、从属关系等实施性骚扰。
姓名权和名称权	姓名权或名称权不得被非法侵害	任何组织或者个人不得以干涉、盗用、假冒等方式侵害他人的姓名权或者名称权。
	自然人选取姓氏	自然人应当随父姓或者母姓，但是有下列情形之一的，可以在父姓和母姓之外选取姓氏： （一）选取其他直系长辈血亲的姓氏； （二）因由法定扶养人以外的人扶养而选取扶养人姓氏； （三）有不违背公序良俗的其他正当理由。 少数民族自然人的姓氏可以遵从本民族的文化传统和风俗习惯。
	笔名、艺名等的保护	具有一定社会知名度，被他人使用足以造成公众混淆的笔名、艺名、网名、译名、字号、姓名和名称的简称等，参照适用姓名权和名称权保护的有关规定。
肖像权	肖像许可使用合同解释规则	当事人对肖像许可使用合同中关于肖像使用条款的理解有争议的，应当作出有利于肖像权人的解释。
	肖像许可使用合同解除权	当事人对肖像许可使用期限没有约定或者约定不明确的，任何一方当事人可以随时解除肖像许可使用合同，但是应当在合理期限之前通知对方。 当事人对肖像许可使用期限有明确约定，肖像权人有正当理由的，可以解除肖像许可使用合同，但是应当在合理期限之前通知对方。因解除合同造成对方损失的，除不可归责于肖像权人的事由外，应当赔偿损失。
名誉权和荣誉权	作品侵害名誉权	行为人发表的文学、艺术作品以真人真事或者特定人为描述对象，含有侮辱、诽谤内容，侵害他人名誉权的，受害人有权依法请求该行为人承担民事责任。 行为人发表的文学、艺术作品不以特定人为描述对象，仅其中的情节与该特定人的情况相似的，不承担民事责任。
	信用评价	民事主体可以依法查询自己的信用评价；发现信用评价不当的，有权提出异议并请求采取更正、删除等必要措施。信用评价人应当及时核查，经核查属实的，应当及时采取必要措施。

续表

个人信息保护	概念	个人信息是以电子或者其他方式记录的能够单独或者与其他信息结合识别特定自然人的各种信息，不包括匿名化处理后的信息。个人信息的处理包括个人信息的收集、存储、使用、加工、传输、提供、公开、删除等。
	处理要求	（1）处理个人信息应当遵循合法、正当、必要和诚信原则，不得通过误导、欺诈、胁迫等方式处理个人信息； （2）处理个人信息应当具有明确、合理的目的，并应当与处理目的直接相关，采取对个人权益影响最小的方式； （3）收集个人信息，应当限于实现处理目的的最小范围，不得过度收集个人信息； （4）处理个人信息应当遵循公开、透明原则，公开个人信息处理规则，明示处理的目的、方式和范围； （5）处理个人信息应当保证个人信息的质量，避免因个人信息不准确、不完整对个人权益造成不利影响； （6）个人信息处理者应当对其个人信息处理活动负责，并采取必要措施保障所处理的个人信息的安全； （7）任何组织、个人不得非法收集、使用、加工、传输他人个人信息，不得非法买卖、提供或者公开他人个人信息；不得从事危害国家安全、公共利益的个人信息处理活动。
	知情权	个人在其信息处理活动中享有知悉相关情况的权利。
	决定权	决定权是指除法律另有规定外，个人有权决定其个人信息是否被处理、被何人处理以及以何种方式处理。
	更正权	更正权是指在个人发现其个人信息不准确时，其享有请求个人信息处理者予以更正的权利。
	删除权	自然人死亡的，其近亲属为了自身的合法、正当利益，可以对死者的相关个人信息行使本章规定的查阅、复制、更正、删除等权利；死者生前另有安排的除外。
	个人信息保护影响评估	（1）个人信息的处理目的、处理方式等是否合法、正当、必要； （2）对个人权益的影响及安全风险； （3）所采取的保护措施是否合法、有效并与风险程度相适应。 个人信息保护影响评估报告和处理情况记录应当至少保存 3 年。

第十八章　婚姻家庭

一、结婚

法定条件	①须男女双方完全自愿；②须达到法定婚龄，男满22周岁，女满20周岁。少数民族可适当降低婚龄；③符合一夫一妻制。
禁止条件	①直系血亲和三代以内的旁系血亲；②重婚的。
程序	（1）三环节：申请；审查；登记。 （2）当事人认为符合婚姻登记条件而婚姻登记管理机关不予登记的，可以申请复议；对复议决定不服的，可以提起行政诉讼。
无效婚姻	（1）事由：①重婚的；②有禁止结婚的亲属关系的；③未到法定婚龄的。 （2）处理：婚姻当事人或利害关系人申请宣告无效。 （3）如申请时无效事由已消失的，法院不予支持。对婚姻效力的审理不适用调解，判决一经作出即生效，不得上诉，但涉及子女抚养、财产分割的除外。 （4）婚姻被宣告无效或撤销的，财产按共同共有处理，有证据证明归一方的除外。因重婚致婚姻无效的财产处理，不得侵害合法婚姻当事人的财产权益。

右上角：续表

可撤销 婚姻	（1）因胁迫结婚的，<u>受胁迫的一方</u>可以向人民法院请求撤销该婚姻。 （2）撤销请求，应自胁迫行为终止之日起 1 年内提出。被非法限制人身自由的当事人请求撤销婚姻的，应自恢复人身自由之日起 1 年内提出。 无效或被撤销的婚姻，自始无效。

二、离婚

协议离婚	条件：双方自愿、已就子女及财产问题达成协议。 夫妻双方依法自愿达成离婚协议，向婚姻登记机关申请离婚。
诉讼离婚	登记机关不受理离婚登记的、双方未达成离婚协议的可诉讼离婚。
	两项特殊保护：（1）现役军人配偶要求离婚，须得军人同意，但军人一方有重大过错的除外。 （2）女方在怀孕期间、分娩后 1 年内或中止妊娠后 6 个月内，男方不得提出离婚。女方提出离婚的，或人民法院认为确有必要受理男方离婚请求的，不受限制。（"确有必要"指：①夫妻矛盾十分尖锐，不受理可能会发生伤害、杀人或自杀的严重后果。②女方怀孕和分娩的婴儿系与他人的非法两性关系所致。）
	准予离婚的事由：①重婚或有配偶者与他人同居；②实施家暴或虐待、遗弃家庭成员；③有赌博、吸毒恶习屡教不改；④因感情不和分居满 2 年；⑤一方被宣告失踪，另一方提出离婚诉讼的。
离婚的法律后果	身份关系上：夫妻身份消灭、获得再婚权利；夫妻监护权、同居权、家事代理权等消灭；离婚对父母子女关系无影响。 财产关系上：分割共有财产。

离婚的法律后果（下续表格）：

离婚的法律后果	财产处理	如夫妻双方书面约定婚姻存续期间所得财产归属的，依约定。
		未约定归个人所有的，分不同情形分别处理： 夫妻共同财产：①婚姻存续期间所得的工资、奖金、生产经营收益以及知识产权收益；②存续期间，除孳息和自然增值外，一方以个人财产投资取得的收益；③男女双方实际取得或者应当取得的住房补贴、住房公积金；④男女双方实际取得或应当取得的养老保险金、破产安置补偿费。 注意：一方或双方为军人时，军人的伤亡保险金、伤残补助金、医药生活补助费属于个人财产。 夫妻共有财产的分割：双方先协商。协商不成，由法院判决。①离婚时，一方有隐匿、变卖、毁损共同财产或企图侵占另一方财产的，法院可判有过错方少分或不分。离婚后发现上述行为的，可起诉请求再次分割共同财产。②一方以订立财产分割协议时受到欺诈、胁迫为由请求变更或者撤销财产分割协议的，应当在协议离婚后 1 年内起诉。不具备欺诈、胁迫情形的，人民法院不予受理。③当事人依据《民法典》第 1092 条的规定向人民法院提起诉讼，请求再次分割夫妻共同财产的诉讼时效期间为 3 年，从当事人发现之日起计算。
	债务清偿	共同债务以共同财产偿还。如财产不足清偿或约定分别所有的，对外连带责任，对内按份承担，份额由双方协议，协议不成时，法院判决。夫妻之间订立借款协议，以夫妻共同财产出借给一方从事个人经营活动或用于其他个人事务的，应视为双方约定处分夫妻共同财产的行为，离婚时可按照借款协议的约定处理。
		男女一方的个人债务，由本人偿还：①婚前一方以个人名义所欠外债，原则上应当认定为个人债务。婚姻存续期间所负债务原则上认定为共同债务，除非夫妻一方能证明该债务确为个人债务的；②夫妻双方约定由个人承担的债务，但以逃避债务为目的的除外；③擅自资助与其无扶养义务关系的亲友所负的债务；④一方未经对方同意，独自筹资进行经营，其收入未用于共同生活所负的债务。
	（1）补偿权：约定财产分别所有的，一方因抚养子女、照料老人，协助另一方工作付出较多义务的，离婚时有权请求补偿，另一方应予补偿。	
	（2）经济帮助权：离婚时对生活困难一方应给予经济帮助。具体办法由双方协议，协议不成由法院判决。	

续表

		(1) 无过错方请求损害赔偿的情形：①重婚；②有配偶者与他人同居；③实施家暴；④虐待、遗弃家庭成员。赔偿范围包括物质损害赔偿和精神损害赔偿。
离婚损害赔偿		(2) 不起诉离婚而单独请求赔偿的，依法不予支持。但在离婚时未提出请求损害赔偿的，可在离婚后1年内单独起诉。（离婚损害赔偿以判决准予离婚为前提）
		(3) 无过错方作为被告的离婚诉讼案件，一审时未提出损害赔偿请求，二审提出的，应先调解，调解不成，告知当事人在离婚后1年内另行起诉。
		(4) 当事人在婚姻登记机关办理离婚登记手续后，以《民法典》第1091条规定为由向法院提出损害赔偿请求的，法院应受理。但当事人在协议离婚时已经明确表示放弃该项请求，或者在办理离婚登记手续1年后提出的，不予支持。

【关联提示】

1. 财产的认定。

（1）夫妻共同财产的认定：①工资、奖金；②生产、经营的收益；③知识产权收益（包括实际取得或已明确可以取得的财产性利益）；④继承、受赠的财产，但遗嘱或赠与合同中确定只归一方所有的除外；⑤其他，如住房公积金、住房补贴、养老保险金、破产安置补偿费等款项及一方以个人财产投资所得收益，如属于婚姻关系存续期间实际取得或应得部分，也认定为共同财产。

（2）夫妻个人财产的认定：①一方的婚前财产；②一方因身体受到伤害获得的医疗费、残疾人生活补助费等费用；③遗嘱或赠与合同中确定只归夫或妻一方的财产；④一方专用的生活用品；⑤其他应归一方的财产。如军人的伤亡保险金、伤残补助金、医药生活补助费等；⑥婚前父母为双方购置房屋出资的，该出资应当认定为对自己子女的个人赠与，除非父母明确表示赠与双方；结婚后，父母为双方购置房屋出资的，该出资应当认定为对夫妻双方的赠与，除非父母明确表示赠与一方。

（3）离婚时房屋处理：①婚后由一方父母出资为子女购买的不动产，产权登记在出资人子女名下的，视为只对自己子女一方的赠与，属于个人财产；②由双方父母出资购买的不动产，产权登记在一方子女名下的，该不动产可认定为双方按照各自父母的出资份额按份共有，但当事人另有约定的除外；③夫妻一方婚前签订不动产买卖合同，以个人财产支付首付款并在银行贷款，婚后用夫妻共同财产还贷，不动产登记于首付款支付方名下的，离婚时该不动产由双方协议处理。不能达成协议的，人民法院可以判决该不动产归产权登记一方，尚未归还的贷款为产权登记一方的个人债务。双方婚后共同还贷支付的款项及其相对应财产增值部分，离婚时由产权登记一方对另一方进行补偿；④一方未经另一方同意出售夫妻共同共有的房屋，第三人善意购买、支付合理对价并办理产权登记手续，另一方主张追回该房屋的，人民法院不予支持。夫妻一方擅自处分共同共有的房屋造成另一方损失，离婚时另一方请求赔偿损失的，人民法院应予支持；⑤婚姻关系存续期间，双方用夫妻共同财产出资购买以一方父母名义参加房改的房屋，产权登记在一方父母名下，离婚时另一方主张按照夫妻共同财产对该房屋进行分割的，人民法院不予支持。购买该房屋时的出资，可以作为债权处理。

2. 约定财产制：须书面约定，第三人知道该约定的，对第三人有效。

3. 家庭关系。

（1）继父母子女关系：①继父母与继子女之间有抚养关系的，双方享有父母子女的权利义务；未形成抚养关系的，相互间无法定的权利义务关系；②继父母子女关系可以通过协议或诉讼解除，也可以因为继父母子女一方死亡或因生父母与继父母离婚而自然解除；但已形成抚养关系的不能因再婚婚姻结束而自然终止。

（2）夫妻双方日常生活享有互相代理权。对重大财产处置应协商一致，但他人有理由相信其为夫妻共同意思表示的，另一方不得以不同意或不知道为由对抗。

4. 收养。

（1）自收养关系成立之日，养子女与生父母及其他近亲属间的权利义务关系消灭。自收养关系解除之日，未成年养子女与生父母之间权利义务关系恢复。（成年子女的须双方协商）

（2）经养父母抚养成年的养子女，对缺乏劳动能力又缺乏生活来源的养父母，应当给付生活费。因养子女成年后虐待、遗弃养父母而解除收养关系的，养父母可以要求养子女补偿收养期间支出的生活费和教育费。

第十九章　继　承

一、法定继承

适用范围	（1）被继承人生前未立遗嘱，也未立遗赠扶养协议的。 （2）有遗嘱或有遗赠扶养协议，但①遗嘱继承人放弃继承或者受遗赠人放弃受遗赠；②遗嘱继承人丧失继承权；③遗嘱继承人、受遗赠人先于遗嘱人死亡的；④遗嘱无效或者部分无效，无效部分所涉及的遗产适用法定继承；⑤遗嘱未处分的遗产。
继承人范围	配偶、子女、父母、丧偶儿媳、女婿（以尽了主要赡养义务为前提）为第一顺序继承人。兄弟姐妹、祖父母、外祖父母为第二顺序继承人。 备注： （1）继子女只有同继父母形成扶养关系时才对其遗产享有继承权；且继承继父母遗产不影响对生父母遗产的继承。 （2）因收养关系成立养子女丧失对生父母遗产的继承权。 （3）胎儿的继承问题。遗产分割时应保留胎儿的份额，胎儿出生后死亡的，保留的份额由胎儿的法定继承人继承，胎儿出生时是死体的，其份额由被继承人的其他继承人按法定继承方式继承。
代位继承	①被代位继承人：被继承人的子女，先于被继承人死亡；②代位继承人：被继承人死亡子女的晚辈直系血亲，无代数限制；③代位继承人只能继承被代位继承人应得的继承份额；④只适用于法定继承。
转继承	指继承人在继承开始后，遗产分割前死亡，其应继承的遗产转由其合法继承人继承的制度。 适用条件：①继承人在继承开始后、遗产分割前死亡的；②其应继承的遗产转由其合法继承人继承；③既适用于法定继承，也适用于遗嘱继承。

二、遗嘱继承、遗赠、遗赠扶养协议

<table>
<tr><td rowspan="6">遗嘱继承</td><td>特征</td><td>遗嘱是被继承人生前对其个人所有的合法财产所作的处分。
①单方法律行为；②遗嘱人须有行为能力；③不能代理；④要式行为；⑤死因行为：立遗嘱人死亡时生效。</td></tr>
<tr><td>遗嘱继承人</td><td>①只能是法定继承人范围内的一个或数个自然人；②不受法定继承顺序的限制。遗嘱继承人继承遗产后，仍有权按法定继承顺序继承遗嘱未加处分的或遗嘱无效部分所涉及的财产；③遗嘱继承人先于遗嘱人死亡的，其继承部分按法定继承方式由遗嘱人的法定继承人继承。</td></tr>
<tr><td>遗嘱形式</td><td>遗嘱类型：①公证遗嘱，具有最强的证明力。自书、代书、录音、口头遗嘱，不得撤销、变更公证遗嘱；②自书遗嘱；③代书遗嘱、录音遗嘱，应有两个以上见证人在场见证；④口头遗嘱：遗嘱人在危急情况下方可立口头遗嘱，应有两个以上见证人。危急情况解除后，遗嘱人能够用书面或者录音形式立遗嘱的，所立口头遗嘱无效。</td></tr>
<tr><td>无效情形</td><td>①无行为能力人或者限制行为能力人所立；②受胁迫、欺骗所立；③伪造的遗嘱；④遗嘱被篡改的，被篡改的内容无效；⑤对非自有财产的处分无效；⑥未对缺乏劳动能力又无生活来源的继承人保留必要份额的，对必留份的处分无效；继承人是否缺乏劳动能力又没有生活来源，按遗嘱生效时的具体情况确定；⑦在危急情况消除后，口头遗嘱人能够用书面或录音形式立遗嘱的，先前所立的口头遗嘱无效；⑧遗嘱内容违反国家法律或公序良俗。</td></tr>
<tr><td>变更与撤销</td><td>(1) 明示撤销；但变更公证遗嘱须采用公证方式。
(2) 推定方式：①立有数份遗嘱，且内容相互抵触的，有公证遗嘱的，以其为准，没有的，以最后所立遗嘱为准；②遗嘱人生前行为与遗嘱内容相抵触的，推定变更或撤销遗嘱；③实践中，遗嘱人故意毁损、涂销遗嘱或在遗书上写明废弃遗嘱的，应推定遗嘱变更或撤销。</td></tr>
<tr><td>遗赠</td><td>(1) 指遗嘱人用遗嘱将其个人财产于其死亡之后赠给法定继承人以外的人、国家或集体组织。
(2) 特点：①单方法律行为；②于遗赠人死亡时生效；③受遗赠人是法定继承人以外的人、国家或集体组织；④遗赠的标的仅限于财产权利，义务不能遗赠。</td></tr>
<tr><td colspan="2">遗赠扶养协议</td><td>(1) 指受扶养人（公民）和扶养人（法定继承人以外的公民或集体所有制组织）之间关于扶养人承担遗赠人生养死葬的义务，受扶养人将自己所有的财产遗赠给扶养人的协议。
(2) 特点：①双方法律行为；②扶养人承担遗赠人的扶养义务，这是其在生前的效力，但财产的赠与在遗赠人死亡后才生效；③双务有偿合同；④效力上高于遗赠。</td></tr>
</table>

三、遗产的处理

<table>
<tr><td>遗产分割</td><td>(1) 原则：应有利于生产和生活的需要，不损害遗产的效用；不宜分割的遗产，可采取折价、适当补偿或共有等方式处理。
(2) 遗产分割是对被继承人个人财产的分割，不同于对共同财产的分割。
(3) 抚恤金的处理：如职工、军人因公死亡、生病或其他意外事故死亡，由有关单位按规定补偿给死者家属的，不能列为遗产。因公伤残而丧失劳动能力的生活补助，归个人所有，可继承。
(4) 胎儿继留份：分割时应保留胎儿的继承份额，应继份由胎儿母亲代为保管或行使有关权利，若胎儿出生时为死体的，为其保留的份额按法定继承处理。
(5) 保险金的处理：如保险合同指定了受益人，由受益人取得；如未指定受益人，则保险金可作为遗产。</td></tr>
<tr><td>被继承人债务清偿</td><td>(1) 限定继承原则：继承人在继承的财产范围内清偿被继承人的债务（自愿清偿的除外）。继承人放弃继承的，对被继承人依法应缴纳的税款和债务可以不负偿还责任，但故意规避责任的，放弃无效。
(2) 有序清偿原则：①多种遗产取得方式并存时，首先由法定继承人用其所得遗产清偿，不足时，由遗嘱继承人和受遗赠人按比例用所得遗产清偿；②如只有遗嘱继承和受遗赠的，由遗嘱继承和受遗赠人按比例用所得遗产清偿。
(3) 优先于执行遗赠原则：应首先清偿被继承人的债务，清偿后剩余的遗产才能执行遗赠。只适用于遗嘱中的遗赠，而不应适用于遗赠扶养协议中的"遗赠"。</td></tr>
<tr><td>无人继承遗产</td><td>无人继承又无人受遗赠的财产，归国家所有；死者生前是集体所有制组织成员的，归所在集体所有制组织所有。</td></tr>
</table>

【关联提示】 1. 遗产：指公民死亡时遗留的个人合法财产。个人承包依法允许由继承人继续承包的，按承包合同办理；基于人身关系的债权不得作为遗产。

2. 继承。

（1）继承开始：①从被继承人死亡时开始；②互有继承关系的多人在同一事件中死亡，不能确定死亡时间的，推定无继承人的先死；如辈分不同的，推定长辈先死；辈分相同的，推定同时死亡，彼此不发生继承。

（2）继承的接受：明示＋默示（继承人不放弃继承即表示接受）。

（3）继承的放弃：①只能明示；②于遗产分割前作出；③继承权的放弃不能附条件，否则，不生放弃之效力。备注：遗产分割后放弃的不是继承权，而是所有权的抛弃行为。

（4）继承权的丧失：①绝对丧失：故意杀害被继承人，或为争夺遗产而杀害其他继承人，以行为论；②相对丧失：遗弃、虐待被继承人，或伪造、篡改、销毁遗嘱，情节严重的；③只有法院有权确认丧失。

第二十章　人身权

一、人格权

生命权	公民维持自己生命延续，不受他人非法剥夺的权利。	合称生命健康权，主要通过侵权人对受害人及其家属承担赔偿损失等侵权责任的方式加以保护。
身体权	是指自然人以保持其身体组织器官完整性为内容的权利。	
健康权	公民保持身体组织的生理功能健全以及心理健康的权利。	
姓名权	内容	①姓名决定权；②姓名使用权；③姓名变更权。
	侵权行为	①干涉；②盗用；③假冒。
	名称权	法人、个体工商户、个人合伙及其他组织就其名称享有的权利。名称权可依法转让，其取得有严格的法定程序，侵害名称权的行为主要是干涉、盗用、假冒。
肖像权	内容	①公民对自己的肖像，有制作和使用的专有权；②公民有权禁止他人非法侮辱自己的肖像；③肖像权人可以通过许可的方式允许他人制作或使用自己的肖像。
	侵权行为	无法律根据，又未经本人同意，擅自制作或使用他人肖像的行为，但基于法律和社会公共利益的需要而制作、使用他人肖像，并非侵权行为。
名誉权	侵权行为	新闻采访报道中，严重失实造成当事人名誉损害的；文学作品中虚构事实，对他人进行诽谤；在向司法机关或有关部门检举揭发中，捏造事实、陷害他人的；传播谣言对他人进行侮辱的；等等。
		损害死者名誉，其近亲属可作为原告起诉。
隐私权	内容	公民保持其私生活中的秘密不为他人知悉的权利。隐私权主要包括：①个人生活秘密权；②个人通信秘密权；③个人生活安宁权。
	保护	我国《侵权责任法》已经承认了隐私权。
荣誉权	指公民、法人就其获得的有关组织授予的荣誉称号所享有的民事权利。非法剥夺公民、法人的荣誉称号是侵犯荣誉权的行为，应当承担民事责任。	

二、人身权的法律保护

精神损害赔偿问题	（1）精神损害指公民因人身权受侵害而受到的精神痛苦。精神损害赔偿金带有惩罚和抚慰性质。 （2）以下权益受到侵害得以请求精神损害赔偿：①自然人的人格权；②死者的姓名、肖像、名誉、荣誉、隐私以及遗体、遗骨等人格权和延续性人格权（由近亲属保护）；③非法使被监护人脱离监护，损害亲子关系或近亲属间亲属关系；④具有人格象征意义的特定纪念物品，因侵权行为而永久性灭失或毁损的，物品所有人有权请求赔偿精神损害。法人不得请求精神损害赔偿。 （3）精神受到损害，但未造成严重后果，侵权人请求精神赔偿的，一般不予支持。
民事责任	（1）主体。①赔偿权利人：受害人、依法由受害人承担扶养义务的被扶养人以及死亡受害人的近亲属；②赔偿义务人：侵权人。 （2）在审理人身损害赔偿案件中，赔偿权利人起诉部分共同侵权人的，人民法院应当追加其他共同侵权人作为共同被告。赔偿权利人在诉讼中放弃对部分共同侵权人的诉讼请求的，其他共同侵权人对被放弃诉讼请求的被告应当承担的赔偿份额不承担连带责任。责任范围难以确定的，推定各共同侵权人承担同等责任。 （3）侵害公民的姓名权、肖像权、名誉权、荣誉权及法人的名称权、荣誉权、名誉权的民事责任：停止侵害、恢复名誉、消除影响、赔礼道歉并可以要求赔偿损失。

第二十一章　侵权行为

一、概述

1. 侵权行为归责原则。

一般侵权要件（过错责任与推定过错）	①存在损害事实，包括人身损害及财产损害；财产损害包括积极损害（既得利益的损害）与消极损害（可得利益的损害）；②行为的违法性：包括作为和不作为；③违法行为与损害结果间有因果关系；④行为人实施侵权行为时主观上有故意或过失。 注意：共同过错，指两个或两个以上的行为人，基于共同的故意或过失致他人损害，对外连带，对内按份负责。混合过错，指对于损害的发生，各方当事人均有过错。受害人有过错的，可减轻侵害人的民事责任，双方按各自过错程度来分担责任。
归责原则	过错责任原则（直接责任）：以行为人的过错为承担民事责任要件的归责原则。
	过错推定责任原则（替代责任），在法律有特别规定的场合，从损害事实的本身推定侵权人有过错，行为人如不能证明自己没有过错的，就应当承担侵权责任。 适用范围：①无民事行为能力人在教育机构学习生活期间遭受人身损害；②医疗机构违反诊疗规范、拒绝提供或伪造、篡改、销毁病历资料；③动物园饲养的动物致人损害；④建筑物及其搁置物、悬挂物脱落、坠落致人损害；⑤堆放的物品倒塌致人损害；⑥在公共道路上堆放、倾倒、遗撒妨碍通行物致人损害；⑦林木折断、果实坠落致人损害；⑧地面施工或窨井等地下设施致人损害。 举证责任特殊规定：①原告应当举证证明的：违法行为、损害事实、因果关系。②被告举证证明自己主观上没有过错。
	无过错责任原则（替代责任）：法律规定只要存在损害行为就由加害人承担责任的制度。 适用范围：①无、限制民事行为能力人致人损害，监护人承担无过错替代责任；②用人单位责任；③产品责任（对外：无过错责任；对内追偿：过错责任）；④机动车与行人、非机动车间发生道路交通事故；⑤环境污染侵权；⑥高度危险责任（有两个例外）；⑦饲养的动物致人损害（有一个例外）；⑧建筑物倒塌致人损害；⑨因帮工致人损害；⑩医疗产品责任；⑪因帮工遭受损害；⑫遭受工伤但不属于《工伤保险条例》调整。 举证责任：举证责任倒置。①原告证明：违法行为、损害事实、因果关系。②被告证明：原告故意或重大过失行为导致损害发生。

【关联提示】公平责任负担：是指受害人和行为人对损害的发生都没有过错的情形下，根据实际情况，由双方分担损失。

（1）适用范围：只适用在当事人双方均无过错，并且不适用过错责任、过错推定责任和无过错责任原则调整的部分。

（2）可适用公平责任原则的情形：①见义勇为遭受损害的公平责任；②完全民事行为能力人于无意识状态或者失去控制致人损害；③高空抛物致人损害的公平责任；④因紧急避险致人损害的公平责任。

2. 制止侵害行为造成损害的补偿责任（见义勇为行为）。

因保护他人民事权益使自己受到损害的，由侵权人承担民事责任，受益人可以给予适当补偿。没有侵权人、侵权人逃逸或者无力承担民事责任，受害人请求补偿的，受益人应当给予适当补偿。

3. 免责事由。

免责事由	具 体 内 容
正当理由	合法职务行为：指依据法律的授权及有关规定行使合法权力和履行法定义务的行为。
	正当防卫：指为使自己或他人免受现时不法侵害而进行的必要防卫。正当防卫超过必要的限度，造成不应有的损害，应当承担适当的民事责任。
	紧急避险：指为了使公共利益、本人或他人的合法权益免受现实和紧急的损害的危险，不得已而采取致人损害的行为。避险超过必要限度或采取措施不当造成损害的，应承担适当民事责任；如危险由自然原因引起，紧急避险人不承担责任，受益人应给受害人必要补偿。
	自助行为：指因权利受到侵犯或者妨碍，来不及请求公力救济时，可对加害人的财产或自由加以限制的行为，但自助行为不能超过合理的限度。采取自助措施后须立即向有关机关反映。
	受害人的同意（自甘风险）：指受害人事前作出的甘愿承担某种损害后果或者致损风险的明示或默示意思表示。但对于人身损害、故意或重大过失造成财产损害的同意无效。
外来原因	不可抗力：注意法律的特别规定，如高度危险作业不可抗力不得免责。因环境污染致人损害适用不可抗力抗辩时要附加"经及时采取合理措施仍然不能避免损害"的条件。
	第三人的过错：当第三人的行为实质上造成了受害人的损害时，被告可以此为抗辩事由。 责任承担： （1）不真正连带责任的情形："因第三人的过错污染环境、破坏生态的，被侵权人可以向侵权人请求赔偿，也可以向第三人请求赔偿。侵权人赔偿后，有权向第三人追偿。"（《民法典》第1233条） "因第三人的过错致使动物造成他人损害的，被侵权人可以向动物饲养人或者管理人请求赔偿，也可以向第三人请求赔偿。动物饲养人或者管理人赔偿后，有权向第三人追偿。"（《民法典》第1250条） （2）补充责任的情形："宾馆、商场、银行、车站、机场、体育场馆、娱乐场所等经营场所、公共场所的经营者、管理者或者群众性活动的组织者，未尽到安全保障义务，造成他人损害的，应当承担侵权责任。因第三人的行为造成他人损害的，由第三人承担侵权责任；经营者、管理者或者组织者未尽到安全保障义务的，承担相应的补充责任。经营者、管理者或者组织者承担补充责任后，可以向第三人追偿。"（《民法典》第1198条） "无民事行为能力人或者限制民事行为能力人在幼儿园、学校或者其他教育机构学习、生活期间，受到幼儿园、学校或者其他教育机构以外的第三人人身损害的，由第三人承担侵权责任；幼儿园、学校或者其他教育机构未尽到管理职责的，承担相应的补充责任。幼儿园、学校或者其他教育机构承担补充责任后，可以向第三人追偿。"（《民法典》第1201条）
	意外事件：指非因当事人的故意或过失而偶然发生的不可预见的损害。

续表

免责事由	具 体 内 容
	受害人的过错（与有过失）：受害人对于损害的发生也有过错的，可以减轻侵害人的民事责任。 过失相抵原则的适用情形： "个人之间形成劳务关系，提供劳务一方因劳务造成他人损害的，由接受劳务一方承担侵权责任。提供劳务一方因劳务自己受到损害的，根据双方各自的过错承担相应的责任。" "占有或者使用易燃、易爆、剧毒、放射性等高度危险物造成他人损害的，占有人或者使用人应当承担侵权责任，但能够证明损害是因受害人故意或者不可抗力造成的，不承担责任。被侵权人对损害的发生有重大过失的，可以减轻占有人或者使用人的责任。" "从事高空、高压、地下挖掘活动或者使用高速轨道运输工具造成他人损害的，经营者应当承担侵权责任，但能够证明损害是因受害人故意或者不可抗力造成的，不承担责任。被侵权人对损害的发生有过失的，可以减轻经营者的责任。"

4. 责任主体的特殊规定。

责任主体类型	具 体 内 容
监护人责任	"无民事行为能力人、限制民事行为能力人造成他人损害的，由监护人承担侵权责任。监护人尽到监护责任的，可以减轻其侵权责任。 有财产的无民事行为能力人、限制民事行为能力人造成他人损害的，从本人财产中支付赔偿费用；不足部分，由监护人赔偿。" 注意：①归责原则为无过错责任；②过错推定为补充。
暂时丧失心智损害责任	"完全民事行为能力人对自己的行为暂时没有意识或者失去控制造成他人损害有过错的，应当承担侵权责任；没有过错的，根据行为人的经济状况对受害人适当补偿。 完全民事行为能力人因醉酒、滥用麻醉药品或者精神药品对自己的行为暂时没有意识或者失去控制造成他人损害的，应当承担侵权责任。" 构成要件：侵权人为完全民事行为能力人；侵权人丧失心智是因为自己的过错，如果能证明自己没有过错，并不免除责任，而是适用公平责任负担相应损失。
用人者责任	用人单位责任："用人单位的工作人员因执行工作任务造成他人损害的，由用人单位承担侵权责任。" 注意：①主体特定：只能是用人单位的工作人员；②场合特定：执行工作任务时，下列行为不属于执行工作任务：超越职权行为、擅自委托行为、违反禁止行为、借用机会处理私事行为等；③被侵权人特定：只能是第三人受损害；④责任承担人特定：用人单位，不是其工作人员；⑤归责原则：无过错责任。
	劳务派遣责任："劳务派遣期间，被派遣的工作人员因执行工作任务造成他人损害的，由接受劳务派遣的用工单位承担侵权责任；劳务派遣单位有过错的，承担<u>相应的补充责任</u>。" 责任承担： ①由接受派遣用工单位承担责任，如果工作人员有过错的，用工单位在承担了赔偿责任后，可以向该工作人员追偿；②劳务派遣单位有过错的，承担相应的补充责任。注意此处的补充责任，不是全部补充，要与补充责任人的过错程度和行为的原因力相适应，且不得向直接责任人追偿。
	个人劳务责任："个人之间形成劳务关系，提供劳务一方因劳务造成他人损害的，由接受劳务一方承担侵权责任。提供劳务一方因劳务自己受到损害的，根据双方各自的过错承担相应的责任。" 注意：（1）适用范围：仅限于个人之间形成的劳务关系，不包括私人企业与雇工之间的劳务关系。 （2）责任承担：致第三人受损害的，由接受劳务一方承担责任；致提供劳务方自己受损害的，根据双方各自的过错承担责任。

责任主体类型	具 体 内 容
网络服务提供者责任	"网络用户、网络服务提供者利用网络侵害他人民事权益的，应当承担侵权责任。 网络用户利用网络服务实施侵权行为的，被侵权人有权通知网络服务提供者采取删除、屏蔽、断开链接等必要措施。网络服务提供者接到通知后未及时采取必要措施的，对损害的扩大部分与该网络用户承担连带责任。 网络服务提供者知道网络用户利用其网络服务侵害他人民事权益，未采取必要措施的，与该网络用户承担连带责任。" 责任承担： （1）一般规则：网络用户和网络服务提供者适用过错责任原则。 （2）违反提示规则：网站对损害的扩大部分与该网络用户承担连带责任。 （3）违反明知规则：网站与该网络用户承担连带责任。
违反安保义务的侵权责任	"宾馆、商场、银行、车站、娱乐场所等公共场所的管理人或者群众性活动的组织者，未尽到安全保障义务，造成他人损害的，应当承担侵权责任。 因第三人的行为造成他人损害的，由第三人承担侵权责任；管理人或者组织者未尽到安全保障义务的，承担相应的补充责任。" 违反安保义务行为的认定：怠于防止侵害行为；怠于消除经营场所或者活动场所具有伤害性的自然情况；怠于实施告知义务等。
学生伤害事故责任	"无民事行为能力人在幼儿园、学校或者其他教育机构学习、生活期间受到人身损害的，幼儿园、学校或者其他教育机构应当承担责任，但能够证明尽到教育、管理职责的，不承担责任。" "限制民事行为能力人在学校或者其他教育机构学习、生活期间受到人身损害，学校或者其他教育机构未尽到教育、管理职责的，应当承担责任。" "无民事行为能力人或者限制民事行为能力人在幼儿园、学校或者其他教育机构学习、生活期间，受到幼儿园、学校或者其他教育机构以外的人员人身损害的，由侵权人承担侵权责任；幼儿园、学校或者其他教育机构未尽到管理职责的，承担相应的补充责任。" 注意：①主体：学生仅指无民事行为能力人和限制行为能力人，包括已成年但属于无或限制行为能力人；②期间：在幼儿园、学校或者其他教育机构学习、生活期间，采取"门至门"原则，也包括学校组织的校外活动或接送班车；③事故：仅指学生本人的人身伤亡事故，不包括学生致他人伤亡事故。 责任归责：无民事行为能力人：过错推定原则；限制行为能力人：过错原则；因第三人行为所致的：过错补充原则。（学生伤害事故责任不适用公平责任）

【关联提示】义务帮工人责任承担。

	特 征	责 任 形 式
义务帮工人致他人损害责任承担者	义务帮工具有民间互助的性质，被帮工人接受了帮工，帮工人的地位类似于雇佣人。	一般情况下，由被帮工人承担赔偿责任。 例外： （1）被帮工人明确拒绝帮工的，被帮工人不承担责任。 （2）帮工人存在故意或重大过失的，赔偿权利人请求帮工和被帮工人承担连带责任的。
义务帮工人本人遭受损害责任承担者	被帮工人是帮工活动的受益人，理应承担赔偿责任。	一般情况下，由被帮工人承担赔偿责任。 例外：（1）被帮工人明确拒绝帮工的，被帮工人不承担责任但可在受益范围内给予适当补偿； （2）帮工人因第三人侵权遭受人身损害的，由第三人承担赔偿责任。第三人不能确定或者没有赔偿能力的，可以由被帮工人予以适当补偿。

【重点提示】

（1）无偿提供劳务的帮工人，在从事帮工活动中致人损害的，被帮工人应当承担赔偿责任；

（2）被帮工人承担赔偿责任后向有故意或者重大过失的帮工人追偿的，人民法院应予支持；

（3）被帮工人明确拒绝帮工的，不承担赔偿责任；

（4）帮工人在帮工活动中因第三人的行为遭受人身损害的，有权请求第三人承担赔偿责任，也有权请求被帮工人予以适当补偿；

（5）被帮工人补偿后，可以向第三人追偿。

二、特殊侵权行为

情形	归责原则	具 体 内 容
产品责任	无过错责任	不真正连带责任：被侵权人对产品生产者或销售者均享有损害赔偿请求权，可以选择。如果要求销售者承担责任的，销售者对外承担无过错责任，对内承担过错责任（可向生产者追偿）。 诉讼时效：2 年，但自交付最初消费者满 10 年丧失，尚未超过明示的安全使用期的除外。
机动车交通事故责任	无过错原则和过错原则	无过错原则适用：机动车造成非机动车驾驶人或者行人人身损害。 过错原则适用：机动车相互之间事故。
医疗损害责任	二元归责	医疗技术损害责任：适用过错原则，举证责任者在原告。医师未尽高度注意义务。
		医疗伦理损害责任：适用过错推定原则，是否存在过失由医疗机构举证；医师违反告知、保密等义务。
		医疗产品损害责任：无过错责任。
高度危险作业	无过错责任	免责事由：不可抗力、受害人故意、未经允许进入高度危险活动区域，管理人已经采取安全措施并尽到警示义务的，可以减轻或免除责任。
环境污染事故	无过错责任	免责事由：①不可抗力引起损害，已采取合理措施，仍无法避免损害的；②被侵权人故意；③第三人过错的不真正连带责任：被侵权人可以向第三人或污染者请求赔偿。 诉讼时效：3 年。 举证责任倒置：由污染者证明污染行为与损害没有因果关系。
饲养动物损害责任	二元归责	过错推定：动物园动物致人损害。 无过错责任：违反管理规定未对动物采取安全措施致人损害；禁止饲养的危险动物致人损害；遗弃或逃逸的动物致人损害。 免责事由：受害人故意；受害人重大过失的可以减责；不可抗力；约定免责。
物件损害责任	过错推定责任	免责或减责事由：不可抗力、第三人过错、受害人故意或过失。 抛掷物、坠落物致损责任：承担的责任为补偿责任、能够证明自己不是加害人的免除责任。

三、共同侵权

种类	责任承担	内 容
主观共同侵权行为（有意思联络的共同侵权行为）	连带责任	即数人基于主观故意而共同侵害他人造成损害的行为。 构成要件：①行为人为 2 人以上；②行为人具有共同的主观故意；③行为的共同性，可能有分工的不同，但每一个人的行为都是共同侵权行为的组成部分；④造成共同的损害结果，不管是一个损害结果还是数个损害结果，都是共同侵权人造成的，具有因果关系。"教唆、帮助他人实施侵权行为的，应当与行为人承担连带责任。 教唆、帮助无民事行为能力人、限制民事行为能力人实施侵权行为的，应当承担侵权责任；该无民事行为能力人、限制民事行为能力人的监护人未尽到监护责任的，应当承担相应的责任。"

种类	责任承担	内　　容
客观的共同侵权行为	连带责任	即数个共同侵权人的行为与损害结果之间具有共同的因果关系，并且损害结果不可分的共同侵权行为。 构成要件：①行为人的共同性，即侵权人为 2 人以上；②过失的共同性，数人均具有过失，至于是否成立共同过失在所不问；③结果的共同性，数人的行为已经造成了同一个损害结果，且为不可分；④原因的共同性，数人的行为对于损害的发生均为不可缺的原因，并且这些行为须结合为一体，才能够造成同一的损害结果，缺少任何一个行为，都不能造成这种结果，如果缺少某个行为仍然会造成这个损害的，则不构成共同侵权行为。
叠加的共同侵权行为	连带责任	即数个侵权行为人并没有主观上的意思联络，也没有共同过失，而是分别实施侵权行为，造成同一个损害，但每一个行为人的行为都足以造成全部损害。
共同危险行为（准共同侵权行为）	连带责任	即 2 人或 2 人以上共同实施侵害他人权利的危险行为，并就其所造成的损害后果不能判明谁是真正侵权人的侵权行为。 构成要件：①行为是由数人实施的；②数人实施的行为具有致他人损害的危险性；表现为：虽无意，但有可能，且无特定对象；③这种具有危险性的共同行为是致人损害的原因；④谁是责任人难以确定；⑤承担连带责任，但能证明自己的行为与损害间无因果关系的除外。
无过错联系的共同加害行为（无意思联络的数人侵权行为）	按份责任	即数个行为人事先既没有共同的意思联络，也没有共同过失，只是由于行为的客观联系，而共同造成同一个损害结果的侵权行为。 与共同侵权行为的区别：①主观上，该行为的各个行为人没有共同过错，包括共同故意和共同过失；②客观上，该行为的各个行为人所实施的行为是分别进行的，其造成的损害后果可以分割；③该行为属于单独侵权而非共同侵权，各行为人按照各自造成的损害后果或者按照原因力承担按份责任。 构成要件：①行为人为 2 人以上；②数人都实施了有关联性的行为，数人的行为不构成引起损害发生的统一原因，各个行为对损害后果的发生分别产生作用；③数人的行为造成同一个损害结果，损害结果具有统一性。
关联记忆		（1）仅起诉部分共同侵权人的，法院应当追加其他共同侵权人作为共同被告。 （2）权利人在诉讼中放弃对部分共同侵权人的诉讼请求的，其他共同侵权人对被放弃部分的赔偿份额不承担连带责任。责任范围难以确定的，推定各共同侵权人承担同等责任。 （3）法院应将放弃请求的法律后果告知赔偿权利人，并将放弃诉讼请求的情况在法律文书中叙明。

【重点法规】《最高人民法院关于审理侵害信息网络传播权民事纠纷案件适用法律若干问题的规定》。

第 4 条　有证据证明网络服务提供者与他人以分工合作等方式共同提供作品、表演、录音录像制品，构成共同侵权行为的，人民法院应当判令其承担连带责任。网络服务提供者能够证明其仅提供自动接入、自动传输、信息存储空间、搜索、链接、文件分享技术等网络服务，主张其不构成共同侵权行为的，人民法院应予支持。

第 6 条　原告有初步证据证明网络服务提供者提供了相关作品、表演、录音录像制品，但网络服务提供者能够证明其仅提供网络服务，且无过错的，人民法院不应认定为构成侵权。

第 7 条　网络服务提供者在提供网络服务时教唆或者帮助网络用户实施侵害信息网络传播权行为的，人民法院应当判令其承担侵权责任。

网络服务提供者以言语、推介技术支持、奖励积分等方式诱导、鼓励网络用户实施侵害信息网络传播权行为的，人民法院应当认定其构成教唆侵权行为。

网络服务提供者明知或者应知网络用户利用网络服务侵害信息网络传播权，未采取删除、屏蔽、断开链接等必要措施，或者提供技术支持等帮助行为的，人民法院应当认定其构成帮助侵权行为。

第8条　人民法院应当根据网络服务提供者的过错，确定其是否承担教唆、帮助侵权责任。网络服务提供者的过错包括对于网络用户侵害信息网络传播权行为的明知或者应知。

网络服务提供者未对网络用户侵害信息网络传播权的行为主动进行审查的，人民法院不应据此认定其具有过错。

网络服务提供者能够证明已采取合理、有效的技术措施，仍难以发现网络用户侵害信息网络传播权行为的，人民法院应当认定其不具有过错。

第10条　网络服务提供者在提供网络服务时，对热播影视作品等以设置榜单、目录、索引、描述性段落、内容简介等方式进行推荐，且公众可以在其网页上直接以下载、浏览或者其他方式获得的，人民法院可以认定其应知网络用户侵害信息网络传播权。

第11条　网络服务提供者从网络用户提供的作品、表演、录音录像制品中直接获得经济利益的，人民法院应当认定其对该网络用户侵害信息网络传播权的行为负有较高的注意义务。

网络服务提供者针对特定作品、表演、录音录像制品投放广告获取收益，或者获取与其传播的作品、表演、录音录像制品存在其他特定联系的经济利益，应当认定为前款规定的直接获得经济利益。网络服务提供者因提供网络服务而收取一般性广告费、服务费等，不属于本款规定的情形。

第12条　有下列情形之一的，人民法院可以根据案件具体情况，认定提供信息存储空间服务的网络服务提供者应知网络用户侵害信息网络传播权：

（一）将热播影视作品等置于首页或者其他主要页面等能够为网络服务提供者明显感知的位置的；

（二）对热播影视作品等的主题、内容主动进行选择、编辑、整理、推荐，或者为其设立专门的排行榜的；

（三）其他可以明显感知相关作品、表演、录音录像制品为未经许可提供，仍未采取合理措施的情形。

第13条　网络服务提供者接到权利人以书信、传真、电子邮件等方式提交的通知及构成侵权的初步证据，未及时根据初步证据和服务类型采取必要措施的，人民法院应当认定其明知相关侵害信息网络传播权行为。

第15条　侵害信息网络传播权民事纠纷案件由侵权行为地或者被告住所地人民法院管辖。侵权行为地包括实施被诉侵权行为的网络服务器、计算机终端等设备所在地。侵权行为地和被告住所地均难以确定或者在境外的，原告发现侵权内容的计算机终端等设备所在地可以视为侵权行为地。

科目: 商 法

第一章 公 司 法

一、公司的组织过程

有限责任公司和股份有限公司：相同点是公司以其全部资产对外承担无限责任，股东对内承担有限责任；不同点是公司资产是否划分为等额股份，有限责任公司股东以其认缴的出资额（出资证明书）为限对公司承担责任，股份有限公司股东以其认购的股份（股票）为限对公司承担责任。

		有限责任公司	股份有限公司
	人数	≤50	2～200，半数以上发起人在中国有住所。
	章程	订立：股东共同制定。	订立：发起人制定。
		修改：代表2/3以上表决权股东通过。	修改：出席会议的股东所持表决权的2/3以上通过。
		章程效力：（1）对5类人有效：公司、股东、董事、监事、高管，对债权人不具约束力。（2）公司超经营范围订立的合同有效，除非违反法律的强制性规定。（3）公司决议无效情形（自始无效）：违背有限责任；违背法定分配顺序；违背财产自由转让；违背监事报酬法定原则；规定股东不得解散公司的决议。（4）可撤销：公司决议内容违反章程的，股东可自决议作出之日起60日内请求法院撤销。		
公司设立	出资	（1）注册资本：在公司登记机关登记的全体股东认缴的出资额。	注册资本：①采取发起设立方式设立的，在公司登记机关登记的全体发起人认购的股本总额。在发起人认购的股份缴足前，不得向他人募集股份。②采取募集方式设立的，在公司登记机关登记的实收股本总额。③以募集设立方式设立股份有限公司的，发起人认购的股份不得少于公司股份总数的35%；但是，法律、行政法规另有规定的，从其规定。
		（2）出资形式：①可以出资：货币、实物、知识产权、土地使用权、股权、债权（只有土地是使用权，其他均为所有权）；②不得出资：信用、劳务、自然人姓名、商誉、特许经营权、设定担保的财产。		
		（3）出资瑕疵的责任：①出资违约→补缴＋违约责任——（设立时的股东或者发起人）连带责任；②出资不足→补缴——（设立时的股东或者发起人）连带责任。		
	设立程序	订立发起协议（非法定）→制定公司章程、选举公司机关→名称预先核准（保留期6个月，保留期内不得经营，不得转让）→缴纳出资→全体股东指定的代表或共同委托的代理人申请登记（国有独资公司由授权的本级人民政府国有资产监督管理机构作为	发起设立：签订发起人协议→制定公司章程→名称预先核准→缴纳首期股款→选举公司机关→董事会申请登记（大会结束后30日内）→核准登记→公告成立。募集设立：签订发起人协议（法定）→制定公司章程→名称预先核准→发起人认购→制作招股说明书、签订承销协议和代收股款协议→申请批准募股→公开募股→召

续表

		有限责任公司	股份有限公司
公司设立	设立程序	申请人)→核准登记→公告成立。	开创立大会→董事会申请登记（大会结束后 30 日内）→核准登记→公告成立（募集股份情况交证监会备案）。
	责任	（1）公司不能成立时，对设立时产生的债务和费用负连带责任；对认股人已缴纳的股款，负返还股款并加算银行同期存款利息的连带责任。 （2）公司设立过程中，由于发起人的过失致使公司利益受到损害的，应当对公司承担赔偿责任。	
合并分立	合并程序	合并协议→股东会决议（有限责任公司 2/3 以上表决权，股份有限公司出席股东大会所持表决权 2/3 以上）→编制资产负债表、财产清单，不需清算→10 日内通知债权人、30 日内公告→债权人要求清偿或者提供担保（接到通知书 30 日内，未接到通知自公告 45 日内）→变更登记。	
	分立程序	分立协议→股东会决议（有限责任公司 2/3 以上表决权，股份有限公司出席股东大会所持表决权 2/3 以上）→编制资产负债表、财产清单，不需清算→10 日内通知债权人、30 日内公告→变更登记。	
	效力	（1）合并时，合并各方的债权、债务，应当由合并后存续的公司或者新设的公司承继。 （2）公司分立前的债务由分立后的公司承担连带责任。但是，公司在分立前与债权人就债务清偿达成的书面协议另有约定的除外。	
终止	解散	（1）约定解散：经营期限届满或章程规定的解散事由出现。 （2）决议解散：股东（大）会决议解散。 （3）合并分立。 （4）行政解散：被吊销营业执照、责令关闭或被撤销。 （5）司法解散：股东请求法院解散公司。	
	清算	（1）适用：公司解散（除公司合并、分立以外）按《公司法》清算，因破产而解散的公司适用《破产法》清算。 （2）程序：成立清算组（15 日）→通知债权人（10 日）、公告（60 日）→债权人申报债权（收到通知书的 30 日，未收到通知书的自公告之日起 45 日）→清理财产、清偿债务、分配剩余财产→注销登记（公司终止）。 （3）清算组：对公司资产、债权债务清理，有独立诉讼地位。 ①组成：有限公司由股东组成；股份公司由董事或股东大会确定的人组成；逾期不成立的，债权人可申请法院指定。 ②清偿顺序：清算费用→职工工资、社保、法定补偿金→税款→公司债务→分配剩余财产（未清偿债务前不得分配）。 ③清算结束制作清算报告，报股东（大）会、法院确认。 （4）清算法人：权利能力仅限于清算活动，经营资格丧失。	

【关联提示】

1. 各类公司最低注册资本限额。

有限公司	无最低注册资本限额。
股份公司	无最低注册资本限额。发起设立为认缴资本，募集设立为实缴资本。
商业银行	全国性商业银行：10 亿元；城市合作商业银行：1 亿元；农村商业银行：5000 万元（均为实缴货币资本）。
证券公司	经纪类证券公司：5000 万元；综合类证券公司：1 亿元（一个项目）、5 亿元（两个以上项目）。
保险公司	基准：2 亿元，且必须为实缴货币资本。

2. 公司权利能力的限制。

经营范围	超出经营范围的，一般有效，除非违反法律、行政法规的禁止性规定。
转投资	（1）国有独资公司、国有企业、上市公司不能成为普通合伙人。 （2）对外投资由章程规定，董事会、股东（大）会决议。
担保	（1）对外提供担保，由章程规定，由董事会或者股东（大）会决议。 （2）对内（即为公司股东或者实际控制人）提供担保，必须经股东（大）会决议。关联关系人不得参加该项表决，由出席会议的其他股东所持表决权的过半数通过。（董事会无权决议、关联关系人无表决权）——表决权排除规则。
借贷	不得直接或通过子公司向董、监、高提供借款。

3. 一人公司的特殊规定：

（1）特征：一个股东（一个法人或一个自然人）；股东承担有限责任；只能是有限责任公司；组织结构简化：不设股东会，董事会、监事会设立与否由章程规定。

（2）再投资：一个自然人只能设立一个一人公司（一人一个），该一人公司不得再设立一人公司（法人无禁止）。

（3）财务监督：年度报告会计师事务所强制审计。

（4）人格否认：不能证明公司财产独立于股东个人财产（举证责任倒置），承担连带责任。

4. 创立大会：

自股款缴足之日起30日内召开，由发起人、认股人组成，15日前通知或公告，应有代表股份总数过半数的发起人、认股人出席方为有效，决议表决由出席会议的认股人所持有表决权的过半数通过。

二、公司的组织机构

比较点		有限责任公司	股份有限公司
股东会（股东大会）	会议召开	（1）种类：①定期会议：每年1次，按照章程规定。②临时会议：提议主体：a. 代表1/10以上表决权的股东；b. 1/3以上董事；c. 监事会或者不设监事会的公司的监事。	（1）种类：①年会：每年1次，每个会计年度终了后6个月内召开。②临时会议（2个月内召开）：提议主体：a. 董事人数不足规定人数2/3；b. 未弥补的亏损达股本总额1/3；c. 单独或者合计持有公司股份10%以上的股东请求；d. 董事会或独立董事；e. 监事会。
		（2）程序：15日以前通知全体股东。公司章程另有规定或者全体股东另有约定的除外。	（2）程序：①年会20日前通知，临时股东大会15日前通知；发行无记名股票的，应于30日前公告，5日前至闭会期间将股票交予公司封存。②单独或者合计持有公司3%以上股份的股东，可以10日前提出临时提案；董事会应在收到提案后2日内通知。③股东大会不得对通知中未列明的事项作出决议，未通知的事项决议为可撤销决议。④制作会议记录，由主持人、出席会议的董事签名。会议记录与股东签名册、代理出席委托书一并保存。
		（3）会议召集和主持：首次会议：由出资最多的股东召集主持。其他情形下：①董事会或执行董事：a. 有董事会的董事会召集；主持：董事长（不能履行职务或者不履行职务）→ 副董事长（同上）→ 半数以上董事选1名董事。b. 不设董事会的：执行董事召集和主持。②董事会或执行董事（同上）→ 监事会或不设监事会的公司的监事（同上）→ 代表1/10以上表决权的股东。	（3）会议召集和主持：①董事会召集。主持：董事长（不能履行职务或者不履行职务）→ 副董事长（同上）→ 半数以上董事选1名董事。②董事会（不能履行或不履行职责）→ 监事会（同上）→ 连续90日以上单独或者合计持有公司10%以上股份的股东。
	决议规则	（1）资本多数决：由股东按照出资比例行使表决权。公司章程可以另行规定其他方式。（2）特殊决议的绝对多数决，即代表2/3以上表决权的股东通过——公司增减资、合并、分立、解散、变更公司形式、修改章程。（3）直接决议：全体股东对决议事项一致书面同意，可不经股东会会议而直接作出决定，并由全体股东在决定文件上签名盖章。	（1）强行资本多数决：一票一权，章程不得另行约定。公司自持的股份无表决权。（2）一般决议：出席会议的股东所持表决权过半数通过。特殊决议：出席会议的股东所持表决权2/3以上通过，特殊决议事项同有限责任公司。（注：上市公司一年内买卖重大资产或担保金额超过资产总额30%的，应由股东大会决议，并作为特殊决议需绝对多数通过）（3）累积投票制：适用范围：选举董事、监事。（可以适用，非强制）

比较点		有限责任公司	股份有限公司
股东会（股东大会）	决议规则	股东会会议由股东按照出资比例行使表决权，公司章程另有规定的除外。股东会会议作出修改公司章程、增加或者减少注册资本的决议，以及公司合并、分立、解散或者变更公司形式的决议，必须经代表 2/3 以上表决权的股东通过。	适用根据：章程规定或大会决议适用。 行使方式：每一股份拥有与应选人数相同的投票权，投票权可集中也可分散使用。
	职权	股东会——权力机关，非常设机关。 国有独资公司和一人公司不设股东会。	股东大会——权力机关，常设机关。
		（1）审议批准：年度财务预算方案、决算方案、利润分配方案和弥补亏损方案、董事会报告、监事会或者监事的报告。 （2）决定：修改章程，公司增减资、发行公司债券、合并、分立、变更公司形式、解散和清算、对股东向股东以外的人转让出资（仅限于有限责任公司），决定经营方针和投资计划，选举和更换非职工代表担任的董事、监事，决定有关董事、监事的报酬事项。	
董事会	组成	（1）3 人～13 人，股东人数较少和规模较小的，可以不设立董事会，只设 1 名执行董事。董事任期不超过 3 年（国有独资公司董事为 3 年），可连选连任。董事会设董事长一人，可以设副董事长。董事长、副董事长的产生办法由公司章程规定。可以有公司职工代表。 （2）一人公司由章程规定是否设立董事会。 （3）国有独资公司董事会由国有资产监督管理机构委派和职工代表两部分人员构成。（职工董事法定）	（1）5 人～19 人，董事任期不超过 3 年，可连选连任。 （2）董事产生：设立阶段，发起设立由发起人选举，募集设立由创立大会选举；公司成立后，股东大会选举。董事会设董事长一人，可以设副董事长，董事长、副董事长由董事会以全体董事的过半数选举产生。可以有公司职工代表。 （3）上市公司设董事会秘书，负责股东大会和董事会事务。 （4）上市公司设独立董事，占董事会成员 1/3 以上，其中至少包括 1 名会计专业人士。独立董事任期与其他董事相同，但连任期间不超过 6 年。独立董事连续 3 次未亲自出席董事会会议，董事会可提请股东大会予以撤换。原则上最多在 5 家上市公司兼任独立董事。
	会议召开	董事长（不能履行职务或者不履行职务）→副董事长（同上）→半数以上董事选 1 名董事。	（1）定期会议：每年至少召开 2 次，10 日前通知全体董事、监事；董事长召集和主持。 （2）临时会议：董事长在接到提议 10 日内召集和主持。提议主体：代表 1/10 以上表决权的股东、1/3 以上董事、独立董事、监事会。
	决策规则	（1）董事会的议事方式和表决程序，除《公司法》有规定的外，由公司章程规定，实行一人一票制。（人头主义）	（1）董事会会议须有过半数董事出席方可举行，一般决议实行一人一票制（人头主义），须经全体董事的过半数通过。（注：上市公司关联董事不得参加关联事项的表决，也不得代理其他董事表决，须经无关联关系的董事过半数通过。如出席董事会的无关联关系董事不足 3 人，应将该事项提交股东大会审议）
		（2）制作会议记录，出席会议的董事签名。	（2）制作会议记录，出席会议董事和记录员签字，出席会议的董事对决议承担责任，但经证明表决时表明异议并记载于会议记录的可免责。
	职权	（1）业务执行权：执行股东（大）会决议。 （2）经营决策权：制订方案，决定经营计划和投资方案、内部管理机构设置、聘任或解聘经理（高级管理人员），根据经理（高级管理人员）提名决定副经理（副高级管理人员）、财务负责人及其报酬事项。 （注：国有独资公司董事会除法定职权外，还有国有资产监督管理机构授权的一般股东会的部分职权，但公司合并、分立、解散、增减资、发行公司债券必须由国有资产监督管理机构决定，其中，合并、分立、解散、申请破产应由国有资产监督管理机构审核后报本级人民政府批准）	

续表

比较点		有限责任公司	股份有限公司
监事会	组成	（1）监事会（≥3人，职工代表≥1/3，国有独资公司不少于5人）。监事的任期每届为3年。监事任期届满，可以连选连任。监事会设主席1人，由全体监事过半数选举产生。（注：有限责任公司股东人数较少、规模较小，可以不设监事会，只有1名～2名监事，但股份公司必须设立） （2）董事、高级管理人员不得兼任监事。 （3）行使职权的必要费用由公司承担。 （4）诚信义务：监事任期届满未及时改选或任期内辞职导致监事会成员低于法定人数的，在改选出的监事就任前，原监事仍应当依照法律、行政法规和公司章程的规定，履行监事职务。	
	召开	（1）会议：每年至少1次，监事可提议召开临时会议。	（1）会议：每6个月至少1次，监事可提议召开临时会议。
		（2）召集和主持：主席（不能履行职务或不履行职务）→半数以上监事选1名监事。	（2）召集和主持：应在组成人员中推选1名召集人。

【关联提示】1. 经理在股份有限公司为必设机关，有限责任公司可以选择设置。

2. 董事、监事和高级管理人员。

	适　　用	备　　注
董监高任职资格	不得担任公司的董监高人员：（1）无行为能力或限制行为能力。 （2）经济犯罪＋判处刑罚（5年）、犯罪＋被剥夺政治权利（5年）。 （3）破产＋董事或者厂长、经理＋个人责任（3年）。 （4）吊销营业执照、责令关闭＋法定代表人＋个人责任（3年）。 （5）个人较大债务到期未还。 违反规定选举、委派或者聘任无效。任职期间出现所列情形，应当解除其职务。	（1）《商业银行法》限制：上述（1）～（4）项无时间限制。 （2）《证券法》除上述五项外，还有下列两项限制：①被解除职务的证券机构负责人或证券公司董监高自被解除职务之日起未逾5年；②因违法、违纪被撤销经济相关资格人员，自撤销之日起未逾5年。
董监高的义务	（1）董监高共同义务（禁止性行为）： ①以权谋私；②收受贿赂；③侵占公司财产；④泄露公司秘密。 （2）董事、高管的特定义务（禁止性行为）： ①财经纪律方面：挪用资金；私立账户存储公司资金；资金借贷或为他人担保（违反章程规定、未经股东会或董事会同意）；自我交易（违反章程或未经股东会同意）；为自己或他人谋取公司商业机会（未经股东会同意）；④竞业禁止（未经股东会同意）；⑤佣金据为己有；⑥披露公司秘密。	（1）忠实和勤勉义务： 忠实义务：忠诚于公司，不得为有损公司利益的行为； 勤勉义务：积极履行职责，依法谋求公司利益和股东利益最大化。 （2）违反义务的行为效力： ①收入归公司（归入权）；②为保护交易安全，行为有效；③股东可通过诉讼追究董监高的赔偿责任。

【关联提示】公司股东。

1. 股东资格继承。

继承类型	股　东	普通合伙人	有限合伙人	个人独资企业投资人
身份继承	可以	不可以，除非合伙协议有约定或其他合伙人一致同意	可以，除非合伙协议另有约定	可以
财产继承	可以	可以	可以	可以

2. 实际股东与名义股东（2014年最高人民法院《关于适用〈中华人民共和国公司法〉若干问题的规定（三）》，以下简称《公司法解释（三）》）。

（1）我国承认隐名股东（实际出资人），即在公司章程、股东名册上不署名，而由名义股东（不出资但署名）署名。

（2）隐名股东欲取得正式股东身份，可以经其他股东半数以上（包括1/2）同意的方式。

（3）名义股东不能以股东名册、工商登记为由否认隐名股东的权利。

（4）名义股东未经隐名股东同意转让其名下股权或设定质押等处分的，参照善意取得制度。

（5）债权人请求登记的未出资股东承担补充赔偿责任时，名义股东不得以其仅为名义股东为由抗辩。

三、公司的资本制度

资本三原则	资本确定原则	公司设立时应在章程中载明公司的资本总额，并由发起人认足或缴足，否则公司不能成立，但允许分批、分期交付。（法定资本制）
	资本维持原则	公司在其存续过程中，应当经常保持与其资本额相当的财产。具体体现在： （1）不得抽逃出资。例外：①股份有限公司未按期募足股份；②发起人未按期召开创立大会；③创立大会决议不设立公司。（设立失败的情形） （2）不得折价发行股票。股票发行可以等值或溢价发行，但不得低于票面金额。 （3）不得回购公司股份或变相回购（接受本公司股票的质押）。 例外：①减少注册资本（10日内注销）； ②与持有本公司股份的其他公司合并（6个月内注销或转让）； ③股东对公司合并与分立决议持异议而要求收购其股份的（6个月内注销或转让）； ④将股份用于员工持股计划或者股权激励； ⑤将股份用于转换上市公司发行的可转换为股票的公司债券； ⑥上市公司为维护公司价值及股东权益所必需（④⑤⑥三项都规定公司合计持有的本公司股份数不得超过本公司已发行股份总额的10%，并应当在三年内转让或者注销）。
	资本不变原则	公司资本总额一旦确定，非经法定程序，不得任意变动。公司法对公司增资实行股东自治，对公司减资实行严格的限制。 减资程序：股东会决议（2/3多数通过）→编制资产负债表、财产清单→10日内通知债权人、30日内公告→债权人要求清偿或提供担保（接到通知书的30日，未接到通知的自公告之日起45日）→变更登记。 增资程序：股东会决议（2/3多数通过）。有限责任公司增资，股东有优先按实缴的出资比例认缴出资的权利，除非另有约定。股份有限公司无优先购买权。
收益分配制度		分配顺序：补亏（5年内结转的亏损）→纳税→公积金→股利分配。 股利分配规则：①公司自有股份不得分配利润；②无盈不分：补亏和提取法定公积金前的分配股利违法，应退还公司；③分配顺序：有限公司约定优先，实缴补亏；股份公司约定优先，实持补充。
		公积金制度：法定公积金（按法定比例提取）、任意公积金（按章程或股东会决议约定是否提取及比例）。 法定公积金：（强制提取、税后10%、累计50%、留存25%） （1）分类：分为法定盈余公积金和资本公积金。 （2）比例：<u>税后利润的10%，累计达公司注册资本50%可以不再提取</u>。 （3）用途：补亏（资本公积金除外）；增加注册资本（留存的法定公积金不少于转增前注册资本的25%）；扩大生产经营规模。
股权（份）转让		有限责任公司，对内自由转让，对外转让有如下要求： （1）条件：经其他股东过半数同意；书面通知其他股东。<u>30日未答复的或不同意转让且不购买的视为同意</u>。 （2）优先购买权：①章程约定优先；②股东有优先购买权，有两人以上股东欲购买的，购买比例先协商，协商不成依出资比例；③法院强制执行股权，应通知公司和股东，股东享有优先权，20日内不行使视为放弃。 （3）自然人股东资格的继承：继承人可以继承股东资格，但公司章程另有规定的除外。

续表

股权（份）转让	股份有限公司，以自由转让为原则，有如下限制： （1）转让场所：证券交易所或按国务院规定的方式进行。 （2）转让方式：记名股票以背书方式，无记名股票以交付方式。 （3）发起人股份转让限制：公司成立之日起 1 年内不得转让；公司公开发行股份前已发行的股份（内部股），上市交易之日起 1 年内不得转让。 （4）董、监、高股权转让：申报→任职期间每年转让股份≤所持股份的25%→自上市交易之日起 1 年内不得转让→离职半年内不得转让。

四、公司法中的诉讼救济制度

股东诉讼救济制度	《最高人民法院关于适用〈中华人民共和国公司法〉若干问题的规定（四）》，以下简称《公司法解释（四）》，将股东（大）会、董事会议分为有效决议、无效决议、尚未成立决议、可撤销决议	有效决议：符合股东会决议规则。
		无效决议：股东会、股东大会、董事会决议内容违反法律、行政法规，股东、董事、监事等请求确认决议无效的，法院应当受理。
		尚未成立决议：①公司未召开会议的；②会议未对决议事项进行表决的；③出席会议的人数或者股东所持表决权不符合公司法或者公司章程的规定；④会议的表决结果未达到公司法或者公司章程规定的通过比例；⑤其他股东、董事、监事等请求确认决议不成立的，法院应当受理。
		可撤销决议：①作出的程序违法；②作出议的程序违反章程；③决议的内容违反章程。但是会议的召集方式或者表决方式仅有轻微瑕疵，且未对决议产生实质影响的，股东不可请求撤销决议。
		请求撤销决议的原告，应当在起诉时具有公司股东资格。一审法庭辩论终结前，其他具有原告资格的人以相同的诉讼请求参加诉讼的，可以列为共同原告。
		股东可以自决议作出之日起 60 日内请求法院撤销。法院可以应公司的请求要求股东提供相应的担保。
		撤销诉讼，公司为被告，其他利害关系人可以列为第三人。
		决议被人民法院确认无效或者被撤销，公司依照该决议与善意相对人形成的民事关系不受影响。
	知情权之诉	（1）对象：有限责任公司股东查阅会计账簿。 （2）程序：书面请求并说明目的，公司有合理根据认为股东查阅会计账簿有不正当目的，可能损害公司合法利益可拒绝，但应在 15 日内书面答复并说明理由。 （3）实施：股东查阅请求被公司拒绝，可以请求法院要求公司提供查阅。
	司法解散公司之诉	（1）主体：持有公司全部股东表决权 10% 以上的股东。 （2）条件：①公司持续 2 年以上无法召开股东会或者股东大会，公司经营管理发生严重困难的；②股东表决时无法达到法定或者公司章程规定的比例，持续 2 年以上不能作出有效的股东会或者股东大会决议，公司经营管理发生严重困难的；③公司董事长期冲突，且无法通过股东会或者股东大会解决，公司经营管理发生严重困难的；④经营管理发生其他严重困难，公司继续存续会使股东利益受到重大损失的情形。 股东提起解散公司诉讼，同时又申请人民法院对公司进行清算的，人民法院对其提出的清算申请不予受理。 股东提起解散公司诉讼时，向法院申请财产保全或者证据保全的，在股东提供担保且不影响公司正常经营的情形下，法院可予以保全。

续表

股份回购之诉	（1）对象：对股东会决议投反对票的股东。 （2）条件：①公司合并、分立、转让主要财产的；②公司连续 5 年不分配利润（公司 5 年连续盈利，且符合法定的利润分配条件）；③公司章程规定的解散、终止事由出现，股东会决议修改章程使公司存续。 （3）实施：自决议通过之日起 60 日内与公司协商达成收购协议，不能达成协议的应自决议通过之日起 90 日内起诉。
股东直接诉讼	（1）对象：董事、高管违反法律、行政法规或章程损害股东利益（不包括监事）。 （2）原告是受损股东，被告是公司。
股东代表诉讼	（1）原告：有限责任公司的任一股东或股份有限公司连续 180 日以上单独或合计持有公司 1% 以上股份的股东，以自己名义起诉，胜诉所得权亦归公司；被告：给公司造成损失或违反法定义务的<u>董、监、高</u>和侵犯公司合法权益的<u>他人</u>（注：其他诉的被告均为公司）。 （2）前置程序：侵权人是董事、高管的，<u>书面请求监事会</u>（不设监事会的监事）；侵权人是监事的，<u>书面请求董事会</u>（执行董事）；侵权人是他人的，可以选择请求监事会（监事）或董事会（执行董事）（用尽内部救济，紧急情况除外）。 （3）实施：董事会或执行董事、监事会或不设监事会的监事<u>拒绝起诉</u>，或 <u>30 日内未起诉</u>，或<u>情况紧急</u>、不立即提起诉讼会使公司利益受到难以弥补的损害的。
债权人救济制度　法人人格否认之诉	（1）条件：①滥用：股东滥用法人独立地位和股东有限责任，逃避债务，严重损害债权人利益。表现：未出资或抽逃出资；挪用、无偿调用、财务混同或业务混同。②财产混同：一人公司股东不能证明个人财产独立于公司财产。 （2）适用：一般在公司资不抵债、破产、注销、被撤销时适用。 （3）举证责任：一般公司谁主张谁举证，一人公司举证责任倒置。 （4）后果：对公司债务承担无限连带赔偿责任。

【重点提示】 公司成立后，公司、股东或者公司债权人以相关股东的行为符合下列情形之一且损害公司权益为由，请求认定该股东抽逃出资的，人民法院应予支持：①制作虚假财务会计报表虚增利润进行分配；②通过虚构债权债务关系将其出资转出；③利用关联交易将出资转出；④其他未经法定程序将出资抽回的行为。

第二章　合伙企业法

一、普通合伙企业

合伙人	人数：普通合伙人≥2，有如下限制： （1）普通合伙人应为具有完全民事行为能力的自然人和五类以外的法人或其他经济组织（五类不得成为普通合伙人：国有独资企业、国有企业、上市公司、公益性的事业单位和社会团体，但可成为有限合伙人）。 （2）无民事行为能力人或者限制民事行为能力人，经其他合伙人一致同意可以转为有限合伙人；因继承等原因，依合伙协议或经其他合伙人一致同意可以成为有限合伙人。普通合伙企业依法转为有限合伙企业。

与第三人关系	**与善意第三人：** 对执行合伙事务以及对外代表合伙企业权利的限制，不得对抗善意第三人。	
	与债权人： （1）合伙人对外承担**补充无限连带责任**，对内承担按份责任：合伙企业先以合伙企业财产清偿，不能清偿的部分由合伙人承担无限连带责任。债权人可以选择请求个别或全部合伙人清偿全部或部分债务，合伙人清偿超过应承担数额的，可以向其他合伙人追偿。 （2）个人债务清偿规则：①抵销权和代位权的禁止：个人债权不得抵销其对合伙企业的债务，也不得代位行使在合伙企业中的权利。②申请法院强制执行合伙份额：通知全体合伙人，其他合伙人有优先受让权。其他合伙人不购买又不同意转让给他人的，应当退伙或削减相应份额。	
入伙	（1）经全体合伙人同意（合伙协议另有约定的从约定）；订立书面入伙协议；告知经营、财务状况。 （2）后果：入伙人对入伙前合伙企业的债务承担无限连带责任。（法定）	
退伙	**自愿退伙：** 分为单方退伙和通知退伙两种。 （1）单方退伙（约定合伙期限）：合伙协议约定的退伙事由出现；经全体合伙人同意退伙；发生合伙人难以继续参加合伙企业的事由；其他合伙人严重违反合伙协议约定的义务。 （2）通知退伙（未约定合伙期限）：提前30日通知其他合伙人。	
	法定退伙： 分为当然退伙和除名退伙两种。 （1）当然退伙：自然人死亡或者被依法宣告死亡，法人或其他组织被吊销营业执照、责令关闭、撤销或被宣告破产（人死）；个人丧失偿债能力；丧失法定或约定必须具备的资格；被法院强制执行在合伙企业中的全部财产份额。合伙人被依法认定为无民事行为能力人或者限制民事行为能力人的，经其他合伙人一致同意，可以转为有限合伙人。未能达成一致的，办理退伙。 当然退伙以<u>法定事由实际发生之日</u>为退伙生效日。 （2）除名退伙：未履行出资义务；因故意或者重大过失给合伙企业造成损失；执行合伙企业事务时有不正当行为；合伙协议约定的其他事由。对合伙人的除名决议应当书面通知被除名人。 被除名人自<u>接到除名通知之日</u>起，除名生效。被除名人对除名决议有异议的，可以在接到除名通知之日起30日内，向人民法院起诉。	
	后果： 退伙人对退伙前合伙企业的债务承担无限连带责任。（法定）	
财产管理与使用	出资	（1）货币、实物、土地使用权、知识产权、劳务或其他财产权利。（有限合伙人不得以劳务出资） （2）出资瑕疵履行的合伙人，对其他合伙人承担违约责任；不履行出资义务的，经其他合伙人一致同意可将其除名。
	出质	（1）合伙人以合伙企业的财产份额出质的，须经其他合伙人一致同意。（法定） （2）未经一致同意的质权无效，给善意第三人造成的损失由出质人承担。
	转让	（1）内部转让：通知其他合伙人。 （2）对外转让：除合伙协议另有约定外，须经其他合伙人一致同意，其他合伙人在同等条件下有优先受让权。
合伙事务执行	权义分配	（1）比例确定： 合伙协议约定（无约定）→合伙人协商（协商不成）→实缴出资比例（无法确定）→平均分配。 （2）禁止保底条款：不得约定部分合伙人承担全部亏损、分配全部利润。 （注：有限合伙企业的合伙协议可以约定利润只分配给部分合伙人）
	执行方式	原则：采取灵活方式，合伙协议约定或者全体合伙人同意即可。 （1）由一个或者数个合伙人对外代表合伙企业执行合伙事务时，其他合伙人不再执行合伙事务。 （2）执行合伙事务的合伙人：应定期报告事务执行情况以及合伙企业的经营和财务状况；执行合伙事务所产生的收益、费用和亏损归合伙企业；不按照合伙协议或全体合伙人的决定执行事务的，其他合伙人可以决定撤销委托。 （3）不执行合伙事务的合伙人：有监督权、查阅权、撤销权。 执行合伙事务的合伙人：代表权、查阅权、异议权。

终止	决议	(1) 表决：合伙协议约定优先；未约定或者约定不明确的，实行一人一票并经全体合伙人过半数通过。 (2) 全票决的事项（约定优先，无约定全票决）： ①改变名称、经营范围、主要经营场所；②处分不动产、知识产权和其他财产权利；③以合伙企业名义为他人提供担保；④聘任合伙人以外的人担任经营管理人员；⑤修改或补充合伙协议；⑥向第三人转让其在合伙企业中的财产份额；⑦吸收新的合伙人。
	执业	(1) 竞业的绝对禁止：不得自营或者同他人合作经营与本合伙企业相竞争的业务。 (2) 自我交易的相对禁止：不得同本合伙企业进行交易（除另有约定或全体合伙人同意）。 (3) 合伙人的上述收益由合伙企业行使归入权，给合伙企业造成损失的应赔偿。
	解散	事由：约定的经营期限届满不愿意继续经营的；约定的解散事由出现；决议解散；合伙人已不具备法定人数满 30 天；约定的合伙目的已经实现或者无法实现；被吊销营业执照。
	清算	(1) 确定清算人：全体合伙人（不能由全体合伙人担任的）15 日内指定 1 名或者数名合伙人，或者委托第三人（经全体合伙人过半数同意）（15 日内未确定清算人）申请人民法院指定。 (2) 程序：通知公告（10 天内通知债权人，60 天内公告）→申报债权（接到通知书的 30 日内，未接到通知书的自公告之日起 45 日内）→清理财产、清偿债务、分配剩余财产→注销登记（企业终止）。 (3) 合伙企业不能清偿到期债务，债权人选择以下两种途径保护债权：①向法院提出破产申请，进入破产清算程序，破产后普通合伙人仍需承担无限连带责任；②直接要求普通合伙人承担无限连带责任。

二、特殊的普通合伙企业的特殊规定

适用对象	律师、会计师、医师、设计师事务所等以专业知识和技能提供有偿服务的专业服务机构。
责任承担	(1) 一个合伙人或者数个合伙人在执业活动中因故意或者重大过失造成合伙企业债务的，应当承担无限责任或者无限连带责任，其他合伙人以其在合伙企业中的财产份额为限承担责任。责任承担顺序：对外首先以合伙企业财产清偿，不足时由有故意或重大过失的合伙人承担无限连带责任，无故意或重大过失的合伙人不承担责任。对内按照协议约定承担。 (2) 合伙人在执业活动中非因故意或者重大过失造成的合伙企业债务以及合伙企业的其他债务，由全体合伙人承担无限连带责任。责任承担顺序：首先以合伙企业财产清偿，不足时由全体合伙人承担无限连带责任。对内按照协议约定承担赔偿责任。 (3) 应当建立执业风险基金和职业保险，用于偿付合伙人执业活动造成的债务。执业风险基金应当单独立户。

三、有限合伙企业的特殊规定

人数	2 人≤普通合伙人 + 有限合伙人≤50 人；普通合伙人≥1 人。
出资	有限合伙人不得以劳务出资。

合伙事务执行	（1）由普通合伙人执行合伙事务并对合伙企业债务承担无限连带责任；有限合伙人不执行合伙事务，不得对外代表有限合伙企业，仅以其认缴的出资额为限对合伙企业债务承担责任。 （2）例外（有限合伙人的下列行为，不视为执行合伙事务）：①建议：对经营管理提出建议；②参与决策：普通合伙人入伙、退伙；选择会计师事务所；③知情：获取财务会计报告；查阅财务资料（涉及自身利益）；④诉讼：直接诉讼（利益受到侵害时，向有责任的合伙人主张权利或提起诉讼）；代表诉讼（执行人怠于行使权利时，督促其行使权利或为了本企业的利益以自己的名义提起诉讼）；⑤担保：为本企业提供担保。 （3）表见普通合伙：第三人有理由相信有限合伙人为普通合伙人并与其交易的，该有限合伙人对该笔交易承担与普通合伙人同样的责任。 （4）无权代理：有限合伙人未经授权以有限合伙企业名义与他人进行交易，给有限合伙企业或者其他合伙人造成损失的，该有限合伙人应当承担赔偿责任。
有限合伙人特有权利	（1）自己交易自由、竞业自由、出质自由，但合伙协议另有约定的除外。 （2）对外转让份额自由，但应当提前30日通知其他合伙人。 （3）丧失民事行为能力不影响有限合伙人资格，不得要求其退伙；作为有限合伙人的自然人死亡或者法人及其他组织终止时，其权利承受人当然取得有限合伙人资格（当然继承）。 （4）有限合伙人以其认缴的出资额为限承担有限责任：有限合伙人退伙后，对于其退伙前的有限合伙企业债务，以其退伙时从有限合伙企业中取回的财产承担。新入伙的有限合伙人对入伙前的债务承担责任，以其认缴的出资额为限。
合伙人责任性质的转换	（1）除合伙协议另有约定外，普通合伙人转变为有限合伙人，或者有限合伙人转变为普通合伙人，应当经全体合伙人一致同意。有限合伙企业仅剩有限合伙人的应当解散；有限合伙企业仅剩普通合伙人的，转为普通合伙企业。 （2）有限合伙人转变为普通合伙人的，对其作为有限合伙人期间合伙企业发生的债务承担无限连带责任（自始承担无限连带责任）。 （3）普通合伙人转变为有限合伙人的，对其作为普通合伙人期间合伙企业发生的债务承担无限连带责任（对转化之前的债务承担无限连带责任）。

【**关联提示**】1. 合伙协议：要式的民事合同，经全体合伙人签字或盖章后生效，修改或补充需经全体合伙人一致同意，除非合伙协议另有约定。

2. 合伙企业名称：应标明"普通合伙""特殊普通合伙""有限合伙"的字样，不能有"有限公司""股份公司"字样。

第三章　个人独资企业法

一、关联经济组织区别

区　别	个人独资企业	普通合伙企业	一人公司
出资人	1 个自然人。 条件：①具有中国国籍的；②具有完全民事行为能力；③法律、行政法规禁止从事营利性活动的人不得设立个人独资企业，包括：法官、检察官、警察、公务员。	2 个以上自然人、法人或其他组织。	1 个自然人或法人。
责任承担	以个人财产对企业债务承担无限连带责任，仅在设立登记时明确以家庭共有财产出资的才以家庭财产承担无限连带责任。	全体合伙人承担无限连带责任。	仅以出资额为限承担有限责任，但适用法人人格否认制度。
组织形态	非法人。	非法人。	法人。
注册资本	无最低注册资本要求。	无最低要求。	无最低要求。

二、个人独资企业管理

管理方式	三种方式：自行管理、委托管理、聘任管理，其中委托和聘任管理应签订书面合同。 内部限制不得对抗善意第三人。
管理人禁为行为	（1）索取或者收受贿赂、侵占企业财产（利用职务上的便利）。 （2）擅用企业资金：个人使用或者借贷给他人；非以企业名义开立账户；以企业财产提供担保。 （3）竞业、自我交易、知识产权转让（未经投资人同意）。 （4）泄露商业秘密。
解散	事由：投资人决定；投资人死亡（包括宣告死亡），无继承人或继承人放弃继承；吊销营业执照。
清算	程序：确定清算人（原则上为投资人，经债权人申请，法院可指定其他人）→通知公告（清算前 15 日内通知，无法通知的公告）→申报债权（接到通知的 30 日内，未接到通知的自公告之日起 60 日内）→清理财产、清偿债务、分配剩余财产→注销登记。
责任消灭	个人独资企业解散后，原投资人对个人独资企业存续期间的债务仍应承担偿还责任，但债权人在 5 年内未向债务人提出偿债请求的，该责任消灭。（除斥期间）

第四章 企业破产法

一、破产程序（必经程序）

管辖	地域	债务人所在地法院管辖，债务人所在地指主要办事机构所在地，无主要办事机构的则在注册地。
申请	债权人	债权人申请资格：须为具有给付内容、法律上可强制执行、已到期的请求权。
		实质要件：债务人不能清偿到期债务。
		申请程序：重整或破产清算任一程序。
	债务人	可申请程序：重整、和解或破产清算任一程序。
	清算人	已解散但未清算或未清算完毕，资产不足以清偿债务的，清算人应向法院申请破产清算。
		特点：清算义务人必须提出破产申请，不得故意拖延申请；只能申请破产清算程序，不得选择重整或和解程序；清算义务人提出破产申请后，人民法院应当受理并于受理时宣告破产。
	撤回	法院受理前可撤回，是否准许由法院决定；法院受理后不得撤回，应予驳回。
受理——程序开始	程序	审查（实质和形式）：债权人申请——5 日内通知，债务人 7 日内异议，法院 10 日内裁定；债务人申请——15 日内裁定。特殊情况经上一级法院批准可延长 15 日，故从法院收到申请到作出裁定的最长时间分别为 37 日、30 日。
		结果：5 日内送达裁定书。受理的，25 日内通知债权人并公告，同时指定管理人；驳回破产申请，10 日内可向上级法院上诉。
	法律效力	对债务人：①财产保全、信息提供及附属义务（不离不任）；②个别清偿无效（绝对无效）；③对管理人为给付（故意违反的不免除给付义务）；④待履行合同由管理人决定是否继续履行（管理人决定履行的，对方应当履行，但可要求管理人提供担保，不提供担保的视为解除合同；管理人自受理之日起 2 个月内未通知相对人或自收到催告之日起 30 日内未答复的，视为解除合同）。
		对民事程序：①保全解除和执行中止；②已经开始而尚未终止的民事诉讼或仲裁中止，管理人接管后继续进行；③破产程序开始后的民事诉讼只能向受理破产申请的法院起诉。
债权申报	程序	(1) 期限：30 日≤法院确定（从受理公告之日起）≤3 个月。 (2) 逾期申报或未申报的，可在最后分配前补报，但已经进行的分配不再补充分配，补报的费用由补充申报人承担。
债权人会议	召集	召集人：第一次会议由法院召集，以后的由会议主席召集。
		召集通知：提前 15 日通知已知的债权人。
	会议决议	由出席会议的有表决权的债权人过半数通过，并且其所代表的债权额占无财产担保债权总额的 1/2 以上，破产法另有规定除外。 重整计划分组表决：出席会议的同一表决组债权人过半数同意，且所代表债权额占该组债权总额的 2/3 以上，视为该组通过；各组均通过重整计划草案，重整计划即为通过。 债权人会议通过和解协议的决议，由出席会议有表决权的债权人过半数同意，并且其所代表的债权额占无财产担保债权总额的 2/3 以上。
		决议效力：通过的决议对全体债权人均有约束力，对决议有异议的，可自决议作出之日起 15 日内请求法院予以撤销。
		决议未通过的补救：对债务人财产的管理方案或破产财产的变价方案未通过，由法院裁定；对破产财产的分配方案未通过，应当再次表决，仍未通过的由法院裁定。

破产宣告	裁定	5 日内送达管理人和债务人，10 日内通知债权人并公告。有异议可自宣告之日起 10 日内向上一级法院申诉，法院应组成合议庭审理，并在 30 日内作出裁定。
	效果	对破产案件：不可逆转其他程序，只能进入清算程序。
		对债务人：债务人称为破产人；债务人财产称为破产财产；丧失对财产和事务的管理权。
		对债权人：有财产担保的债权人以担保物清偿；无财产担保的债权人依破产分配方案清偿。
	例外	有下列情形的，法院应裁定终结破产程序，不予公告（免于破产宣告）：第三人为债务人提供足额担保或清偿全部债务；债务人已清偿全部债务。
	分配	（1）分配顺序：①破产费用和共益债务由债务人财产随时清偿（第一顺序）；②所欠职工的工资和医疗、伤残补助、抚恤费用，所欠的应当划入职工个人账户的基本养老保险、基本医疗保险费用，以及法定补偿金（第二顺序）；③破产人欠缴的除前项规定以外的社会保险费用和破产人所欠税款（第三顺序）；④普通破产债权（第四顺序）。 （2）分配规则：必须严格执行法定分配顺序；上一顺位清偿完毕有剩余财产才进行下一顺位；不足清偿同一顺位时，按比例清偿。 （3）分配额提存：①附条件债权分配额的提存，最后分配日时，生效条件未成就的或解除条件成就的应分配给其他债权人，生效条件成就的或解除条件未成就的应交付债权人；②未受领分配额的提存，自最后分配日之日起满 2 个月仍不领取，应分配给其他债权人；③诉讼未决债权分配额的提存，自破产程序终结之日起满 2 年仍不能受领分配，分配给其他债权人。
程序终结	种类	维持债务人法律人格的程序终结：重整计划执行完毕、法院认可和解协议或具有免于破产宣告事由，无需办理注销登记。
		消灭债务人法律人格的程序终结：债务人财产不足清偿破产费用、破产人无财产可供分配或破产财产分配完毕，由管理人提请法院 15 日内裁定并公告，10 日内办理注销登记。
	追加分配：破产程序终结后 2 年内追回或发现的其他财产，由法院主持分配，2 年为除斥期间。	

【关联提示】商业银行的接管、清算与终止。

接管	程序：接管商业银行的法律后果：自接管开始之日起，由接管组织行使商业银行的经营管理权力。被接管的商业银行的债权债务关系不因接管而变化。
	有下列情形之一的，接管终止：①接管决定规定的期限届满或者国务院银行业监督管理机构决定的接管延期届满；②接管期限届满前，该商业银行已恢复正常经营能力；③接管期限届满前，该商业银行被合并或者被依法宣告破产。
破产清算	条件：不能支付到期债务；债权人或银行自己申请，并经银监会同意。
	清算支付顺序：清算费用、所欠职工工资和劳动保险费用支付后，应当优先支付个人储蓄存款的本金和利息。

二、破产程序（选择性程序）

破产重整程序	程序启动	破产案件受理前的初始重整：债权人和债务人均可提出。
		破产案件受理后、破产宣告前的后续重整：债务人或持有债务人注册资本 1/10 以上的出资人。
	营业保护	担保物权暂停行使，但担保物有损坏或价值明显减少的可能，足以危害担保物权的，权利人可请求法院恢复行使。管理人可以通过清偿债务或提供替代担保取回质物、留置物。
		新借款：为继续营业而借款的，可以为该借款设定担保。
		取回权的限制：债务人合法占有的他人财产要求取回的，应符合事先约定的条件。
		出资人不得请求投资收益分配；董、监、高不得向第三人转让持有的股权（法院同意除外）。
	非正常终止程序	出现下列情形法院应裁定终止破产重整程序，宣告破产： （1）继续重整存在重大障碍（经管理人或利害关系人请求）：债务人的经营和财产状况继续恶化，缺乏挽救可能；债务人有欺诈、恶意减少财产或其他显著不利于债权人的行为；由于债务人的行为致使管理人无法执行职务。 （2）未按时提交重整计划草案：自裁定重整之日起 6 个月内或在法院裁定延期后的 3 个月内未提交重整计划。
	重整计划	表决组：债权人分四组，即有财产担保的债权、职工债权、税款、普通债权；涉及出资人权益调整，设出资人组。
		表决规则：出席会议的同一表决组债权人过半数同意，且所代表债权额占该组债权总额的 2/3 以上，视为该组通过。各表决组均通过重整计划草案，重整计划即为通过。
		法院批准：①重整计划已通过的，应 10 日内提请法院批准，法院 30 日内裁定终止重整程序并公告（正常终止）；②重整计划未通过的，该表决组协商后再次表决，如仍未通过表决，但经过审查符合清算标准的，法院强行批准，裁定终止重整程序，并予以公告（正常终止）；不符合清算标准的，裁定终止重整程序并公告（非正常终止）。
		重整失败：债务人不能执行或不执行重整计划的，法院经请求应裁定终止重整计划，并宣告债务人破产。
		效力：①经批准的重整计划对债务人和全体债权人均有约束力；②债权人在重整计划中作出的债权调整的承诺失去效力，所受的清偿有效，未受清偿的部分作为破产债权，但只能在其他同顺位债权人同自己所受的清偿达到同一比例时，才能继续接受分配；③为重整计划的执行提供的担保继续有效；④按照重整计划减免的债务，自重整计划执行完毕时起，债务人不再承担清偿责任。
破产和解程序	程序启动	债务人可以直接向法院申请和解，也可以在破产案件受理后、破产宣告前申请和解。
	和解协议	程序：①申请和解应当提出和解协议草案；②表决方式：出席会议的有表决权的债权人过半数通过 + 所代表的债权额占无财产担保债权总额的 2/3 以上，即通过和解协议草案；③经法院裁定认可，终止和解程序并予以公告。
		和解失败：和解协议未通过或法院未认可的，法院应裁定终止和解程序并宣告债务人破产；债务人不能执行或不执行和解协议的，经债权人请求，法院应裁定终止和解程序并宣告债务人破产；因债务人的欺诈或者其他违法行为而成立的和解协议，人民法院应当裁定无效，并宣告债务人破产。
		效力：同重整效力。

三、破产实体规则

<table>
<tr><td rowspan="8">破产程序主体</td><td rowspan="5">债权人会议</td><td>组成：①依法申报债权的债权人，但已由担保财产优先受偿并足额清偿的债权和已由连带债务人足额清偿的债权的债权人不得出席；②职工和工会代表，表决事项仅限于涉及职工利益的问题。</td></tr>
<tr><td>债权人会议主席，会议的召集人和主持人，由法院从有表决权的债权人中指定。</td></tr>
<tr><td>表决权：分为有表决权的债权人和无表决权的债权人。</td></tr>
<tr><td>有表决权的债权人：分为对所有事项有表决权和对部分事项有表决权（有财产担保而未放弃优先受偿权的债权人，对和解协议、破产分配方案无表决权）。</td></tr>
<tr><td>无表决权的债权人：债权尚未确定，而法院未能为其行使表决权而临时确定债权额的债权人；债权附有停止条件而条件未成就，或者附有解除条件而条件已成就的债权人；尚未清偿债务的连带债务人或保证人。</td></tr>
<tr><td rowspan="3">债权人委员会</td><td>性质：债权人会议的常设机构，由债权人会议决定是否设立，有权决定变更或解散。</td></tr>
<tr><td>组成：由债权人代表和 1 名职工或工会代表组成，不超过 9 人。</td></tr>
<tr><td>职权：监督权和知情权，债务人的有关人员拒绝接受监督的，可请求法院 5 日内作出决定。</td></tr>
</table>

<table>
<tr><td rowspan="2">管理人</td><td>资格：由人民法院裁定受理破产申请时同时指定，因故意犯罪受过刑事处罚、曾被吊销相关专业执业资格证书、与本案有利害关系的机构和个人不得担任管理人。</td></tr>
<tr><td>义务：忠实和勤勉义务；报告义务；不辞任义务（应经法院同意）。</td></tr>
</table>

<table>
<tr><td rowspan="2">可申报的债权</td><td>一般规定：以财产给付为内容；以债务人财产为受偿基础；法院受理前成立的债权；平等民事主体之间；合法有效的债权（不得申报无效、已过诉讼时效或虚假债权）。不满足上述条件管理人可提出异议，在债权表中另页记载供债权人会议决定，必要时可提交法院确认。</td></tr>
<tr><td>特殊情形：①职工债权（工资、医疗、伤残补助、抚恤、应划入职工账户的基本养老保险、医疗保险、法定补偿金）不必申报，管理人列出清单并公示，职工异议可要求更正，不予更正的可向法院起诉；②待定债权（附条件、附期限的债权和诉讼、仲裁未决的债权）可申报债权，未到期的债权视为受理之日到期；附利息的债权自受理之日停止计息；③连带债权可由其中一人代表申报，也可共同申报；连带债务人可以其对债务人的将来求偿权申报债权（债权人已申报全部债权的除外）；连带债务的债权人可在任一债务人的破产程序中申报债权；④待履行合同相对人的赔偿请求权、善意受托人的请求权、票据付款人的请求权均可申报债权。</td></tr>
</table>

<table>
<tr><td rowspan="8">债务人财产</td><td rowspan="4">撤销权和追回权</td><td>欺诈破产行为：
（1）可撤销的行为。人民法院受理破产申请前 1 年内，涉及债务人财产的下列行为，管理人有权请求人民法院予以撤销：①无偿转让财产；②以明显不合理的价格进行交易；③对没有财产担保的债务提供财产担保；④对未到期的债务提前清偿；⑤放弃债权。
（2）无效行为。自始绝对无效，任何人在任何时候均可主张无效：①为逃避债务而隐匿、转移财产；②虚构债务或承认不真实债务。</td></tr>
<tr><td>个别清偿行为：人民法院受理破产申请前 6 个月内的个别清偿行为，管理人有权请求人民法院予以撤销，但个别清偿使债务人财产受益的除外（如电费、律师费等）。</td></tr>
<tr><td>对企业管理层的特别追回权：债务人的董监高利用职权从企业获取的非正常收入和侵占的企业财产，管理人应当追回。</td></tr>
<tr><td>对出资的追回：法院受理破产申请后，债务人的出资人尚未完全履行出资义务的，管理人应当要求该出资人缴纳所认缴的出资，而不受出资期限的限制。</td></tr>
<tr><td rowspan="2">取回权</td><td>一般取回：对特定物的返还请求权（不属于债务人的财产，包括合法占有和不合法占有的他人财产）；以物权为基础；在破产程序中行使的特别请求权（无需申报，可随时向管理人请求返还）。</td></tr>
<tr><td>特殊取回：法院受理债务人的破产案件时，买卖的标的物尚在途运输，债务人或管理人尚未收到且未付清全部价款，出卖人可以取回在运途中的标的物。</td></tr>
<tr><td rowspan="2">抵销权</td><td>行使规则：破产抵销是向管理人作出的单方意思表示，不以管理人同意为必要，到达即生效；破产抵销权应以债权申报为必要；破产抵销不受债的种类和履行期限的限制。</td></tr>
</table>

续表

债务人财产	抵销权	不适用破产抵销的情形：①次债务人在破产申请受理后取得他人对债务人的债权；②恶意创设债务：债权人已知债务人有不能清偿到期债务或破产申请的事实，而对债务人负担的债务（因法律规定或在破产申请1年前发生的原因而负担债务的除外）；③恶意创设债权：次债务人已知债务人有不能清偿到期债务或破产申请的事实而对债务人取得的债权（因法律规定或在破产申请1年前发生的原因而取得债权的除外）。
	别除权	特征：别除权以担保物权为基础，别除权的标的物（担保物）不计入破产财产，别除权的行使不参加集体清偿程序。
		条件：债权和担保物权合法有效并符合《破产法》规定；债权已依法申报并获得确认。
		行使规则：别除权标的物变价后的价款，超过债权数额的部分归入破产财产，不足清偿的部分作为普通破产债权；别除权人可放弃优先受偿权，返还担保物，债权归入普通债权；管理人可以通过清偿债务或提供相应担保，回赎别除权标的物。
破产费用和共益债务		破产费用：包括诉讼费、管理财产的费用、管理人执行职务的费用。
		共益债务：包括履行合同、无因管理、不当得利、为继续营业产生的债务、管理人员职务侵害、债务人财产致人损害等所产生的债务。
		清偿原则：随时清偿（时间）；破产费用优先（对外）；按比例清偿（对内）；不足清偿破产费用时，管理人应提请法院终结破产程序。

第五章　票据法

一、票据权利

内容	付款请求权	第1次权利，具有主票据权利性质。
	追索权	第2次请求权，付款请求权是行使追索权的前提。
		原因：期前追索权（到期日前发生特定原因可即时行使追索权）：拒绝承兑；承兑人或付款人死亡、逃匿、被依法宣告破产或因违法被责令终止业务活动的。
		期后追索权：票据到期后，付款人或承兑人拒绝支付；提示付款时票据上所载付款场所不存在、付款人不存在或下落不明而无法进行提示付款或承兑因而无法获得付款的。
		行使方式：追索对象包括持票人的各前手，各追索对象为连带债务人，持票人可以不按先后顺序而对其中一人、数人或全体行使追索权，可以在未实现其追索权之前进行新的追索。被追索人清偿债务后取得再追索权，对其前手（不包括出票人）进行追索。
		限制：持票人为出票人的，对其前手无追索权；持票人为背书人的，对其后手无追索权。
	时效：持票人对票据的出票人和承兑人的权利自到期日2年，见票即付的汇票、本票自出票日2年，支票自出票日6个月；追索权时效为被拒绝承兑或被拒绝付款之日起6个月；再追索权时效为清偿日或被提起诉讼之日起3个月。	
取得	原始取得：持票人不经任何其他前手权利人而取得权利。包括发行取得和善意取得（判断受让人是否善意以取得票据时为准，受让人注意义务仅限于其直接前手，对善意与否不负举证责任）。	
	继受取得：受让人从有处分权的前手权利人处取得票据权利。包括票据法上的继受取得（通过背书转让、保证、付款等《票据法》规定的转让方式取得票据权利）和非票据法上的继受取得（通过质押、贴现、继承、赠与、公司合并或分立、清算等方式取得票据权利，只能得到一般法律的保护，不能主张《票据法》上的抗辩切断和善意取得等对合法持票人的特别保护）。	
	效力：票据权利的取得须给付对价；无对价或不相当对价取得的，其所享有的票据权利不得优于其前手；以欺诈、偷盗、胁迫等非法手段取得票据，或明知有此类情形仍恶意取得的，不享有票据权利。	

行使和保全	票据权利的行使：①对象。付款请求权：汇票和支票为付款人，本票为出票人。追索权：除付款人以外所有签章于票据的人。②方式。提示承兑：定日付款或出票后定期付款的汇票，持票人应在到期日前向付款人提示承兑；见票后定期付款的汇票，持票人应自出票日起 1 个月内提示承兑，付款人 3 日内回复，不得附条件，附条件视为拒绝承兑。见票即付的汇票、本票、支票无须提示承兑。
	提示付款：见票即付的汇票，自出票日起 1 个月内；定日付款、出票后定期付款或见票后定期付款的汇票，自到期日起 10 日内；本票自出票日起 2 个月内；支票自出票日起 10 日内。
	票据的保全：按期提示票据（逾期提示的持票人丧失对其前手的追索权）；做成拒绝证书；诉讼时效中断。
权利瑕疵	伪造：仅指票据签章的伪造。伪造人、被伪造人均不承担票据责任，真正签章于票据的人承担票据责任，伪造人承担其他责任。
	变造：指无票据记载事项变更权的人在有效签发的票据上变更记载事项。变造签章不影响其他真实签章效力，其他签章人仍需依其签章按照票据所载文义承担票据责任；变造前签章的人对原记载事项负责，变造后签章的人对变造后记载事项负责，不能辨别先后的视为变造之前签章。
	更改：除金额、日期、收款人名称不得更改（更改导致无效）外，其他事项原记载人可以更改，在更改处签章证明即可。更改前签章人对原记载事项负责，更改后签章的人对更改后记载事项负责。
	涂销：权利人故意涂销等同于更改，非故意涂销行为无效；非权利人涂销发生伪造变造法律后果。
票据抗辩	对物的抗辩，可对任何票据债权人所作的抗辩，主要有以下情形：①欠缺法定必要记载事项或有法定禁止记载事项；②背书不连续；③票据债权消灭；④票据尚未到期；⑤票据因除权判决而被宣告无效；⑥票据伪造时，被伪造的签章人可以提出抗辩；⑦票据变造时，变造前的签章人可对变造后的记载事项提出抗辩，变造后的签章人可对变造前的记载事项提出抗辩；⑧无民事行为能力人或限制民事行为能力人所为的票据行为；⑨无权代理或越权代理情形下，本人所为抗辩；⑩时效完成或欠缺保全手续。
	对人的抗辩，只能对特定票据权利人主张的抗辩，主要有以下情形：①在原因关系不存在、无效或消灭的情形下，票据债务人可对有直接原因关系的票据权利人进行抗辩；②票据债务人可对有直接债权债务关系且未履行约定的持票人进行抗辩；③有关当事人违反空白票据的补充、票据支付条件等特别约定；④票据因欺诈、胁迫等非法手段取得，或明知有此类情形仍恶意取得票据；⑤票据以盗窃、捡拾等非正当途径取得，全体票据债务人均可对该持票人抗辩。⑥持票人明知票据债务人与出票人或与持票人前手之间存在抗辩事由而取得票据的。⑦持票人因重大过失取得票据的。
	票据抗辩的限制：①对出票人抗辩的切断：票据债务人不得以自己与出票人之间的抗辩事由对抗持票人；②对持票人前手的抗辩切断：票据债务人不得以自己与持票人前手（任何前手）之间的抗辩事由对抗持票人。（注：持票人在取得票据时，明知票据债务人与出票人或自己前手之间存在抗辩事由，则不受抗辩切断的保护）

二、票据行为

出票	记载事项	共同的绝对记载事项：票据名称、无条件支付的委托或承诺、确定的金额、出票日期、出票人签章。特殊绝对记载事项："汇票"字样＋付款人和收款人名称；"本票"字样＋收款人名称；"支票"字样＋付款人名称。
		注意：①绝对记载事项未记载导致票据无效；②金额：中文大写与数码不一致时，票据无效；③附条件的委托或承诺属有害记载，票据无效；④收款人名称必须用全称，不得使用简称或代号；⑤无民事能力人或者限制民事行为能力人在票据上签的，其签章无效；⑥支票限于见票即付，不得另行记载付款日期，另行记载的付款日期无效；⑦出票人签章必须与在银行预留印鉴的印章和签名式样一致；⑧禁止签发空头支票。
	效力	对出票人：担保承兑和付款，到期不获付款时承担付款责任，减轻或免除担保责任的记载无效。
		对付款人：可依独立意思决定是否承兑或付款。
		对收款人：票据债权人，享有付款请求权、追索权和依法转让权。

背书	转让	(1) 效力：背书转让的转让人不退出票据关系，而是由权利人变成义务人；背书需记载被背书人并由背书人签章；背书须连续，即前一背书的被背书人必须是后一背书的背书人；受让人可以主张善意取得。 (2) 限制：①出票人在票据上记载"不得转让"字样，则不得背书转让，但可依一般债权转让，但持票人不享有票据权利；载明"现金"字样的银行汇票不得背书转让；②背书人在票据上记载"不得转让"字样，其后手再背书转让的，原背书人对后手的被背书人不承担保证责任（即免除对其直接后手的保证责任）；③回头背书：持票人是出票人的，对其前手无追索权；持票人为背书人的，对其后手无追索权；④附条件背书：背书附条件票据有效，背书有效，所附条件不发生《票据法》上的效力；付款附条件票据无效，任何人不得主张票据权利；⑤分别背书和部分背书：背书无效，票据权利不发生转移；⑥期后背书：期后背书的背书人仍承担票据责任。
	委托	(1) 背书记载"委托收款"字样。 (2) 被背书人（受托人）不得再背书转让票据权利。
	质押	(1) 背书人在背书中载明"质押"字样并签章，缺少两者中任一个均不构成票据质押。 (2) 质押背书的被背书人实现质权之时，不以设置债权范围为限，可依票据请求给付全部票据金额（背书人可请求返还超过金额）。 (3) 质押背书的被背书人以质押票据再行背书或背书转让票据的，背书行为无效。 (4) 出票人在票据上记载"不得转让"字样，通过质押取得票据的持票人不享有票据权利；背书人在票据上记载"不得转让"字样，其后手再质押的，原背书人对后手的被背书人不承担票据责任。
	贴现	持票人将未到期商业汇票背书转让给银行，银行在票据金额中扣除贴现利息后将余款支付给贴现申请人。票据到期之前，商业银行向中央银行背书转让票据为再贴现，向其他商业银行背书转让票据为转贴现。向开户行和非开户行申请具有同等效力，但持票人恶意或与银行恶意串通的除外。
承兑	原则	自由承兑；完全承兑（足额付款）；单纯承兑（不得附条件；附条件视为拒绝承兑，不发生承兑效力）。
保证	成立	(1) 保证人在票据上载明"保证"字样并签章，缺少两者中任一个均不构成票据保证。 (2) 保证人未记载保证日期的，以出票日期为保证日期。 (3) 保证不得附条件，所附条件视为未记载，不影响保证责任。
	效力	(1) 保证人责任：①与被保证人承担责任完全相同；②独立责任，导致保证行为无效原因仅为被保证的票据债务自始不存在、因记载事项欠缺而无效或保证行为自身形式不完备；③连带责任。 (2) 代位权：保证人清偿后，可以行使持票人对被保证人及其前手的追索权。

第六章　证券法

一、证券发行

证券发行	公开发行的情形	(1) 向不特定对象发行证券； (2) 向特定对象发行证券累计超过 200 人，但依法实施员工持股计划的员工人数不计算在内； (3) 法律、行政法规规定的其他发行行为。	
	公司首次公开发行新股条件	(1) 具备健全且运行良好的组织机构； (2) 具有持续经营能力； (3) 最近 3 年财务会计报告被出具无保留意见审计报告； (4) 发行人及其控股股东、实际控制人最近 3 年不存在贪污、贿赂、侵占财产、挪用财产或者破坏社会主义市场经济秩序的刑事犯罪； (5) 经国务院批准的国务院证券监督管理机构规定的其他条件。	
	公开发行公司债券条件	(1) 具备健全且运行良好的组织机构； (2) 最近 3 年平均可分配利润足以支付公司债券 1 年的利息； (3) 国务院规定的其他条件。 公开发行公司债券筹集的资金，必须按照公司债券募集办法所列资金用途使用；改变资金用途，必须经债券持有人会议作出决议。公开发行公司债券筹集的资金，不得用于弥补亏损和非生产性支出。	
	不得再次公开发行公司情形	(1) 对已公开发行的公司债券或者其他债务有违约或者延迟支付本息的事实，仍处于继续状态； (2) 违反《证券法》规定，改变公开发行公司债券所募资金的用途。	
	证券代销	证券公司代发行人发售证券，在承销期结束时，将未售出的证券全部退还给发行人的承销方式。	证券的代销、包销期限最长不得超过 90 日。 证券公司在代销、包销期内，对所代销、包销的证券应当保证先行出售给认购人，证券公司不得为本公司预留所代销的证券和预先购入并留存所包销的证券。
	证券包销	证券公司将发行人的证券按照协议全部购入或者在承销期结束时将售后剩余证券全部自行购入的承销方式。	

二、证券交易

证券交易	证券上市	申请证券上市交易，应当向证券交易所提出申请，由证券交易所依法审核同意，并由双方签订上市协议。 证券交易所根据国务院授权的部门的决定安排政府债券上市交易。 证券交易所上市规则规定的上市条件，应当对发行人的经营年限、财务状况、最低公开发行比例和公司治理、诚信记录等提出要求。
	内幕信息 知情人	（1）发行人及其董事、监事、高级管理人员； （2）持有公司5%以上股份的股东及其董事、监事、高级管理人员，公司的实际控制人及其董事、监事、高级管理人员； （3）发行人控股或者实际控制的公司及其董事、监事、高级管理人员； （4）由于所任公司职务或者因与公司业务往来可以获取公司有关内幕信息的人员； （5）上市公司收购人或者重大资产交易方及其控股股东、实际控制人、董事、监事和高级管理人员； （6）因职务、工作可以获取内幕信息的证券交易场所、证券公司、证券登记结算机构、证券服务机构的有关人员； （7）因职责、工作可以获取内幕信息的证券监督管理机构工作人员； （8）因法定职责对证券的发行、交易或者对上市公司及其收购、重大资产交易进行管理可以获取内幕信息的有关主管部门、监管机构的工作人员。
	内幕信息	证券交易活动中，涉及发行人的经营、财务或者对该发行人证券的市场价格有重大影响的尚未公开的信息，为内幕信息。
	操纵证券 市场情形	（1）单独或者通过合谋，集中资金优势、持股优势或者利用信息优势联合或者连续买卖； （2）与他人串通，以事先约定的时间、价格和方式相互进行证券交易； （3）在自己实际控制的账户之间进行证券交易； （4）不以成交为目的，频繁或者大量申报并撤销申报； （5）利用虚假或者不确定的重大信息，诱导投资者进行证券交易； （5）对证券、发行人公开作出评价、预测或者投资建议，并进行反向证券交易； （6）利用在其他相关市场的活动操纵证券市场。

三、上市公司的收购

上市公司 的收购	收购方式	要约收购、协议收购及其他合法方式收购上市公司
	增持报告 制度	通过证券交易所的证券交易，投资者持有或者通过协议、其他安排与他人共同持有一个上市公司已发行的有表决权股份达到5%时，应当在该事实发生之日起3日内，向国务院证券监督管理机构、证券交易所作出书面报告，通知该上市公司，并予公告，在上述期限内不得再行买卖该上市公司的股票，但国务院证券监督管理机构规定的情形除外。
		投资者持有或者通过协议、其他安排与他人共同持有一个上市公司已发行的有表决权股份达到5%后，其所持该上市公司已发行的有表决权股份比例每增加或者减少百分之五，应当依照前款规定进行报告和公告，在该事实发生之日起至公告后3日内，不得再行买卖该上市公司的股票，但国务院证券监督管理机构规定的情形除外。
		投资者持有或者通过协议、其他安排与他人共同持有一个上市公司已发行的有表决权股份达到5%后，其所持该上市公司已发行的有表决权股份比例每增加或者减少1%，应当在该事实发生之次日通知该上市公司，并予公告。
	收购要约 约定的收 购期限	不得少于30日，并不得超过60日。

四、信息披露

信息披露	报送和公告	(1) 在每一会计年度结束之日起 4 个月内，报送并公告年度报告，其中的年度财务会计报告应当经符合《证券法》规定的会计师事务所审计； (2) 在每一会计年度的上半年结束之日起 2 个月内，报送并公告中期报告。
	股票交易价格产生较大影响的重大事件	(1) 公司的经营方针和经营范围的重大变化； (2) 公司的重大投资行为，公司在 1 年内购买、出售重大资产超过公司资产总额 30%，或者公司营业用主要资产的抵押、质押、出售或者报废一次超过该资产的 30%； (3) 公司订立重要合同、提供重大担保或者从事关联交易，可能对公司的资产、负债、权益和经营成果产生重要影响； (4) 公司发生重大债务和未能清偿到期重大债务的违约情况； (5) 公司发生重大亏损或者重大损失； (6) 公司生产经营的外部条件发生的重大变化； (7) 公司的董事、1/3 以上监事或者经理发生变动，董事长或者经理无法履行职责； (8) 持有公司 5% 以上股份的股东或者实际控制人持有股份或者控制公司的情况发生较大变化，公司的实际控制人及其控制的其他企业从事与公司相同或者相似业务的情况发生较大变化； (9) 公司分配股利、增资的计划，公司股权结构的重要变化，公司减资、合并、分立、解散及申请破产的决定，或者依法进入破产程序、被责令关闭； (10) 涉及公司的重大诉讼、仲裁，股东大会、董事会决议被依法撤销或者宣告无效； (11) 公司涉嫌犯罪被依法立案调查，公司的控股股东、实际控制人、董事、监事、高级管理人员涉嫌犯罪被依法采取强制措施。

五、登记结算机构、证券业协会、证券监督、管理机构

登记结算机构	设立证券登记结算机构条件	(1) 自有资金不少于人民币 2 亿元； (2) 具有证券登记、存管和结算服务所必须的场所和设施； (3) 国务院证券监督管理机构规定的其他条件。 证券登记结算机构的名称中应当标明证券登记结算字样。
证券业协会	证券业协会履行下列职责	(1) 教育和组织会员及其从业人员遵守证券法律、行政法规，组织开展证券行业诚信建设，督促证券行业履行社会责任； (2) 依法维护会员的合法权益，向证券监督管理机构反映会员的建议和要求； (3) 督促会员开展投资者教育和保护活动，维护投资者合法权益； (4) 制定和实施证券行业自律规则，监督、检查会员及其从业人员行为，对违反法律、行政法规、自律规则或者协会章程的，按照规定给予纪律处分或者实施其他自律管理措施； (5) 制定证券行业业务规范，组织从业人员的业务培训； (6) 组织会员就证券行业的发展、运作及有关内容进行研究，收集整理、发布证券相关信息，提供会员服务，组织行业交流，引导行业创新发展； (7) 对会员之间、会员与客户之间发生的证券业务纠纷进行调解。
证券监督管理机构	调查	国务院证券监督管理机构对涉嫌证券违法的单位或者个人进行调查期间，被调查的当事人书面申请，承诺在国务院证券监督管理机构认可的期限内纠正涉嫌违法行为，赔偿有关投资者损失，消除损害或者不良影响的，国务院证券监督管理机构可以决定中止调查。被调查的当事人履行承诺的，国务院证券监督管理机构可以决定终止调查；被调查的当事人未履行承诺或者有国务院规定的其他情形的，应当恢复调查。具体办法由国务院规定。

第七章　保险法

备注：新增《最高人民法院关于适用〈中华人民共和国保险法〉若干问题的解释（四）》，主要包括四个方面内容：（1）明确保险标的转让的相关问题；（2）明确保险合同主体的权利义务；（3）明确保险代位求偿权的相关问题；（4）明确责任保险的相关问题。

一、一般保险合同

种类		原保险和再保险。原保险是保险人和投保人之间，再保险是原保险人和再保险人之间。再保险具有独立性（保险费交付、保险金给付、合同履行），再保险人与原保险的投保人不发生任何直接的权利义务关系。再保险人应履行再保险合同附随的保密义务。
		单保险和复保险。复保险的保险金额总和超过保险价值的，各保险人的赔偿金额的总和不得超过保险价值，除合同另行约定外，各保险人按保险金额占保险金额总和的比例承担赔偿责任。复保险的投保人可以就保险金额总和超过保险价值的部分，请求各保险人按比例返还保险费。
		足额保险和不足额保险。不足额保险的赔偿金额以保险金额为限，除合同另有约定外，保险人按照保险金额与保险价值的比例承担赔偿责任；保险金额不得超过保险价值，超过的部分无效。
订立		保险人的说明义务：保险人应向投保人说明保险合同条款，否则未说明的免责条款不产生效力。投保人的告知义务：未如实告知的有以下3种法律后果：①故意或因重大过失未如实告知足以影响保险人决定是否承保或提高保险费率的，保险人有权解除保险合同；②故意不告知，保险人对合同解除前的保险事故不承担赔偿或给付保险金的责任，并不退还保费；③因重大过失未如实告知，对保险事故的发生有严重影响的，保险人对合同解除前的保险事故不承担赔偿或给付保险金的责任，但应当退还保费。
		合同解除权规则：①未履行告知义务的合同解除权，自保险人知道有解除事由之日起，超过30日不行使而消灭；②自合同成立之日起超过2年的，保险人不得解除合同；发生保险事故的，保险人应当承担赔偿或者给付保险金的责任；即保险合同成立满2年后，保险公司不得再以该投保人未履行如实告知义务解除合同；③保险人在合同订立时已经知道投保人未如实告知的情况的，保险人不得解除合同；发生保险事故的，应当承担赔偿或者给付保险金的责任。
变更		保险合同变更有主体变更和内容变更两类，一般通过投保人与保险人协商一致，取得保险人同意继续承保后才能变更；货物运输保险合同无需征得保险人同意，通知即发生变更效力。
		财产转让理赔：①因保险标的的转让导致危险程度显著增加的，保险人自收到前款规定的通知之日起30日内，可以按照合同约定增加保险费或者解除合同。保险人解除合同的，应当将已收取的保险费，按照合同约定扣除自保险责任开始之日起至合同解除之日止应收的部分后，退还投保人；②被保险人、受让人未履行通知义务的，因转让导致保险标的的危险程度显著增加而发生的保险事故，保险人不承担赔偿保险金的责任。
解除	投保人解除权	原则上可随时解除合同，但法律或合同有另外规定的除外。
		法定不得解除的合同为保险责任开始后的货物运输保险合同和运输工具航程保险合同，投保人和保险人均不得解除。
	保险人解除权	原则上不得解除合同，但法律或合同有另外规定的除外。
		法定解除情形：①投保人未履行如实告知义务；②保险欺诈：未发生保险事故的情况下谎称发生保险事故或故意制造保险事故骗保；③投保人、被保险人未按照约定履行对保险标的的安全义务（保险人也可以要求增加保费）；④保险标的的危险程度增加未及时通知保险人的（保险人也可以要求增加保费）；⑤投保人申报的被保险人年龄不真实并且真实年龄不符合合同约定的年龄限制的，但合同成立后逾2年的除外；⑥人身保险合同因欠交保费导致合同中止之日起2年内双方未达成协议的，保险人可以解除合同。
	共有解除权	保险标的发生部分损失的，自保险人赔偿之日起30日内，投保人可以解除合同；除合同另有约定外，保险人也可以解除合同，但应当提前15日通知投保人。合同解除的，保险人应当将保险标的的未受损失部分的保险费，按照合同约定扣除自保险责任开始之日起至合同解除之日止应收的部分后，退还投保人。

二、人身保险合同特殊规定

保险利益	具有保险利益的范围：①本人；②配偶、子女、父母；③前项以外与投保人有抚养、赡养或者扶养关系的家庭其他成员、近亲属；④与投保人有劳动关系的劳动者；⑤除前四项外，被保险人同意投保人为其订立合同的，视为投保人对被保险人具有保险利益。
以死亡为给付保险金条件的合同	投保人的限制：投保人不得为无民事行为能力人投保以死亡为给付保险金条件的人身保险，保险人也不得承保。父母为其未成年子女投保的人身保险，不受前款规定限制，但是死亡给付保险金额总和不得超过保险监督管理机构规定的限额。
	保险金的确定：以死亡为给付保险金条件的合同，未经被保险人同意并认可保险金额的，合同无效。依照以死亡为给付保险金条件的合同所签发的保险单，未经被保险人书面同意，不得转让或者质押。父母为其未成年子女投保的人身保险，不受限制。
中止和复效	保险合同的中止与复效仅适用于人寿保险合同。
	中止：人身保险合同约定分期支付保险费的，投保人支付首期保险费后，除合同另有约定外，投保人自保险人催告之日起超过 30 日未支付当期保险费，或者超过约定的期限 60 日未支付当期保险费的，合同效力中止，被保险人在前款规定期限内发生保险事故的，保险人应当按照合同约定给付保险金，但可以扣减欠交的保险费。
	复效：自保险合同中止之日起 2 年内，经保险人与投保人协商并达成协议，在投保人补交保险费后，保险合同效力恢复。2 年内双方未达成协议的，保险人可以解除合同，并应当按照合同约定退还保险单的现金价值。
除外责任	以被保险人死亡为给付保险金条件的合同，自合同成立或者合同效力恢复之日起 2 年内，被保险人自杀的，保险人不承担给付保险金的责任，仅按照合同约定退还保险单的现金价值。但被保险人自杀时为无民事行为能力人的除外。
	投保人、受益人故意造成被保险人死亡、伤残或者疾病的，保险人不承担给付保险金的责任；投保人已交足 2 年以上保险费的，保险人应当按照合同约定向其他权利人退还保单的现金价值。
	因被保险人故意犯罪或者抗拒依法采取的刑事强制措施导致其伤残或者死亡的，保险人不承担给付保险金的责任。投保人已交足 2 年以上保险费的，保险人应当按照合同约定退还保险单的现金价值。
保险金	人身保险中不存在重复保险、不足额保险、足额保险和超额保险的问题，保险金定额支付。
	保险金的继承：财产保险的保险金可以继承，人身保险的保险金只有在没有指定受益人、受益人先于被保险人死亡且无其他受益人、受益人依法丧失受益权或放弃受益权且无其他受益人的情况下才作为被保险人的遗产继承（受益人与被保险人在同一事件中死亡，且不能确定死亡先后顺序的，推定受益人死亡在先）。
保险费	保险费通常由投保人支付，但人身保险合同的被保险人或受益人可以代为交付。
	人寿保险的保险费不得以诉讼方式强制缴纳。
禁止代位求偿	保险人禁止向第三者追偿，但被保险人、受益人获得保险金后对第三人仍有请求赔偿的权利。
年龄误报后果	解除合同：投保人申报的被保险人年龄不真实，并且其真实年龄不符合合同约定的年龄限制的，保险人可以解除合同，并按照合同约定退还保险单的现金价值，合同解除适用除斥期间和禁反言规则。
	保险费的更正、补交或保险金的减少：投保人申报的被保险人年龄不真实，致使投保人支付的保险费少于应付保险费的，保险人有权更正并要求投保人补交保险费，或者在给付保险金时按照实付保险费与应付保险费的比例支付。保险费的退还：投保人申报的被保险人年龄不真实，致使投保人实付保险费多于应付保险费的，保险人应当将多收的保险费退还投保人。

【关联提示】保险利益原则：保险利益应是合法的利益、经济上的利益和可以确定的利益；

财产保险要求被保险人发生保险事故时对保险标的应当有保险利益，不具有保险利益不得请求赔偿保险金；

人身保险要求订立合同时对被保险人应当有保险利益，不具有保险利益的保险合同无效。

三、保险业法律制度

当事人	保险人指经国务院银保监批准设立的（无组织形式限制）保险公司。 （1）设立条件：主要股东具有持续盈利能力，信誉良好，最近3年内无重大违法违规记录，净资产不低于人民币2亿元；符合法律规定的章程；有符合本法规定的注册资本；具备任职专业知识和业务工作经验的董监高；健全的组织机构和管理制度；符合要求的营业场所和设施。 （2）外国保险机构在中华人民共和国境内设立代表机构，应当经国务院保险监督管理机构批准。代表机构不得从事保险经营活动。 （3）保险公司变更须经保监会批准的事项：名称、注册资本、营业场所、撤销分支机构、修改公司章程、合并或分立、变更出资额占有限责任公司资本总额5%以上的股东，或者变更持有股份有限公司股份5%以上的股东。
关系人	投保人可以是被保险人本人，也可以第三人；必须具备民事权利能力和行为能力；对保险标的有保险利益。
	被保险人：①财产保险中被保险人必须是保险标的的所有人或其他权利人，人身保险以被保险人的生命或身体作为保险标的；②财产保险的被保险人可自己行使赔偿请求权，而人身保险尤其是人寿保险的死亡保险可以由受益人享有赔偿请求权。
	受益人：①受益人只存在于人身保险合同中；②受益人不受有无行为能力及保险利益的限制；③受益人不负交付保费义务，受领的保险金不属于被保险人遗产；④保险合同成立时未指定受益人的，合同成立后被保险人可以指定；保险合同订立时已指定的，合同成立后可追加指定受益人；⑤受益人的资格可能被取消，也可能依法丧失；被保险人或投保人经被保险人同意可以变更受益人，非经通知不得对抗保险人；受益人故意造成被保险人死亡或伤残的，丧失受益权；⑥受益人为数人时，被保险人或投保人可以确定受益顺序和份额，未确定的等额分配；⑦投保人、被保险人、第三人均可为受益人，投保人指定受益人须经被保险人同意。<u>投保人为与其有劳动关系的劳动者投保人身保险，不得指定被保险人及其近亲属以外的人为受益人。</u>

【**重点提示**】代位求偿权：①代位求偿权仅适用于财产保险，不适用于人身保险；②代位求偿权中的保险事故是由第三人引起；③必须以保险人支付了保险金为基础，保险人在赔付后自动取得代位求偿权；④代位求偿权的范围不得超过保险人的赔付金额；⑤保险人在行使代位求偿权时，是以自己的名义，行使的对象是造成保险事故的第三人；⑥除被保险人的家庭成员或者其组成人员故意造成保险事故以外，保险人不得对被保险人的家庭成员或者其组成人员行使代位求偿权；⑦保险人赔偿保险金之前，被保险人放弃对第三者的请求赔偿的权利的，保险人不承担赔偿保险金的责任。保险人向被保险人赔偿保险金后，被保险人未经保险人同意放弃对第三者请求赔偿的权利的，该放弃行为无效。被保险人故意或者因重大过失致使保险人不能行使代位请求赔偿的权利的，保险人可以扣减或者要求返还相应的保险金。

责任保险：责任保险的被保险人给第三者造成损害，被保险人对第三者应负的赔偿责任确定的，根据被保险人的请求，保险人应当直接向该第三者赔偿保险金。被保险人怠于请求的，第三者有权就其应获赔偿部分直接向保险人请求赔偿保险金。被保险人未向该第三者赔偿的，保险人不得向被保险人赔偿保险金。

第八章   海商法

海商法是调整海上运输关系和船舶关系法律规范的总称，海商法与国际经济法中的国际货物运输关系紧密，相关内容参见国际经济法部分，本部分仅就船舶物权加以说明。

船舶物权	适用法律	限　制　性　规　则
所有权	取得、转让和消灭均适用船旗国法。	船舶所有权的取得、转让、消灭和共有，应当签订书面合同。交付为转移所有权的生效要件，登记为对抗要件。
抵押权	（1）船旗国法。 （2）光船租赁以前或光船租赁期间设立抵押权的，适用原船舶登记国法。	标的：船舶，包括旧船和在建船。
		设定：船舶所有人或者船舶所有人授权的人可以设定船舶抵押权，船舶共有人取得持有 2/3 以上份额的共有人的同意可以就共有船舶设定抵押权，但共有人之间另有约定的除外。船舶抵押权的设定，应当签订书面合同，由抵押权人和抵押人共同向船舶登记机关办理抵押权登记；未经登记不得对抗第三人。
		效力：①船舶抵押权设定后，未经抵押权人同意，抵押人不得将被抵押船舶转让给他人；②抵押权人将被抵押船舶所担保的债权全部或者部分转让他人的，抵押权随之转移；③同一船舶可以设定两个以上抵押权，其顺序以登记的先后为准。同日登记的抵押权，按照同一顺序受偿；④被抵押船舶灭失，抵押权随之消灭；由于船舶灭失得到的保险赔偿，抵押权人有权优先于其他债权人受偿。
优先权	适用受理案件的法院所在地法	特征：①法定性：基于法律规定产生，不能通过约定创设，其实现必须通过法院扣押产生优先权的船舶的方式行使；②秘密性：不受物权公示性的约束，产生和存续既无须当事人意思表示，也无须登记；③附随性：一经产生就附着在船舶上，随船舶的转移而转移，只有法定原因发生才消灭。受让人不能以对船舶以前的债务无责任为由抗辩。
		具有船舶优先权的海事请求及受偿顺序： 海事请求：①船长、船员和在船上工作的其他在编人员根据劳动法律、行政法规或者劳动合同所产生的工资、其他劳动报酬、船员遣返费用和社会保险费用的给付请求；②在船舶营运中发生的人身伤亡的赔偿请求；③船舶吨税、引航费、港务费和其他港口规费的缴付请求；④海难救助的救助款项的给付请求；⑤船舶在营运中因侵权行为产生的财产赔偿请求。 受偿顺序：①以上海事请求优先于其他请求受偿；②上述所列各项海事请求，依照顺序受偿；③海难救助在后发生的，应当先于其他海事请求受偿；④每一项中有两个以上海事请求的，不分先后，同时受偿；不足受偿的，按照比例受偿。但海难救助中有两个以上海事请求的，在后发生的优先受偿。 船舶优先权消灭原因：①具有船舶优先权的海事请求，自优先权产生之日起满 1 年不行使（1 年为除斥期间，不得中止中断）；②船舶经法院强制出售；③船舶灭失；④船舶转让时，船舶优先权自法院应受让人申请予以公告之日起满 60 日不行使而消灭。
留置权	船旗国法	主体仅限于造船人、修船人，船舶留置权在丧失船舶占有时消灭。

【关联提示】船舶担保物权关系：

1. 联系：都是以船舶为标的物的担保物权，保证所担保的债权相对于无担保的普通债权优先受偿。

2. 区别：船舶抵押权是约定担保物权，而船舶优先权和留置权是法定担保物权；船舶抵押权非经登记不得对抗第三人，而船舶优先权和留置权无需登记。

3. 受偿顺序：船舶优先权＞船舶留置权＞船舶抵押权，但为实现船舶优先权产生的诉讼费用，保存、拍卖船舶和分配船舶价款产生的费用，以及为海事请求人的共同利益而支付的其他费用，应当从船舶拍卖所得价款中先行拨付。

第九章　信托法

信托制度	定义	信托是指委托人基于对受托人的信任，将其财产权委托给受托人，由受托人按委托人的意愿以自己的名义，为受益人的利益或者特定目的，进行管理或者处分的行为。
	特征	(1) 所有权与利益权相分离； (2) 信托财产的独立性； (3) 有限责任； (4) 信托管理的连续性。
分类	《信托法》关于信托的分类	《信托法》第3条将信托分为民事信托、营业信托和公益信托。
	按资金运用方式及来源	债权信托、股权信托、标品信托、标品信托、财产信托、资产证券化信托、公益信托、慈善信托、事务信托。
	按委托人数量不同	单一信托和集合信托。
	按信托目的	担保信托、管理信托和处分信托。
信托的设立	"三确定"原则	(1) 信托财产确定性原则； (2) 受益人确定下原则； (3) 信托目的确定性原则。
	信托合同	(1) 信托合同的要式性与诺诚性； (2) 信托合同的有偿性； (3) 信托合同的存续期限。
	信托合同载明事项	(1) 信托目的； (2) 委托人、受托人的姓名或者名称、住所； (3) 受益人或者受益人范围； (4) 信托财产的范围、种类及状况； (5) 受益人取得信托利益的形式、方法。
	信托无效情形	(1) 信托目的违反法律、行政法规或者损害社会公共利益； (2) 信托财产不能确定； (3) 委托人以非法财产或者本法规定不得设立信托的财产设立信托； (4) 专以诉讼或者讨债为目的设立信托； (5) 受益人或者受益人范围不能确定； (6) 法律、行政法规规定的其他情形。

续表

信托财产	定义	受托人因承诺信托而取得的财产是信托财产。
	范围	(1) 受托人因信托财产的管理运用、处分或者其他情形而取得的财产，也归入信托财产； (2) 法律、行政法规限制流通的财产，依法经有关主管部门批准后，可以作为信托财产。
	禁止抵消	受托人管理运用、处分信托财产所产生的债权，不得与其固有财产产生的债务相抵销； 受托人管理运用、处分不同委托人的信托财产所产生的债权债务，不得相互抵销。
信托当事人	委托人	委托人的权利： (1) 知情权； (2) 要求受托人调整信托财产管理方法的权利； (3) 申请撤销信托财产处分行为的权利； (4) 对受托人的解任权； (5) 变更受益人的权利和处分受益人的信托受益权的权利； (6) 信托的解除权。
	受托人	受托人的义务： (1) 遵守信托文件的义务； (2) 忠实义务； (3) 善管注意义务或谨慎义务； (4) 分别管理义务； (5) 亲自管理义务； (6) 记录、报告和保密义务； (7) 信托利益给付义务； (8) 清算义务 受托人的权利： (1) 报酬请求权； (2) 优先受偿权； (3) 受托人的辞任权。
	受益人	(1) 受益人是在信托中享有信托受益权的人。受益人可以是自然人、法人或者依法成立的其他组织； (2) 委托人可以是受益人，也可以是同一信托的唯一受益人； (3) 受托人可以是受益人，但不得是同一信托的唯一受益人。
信托的变更与终止	信托变更的事由	(1) 受益人对委托人有重大侵权行为； (2) 受益人对其他共同受益人有重大侵权行为； (3) 经受益人同意； (4) 信托文件规定的其他情形。
	信托终止的事由	(1) 信托文件规定的终止事由发生； (2) 信托的存续违反信托目的； (3) 信托目的已经实现或者不能实现； (4) 信托当事人协商同意； (5) 信托被撤销； (6) 信托被解除。

科目：

刑 法

第一章　刑法概说

一、罪刑法定原则与罪刑相适应原则的比较

比较点	罪刑法定	罪刑相适应
基本理念	法无明文规定不为罪； 法无明文规定不处罚。	刑罚轻重与犯罪轻重相当； 罪责刑相一致。
派生规则	（1）规定罪和刑的法必须是立法机关制定的成文法。 （2）重法不溯及既往和禁止有罪类推。 （3）禁止绝对不定期刑和绝对不定刑。 （4）犯罪构成和法律后果明确。 （5）处罚范围和程度合理。 （6）禁止酷刑。	（1）定刑合理。 （2）罪刑均衡。 （3）行刑时根据犯罪人人身危险程度的变化，合理运用减刑、假释等制度。
思想渊源	三权分立学说； 心理强制说。	功利主义； 报应刑理论。

二、刑法空间效力

核心	对象		特殊情形
属地管辖原则	国内犯	几种特殊领域的适用情形	（1）中国船舶和航空器：即使航行（飞行）在别的国家或公海上，中国也有权管辖（不包括火车）。 （2）驻外使领馆内的犯罪：中国通常有管辖权。 （3）犯罪的行为或者结果有一项发生在中华人民共和国领域内，中国就有权管辖。 （4）共同犯罪只要有一部分发生在中国境内，中国就有权管辖。
		例外	（1）享有外交特权的外国人的刑事责任，通过外交途径解决。 （2）港、澳地区犯罪适用港、澳地区的法律。 （3）民族自治地方可以对刑法作适当变通。 （4）特别法有规定的依特别法规定。
	国外犯（中国人在国外）		国家工作人员和军人：全部适用中国刑法。
			普通公民：原则上适用中国刑法，但最高刑为3年以下的，可以不追究。

续表

核　心	对　象		特　殊　情　形
保护管辖原则	国外犯（外国人在国外）	中国行使保护管辖权的条件	侵犯中国国家或公民的利益。
			最低刑为三年以上有期徒刑的，可以适用我国刑法，但是按照犯罪地的法律不受处罚的除外。
普遍管辖原则	国外犯	行使普遍管辖权的条件	必须是国际性犯罪。
			我国缔结或参加了公约（注意劫持航空器罪）。
			我国刑法将这种行为也规定为犯罪。
			罪犯出现在我国境内。
对外国刑事判决的承认			即使经过外国审判，仍然可以追诉； 已经受过刑罚处罚的，可以免除或减轻处罚。

第二章　犯罪构成要件

一、犯罪主体

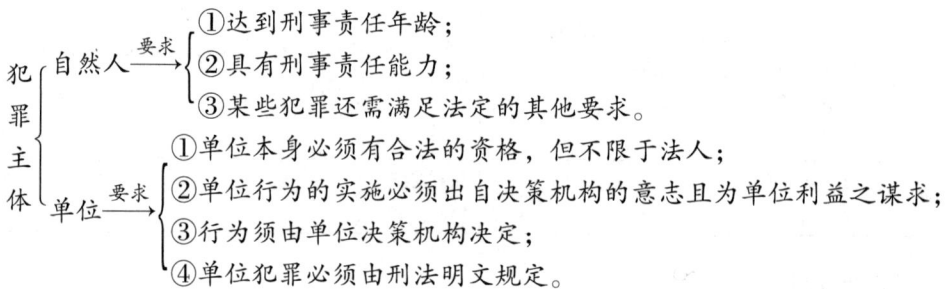

二、行为

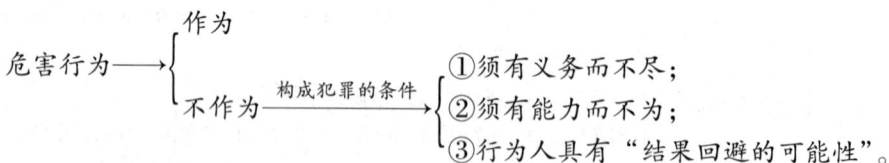

三、因果关系的认定

刑法上的因果关系	概念	刑法中的因果关系是指危害行为与危害结果之间引起与被引起的合乎规律的联系。刑法中的因果关系完全依赖于危害行为与危害结果而存在，其本身并无独立性，并不属于犯罪构成要件的体系范畴。
	形式	（1）一行为直接而合乎规律地引起危害结果，如甲开枪杀死乙。 （2）一行为在危险状态或特定条件下造成一定的危害结果，如甲医生故意拖延致使得急病的乙死亡。 （3）一行为加上被害人的行为导致危害结果的发生，如甲为防盗私拉电网，乙行窃时触电而死。 （4）两行为前后连接导致危害结果发生，如甲强令乙违章作业，乙执行时发生事故。 （5）数行为共同作用导致危害结果发生，如甲、乙共同开枪致丙死亡。 （6）中断的因果关系，如甲打伤乙，乙住院时感染而亡。

右上角：续表

		相当因果关系的判断： （1）两步骤，先看条件，再看相当性 （2）四种基本因果关系的判断规则 ①特殊体质有因果； ②介入因素分两步：依附关系不中断；独立关系，作用大者有因果； ③同时犯因果四情形：A1，A2都打中查不清，都无因果；A1，A2都打中都致命，都有因果； A1，A2都打中作用大小查不清，都有因果；事实完全查得清，按查清情况认定。
刑法上的因果关系	注意	不要把因果关系与刑事责任直接联系。

四、未成年人刑事责任

年龄阶段	责任状况	处罚结果
不满 12 周岁	无刑事责任能力	不负刑事责任
12 周岁至 14 周岁	推定刑事责任能力	犯故意杀人、故意伤害罪，致人死亡或者以特别残忍手段致人重伤造成严重残疾，情节恶劣，经最高人民检察院核准追诉的，应当负刑事责任
14 周岁至 16 周岁	相对刑事责任能力	对八类严重暴力刑事犯罪负刑事责任
已满 16 周岁	完全刑事责任能力	不满 18 周岁的人，应当从轻或者减轻处罚

【关联记忆】刑事责任能力方面的特别规定：

1. 间歇性精神病人：实施行为时精神正常即负刑事责任。

2. 尚未完全丧失辨认或控制能力的精神病人犯罪：应当负刑事责任，但可从轻、减轻处罚。

3. 生理性醉酒的行为人具有完全刑事责任能力，病理性醉酒的行为人不具有完全刑事责任能力。

4. 又聋又哑的人和盲人犯罪：可以从轻、减轻或者免除处罚。

5. 已满 75 周岁的人：故意犯罪的，可以从轻或者减轻处罚；过失犯罪的，应当从轻或者减轻处罚。

五、犯罪的主观方面

名称		认识因素	意志因素	区别技巧
犯罪故意	直接	明知自己的行为会发生危害社会的结果。	希望结果发生（积极追求的态度）。	认识到行为导致结果可能性小，直接认定为过于自信的过失；认识到行为导致结果可能性大，采取了自认为有效的防护措施为过于自信的过失，没有采取防护措施为间接故意。
	间接	明知自己的行为可能会发生危害社会的结果。	放任结果发生（既不追求，也不设法避免）。	
犯罪过失	过于自信	已经预见到自己的行为可能会发生危害社会的结果。	对危害结果的发生持否定态度，轻信能够避免。	区别关键在于是否有认识：过于自信有认识；疏忽大意无认识。
	疏忽大意	没有预见到自己的行为可能会发生危害社会的结果。	对危害结果的发生持否定态度，应当预见而仅因疏忽大意未预见。	

六、事实认识错误

对象错误与打击错误（方法错误）的区分	从行为人主观认识出发，看其主观认为的对象，是否与实际对象相符（有无认错对象）
因果关系错误	包括具体流程偏离、结果提前实现、事前故意，通说观点均既遂，少数观点"客观行为＋行为时罪过"搭配
具体认识错误（同类错误）与抽象认识错误（异类错误）	在同一构成要件之内的错误，不影响故意、既遂；在不同构成要件之间的错误，可按想象竞合处理
法定符合说与具体符合说（甲开枪打乙误中丙）	（1）法定符合说是"行为人立场"，为故意犯既遂； （2）具体符合说是"被害人立场"，对乙之罪（A 罪）、对丙之罪（B 罪）的想象竞合； （3）对于同类对象打击错误，法定符合说与具体符合说结论不同；对于同类对象认识错误，法定符合说与具体符合说结论相同；
事实认识错误与违法性认识错误的区分	是认错了事实要素，还是对事实要素的法律定性弄错了

第三章　犯罪排除事由

一、排除犯罪的事由的分类

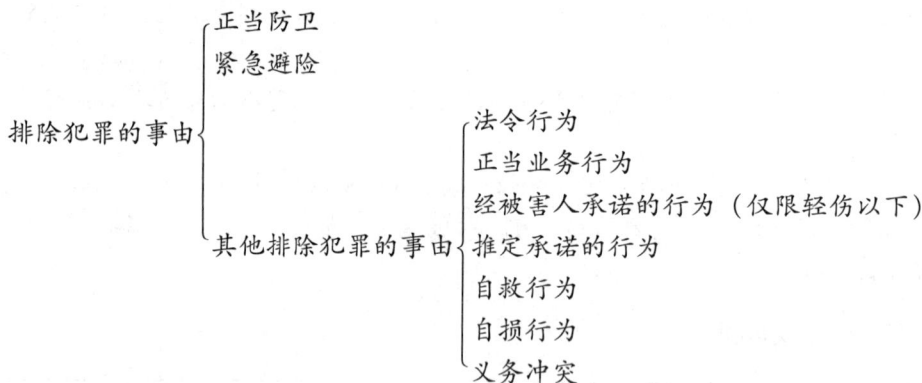

排除犯罪的事由
- 正当防卫
- 紧急避险
- 其他排除犯罪的事由
  - 法令行为
  - 正当业务行为
  - 经被害人承诺的行为（仅限轻伤以下）
  - 推定承诺的行为
  - 自救行为
  - 自损行为
  - 义务冲突

二、正当防卫与紧急避险的区别

比较项	正当防卫	紧急避险
本质	以正对不正	以正对正
时间	正在发生	正在发生
主观	防卫意图	避险意图
危险的来源	仅限于人的侵害	包括人的侵害、动物的侵害、自然力的破坏等多种形态
行为的对象	针对不法侵害者本人	针对第三人
实施的条件	无限制条件	只能在不得已情况下实施

续表

比较项	正当防卫	紧急避险
行为过当的标准	造成的损害可以等于甚至大于被保护的合法权益，只有明显超过必要限度，造成重大损害的才算过当	造成的损害必须小于所保护的利益，否则即为过当
对行为主体的要求	无相应限制	不适用于职务、业务上负有特定责任的人员

【重点提示】1. 不法侵害既包括侵犯生命、健康权利的行为，也包括侵犯人身自由、公私财产等权利的行为；既包括犯罪行为，也包括违法行为。成年人对于未成年人正在实施的针对其他未成年人的不法侵害，应当劝阻、制止；劝阻、制止无效的，可以实行防卫。

2. 正当防卫必须是针对正在进行的不法侵害。对于不法侵害已经形成现实、紧迫危险的，应当认定为不法侵害已经开始；对于不法侵害虽然暂时中断或者被暂时制止，但不法侵害人仍有继续实施侵害的现实可能性的，应当认定为不法侵害仍在进行；在财产犯罪中，不法侵害人虽已取得财物，但通过追赶、阻击等措施能够追回财物的，可以视为不法侵害仍在进行；对于不法侵害人确已失去侵害能力或者确已放弃侵害的，应当认定为不法侵害已经结束。对于不法侵害是否已经开始或者结束，应当立足防卫人在防卫时所处情境，按照社会公众的一般认知，依法作出合乎情理的判断，不能苛求防卫人。对于防卫人因为恐慌、紧张等心理，对不法侵害是否已经开始或者结束产生错误认识的，应当根据主客观相统一原则，依法作出妥当处理。

3. 正当防卫必须针对不法侵害人进行。对于多人共同实施不法侵害的，既可以针对直接实施不法侵害的人进行防卫，也可以针对在现场共同实施不法侵害的人进行防卫。明知侵害人是无刑事责任能力人或者限制刑事责任能力人的，应当尽量使用其他方式避免或者制止侵害；没有其他方式可以避免、制止不法侵害，或者不法侵害严重危及人身安全的，可以进行反击。

4. 防止将滥用防卫权的行为认定为防卫行为。对于显著轻微的不法侵害，行为人在可以辨识的情况下，直接使用足以致人重伤或者死亡的方式进行制止的，不应认定为防卫行为。不法侵害系因行为人的重大过错引发，行为人在可以使用其他手段避免侵害的情况下，仍故意使用足以致人重伤或者死亡的方式还击的，不应认定为防卫行为。

5. "造成重大损害"是指造成不法侵害人重伤、死亡。造成轻伤及以下损害的，不属于重大损害。防卫行为虽然明显超过必要限度但没有造成重大损害的，不应认定为防卫过当。

6. 下列行为应当认定为"行凶"：（1）使用致命性凶器，严重危及他人人身安全的；（2）未使用凶器或者未使用致命性凶器，但是根据不法侵害的人数、打击部位和力度等情况，确已严重危及他人人身安全的。虽然尚未造成实际损害，但已对人身安全造成严重、紧迫危险的，可以认定为"行凶"。

第四章   犯罪的未完成形态

名 称	公 式	处 罚 原 则
犯罪预备	欲达目的而不能（尚未着手实行）	可以比照既遂犯从轻、减轻或免除处罚。
犯罪未遂	欲达目的而不能（已着手实行）	可以比照既遂犯从轻或减轻处罚。
犯罪中止	能达目的而不欲，在犯罪过程中，自动放弃犯罪或者自动有效地防止犯罪结果发生。	没有造成损害的，应当免除处罚；造成损害的，应当减轻处罚。

【重点提示】1. 犯罪预备客观上表现为为犯罪准备工具、制造条件的行为。所谓的"制造条件"一般包括以下几种情况：

（1）为实行犯罪进行事先调查。例如对被害人进行"盯梢"，了解被害人的出行规律等。

（2）事先清除实行犯罪的相关障碍。例如事先将被害人圈养的看门狗毒死等。

（3）出发前往犯罪地点或等候被害人到来。

2. 犯罪未遂不同于犯罪既遂的特征在于犯罪"未得逞"，但是犯罪"未得逞"不等于不发生任何损害结果。

3. 犯罪中止必须发生在已经进入犯罪预备而尚未既遂时，因而以下两种情况不能视为犯罪中止：①犯罪既遂后自动返还原物；②犯罪未遂后主动抢救被害人。

第五章   共同犯罪

一、共同犯罪的含义

共同犯罪的含义	共同不法	只要求共同实施不法行为，不要求各行为人的责任要素（责任年龄、责任能力；故意、目的）完全相同
	行为共同说	不要求数行为人最终宣判的罪名相同，如果触犯的数个犯罪存在重合部分，数行为人共同实施重合部分的不法行为，对此不法行为有共同故意，就重合部分成立共同犯罪
共同犯罪的成立条件	2 人以上	
	共同行为	实行、帮助、教唆、共谋、组织行为
	共同故意	我有故意，我认为你也有故意，想和你一起实施。不要求故意内容完全相同，也不要求双向意思联络（不要求实行者有共同故意），甚至不要求实行者实际上对结果有故意

二、不构成共同犯罪的几种情形

名 称	例 释
共同过失犯罪	2 人以上共同过失犯罪，外表上虽然有共同行为，但行为人无共同犯意的交流，故不构成共同犯罪。

续表

名 称	例 释
故意犯与过失犯之间	过失犯罪人与故意犯罪人相互之间无共同故意，也无意思联络，不成立共同犯罪，由过失犯罪人与故意犯罪人分别对其行为负责。
同时犯	2人以上同时以各自行为侵犯同一对象，但彼此之间无意思联络的情况，即使有相同的犯罪故意，但却无共同故意，构成同时犯，应只在各自实行的犯罪行为的范围内负刑事责任。
超出共同故意范围的犯罪	指在共同犯罪过程中，有的共犯者超出了共同犯罪故意的范围，单独地实施其他犯罪，由于其他共犯者对此缺乏共同故意，而由行为人单独承担超出共同犯罪故意范围部分的责任。
间接正犯	指利用合法行为人或无责任能力者或无犯罪故意者来实行自己的犯罪的情况。但由于缺乏共同的犯罪故意，不成立共犯，而由利用者对被利用者的行为独立负责。
单位犯罪中的负责人与单位	在单位犯罪中，直接负责的主管人员及其他直接责任人员，与该单位本身不成立共同犯罪，其单位内部直接参与实施犯罪的人之间也不是共同犯罪的关系，而是作为单位有机整体内部诸要素相互联系、相互作用的关系。
片面共犯	片面共犯可能存在3种情况： （1）片面的共同实行，即实行的一方没有认识到另一方的实行行为。 （2）片面的教唆，即被教唆者没有意识到自己被教唆的情况。 （3）片面的帮助，即实行的一方没有认识到另一方的帮助行为。

三、聚众犯罪的刑事责任

类 别	罪 名
所有参加的人都构成犯罪	组织越狱罪
	暴动越狱罪
	聚众持械劫狱罪
只有首要分子与积极参加者构成犯罪，而一般参加者不构成犯罪	聚众哄抢罪
	聚众斗殴罪
	聚众扰乱社会秩序罪
	聚众冲击国家机关罪
首要分子与多次参加者构成犯罪	聚众淫乱罪
只有首要分子才构成犯罪，而其他参加者不构成犯罪	聚众扰乱公共场所秩序、交通秩序罪
	聚众阻碍解救被拐卖的妇女、儿童罪（其他参加者使用暴力、威胁方法的，才构成犯罪，以妨害公务罪定罪）

四、共同犯罪人的种类

种 类	处 罚
主犯	（1）犯罪集团中的首要分子，即组织、领导犯罪集团的人； （2）（构成共同犯罪的）聚众犯罪中的首要分子； （3）其他在犯罪集团和一般共同犯罪中起主要作用的犯罪分子。	（1）对前述第1种人，按集团所犯全部罪行处罚； （2）对前述第2、3种人，应当按其所参与或组织、指挥的全部犯罪处罚。

续表

	种　　类	处　　罚
从犯	（1）共同犯罪中起次要作用的犯罪分子； （2）共同犯罪中起辅助作用的犯罪分子。	应当从轻、减轻或免除处罚。
胁从犯	只有被胁迫参加犯罪的犯罪人一种。	应按照他的犯罪情节减轻或免除处罚。
教唆犯	教唆犯是指以授意、怂恿、劝说、利诱或者其他方法故意唆使他人犯罪的人。 （1）独立的教唆犯：教唆者与被教唆者之间不成立共同犯罪关系，教唆者独立对自己教唆行为负责。 （2）共犯的教唆犯：教唆者与被教唆者之间成立共同犯罪关系。	（1）被教唆的人实施了教唆的行为，则教唆人按在共同犯罪中所起的作用处罚。 （2）教唆不满 18 周岁的人犯罪，应当从重处罚。 （3）被教唆的人没有犯被教唆的罪（相当于教唆未遂），对教唆犯，可以从轻或者减轻处罚。

五、承继的共同犯罪

加入时点	犯罪终了之前，后行为人在前行为人实行部分犯罪行为之后，在犯罪行为尚未终了之前加入。
共同故意、共同行为	后行为人以共同的犯罪故意，中途加入该犯罪，参与实行或提供帮助。如果后行为人另有别的故意，则只能在前罪的故意范围内与前行为人成立共同犯罪。
法律后果	罪名：后行为人与前行为人成立共同犯罪；责任：后行为人只对加入之后共同行为导致的结果负责。
承继的共同犯罪与事后犯	后行为人在犯罪终了之前加入，构成承继的共同犯罪；在犯罪终了之后加入，构成事后犯。

第六章　罪　　数

罪数形态

实质的一罪—行为	继续犯	行为、不法状态，一直处于持续状态的犯罪	
		按一罪处理，追诉时效从犯罪终了时计	
	法条竞合犯	实施一个行为，触犯数个法条，数法条之间原本存在联系（静态的竞合）	
		特别法优于一般法；重法优于轻法。	
	想象竞合犯	实施一个行为；侵害数个法益，触犯数个罪名	
		择一重罪处断	
	结果加重犯	刑法分则明文规定：实施基本犯，导致严重结果而加重其法定刑	
		只认定为一罪，根据加重的法定刑量刑	
法定的一罪	结合犯	数个原本独立的犯罪行为，根据刑法分则的明文规定，结合成为另一独立的新罪	
	集合犯	刑法分则明文规定的特定行为特征 （1）常习犯：具有常习性的行为人反复多次实施行为； （2）职业犯：构成要件预定将一定的犯罪作为职业或业务反复实施，如非法行医行为； （3）营业犯：构成要件预定以营利为目的反复实施，如以赌博为业。	

续表

处断的一罪数行为	连续犯	基于同一的或者概括的犯罪故意，连续实施数个独立的性质相同的行为，触犯同一罪名。
		以一罪论处，追诉时效从行为终了之日起计算
	牵连犯	（1）客观上牵连：一行为是另一行为的通常手段； （2）主观上牵连意图：行为人实施第一行为时就有将其作为第二行为手段的意图。
		伪造后诈骗；实施关联行为之后再伪造
	吸收犯	两个实行行为，必经阶段、必然后果关系
		实施违禁品犯罪后又持有该违禁品；入户盗窃、入户抢劫等
	事后不可罚	同一对象、同一法益，前行为已作评价（禁止重复评价）

【重点提示】1. 造成伤害、死亡等后果的处罚规定：

（1）组织、领导、参加黑社会性质组织，还指使组织成员或者亲自实施了杀人、爆炸、绑架等犯罪的，数罪并罚。

（2）拐卖妇女、儿童时，造成被拐卖的妇女、儿童或者其近亲属重伤、死亡或者其他严重后果的，仍以本罪论处。但是在拐卖过程中，故意杀害或者伤害妇女、儿童的，应当数罪并罚。

（3）收买被拐卖的妇女、儿童，有杀害或伤害行为的，数罪并罚。

（4）投保人、受益人故意造成被保险人死亡、伤残或者疾病，骗取保险金的，数罪并罚。

（5）非法拘禁他人，致使其重伤或死亡的，仍以本罪论处；非法拘禁时，使用暴力致人伤残、死亡的，依照故意伤害罪、故意杀人罪定罪处罚。

（6）强奸妇女，致使被害人重伤、死亡或者造成其他严重后果的，仍以本罪定罪处罚。

（7）绑架时，致使被绑架人死亡或者杀害被绑架人的，仍以本罪论处。

（8）抢劫致人重伤、死亡的，仍以本罪论处；抢劫之后，为灭口而杀人的，构成故意杀人罪和抢劫罪，两罪并罚。

（9）实施抢夺公私财物行为，构成抢夺罪，同时造成被害人重伤、死亡等后果，构成抢夺罪。

（10）因刑讯逼供致人伤残、死亡的，依照故意伤害罪、故意杀人罪从重处罚；因暴力取证致人伤残、死亡的，依照故意伤害罪、故意杀人罪从重处罚；因虐待被监管人致人伤残、死亡的，依照故意伤害罪、故意杀人罪从重处罚。

（11）聚众斗殴，致人轻伤的，仍以本罪论处；聚众斗殴，致人重伤、死亡的，依照故意伤害罪或故意杀人罪定罪处罚。

（12）寻衅滋事，致人轻伤的，仍以本罪论处；寻衅滋事，致人重伤、死亡的，依照故意伤害罪或故意杀人罪定罪处罚。

2. 对侵害妇女、儿童等情形的处罚：

（1）拐卖妇女、儿童，有下列情形之一的，仍以拐卖妇女、儿童罪论处：①奸淫被拐卖的妇女的；②诱骗、强迫被拐卖的妇女卖淫或者将被拐卖的妇女卖给他人迫使其卖淫的；③以出卖为目的，使用暴力、胁迫或者麻醉方法绑架妇女、儿童的；④以出卖为目的，偷盗婴幼儿的。

（2）收买被拐卖的妇女、儿童的：①强行与被拐卖的妇女发生性关系的，构成强奸罪和收买被拐卖的妇女罪两罪；②非法剥夺、限制其人身自由或者有伤害、侮辱等犯罪行为的，构成收买被拐卖的妇女、儿童罪与非法拘禁罪、故意伤害罪、侮辱罪数罪。

（3）组织他人偷越国（边）境罪中，对被组织人有强奸、拐卖等犯罪行为的，数罪并罚。运送他人偷越国（边）境罪中，对被运送人有强奸、拐卖等犯罪行为的，数罪并罚。

（4）组织卖淫罪、强迫卖淫罪中，强奸后迫使其卖淫的，构成组织卖淫罪、强迫卖淫罪与强奸罪的并罚。

3. 下列情形中对受贿行为的处罚：

（1）中介组织的人员，索取他人财物或者非法收受他人财物后，故意提供虚假证明文件的，仍按提供虚假证明文件罪处罚。

（2）因挪用公款索取、收受贿赂构成犯罪的，数罪并罚；挪用公款进行非法活动构成其他犯罪的，数罪并罚。

（3）司法工作人员收受贿赂，同时又构成徇私枉法罪，民事、行政枉法裁判罪，执行判决、裁定失职罪或者执行判决、裁定滥用职权罪的，依照处罚较重的规定定罪处罚。

4. 在盗窃中发生的情形的处罚：

（1）盗窃使用中的电力设备，同时构成盗窃罪和破坏电力设备罪的，择一重罪处罚。

（2）盗窃信用卡并使用的，依照盗窃罪定罪处罚；如果盗窃伪造或作废的信用卡并使用的，依照信用卡诈骗罪定罪处罚。

（3）邮政工作人员私自开拆或者隐匿、毁弃邮件、电报，窃取财物的，依照盗窃罪从重处罚。

（4）为实施其他犯罪而窃取机动车辆的，以盗窃罪与其他罪并罚；如果将车辆归还的，以其他罪从重处罚；为使用、游乐的目的而多次偷开车辆，丢失的，以盗窃罪论；在偷开中发生交通肇事的，应当数罪并罚；偷开机动车辆造成车辆损坏的，按照故意毁坏财物罪定罪处罚；偶尔偷开机动车辆，情节轻微的，可以不认为是犯罪。

（5）实施盗窃犯罪，造成公私财物损毁的，以盗窃罪从重处罚；又构成其他犯罪的，择一重罪从重处罚；盗窃公私财物未构成盗窃罪，但因采用破坏性手段造成公私财物损毁，数额较大的，以故意毁坏财物罪定罪处罚；盗窃后，为掩盖盗窃罪行或者报复等，故意破坏公私财物构成犯罪的，应当以盗窃罪和构成的其他罪实施数罪并罚。

（6）盗窃技术成果等商业秘密的，按照侵犯商业秘密罪定罪处罚。

5. 其他情形：

（1）伪造货币，并出售或者运输伪造的货币的，依照伪造货币罪从重处罚；出售或者运输伪造的货币，又使用的，数罪并罚；购买伪造的货币又使用的，以购买假币罪从重处罚。

（2）非法购买增值税专用发票或者购买伪造的增值税专用发票后，又虚开或者出售的，则不构成非法购买增值税专用发票、购买伪造的增值税专用发票罪，而分别构成虚开增值税专用发票罪、出售伪造的增值税专用发票罪、非法出售增值税专用发票罪。

（3）投保人、被保险人故意造成财产损失的保险事故，骗取保险金，构成其他犯罪的，数罪并罚。

（4）雇用童工从事危重劳动造成事故，又构成其他犯罪的，数罪并罚。

（5）实施侵犯著作权的行为，又销售该侵权复制品，违法所得数额巨大的，只定侵犯著作权罪，不实行数罪并罚。

第七章　刑　罚

一、管制、拘役、有期徒刑与无期徒刑的重点比较

	执行机关	期限	刑期计算	待遇
管制	社区矫正机关	3个月以上2年以下，数罪并罚不超过3年。	从判决执行日起计算，判决执行前先行羁押的，羁押1日折抵刑期2日。管制期满执行机关应向有关群众宣布解除管制。	劳动中同工同酬
拘役	公安机关	1个月以上6个月以下，数罪并罚不超过1年。	从判决执行之日起计算，判决执行前先行羁押的，羁押1日折抵刑期1日。刑满释放之日为判决书确定的刑期终止之日。	劳动中酌量发给报酬，每月可回家1~2天。
有期徒刑	监狱、看守所、未成年犯管教所	6个月以上15年以下，数罪并罚时总和刑期不满35年的，最高不超过20年，总和刑期在35年以上的，最高不超过25年。	与拘役相同	强制劳动改造，完全无偿。
无期徒刑	监狱	终身	不存在刑期计算问题，无期徒刑减为有期徒刑的，刑期从人民法院裁定减刑之日起计算。	与有期徒刑相同

【关联提示】1. 管制的特别规定：

（1）判处管制，可以根据犯罪情况，同时禁止犯罪分子在执行期间从事特定活动，进入特定区域、场所，接触特定的人。违反禁止令的，由公安机关依照《治安管理处罚法》的规定处罚。

（2）对判处管制的犯罪分子，依法实行社区矫正。

（3）管制期间自由限制的内容：①遵纪守法；②按照执行机关规定报告自己的活动情况；③遵守执行机关关于会客的规定；④离开所居住的市、县或迁居，应报执行机关批准；⑤未经执行机关批准，不得行使言论、出版、集会、结社、游行、示威（六大）自由的权利。

2. 死刑的特别规定：

（1）适用对象：罪行极其严重的犯罪分子。

（2）限制对象：①犯罪的时候不满18周岁的人和审判的时候怀孕的妇女，不适用死刑；②审判的时候已满75周岁的人，不适用死刑，但以特别残忍手段致人死亡的除外。

（3）死刑缓期执行期间：①没有故意犯罪：2年期满后，减为无期徒刑；②没有故意犯罪且有重大立功：2年期满后，减为25年有期徒刑；③故意犯罪：情节恶劣的，报请最高人民法院核准后执行死刑；④对于故意犯罪未执行死刑的，死刑缓期执行的期间重新计算，并报最高人民法院备案。

（4）死缓期间的计算：①死刑缓期执行的期间从判决确定之日起算（无折抵一说）；②死缓减为有期徒刑的，刑期从死刑缓期执行期满之日起算。

二、累犯

	一般累犯	特别累犯
构成条件	被判处有期徒刑以上刑罚的犯罪分子，刑罚执行完毕或者赦免以后，在5年以内再犯应当判处有期徒刑以上刑罚之罪的，是累犯。应当从重处罚，但是过失犯罪和不满18周岁的人犯罪的除外。	犯危害国家安全犯罪、恐怖活动犯罪、黑社会性质组织犯罪的犯罪分子，在刑罚执行完毕或者赦免以后，在任何时候再犯上述任一类罪的，都以累犯论处。
可否假释	不可以	
可否减刑	可以	
可否适用缓刑	对于累犯和犯罪集团的首要分子，不适用缓刑。	

【关联提示】1. 累犯的期限计算：被假释的犯罪分子从假释期满之日起算。

2. 缓刑的犯罪分子，因刑罚在缓刑考察期满后并未执行，因而再犯新罪不构成累犯。

3. 刑罚执行完毕是指主刑执行完毕。

4. 累犯应当从重处罚，不适用缓刑和假释。

三、自首

自首
├─ 一般自首：条件 ┤ 自动投案
│   └ 如实供述自己的罪行
└─ 特别自首 ┤ 主体 ┤ 被采取强制措施的犯罪嫌疑人
           │   ├ 被告人
           │   └ 正在服刑的罪犯
           └ 条件：如实供述司法机关尚未掌握的本人其他罪行

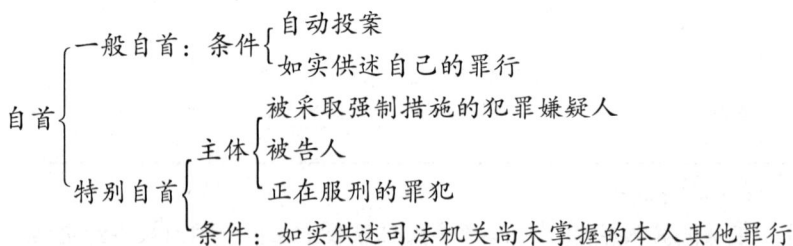

【关联提示】1. 自首：犯罪嫌疑人虽不具有自首情节，但是如实供述自己罪行的，可以从轻处罚；因其如实供述自己罪行，避免特别严重后果发生的，可以减轻处罚。

犯罪嫌疑人向其所在单位、城乡基层组织或者其他有关负责人员投案的；犯罪嫌疑人因病、伤或者为了减轻犯罪后果，委托他人先代为投案，或者先以信电投案的；罪行尚未被司法机关发觉，仅因形迹可疑，被有关组织或者司法机关盘问、教育后，主动交代自己的罪行的；犯罪后逃跑，在被通缉、追捕过程中，主动投案的；经查实确已准备去投案，或者正在投案途中，被公安机关捕获的，应当视为自动投案。

单位犯罪案件中，单位集体决定或者单位负责人决定而自动投案，如实交代单位犯罪事实的，或者单位直接负责的主管人员自动投案，如实交代单位犯罪事实的，应当认定为单位自首。单位自首的，直接负责的主管人员和直接责任人员未自动投案，但如实交代自己知道的犯罪事实的，可以视为自首；拒不交代自己知道的犯罪事实或者逃避法律追究的，不应当认定为自首。

2. 立功：犯罪分子有揭发他人犯罪行为，查证属实的，或者提供重要线索，从而得以侦破其他案件等立功表现的，可以从轻或者减轻处罚；有重大立功表现的，可以减轻或者免除处罚。

四、数罪并罚

特征	(1) 必须是一行为人犯有数罪; (2) 行为人所犯数罪,必须发生在法定的时间界限之内; (3) 必须在对数罪分别定罪量刑的基础上,依照法定的并罚原则、范围与方法,决定执行的刑罚。		
原则	限制加重原则		对一人所犯数罪分别判处有期徒刑、拘役、管制,则在数刑中最高刑期以上,总和刑期以下,酌情决定执行的刑期。但管制最高不能超过 3 年、拘役最高不能超过 1 年,有期徒刑总和刑期不满 35 年的,最高不超过 20 年,总和刑期在 35 年以上的,最高不超过 25 年。
	吸收原则		数罪中有判处死刑或无期徒刑的,其他主刑被死刑、无期徒刑吸收,只执行死刑或无期徒刑,其他刑罚不再执行。数罪中有判处有期徒刑和拘役的,执行有期徒刑。
	并科原则		数罪中有判处附加刑的,附加刑仍须执行。数罪中有判处有期徒刑和管制,或者拘役和管制的,有期徒刑、拘役执行完毕后,管制仍须执行。
适用	判决宣告以前一人犯数罪的并罚(判决前犯罪,判决前发现)	直接并罚	(1) 一人所犯数罪分别判处同一种刑罚,采取限制加重原则,但有数个死刑或数个无期徒刑,则执行死刑或无期徒刑。 (2) 一人所犯数罪分别判处不同刑罚,有一刑罚为死刑或无期徒刑,则其他刑罚不再执行,仅执行死刑或无期徒刑。
	刑罚执行过程中发现漏罪的并罚(判决前犯罪,判决后发现)	先并后减	(1) 漏罪与原判决之罪的性质是否相同不影响数罪并罚。 (2) 先将漏罪定罪量刑,然后依《刑法》第69条与原判决刑罚实行并罚。 (3) 已执行的刑期计算在新判决的刑期以内。
	刑罚执行过程中又犯新罪的并罚(判决后犯罪,判决后发现)	先减后并	(1) 新罪与原判决之罪的性质是否相同不影响数罪并罚。 (2) 先将新罪定罪量刑,然后将前罪没有执行的刑罚与新罪所判刑罚,依《刑法》第69条进行并罚。 (3) 已执行的刑期不计算在新判决的刑期以内。

【重点提示】"先并后减"与"先减后并"是有区别的。按"先减后并"原则,实际执行的刑期有的可能超过法定数罪并罚的最高期限。

五、缓刑

	适用条件	考验期限及起算	撤销条件
一般缓刑	(1) 对象条件:拘役、3 年以下有期徒刑的犯罪分子,可以宣告缓刑,对其中不满18周岁的人、怀孕的妇女和已满75周岁的人,应当宣告缓刑(累犯和犯罪集团的首要分子不适用缓刑)。 (2) 实质条件:①犯罪情节较轻;②有悔罪表现;③没有再犯罪的危险;④宣告缓刑对所居住社区没有重大不良影响。	拘役:原判刑期以上 1 年以下,但不能少于 2 个月。 有期徒刑:原判刑期以上 5 年以下,但不能少于 1 年。 判决确定之日起算。	在缓刑考验期内: 又犯新罪(可以是考验期满后才发现,应当撤销缓刑,数罪并罚); 发现漏罪(应当撤销缓刑,数罪并罚); 违法违规、违反法院禁止令,情节严重(撤销缓刑,执行原判刑罚)。
战时缓刑	①时间条件:战时;②对象条件:被判处 3 年以下有期徒刑的无现实危险的犯罪军人;③有立功表现。		

【重点提示】战时缓刑执行中,犯罪军人确有立功表现,应撤销原判,不以犯罪论处。

六、假释

适用条件	考验期限及起算	撤销条件
（1）对象条件：被判处有期徒刑、无期徒刑的犯罪人，但累犯以及因杀人、爆炸、抢劫、强奸、绑架、放火、投放危险物质或者有组织的暴力性犯罪的一罪被判 10 年以上有期徒刑、无期徒刑的犯罪人不适用。 （2）刑期限制条件：有期徒刑必须执行了原判刑期 1/2 以上；无期徒刑必须执行了 13 年以上；特殊情况可不受此限，但须经最高人民法院核准（法外假释）。 （3）实质条件：认真遵守监规，接受教育改造，确有悔改表现，没有再犯罪的危险。 （4）程序条件：由执行机关向中级以上人民法院提出假释建议书，人民法院应当组成合议庭进行审理，对符合假释条件的，裁定予以假释。	（1）有期徒刑为没有执行完毕的刑期。 （2）无期徒刑为 10 年。 （3）假释考验期从假释之日起算。	在假释考验期内： （1）又犯新罪——应当撤销假释，数罪并罚。 （2）发现漏罪——应当撤销假释，数罪并罚。 （3）违法违规——应当撤销假释，收监执行未执行完毕的刑罚。

七、追诉时效的期限

情　形	期　限
法定最高刑不满 5 年有期徒刑（不含 5 年）	经过 5 年
法定最高刑为 5 年以上，不满 10 年有期徒刑（不含 10 年）	经过 10 年
法定最高刑为 10 年以上有期徒刑的	经过 15 年
法定最高刑为无期徒刑、死刑的	经过 20 年（如果 20 年后认为必须追诉的，报请最高人民检察院批准）
在检察院、公安机关、国家安全机关立案侦查或者在法院受理案件以后，逃避侦查或者审判的	不受追诉期限的限制
被害人在追诉期限内提出控告，法院、检察院、公安机关应当立案而不予立案的	

八、追诉时效的计算

一般犯罪：从犯罪成立之日起计算。

连续犯和继续犯：从犯罪行为终了之日起计算。

追诉时效中断的情形：在追诉时效内又犯罪的，前罪追诉期限从后犯之罪成立之日起计算（前罪和后罪的追究期应各算各的账，各追各的罪）。

第八章　危害公共安全罪

一、公共安全的判断

公共安全：指不特定或者多数人的生命、健康安全以及公众生活的平稳与安宁	
不特定	侵害后果规模较大、无法预料和控制
多数人	具有公众性与社会性
具体而言应当考虑：（1）行为发生的场景；（2）行为本身行为形式及一次行为可能造成的损害后果规模	

二、危害公共安全罪一般罪名

犯 罪 行 为	注　意
以危险方法危害公共安全罪	如私设电网、驾车撞人、向人群开枪、破坏矿井的通风设施。
破坏交通工具罪	必须是正在使用中的交通工具。
组织、领导、参加恐怖组织罪	组织、领导、参加恐怖组织又构成其他犯罪的，数罪并罚。

【重点提示】准备实施恐怖活动罪：本罪是指为实施恐怖活动准备凶器、危险物品或者其他工具，或者组织恐怖活动培训或者积极参加恐怖活动培训，或者为实施恐怖活动与境外恐怖活动组织或者人员联络，以及为实施恐怖活动进行策划或者其他准备的行为。由于本罪属于预备行为的实行行为化，故对于教唆、帮助他人实施本罪行为的，就当以教唆犯、帮助犯论处。行为人已经着手实行本罪的准备行为，由于意志以外的原因而没有完成准备行为的，成立本罪的未遂犯。本罪只能由故意构成。

三、交通肇事罪

主体的扩大解释	单位主管人员、机动车辆所有人或者承包人指使、强令他人违章驾驶，造成重大交通事故，以交通肇事罪定罪处罚。行人、骑自行车者也可成为本罪的主体。
罪与非罪	通常情况下，死1人或重伤3人以上才构成犯罪，但在特殊情况下，重伤1人也构成犯罪。 在道路上驾驶机动车追逐竞驶，情节恶劣的，或者在道路上醉酒驾驶机动车也可构成犯罪（危险驾驶罪）。
交通肇事后逃逸的，处3~7年有期徒刑	这里的"交通肇事后逃逸"是指为逃避法律责任而逃离现场，如果不是为逃避法律责任（如为抢救被害人、及时报警的），不构成逃逸。
逃逸致人死亡的，处7年以上有期徒刑	（1）构成要件：是指因逃逸延误救治，致被害人死亡。 （2）转化犯：为逃避法律责任，将被害人带离事故现场后隐藏、遗弃，致使被害人无法得到救治而死亡或严重残疾的，以故意杀人、故意伤害论处。 （3）共犯问题：交通肇事后，单位主管人员、机动车辆所有人、承包人、乘客指使肇事司机逃逸致人死亡的，以共犯（交通肇事罪）论。
注意与以故意驾车撞人构成以危险方法危害公共安全罪的区别	
本罪与其他过失犯罪的区别	要点在于：是否在公共交通管理的范围内，只有在实行公共交通管理的区域内，才定交通肇事罪，否则构成其他犯罪。

四、恐怖和宗教极端案件犯罪认定

组织、领导、参加恐怖组织罪	为制造社会恐慌、危害公共安全或者胁迫国家机关、国际组织，组织、纠集他人，策划、实施下列行为之一，造成或者意图造成人员伤亡、重大财产损失、公共设施损坏、社会秩序混乱。
参加恐怖组织罪	参加或者纠集他人参加恐怖活动组织的，或者为参加恐怖活动组织、接受其训练，出境或者组织、策划、煽动、拉拢他人出境，或者在境内跨区域活动，进行犯罪准备行为。
煽动分裂国家罪	煽动民族仇恨、民族歧视，情节严重的，以煽动民族仇恨、民族歧视罪定罪处罚。同时构成煽动分裂国家罪的，依照处罚较重的规定定罪处罚。
帮助恐怖活动罪	（1）明知是恐怖活动组织或者实施恐怖活动人员而为其提供经费，或者提供器材、设备、交通工具、武器装备等物质条件，或者提供场所以及其他物质便利；（2）通过收取宗教课税募捐，为暴力恐怖、宗教极端犯罪活动筹集经费，构成帮助恐怖活动罪。
编造、故意传播虚假恐怖信息罪	编造以发生爆炸威胁、生化威胁、放射威胁、劫持航空器威胁、重大灾情、重大疫情等严重威胁公共安全的事件为内容的虚假恐怖信息，或者明知是虚假恐怖信息而故意传播、散布，严重扰乱社会秩序。
寻衅滋事罪	以"异教徒""宗教叛徒"等为由，随意殴打、追逐、拦截、辱骂他人，扰乱社会秩序，情节恶劣的；实施前述行为，同时又构成故意伤害罪、妨害公务罪等其他犯罪的，依照处罚较重的规定定罪处罚。
传授犯罪方法罪	传授暴力恐怖或者其他犯罪技能、经验，依法不能认定为组织、领导、参加恐怖组织罪；为实现所教唆的犯罪，教唆者又传授犯罪方法的，择一重罪定罪处罚。

【关联提示】最高人民法院、最高人民检察院、公安部《关于办理盗窃油气、破坏油气设备等刑事案件适用法律若干问题的意见》（2019 年新增）

1. 关于危害公共安全的认定

在实施盗窃油气等行为过程中，破坏正在使用的油气设备，具有下列情形之一的，应当认定为刑法第 118 条规定的"危害公共安全"：（1）采用切割、打孔、撬砸、拆卸手段的，但是明显未危害公共安全的除外；（2）采用开、关等手段，足以引发火灾、爆炸等危险的。

2. 关于盗窃油气未遂的刑事责任

着手实施盗窃油气行为，由于意志以外的原因未得逞，具有下列情形之一的，以盗窃罪（未遂）追究刑事责任：（1）以数额巨大的油气为盗窃目标的；（2）已将油气装入包装物或者运输工具，达到"数额较大"标准三倍以上的；（3）携带盗油卡子、手摇钻、电钻、电焊枪等切割、打孔、撬砸、拆卸工具的；（4）其他情节严重的情形。

3. 关于共犯的认定

在共同盗窃油气、破坏油气设备等犯罪中，实际控制、为主出资或者组织、策划、纠集、雇佣、指使他人参与犯罪的，应当依法认定为主犯；对于其他人员，在共同犯罪中起主要作用的，也应当依法认定为主犯。

在输油输气管道投入使用前擅自安装阀门，在管道投入使用后将该阀门提供给他人盗窃油气的，以盗窃罪、破坏易燃易爆设备罪等有关犯罪的共同犯罪论处。

4. 关于内外勾结盗窃油气行为的处理

行为人与油气企业人员勾结共同盗窃油气，没有利用油气企业人员职务便利，仅仅是利用其易于接近油气设备、熟悉环境等方便条件的，以盗窃罪的共同犯罪论处。实施上述行为，同时构成破坏易燃易爆设备罪的，依照处罚较重的规定定罪处罚。

5. 关于窝藏、转移、收购、加工、代为销售被盗油气行为的处理明知是犯罪所得的油气而予以窝藏、转移、收购、加工、代为销售或者以其他方式掩饰、隐瞒，符合刑法第312条第1款规定的，以掩饰、隐瞒犯罪所得罪追究刑事责任。"明知"的认定，应当结合行为人的认知能力、所得报酬、运输工具、运输路线、收购价格、收购形式、加工方式、销售地点、仓储条件等因素综合考虑。实施前述犯罪行为，事前通谋的，以盗窃罪、破坏易燃易爆设备罪等有关犯罪的共同犯罪论处。

6. 关于直接经济损失的认定

"直接经济损失"包括因实施盗窃油气等行为直接造成的油气损失以及采取抢修堵漏等措施所产生的费用。对于直接经济损失数额，综合油气企业提供的证据材料、犯罪嫌疑人、被告人及其辩护人所提辩解、辩护意见等认定；难以确定的，依据价格认证机构出具的报告，结合其他证据认定。油气企业提供的证据材料，应当有工作人员签名和企业公章。

7. 关于专门性问题的认定

对于油气的质量、标准等专门性问题，综合油气企业提供的证据材料、犯罪嫌疑人、被告人及其辩护人所提辩解、辩护意见等认定；难以确定的，依据司法鉴定机构出具的鉴定意见或者国务院公安部门指定的机构出具的报告，结合其他证据认定。油气企业提供的证据材料，应当有工作人员签名和企业公章。

五、妨害安全驾驶罪

行为人	行为方式	注意
乘客	使用暴力或者抢控驾驶操纵装置，干扰公共交通工具正常行驶，危及公共安全的	1. 该罪是具体的危险犯，而非行为犯。 2. 犯该罪，如果同时触犯其他罪名，系想象竞合犯，应择一重罪论处。
驾驶人员	擅离职守，与他人互殴或者殴打他人，危及公共安全的	

六、危险作业罪

行为特征	在生产、作业中违反有关安全管理的规定	
行为方式	（1）关闭、破坏直接关系生产安全的监控、报警、防护、救生设备、设施，或者篡改、隐瞒、销毁其相关数据、信息的； （2）因存在重大事故隐患被依法责令停产停业、停止施工、停止使用有关设备、设施、场所或者立即采取排除危险的整改措施，而拒不执行的； （3）涉及安全生产的事项未经依法批准或者许可，擅自从事矿山开采、金属冶炼、建筑施工，以及危险物品生产、经营、储存等高度危险的生产作业活动的。	该罪不是结果犯，而是危险犯。
例外	如果因危险作业而造成重大伤亡事故或者其他严重后果的，将成立重大责任事故罪。	

第九章   破坏社会主义市场经济秩序罪

一、生产、销售伪劣商品罪

生产、销售伪劣产品罪	
	既触犯生产、销售伪劣产品罪，又触犯特别的伪劣产品罪，择一重罪处罚（本节法条竞合择一重罪）
生产、销售、提供假药罪	假药不是真药，指与标明成分不符的药，以及未经批准的药
	行为犯（增设行为：提供）
生产、销售、提供劣药罪	劣药是不合格的药，药品成分含量不合标准
	结果犯
生产、销售有毒、有害食品罪	有毒有害的非食品原料
	食品中有禁用、有毒有害物质
	行为犯
生产、销售不符合安全标准的食品罪	不符合安全标准的食品
	相关物质不达标
	危险犯

二、药品管理类犯罪

（最高人民法院、最高人民检察院《关于办理危害药品安全刑事案件适用法律若干问题的解释》）（2022 年 3 月 6 日）

假药认定	（1）药品所含成份与国家药品标准规定的成份不符； （2）以非药品冒充药品或者以他种药品冒充此种药品； （3）变质的药品； （4）药品所标明的适应症或者功能主治超出规定范围。
劣药认定	（1）药品成份的含量不符合国家药品标准； （2）被污染的药品； （3）未标明或者更改有效期的药品； （4）未注明或者更改产品批号的药品； （5）超过有效期的药品； （6）擅自添加防腐剂、辅料的药品； （7）其他不符合药品标准的药品。
严重危害的认定	（1）造成轻伤或者重伤的； （2）造成轻度残疾或者中度残疾的； （3）造成器官组织损伤导致一般功能障碍或者严重功能障碍的； （4）其他对人体健康造成严重危害的情形。

生产假药的认定	以生产、销售、提供假药、劣药为目的，合成、精制、提取、储存、加工炮制药品原料，或者在将药品原料、辅料、包装材料制成成品过程中，进行配料、混合、制剂、储存、包装的。
提供假药的认定	药品使用单位及其工作人员明知是假药、劣药而有偿提供给他人使用的，应当认定为的"销售"。无偿提供给他人使用的，应当认定为"提供"。
共犯认定	(1) 提供资金、贷款、账号、发票、证明、许可证件的； (2) 提供生产、经营场所、设备或者运输、储存、保管、邮寄、销售渠道等便利条件的； (3) 提供生产技术或者原料、辅料、包装材料、标签、说明书的； (4) 提供虚假药物非临床研究报告、药物临床试验报告及相关材料的； (5) 提供广告宣传的； (6) 提供其他帮助的。
关联犯罪	广告主、广告经营者、广告发布者违反国家规定，利用广告对药品作虚假宣传，情节严重的，以虚假广告罪定罪处罚。明知系利用医保骗保购买的药品而非法收购、销售，金额五万元以上的，以掩饰、隐瞒犯罪所得罪定罪处罚；指使、教唆、授意他人利用医保骗保购买药品，进而非法收购、销售，符合刑法规定的，以诈骗罪定罪处罚。对于利用医保骗保购买药品的行为人是否追究刑事责任，应当综合骗取医保基金的数额、手段、认罪悔罪态度等案件具体情节，依法妥当决定。利用医保骗保购买药品的行为人是否被追究刑事责任，不影响对非法收购、销售有关药品的行为人定罪处罚。

三、走私罪

走私普通货物、物品罪与走私特殊物品罪的界限（主要是对象不同）	走私贵重金属罪、走私文物罪：仅指走私出境的行为。
	走私废物罪：仅指走私入境的行为。
一罪与数罪问题	按一罪处理的情形：武装掩护走私的，从重处罚，不并罚。
	暴力、威胁方法抗拒缉私的，以走私罪与妨害公务罪并罚。
特殊走私罪	未经海关许可并且未补缴应缴税额，擅自将批准进口的保税、减税、免税进口的货物、物品，在境内销售牟利的。
	直接向走私人非法收购国家禁止进口物品的，或者直接向走私人非法收购进口的其他货物、物品，数额较大的。
	推定走私：在内海、领海、界河、界湖运输、收购、贩卖国家禁止或限制进出口的货物、物品，数额较大，没有合法证明的。
其他应当注意的问题	对在走私的普通货物、物品或者废物中藏匿特殊货物、物品，构成犯罪的，以实际走私的货物、物品定罪处罚；构成数罪的，实行数罪并罚。
	经许可进口国家限制进口的可用作原料的废物，偷逃应缴税额，以走私普通货物罪定罪处罚；既未经许可，又偷逃应缴税额，同时构成走私废物罪和走私普通货物罪的，择一重罪处罚。
	走私枪支散件，构成犯罪的，以走私武器罪定罪处罚。
	走私各种弹药的弹头、弹壳，构成犯罪的，以走私弹药罪定罪处罚。
	走私报废或者无法组装并使用的各种弹药的弹头、弹壳，构成犯罪的，以走私普通货物、物品罪定罪处罚；属于废物的，以走私废物罪定罪处罚。
	走私国家禁止或者限制进出口的仿真枪、管制刀具，构成犯罪的，以走私国家禁止进出口的货物、物品罪定罪处罚。
	走私的仿真枪经鉴定为枪支，构成犯罪的，以走私武器罪定罪处罚。不以牟利或者从事违法犯罪活动为目的，且无其他严重情节的，可以依法从轻处罚；情节轻微不需要判处刑罚的，可以免予刑事处罚。

四、破坏金融管理秩序罪

伪造货币罪	伪造货币并出售或者运输的，依照伪造货币罪一罪从重处罚。	
出售、购买、运输假币罪	购买假币后使用的，以购买假币罪从重处罚。	
	出售、运输假币构成犯罪，同时使用假币，以出售、运输假币罪和使用假币罪并罚。	
持有、使用假币罪	使用假币与出售假币的区别：是否等价交换；是否存在欺骗因素。	
洗钱罪	明知是毒品犯罪、黑社会性质的组织犯罪、恐怖活动犯罪、走私犯罪、贪污贿赂犯罪、破坏金融管理秩序犯罪、金融诈骗犯罪的违法所得及其产生的收益，而以各种方式掩饰、隐瞒其来源和性质的行为。	
	毒品、黑社会、走私、恐怖、贪污贿赂、破坏金融管理秩序、金融诈骗犯罪的违法所得及其产生的收益。	
	必须是金融方式。	
	与窝藏、转移、隐瞒毒品、毒赃罪，掩饰、隐瞒犯罪所得、犯罪所得收益罪的区别：对象不同。	
非法吸收公众存款罪	罪状要素	违反国家金融管理法律规定，向社会公众（包括单位和个人）吸收资金的行为，同时具备下列四个条件的，除刑法另有规定的以外，应当认定为非法吸收公众存款或者变相吸收公众存款 （1）未经有关部门依法许可或者借用合法经营的形式吸收资金； （2）通过网络、媒体、推介会、传单、手机信息等途径向社会公开宣传； （3）承诺在一定期限内以货币、实物、股权等方式还本付息或者给付回报； （4）向社会公众即社会不特定对象吸收资金。 未向社会公开宣传，在亲友或者单位内部针对特定对象吸收资金的，不属于非法吸收或者变相吸收公众存款。
	行为表现	（1）不具有房产销售的真实内容或者不以房产销售为主要目的，以返本销售、售后包租、约定回购、销售房产份额等方式非法吸收资金的； （2）以转让林权并代为管护等方式非法吸收资金的； （3）以代种植（养殖）、租种植（养殖）、联合种植（养殖）等方式非法吸收资金的； （4）不具有销售商品、提供服务的真实内容或者不以销售商品、提供服务为主要目的，以商品回购、寄存代售等方式非法吸收资金的； （5）不具有发行股票、债券的真实内容，以虚假转让股权、发售虚构债券等方式非法吸收资金的； （6）不具有募集基金的真实内容，以假借境外基金、发售虚构基金等方式非法吸收资金的； （7）不具有销售保险的真实内容，以假冒保险公司、伪造保险单据等方式非法吸收资金的； （8）以网络借贷、投资入股、虚拟币交易等方式非法吸收资金的； （9）以委托理财、融资租赁等方式非法吸收资金的； （10）以提供"养老服务"、投资"养老项目"、销售"老年产品"等方式非法吸收资金的； （11）利用民间"会""社"等组织非法吸收资金的； （12）其他非法吸收资金的行为。

	立案标准	（1）非法吸收或者变相吸收公众存款数额在 100 万元以上的； （2）非法吸收或者变相吸收公众存款对象 150 人以上的； （3）非法吸收或者变相吸收公众存款，给存款人造成直接经济损失数额在 50 万元以上的。 非法吸收或者变相吸收公众存款数额在 50 万元以上或者给存款人造成直接经济损失数额在 25 万元以上，同时具有下列情节之一的，应当依法追究刑事责任： （1）曾因非法集资受过刑事追究的； （2）2 年内曾因非法集资受过行政处罚的； （3）造成恶劣社会影响或者其他严重后果的。
集资诈骗罪	认定	以非法占有为目的，使用诈骗方法实施非法吸收公众存款行为的，以集资诈骗罪定罪处罚。
	以非法占有为目的的认定	（1）集资后不用于生产经营活动或者用于生产经营活动与筹集资金规模明显不成比例，致使集资款不能返还的； （2）肆意挥霍集资款，致使集资款不能返还的； （3）携带集资款逃匿的； （4）将集资款用于违法犯罪活动的； （5）抽逃、转移资金、隐匿财产，逃避返还资金的； （6）隐匿、销毁账目，或者搞假破产、假倒闭，逃避返还资金的； （7）拒不交代资金去向，逃避返还资金的； （8）其他可以认定非法占有目的的情形。
	数额认定	集资诈骗数额在 10 万元以上的，应当认定为"数额较大"；数额在 100 万元以上的，应当认定为"数额巨大"。集资诈骗的数额以行为人实际骗取的数额计算，在案发前已归还的数额应予扣除。行为人为实施集资诈骗活动而支付的广告费、中介费、手续费、回扣，或者用于行贿、赠与等费用，不予扣除。行为人为实施集资诈骗活动而支付的利息，除本金未归还可予折抵本金以外，应当计入诈骗数额。
	犯罪竞合	通过传销手段向社会公众非法吸收资金，构成非法吸收公众存款罪或者集资诈骗罪，同时又构成组织、领导传销活动罪的，依照处罚较重的规定定罪处罚。
	单位犯罪	单位实施非法吸收公众存款、集资诈骗犯罪的，依照本解释规定的相应自然人犯罪的定罪量刑标准，对单位判处罚金，并对其直接负责的主管人员和其他直接责任人员定罪处罚。

五、信用卡诈骗罪

信用卡诈骗罪	行为	使用伪造的信用卡，或者使用以虚假的身份证明骗领的信用卡的；
		使用作废的信用卡的；
		冒用他人信用卡的：（1）拾得他人信用卡并使用（柜台、ATM 机均可）；（2）骗取他人信用卡并使用；（3）窃取、收买、骗取或者以其他非法方式获取他人信用卡信息资料，并通过互联网、通讯终端等使用的；（4）其他冒用他人信用卡的情形；
		恶意透支的。
	恶意透支	是指持卡人以非法占有为目的，超过规定限额或者规定期限透支，并且经发卡银行催收后仍不归还的行为。
	对象	既可以是机器，也可以是人。
	盗窃、抢劫信用卡并使用的，以盗窃罪、抢劫罪处罚，不定信用卡诈骗罪。	

六、保险诈骗罪

主体身份	（1）身份犯：投保人、被保险人、受益人。自然人、单位均可构成 （2）无身份者不能构成保险诈骗罪的正犯（间接正犯、直接正犯），只能构成共犯（帮助犯、教唆犯）
着手实行	开始"骗人"，即申报理赔
既遂	获得保险赔偿（与诈骗有因果关系）
罪数	故意造成保险事故，骗取保险金，如手段行为构成他罪，则数罪并罚
共犯	（1）保险事故的鉴定人、证明人、财产评估人明知保险诈骗，而故意提供虚假的证明文件，为他人诈骗提供条件的，以保险诈骗罪的共犯论处 （2）如不明知诈骗而明知假证，可涉嫌提供虚假证明文件罪

七、为境外窃取、刺探、收买、非法提供商业秘密罪

主观	明知对方是境外的机构、组织或者个人（否则：侵犯商业秘密罪）
想象竞合	犯该罪，如果同时触犯为境外窃取、刺探、收买、非法提供国家秘密罪的，系想象竞合犯，应择一重罪论处。

第十章　侵犯公民人身权利、民主权利罪

一、强奸罪

主体身份（男、女）	（1）"奸"的实行者为男性；"强"的实行者可以是女性； （2）妇女可以成为强奸罪的教唆犯、帮助犯；共同正犯、间接正犯		
	行为	对象	故意
强奸妇女	"强"（违背真实意志）"奸"	妇女（女性）	明知对象是女性
奸淫幼女	"奸"；无需"强"	幼女	明知对象是不满 14 周岁的幼女
特殊责任阻却事由	婚内强奸（条件有二：婚姻正常存续，明知是妻子），一般不以强奸罪论处；符合虐待罪等罪，可定他罪		

续表

	二人以上轮奸的	（1）轮奸需二人以上共同强奸均得逞； （2）轮奸不考虑刑事责任年龄； （3）轮奸适用于所有的共同犯罪人； （4）轮奸有帮助、教唆
加重犯	（过失）致使被害人重伤、死亡	（1）指强或奸的行为导致被害人严重伤害或者死亡；要求行为人对重伤、死亡结果是过失，死亡与强奸行为之间具有因果关系； （2）强奸被害人后被害人事后自杀身亡的，不属强奸致使被害人死亡； （3）不包括故意杀人。先强奸后杀人的，构成故意杀人罪、强奸罪并罚；先杀害后奸尸的，构成故意杀人罪、侮辱尸体罪，数罪并罚；以杀人为故意采用强奸手段致死的，系强奸罪、故意杀人罪的想象竞合，择一重罪处断
	在公众场所当众强奸妇女的	（1）指在不特定多数人或者众人可能看到、感觉到的公共场所强奸妇女，而并不需要实际看到； （2）"众"不应当包括行为人

概念	以暴力、胁迫或其他手段，违背妇女意志，强行与其发生性交或者奸淫幼女的行为。
手段	虽然不是本质要求，但对判断是否违背对方意志非常重要，因而也应当注意。重点注意其他方法：药物麻醉或灌醉酒的方法；假冒妇女的丈夫或恋人使妇女受蒙蔽而与之发生性交；利用妇女熟睡或患病之机；假借治疗强奸妇女；组织和利用会道门、邪教组织或者利用迷信强奸妇女。
处罚	注意处 10 年以上有期徒刑、无期徒刑或者死刑的 5 种情况。

二、绑架罪

主体	14 周岁 ~ 16 周岁的人对绑架不负责任，但杀害人质的，定故意杀人罪。
主观方面	既可以是勒索财物，也可以是出于其他目的。
以勒索财物为目的，偷盗婴幼儿的，定绑架罪。	
是多环节犯罪，绑架完成即构成既遂，不要求勒索或得到财物，自动放人也不构成中止。	
处罚	犯绑架罪，杀害被绑架人的或者故意伤害被绑架人，致人重伤、死亡的，处无期徒刑或者死刑，并处没收财产。

三、非法拘禁罪

行为对象	他人，系具有身体活动自由或具有自由意识的自然人	
索债型非法拘禁	为索取债务非法扣押、拘禁他人的，依照非法拘禁罪定罪处罚	债务：包括合法债务，也包括高利贷、赌债等法律不保护的债务
		他人：债务人本人，也包括其近亲属、其他具有关联的人，或其他人员
		行为人：债权人，也包括为了债权人利益帮助其索债的人
结果加重犯	致人重伤、死亡的，加重处罚	（1）主观是过失； （2）未使用超过拘禁行为本身范围的暴力（轻伤以下），推定为过失
转化犯	使用暴力致人伤残、死亡的，按故意伤害罪、故意杀人罪处罚	（1）主观心态是故意； （2）使用了超出拘禁行为本身范围的暴力（轻伤及以上），推定为故意，但允许反证

四、拐卖妇女、儿童罪

实行行为	拐的行为	拐骗、绑架、收买、贩卖、接送、中转
主观目的	卖的行为	只需换钱，无需挣钱
行为对象	妇女、儿童	包括亲生子女、收养看护的儿童
罪数	一罪 （可以吸收）	（1）非法拘禁； （2）过失致人重伤、死亡（造成被拐卖的妇女、儿童或者其亲属重伤、死亡或者其他严重后果的）； （3）强奸（奸淫被拐卖的妇女）； （4）引诱卖淫、强迫卖淫
	数罪并罚	（1）在拐卖妇女儿童的过程中，故意杀害、伤害妇女儿童的，应该按照拐卖妇女儿童罪和故意杀人罪、故意伤害罪数罪并罚； （2）拐卖之后未卖出而向被害人家属勒索，构成拐卖妇女儿童罪、绑架罪数罪并罚； （3）拐卖过程中强制猥亵妇女的，应按照拐卖妇女罪与强制猥亵罪数罪并罚

五、负有照护职责人员性侵罪

对象	14~16 周岁的被监护者
主体	负有照护职责的人员
行为方式	利用优势地位，"自愿"性关系
想象竞合	犯此罪同时触犯强奸罪的，系想象竞合犯，应择一重罪论处

第十一章　侵犯财产罪

一、抢劫罪

手段		重点注意其他手段。
实施暴力和取财的时间		两个"当场"，这是抢劫罪与敲诈勒索罪以及绑架罪的关键区别。
向谁取财		向被害人本人取财。这是与绑架的关键区别，绑架罪是向第三人取财，并且必须是利用第三人基于对被害人安危的担忧取得钱财。
抢劫罪的既遂、未遂		抢劫罪侵犯的是复杂客体，既侵犯财产权利又侵犯人身权利，具备劫取财物或者造成他人轻伤以上后果两者之一的，均属抢劫既遂；既未劫取财物，又未造成他人人身伤害后果的，属抢劫未遂。
转化型抢劫罪	概念	指犯盗窃、诈骗、抢夺罪，为窝藏赃物、抗拒抓捕或者毁灭罪证而当场使用暴力或者以暴力相威胁的行为。
	特征	暴力或暴力威胁必须达到情节严重的程度，否则不转化。
		必须是当场实施暴力或以暴力相威胁，否则分别定罪。

续表

		入户抢劫的；	注意"户"的范围："户"指的是供他人家庭生活的与外界相对隔离的住宅。
处罚	处10年以上有期徒刑、无期徒刑、死刑的8种情形	在公共交通工具上抢劫的；	在公共交通工具上抢劫：必须是公共汽车、大、中型出租车、火车、船只、飞机等大型运输工具，不包括小型出租车。
		抢劫银行或者其他金融机构的；	抢劫银行或者其他金融机构：是指抢劫银行或者其他金融机构的经营资金、有价证券和客户的资金等金融物资，不包括其他非金融物资。
		抢劫致人重伤、死亡的；	为达到抢劫的目的而杀人，属结果加重犯，还定抢劫罪。如果在抢劫完毕后为灭口而杀人的，数罪并罚。杀人后为将来取得财物的也定故意杀人罪，因为不是当场。
		多次抢劫或者抢劫数额巨大的；	
		冒充军警人员抢劫的；	
		持枪抢劫的；	
		抢劫军用物资或者抢险、救灾、救济物资的。	

【重点提示】不以抢劫罪定罪的几种情形：

1. 抢回自己的财物不构成抢劫罪。

2. 为索取债务，使用暴力、暴力威胁等手段的，一般也不以抢劫罪定罪处罚。

3. 以所输赌资或所赢赌债为对象，一般不以抢劫罪定罪处罚。

4. 抢家庭成员或近亲属财产的，一般不以抢劫罪定罪处罚，构成其他犯罪的，定其他罪名；但是，教唆或者伙同他人采取暴力、胁迫等手段劫取家庭成员或近亲属财产的，可以抢劫罪定罪处罚。

二、抢劫罪的一罪与数罪

1. 为实施抢劫以外的其他犯罪劫取机动车辆的：以抢劫罪和实施的其他犯罪实行数罪并罚（为抢劫其他财物，劫取机动车辆当作犯罪工具或者逃跑工具使用的，被劫取机动车辆的价值计入抢劫数额）。

2. 抢劫违禁品后又以违禁品实施其他犯罪的：以抢劫罪与具体实施的其他犯罪实行数罪并罚。

3. 行为人实施伤害、强奸等犯罪行为 —— 被害人未失去知觉 —临时起意抢劫→ 以此前所实施的具体犯罪与抢劫罪实行数罪并罚。
被害人失去知觉 —临时起意盗窃→ 以此前所实施的具体犯罪与盗窃罪实行数罪并罚。

4. 实施抢劫罪后，趁被害人没有发觉，拿走他人财物的——以抢劫罪与盗窃罪数罪并罚。

5. 携带凶器抢夺的，以抢劫罪定罪处罚，此处不要求行为人使用暴力、胁迫或者其他方法。

三、盗窃罪

对象	必须是他人占有的财物，自己占有的他人财物不成立盗窃。盗窃的公私财物，包括电力、煤气、天然气等。偷拿自己家的财物或者近亲属的财物，一般不按犯罪处理。

认定情节	数额较大、多次盗窃、入户盗窃、携带凶器盗窃、扒窃等。 （1）盗窃公私财物，具有下列情形之一的，"数额较大"的标准，可按原标准50%确定：①曾因盗窃受过刑事处罚的；②1 年内因盗窃受过行政处罚的；③组织、控制未成年人盗窃的；④自然灾害、事故灾害、社会安全事件等突发事件期间，在事件发生地盗窃的；⑤盗窃残疾人、孤寡老人、丧失劳动能力的人财物的；⑥在医院盗窃病人或者其亲属财物的；⑦盗窃救灾、抢险、防汛、优抚、扶贫、移民、救济款物的；⑧因盗窃造成严重后果的。 （2）盗窃公私财物数额较大，行为人认罪、悔罪，退赃、退赔，且具下列情形之一，情节轻微的，可以不起诉或免予刑事处罚，必要时，由有关部门予以行政处罚：①具有法定从宽处罚情节的；②没有参与分赃或者获赃较少且不是主犯的；③被害人谅解的；④其他情节轻微、危害不大的。 （3）多次盗窃：2 年以内盗窃 3 次以上。 （4）入户盗窃、携带凶器、扒窃：无需数额或次数限制，属于行为犯。
主体	年满 16 周岁，具有辨认、控制能力的自然人，不包括单位。
主观方面	（1）故意，如果误认为是自己占有的财物而转移的，不构成盗窃。虽是自己所有的财产，但如果处于他人合法占有期间窃取的，也构成盗窃。 （2）以牟利为目的，盗接他人通信线路、复制他人电信号码或者明知是盗接、复制的电信设备、设施而使用的，也构成盗窃罪。 （3）下列情形也构成盗窃： ①窃取行为虽有一时使用的意思，但没有返还的意思；②窃取行为虽有返还意思，但相当程度上侵害了他人利用可能性的行为；③窃取行为虽有返还意思，且对被害人利用可能性侵害甚微，但具有消耗财物价值的意思。 （4）以毁坏的意思取得他人财物后，没有毁坏财物而是单纯予以放置的，成立盗窃罪。 （5）以毁坏的意思取得他人财物后，又利用该财物的，成立侵占罪。
与其他罪的界限	（1）盗窃广播电视设施、公用电信设施，价值数额不大，但危害公共安全的，构成破坏广播电视设施、公用电信设施罪；同时构成盗窃罪的，择一重罪处罚；盗窃使用中的电力设备，同时构成盗窃罪和破坏电力设备罪的，择一重罪处罚。 （2）为实施其他犯罪，偷开机动车作为犯罪工具使用后非法占有车辆，或将车辆遗弃导致丢失的，以盗窃罪和所实施的其他犯罪实行数罪并罚。为实施其他犯罪，偷开机动车辆当犯罪工具使用后，将偷开的机动车辆送回未造成丢失的，按照其所实施的犯罪从重处罚。 （3）多次偷开机动车辆，并将机动车辆丢失的，以盗窃罪定罪处罚；在偷开机动车辆过程中发生交通肇事构成犯罪，又构成其他罪的，应当以交通肇事罪和其他罪实行数罪并罚；偷开机动车辆造成车辆损坏的，按照故意毁坏财物罪处罚；偶尔偷开机动车，情节轻微的，可以不认为是犯罪。 （4）采用破坏性手段盗窃公私财物，造成其他财物损毁的，以盗窃罪从重处罚；又构成其他犯罪的，择一重罪从重处罚；盗窃公私财物未构成盗窃罪，但损毁财物构成其他犯罪的，以其他犯罪定罪处罚。盗窃后，为掩盖盗窃罪行或者报复等，故意破坏公私财物构成犯罪的，应当以盗窃罪和构成的其他罪实行数罪并罚。 （5）盗窃技术成果等商业秘密的，按照侵犯商业秘密罪定罪处罚。 （6）盗窃增值税专用发票或者可以用于骗取出口退税、抵扣税款的其他发票的，以盗窃罪定罪处罚。 （7）盗窃信用卡并使用的，以盗窃罪定罪处罚。 （8）将电信卡非法充值后使用，造成电信资费损失，数额较大的，以盗窃罪定罪处罚。 （9）盗用他人公共信息网络上网账号、密码上网，造成他人电信资费损失数额较大的，以盗窃罪定罪处罚。 （10）盗窃枪支、弹药、爆炸物、危险物质的，如果行为人没有认识到所盗取对象为上述物的，就认定为盗窃罪，如果认识到的，就构成盗窃枪支、弹药、爆炸物、危险物质罪。

四、诈骗罪

客观行为	使用欺骗方法骗取数额较大的公私财物： （1）行为人实施了欺骗行为，包括虚构事实和隐瞒真相。 （2）对方因欺骗行为陷入错误认识并对自己有权处分的财产予以处分。

续表

对象	(1) 包括有体物、无形物、财产性利益。 (2) 使用欺骗手段骗取增值税专用发票或者可以用于骗取出口退税、抵扣税款的其他发票的，成立诈骗罪。 (3) 以虚假、冒用的身份证件办理入网手续并使用移动电话，造成电信资费损失，数额较大的，以诈骗罪定罪处罚。 (4) 以欺诈、伪造证明材料或者其他手段骗取养老、医疗、工伤、失业、生育等社会保险金或者其他社会保障待遇的，以诈骗罪处罚。
特殊类型的诈骗行为	三角诈骗：如果被骗人与财产处分人不是同一人，就不构成诈骗罪。
	无钱饮食、住宿：原本没有支付意思，而伪装具有支付费用意思的，构成诈骗罪；如原本具有支付意思，但后又采取欺骗手段不支付费用的，一般不认定为诈骗罪。
	二重买卖：行为人先将所有物卖给一方又以欺骗方式卖给另一方的，可以构成诈骗罪；在占有改定情形下，行为人又欺骗他人造成原所有人损失的，构成侵占罪。
罪与非罪	数额较大才构成诈骗罪，欺骗行为虽然未使行为人获取财物，但情节严重的，应以诈骗未遂论处；借贷款物后长期拖欠，但行为人确实没有非法占有目的的，不能认定为诈骗罪。
与盗窃罪的关系	关键区别在于被害方是否基于认识错误而处分财产。如不存在被害方处分财产的事实，则不可能构成诈骗罪，而认定为盗窃罪。
形态与罪数	为了诈骗而伪造有关证件的，属于诈骗罪的预备行为；行为人实施欺骗行为后，没有使他人陷入错误认识，或者虽然使他人陷入错误认识但他人未处分财产的，属于诈骗未遂；为了骗取财物，使用法律禁止手段而构成其他罪的，从一重罪处罚。 实施一个欺骗行为，数次从同一个人那里获得财物的，只成立一个诈骗罪。

五、敲诈勒索罪

1. 基本结构：行为人以非法占有为目的对他人实行威胁→对方产生恐惧心理→对方基于恐惧心理处分财产→行为人或第三者取得财产→被害人遭受财产损失。

2. 认定：

（1）行为人为了行使自己的权利而使用威胁手段，没有构成刑法规定的其他犯罪的，不构成犯罪。

（2）与抢劫罪的区别：关键在于暴力、胁迫的程度不同，抢劫罪中的暴力、胁迫达到了足以压制他人反抗的程度；敲诈勒索罪的暴力、胁迫只要足以使他人产生恐惧心理即可。

（3）与绑架罪的区别：关键在于是否实际上绑架了他人，如果声称绑架某人，但实际上并没有实施绑架行为的，不构成绑架罪。

（4）既遂与未遂的界限：被害人基于恐惧心理处分财产，行为人取得财物时，构成敲诈勒索罪既遂。但如果被害人不是基于恐惧心理，而是基于怜悯心理提供财物，或者为了配合警察逮捕行为人而按约定时间与地点交付财物的，构成敲诈勒索罪未遂。

【关联提示】 最高人民法院、最高人民检察院《关于办理盗窃刑事案件适用法律若干问题的解释》

1. 盗窃毒品等违禁品，应当按照盗窃罪处理的，根据情节轻重量刑。

2. 2 年内盗窃 3 次以上的，应当认定为"多次盗窃"。

非法进入供他人家庭生活，与外界相对隔离的住所盗窃的，应当认定为"入户盗窃"。

携带枪支、爆炸物、管制刀具等国家禁止个人携带的器械盗窃，或者为了实施违法犯罪携带其他足以危害他人人身安全的器械盗窃的，应当认定为"携带凶器盗窃"。

在公共场所或者公共交通工具上盗窃他人随身携带的财物的，应当认定为"扒窃"。

3. 偷拿家庭成员或者近亲属的财物，获得谅解的，一般可不认为是犯罪；追究刑事责任的，应当酌情从宽。

4. 盗窃多件不同等级国有馆藏文物的，3件同级文物可以视为1件高一级文物。

5. 偷开他人机动车的，按照下列规定处理：

（1）偷开机动车，导致车辆丢失的，以盗窃罪定罪处罚；

（2）为盗窃其他财物，偷开机动车作为犯罪工具使用后非法占有车辆，或者将车辆遗弃导致丢失的，被盗车辆的价值计入盗窃数额；

（3）为实施其他犯罪，偷开机动车作为犯罪工具使用后非法占有车辆，或者将车辆遗弃导致丢失的，以盗窃罪和其他犯罪数罪并罚；将车辆送回未造成丢失的，按照其所实施的其他犯罪从重处罚。

6. 盗窃公私财物并造成财物损毁的，按照下列规定处理：

（1）采用破坏性手段盗窃公私财物，造成其他财物损毁的，以盗窃罪从重处罚；同时构成盗窃罪和其他犯罪的，择一重罪从重处罚；

（2）实施盗窃犯罪后，为掩盖罪行或者报复等，故意毁坏其他财物构成犯罪的，以盗窃罪和构成的其他犯罪数罪并罚；

（3）盗窃行为未构成犯罪，但损毁财物构成其他犯罪的，以其他犯罪定罪处罚。

7. 盗窃未遂，具有下列情形之一的，应当依法追究刑事责任：

（1）以数额巨大的财物为盗窃目标的；

（2）以珍贵文物为盗窃目标的；

（3）其他情节严重的情形。

盗窃既有既遂，又有未遂，分别达到不同量刑幅度的，依照处罚较重的规定处罚；达到同一量刑幅度的，以盗窃罪既遂处罚。

8. 单位组织、指使盗窃，以盗窃罪追究组织者、指使者、直接实施者的刑事责任。

六、侵占罪

侵占罪的对象	脱离他人占有、归行为人合法占有、独立占有、他人占有的财物	（1）合法的占有：指基于受委托、租赁、借用、加工承揽、运输等一切民法上具有占有内容的合同，以及无因管理、不当得利的原因而占有； （2）已脱离他人占有的独立占有：独立于原占有人的独立占有。即财物已脱离原占有人（物主人、管理人、委托人）的占有、控制；现归行为人独立占有； （3）表现为代为保管物、遗忘物、埋藏物，均系行为人合法占有的、他人所有的财物
侵占行为	非法所有，据为己有	
责任	侵占故意，要求行为人明知对象物已脱离他人占有；非法所有的目的	

与盗窃罪的区分

	盗窃罪	侵占罪
犯罪对象	他人占有的财物，包括事实上的占有、观念占有	本人合法占有的、他人所有的财物（其占有为脱离原占有人的独立占有）
行为	非法转移占有	非法所有
责任内容	明知系他人占有的财物，非法占有目的	行为人明知他人对财物失去占有，非法占有目的

第十二章 妨害社会管理秩序罪

一、招摇撞骗罪

招摇撞骗罪	与诈骗罪的区别	本罪除可骗取财物，还可骗取其他利益，如妇女的爱情。
		冒充国家机关工作人员骗取财物，一般定招摇撞骗罪；数额特别巨大的，定诈骗罪。
	与其他犯罪的区别	行为人冒充正在执行公务的人民警察"抓赌""抓嫖"，没收赌资或者罚款的行为，构成犯罪的，以招摇撞骗罪从重处罚；在实施上述行为中使用暴力或者以暴力相威胁的，以抢劫罪定罪处罚。
		行为人冒充治安联防队员"抓赌""抓嫖"、没收赌资或者罚款的行为，构成犯罪的，以敲诈勒索罪定罪处罚；在实施上述行为中使用暴力或者以暴力相威胁的，以抢劫罪定罪处罚。

二、妨害公务罪

行为对象	（1）中国各级立法机关、行政机关、司法机关中从事公务的人员； （2）中国共产党的各级机关、中国人民政治协商会议的各级机关中从事公务的人员；人大代表；红十字会工作人员；国家安全机关、公安机关工作人员。 **注意**：阻碍军人执行职务的，构成阻碍军人执行职务罪；阻碍外国公务员在中国境内执行职务的，不成立本罪。
行为方式	以暴力、胁迫方法阻碍执行职务，不要求客观上已经阻碍了国家机关工作人员执行职务。
主体	一般主体，不要求行为人与国家机关工作人员的职务行为有特定关系，国家机关工作人员也可能构成本罪主体。

三、袭警罪

行为对象	人民警察（扩大解释：包括辅警在内）
行为方式	暴力（注意：如果对警察以暴力相威胁，不成立袭警罪，而是成立妨害公务罪。）
法条竞合	该罪与妨害公务罪是法条竞合关系
想象竞合	犯该罪，如果致警察重伤或者死亡，属于想象竞合犯，成立故意伤害罪或者故意杀人罪

四、伪证罪

客观方面	（1）必须作虚假的证明、鉴定、记录、翻译。 （2）必须是对与案件有重要关系的情节作虚假行为，只限于刑事案件。 （3）在刑事诉讼中，即立案侦查后、审判终结前的过程中作伪证（在诉讼前作假证明包庇犯罪人的，成立包庇罪；在诉讼前作虚假告发，意图使他人受刑事追究的，成立诬告陷害罪）。
主体	证人、鉴定人、记录人、翻译人
与诬告陷害罪的区别	（1）伪证罪发生在刑事诉讼过程中；诬告陷害罪发生在立案侦查之前，而且可能是引起立案侦查的原因。 （2）诬告陷害罪表现为捏造犯罪事实进行虚假告发。 （3）伪证罪的主观上既可以是意图陷害他人，也可能是意图为他人开脱罪责；而诬告陷害罪的意图是使他人受刑事追究。 （4）伪证罪的主体是证人、鉴定人、记录人、翻译人；诬告陷害罪的主体是一般主体。 **注意**：行为人诬告他人犯罪引起司法机关追诉活动后，在刑事诉讼中又作伪证的，从一重罪处罚。

续表

与窝藏、包庇罪区别	（1）窝藏、包庇罪为一般主体；伪证罪是特殊主体。 （2）窝藏、包庇罪发生的时间没有限制；伪证罪发生在刑事诉讼中。 （3）窝藏、包庇罪是通过使犯罪人逃匿或者采取其他庇护方法，使其逃避刑事制裁；伪证罪掩盖的是与案件有重要关系的犯罪情节。 （4）窝藏、包庇罪的对象既可以是犯罪嫌疑人、被告人，也可以是受有罪宣告的犯罪人；而伪证罪所包庇的对象只能是犯罪嫌疑人、被告人。

五、冒名顶替罪

既遂形态	该罪是结果犯，入罪条件是已经顶替他人所取得的高等学历教育入学资格、公务员录用资格、就业安置待遇。
从重处罚	组织、指使他人犯本罪，应当从重处罚。
数罪并罚	国家工作人员犯该罪，同时又构成其他犯罪（如受贿罪、渎职犯罪等），应数罪并罚。

六、高空抛物罪

侵犯法益	社会公共管理秩序
情节犯	入罪条件：情节严重
想象竞合犯	犯该罪，同时触犯其他罪名，系想象竞合犯，应择一重罪论处。

七、组织考试作弊罪

国家考试的认定	仅限于全国人民代表大会及其常务委员会制定的法律所规定的考试： （1）普通高等学校招生考试、研究生招生考试、高等教育自学考试、成人高等学校招生考试等国家教育考试； （2）中央和地方公务员录用考试； （3）国家统一法律职业资格考试、国家教师资格考试、注册会计师全国统一考试、会计专业技术资格考试、资产评估资格考试、医师资格考试、执业药师职业资格考试、注册建筑师考试、建造师执业资格考试等专业技术资格考试； （4）其他依照法律由中央或者地方主管部门以及行业组织的国家考试。
情节严重的认定	（1）在普通高等学校招生考试、研究生招生考试、公务员录用考试中组织考试作弊的； （2）导致考试推迟、取消或者启用备用试题的； （3）考试工作人员组织考试作弊的； （4）组织考生跨省、自治区、直辖市作弊的； （5）多次组织考试作弊的； （6）组织 30 人次以上作弊的； （7）提供作弊器材 50 件以上的； （8）违法所得 30 万元以上的； （9）其他情节严重的情形。
既遂的认定	组织考试作弊，在考试开始之前被查获，但已经非法获取考试试题、答案或者具有其他严重扰乱考试秩序情形的，应当认定为组织考试作弊罪既遂。
单位犯罪	单位实施组织考试作弊、非法出售、提供试题、答案等行为的，依照刑法规定的相应定罪量刑标准，追究组织者、策划者、实施者的刑事责任。
犯罪竞合	以窃取、刺探、收买方法非法获取法律规定的国家考试的试题、答案，又组织考试作弊或者非法出售、提供试题、答案，以非法获取国家秘密罪数罪并罚和组织考试作弊罪或者非法出售、提供试题、答案罪数罪并罚。设立用于实施考试作弊的网站、通讯群组或者发布有关考试作弊的信息，情节严重的，以非法利用信息网络罪定罪处罚；同时构成组织考试作弊罪、非法出售、提供试题、答案罪、非法获取国家秘密罪等其他犯罪的，依照处罚较重的规定定罪处罚。

八、妨害司法罪

虚假诉讼罪	罪状要素	采取伪造证据、虚假陈述等手段，实施下列行为之一，捏造民事法律关系，虚构民事纠纷，向人民法院提起民事诉讼的，应当认定为以捏造的事实提起民事诉讼： （1）与夫妻一方恶意串通，捏造夫妻共同债务的； （2）与他人恶意串通，捏造债权债务关系和以物抵债协议的； （3）与公司、企业的法定代表人、董事、监事、经理或者其他管理人员恶意串通，捏造公司、企业债务或者担保义务的； （4）捏造知识产权侵权关系或者不正当竞争关系的； （5）在破产案件审理过程中申报捏造的债权的； （6）与被执行人恶意串通，捏造债权或者对查封、扣押、冻结财产的优先权、担保物权的； （7）单方或者与他人恶意串通，捏造身份、合同、侵权、继承等民事法律关系的； （8）隐瞒债务已经全部清偿的事实，向人民法院提起民事诉讼，要求他人履行债务的； （9）向人民法院申请执行基于捏造的事实作出的仲裁裁决、公证债权文书、或者在民事执行过程中以捏造的事实对执行标的提出异议、申请参与执行财产分配的行为。
	认定标准	（1）致使人民法院基于捏造的事实采取财产保全或者行为保全措施的； （2）致使人民法院开庭审理，干扰正常司法活动的； （3）致使人民法院基于捏造的事实作出裁判文书、制作财产分配方案，或者立案执行基于捏造的事实作出的仲裁裁决、公证债权文书的； （4）多次以捏造的事实提起民事诉讼的； （5）曾因以捏造的事实提起民事诉讼被采取民事诉讼强制措施或者受过刑事追究的； （6）其他妨害司法秩序或者严重侵害他人合法权益的情形。
	犯罪竞合	非法占有他人财产或者逃避合法债务，又构成诈骗罪，职务侵占罪，拒不执行判决、裁定罪，贪污罪等犯罪的，依照处罚较重的规定定罪从重处罚。
	共同犯罪	诉讼代理人、证人、鉴定人等诉讼参与人与他人通谋，代理提起虚假民事诉讼、故意作虚假证言或者出具虚假鉴定意见，共同实施刑法第三百零七条之一前三款行为的，依照共同犯罪的规定定罪处罚；同时构成妨害作证罪，帮助毁灭、伪造证据罪等犯罪的，依照处罚较重的规定定罪从重处罚。
窝藏、包庇罪	窝藏罪	明知是犯罪的人，为帮助其逃匿，实施下列行为之一的，以窝藏罪定罪处罚： （1）为犯罪的人提供房屋或者其他可以用于隐藏的处所的； （2）为犯罪的人提供车辆、船只、航空器等交通工具，或者提供手机等通讯工具的； （3）为犯罪的人提供金钱的； （4）其他为犯罪的人提供隐藏处所、财物，帮助其逃匿的情形。 保证人在犯罪的人取保候审期间，协助其逃匿，或者明知犯罪的人的藏匿地点、联系方式，但拒绝向司法机关提供的，对保证人以窝藏罪定罪处罚。
	包庇罪	明知是犯罪的人，为帮助其逃避刑事追究，或者帮助其获得从宽处罚，实施下列行为之一的，以包庇罪定罪处罚： （1）故意顶替犯罪的人欺骗司法机关的； （2）故意向司法机关作虚假陈述或者提供虚假证明，以证明犯罪的人没有实施犯罪行为，或者犯罪的人所实施行为不构成犯罪的； （3）故意向司法机关提供虚假证明，以证明犯罪的人具有法定从轻、减轻、免除处罚情节的； （4）其他作假证明包庇的行为。

续表

	情节严重 认定	（1）被窝藏、包庇的人可能被判处无期徒刑以上刑罚的； （2）被窝藏、包庇的人犯危害国家安全犯罪、恐怖主义或者极端主义犯罪，或者系黑社会性质组织犯罪的组织者、领导者，且可能被判处十年有期徒刑以上刑罚的； （3）被窝藏、包庇的人系犯罪集团的首要分子，且可能被判处十年有期徒刑以上刑罚的； （4）被窝藏、包庇的人在被窝藏、包庇期间再次实施故意犯罪，且新罪可能被判处五年有期徒刑以上刑罚的； （5）多次窝藏、包庇犯罪的人，或者窝藏、包庇多名犯罪的人的； （6）其他情节严重的情形。
	明知认定	认定"明知"，应当根据案件的客观事实，结合行为人的认知能力、接触被窝藏、包庇的犯罪人的情况，以及行为人和犯罪人的供述等主、客观因素进行认定。 行为人将犯罪的人所犯之罪误认为其他犯罪的，不影响刑法第三百一十条第一款规定的"明知"的认定。 行为人虽然实施了提供隐藏处所、财物等行为，但现有证据不能证明行为人知道犯罪的人实施了犯罪行为的，不能认定为明知。
	前置条件	认定窝藏、包庇罪，以被窝藏、包庇的人的行为构成犯罪为前提。被窝藏、包庇的人实施的犯罪事实清楚、证据确实、充分，但尚未到案、尚未依法裁判或者因不具有刑事责任能力依法未予追究刑事责任的，不影响窝藏、包庇罪的认定。但是，被窝藏、包庇的人归案后被宣告无罪的，应当依照法定程序宣告窝藏、包庇行为人无罪。
	犯罪竞合	为帮助同一个犯罪的人逃避刑事处罚，实施窝藏、包庇行为，又实施洗钱行为，或者掩饰、隐瞒犯罪所得及其收益行为，或者帮助毁灭证据行为，或者伪证行为的，依照处罚较重的犯罪定罪，并从重处罚，不实行数罪并罚。

【重点提示】《关于审理掩饰、隐瞒犯罪所得、犯罪所得收益刑事案件适用法律若干问题的解释》（法释〔2015〕11 号）第一条第一款第（一）项、第二款和第二条第二款规定的掩饰、隐瞒犯罪所得、犯罪所得收益罪的数额标准不再适用。人民法院审理掩饰、隐瞒犯罪所得、犯罪所得收益刑事案件，应综合考虑上游犯罪的性质、掩饰、隐瞒犯罪所得及其收益的情节、后果及社会危害程度等，依法定罪处罚。本规定自 2021 年 4 月 15 日起施行。

第十三章　贪污贿赂罪

一、贪污罪

主体	国家工作人员
客观方面	利用职务上的便利，侵吞、窃取、骗取或以其他手段非法占有公共财物的行为。
特殊贪污	国家工作人员在国内公务活动中或者对外交往中接受礼物，依照国家规定应当交公而不交公，数额较大的，以贪污罪定罪处罚。
单位外部的人员与国家工作人员勾结，侵占公共财物的，是贪污罪的共犯；单位中的非国家工作人员与国家工作人员勾结侵占单位财产的，以主犯的身份定罪。	

二、挪用公款罪

挪用公款"归个人使用"的，才构成犯罪	（1）将公款供本人、亲友或者其他自然人使用的。 （2）以个人名义将公款供其他单位使用的。 （3）个人决定以单位名义将公款供其他单位使用，谋取个人利益的。
与贪污罪的区别	是否具有非法占有的意图，是否准备归还。 在以下3种情况下，虽然是以挪用的方式取得，但也应定贪污罪： （1）以挪用的方式取得巨款，携款潜逃，挥霍公款或进行非法活动，致使公款在公诉前不能退还的，以贪污论。 （2）挪用公款后，涂改账簿进行平账，或者销毁、伪造账簿的。 （3）挪用公款，有能力返还而拒不返还的，定贪污罪，但因客观原因确实无力返还的除外。
一罪与数罪	（1）因挪用公款而索取、收受贿赂的，以挪用公款罪与受贿罪并罚。 （2）挪用公款进行非法活动的，以挪用公款罪与所构成的犯罪并罚。
共犯	使用人与挪用人共谋，指使和参与策划挪用公款的，构成挪用公款罪的共犯。

三、受贿罪

贿赂	既包括财物，也包括财产性利益。
特殊受贿	国家工作人员在经济往来中，违反国家规定，收受各种名义的回扣、手续费归个人所有的，以受贿论处。
斡旋受贿	国家工作人员利用本人职权或者地位形成的便利条件，通过其他国家工作人员职务上的行为，为请托人谋取不正当利益，索取请托人财物或者收受请托人财物的，以受贿论处。
一罪与数罪	受贿后为请托人谋取非法利益，构成其他犯罪的，如滥用职权罪、私放在押人员罪等，应当数罪并罚。但因受贿而徇私枉法，枉法裁判，执行判决、裁定失职，执行判决、裁定滥用职权，拒不执行判决、裁定的从一重罪处罚。此外，滥用职权拒不执行判决、裁定的，也从重处罚。
既遂标准	收取财物即构成既遂，不要求谋取利益。
特殊方式的受贿行为	（1）国家工作人员利用职务上的便利为请托人谋取利益，以下列交易形式收受请托人财物的，以受贿论处：①以明显低于市场的价格向请托人购买房屋、汽车等物品的；②以明显高于市场的价格向请托人出售房屋、汽车等物品的；③以其他交易形式非法收受请托人财物的。 （2）国家工作人员利用职务上的便利为请托人谋取利益，收受请托人提供的干股的，以受贿论处。 （3）国家工作人员利用职务上的便利为请托人谋取利益，由请托人出资，"合作"开办公司或者进行其他"合作"投资的，以受贿论处。国家工作人员利用职务上的便利为请托人谋取利益，以合作开办公司或其他合作投资的名义获取"利润"，没有实际出资和参与管理、经营的，以受贿论处。 （4）国家工作人员利用职务上的便利为请托人谋取利益，以委托请托人投资证券、期货或者其他委托理财的名义，未实际出资而获取"收益"，或者虽然实际出资，但获取"收益"明显高于出资应得收益的，以受贿论处。 （5）国家工作人员利用职务上的便利为请托人谋取利益，通过赌博方式收受请托人财物的，构成受贿。 （6）国家工作人员利用职务上的便利为请托人谋取利益，要求或者接受请托人以给特定关系人安排工作为名，使特定关系人不实际工作却获取所谓薪酬的，以受贿论处。 （7）国家工作人员利用职务上的便利为请托人谋取利益，授意请托人以本意见所列形式，将有关财物给予特定关系人的，以受贿论处。 　　特定关系人与国家工作人员通谋，共同实施前款行为的，对特定关系人以受贿罪的共犯论处。特定关系人以外的其他人与国家工作人员通谋，由国家工作人员利用职务上的便利为请托人谋取利益，收受请托人财物后双方共同占有的，以受贿罪的共犯论处。 （8）国家工作人员利用职务上的便利为请托人谋取利益，收受请托人房屋、汽车等物品，未变更权属登记或者借用他人名义办理权属变更登记的，不影响受贿的认定。 （9）国家工作人员收受请托人财物后及时退还或者上交的，不是受贿。 　　国家工作人员受贿后，因自身或者与其受贿有关联的人、事被查处，为掩饰犯罪而退还或者上交的，不影响认定受贿罪。 （10）国家工作人员利用职务上的便利为请托人谋取利益之前或者之后，约定在其离职后收受请托人财物，并在离职后收受的，以受贿论处。

【关联提示】注意与利用影响力受贿罪的区别。利用影响力受贿罪包括两种类型：

1. 国家工作人员的近亲属或者其他与该国家工作人员关系密切的人，通过该国家工作人员职务上的行为，或者利用该国家工作人员职权或者地位形成的便利条件，通过其他国家工作人员职务上的行为，为请托人谋取不正当利益，索取请托人财物或者收受请托人财物，数额较大或者有其他较重情节的。

2. 离职的国家工作人员或者其近亲属以及其他与其关系密切的人，利用该离职的国家工作人员原职权或者地位形成的便利条件，通过其他国家工作人员职务上的行为，为请托人谋取不正当利益，索取请托人财物或者收受请托人财物，数额较大或者有其他较重情节的行为。

3. 对有影响力的人行贿罪：本罪是指自然人或者单位为谋取不正当利益，向国家工作人员的近亲属或者其他与该国家工作人员关系密切的人，或者向离职的国家工作人员或者近亲属以及其他与其关系密切的人行贿的行为。本罪特点：行为人为了利用（离职的）国家工作人员的近亲属等特定关系人的影响力，而给予其财物。犯本罪的，根据《刑法》第390条之一的规定处罚。

第十四章　渎职罪

玩忽职守罪与滥用职权罪的区别：

主观方面：滥用职权是故意，玩忽职守通常是过失。

客观方面：玩忽职守表现为以作为或不作为的方式不履行职责或怠于履行职责；滥用职权主要表现为以作为的方式超越权限处理无权处理的事务或者不按照法定的条件、方式、程序，随心所欲地处理事务。

【重点提示】1. 渎职罪除个别犯罪（故意泄露国家秘密罪或过失泄露国家秘密罪）外，主体都是国家机关工作人员。还有的是某种特殊的国家机关工作人员，如徇私枉法、民事、行政枉法裁判罪等必须是司法工作人员。

2. 犯受贿罪又犯渎职罪的，原则上以受贿罪与所犯的渎职罪数罪并罚。但因受贿而犯徇私枉法罪以及民事、行政枉法裁判罪，执行判决、裁定失职罪，执行判决、裁定滥用职权罪，拒不执行判决、裁定罪的，择一重罪处罚。

3. 徇私舞弊不移交刑事案件罪

定义	徇私舞弊不移交刑事案件罪是指行政执法人员徇私舞弊，对依法应当移交司法机关追究刑事责任的案件不移交，情节严重的情形。
罪状要素理解	行政执法人员在查处违法案件的过程中，发现行为构成犯罪应当进行刑事追诉，但不将案件移送司法机关处理，即属于应当移交而不移交的行为。徇私舞弊是指为徇私利私情而舞弊，本罪中的舞弊是对依法应当移交司法机关追究刑事责任的不移交的同位语，只要"对依法应当移交司法机关追究刑事责任的不移交"就属于舞弊。
主体	主体是行政执法人员，即依法具有执行行政执法权的行政机关工作人员。
与徇私枉法罪的区别	二者明显的区别是主体不同，本罪是行政执法人员，而徇私枉法的主体是司法工作人员。
主观方面	主观方面为故意，行为人必须明知案件应当移交司法机关追究刑事责任而故意不移交。
犯罪竞合	行政执法人员索取、收受贿赂，不移交刑事案件，分别构成受贿罪与本罪的，实行数罪并罚。

最高人民法院、最高人民检察院《关于办理妨害国（边）境管理刑事案件应用法律若干问题的解释》

1. 领导、策划、指挥他人偷越国（边）境或者在首要分子指挥下，实施拉拢、引诱、介绍他人偷越国（边）境等行为的，应当认定为《刑法》第318条规定的"组织他人偷越国（边）境"。

2. 以组织他人偷越国（边）境为目的，招募、拉拢、引诱、介绍、培训偷越国（边）境人员，策划、安排偷越国（边）境行为，在他人偷越国（边）境之前或者偷越国（边）境过程中被查获的，应当以组织他人偷越国（边）境罪（未遂）论处；具有《刑法》第318条第1款规定的情形之一的，应当在相应的法定刑幅度基础上，结合未遂犯的处罚原则量刑。

3. 具有下列情形之一的，应当认定为"偷越国（边）境"行为：

（1）没有出入境证件出入国（边）境或者逃避接受边防检查的；

（2）使用伪造、变造、无效的出入境证件出入国（边）境的；

（3）使用他人出入境证件出入国（边）境的；

（4）使用以虚假的出入境事由、隐瞒真实身份、冒用他人身份证件等方式骗取的出入境证件出入国（边）境的；

（5）采用其他方式非法出入国（边）境的。

4. 以单位名义或者单位形式组织他人偷越国（边）境、为他人提供伪造、变造的出入境证件或者运送他人偷越国（边）境的，应当依照《刑法》第318条、第320条、第321条的规定追究直接负责的主管人员和其他直接责任人员的刑事责任。

5. 实施组织他人偷越国（边）境犯罪，同时构成骗取出境证件罪、提供伪造、变造的出入境证件罪、出售出入境证件罪、运送他人偷越国（边）境罪的，依照处罚较重的规定定罪处罚。

6. 对跨地区实施的不同妨害国（边）境管理犯罪，符合并案处理要求，有关地方公安机关依照法律和相关规定一并立案侦查，需要提请批准逮捕、移送审查起诉、提起公诉的，由该公安机关所在地的同级人民检察院、人民法院依法受理。

最高人民法院、最高人民检察院《关于办理行贿刑事案件具体应用法律若干问题的解释》

1. 数额起点：1万元以上。

2. 情节严重的情形：

（1）行贿数额在20万元以上不满100万元的。

（2）行贿数额在10万元以上不满20万元，并具有下列情形之一的：①向3人以上行贿的；②将违法所得用于行贿的；③为实施违法犯罪活动，向负有食品、药品、安全生产、环境保护等监督管理职责的国家工作人员行贿，严重危害民生、侵犯公众生命财产安全的；④向行政执法机关、司法机关的国家工作人员行贿，影响行政执法和司法公正的。

3. 情节特别严重情形：

（1）行贿数额在100万元以上的。

（2）行贿数额在50万元以上不满100万元，并具有下列情形之一的：①向3人以上行贿的；②将违法所得用于行贿的；③为实施违法犯罪活动，向负有食品、药品、安全生产、环境保护等监督管理职责的国家工作人员行贿，严重危害民生、侵犯公众生命财产安全的；④向行政执法机关、司法机关的国家工作人员行贿，影响行政执法和司法公正的。

（3）造成直接经济损失数额在500万元以上的。

4. 因行贿谋取不正当利益，造成直接经济损失数额在100万元以上的，应当认定为《刑法》第390条第1款规定的"使国家利益遭受重大损失"。

5. 多次行贿未经处理的，按照累计行贿数额处罚。

6. 行贿人谋取不正当利益的行为构成犯罪的，应当与行贿犯罪实行数罪并罚。

7. 一般不适用缓刑和免予刑事处罚的情形：

（1）向 3 人以上行贿的；

（2）因行贿受过行政处罚或者刑事处罚的；

（3）为实施违法犯罪活动而行贿的；

（4）造成严重危害后果的；

（5）其他不适用缓刑和免予刑事处罚的情形。

8. 行贿犯罪中的"谋取不正当利益"，是指行贿人谋取的利益违反法律、法规、规章、政策规定，或者要求国家工作人员违反法律、法规、规章、政策、行业规范的规定，为自己提供帮助或者方便条件。

违背公平、公正原则，在经济、组织人事管理等活动中，谋取竞争优势的，应当认定为"谋取不正当利益"。

9. "被追诉前"，是指检察机关对行贿人的行贿行为刑事立案前。

最高人民法院、最高人民检察院《关于办理渎职刑事案件适用法律若干问题的解释（一）》

1. 国家机关工作人员滥用职权或者玩忽职守，因不具备徇私舞弊等情形，以滥用职权罪或者玩忽职守罪定罪处罚。

2. 国家机关工作人员实施渎职犯罪并收受贿赂，同时构成受贿罪的，除刑法另有规定外，以渎职犯罪和受贿罪数罪并罚。

3. 国家机关工作人员实施渎职行为，放纵他人犯罪或者帮助他人逃避刑事处罚，构成犯罪的，依照渎职罪的规定定罪处罚。

国家机关工作人员与他人共谋，利用其职务行为帮助他人实施其他犯罪行为，同时构成渎职犯罪和共谋实施的其他犯罪共犯的，依照处罚较重的规定定罪处罚。

国家机关工作人员与他人共谋，既利用其职务行为帮助他人实施其他犯罪，又以非职务行为与他人共同实施该其他犯罪行为，同时构成渎职犯罪和其他犯罪的共犯的，依照数罪并罚的规定定罪处罚。

4. 以危害结果为条件的渎职犯罪的追诉期限，从危害结果发生之日起计算；有数个危害结果的，从最后一个危害结果发生之日起计算。

科目：行政法与行政诉讼法

第一章　行政法概述

行政法的基本原则

分　类	基本原则	具　体　要　求
合法性的要求	合法行政	法律优先（行政活动不得违背现有法律）；法律保留（行政活动应当有法律的授权依据）。
	程序正当	行政公开（保障知情权）；公众参与（表达意见，陈述申辩）；公务回避（实体回避与程序回避）。
	权责统一	行政效能（赋予执法手段、保证政令有效）；行政责任（行政违法或不当应承担法律责任）。
合理性的要求	合理行政	公平公正对待；考虑相关因素、不考虑无关因素；符合比例原则（合目的性、适当性、损害最小）。
	高效便民	行政效率（积极履行职责、及时履行职责）；便利当事人（减轻当事人程序负担）。
	诚实信用	行政信息真实（行政机关对信息真实性负责）；保护信赖利益（行政行为完成后不得随意变更）。

第二章　行政组织与公务员

一、判定行政主体的标准

判定行政主体的标准 ｛ 名——→以自己的名义实施行政活动；从签名盖章上体现
权——→享有并行使行政职权；否则可能是民事主体
责——→必须能够独立承担因行政活动而产生的法律责任

【关联提示】行政主体与行政机关的关系：

1. 在行政法上能成为行政主体者不限于行政机关（非行政机关也可以）。

2. 行政机关只有在行政法律关系中行使行政管理职能时才为行政主体（行政机关并非在任何情况下都能成为行政主体）。

3. 行政组织的基本原则：

（1）民主集中制原则。它是处理行政机关与其他国家机关、行政机关之间和行政机关与公务员相互关系的根本准则。

（2）中央与地方行政机关的职权划分，遵循在中央的统一领导下，充分发挥地方的主动性、积极性原则。

（3）行政机关的组织建设，实行精简的原则。

二、各类机关、机构和组织的行政主体资格

	中央机关与机构	地方机关与机构	非政府组织与个人
主体	（1）国务院。 （2）国务院组成部门及其管理的机构。 （3）国务院直属单位和特设机构。 （4）经授权的内设机构。 （5）经授权的议事协调机构。	（1）各级人民政府。 （2）县以上政府的工作部门。 （3）三种派出机关（行政公署、区公所、街道办事处）。 （4）有法律、法规、规章授权的派出机构、内设机构和新组建的机构。	（1）被授权的企业组织。 （2）被授权的事业单位。 （3）被授权的社会团体。 （4）被授权的村、居委会。
非主体	（1）国务院办公机构、办事机构。 （2）未经授权的内设机构。 （3）未经授权的议事协调机构。	（1）地方政府的办公机构、办事机构。 （2）未经授权的内设机构、派出机构。 （3）未经授权的议事协调机构。	受委托的组织和个人

三、中央与地方行政机关、行政机构

	部门的设、增、减、并	派出机关的设立
国务院	组成部门须经全国人大或其常委会决定，其他可自主决定。	大区制度已废除
省级政府	上一级政府批准，本级人大常委会备案。	设地区行政公署须经国务院批准
市级政府		市级政府无派出机关
县级政府		县级政府设区公所须经省批准，市辖区或县级市设街道办事处须经上一级政府批准

四、行政授权与行政委托

	行政授权	行政委托
对象	行政机构、其他组织	机关、机构、组织、个人
依据	行政机构需有法律、法规、规章的授权；其他组织应有法律、法规的授权	行政委托应按照法律规定的方式进行
后果	获得行政主体资格	没有行政主体资格（以委托机关名义）
性质	是行政主体，能以自己的名义独立行使行政职权，进行行政管理	非行政主体，以委托机关的名义行使行政职权，进行行政管理
责任	其行为责任由接受授权的组织承担	其行为责任由委托者承担
方式	直接授权；间接授权（没有指明授权对象）	实际委托；推定委托

【重点提示】1. 既没有授权，也没有委托而进行处罚的，是民事诉讼问题。

2. 行政机关委托行政处罚的组织只能是事业单位，行政机关不得委托其他组织或者个人实施行政处罚。行政的公共性和企业组织的营利性是水火不容的，所以被委托的组织不能是企业组织。但是，企业组织可以被授权，这是在迫不得已的情况下，比如行政机关改制为企业，遗留下来的行政权，或者是特大型企业内部有一些公共的事务。

3. 行政许可的实施只能委托其他行政机关，不能委托其他个人、组织、机构。

五、公务员公职的履行

录用制	录用排除	（1）因犯罪受过刑事处罚的； （2）**被开除中国共产党党籍**的； （3）被开除公职的； （4）**被依法列为失信联合惩戒对象**的； （5）有法律规定不得录用为公务员的其他情形的。
聘任制	概念	由用人单位通过与应聘人员签订协议来任用公务员的任职方式。 注意：公务员领导职务实行选任制、委任制和聘任制。公务员职级实行委任制和聘任制。
	条件	经省级以上公务员主管部门批准，可以对专业性较强的职位和辅助性职位实行聘任，但涉及国家秘密的职位除外。
	特点	签协议：即聘用机关与聘任制公务员之间通过签订书面聘任协议确定权利义务，实行协议工资制。合同的签订、变更或解除报同级公务员主管部门备案。
		定期限：聘任期限在协议中约定，期限为1～5年，可以约定1～12个月的试用期。
		可仲裁：就聘任协议发生争议，可以在60日内申请人事争议仲裁委员会仲裁。省级以上公务员主管部门根据需要设立人事争议仲裁委员会，受理仲裁申请。当事人对仲裁裁决不服的，可以自接到仲裁裁决书之日起15日内向法院提起诉讼。仲裁裁决生效后，一方当事人不履行的，另一方当事人可以申请法院执行。
交流	范围	（1）公务员队伍内部交流； （2）与国有企事业单位、人民团体和群众团体中从事公务的人员交流。
	方式	调任：国有企业、高等院校、科研院、事业单位中从事公务的人员，可以调入机关担任领导职务或者四级调研员以上及其他相当层次的职级。（外到内）
		转任：公务员在国家机关内部不同职位间的调动。（内到内）
	挂职锻炼	根据工作需要，机关可以采取挂职方式选派公务员承担重大工程、重大项目、重点任务或者其他专项工作。公务员在挂职期间，不改变与原机关的人事关系。
处分	种类	警告、记过、记大过、降级、撤职、开除。
	后果	公务员在受处分期间不得晋升职务、职级和级别，其中受记过、记大过、降级、撤职处分的，不得晋升工资档次。
	解除	解除处分后，晋升工资档次、级别和职务、职级不再受原处分的影响。但是，解除降级、撤职处分的，不视为恢复原级别、原职务、原职级。
回避	任职回避	（1）公务员之间有夫妻关系、直系血亲关系、三代以内旁系血亲关系以及近姻亲关系的： ①不得在同一机关担任双方直接隶属于同一领导人员的职务； ②不得在同一机关担任有直接上下级领导关系的职务； ③不得在其中一方担任领导职务的机关从事组织、人事、纪检、监察、审计和财务工作。 （2）公务员不得在其配偶、子女及其配偶经营的企业、营利性组织的行业监管或者主管部门担任领导成员。
	地域回避	公务员担任乡级机关、县级机关、设区的市级机关及其有关部门主要领导职务的，应当按照有关规定实行地域回避。
	公务回避	涉及本人利害关系；涉及本人配偶、直系血亲、三代以内旁系血亲以及近姻亲利害关系；涉及其他可能影响公正执行公务的情况。
	离职回避	公务员辞职或退休之后，一定年限之内（领导成员、县处级以上领导职务的公务员3年，一般公务员2年），不得到与原工作业务直接相关的企业或者其他营利性组织任职，不得从事与原工作业务直接相关的营利性活动。如果违反，由公务员主管部门责令改正，拒不改正的，由县级以上市场监督管理部门没收公务员违法所得，对接收单位作出1至5倍的罚款。（双罚制）

【重点提示】 1. 公务员的抵抗错误命令权：命令有错可抵抗；上级坚持应执行；执行后果上级负；明知故犯则自负。

2. 公务员经批准可在机关外兼职，但不得领取兼职报酬，也不得在企业或营利性组织中兼职。

六、公职的丧失

	特　点	应 注 意 问 题
辞职	公务员自己提出，包括辞去领导职务和辞去公职。	辞去领导职务分为四种：法定辞职、自愿辞职、引咎辞职、责令辞职。辞去公职是公务员出于个人原因，申请并经任免机关批准退出国家公职，消灭公务员与机关之间公职关系的制度。
		不得辞去公职的情况：①未满最低服务年限；②担任涉密职位或未满原职脱密期限；③重要公务尚未处理完毕且须本人继续处理；④正接受审计、纪检、刑事审查。
辞退	国家单方面决定，被辞退后按照失业处理。	应当予以辞退的情形：①年度考核连续 2 年不称职（1 年不称职仅降 1 级任职）；②不胜任现职工作，又不接受其他安排的；③因所在机关调整、撤销、合并或者缩减编制员额需要调整工作，本人拒绝合理安排的；④不履行公务员义务，不遵守公务员纪律，经教育仍无转变，不适合继续在机关工作，又不宜给予开除处分的；⑤连续旷工 15 天以上或 1 年累计旷工 30 天以上。
		不得辞退的情形：①因公致残，被确认丧失或者部分丧失工作能力的；②患病或者负伤，在规定的疗养期内的；③女性公务员在孕期、产假、哺乳期内的；④法律、行政法规规定的其他不得辞退的情形。
退休	因客观原因丧失职位，可获得退休金和其他待遇。	下列情况可提前退休：①工龄满 30 年；②距规定退休年龄不足 5 年且工龄满 20 年；③符合规定的其他情况。

第三章　行政行为概述

一、抽象行政行为的效力与监督

	行政法规	地方性法规	部门规章	地方政府规章	自治条例和单行条例
效力	低于宪法、法律	低于宪法、法律、行政法规、上级地方性法规	低于宪法、法律、行政法规	低于宪法、法律、行政法规、本级以上地方性法规、上级地方政府规章	类似本级地方性法规，但可作变通规定在本区域内优先适用
批准与备案	报全国人大常委会备案	市级地方性法规须经省级人大常委会批准	报国务院备案	省级规章报国务院和本级人大常委会；市级规章报国务院、省级与本级人大常委会、省级政府备案	自治区条例由全国人大常委会批准；自治州、县条例由省级人大常委会批准

【**关联提示**】行政规则的适用：

1. 授权立法与法律冲突的，由全国人大常委会裁决。

2. 地方性法规与部门规章冲突，国务院可决定适用地方性法规，国务院决定适用部门规章的，应提请全国人大常委会裁决。

3. 部门规章之间、部门规章与地方政府规章之间冲突的，由国务院裁决。

4. 省级政府规章与市级地方性法规冲突的由省级人大常委会处理。

二、具体行政行为的效力

效力	针对方	产生条件	后　果
拘束力	所有人	一经生效立即产生	当事人应履行；行政主体不得随意更改；他人不得随意干预。
确定力	所有人	争议期过后产生	具体行政行为确定的权利义务关系不再争议，不得更改。
执行力	当事人	当事人履行期限届满后	使用国家强制力实现具体行政行为确定的权利义务安排。

三、具体行政行为的无效、撤销与废止

	条件	效力	后果
无效	行为明显重大违法，如要求相对人去犯罪；行为毫无法律依据；行为毫无事实根据。	自始不发生任何效力。	相对人可随时主张无效；有权机关随时宣告无效；利益受损人可获国家赔偿。
撤销	一般违法或明显不当。	被撤销前推定为有效；撤销后溯及为自始无效。	需依法定程序撤销；撤销后可获国家赔偿。
废止	原有法律依据改变；客观情况发生重大变化；行为目的已实现，无须继续存在。	废止前有效；废止后无效。	信赖利益可获国家补偿。

第四章　行政许可

一、行政许可的设定

可以设定许可的事项	①直接涉及国家安全、公共安全、经济宏观调控、生态环境保护以及直接关系人身健康、生命财产安全等特定活动，需要按照法定条件予以批准的事项；②有限自然资源的开发利用、公共资源的配置或特定行业的市场准入（特许）；③特定职业行业资格、资质的确定（资格）；④特定设备、设施、产品、物品的检验、检测、检疫（技术）；⑤企业或者其他组织的设立（主体）。
可不设定许可的标准	①能够自主决定的；②市场能够调节的；③能够自律管理的；④能够事后监督的。
附条件停止实施许可的标准	省级政府对行政法规设定的有关经济事务的许可，认为符合可以不设定许可的标准的，报国务院批准后可在本区域内停止实施。
不适用行政许可	有关行政机关对与其有隶属关系的其他机关或者对其直接管理的事业单位的人事、财务、外事等事项的审批，不适用行政许可法。

二、行政许可的监督检查

不予许可情形	①行政许可申请人隐瞒有关情况或者提供虚假申请材料申请行政许可的，行政机关不予受理，并予以警告；②行政许可申请属于直接关系公共安全、人身健康、生命财产安全事项的，申请人在1年内不得再次申请该行政许可。
撤回行政许可	①行政许可所依据的法律、法规、规章修改或废止或准予行政许可的客观情况发生重大变化；②为了公共利益的需要。
撤销行政许可	（1）可以撤销：①行政机关工作人员滥用职权、玩忽职守作出准予行政许可决定的；②超越法定职权作出准予行政许可决定的；③违反法定程序作出准予行政许可决定的；④对不具备申请资格或者不符合法定条件的申请人准予行政许可的；⑤依法可以撤销行政许可的其他情形。 （2）应当撤销：被许可人以欺骗、贿赂等不正当手段取得行政许可的，应当予以撤销。
注销行政许可	①行政许可有效期限届满未延续的；②赋予公民特定资格的行政许可，该公民死亡或丧失行为能力的；③法人或其他组织依法终止的；④行政许可依法被撤销、撤回或者行政许可依法被吊销的；⑤因不可抗力导致行政许可事项无法实施的；⑥法律法规规定应当注销行政许可的其他情形。

三、行政许可与行政处罚听证的区别

相同之处	不同之处		
1. 除涉及国家秘密、商业秘密和个人隐私外，听证公开进行； 2. 听证主持人为非本案调查人员，如与案件和当事人有利害关系则应回避； 3. 申请人不承担听证费用； 4. 申请人有权委托代理人，有权申辩与质证； 5. 听证应制作听证笔录。		处罚的听证	许可的听证
	听证的启动	只能依申请而举行听证	除依申请外，行政机关也可以主动举行听证
	听证时间	1. 当事人要求听证的，应当在行政机关告知之后3日内提出； 2. 行政机关应当在听证的7日前，通知当事人举行听证的时间、地点； 3. 未规定行政机关应在多长时间组织听证。	1. 申请人、利害关系人应当在被告知听证权利之日起5日内提出听证申请； 2. 行政机关应当在20日内组织听证； 3. 行政机关应当于举行听证的7日前将举行听证的时间、地点通知申请人、利害关系人，必要时还应当进行公告。
	听证笔录的效力	行政机关可不根据听证笔录，作出行政处罚决定	行政机关应当根据听证笔录作出行政许可决定

【重点提示】1. 被许可人以欺骗、贿赂等不正当手段取得行政许可的，行政机关应当依法给予行政处罚；取得的行政许可属于直接关系公共安全、人身健康、生命财产安全事项的，申请人在3年内不得再次申请该行政许可；构成犯罪的，依法追究刑事责任。

2. 撤销行政许可，可能对公共利益造成重大损害的，不予撤销。

3. 行政许可所依据的法律、法规、规章修改或废止或准予行政许可的客观情况发生重大变化，或为公共利益需要变更或撤销行政许可的，应对相对人进行赔偿。

第五章　行政处罚

一、行政处罚的概念界定和处罚种类

1. 概念界定：行政处罚是指行政机关依法对违反行政管理秩序的公民、法人或者其他组织，以减损权益或者新增义务的方式予以惩戒的行为。

2. 处罚种类：（1）警告、通报批评（注意区分：警告书面、不公开）；（2）罚款、没收违法所得、没收非法财物；（3）暂扣许可证件、降低资质等级、吊销许可证件；（4）限制开展生产经营活动、责令停产停业、责令关闭、限制从业；（5）行政拘留；（6）法律、行政法规规定的其他行政处罚。

二、行政处罚的设定

	可创设的种类	可规定的内容	需要注意的问题
法律	各种处罚。	各种处罚。	限制人身自由的处罚由法律保留。
行政法规	限制人身自由之外的其他处罚。	在上位法规定应予处罚的行为、种类和幅度范围内对已有处罚作出规定。	可设定吊销企业营业执照的处罚。
地方性法规	限制人身自由、吊销营业执照之外的其他处罚。		可设定暂扣企业营业执照的处罚。
部门规章	警告；罚款；通报批评。		（1）罚款限额由国务院规定。 （2）直属机构和直属事业单位规定处罚须经授权。
地方性规章	警告；罚款；通报批评。		罚款限额由省级人大常委会规定。

【重点提示】行政处罚实施评估制度

根据《行政处罚法》第 15 条规定，国务院部门和省、自治区、直辖市人民政府及其有关部门应当定期组织评估行政处罚的实施情况和必要性，对不适当的行政处罚事项及种类、罚款数额等，应当提出修改或者废止的建议。

三、行政处罚权的合理配置

相对集中行政处罚权	综合执法		城市管理、市场监管、生态环境、文化市场、交通运输、应急管理、农业
	一个行政机关行使		国务院或者省、自治区、直辖市人民政府可以决定一个行政机关行使有关行政机关的行政处罚权
	仅限公安机关和法律规定的其他机关行使		限制人身自由
优化管辖权	地域管辖		违法行为发生地行政机关；另有规定，从其规定
	级别管辖	原则	县级以上地方政府具有行政处罚权的职能部门
		管辖权下放	省、自治区、直辖市根据当地实际情况，可以决定将基层管理迫切需要的县级人民政府部门的行政处罚权交由能够有效承接的乡镇人民政府、街道办事处行使，并定期组织评估。决定应当公布。（《行政处罚法》第 24 条）
执法协助			行政机关因实施行政处罚的需要，可以向有关机关提出协助请求。协助事项属于被请求机关职权范围内的，应当依法予以协助。（《行政处罚法》第 26 条）
违法行为涉嫌犯罪的处理			（1）行政机关应当及时将案件移送司法机关，依法追究刑事责任。 （2）对依法不需要追究刑事责任或者免予刑事处罚，但应当给予行政处罚的，司法机关应当及时将案件移送有关行政机关。（《行政处罚法》第 27 条）

四、行政处罚的适用规则

一事不再罚	对当事人的同一个违法行为，不得给予两次以上罚款的行政处罚。同一个违法行为违反多个法律规范应当给予罚款处罚的，按照罚款数额高的规定处罚。《行政处罚法》29 条	
对特殊情形不处罚或不重罚	精神病人	精神病人、智力残疾人在不能辨认或者不能控制自己行为时有违法行为的，不予行政处罚，但应当责令其监护人严加看管和治疗。间歇性精神病人在精神正常时有违法行为的，应当给予行政处罚。尚未完全丧失辨认或者控制自己行为能力的精神病人、智力残疾人有违法行为的，可以从轻或者减轻行政处罚。（《行政处罚法》第 31 条）
	未成年人	不满十四周岁的未成年人有违法行为的，不予行政处罚，责令监护人加以管教；已满十四周岁不满十八周岁的未成年人有违法行为的，应当从轻或者减轻行政处罚。（《行政处罚法》第 30 条）
	轻微违法行为	违法行为轻微并及时改正，没有造成危害后果的，不予行政处罚。初次违法且危害后果轻微并及时改正的，可以不予行政处罚。（《行政处罚法》第 33 条）
延长涉及生命安全、金融安全的诉讼时效（新增）	违法行为在 2 年内未被发现的，不再给予行政处罚；涉及公民生命健康安全、金融安全且有危害后果的，上述期限延长至 5 年；法律另有规定的除外。（《行政处罚法》第 36 条，注意《治安管理处罚法》：6 个月）	
从旧兼从轻原则	实施行政处罚，适用违法行为发生时的法律、法规、规章的规定。但是，作出行政处罚决定时，法律、法规、规章已被修改或者废止，且新的规定处罚较轻或者不认为是违法的，适用新的规定。（《行政处罚法》第 37 条）	
行政处罚无效制度	（1）行政处罚没有依据或者实施主体不具有行政主体资格的，行政处罚无效。（2）违反法定程序构成重大且明显违法的，行政处罚无效。《行政处罚法》第 38 条	
信息公示	行政处罚的实施机关、立案依据、实施程序和救济渠道等信息应当公示。	
行政处罚证据基本规则	种类	书证、物证、视听资料、电子数据、证人证言、当事人陈述、鉴定意见、勘验笔录、现场笔录。
	电子技术监控	（1）行政机关依照法律、行政法规规定利用电子技术监控设备收集、固定违法事实的，应当经过法制和技术审核，确保电子技术监控设备符合标准、设置合理、标志明显，设置地点应当向社会公布。（2）电子技术监控设备记录违法事实应当真实、清晰、完整、准确。行政机关应当审核记录内容是否符合要求；未经审核或者经审核不符合要求的，不得作为行政处罚的证据。（3）行政机关应当及时告知当事人违法事实，并采取信息化手段或者其他措施，为当事人查询、陈述和申辩提供便利。不得限制或者变相限制当事人享有的陈述权、申辩权。《行政处罚法》第 41 条
	必须查证属实	证据必须经查证属实，方可作为认定案件事实的根据；以非法手段取得的证据，不得作为认定案件事实的根据。《行政处罚法》第 46 条

五、行政处罚的实施程序

	简易程序	一般程序	听证程序
适用条件	(1) 事实确凿并有依据。 (2) 对公民200元以下、对单位3 000元以下罚款或警告，可以当场作出行政处罚决定，法律另有规定的，从其规定。	适用于简易以外的情况。	(1) 较大数额罚款； (2) 没收较大数额违法所得、没收较大价值非法财物； (3) 降低资质等级、吊销许可证件； (4) 责令停产停业、责令关闭、限制从业； (5) 其他较重的行政处罚； (6) 法律、法规、规章规定的其他情形。
行政机关权力和义务	(1) 报所属机关备案。 (2) 可由1人执法并签名盖章。 (3) 出示执法身份证件。 (4) 告知当事人作出决定的事实、理由及依据。 (5) 当事人有权进行陈述和申辩。	(1) 调查、检查至少2人执法。 (2) 作出决定：由行政机关负责人作出决定，对情节复杂或者重大违法行为给予较重的行政处罚，行政机关的负责人应当集体讨论决定，在作出决定之前应保证当事人享有和行使知情权和陈述、申辩的权利。 (3) 法制审核：①涉及重大公共利益的；②直接关系当事人或者第三人重大权益，经过听证程序的；③案件情况疑难复杂、涉及多个法律关系的；④法律、法规规定应当进行法制审核的其他情形。⑤（初审）行政机关中初次从事行政处罚决定法制审核的人员，应当通过国家统一法律职业资格考试取得法律职业资格。	(1) 公务回避：应由非本案调查人员主持听证；当事人有权申请听证主持人回避。 (2) 委托听证：当事人可委托1至2人代理。 (3) 举行听证的方式是公开进行，涉及国家秘密、商业秘密或者个人隐私的除外（注意：行政许可法的听证没有规定不公开的情况）。 (4) 听证的举行：由调查人员提出当事人违法的事实、证据和行政处罚建议，当事人进行申辩和质证；听证应当制作笔录，笔录应当交当事人审核无误后签字或者盖章。
相对人权利和义务	(1) 不服可复议或起诉。 (2) 执法人员当场作出行政处罚决定，当事人拒绝签收的，应当在行政处罚决定书上注明。	(1) 处罚时不告知事实理由依据，或拒绝听取陈述申辩的，可主张处罚不成立。 (2) 不服可复议或起诉。	(1) 有权申请主持人回避。 (2) 可委托1至2人代理。
重要时限	处罚决定书须当场交付。	(1) 经批准可保存证据并在7日内处理。 (2) 当事人不在场应在7日内送达处罚决定。	(1) 相对人应在被告知后5日内要求听证； (2) 行政机关应在听证7日前通知当事人及有关人员听证的时间和地点； (3) 当事人及其代理人无正当理由拒不出席听证或者未经许可中途退出听证的，视为放弃听证权利，行政机关终止听证； (4) 听证应当制作笔录。笔录应当交当事人或者其代理人核对无误后签字或者盖章。当事人或者其代理人拒绝签字或者盖章的，由听证主持人在笔录中注明。

六、治安管理处罚法与行政处罚法的差异

差异	行政处罚法	治安管理处罚法
处罚种类	（1）警告、通报批评（注意区分：警告书面、不公开）；（2）罚款、没收违法所得、没收非法财物；（3）暂扣许可证件、降低资质等级、吊销许可证件；（4）限制开展生产经营活动、责令停产停业、责令关闭、限制从业；（5）行政拘留；（6）法律、行政法规规定的其他行政处罚。	（1）警告（2）罚款（3）行政拘留（4）吊销公安机关发放的许可证 对违反治安管理的外国人，可以附加适用限期出境或者驱逐出境
处罚时效	2 年/5 年	6 个月
简易程序	对公民处 200 元以下罚款 对单位处 3000 元以下罚款或警告	警告与 200 元以下罚款
听证程序	（1）较大数额罚款；（2）没收较大数额违法所得、没收较大价值非法财物；（3）降低资质等级、吊销许可证件；（4）责令停产停业、责令关闭、限制从业；（5）其他较重的行政处罚；（6）法律、法规、规章规定的其他情形。	吊销许可证与 2000 元以上罚款
当场收缴罚款	（1）100 元以下罚款； （2）不当场收缴以后难以执行； （3）边远、水上或交通不便利地区，当事人提出当场缴纳。	1. 50 元以下罚款，被处罚人对罚款无异议的。 2. 边远、水上或交通不便利地区，被处罚人提出当场缴纳。 3. 被处罚人在当地没有固定住所，不当场收缴事后难以执行

第六章　行政强制

一、行政强制的基本原则

法定原则	①设定法定：一般由法律规定，行政法规和地方性法规设定需法律授权；②实施法定：在法定的权限、范围、条件和程序下实施。
适当原则	采取非强制手段可以达到行政管理目的的，不得设定和实施行政强制；手段适当、非强制手段优先（实施和设定都适用该原则）。
教育与强制相结合原则	在实施强制时应树立教育与强制并举观念；先教育后强制；运用多种手段进行宣传教育。
不得谋利原则	主体：不限于行政机关工作人员，行政机关本身也包括在内；对象：任何单位和个人。
权利保障原则	公民、法人或其他组织享有陈述、申辩、申请复议、提起诉讼、依法获取赔偿的权利。

二、行政强制种类和设定

种类	①限制公民人身自由；②查封场所、设施或者财物；③扣押财物；④冻结存款、汇款。	
设定	法律：所有种类，下列只能由法律设定：限制人身自由的、冻结存款和汇款等。	
	行政法规：①某一领域或事项尚未制定法律，可以设定法律保留之外的强制措施；②某一领域或事项已经出台法律的，只能作细化规定，不得扩大规定。	
	地方性法规：尚未制定法律、行政法规，属于地方性事务的，有两类：①查封场所、设施或者财物；②扣押财物。	

三、行政强制执行的原则与例外

强制执行原则	例外
行政机关申请法院强制执行	（1）公安、国安、海关、税务有强制执行权，可自己强制执行；
	（2）行政机关无强制执行权，但实施行政管理过程中已经采取查封、扣押措施的，之后作出金钱给付义务决定，当事人不履行的，行政机关可以将查封、扣押的财物依法拍卖抵缴罚款，而不用再申请人民法院拍卖或处理；
	（3）对违法的建筑物、构筑物、设施等需要强制拆除的，行政机关公告后，当事人仍不拆除的，行政机关可强制拆除。

四、代履行

适用条件	（1）行政机关依法作出要求当事人履行排除妨碍、恢复原状等义务的行政决定，当事人逾期不履行，经催告仍不履行； （2）其后果已经或者将危害交通安全、造成环境污染或者破坏自然资源的。
实施机关	行政机关可以自己代履行，也可以委托没有利害关系的第三人代履行。
适用程序	（1）代履行前送达决定书； （2）代履行3日前，催告当事人履行，当事人履行的，停止代履行； （3）代履行时，作出决定的行政机关应当派员到场监督； （4）代履行完毕，行政机关到场监督的工作人员、代履行人和当事人或者见证人应当在执行文书上签名或者盖章。
履行禁止	代履行不得采用暴力、胁迫以及其他非法方式。
费用承担	代履行的费用按照成本合理确定，由当事人承担。但是法律另有规定的除外。

五、申请人民法院强制执行的程序

执行前提	当事人在法定期限内不申请行政复议或者提起行政诉讼，又不履行行政决定的
申请期限	行政机关可以自当事人法定起诉期限届满之日起3个月内申请
催告程序	行政机关申请人民法院强制执行前，应当催告当事人履行义务。催告书送达10日后当事人仍未履行义务的，行政机关可以申请人民法院强制执行
管辖法院	行政机关申请人民法院强制执行其行政行为的，由申请人所在地的基层人民法院受理；执行对象为不动产的，由不动产所在地的基层人民法院受理
审查方式	（1）实质性审查，行政审判庭对行政行为的合法性进行审查；（2）书面审查
紧急状态下的立即执行	因情况紧急，为保障公共安全，行政机关可以申请人民法院立即执行。经人民法院院长批准，人民法院应当自作出执行裁定之日起5日内执行
费用承担	强制执行的费用由被执行人承担
审查机构	人民法院行政庭

第七章   其他行政行为

行政征收与征用	行政征收的界定和种类	行政征收是指行政主体凭借国家行政权，根据国家和社会公共利益的需要，依法向行政相对人强制性征集一定数额金钱和实物的行政行为。行政征收主要包括两类，即征税和征费。
	税款征收的主要方式	税款征收的方式主要有：查账征收、查定征收、查验征收、定期定额征收、委托代征税款，邮寄纳税及其他方式。
	行政征用的特征	征用方是享有合法财产所有权的社会成员；出于公共利益的需要；国家予以补偿。
行政确认	内涵和作用	行政确认，是指行政主体依法对行政相对人的法律地位、法律关系或有关法律事实进行甄别，给予确定、认定、证明（或证伪）并予以宣告的具体行政行为。 行政确认有稳定法律关系，减少各种纠纷，保障社会安定秩序，保护公民、法人或其他组织合法权益的重要作用。
	基本原则	依法确认原则；客观、公正原则；保守秘密原则。
	主要形式	确定、认可、证明、登记、批准、鉴证、行政鉴定。
行政奖励	内涵	行政奖励，是指行政主体为了表彰先进、激励后进，充分调动和激发人们的积极性和创造性，依照法定条件和程序，对为国家、人民和社会做出突出贡献或者模范地遵纪守法的行政相对人，给予物质的或精神的奖励的具体行政行为。
	特征	（1）行政奖励的主体是行政主体； （2）其目的在于表彰先进，激励和推动后进，调动和激发广大人民群众的创造性和积极性； （3）行政奖励的对象是贡献突出或者模范遵纪守法的组织或者个人； （4）奖励的形式包括物质奖励和精神奖励，二者大多合并采用； （5）行政奖励是行政主体实施的不具有强制执行力的具体行政行为； （6）行政奖励是一种法定的行政行为。
	分类	（1）精神方面的权益；（2）物质方面的奖励（3）职务方面的奖励
行政裁决	概念	行政裁决，是指行政主体依照法律授权和法定程序，对当事人之间发生的与行政管理活动密切相关的、与合同无关的特定民事、经济纠纷进行裁决的具体行政行为。行政裁决又称为行政司法。
	特征	（1）行政裁决的主体是法律授权的行政机关； （2）行政裁决的民事纠纷与行政管理有关； （3）行政裁决是依申请的行政行为； （4）行政裁决是一种具体行政行为。
	作用	（1）行政裁决可以及时有效地解决当事人之间的民事纠纷，保护当事人的合法权益； （2）行政裁决可以减轻人民法院的工作量； （3）行政裁决有利于减轻当事人的讼累，有利于当事人积极地谋求行政机关解决纠纷，有利于行政管理顺利有效进行。

第八章　政府信息公开

一、主动公开的信息

公开主体	谁制作谁公开；谁保存谁公开；最先获得者公开；派出机构、内设机构依法以自己名义履职的，由其公开；共同制作信息，由牵头机关公开。
三文书	（1）公开指南：包括信息的分类、编排体系、获取方式和公开工作机构的名称、办公地址、时间、联系电话、传真号码、互联网联系方式。 （2）公开目录：包括信息的索引、名称、内容概述、生成日期。 （3）年度工作报告（3月31日前发布）。
公开场所、方式	方式：政府公报、政府网站或者其他互联网政务媒体、新闻发布会以及报刊、广播、电视。 场所：应当在国家档案馆、公共图书馆、政务服务场所设置政府信息查阅场所。可以根据需要设立公共查阅室、资料索取点、信息公告栏、电子信息屏。 期限：属于主动公开范围的政府信息，应当自该信息形成或者变更之日起20个工作日内及时公开。

二、依申请公开信息的程序

申请形式	原则：书面形式（包括信件、数据电文形式）； 方式：书写确有困难的，可以口头提出，机关代填。
申请书内容	申请人的姓名或者名称、身份证明、联系方式； 申请公开的政府信息的名称、文号或者便于行政机关查询的其他特征性描述； 申请公开的政府信息的形式要求，包括获取信息的方式、途径。
具体规定	申请内容不明确的，机关应当给予指导和释明，并在7个工作日内一次性告知补正。说明需要补正的事项和合理的补正期限。答复期限自机关收到补正的申请之日起计算。申请人无正当理由逾期不补正的，视为放弃申请，机关不再处理该申请。 期限：能够当场答复的，当场答复。不能当场答复的，20个工作日内予以答复；需要延长答复期限的，经机构负责人同意并告知申请人，延长的期限最长不得超过20个工作日。行政机关征求第三方和其他机关意见所需时间不计算在前款规定的期限内。 申请公开信息的数量、频次明显超过合理范围，机关可以要求申请人说明理由。机关认为申请理由不合理的，告知不予处理；认为申请理由合理，但是无法在法定期限内答复的，可以确定延迟答复的合理期限并告知申请人。 机关提供的信息，应当是已制作或者获取的信息。需要对现有信息进行加工、分析的，机关可以不予提供。 多个申请人就相同信息向同一机关提出公开申请，且该信息属于可以公开的，机关可以纳入主动公开的范围。对机关依申请公开的信息，申请人认为涉及公众利益调整、需要公众广泛知晓的，可以建议机关将该信息纳入主动公开的范围。机关经审核认为属于主动公开范围的，应当及时主动公开。 公开期限：申请人当面提交申请的，以提交之日为收到申请之日；申请人以邮寄方式提交申请的，以机关签收之日为收到申请之日；以平常信函等无需签收的邮寄方式提交的，工作机构应当于收到申请的当日与申请人确认，确认之日为收到申请之日；申请人通过互联网渠道或者传真提交申请的，以双方确认之日为收到申请之日。

续表

	依申请公开的信息公开会损害第三方合法权益的，机关应当书面征求第三方的意见。第三方应当自收到征求意见书之日起 15 个工作日内提出意见。第三方逾期未提出意见的，由机关决定是否公开。第三方不同意公开且有合理理由的，机关不予公开。机关认为不公开可能对公共利益造成重大影响的，可以决定予以公开，并将决定公开的政府信息内容和理由书面告知第三方。 申请公开的信息由两个以上机关共同制作的，牵头制作的行政机关收到申请后可以征求相关机关的意见，被征求意见机关应当自收到征求意见书之日起 15 个工作日内提出意见，逾期未提出意见的视为同意公开。
公开形式	机关依申请公开信息，应当根据申请人的要求及机关保存政府信息的实际情况，确定提供信息的具体形式；按照申请人要求的形式提供信息，可能危及信息载体安全或者公开成本过高的，可以通过电子数据以及其他适当形式提供，或者安排申请人查阅、抄录相关政府信息。
费用	机关依申请提供信息，不收取费用。但是，申请人申请公开政府信息的数量、频次明显超过合理范围的，机关可以收取信息处理费。行政机关收取信息处理费的具体办法由国务院价格主管部门会同国务院财政部门、全国政府信息公开工作主管部门制定。
保密信息区分处理	申请公开的信息中含有不应当公开或者不属于政府信息的内容，但是能够作区分处理的，行政机关应当向申请人提供可以公开的政府信息内容，并对不予公开的内容说明理由。
个人信息保护	当事人有证据证明行政机关提供的与其自身相关的政府信息记录不准确的，可以要求行政机关更正。有权更正的行政机关审核属实的，应当予以更正并告知申请人；不属于本行政机关职能范围的，行政机关可以转送有权更正的行政机关处理并告知申请人，或者告知申请人向有权更正的行政机关提出。
监督与救济	认为行政机关不履行公开职责的，可以向上级行政机关、监察机关或政府信息公开主管部门举报。认为行政机关在政府信息公开中的具体行政行为侵犯其合法权益的，可以申请复议或提起行政诉讼。

三、不予公开的信息

绝对不公开	依法确定为国家秘密的政府信息，法律、行政法规禁止公开的政府信息，以及公开后可能危及国家安全、公共安全、经济安全、社会稳定的政府信息，不予公开。
相对不公开	涉及商业秘密、个人隐私等公开会对第三方合法权益造成损害的政府信息，行政机关不得公开。但是，第三方同意公开或者行政机关认为不公开会对公共利益造成重大影响的，予以公开。
内部信息不公开	行政机关的内部事务信息，包括人事管理、后勤管理、内部工作流程等方面的信息，可以不予公开。
过程信息不公开	行政机关在履行行政管理职能过程中形成的讨论记录、过程稿、磋商信函、请示报告等过程性信息以及行政执法案卷信息，可以不予公开。

四、政府信息公开案件的受案范围

可诉的政府信息公开案件	（1）行政机关拒绝提供信息或对申请逾期不作答复； （2）行政机关提供的信息不符合申请内容或形式； （3）行政机关未经当事人同意向他人公开当事人的信息； （4）行政机关拒绝更正当事人的信息，或对更正申请逾期不作答复或不处理； （5）其他侵犯当事人合法权益的。
不可诉的政府信息公开案件	（1）行政机关对当事人的权利义务未产生实质影响的程序性告知行为； （2）行政机关拒绝提供已在公开出版物上公布的信息的； （3）行政机关拒绝为当事人进行信息加工、汇总、分析的； （4）行政机关拒绝当事人以信息公开名义查阅案卷材料的。

五、政府信息公开案件的证据规则

被告的举证事项	原告申请法院调取证据	原告的举证事项
（1）被告拒绝向原告提供政府信息的，应当对拒绝的根据以及履行法定告知和说明理由义务的情况举证； （2）因公共利益决定公开涉及商业秘密、个人隐私的政府信息的，被告应当对认定公共利益以及不公开可能对公共利益造成重大影响的理由进行举证和说明； （3）被告拒绝更正与原告相关的政府信息记录的，应当对拒绝的理由进行举证和说明； （4）被告能够证明政府信息涉及国家秘密，请求在诉讼中不予提交的，人民法院应当准许。	被告主张政府信息不存在，原告能够提供该政府信息系由被告制作或者保存的相关线索的，可以申请人民法院调取证据	（1）被告以政府信息与申请人自身生产、生活、科研等特定需要无关为由不予提供的，人民法院可以要求原告对特殊需要事由作出说明； （2）原告起诉被告拒绝更正政府信息记录的，应当提供其向被告提出过更正申请以及政府信息与其自身相关且记录不准确的事实依据。

第九章　行政复议

一、行政复议范围

可以申请行政复议的事项	（1）对行政机关作出的行政处罚决定不服的。 （2）对行政机关作出的行政强制措施决定不服的。 （3）对行政机关作出的有关许可证、执照、资质证、资格证等证书变更、中止、撤销的决定不服的。 （4）对行政机关作出的关于确认不动产的所有权或者使用权的决定不服的。 （5）认为行政机关侵犯合法经营自主权的。 （6）认为行政机关变更或者废止农业承包合同，侵犯其合法权益的。 （7）认为行政机关违法集资、征收财物、摊派费用或者违法要求履行其他义务的。 （8）认为符合法定条件，申请行政机关颁发许可证、执照、资质证、资格证等证书，或者申请行政机关审批、登记有关事项，行政机关没有依法办理的。 （9）认为行政机关不履行保护人身权、财产权、受教育权法定职责的。 （10）认为行政机关不依法发放抚恤金、社会保险金或者最低生活保障费的。
行政复议的排除事项	（1）行政机关的行政处分或者其他人事处理决定，对这些决定引起的争议，按照法律、行政法规的规定提出申诉。 （2）行政机关对民事纠纷作出的调解或者其他处理，对这些处理引起的争议，当事人可以依法申请民事仲裁或者向人民法院提起民事诉讼。

【关联提示】1. 部分抽象行政行为也可申请行政复议，主要包括：国务院部门的规定；县级以上地方人民政府及其工作部门的规定；乡、镇人民政府的规定。

2. 对抽象行政行为申请行政复议，只能是在对依据该抽象行政行为作出的具体行政行为提出复议申请时一并提出，而不能单独提起。

3. 公民、法人或其他组织不服复议决定的，可以在收到复议决定书之日起<u>15 日内</u>向人民法院起诉。复议机关逾期不作决定的，可以在复议期满之日起<u>15 日内</u>向法院起诉。

二、复议机关对抽象行政行为的审查和处理

审查范围	除法规、规章以外的其他规范性文件
审查方式	（1）当事人在对具体行政行为不服申请复议的同时，可一并要求复议机关对抽象行政行为进行审查； （2）行政复议机关在对被申请人作出的具体行政行为进行审查时，如认为其依据不合法，也可以主动对抽象行政行为进行审查。
处理方式	（1）有权处理的：30 日内处理； （2）无权处理的：7 日内依法定程序转送有权处理机关依法处理； （3）复议机关是否有权对抽象行政行为进行处罚，要看复议机关是否是该行政行为的制定机关或是上级机关。

三、复议机关的一般确认

被申请人	复议机关	例外情形
政府工作部门	本级人民政府或上一级主管部门	上一级主管部门为复议机关（垂直领导的行政部门：金融、海关、外汇、国税）
各级人民政府	上一级人民政府	省级人民政府为被申请人时，本机关同时为复议机关
国务院部门	本机关	
派出机关	设立派出机关的政府	
两个或两个以上的行政机关共同为被申请人	共同的上一级行政机关	
两个以上国务院部门共同作出具体行政行为，共同作复议被申请人	可以向其中任何一个国务院部门提出行政复议申请	由作出具体行政行为的国务院部门共同作出行政复议决定
对经国务院批准实行省以下垂直领导的部门	该部门的本级人民政府或者上一级主管部门	但省、自治区、直辖市另有规定的除外

四、复议与诉讼衔接的原则与例外

原则	例外
原则上相对人可自由选择救济途径	复议前置的除外： （1）自然资源所有权、使用权案件：必须是行政机关的行政行为侵犯了相对人已经依法取得的权利； （2）纳税争议案件：交不交、交多少、怎么交。
原则上申请人不服复议决定，均可再提起行政诉讼	复议终局除外： （1）二次复议终局：对国务院部门或者省级人民政府的具体行政行为不服的，向作出该具体行政行为的国务院部门或者省、自治区、直辖市人民政府申请行政复议。对行政复议决定不服的，可以向人民法院提起行政诉讼；也可以向国务院申请裁决，国务院依照本法的规定作出最终裁决。 （2）根据国务院或者省级人民政府对行政区划的勘定、调整或者征收土地的决定，省级政府确定自然资源的所有权或者使用权的行政复议决定为最终裁决。

五、复议和解与调解

	复议和解	复议调解
适用范围	行政机关行使法律、法规规定的自由裁量权作出的具体行政行为	（1）被诉具体行政行为是行政机关运用自由裁量权所作的行为； （2）当事人之间的行政赔偿和行政补偿纠纷。
达成条件及后续处理	（1）和解决定是在行政复议决定作出前达成； （2）申请人与被申请人自愿达成和解协议； （3）和解协议必须经过复议机关审查，只有内容不损害社会公共利益和他人合法权益的，复议机关才会准许。	（1）复议机关在申请人与被申请人之间进行的调解； （2）当事人经调解达成协议的，复议机关应当制作复议调解书； （3）如果调解没有达成协议或调解书生效前一方反悔的，复议机关应当及时作出行政复议决定。

六、行政复议与行政诉讼的区别

区别	行政复议	行政诉讼
审查范围	全面审查，既审查被诉行为的合法性，又审查合理性	原则上只审查被诉行为的合法性，有限度地审查合理性
审查方式	以书面审查为原则	以开庭审理为原则
被申请人/被告确认	下级行政机关经上级行政机关批准作出具体行政行为的，以批准机关为被申请人	下级行政机关经上级行政机关批准作出具体行政行为的，以对外署名的机关为被告
申请或起诉期限	自相对人知道该具体行政行为之日起60日内提出行政复议申请；但是法律规定的申请期限超过60日的除外	自相对人知道或应该知道行政行为之日起6个月内；经过复议的，复议后15日内起诉；但法律、法规另有规定的除外
审结期限	行政复议机关应当自受理申请之日起60日内作出行政复议决定；但法律规定的行政复议期限少于60日的除外	人民法院应当在立案之日起6个月内作出第一审判决，有特殊情形需要延长的，需经高法或最高法批准

第十章　行政诉讼的受案范围

行政诉讼的受案范围

可受理案件	①行政处罚案件（行政拘留、暂扣或吊销许可证和执照、责令停产停业、没收违法所得、没收非法财物、罚款、警告等）；②行政强制案件（限制人身自由或财产的查封、扣押、冻结等）；③行政许可案件；④自然资源确权案件；⑤征收、征用及补偿案件；⑥行政不作为案件；⑦侵犯经营自主权案件（经营自主权、农村土地经营权）；⑧排除或限制竞争的行政垄断案件；⑨违法集资、摊派案件；⑩抚恤金、最低生活保障待遇或社保待遇案件；⑪特许经营协议、土地房屋征收补偿协议案件；⑫侵犯其他人身权、财产权合法权益案件。
不受理案件	①国防、外交等国家行为；②行政法规、规章或者行政机关制定、发布的具有普遍约束力的决定、命令；③行政机关对行政机关工作人员的奖惩、任免等决定；④法律规定由行政机关最终裁决的行政行为。

续表

具体诉讼请求	①请求判决撤销或者变更行政行为；②请求判决行政机关履行法定职责或者给付义务；③请求判决确认行政行为违法；④请求判决确认行政行为无效；⑤请求判决行政机关予以赔偿或者补偿；⑥请求解决行政协议争议；⑦请求一并审查规章以下规范性文件；⑧请求一并解决相关民事争议；⑨其他诉讼请求。当事人未能正确表达诉讼请求的，人民法院应当予以释明。
已经立案的，应当裁定驳回起诉	①不符合《行政诉讼法》第49条规定的（原告适格、明确被告、具体诉讼请求和事实理由、属于法院管辖）；②超过法定起诉期限且无正当理由的；③错列被告且拒绝变更的；④未按照法律规定由法定代理人、指定代理人、代表人为诉讼行为的；⑤未按照法律、法规规定先向行政机关申请复议的；⑥重复起诉的；⑦撤回起诉后无正当理由再行起诉的；⑧行政行为对其合法权益明显不产生实际影响的；⑨诉讼标的已为生效裁判所羁束的；⑩不符合其他法定起诉条件的。人民法院经过阅卷、调查和询问当事人，认为不需要开庭审理的，可以迳行裁定驳回起诉。

第十一章　行政诉讼的管辖

一、中级人民法院审理案件类型：

（1）对国务院部门或者县级以上地方人民政府所作的行政行为提起诉讼的案件；

（2）海关处理的案件；

（3）本辖区内重大、复杂的案件；

（4）其他法律规定由中级人民法院管辖的案件。

注：确认发明专利权案件不再由中院一审。

二、管辖法院的确定

1. 行政案件由最初作出行政行为的行政机关所在地法院管辖；经复议的案件，可以由原作出行政行为的行政机关所在地法院管辖，也可以由复议机关所在地法院管辖。

作出原行政行为的行政机关和复议机关为共同被告的，以作出原行政行为的行政机关确定案件的级别管辖。

2. 经最高人民法院批准，各省高级人民法院可以确定各省若干法院跨行政区域管辖行政案件。

3. 管辖选择与冲突处理：2个以上人民法院都有管辖权的案件，原告可以选择其中1个人民法院提起诉讼。原告向2个以上有管辖权的人民法院提起诉讼的，由最先立案的人民法院管辖。

4. 管辖移送：人民法院发现受理的案件不属于本院管辖的，应当移送有管辖权的人民法院，受移送的人民法院应当受理。受移送的人民法院认为受移送的案件按照规定不属于本院管辖的，应当报请上级人民法院指定管辖，不得再自行移送。（一经移送，不得自行再移送）

5. 对限制人身自由的行政强制措施不服提起的诉讼，由被告所在地或者原告所在地人民法院管辖；原告所在地包括原告的户籍所在地、经常居住地和被限制人身自由地。

6. 因不动产提起的行政诉讼，由不动产所在地人民法院管辖；该行政诉讼是指因行政行为导致不动产物权变动而提起的诉讼。不动产已登记的，以不动产登记簿记载的所在地为不动产所在地；不动产未登记的，以不动产实际所在地为不动产所在地。

第十二章　行政诉讼参加人

一、行政诉讼原告的确认

相邻权案件	采光、排水、通风、通行等权利的被侵害者皆可诉
公平竞争权案件	公平竞争权受影响的人皆可诉
经复议案件	复议的申请人、第三人、利害关系人均可作原告
有受害人的案件	加害人与受害人同时起诉的均是原告，但不是共同原告；受害人认为行政机关处理不当可诉
信赖保护案件	被撤销或变更的原行为的受益人均可作原告
合伙人案件	合伙企业以字号为原告，其他合伙以合伙人为共同原告
投资人案件	联营、合资、合作企业的投资人均可以自己的名义起诉
农地承包案件	土地使用权人可以自己的名义起诉
股份制企业案件	股东大会、股东代表大会、董事会等可以企业的名义起诉
非国有企业案件	被行政机关注销、撤销、合并、强令兼并等，企业或其法定代表人可以起诉

二、行政诉讼被告与复议被申请人

	被　　告	被　申　请　人
行政机构（内设机构、派出机构与新组建的机构）	（1）行政机关组建并赋予行政管理职能但不具有独立承担法律责任能力的机构，以自己名义作出具体行政行为，当事人不服提起诉讼的，应当以组建该机构的行政机关为被告。 （2）行政机关的内设机构或派出机构在没有法律、法规、规章授权的情况下，以自己的名义作出具体行政行为，当事人不服提起诉讼的，应当以该行政机关为被告。 （3）法律、法规、规章授权行使行政职权的行政机关的内设机构、派出机构或其他组织超出法定授权范围实施行政行为，当事人不服提起诉讼的，应当以实施该行为的机构或者组织为被告。 （4）行政机关在没有法律、法规、规章规定的情况下，授权其内设机构、派出机构或其他组织行使行政职权的，应当视为委托。当事人不服提起诉讼的，应当以该行政机关为被告。	（1）县级以上人民政府依法设立的派出机关所作的具体行政行为，该派出机关是被申请人。 （2）政府工作部门依法设立的派出机构所作的具体行政行为，由设立该派出机构的政府工作部门为被申请人。 （3）例外，法律法规对派出机构有授权，该派出机构以自己的名义作出具体行政行为，则该派出机构为被申请人。
两个以上行政机关以共同名义作出的	共同作出具体行政行为的行政机关	
原主体被撤销	继续行使职权的主体	
法律法规授权组织	被授权组织	
行政机关委托的特定组织和个人	委托行政机关	

【重点提示】1. 复议维持，原机关和复议机关为被告。

2. 复议改变，复议机关为被告。

3. 复议不作为，原告诉谁谁就是被告。

三、第三人的确认

原告型	（1）处罚案件受害人、加害人或共同被处罚人。 （2）确权、裁决、许可案件中的另一方当事人。 （3）其他利害关系人。
被告型	（1）作出矛盾行为的机关。 （2）共同署名的非行政主体。 （3）原告不同意追加的被告。

【重点提示】 公民、法人或者其他组织同被诉行政行为有利害关系但没有提起诉讼，或者同案件处理结果有利害关系的，可以作为第三人申请参加诉讼，或者由人民法院通知参加诉讼。人民法院判决第三人承担义务或者减损第三人权益的，第三人有权依法提起上诉。

四、诉讼代理人

委托人	当事人、法定代理人
诉讼代理人范围	（1）律师、基层法律服务工作者；（2）当事人的近亲属或者工作人员；（3）当事人所在社区、单位以及有关社会团体推荐的公民。
诉讼代理人权利	（1）律师：查阅、复制本案有关材料、向有关组织和公民调查、收集与本案有关的证据。对涉及国家秘密、商业秘密和个人隐私的材料，应当依照法律规定保密（涉密可查但须保密）。（2）当事人和其他诉讼代理人：查阅、复制本案庭审材料，但涉及国家秘密、商业秘密和个人隐私的内容除外（涉密不能碰）。

第十三章　行政诉讼程序

一、行政诉讼的审理

	一审	二审	再审
提起人	具备原告资格的人。	原告、被告、第三人及其代理人。	法院、检察院、当事人。
对象	具体行政行为。	（1）未生效的一审判决。 （2）驳回起诉、不予受理、管辖权异议的裁定。	（1）生效判决或裁定。 （2）特定情况下的赔偿调解书。
提出期限	①知道作出具体行政行为之日起6个月内；②不服行政复议决定而起诉的为复议决定作出之日起15日；③涉不动产案件超过20年，当地案件超过5年的法院不再受理；④行政机关不履行保护公民、法人，其他组织合法权益的职责，自履行期届满之日起6个月内可向法院起诉，紧急情况，不受期限限制。	判决15日，裁定10日。	①当事人申请再审应在裁判、调解书生效后6个月内；②其他方式无期限要求。

续表

	一审	二审	再审
审理方式	(1) 开庭审理，原则上应公开。 (2) 发回重审的须另组合议庭。	(1) 事实清楚的可以书面审理。 (2) 发回重审的须另组合议庭。	按原审方式；可发回重审也可直接提审，重审须另组合议庭。
审理期限	6个月；需延长报高院批准，高院报最高院批准。	3个月；需延长报高院批准，高院报最高院批准。	一审再审6个月；二审再审3个月。
特殊问题	(1) 发现违纪的移送被告或其上一级机关、监察、人事机关。 (2) 发现犯罪的移送公安、检察机关。	(1) 漏判赔偿请求，二审调解不成，就赔偿部分发回重审。 (2) 新提赔偿请求二审调解不成，告知当事人另行起诉。	(1) 抗诉由上级检察院对下级法院的裁判提出。 (2) 一审重审仍可上诉，二审重审最后生效，再审由上级提审的视为二审重审。

【重点提示】被诉行政机关负责人（包括正职和副职）应当出庭应诉。不能出庭的，应当委托行政机关相应的工作人员出庭。

二、撤诉与缺席判决

	撤诉	缺席判决
主体	原告或上诉人。	原告、被告或上诉人。
时间	立案后到作出裁判前。	判决阶段。
条件	①申请撤诉必须自愿并经法院允许；②经合法传唤拒不到庭、未经许可中途退庭、未交诉讼费，按撤诉处理。	①被告无正当理由拒不到庭；②原告或上诉人申请撤诉不被准许，经合法传唤无正当理由不到庭或未经许可中途退庭可缺席判决。
结果	不得以同一事实和理由重诉，未交诉讼费的例外，上诉的例外。	产生与正常审判同样的法律后果。

第十四章 行政诉讼简易程序

1. 适用条件：人民法院审理下列第一审行政案件，认为事实清楚、权利义务关系明确、争议不大的，可以适用简易程序：

（1）被诉行政行为是依法当场作出的；

（2）案件涉及款额2000元以下的；

（3）属于政府信息公开案件的；

（4）除前款规定以外的第一审行政案件，当事人各方同意适用简易程序的，可以适用简易程序；

（5）发回重审、按照审判监督程序再审的案件不适用简易程序。

2. 适用简易程序审理的行政案件，由审判员一人独审。

3. 审理期限：45日。

4. 审理过程中，发现不适宜简易程序的，裁定转为普通程序。

第十五章　行政诉讼证据

一、证据收集与提供

1. 被告不提供或者无正当理由逾期提供证据，视为没有相应证据。但是，被诉行政行为涉及第三人合法权益，第三人提供证据的除外。

2. 在诉讼过程中，被告及其诉讼代理人不得自行向原告、第三人和证人收集证据。

3. 被告在作出行政行为时已经收集了证据，但因不可抗力等正当事由不能提供的，经人民法院准许，可以延期提供。

4. 原告或者第三人提出了其在行政处理程序中没有提出的理由或者证据的，经人民法院准许，被告可以补充证据。

5. 在起诉被告不履行法定职责的案件中，原告应当提供其向被告提出申请的证据。但有下列情形之一的除外：

（1）被告应当依职权主动履行法定职责的；

（2）原告因正当理由不能提供证据的。

6. 与本案有关的下列证据，原告或者第三人不能自行收集的，可以申请人民法院调取：

（1）由国家机关保存且须由人民法院调取的证据；

（2）涉及国家秘密、商业秘密和个人隐私的证据；

（3）确因客观原因不能自行收集的其他证据。

7. 人民法院不得为证明行政行为的合法性调取被告作出行政行为时未收集的证据。

二、举证责任

1. 原告可以提供证明行政行为违法的证据。原告提供的证据不成立的，不免除被告的举证责任。

2. 在行政赔偿、补偿的案件中，原告应当对行政行为造成的损害提供证据。因被告的原因导致原告无法举证的，由被告承担举证责任。

3. 复议机关决定维持原行政行为的，人民法院应当在审查原行政行为合法性的同时，一并审查复议程序的合法性。

作出原行政行为的行政机关和复议机关对原行政行为合法性共同承担举证责任，可以由其中一个机关实施举证行为。复议机关对复议程序的合法性承担举证责任。

三、行政诉讼的证据效力

| 完全无效 | ①严重违反法定程序收集的证据；②以利诱、欺诈、胁迫、暴力等不正当手段获取的证据；③以偷拍、偷录、窃听等非法手段获取侵害他人合法权益的证据；④以违反法律禁止性规定或者侵犯他人合法权益的方法取得的证据。 |

不利被告	(1) 被告在行政程序中非法剥夺公民、法人或其他组织依法享有的陈述、申辩或听证权利所获得的证据。 (2) 复议机关在复议程序中收集和补充的证据，或者原机关在复议程序中未向复议机关提交的证据。 (3) 被告及其代理人在作出具体行政行为后或在诉讼程序中自行收集的证据（包括向原告、第三人、证人收集的证据）。 (4) 原告或者第三人在诉讼程序中提供的、被告在行政程序中未作为具体行政行为依据的证据。

第十六章　行政案件的裁判和执行

一、行政诉讼附带民事诉讼

适用条件	(1) 行政诉讼涉及行政许可、登记、征收、征用和行政机关对民事争议所作的裁决； (2) 当事人申请一并解决与上述行政争议相关的民事争议
审理方式	(1) 在行政诉讼中一并审理相关民事争议的，民事争议应当单独立案，由同一审判组织审理； (2) 审理行政机关对民事争议所作裁决的案件，一并审理民事争议的，不另行立案
判决	行政争议和民事争议应当分别裁判
撤诉	行政诉讼原告在宣判前申请撤诉的，是否准许由人民法院裁定。人民法院裁定准许行政诉讼原告撤诉，但其对已经提起的一并审理相关民事争议不撤诉的，人民法院应当继续审理
上诉	(1) 当事人仅对行政裁判或者民事裁判提出上诉的，未上诉的裁判在上诉期满后即发生法律效力； (2) 第一审人民法院应当将全部案卷一并移送第二审人民法院，由行政审判庭审理； (3) 第二审人民法院发现未上诉的生效裁判确有错误的，应当按照审判监督程序再审

二、行政诉讼一审程序的判决

判决内容	适用情况
判决驳回原告诉讼请求	证据确凿；适用法律、法规正确；符合法定程序；申请被告履行法定职责或给付支付义务理由不成立的
判决撤销或者部分撤销，并可以判决被告重新作出行政行为	主要证据不足的；适用法律、法规错误的；违反法定程序的；超越职权的；滥用职权的；明显不当的
判决被告在一定期限内履行	被告不履行法定职责的
判决被告履行给付义务	查明被告依法负有给付义务的
判决确认违法，但不撤销行政行为，可以同时判决责令被告采取补救措施；给原告造成损失的，依法判决被告承担赔偿责任。	行政行为依法应当撤销，但撤销会给国家利益、社会公共利益造成重大损害的；行政行为程序轻微违法，但对原告权利不产生实际影响的。
不需要撤销或者判决履行但应判决确认违法，可以同时判决责令被告采取补救措施；给原告造成损失的，依法判决被告承担赔偿责任。	行政行为违法，但不具有可撤销内容的；被告改变原违法行政行为，原告仍要求确认原行政行为违法的；被告不履行或者拖延履行法定职责，判决履行没有意义的。
判决确认无效，可以同时判决责令被告采取补救措施；给原告造成损失的，依法判决被告承担赔偿责任。	行政行为有实施主体不具有行政主体资格或者没有依据等重大且明显违法情形，原告申请确认行政行为无效的。

右上：续表

判 决 内 容	适 用 情 况
可以判决变更，但不得加重原告的义务或者减损原告的权益。但利害关系人同为原告，且诉讼请求相反的除外。	行政处罚明显不当，或者其他行政行为涉及对款额的确定、认定确有错误的。
判决被告承担继续履行、采取补救措施或者赔偿损失等责任。	被告不依法履行、未按照约定履行或者违法变更、解除政府特许经营协议、土地房屋征收补偿协议的。
判决给予补偿。	被告变更、解除政府特许经营协议、土地房屋征收补偿协议合法，但未依法给予补偿的。

三、几种裁判类型的特殊适用

撤销判决的特殊适用	如撤销判决将给国家利益或公共利益造成一般损失，判决撤销的同时可以：①判决被告重新作出具体行政行为；②责令被告采取补救措施；③向被告和有关机关提出司法建议；④发现违法犯罪行为的，建议有权机关依法处理。
撤销判决与复议决定	①人民法院对原行政行为作出判决的同时，应当对复议决定一并作出相应判决。②人民法院判决撤销原行政行为和复议决定的，可以判决作出原行政行为的行政机关重新作出行政行为。③人民法院判决作出原行政行为的行政机关履行法定职责或者给付义务的，应当同时判决撤销复议决定。④原行政行为合法、复议决定违反法定程序的，应当判决确认复议决定违法，同时判决驳回原告针对原行政行为的诉讼请求。⑤原行政行为被撤销、确认违法或者无效，给原告造成损失的，应当由作出原行政行为的行政机关承担赔偿责任；因复议程序违法给原告造成损失的，由复议机关承担赔偿责任。
变更判决的特殊适用	(1) 不得加重对原告的处罚，但加害人与被害人同时起诉的情况除外。 (2) 对行政程序中未处罚的人，法院不得在诉讼程序中直接判决处罚。
确认判决的特殊适用	如撤销判决将给国家利益或公共利益造成重大损失，不能判决撤销而应：①作出确认违法判决；②责令被告采取补救措施；③造成损害的依法判决赔偿。
再审发回重审的裁定	适用条件为"三未两漏"：①应回避而未回避；②应开庭未开庭的；③当事人应出席未经合法传唤而缺席判决的；④遗漏必须参加诉讼的当事人的；⑤漏判有关诉讼请求的。

四、行政裁判与复议决定的执行比较

	诉讼裁判	复议决定
执行机关	（一般为一审）法院、有强制执行权的行政机关	法院、原行为机关、复议机关、上级机关
被执行者	诉讼当事人	复议当事人
执行依据	判决书、裁定书、赔偿书、赔偿调解书	复议决定
执行措施	(1) 行政机关不履行诉讼裁判：①直接划拨；②加处罚款；③向被告上一级机关或监察机关提出司法建议；④对主要负责人或责任人拘留；⑤构成犯罪的追究刑事责任；⑥予以公告。 (2) 公民、法人及其他组织不履行诉讼裁判：法院执行的参照民诉执行制度。	(1) 被申请人不履行复议决定：由复议机关或上级机关责令其限期履行。 (2) 公民、法人及其他组织不履行复议决定：维持的由原机关自己执行或申请法院执行，变更的由复议机关自己执行或申请法院执行。

（《最高人民法院关于审理行政协议案件若干问题的规定》）（2020 年 1 月 1 日）

五、行政协议

行政协议的内涵	行政机关为了实现行政管理或者公共服务目标，与公民、法人或者其他组织协商订立的具有行政法上权利义务内容的协议，属于行政诉讼法规定的行政协议
行政协议包括的要素	(1) 主体要素，即必须一方当事人为行政机关； (2) 目的要素，即必须是为了实现行政管理或者公共服务目标； (3) 内容要素，协议内容必须具有行政法上的权利义务内容； (4) 意思要素，即协议双方当事人必须协商一致。
行政协议的范围	(1) 政府特许经营协议； (2) 土地、房屋等征收征用补偿协议； (3) 矿业权等国有自然资源使用权出让协议； (4) 政府投资的保障性住房的租赁、买卖等协议； (5) 符合本规定第一条规定的政府与社会资本合作协议； (6) 其他行政协议。
排斥受案范围	(1) 行政机关之间因公务协助等事由而订立的协议； (2) 行政机关与其工作人员订立的劳动人事协议。
被告	(1) 因行政协议的订立、履行、变更、终止等发生纠纷，公民、法人或者其他组织作为原告，以行政机关为被告提起行政诉讼的，人民法院应当依法受理。 (2) 因行政机关委托的组织订立的行政协议发生纠纷的，委托的行政机关是被告。
行政协议诉讼种类	(1) 请求判决撤销行政机关变更、解除行政协议的行政行为，或者确认该行政行为违法； (2) 请求判决行政机关依法履行或者按照行政协议约定履行义务； (3) 请求判决确认行政协议的效力； (4) 请求判决行政机关依法或者按照约定订立行政协议； (5) 请求判决撤销、解除行政协议； (6) 请求判决行政机关赔偿或者补偿； (7) 其他有关行政协议的订立、履行、变更、终止等诉讼请求。
举证责任	(1) 被告对于自己具有法定职权、履行法定程序、履行相应法定职责以及订立、履行、变更、解除行政协议等行为的合法性承担举证责任。 (2) 原告主张撤销、解除行政协议的，对撤销、解除行政协议的事由承担举证责任。 (3) 对行政协议是否履行发生争议的，由负有履行义务的当事人承担举证责任。
管辖	当事人书面协议约定选择被告所在地、原告所在地、协议履行地、协议订立地、标的物所在地等与争议有实际联系地点的人民法院管辖的，人民法院从其约定，但违反级别管辖和专属管辖的除外。
审查范围	(1) 对被告订立、履行、变更、解除行政协议的行为是否具有法定职权、是否滥用职权、适用法律法规是否正确、是否遵守法定程序、是否明显不当、是否履行相应法定职责进行合法性审查。 (2) 原告认为被告未依法或者未按照约定履行行政协议的，人民法院应当针对其诉讼请求，对被告是否具有相应义务或者履行相应义务等进行审查。

右上角：续表

行政协议的效力	无效	行政协议存在重大且明显违法情形的，人民法院应当确认行政协议无效；人民法院可以适用民事法律规范确认行政协议无效；行政协议无效的原因在一审法庭辩论终结前消除的，人民法院可以确认行政协议有效。
	效力待定	法律、行政法规规定应当经过其他机关批准等程序后生效的行政协议，在一审法庭辩论终结前未获得批准的，人民法院应当确定该协议不发生效力；行政协议约定被告负有履行批准程序等义务而被告未履行，原告要求被告承担赔偿责任的，人民法院应予支持。
	可撤销	原告认为行政协议存在胁迫、欺诈、重大误解、显失公平等情形而请求撤销，人民法院经审理认为符合法律规定的可撤销情形的，可以依法判决撤销该协议。
	解除	原告请求解除行政协议，人民法院认为符合约定或者法定解除情形且不损害国家利益、社会公共利益和他人合法权益的，可以判决解除该协议。
申请强制执行的类型		(1) 以行政机关作出的履行协议决定作为执行名义，向人民法院申请强制执行 (2) 以行政机关作出的处理决定作为执行名义，向人民法院申请强制执行
时效		实体从旧，程序从新

第十七章　国家赔偿

一、行政赔偿义务机关的确认

单独行政机关侵权行为	该行政机关为赔偿义务机关。
共同行政机关侵权行为	共同赔偿义务机关负连带责任。
授权组织侵权行为	该被授权组织为赔偿义务机关。
委托机关侵权行为	行使受委托职权侵权造成损害的，委托的行政机关为赔偿义务机关。
被撤销机关侵权行为	(1) 赔偿义务机关被撤销的，继续行使职权的机关赔偿。 (2) 赔偿义务机关被撤销又无继受机关的，由撤销它的机关赔偿。

复议机关赔偿	原则上原侵权机关为赔偿义务机关。 复议机关的复议决定加重损害的→复议机关对加重的部分履行赔偿义务（复议机关与原侵权机关不是共同赔偿义务机关，不负连带责任，而是各自对自己侵权造成的损害承担责任）。
派出机关赔偿	(1) 派出机关在授权范围内行使职权时侵犯公民、法人或者其他组织的合法权益造成损害的→该派出机关为赔偿义务机关。 (2) 派出机关执行设立机关交办的任务时侵权的→设立机关为赔偿义务机关。
申请机关赔偿	申请法院强制执行具体行政行为，执行根据错误的，由申请机关赔偿。

【重点提示】赔偿义务机关赔偿损失后，应当责令有故意或者重大过失的工作人员或者受委托的组织或者个人承担部分或者全部赔偿费用。

对有故意或者重大过失的责任人员，有关机关应当依法给予行政处分；构成犯罪的，应当依法追究刑事责任。

二、司法赔偿范围

	侵犯人身权的赔偿	侵犯财产权的赔偿	不赔的情况
刑事赔偿	（1）违反《刑事诉讼法》的规定对公民采取拘留措施的，或者依照《刑事诉讼法》规定的条件和程序对公民采取拘留措施，但是拘留时间超过《刑事诉讼法》规定的时限，其后决定撤销案件、不起诉或者判决宣告无罪终止追究刑事责任的。 （2）对公民采取逮捕措施后，决定撤销案件、不起诉或者判决宣告无罪终止追究刑事责任的。 （3）依照审判监督程序再审改判无罪，原判刑罚已经执行的（拘役、有期徒刑、无期徒刑、死刑）。 （4）刑讯逼供或者以殴打、虐待等行为或者唆使、放纵他人以殴打、虐待等行为造成公民身体伤害或者死亡的。 （5）违法使用武器、警械造成公民身体伤害或者死亡的。	（1）违法对财产采取查封、扣押、冻结、追缴等措施的。 （2）依照审判监督程序再审改判无罪，原判罚金、没收财产已经执行的。	（1）属于《民事诉讼法》第105条、第107条第2款和第233条规定情形的；（2）申请执行人提供执行标的物错误的，但人民法院明知该标的物错误仍予以执行的除外；（3）人民法院依法指定的保管人对查封、扣押、冻结的财产违法动用、隐匿、毁损、转移或者变卖的；（4）人民法院工作人员与行使职权无关的个人行为；（5）因不可抗力、正当防卫和紧急避险造成损害后果的；（6）公民、法人和其他组织的损失，已经在民事、行政诉讼过程中获得赔偿、补偿的，对该部分损失，国家不承担赔偿责任。
民事、行政诉讼损害赔偿	（1）违法采取排除妨害诉讼强制措施，表现为违法罚款、违法拘留。 （2）违法采取保全措施，表现为证据保全、财产保全。 （3）违法采取先予执行措施的赔偿。 （4）错误执行判决、裁定和其他生效法律文书。 （5）民事、行政诉讼中司法工作人员侵权。	未规定	

三、司法赔偿的义务机关

错拘	作出拘留决定的机关赔偿（如公安机关执行检察院的请求对公民采取强制措施的，检察机关是赔偿义务机关）。
错捕	作出逮捕决定的机关赔偿（人民法院或人民检察院，不包括公安机关）。
二审改判无罪或二审发回重审后作无罪处理的	作出一审有罪判决的人民法院为赔偿义务机关。
再审改判无罪	作出原生效判决的人民法院赔偿（如一审当事人没有上诉或检察院没有抗诉，判决生效的，由一审法院赔偿，如果上诉或抗诉后，二审法院维持原判或者改判的，由二审法院作出赔偿）。
民事、行政案件	作出侵权行为的法院赔偿（多个法院有委托关系的，谁违法谁赔偿）。
司法人员侵权	该司法人员所在机关赔偿（限于司法人员履行职务侵权的情形）。

《最高人民法院关于审理行政赔偿案件若干问题的规定》（2022 年 5 月 1 日）

受案范围	依据行政诉讼法第一条、第十二条第一款第十二项和国家赔偿法第二条规定，公民、法人或者其他组织认为行政机关及其工作人员违法行使行政职权对其劳动权、相邻权等合法权益造成人身、财产损害的，可以依法提起行政赔偿诉讼。赔偿请求人不服赔偿义务机关下列行为的，可以依法提起行政赔偿诉讼： （1）确定赔偿方式、项目、数额的行政赔偿决定； （2）不予赔偿决定； （3）逾期不作出赔偿决定； （4）其他有关行政赔偿的行为。
诉讼当事人	（1）原告：①公民、法人或者其他组织一并提起行政赔偿诉讼中的当事人地位，按照其在行政诉讼中的地位确定，行政诉讼与行政赔偿诉讼当事人不一致的除外。受害的公民死亡，其继承人和其他有扶养关系的人可以提起行政赔偿诉讼，并提供该公民死亡证明、赔偿请求人与死亡公民之间的关系证明。②受害的公民死亡，支付受害公民医疗费、丧葬费等合理费用的人可以依法提起行政赔偿诉讼。③有权提起行政赔偿诉讼的法人或者其他组织分立、合并、终止，承受其权利的法人或者其他组织可以依法提起行政赔偿诉讼。 （2）被告：①两个以上行政机关共同实施侵权行政行为造成损害的，共同侵权行政机关为共同被告。赔偿请求人坚持对其中一个或者几个侵权机关提起行政赔偿诉讼，以被起诉的机关为被告，未被起诉的机关追加为第三人。②原行政行为造成赔偿请求人损害，复议决定加重损害的，复议机关与原行政行为机关为共同被告。赔偿请求人坚持对作出原行政行为机关或者复议机关提起行政赔偿诉讼，以被起诉的机关为被告，未被起诉的机关追加为第三人。③行政机关依据行政诉讼法第九十七条的规定申请人民法院强制执行其行政行为，因据以强制执行的行政行为违法而发生行政赔偿诉讼的，申请强制执行的行政机关为被告。
举证责任	行政赔偿诉讼中，原告应当对行政行为造成的损害提供证据；因被告的原因导致原告无法举证的，由被告承担举证责任。人民法院对于原告主张的生产和生活所必需物品的合理损失，应当予以支持；对于原告提出的超出生产和生活所必需的其他贵重物品、现金损失，可以结合案件相关证据予以认定。原告主张其被限制人身自由期间受到身体伤害，被告否认相关损害事实或者损害与违法行政行为存在因果关系的，被告应当提供相应的证据证明。
提起诉讼	行政行为未被确认为违法，公民、法人或者其他组织提起行政赔偿诉讼的，人民法院应当视为提起行政诉讼时一并提起行政赔偿诉讼。行政行为已被确认为违法，并符合下列条件的，公民、法人或者其他组织可以单独提起行政赔偿诉讼： （1）原告具有行政赔偿请求资格； （2）有明确的被告； （3）有具体的赔偿请求和受损害的事实根据； （4）赔偿义务机关已先行处理或者超过法定期限不予处理； （5）属于人民法院行政赔偿诉讼的受案范围和受诉人民法院管辖； （6）在法律规定的起诉期限内提起诉讼。
诉讼期限	（1）公民、法人或者其他组织应当自知道或者应当知道行政行为侵犯其合法权益之日起两年内，向赔偿义务机关申请行政赔偿。赔偿义务机关在收到赔偿申请之日起 2 个月内未作出赔偿决定的，公民、法人或者其他组织可以依照行政诉讼法有关规定提起行政赔偿诉讼。 （2）公民、法人或者其他组织提起行政诉讼时一并请求行政赔偿的，适用行政诉讼法有关起诉期限的规定。 （3）公民、法人或者其他组织仅对行政复议决定中的行政赔偿部分有异议，自复议决定书送达之日起 15 日内提起行政赔偿诉讼的，人民法院应当依法受理。 （4）行政机关作出有赔偿内容的行政复议决定时，未告知公民、法人或者其他组织起诉期限的，起诉期限从公民、法人或者其他组织知道或者应当知道起诉期限之日起计算，但从知道或者应当知道行政复议决定内容之日起最长不得超过 1 年。

停产停业期间必要的经常性费用开支内容	(1) 必要留守职工的工资； (2) 必须缴纳的税款、社会保险费； (3) 应当缴纳的水电费、保管费、仓储费、承包费； (4) 合理的房屋场地租金、设备租金、设备折旧费； (5) 维系停产停业期间运营所需的其他基本开支。
直接损失的范围	(1) 存款利息、贷款利息、现金利息； (2) 机动车停运期间的营运损失； (3) 通过行政补偿程序依法应当获得的奖励、补贴等； (4) 对财产造成的其他实际损失。

《最高人民法院关于审理国家赔偿案件确定精神损害赔偿责任适用法律若干问题的解释》（2021年4月1日）

第1条　公民以人身权受到侵犯为由提出国家赔偿申请，依照国家赔偿法第三十五条的规定请求精神损害赔偿的，适用本解释。法人或者非法人组织请求精神损害赔偿的，人民法院不予受理。

第2条　公民以人身权受到侵犯为由提出国家赔偿申请，未请求精神损害赔偿，或者未同时请求消除影响、恢复名誉、赔礼道歉以及精神损害抚慰金的，人民法院应当向其释明。经释明后不变更请求，案件审结后又基于同一侵权事实另行提出申请的，人民法院不予受理。

第3条　赔偿义务机关有国家赔偿法第三条、第十七条规定情形之一，依法应当承担国家赔偿责任的，可以同时认定该侵权行为致人精神损害。但是赔偿义务机关有证据证明该公民不存在精神损害，或者认定精神损害违背公序良俗的除外。

第4条　侵权行为致人精神损害，应当为受害人消除影响、恢复名誉或者赔礼道歉；侵权行为致人精神损害并造成严重后果，应当在支付精神损害抚慰金的同时，视案件具体情形，为受害人消除影响、恢复名誉或者赔礼道歉。消除影响、恢复名誉与赔礼道歉，可以单独适用，也可以合并适用，并应当与侵权行为的具体方式和造成的影响范围相当。

第5条　人民法院可以根据案件具体情况，组织赔偿请求人与赔偿义务机关就消除影响、恢复名誉或者赔礼道歉的具体方式进行协商。协商不成作出决定的，应当采用下列方式：（一）在受害人住所地或者所在单位发布相关信息；（二）在侵权行为直接影响范围内的媒体上予以报道；（三）赔偿义务机关有关负责人向赔偿请求人赔礼道歉。

第6条　决定为受害人消除影响、恢复名誉或者赔礼道歉的，应当载入决定主文。赔偿义务机关在决定作出前已为受害人消除影响、恢复名誉或者赔礼道歉，或者原侵权案件的纠正被媒体广泛报道，客观上已经起到消除影响、恢复名誉作用，且符合本解释规定的，可以在决定书中予以说明。

第7条　有下列情形之一的，可以认定为国家赔偿法第三十五条规定的"造成严重后果"：（一）无罪或者终止追究刑事责任的人被羁押六个月以上；（二）受害人经鉴定为轻伤以上或者残疾；（三）受害人经诊断、鉴定为精神障碍或者精神残疾，且与侵权行为存在关联；（四）受害人名誉、荣誉、家庭、职业、教育等方面遭受严重损害，且与侵权行为存在关联。受害人无罪被羁押十年以上；受害人死亡；受害人经鉴定为重伤或者残疾一至四级，且生活不能自理；受害人经诊断、鉴定为严重精神障碍或者精神残疾一至二级，生活不能自理，且与侵权行为存在关联的，可以认定为后果特别严重。

第8条　致人精神损害，造成严重后果的，精神损害抚慰金一般应当在国家赔偿法第三十三条、第三十四条规定的人身自由赔偿金、生命健康赔偿金总额的百分之五十以下（包括本数）酌定；后果特别严重，或者虽然不具有本解释第七条第二款规定情形，但是确有证据证明前述标准不足以抚慰的，可以在百分之五十以上酌定。

第9条   精神损害抚慰金的具体数额，应当在兼顾社会发展整体水平的同时，参考下列因素合理确定：（一）精神受到损害以及造成严重后果的情况；（二）侵权行为的目的、手段、方式等具体情节；（三）侵权机关及其工作人员的违法、过错程度、原因力比例；（四）原错判罪名、刑罚轻重、羁押时间；（五）受害人的职业、影响范围；（六）纠错的事由以及过程；（七）其他应当考虑的因素。

第10条   精神损害抚慰金的数额一般不少于一千元；数额在一千元以上的，以千为计数单位。赔偿请求人请求的精神损害抚慰金少于一千元，且其请求事由符合本解释规定的造成严重后果情形，经释明不予变更的，按照其请求数额支付。

第11条   受害人对损害事实和后果的发生或者扩大有过错的，可以根据其过错程度减少或者不予支付精神损害抚慰金。

第12条   决定中载明的支付精神损害抚慰金及其他责任承担方式，赔偿义务机关应当履行。

第13条   人民法院审理国家赔偿法第三十八条所涉侵犯公民人身权的国家赔偿案件，以及作为赔偿义务机关审查处理国家赔偿案件，涉及精神损害赔偿的，参照本解释规定。

第14条   本解释自 2021 年 4 月 1 日起施行。本解释施行前的其他有关规定与本解释不一致的，以本解释为准。

中国政法大学（简称法大）是一所以法学为特色和优势，兼有文学、历史学、哲学、经济学、管理学、教育学、理学、工学等学科的"211工程"重点建设大学。

法大的法律资格考试培训历史悠久，全国律师资格考试始于1986年，而1988年法大就开展了法律培训。2005年3月成立了中国政法大学司法考试学院，这是一所集法考研究、教学研究、辅导培训为一体的司法考试学院，2018年正式更名为中国政法大学法律职业资格考试学院。经过多年的积淀，法大法律职业资格考试学院被广大考生称为国家法律职业资格考试考前培训及法考研究、教学研究的大本营。

>>> 2022年法大法考课程体系 — 面授班型 <<<

	班型	上课时间	配套教材	标准学费（元）	阶段性优惠价格		
					21年11月30日前	22年1月10日前	22年2月28日前
主客一体面授班	尊享密训班	3月中旬-10月中旬	通用教材8本 + 金题8本 客观必考点 + 各科主观一本通	88000	客观不过退58000 主观不过退30000		
	面授精英A班	3月中旬-10月中旬	通用教材8本 + 金题8本 + 客观必考点 主观一本通对应阶段的讲义	59800	35800	39800	42800
	面授精英B班	5月上旬-10月中旬	金题8本 + 客观必考点 主观一本通对应阶段的讲义	49800	31800	35800	38800
	面授集训A班	6月中旬-10月中旬	金题8本 + 客观必考点 主观一本通对应阶段的讲义	39800	24800	26800	28800
	面授集训B班	7月上旬-10月中旬	金题8本+客观必考点 主观一本通对应阶段的讲义	32800	20800	23800	26800
	面授暑假班	8月中旬-10月中旬	金题8本 + 客观必考点 主观一本通对应阶段的讲义	29800	17800	19800	21800
客观面授班	客观面授全程班	3月中旬-9月初	通用教材8本+金题8本+客观必考点	38800	26800	29800	32800
	客观面授冲刺班	8月底-9月初	客观必考点	8800	5980		
主观面授班	主观面授集训班	9月中旬-10月中旬	各科主观题一本通+对应阶段的讲义	22800	13800	16800	19800
	主观面授冲刺班	10月上旬-中旬	各科主观题一本通+对应阶段的讲义	10800	6800	7800	8800

更多课程详情联系招生老师 ➡

法大法考姚老师　　　　法大法考张老师

📞 010-5890-8131　　🌐 http://cuploeru.com
📍 北京市海淀区西土城路25号中国政法大学研究生院东门

>>> 2022年法大法考课程体系 — 网络班型 <<<

班型		上课时间	配套教材	标准学费（元）	阶段性优惠价格		
					21年11月30日前	22年1月10日前	22年2月28日前
主客一体网络班	网络高端班	3月中旬-10月中旬	通用教材8本+金题8本+客观必考点 各科主观一本通	29800	报名当年考不过退费，客观未通过退19800，客观通过主观未通退10000		
	网络决胜班	3月中旬-10月中旬	通用教材8本+金题8本+客观必考点 各科主观一本通	22800	17800	20800	21800
	网络全程班	3月中旬-10月中旬	通用教材8本+金题8本+客观必考点 主观一本通对应阶段的讲义	11800	6980	7980	8480
	网络VIP班	3月中旬-10月中旬	通用教材8本+金题8本+客观必考点 主观一本通对应阶段的讲义	16800	12800	13800	15800
	网络预热班	3月中旬-10月中旬	通用教材8本+金题8本+客观必考点 主观一本通对应阶段的讲义	11800	7980		
	网络精品班	3月中旬-10月中旬	通用教材8本+客观必考点 主观一本通对应阶段的讲义	8800	5980	6780	7280
	21网络精品回放	随到随学	21年通用教材8本+21客观一本通 21主观一本通	5980	3980		
客观网络班	客观网络基础班	3月中旬-9月初	通用教材8本+金题8本+客观必考点	7980	4980	5780	6280
	客观网络强化班	4月下旬-9月初	金题8本+客观必考点	6980	3980	4980	5580
	客观网络提高班	5月中旬-9月初	客观必考点	4980	2980	3980	4280
	客观网络冲刺班	8月底-9月初	客观必考点	3980	1980	2580	2980
	客观基础课	随到随学	不含教材	3280	1980		
主观网络班	主观网络特训班	9月中旬-10月中旬 录播课程随到随学	各科主观题一本通	13800	9580	10800	11800
	主观网络强化班	9月中旬-10月中旬 录播课程随到随学	各科主观题一本通	11800	7980	8980	9580
	主观网络全程班	9月中旬-10月中旬	各科主观题一本通	9800	5980	6980	7980
	主观网络冲刺班	10月上旬-中旬	各科主观题一本通	3980	1980	2480	2980

温馨提示：1、缴纳学费后，因个人原因不能坚持学习的，视为自动退学，学费不予退还。 2、课程有效期内，不限次回放

—— 优质服务 全程陪伴 ——

★历年真题 ★在线模考题库 ★打卡学习 ★错题本 ★课件下载 ★思维导图 ★1V1在线答疑随时咨询

★有效期内不限次数回放 ★上课考试通知 ★报考指导 ★成绩查询 ★认定指导 ★就业服务

★配备专属教辅 ★客观/主观不过退费协议（部分班型） ★免费延期或重修1次（部分班型）

★专属自习室（部分班型） ★小组辅导 ★个人定制化学习通关和职业发展规划 ★颁发法大法考结业证

★共享法大法考校友圈 ★加入法律职业资格考试学院校友群 ★特殊服务 随时跟读